개정3판

최신 유통관리론

이 상 윤

도서출판 두남

개정3판 머리말

본서가 처음 2013년 8월에 출간되고 그동안 독자들의 많은 질책과 조언을 통해 꾸준히 보완해야 할 점을 점검하여 개정판보다 개정2판에 많은 내용을 추가 또는 삭제, 수정하였고 연습문제는 전면 교체하였으며 그림, 표, 자료를 많이 반영하여 이해도를 높였었다.

이번 개정3판은 각 대학에서 유통관리론, 유통학개론, 유통관리사 2급 대비반 등 유통 기초과목을 수업할 때 한 학기 수업 진도에 적정한 수업계획에 체계적으로 반영할 수 있도록 제1부 유통물류관리 3장, 제2부 상권분석 3장, 제3부 유통 마케팅 3장, 제4부 유통정보 3장, 총 4부 12장으로 재구성하였고 아울러 각 장의 절도 3개 절씩 재구성하여 전체적으로 전면 수정하였다.

이전에는 유통관리사 2급 자격시험에 대비한 연습문제를 개정하여 반영하고 문제마다 친절히 해설해 놓았으나 개정3판에서는 연습문제를 전면 삭제하였다. 이유는 매년 치르는 유통관리사 시험 문제가 공개되기 때문에 책 쪽수가 줄어든 전보다 얇은 본서로 수업하고 문제는 별도로 입수하여 문제풀이 연습을 하는 것이 더 효과적이라고 판단하였다.

한글 맞춤법이나 띄어쓰기 준수, 일본식의 '의' 남용 억제 등 그동안 출간 때마다 최대한 교정해왔으나 이번 개정3판 원고 작업하면서 추가로 발견된 오류를 수정하였다.

이 개정3판이 발간되기까지 여러 가지 신경을 써주신 도서출판 두남 전두표 사장님과 언제나 도서출간에 적극적으로 길을 열어주시는 이승구 상무님, 본서 편집에 노고가 많았던 편집부 외 임직원 여러분에게 지면을 통해 감사의 마음을 전한다.

그리고 제가 회장으로 있으면서 섬겼던 존경하는 (사)한국유통과학회와 동아시아경상학회, 한국인공지능학회, 한국세일즈협회의 선후배 교수님과 각 업계 임원, 실무진 여러분에게 그간 많은 관심과 격려를 보내주시고 수업교재로 채택해주신 성원에 진심으로 감사를 드린다.

아무쪼록 본서가 우리나라 유통학에서 학문적 발전과 유통관리사를 대비하는 수험생 여러분에게 조그마한 보탬이 된다면 저에게 더 없는 보람이 되겠다.

2024.7.
남북평화를 기원하며….
海沆 李相允

개정2판 머리말

최근 유통경로 참여자들 간의 다양한 온·오프라인상의 주도권 확보 경쟁으로 최첨단 유통 선진기법과 정보기술을 도입하고 끊임없이 개선 발전을 추구하는 추세에 있다. 이러한 과정에서 모든 업종 분야에서 유통관리의 중요성이 증대되고 있는바 국가에서는 유통 전문인력 양성 필요성을 인식하여 유통관리사 자격시험 제도를 시행하고 있다.

본서가 처음 2013년 8월에 출간되어 나름대로 유통관리 전반을 다룸으로써 유통 및 경영 관련 학과의 기본서가 되고자 하였으나 막상 출간하고 보니 처음 의욕과는 달리 여러 가지 미흡한 부분이 있었고 그동안 독자들의 많은 질책과 조언을 통해 꾸준히 보완해야 할 점을 점검하여 개정2판에 반영하였다. 개정판에 비해 많은 내용을 추가 또는 삭제, 수정하였고, 연습문제는 전면 교체하였고, 그림, 표, 자료를 많이 반영하여 이해도를 높였다.

아울러 각 대학에서 유통관리론, 유통학개론 등 유통기초 과목을 수업할 때 본서로 수업하면 제1부 유통물류관리 4장, 제2부 상권분석 3장, 제3부 유통마케팅 3장, 제4부 유통정보 3장, 총 4부 13장으로 구성되어 한 학기 수업 진도에 적정하여 기본 구성은 그대로 유지하였고, 일거양득으로 각 부가 끝나는 끝에 유통관리사 2급 자격시험에 대비한 연습문제를 전면 개정하여 반영하고 문제마다 친절히 해설해 놓았다.

개정2판이 발간되기까지 여러 가지 신경을 써주신 도서출판 두남 전두표 사장님과 언제나 학회에 도움을 주시고 도서출간에 적극적으로 길을 열어주시는 이승구 상무님, 본서 편집에 노고가 많았던 편집부 외 임직원 여러분에게 지면을 통해 감사의 뜻을 표한다. 그리고 존경하는 (사)한국유통과학회와 동아시아경상학회, 한국세일즈협회의 선후배 교수님과 각 업계 임원, 실무진 여러분에게 그간 많은 관심과 격려를 보내주시고 수업교재로 채택해주신 성원에 진심으로 감사를 드린다.

아무쪼록 본서가 우리나라 유통학에서 학문적 발전과 유통관리사를 대비하는 수험생 여러분에게 조그마한 보탬이 된다면 저에게 더 없는 보람이 되겠다.

2017.8. 성하

남북평화를 기원하며….

海沆 李相允

개정판 머리말

최근 유통경로 참여자들 간의 다양한 온·오프라인상의 주도권 확보 경쟁으로 최첨단 유통 선진기법과 정보기술을 도입하고 끊임없이 개선 발전을 추구하는 추세에 있습니다. 이러한 과정에서 모든 업종 분야에서 유통관리의 중요성이 증대되고 있는바 국가에서는 유통 전문인력 양성의 필요성을 인식하여 유통관리사 자격시험 제도를 시행하고 있습니다.

본서가 처음 2013년 8월에 출간되어 나름대로 유통관리 전반을 다룸으로써 유통 및 경영 관련 학과의 기본서가 되고자 하였으나 막상 출간하고 보니 처음 의욕과는 달리 여러 가지 미흡한 부분이 있었고 그동안 독자들의 많은 질책과 조언을 통해 꾸준히 보완해야 할 점을 점검하여 개정판에 반영하였습니다. 초판에 비해 많은 내용을 추가 또는 수정하였고 그림, 표 자료를 더 많이 반영하여 이해도를 높였습니다.

아울러 각 대학에서 유통관리론, 유통학개론 등 유통기초 과목을 수업할 때 본서로 수업하면 제1부 유통물류관리 4장, 제2부 상권분석 3장, 제3부 유통마케팅 3장, 제4부 유통정보 3장 총 4부 13장으로 구성되어 한 학기 수업 진도에 적정하여 기본 구성은 그대로 유지하였고, 일거양득으로 각 부가 끝나는 끝에 유통관리사 2급 자격시험에 대비한 최신 문제를 전면 개정하여 반영하고 문제마다 친절히 해설해 놓았습니다.

이 개정판이 발간되기까지 여러 가지 신경을 써주신 도서출판 두남 전두표 사장님과 언제나 학회에 도움을 주시고 도서출간에 적극적으로 길을 열어주시는 이승구 상무님, 본서 편집에 노고가 많았던 편집부 외 임직원 여러분에게 지면을 통해 감사의 뜻을 표합니다. 그리고 존경하는 (사)한국유통과학회와 (사)한국세일즈협회의 선후배 교수님과 각 업계 임원, 실무진 여러분에게 그간 많은 관심과 격려를 보내주시고 빠른 시일 내에 초판이 매진되게 수업교재로 채택해주신 성원에 진심으로 감사를 드립니다.

마지막으로 본 개정판의 초고를 만들고 최신 문제를 엄선 반영한 애제자 김대윤 박사의 노고에 깊은 감사를 드립니다. 아무쪼록 본서가 우리나라 유통학에서 학문적 발전과 유통관리사를 대비하는 수험생 여러분에게 조그마한 보탬이 된다면 저에게는 더 없는 보람이 되겠습니다. 감사합니다.

2015.1. 원단

세계평화를 기원하며….

海沆 李相允

차 례

제1부 유통물류관리

제2부 상권분석

제4부 유통정보

표 차례

그림 차례

제 1 부 유통물류관리

제1장 유통 이해와 경영전략
제2장 유통경영관리
제3장 물류경영관리

제 1 장

유통 이해와 경영전략

제 1 절 유통산업 이해

1 유통 개념과 분류

1) 유통 개념

유통의 사전적 의미는 "거침없이 흘러서 통한다"라거나 "세상에 널리 통용된다"라는 뜻으로 쓰이는 용어였으나 서구적 마케팅개념이 도입됨에 따라 그 의미가 새롭게 부여된 용어이다.

유통의 일반적 정의는 "생산자로부터 소비자에게 상품 및 서비스의 이전을 통해 장소, 시간 및 소유의 효용을 창조하는 활동으로 생산과 소비를 이어주는 중간 기능으로 생산품의 사회적 이동에 관계되는 모든 경제활동"이라고 정의할 수 있다.

넓은 의미의 유통은 상적 유통 이외의 물류 이동을 의미하는 물적 유통과 정보처리 및 광고 통신의 유통인 정보유통, 그리고 금융·보험 등 보조 활동을 포괄하는 상업활동으로 정의할 수 있다.

유통 활동은 재화와 서비스의 물리적·사회적 흐름에 관한 경제활동으로서 상품과 서비스를 이전하는 가운데 사회 전체의 부가가치(value added)를 증대시키게 되므로 그 범위는 물류 활동(운송·보관·하역·포장·정보활동)과 금융·보험 등 보조 활동을 포괄하는 상업활동으로 정의할 수 있다.

유통관리란 유통 활동을 통하여 소비자의 만족을 증대시키고, 유통비용을 절감시키기 위해 유통이 능률적으로 수행될 수 있도록 조절하고, 통제하는 활동을 말한다. 즉 상거래 활동과 물적 활동을 관리하여 고객에 대한 서비스를 향상하고 유통비용을 절감시키며, 매출의 증대와 가격의 안정화를 꾀하는 데 있다.

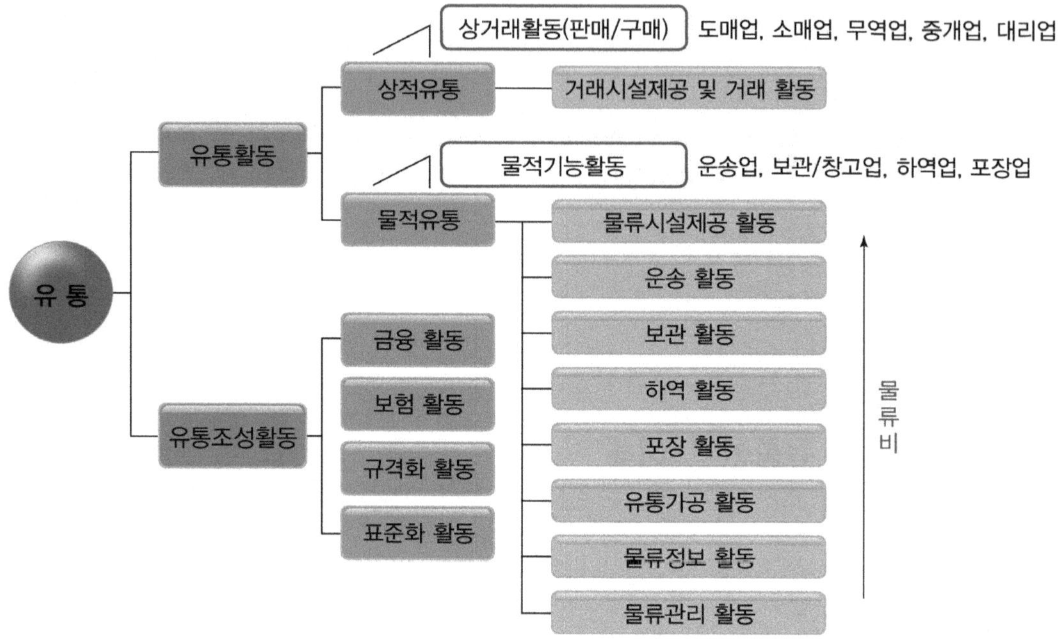

[유통 활동]

2) 유통 분류

① 상적 유통

생산자로부터 소비자로 소유권이 이전되는 것으로 매매를 중심으로 하는 활동이다. 상적 유통업으로는 도매업·소매업·중개업·대리업·무역업 등이 있다.

② 물적 유통

물적 유통에 따라 실체물(實體物)이 이동되는 것으로 재화(財貨)의 보관·수송 및 하역 등을 중심으로 하는 활동이다. 운송업, 보관·창고업, 하역업, 포장업, 유통가공업 등이 있다.

③ 유통조성 활동

금융, 보험, 정보통신 등을 통하여 생산자와 소비자에게 자금 융통, 위험으로 인한 손해 부담, 시장 정보 제공, 상품의 질 저하 방지 활동 등으로 상품의 흐름을 원활하게 하는 기능을 말한다.

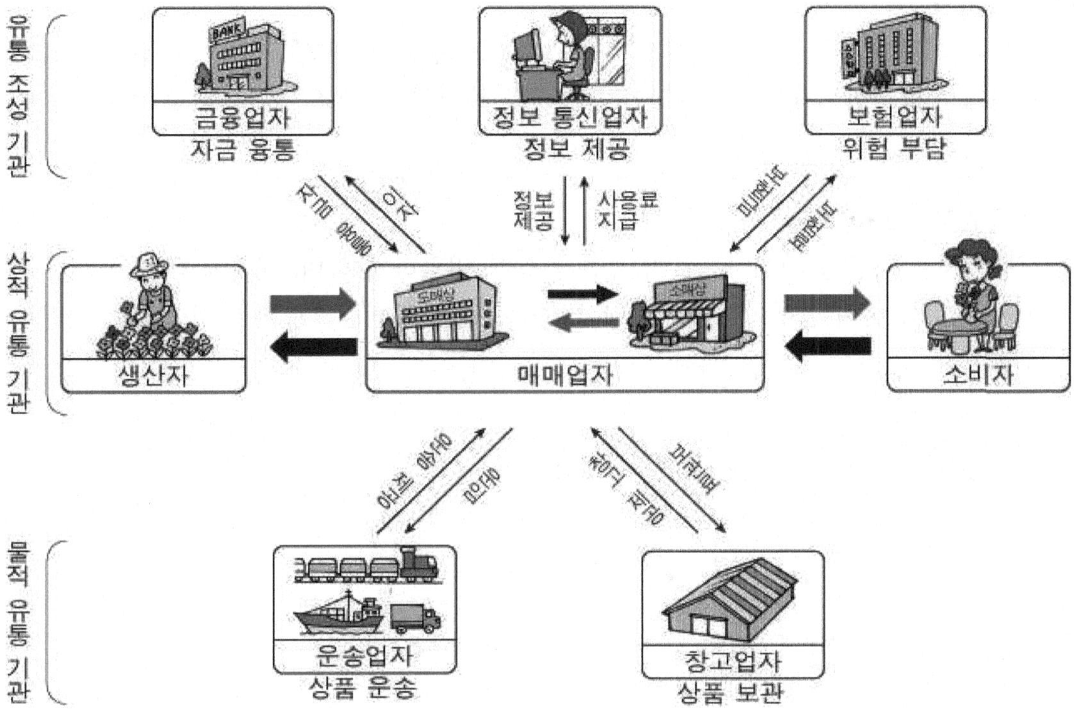

[유통 분류]

3) 유통 담당자

① 제조업자

제조업자는 소비자가 원하는 제품을 생산하여 최종소비자가 사용하는 데 있어서 시간적인 차이가 없도록 해야 한다.

② 도매업자

도매업자는 제조업자와 소매업자 간의 사이를 연결하는 역할을 하는 것을 주 업무로 한다.

③ 소매업자

제조업자나 도매업자로부터 구매한 재화를 최종 소비자에게 판매하는 것을 주된 목적으로 한다.

④ 운송업자

제조업자와 도매업자 사이의 거리, 제조업자 또는 도매업자와 소매업자 사이의 공간적인 차이를 해소하기 위하여 운송로에 따라 운송을 담당하는 자를 말한다.

⑤ 창고업자

재화를 최종소비자가 소비하기까지 보관하는 기능을 담당한다. 이는 생산이나 소비 사이에서 발생할 수 있는 시간적인 불일치를 해소하여, 제조업자와 최종 소비자 사이의 시간적 불일치를 극복할 수 있게 해준다.

⑥ 금융업자와 보험업자

금융업자는 자금을 대여함으로써 유통 기능을 원활하게 하며, 재화에 대한 화재나 사고 등으로 인하여 발생할 수 있는 재산상의 손실을 보전함으로써 안전한 유통 업무를 보장한다.

유통 기관	역 할	예
수집 기관	소량으로 생산하는 농·수산물이나 원료품 등을 수집	매집상, 수집상
중계 기관	교통이 편리한 곳에 있으며, 수집·분산 기관 사이에서 유통을 조절	중계상
분산 기관	수집·중계 기관으로부터 상품을 매입하여 소매상이나 소비자에게 판매	분산도매상, 소매상

[유통 기관]

2 유통 기능

1) 인격적 통일 기능

현재와 같이 기술적 분업이 발달한 사회에서는 일반적으로 재화의 생산과 소비가 인격적으로 다르므로 재화를 생산자로부터 소비자에게 사회적으로 유통해 인격적으로 이전시키는 기능이 필요한데 이를 인격적 통일 기능이라 한다. 인격적 통일 기능은 다수 유통 기관의 활동과 수집과 구매, 분산과 판매, 매매와 소유권 이전 등의 기능에 의해서 이루어진다. 매매란 생산과 소비 사이의 사회적 분리를 극복하기 위하여 생산자로부터 상품을 구매하여 소비자에게 판매함으로써 상품의 소유권을 이전시키는 기본적인 기능을 말한다. 현대의 경제사회에 있어서 인격적 통일 기능으로서의 매매는 상품을 인격적으로 이전시키기 위한 기본적 유통 기능이고 상품과 화폐의 교환 때문에 이전된다. 수집이란 최초의 생산자로부터 상품을 모으는 것이고, 분산적으로 생산된 생산물이나 재화를 사 모으는 것이다. 이와 반대되는 의미로 분산이란 최종의 소비자에게 나눠서 흘러가는 것이며 수집된 상품의 수요에 맞추는 통합적 기능을 가리킨다. 이들 수집 구매 기능과 분산의 판매 기능은 모자라서 생산자로부터 소비자에게로 소유권이 인격적으로 이전

한다.

2) 장소적 기능 : 운송 기능

장소적 통일 기능은 현대 사회의 경제가 발달하면 할수록 상품 및 재화의 생산과 소비 사이의 공간적·장소적 불일치는 점점 확대된다. 이것을 운송으로 극복하고, 사회적 유통을 조성하는 것이 장소적 통일 기능이며 운송이 그 역할을 담당한다.

3) 시간적 기능 : 보관 기능

유통의 시간적 통일 기능이란 상품의 생산 시점에서 소비 시점까지 저장함으로써 상품의 효용 가치를 창조하는 것이다. 그것은 생산·소비의 시간적 간격을 해소하는 기능이며 수급의 시간적 조절 기능이다. 시간적 통일 기능은 보관 기능에 의해서 이루어지는데 보관이란 생산과 소비의 시간적 분리를 극복하기 위해서 상품을 생산 시기에서부터 소비 시기까지 안전하게 관리하는 기능이다.

4) 양적 통일 기능

대부분 상품은 대량생산되고 있지만, 소비 단위는 소량으로 이루어지고 있으므로 생산과 소비의 수량이 일치하지 않는다. 즉, 수량적 불일치가 발생하는데 이러면 수집과 분산을 통한 생산과 소비의 양적 통일 기능이 필요하다. 예를 들면 농산물과 같이 소규모·분산적으로 생산된 상품이 중매인이나 산지의 중개인을 통해서 수집되고, 다시 도매시장을 거쳐서 도매상·소매상을 통해서 많은 소비자에게 분할, 공급되는 것이다.

5) 품질적 통일 기능

유통 기관은 생산자가 공급하는 물품과 소비자가 필요로 하는 물품이 품질적으로 적합하지 않을 때, 이 같은 품질적 거리를 조절하여 인격적인 통일을 수행한다. 품질은 품종, 품질특성, 포장, 스타일, 색상 및 디자인 등으로서 이는 소비자의 요구와 일치하지 않는다. 최근 제조업자들은 ISO 인증이나 국가별 표준규격에 맞추어 생산함으로써 소비자에게 인지도를 높여 거래 기능을 조정하고 있다. 표준화는 상거래 활동을 촉진하여 사회적 유통을 신속화하고, 품질과 가격을 보증함으로써 상거래를 원활히 할 수 있게 하고, 상품거래를 촉진하여 상거래영역을 확대할 수 있게 한다.

6) 금융적 통일 기능

생산자와 유통업자는 소비자에게 상품을 전달하고 그 대가로 화폐를 받는다. 이 경우 화폐의 흐름이 원활하게 이루어질 필요가 있는데 이를 담당하는 기능이 금융적 기능이다. 생산된 상품이 소비자에게 전달되어 매매 업자에게 대금이 회수되기까지 시간적 공백이 발생하게 되는데 이때 금융이 자금이 필요한 사람에게 융통해 줌으로써 생산과 매매의 성립을 쉽게 하고 거래의 확대를 도모할 수 있도록 하는 역할을 한다.

7) 위험부담 기능

상품이 생산자에게서 소비자에게 유통되는 과정에 있어서 물질적 위험이나 경제적 위험이 생긴다. 이들의 위험은 상업 기관이 부담하므로 이것을 위험부담의 기능이라고 한다.

위험부담은 물리적 위험과 경제적 위험으로 나뉜다. 물리적 위험이란 상품의 유통과정에 있어서 생기는 천재, 지변, 풍수해, 화재, 홍수, 도난, 상품의 파손 등에 의한 상품의 물리적·화학적 변화가 생기는 상품의 품질 저하를 일컫는다.

경제적 위험은 가격 변동이 수반되는 것이고 시황의 변동, 경쟁 조건의 변화, 법률상의 변화에 따라 상품의 가격이 변동되거나 신용거래로 대손이나 어음부도 등이 발생하는 경우를 말한다.

물리적 위험은 상품관리의 적정화에 의해 어느 정도 방지하는 것이 가능하지만 자연 및 인위적인 우발적 사고는 방지할 수 없다. 또한, 경제적 위험의 경기변동, 신용거래에 따른 위험 등에 대해서 유통 기관은 가능한 한 방지에 힘써 위험이 전가되지 않도록 하는 대책이 필요하다.

위험부담은 주로 보험에 의해서 해결되는데 보험이란 유통 과정상의 사고로 인한 상품 파손, 천재지변 등의 위험을 부담하여 생산이나 매매 업무가 안전하게 이루어질 수 있도록 하는 것이다.

8) 시장정보 기능

유통 기관은 소비자의 욕구나 요구를 조사하여 그 수요에 적합하도록 소비자 지향의 철저한 준비를 진전시켜 제품 계획이나 개발을 적극적으로 추진하며, 생산자를 지도해야 한다. 특히 현대는 시장에 있어서 정보의 수집 분석, 해석, 전달을 정확히 행하여 생산자와 소비자에 대한 정보전달 기능이 유통의 기능으로서 중요시되고 있다. 생산자의 의사정보를 소비자에게 전달하고 반대로 소비자의 의사정보를 생산자에게 전달하는 것을 정보 제공의 기능이라 한다.

생산자는 소비자의 욕구나 필요를 알 수 없고 반대로 소비자는 생산자의 활동이나 동향을 알 수 없다. 그러므로 양자 간의 정보를 수집하고 전달하여 상호 의사소통을 원활하게 해주는 기능이 필요하게 되었고 물적 유통을 원활하게 하여 비용을 절감하고, 고객 서비스를 향상하기 위해서 정보통신이 절대적으로 필요하게 되었다.

구분	주요 내용
매매	생산과 소비 사이의 사회적 분리를 극복하기 위해 생산자로부터 상품 구매, 소비자에게 판매함으로써 상품 소유권을 이전 기능
운송	상품을 생산지로부터 소비지까지 물량 이동시키는 운반과 배송, 제반 효용성 창출을 통한 가치향상과 이익 도출과 관련된 행위
보관	상품을 물리적으로 저장/관리하는 경제행위. 상품 저장뿐 아니라, 생산과 소비의 시간적 분리 극복, 저장된 상품 가치 유지와 향상. 미래 소비를 위해 생산시간 및 장소의 효용을 창출 기능
금융	생산자나 매매 업자에게 대금이 회수되기까지는 시간적 공백이 생기게 된다. 자금을 융통해 줌으로써 생산과 매매의 성립을 쉽게 하고, 거래 확대 도모 기능
보험	유통 과정상 운송 중의 사고에 의한 상품의 파손, 천재지변, 보관 중의 도난, 소실, 가격 하락 등 위험을 부담하여 생산과 매매 업무가 안전하게 이루어질 수 있도록 하는 기능
정보통신	매매(賣買), 운송(運送), 보관(保管) 등 유통 기능 신속 효율적 역할 담당. 컴퓨터와 통신 기술의 발달로 더 활발해지는 기능

[유통 세부 기능]

3 소매업 이해

1) 업종과 업태 개념

업종이란 업태 중에서 세분된 사업의 분류를 뜻한다. 즉, 영업 또는 사업의 소매업 형태로써 '무엇을 판매하고 있는가(What to sell)'를 의미한다. 구체적으로 소매기업이 취급하는 주력상품의 총칭이며, 무엇을 주력으로 판매하고 있느냐 하는 것을 나타낸다. 업태란 한국표준산업 분류상 영업의 종류 중 대분류에 속하는 것으로 가격대와 집화 형식으로 기업을 분류하는 것이다. 즉, 영업 또는 기업의 소매업 형태로써 '어떠한 방법으로 판매하고 있는가?'의 의미이다. 업태는 판매 방식을 의미하는 때도 있고, 상품에 있어서 대중 실용품, 입지, 조직을 의미하는 때도 있다. 즉, 가격대의 차이로 분류한 것을 말한다. 업태는 구체적으로 상품계열별, 취급 상품의 가격대별, 판매 방법별, 시스템 통제 방법 등에 따라 다양한 형태로 나타난다.

구 분	업종(業種, kind of business)	업태(業態, type of management)
의 미	상품을 만드는 방법을 중심으로 한 분류	상품의 사용 방법을 중심으로 한 분류
	상품군 특성에 의한 분류 (무엇을 파는가)	판매방법, 경영방법, 영업전략의 차이에 의한 분류 (어떤 판매방법을 쓰는가)
관 점	제조업자 관점에서 특정 상품을 취급하는 차이에 의한 분류	소비자 생활방식의 다양한 변화에 대응한 판매방법의 유형에 의한 분류
종 류	의류점, 정육점, 가구점, 가전 판매점 등	백화점, 편의점, 할인점, 카테고리 킬러 등

[업종과 업태 비교]

2) 유통기구 분류

① 유통기구

유통 시스템 또는 유통구조 마케팅이라고도 하며, 각종 유통 기관이 사회 내에서 상호 연관성을 가지고 유통 기능을 수행할 때 형성되는 전체적·유기적 조직을 말한다. 다시 말하면 유통기구란 분업 관계 때문에 필요한 기능을 수행하고 있는 유통 기능 담당자(기관)를 구성원으로 하는 사회적 구조이다.

② 유통단계 구조

유통 경로상에 개재하고 있는 개별주체의 수에 따른 차원이다. 예를 들면 생산자로부터 소비자까지의 직접 유통이 이루어질 때는 2단계이며 그 중간에 소매상을 거칠 때는 3단계의 유통단계 구조이다. 유통단계 구조에는 수집·중계·분산 단계 구조와 도·소매 구조의 두 가지가 있으며 또한 단계의 수에 따라 유통의 우회성이 결정된다.

③ 유통기구의 구성 요소

개별주체가 재화의 유통을 위해 수행하는 활동이 유통 기능이다. 이러한 활동은 특정의 수행 형태를 가지고 있다. 기능별 접근 때문에 유통구조를 인식할 경우, 흔히 수집 기구, 중계 기구, 분산 기구로 나누어 볼 수 있다.

㉠ 수집 기구

분산적인 소규모·소량 생산이 이루어질 때 특히 발달하게 되는 조직으로서 농산물 및 수산물과 같은 자연 제약적 추출 산업의 생산품 및 중소기업상품의 유통에 필연적으로 수반되는 기구이다. 따라서 수집 기구란 소량으로 분산하여 생산되는 농수산물, 원재료, 가내공업 상품 등을 제조업체, 유통 기관과 도매시장에 공급하는 기구를 말한다. 이에는 상품을 모으는 역할을 주로 하는 집화 기관과 상품을 출하하는 출하 기관 그리고 양자를 병행하는 공동판매 기관이 있다.

㉡ 중계 기구

수집된 상품이 분산되기 전에 거쳐 가는 유통기구를 말한다. 중계 기구의 예로 대규모 도매시장을 들 수 있는데, 중계 기구는 수집 기구와 분산 기구를 연결하는 역할을 한다.

㉢ 분산 기구

수집 기구를 통해 모이고 중계 기구를 통해 대량화된 상품이 소비자들에게 분산되어 가는 유통기구다. 보통 도매상과 소매상이 분산 기구에 속하는 유통기구라고 할 수 있다.

3) 소매업 의의

소매업이란 "소비재를 타인으로부터 조달하거나 스스로 제조하여 소비자에게 최종적으로 판매하는 일을 주 업무로 하는 유통업"이라고 정의할 수 있다. 소매업은 경제재의 분류에 있어 소비재를 취급하는 판매 경영체이다. 넓은 의미의 소매업은 제품과 서비스를 판매하는 모든 기관을 가리키며, 좁은 의미의 소매업은 제품을 판매하는 기관만을 포함한다.

4) 소매업의 소비자에 대한 기능

① 올바른 상품을 제공하는 역할

생산 부문에서 공급되는 많은 상품 가운데 소비자에게 추천할 수 있는 품질이 우량하고 가격이 적정한 상품을 엄선하여 소비자가 안심하고 선택할 수 있는 상품을 준비하는 일이다.

② 적절한 상품 구색을 갖추는 역할

소매업은 소비자 요구에 맞추어 다양한 상품의 구색을 갖추도록 노력하여야 하며, 특히 소비 욕구의 개성화·다양화가 진전되고 있는 오늘날에서는 이러한 소매업의 역할이 더욱 중요해지고 있다.

③ 필요한 재고를 유지하는 역할

소매업은 사회·경제적 기능의 하나로서 개개의 소비 욕구에 기민하게 대응할 수 있는 자세가 필요하고 적절한 재고의 확보·유지가 요구된다.

④ 상품 정보·유행 정보·생활 정보를 제공하는 역할

소매업은 단순히 유형재(有形財)인 상품의 판매 기능만을 수행하는 것이 아니고 상품 정보, 유행 정보, 생활 정보라는 무형(無形)의 가치도 아울러 공급해 준다.

⑤ 쇼핑 장소를 제공하는 역할

소매업의 종류에는 방문판매나 통신판매와 같은 무점포 판매도 있지만, 아직 소매 판매 대부분은 특정 위치에 점포를 차려놓고 소비자를 맞이하는 점포 판매 방식에 의존하고 있다. 특정 지역의 특정 지점에 점포를 설치한다는 것은 바로 그 지역의 소비자에게 적절한 쇼핑의 장소를 제공하는 것이다.

⑥ 쇼핑 즐거움을 제공하는 역할

소비자는 각종의 폭넓은 상품과 신뢰할 수 있는 정보의 제공을 요구하고, 접근하기 쉬운 점포의 위치 조건과 점포 내외에 있어서 즐거운 분위기를 기대하기도 한다. 따라서 소매점은 인적 요소와 물적 요소를 잘 조화·균형되게 함으로써 충실한 쇼핑환경이 되도록 노력하여야 한다.

⑦ 쇼핑 편의를 제공하는 역할

소매업 형태, 입지 조건, 경영정책 등에 따라 소매업은 배달, 애프터서비스, 신용제공, 반품 허용, 주차시설 등의 서비스를 고객에게 제공한다. 이러한 서비스의 제공은 유료도 있으나, 고객의 편의를 도모함으로써 쇼핑의 원활화를 기할 수 있고, 소비자의 관점에서 소매업의 사회적 존재 의의를 높이는 요인으로 작용하기도 한다.

⑧ 구매 환경 형성

소매상에 있어서는 내점한 고객의 구매 확률과 구매량을 높이는 것이 중요하다. 그러기 위해서는 고객들이 쾌적하고 즐겁게 또한 만족스러운 구매 행동을 할 수 있도록 점포 분위기나 점포 이미지 등의 구매 환경을 매력적으로 조성해야 한다. 이러한 구매 환경의 주요 요인들은 점포의 외관 및 내부 실내장식, 편리한 동선 배치, 기분 좋은 접객 서비스 및 점원 자세, 넓고 쾌적한 매장, 주차장 및 부대 시설, 예상 고객과 점포 특성과의 조화 등이 지적될 수 있다.

⑨ 가격설정

소매상은 반입한 물품에 대해 적정 폭의 중간이윤을 붙여 소매 가격을 결정하게 된다. 이때 고객흡인력을 높이기 위해 다른 경쟁점포보다 조금이라도 낮은 가격을 책정하는 것이 필요하다.

5) 소매업의 생산 및 공급업자에 대한 기능

① 판매 활동을 대신하는 역할

소매업은 소비자에 대한 판매를 전문화함으로써 생산업자나 도매업자가 각자 본연의 업무에 전념할 수 있도록 한다.

② 올바른 소비자 정보를 전달하는 역할

소매업은 상품에 대한 소비자의 여러 가지 요구(가격, 품질, 성능, 디자인 등)에 관한 최신 정보를 생산자나 도매업자에게 전달한다. 유통경로의 흐름으로는 소매업은 소비자에 가장 가깝게 있으며, 소비자와의 접촉이 생산업자나 다른 유통 기관보다 월등히 많다. 따라서 소매업은 소비자에게 물건을 판매하는 과정에서 소비자들의 충족되지 않은 욕구를 누구보다 잘 파악할 수 있으며, 이렇게 파악된 최신 정보를 다음 구매 때나 그 밖의 접촉을 통해서 생산 및 공급업자에게 전해주는 임무를 수행한다.

③ 물적 유통 기능을 수행하는 역할

소매업은 상품의 구매 시점부터 판매 시점까지 물건을 보관하여야 하고, 이에 따르는 각종 위험과 비용을 부담해야 한다. 때에 따라서는 소매업이 운송과 설치 기능을 수행하기도 하는데, 소매업의 이러한 물적 유통 기능이 도매업자나 생산자의 부담을 덜어주게 되는 것이다.

④ 금융 기능을 수행하는 역할

유통과정에서 상품의 흐름과는 반대 방향으로 대금 지급이 이루어지고 이 과정에서 소매기관은 금융 기능을 수행하게 된다.

⑤ 촉진 기능을 수행하는 역할

소매업은 자신들의 판매실적을 올리기 위해 자체적으로 소비자들에게 광고와 판매촉진 활동을 하게 되는데, 이러한 활동은 간접적으로 생산 및 도매업자들의 판매촉진 활동을 도와주게 되어 그들의 노력을 덜어주는 효과가 있다.

⑥ 생산 노력을 지원하는 역할

아무리 우량한 상품이 생산되어도 그것이 유통단계에서 원활하게 판매되지 않아 소비자의 수중에 도달되지 않으면 생산 부문의 노력은 쓸모없게 되고 개발 비용도 낭비가 되기 때문에, 소매업은 제조 단계의 경제활동을 그들의 판매 활동이라는 과정을 통하여 지원하는 중요한 역할을 담당하고 있다.

4 소매상 진화 발전 이론

1) 소매상 수레바퀴 이론(Wheel of Retailing)

하버드 경영대학원 말콤 맥나이어 교수는 1958년 '소매업 수레바퀴(wheel of retailing)'라는 가설을 발표한다. 사회·경제적 여건이 변화됨에 따른 소매상의 진화와 발전을 설명하는 대표적인 이론이다. 이 이론에 따르면 새로운 형태의 소매점은 시장 진입 초기에는 저가격, 저 서비스, 제한적 제품 구색으로 시장에 진입한다. 그러나 점차 동일 유형의 새로운 소매점들이 진입하여 이들 사이에 경쟁이 격화되면 경쟁적 우위를 확보하기 위하여 더욱 세련된 점포 시설과 차별적 서비스의 증가로 성장기에는 고비용, 고가격, 고서비스 소매점으로 위치가 확립된다. 이 결과 새로운 유형의 혁신적인 소매점이 저가격, 저수익, 저 서비스로 시장에 진입할 수 있는 여지를 제공하게 되고, 이 새로운 유형의 소매점 역시 위와 같은 과정을 따르게 된다는 것이다. 역사적으로 볼 때 소매점은 전문점 → 백화점 → 할인점 순으로 등장하여 이 이론이 부분적으로 입증되었지만, 후진국의 경우는 이런 모든 유형의 소매점이 동시에 또는 순서가 뒤바뀌어 도입되기도 하였다. 한계점은 신규업태의 태동과 발전에 대해 기존 업태의 반응을 무시했고, 고가격·고회전율, 저 서비스 특징의 편의점(CVS)은 소매 수레바퀴 가설로 설명이 어렵다.

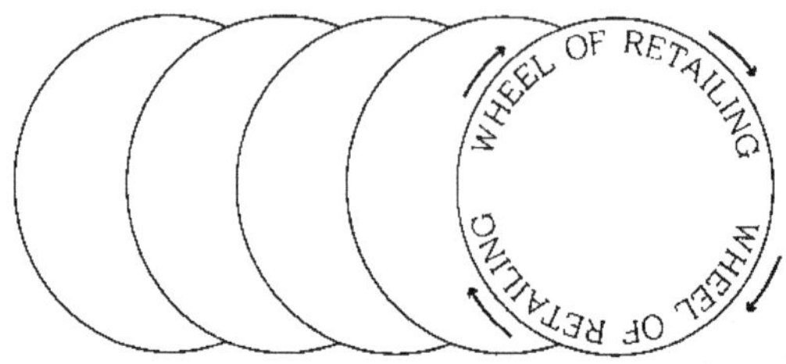

구 분	도입기	성장기	쇠퇴기
성격	혁신적 소매상	전통적 소매상	성숙 소매상
시장 지위	진입	성장	쇠퇴
영업 특성	·저가격 ·최소의 서비스 ·점포시설 미비 ·제한적인 상품 구색	·고가격 ·차별적인 서비스 ·세련된 점포시설 ·다양한 상품 구색	·고가격, 고비용, 대자본 ·고품질, 고서비스 ·투자수익률(RIO) 감소 ·부수주의 경영

[소매상 수레바퀴 이론 변화 단계별 특징]

2) 소매점 아코디언 이론(Retail Accordion Theory)

홀랜더(S.C. Hollander) 교수가 주장한 이론으로서 소매점의 진화 과정을 소매점에서 취급하는 상품 믹스로 설명한다.

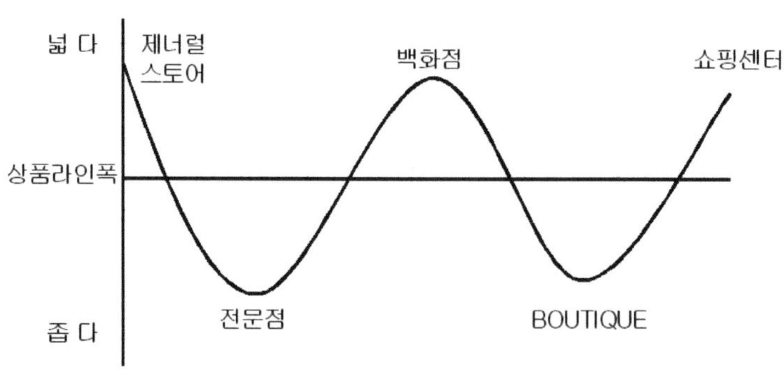

[소매점 아코디언 이론]

소매점은 다양한 상품 구색을 갖춘 점포로 시작하여 시간이 지남에 따라 점차 전문화된 한정된 상품계열을 취급하는 소매점 형태로 진화하며, 이는 다시 다양하고 전문적인 제품 계열을 취급하는 소매점으로 진화해 가는 것으로 보며, 그 진화 과정, 즉 상품 믹스의 확대 → 수축 → 확대 과정이 아코디언과 유사하여 이름이 붙여진 이론이다. 이 가설은 저관여 상품 소매업태와 고관여 상품 소매업태의 발전 과정을 구분하지 못한 결정적인 한계를 지니고 있다.

3) 변증법적 과정 이론(Dialectic Process)

헤겔의 변증법인 정(thesis) → 반(antithesis) → 합(synthesis)에 기초한 이론으로, 소매점의 진화 과정을 변증법적 유물론에 근거하여 해석하고 있으며, 기스트(Ronald Gist)가 주장한 이론이다. 고가격, 고마진, 고서비스, 저회전율 등의 장점을 가지고 있는 백화점이 출현하면 이에 대응하여 저가격, 저마진, 저서비스, 고회전율 등의 반대 장점을 가진 할인점이 나타나 백화점과 경쟁하게 되며, 그 결과 백화점과 할인점의 장점이 적절한 수준으로 절충되어 새로운 형태의 소매점인 할인 백화점으로 진화해 간다는 이론으로 소매점의 진화 과정을 정반합과정으로 설명한다.

4) 소매상 수명주기이론(Retail Life Cycle Theory)

소매상 수명주기이론은 제품 수명주기이론과 같이 소매점 유형이 도입기 → 성장기 → 성숙기 → 쇠퇴기의 단계를 거치게 된다는 것이다. 즉, 새로운 소매점 유형은 도입 초기에 높은 성장률과 성장 가능성을 보유하게 된다. 근래에는 소비자의 욕구 다양화와 경쟁 심화로 인해 소매점의 수명주기가 점차 단축되고 있다.

	도입기	성장기	성숙기	쇠퇴기
판매량	저	고성장	저성장	쇠퇴
이익	극소	급성장	정점	낮거나 없음
현금유입	(-)	보통	고	저
고객	혁신층	대중층	대중층	보수층
경쟁사	소수	증가	다수	감소
전략의 초점	시장확대	시장침투	점유율 유지	생산성(비용)
마케팅 비용	고	고(비율하락)	하락	저
마케팅 초점	제품고지	상표애호도	상표애호도	선택적
유통경로	확보단계	집약적(구축)	집약적(강화)	선택적
가격	고	저	최저	유지, 인상
제품	기본적	개선	차별화	불변

[소매점 수명주기이론 단계별 특징]

5) 소매기관 적응 행동 이론(Adaptive Theory)

소매변천 원인을 환경적 변수에서 찾고 있는데 소매기관을 둘러싸고 있는 환경변화(소비자의 구매 행동, 구매 욕망, 과학기술, 환경 등)에 가장 효율적으로 적응할 수 있는 소매상만이 살아남아 번창한다. 위기 상황이 발생하면 이에 적합한 새로운 소매업태가 등장하여 이를 극복하면서 발전한다는 이론이다.

6) 진공 지대 이론(Vacuum Zone Theory)

기존의 소매업태가 다른 유형의 소매로 변화할 때 그 빈자리, 즉 진공 지대를 새로운 형태의 소매업태가 자리를 메운다는 이론이다. 원래의 가격과 서비스 수준을 제공하던 점포의 특색이 없어진다고 해서 진공 지대이론이라 한다. 진공 지대이론은 같은 시장에 소비자집단이 있다는 것을 가정하고 있다. 특정 제품 계열의 상품을 판매하는 복수의 소매점이 있고, 이들 소매점이 제공하는 서비스 정도는 각각 다른 수준에서 행해지고 있다. 서비스의 제공은 그 점포의 평균 판매 가격 수준에 반영되어 서비스가 고도화될수록 그만큼 가격은 높아지고, 반대로 서비스가 낮아질수록 그만큼 가격은 낮아진다. 이러한 이론을 배경으로 하여 국내에서도 가격파괴의 선두 주자인 E마트 등이 유통 업태의 진공 지대를 파고드는 틈새 전략으로 출발하여 상당한 점유율을 획득하였다.

5 소매업태별 유형과 특성

1) 백화점(Department Store)

선매품(選買品)을 중심으로 생활필수품, 전문품에 이르기까지 다양한 상품계열을 취급하며, 대면판매, 현금정찰 판매, 풍부한 인적·물적 서비스로써 판매 활동을 전개하는 상품계열별로 부문 조직화한 대규모 소매기관이다. 백화점 특성은 현대적인 건물과 시설을 갖추고 있다. 대량 매입의 경제성을 추구한다. 기능별 전문화에 의한 합리적 경영을 추구한다. 균형 있는 상품 구성과 다양한 서비스를 제공한다. 엄격한 정찰제를 시행한다. 대량 판매촉진과 명성을 배경으로 한 고객 유치 및 강력한 재정 능력을 갖추고 있다. 백화점 성장 요인은 유리한 경쟁 조건으로 슈퍼마켓이 활성화되기 전에는 백화점 이외의 근대적 대형 소매점은 존재하지 않았다는 점이다. 유리한 입지 조건이 백화점의 성장에 큰 몫을 담당하였다. 원래 소매업을 입지 산업이라고 일컫는 바와 같이 그 입지 조건은 당해 소매업의 발전에 있어서 빼놓을 수 없는 요인이 된다. 강력한 스토어 로열티(Store Royalty)가 백화점 발전에 크게 공헌해 왔다. 오늘날과 같이 제조업체의 매스컴 광고가 발달하지 못했던 시대에는 소비자의 판매 장소 선택은 점포에 대한 신용이나 점포의 고객에 대한 친절 등이 기준이 되었는데 바로 이러한 사실이 대형 소매점인 백화점의 발전을 촉진했다. 가처분 소득의 증가로 소비자 생활 방식(Life style)이 고도화·개성화·차별화·소비의 다양화가 되었다. 정보화 사회의 진입에 따라 각종 정보 통신수단을 통해 소비자에게 상품정보를 신속하게 전달하는 대중매체의 발전과 정보화의 진전이 있었다. 다양한 상품의 구색 갖추기와 저렴한 자사 상표 개발, 각종 서비스를 제공하였다.

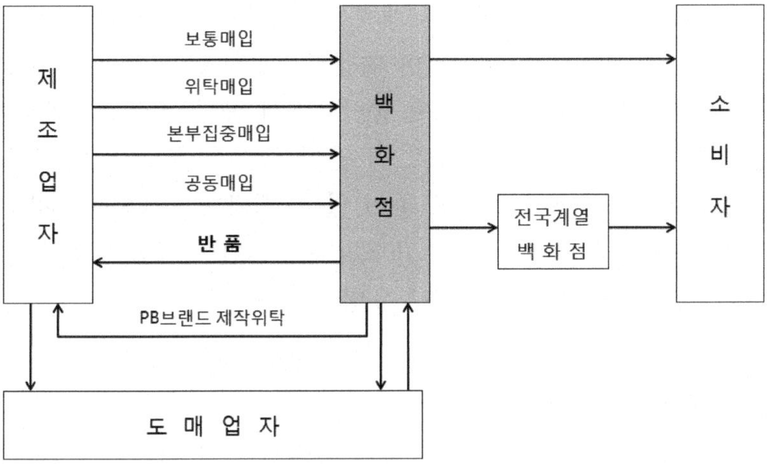

[백화점 유통]

2) 슈퍼마켓(Supermarket)

슈퍼마켓(Supermarket)은 세분된 셀프서비스 점포이며, 넓은 범위의 음식과 가정 물품을 제공한다. 크기가 큰 편이며, 일반 식품점보다 선택 범위가 넓으며, 하이퍼마켓보다는 작다. 슈퍼마켓은 보통 농산물, 낙농업 제품, 구운 음식을 캔이나 포장 형태로 선반 위에 올려 두어 취급한다. 진공청소기, 약제품, 애완동물용 제품과 같이 음식이 아닌 품목도 많이 취급한다. 슈퍼마켓 대부분은 허가된 곳에서는 술, 청소 도구, 약, 옷과 같은 일상적으로 소비되는 물품을 많이 판다. 전통 슈퍼마켓은 1층의 넓은 공간을 차지하며 소비자의 편리를 위해 주거 지역 근처에 위치한다. 기본 목표는 물품의 선택권을 넓히고 상대적으로 낮은 가격으로 파는 것이다. 다른 이점으로는 주차하기가 쉽고, 장을 보는 시간이 저녁까지 늘어난다는 점이다. 슈퍼마켓은 보통 신문이나 디스플레이를 통해 광고한다. 슈퍼마켓은 체인점의 일부가 되거나 프랜차이즈 형식처럼 같은 지역의 다른 슈퍼마켓을 담당하기도 한다. 이것은 또한 규모의 경제에 대한 기회를 늘려 준다. 슈퍼마켓의 특성은 셀프서비스와 자기 선택식 진열, 보통 체크아웃 카운터(Checkout Counter)에의 고객서비스의 집중화, 저가격 소구(訴求), 넓은 구색과 다양한 상품 등이다.

3) 쇼핑몰(Shopping Mall)

쇼핑몰은 넓은 의미로 쇼핑센터의 한 유형이며, 쇼핑센터에 포함되는 것이라 볼 수 있다. 도심 지역의 재활성화를 위하여 도시 재개발(Urban Development)의 목적으로 형성된 새로운 쇼핑센터의 유형으로서 폐쇄형 몰(Enclosed Mall)의 형식을 취한다. 이 도심몰 형태의 쇼핑센터는 황폐해져 가는 도심으로의 고객 흡인을 가능하게 하고, 유류 부족 시에는 도심에 올 때 대중교통 수단을 이용하는 것이 효율적이며, 직장, 오락 및 구매 등의 기능을 모두 제공하는 도시 생활에 매력을 느끼는 맞벌이 부부 가족에 소구하고 있다. 쇼핑몰 종류는 두 가지로 나누어지며 폐쇄형 몰(Enclosed Mall)은 쇼핑센터의 모든 점포를 하나의 지붕과 건물 안에 수용하고 중앙부에서 공기 조절을 함으로써 전천후 구매환경을 제공할 수 있도록 한 몰(Mall)로, 이 안에서는 주 통로가 각 점포를 이어주고, 광장이나 분수 및 나무가 있으며 의자도 놓여 있다. 개방형 몰(Open Mall)은 각 입주 점은 연동식으로 된 독립 점포를 가지며, 소규모의 전문점만이 공통의 건물 안에 수용되는 몰(Mall)로, 옥외의 통로에 대해 개방적인 유형이다.

4) 전문점(Specialty Store)

특정 범위 내의 상품군을 전문으로 취급하는 소매점을 말한다. 즉, 전문점이란 상품에 대한 전문적 품종 갖춤과 전문적 서비스를 고객에게 제공하는 점포라고 할 수 있다. 취급하는 제품 계열이 한정되어 있으나 해당 제품 계열 내에서는 매우 다양한 품목들을 취급한다. 전문점은 가전, 오디오, 의류, 악기, 스포츠용품 등을 판매하는 점포들이 있으며, 취급하는 제품 계열의 폭의 정도에 따라 세분화가 가능하다. 특히, 가격에 수준에 따라 특정 상품 부문에 전문화하고 그 상품은 타 점포보다 다양하고 풍부한 상품과 저가격 수준을 유지하는 소매점으로 저가 상품을 취급하는 카테고리 킬러형 매장과 아울렛 등을 포괄적으로 할인전문점이라고 부르기도 한다. 전문점 특징은 제한된 상품·업종에 대해서 다양한 품목을 골고루 깊이 있게 취급한다. 우수한 머천다이징 능력을 바탕으로 하여 소비자 요구에 보다 부응할 수 있는 개성 있는 상품, 차별화된 상품을 취급한다. 풍부한 상품지식의 전달, 호감을 줄 수 있는 예의, 매력 있는 점포 구성과 진열, 특색 있는 판매기법, 그리고 매력적인 광고를 통해 전문적인 서비스를 고객에게 제공한다.

5) 할인점(DS : Discount Store)

할인점(Discount Store)이란 표준적인 상품을 저가격으로 대량 판매하는 상점으로, 특정의 제품을 일시적으로 가격을 인하하여 판매하는 것이 아니라 모든 제품에 대하여 상시로 싼 가격(EDLP : Every Day Low Price)으로 파는 소매점을 말한다. 식품과 일용 잡화 등 소비재를 중심으로 한 중저가 브랜드 중 유통 회전이 빠른 상품을 취급하며, 묶음(Bundle)이나 상자 단위로 판매하는 것이 특징이며 철저한 셀프서비스를 통해 저가격으로 대량 판매하는 업태이다. 생산자로부터 물품을 대량으로 구매해 판매하는 방식으로 시중 가격보다 최소 10%에서 최대 30%까지 낮은 가격으로 판매하는 유통업체를 말한다. 외국의 경우, 창고형 방식·회원제를 도입하여 운영하고 있으며, 대한민국에서는 할인점이라기보단 대형마트(Super Store) 방식으로 운영하고 있으며, 할인점의 형태에 따라 소형, 중형, 대형으로 구분한다. 할인점 특성으로는 저가격으로 판매를 한다. 저가격의 저품질 상품을 판매하는 것이 아니라 표준적인 브랜드 상품에 중점을 둔다. 셀프서비스 방식으로 상품을 판매한다. 이는 원가의 절감이라는 측면에서 시작되었는데, 백화점 등이 판매원의 고용으로 인한 비용을 지출하는 데 반해서 할인점은 판매원을 통한 편익을 포기하는 대신에 이를 가격으로 보상하려는 전략을 사용하여 셀프서비스가 일반적이다. 대량판매를 한다. 할인점은 낮은 마진율로 박리다매에 의한 대량판매 형식을 취하는 데, 이는 대량 구매를 통해서 구매력을 신장시킬 수 있고, 아울러 상품의 회전을 빠르게 함으로써 재고비용의 감축을 가져올 수 있다는 장점이 있다.

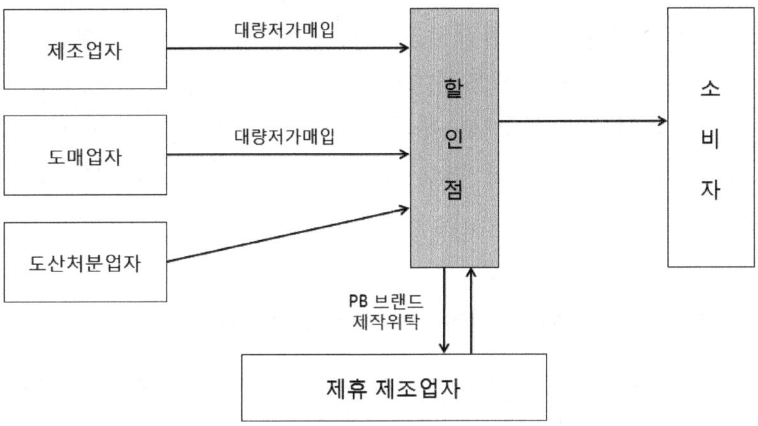

[할인점 유통]

6) 편의점(CVS : Convenience Store)

편의점이란 보통 편리한 위치에 자리 잡아 장시간 영업을 하며, 한정된 수의 품목만을 취급하는 식품점이다. 우리나라의 경우는 식료품 위주로 대면판매 방식 또는 셀프서비스 방식에 의하여 판매하는 소매 점포로서, 연쇄화 사업자가 직영하거나 연쇄화 사업자와 가맹계약을 체결한 소규모 점포로 규정하고 있다. 편의점은 연중무휴로 장시간의 영업하고 소규모의 점포에 있어 주로 식료품, 잡화 등 다수의 품종을 취급하는 형태의 소매점이다. 편의점 기본 조건은 입지 편리성으로 근린형으로 거리상 가까운 곳에 자리 잡아 고객이 일상적 구매를 손쉽게 할 수 있다. 시간적 편리성으로 영업시간(24시간)이 길어서 언제든지 필요에 따라 구매할 수 있고 가까우므로 구매 소요 시간도 적게 든다. 상품 구색 상의 편의성으로 식료품 및 일용 잡화 등을 중심으로 한 상품 구색에 의해 일상생활이나 식생활의 편의성을 제공한다. 우호적인 서비스로 슈퍼마켓에서는 맛볼 수 없는 대인적인 친절한 서비스를 제공한다.

7) 전문 할인점

전문 할인점은 신유통 업태로서 고객에게 제공하고자 하는 상품이나 서비스를 전문화한 소매기관을 의미한다. 특정 상품계열에 대하여 매우 깊이 있는 상품 구색을 갖추어 고객에게 최대한 선택의 기회를 주고자 하는 것이다. 즉, 취급하는 특정 상품계열에 대하여 다양한 상표, 크기, 스타일, 모델, 색상 등을 갖추고 고객의 취향에 맞는 상품을 선택하도록 하는 점포이다. 카테고리 킬러(Category Killer)는 할인형 전문점으로서 특정한 상품계열에서 전문점과 같은 상품 구색을 갖추고 저렴하게 판매하는 것을 원칙으로 한다. 카테고리 킬러는 대량판매와 낮은 비용으로 저렴한 상품가격을 제시한다. 체인화로부터 오는 규모를 살려서 원가를 절감하고 있다. 의류의 경우에는 재고품이나 하자품을 파는 일도 있으나 대부분 유명브랜드를 판매하고 있다. 취급하는 상품은 주로 완구, 스포츠용품, 가전용품, 자동차용품, 레코드, 사무용품 등이다. 국내에서는 전자제품 전문점 '하이마트'가 선두 주자이다. 그 외 문구·사무용품 전문점인 '링코', 와인 전문 매장인 '와인나라' 등이 있다.

8) 회원제 도매클럽(MWC : Membership Wholesale Club)

회원제 도매클럽은 창고형 도소매클럽(Membership Warehouse Club)이라고도 하며 회원으로 가입한 고객만을 대상으로 판매하는 업태이다. 매장은 거대한 창고형으로 꾸며지고 실내장식은 보잘것없으며 진열대에 상자째로 진열하고 고객이 직접 상자 단위로 구매함으로써 할인점보다도 20~30% 정도 더 싸게 판매하는 업태이다. 회원제도는 정기적이고 안정적인 고객층의 확보라는 측면과 회비를 통한 중간이윤의 감소가 가능하다는 장점이 있게 된다. 회원제 도매클럽이 성공할 수 있었던 가장 큰 이유는 정상적인 상품을 시중가보다도 약 30~50%나 싸게 판매한다는 것이다. 이렇게 저렴한 가격으로 물건을 팔 수 있는 것은 철저한 저 경비 운영과 8~9%의 낮은 판매마진율, 현금 판매와 함께 회원들로부터 받는 회비를 자금 운용에 활용하기 때문이다. 제품 품목 수가 2,800~4,000개 정도로 그 품목이 굉장히 한정되어 있으나 소비자들이 주로 구매하는 제품들 대부분이 상표 충성도가 높지 않은 일용품들이 많으므로 대표적인 품종의 구색만으로도 대부분 소비자를 만족하게 할 수 있다. 취급 제품은 제품의 보존성과 소모성이 높고 비교적 단가가 낮은 일용품이 중심이 되는데, 의류의 비중이 상대적으로 낮은 대신에 식품의 비중이 높아서 30~40% 정도가 된다. 대체로 독립입지의 상업지역에 자리 잡으며, 점포 면적은 대략 3,300평 정도 된다. 점포 모양은 창고와 같아서 점포 안의 높이가 4~5m 되는 공간에 바닥은 콘크리트로 되어 있고, 철골로 만들어져 있는 집기들에 제품들이 입고된 것과 같은 형태인 박스의 형태로 진열되어 있다.

9) 아울렛(Outlet)

아울렛은 오프 프라이스 스토어(Off-price store : O.P.S)로 불리며 쇼핑센터의 핵점포로 출점하여 제조업체와 백화점의 비인기 상품, 이월 상품과 재고품 등을 자사 명의로 30~70% 정도로 대폭적인 할인가격으로 판매하며 수십 개 도는 수백 개의 동종점포가 출점하여 쇼핑센터를 이루는 셀프서비스 형태의 상설 할인 소매업태이다. 아울렛은 당초에 메이커의 직영점으로 출발해 공장 근처에서 과잉 생산품을 염가에 판매하는 소매점이었으나, 최근에는 타 메이커의 상품이나 타 소매점에서 팔고 남은 물건도 할인하여 판매하는 점포를 의미한다. 아울렛의 취급 상품은 팔고 남은 것이 대부분이므로 구색도 충분치 않고 입지 조건도 유리한 편은 아니나, 저가격이라는 장점이 있어 많은 고객이 몰리고 있으며 불리한 입지를 택한 것은 입주점포의 메이커가 자사의 기존 소매망과의 경합을 회피하려는 목적 때문이다.

10) 무점포 소매점

시장이나 점포에 직접 가지 않고도 집에서 전화 한 통이나 버튼 하나면 상품을 구매할 수 있는 무점포 소매 방식(Non-store Retailing)이 최근 마케팅의 중요한 분야로 자리 잡고 있다. 거리와 시간, 장소, 상품에 구애를 받지 않는 것은 물론 상품에 관한 정보에서부터 대금결제까지 한 번에 처리할 수 있다. 카탈로그·광고우편·텔레비전과 신문 광고 등을 이용하여 전화나 우편으로 고객으로부터 주문을 받는 통신판매, 외판원이 상품 또는 샘플·팸플릿을 가지고 집마다 방문하여 상품을 판매하는 방문판매, 소형 트럭이나 왜건 유형의 자동차에 상품을 싣고 광장이나 거리 모퉁이에서 판매하는 이동판매, 호텔이나 공공시설을 이용하여 부정기적으로 상품을 진열하여 판매하는 전시회판매, 재고 처리 등을 내세워 넓은 장소를 빌려 바겐세일을 행하는 촉진 판매, 일반가정에 아는 사람이나 친구를 모아 행하는 실연(實演) 판매·소개 판매, 사람이 많이 모이는 곳에 설치해 두고 정기적으로 상품의 공급과 대금 회수가 이루어지는 자동판매기에 의한 판매 등은 모두 무점포판매이다.

<table>
<tr><td rowspan="4">유점포판매</td><td colspan="2">백화점</td></tr>
<tr><td>슈퍼마켓 계열</td><td>전통적 슈퍼마켓, 기업형 슈퍼마켓(SSM), 대중양판점(GMS)</td></tr>
<tr><td>할인점 계열</td><td>Discount Store, Hyper Market, Super Center, Outlet, Category Killer, Power Center</td></tr>
<tr><td colspan="2">편의점(CVS), 전문점, 재래시장</td></tr>
<tr><td rowspan="3">무점포판매</td><td>통신판매</td><td>인쇄 매체(DM 소매업, 카탈로그), 전화(텔레마케팅), TV(홈쇼핑) 인터넷 쇼핑몰 등</td></tr>
<tr><td>방문판매</td><td></td></tr>
<tr><td>기계판매</td><td>자동판매기(automatic vending machine)</td></tr>
</table>

[점포 판매와 무점포 판매 소매업태]

6 도매업 이해

1) 도매업 개념

도매업은 "소매기관, 상인, 산업적 또는 상업적 사용자들에게 상품을 판매하는 사람이나 기관들에 관련된 행위 등을 의미하며 최종 소비자에게 판매하는 비중이 작아야 한다."고 정의할 수 있다. 재판매 또는 사업을 목적으로 구매하는 고객에게 상품이나 서비스를 판매하고 이와 관련된 활동을 수행하는 상인을 말한다. 그러나 유통경로 상의 많은 기관이 도매 활동과 소매 활동을 동시에 수행하고 있으므로 혼란이 있을 수 있다. 대체로 최종 소비자에게 판매되는 비중이 50% 미만의 경로 구성원들을 도매기관이라고 할 수 있다. 도매업은 상품을 대량으로 매입하거나 수집하여 다수의 소매상에게 소량으로 분산하여 판매하는 업태로, 거래 수량 및 매매단위의 원칙에서 비교적 규모가 큰 유통 업태를 지칭한다. 도매업에는 대개 전문 업종이 많고 이익의 폭도 적다. 그 이유는 특정 품목을 대량으로 거래하거나 소매상에 대하여 재판매를 목적으로 하기 때문이다.

2) 제조업자를 위해 도매상이 수행하는 기능

① 시장확대 기능

고객이 제조업자의 제품이 필요할 때 쉽게 구매할 수 있도록 제조업자는 합리적인 비용으로 필요한 시장 커버리지를 유지하도록 도매상에게 의뢰할 수 있다. 도매상을 이용하여 많은 수의 소매상 고객을 접촉한다면 제조업자의 비용은 상당히 절약할 수 있게 된다. 도매상이 있으므로 제조업자는 적은 비용으로 시장을 확대할 수 있다.

② 재고유지 기능

도매상들은 제조업자 제품의 일정 부분을 재고로써 보유하게 되는데, 이렇게 함으로써 도매상들은 제조업자의 재무 부담과 막대한 재고 보유에 따른 제조업자의 위험을 감소시켜 주게 된다. 제조업자의 예상된 판로의 역할을 하므로 제조업자는 더욱 확실한 생산 계획을 세울 수 있게 된다.

③ 주문처리 기능

대다수 소매상은 제품을 대량으로 구매하기가 어렵지만, 다수 제조업자의 제품을 갖춘 도매상들은 이러한 고객들의 소량 주문을 보다 효율적으로 처리할 수 있다.

④ 시장정보제공 기능

도매상들은 제조업자들보다 고객들의 제품이나 서비스에 대한 요구에 관하여 파악하기가 쉬우므로 제조업자에게 제조업자의 제품 계획, 가격 결정, 경쟁적 마케팅전략 수립에 관한 유용한 정보를 제공할 수 있다.

⑤ 고객서비스 대행 기능

도매상에서 제품을 구매하는 소매상들은 제품의 교환, 반환, 설치, 보수, 기술적 조언 등 다양한 유형의 서비스를 필요로 하고 있는데 제조업자가 이 같은 서비스를 다수의 소매상에게 제공하는 것은 막대한 비용과 비효율을 초래하게 된다. 따라서 제조업자로서는 도매상들이 소매상들에게 이 같은 서비스 제공을 대행 또는 보조하도록 하는 것은 생산성 향상을 위해 필요하다.

3) 소매상을 위해 도매상이 수행하는 기능

① 구색 갖춤 기능

도매상은 다수의 제조업자로부터 제품을 받아 소매상의 주문 업무를 단순화할 수 있는 제품 구색을 갖출 수 있다. 소매상은 다수의 제조업자에게 주문하는 대신에 소매상이 필요로 하는 제품 구색을 보유한 소수의 전문화된 도매상에게 주문할 수 있다.

② 소단위판매 기능

도매상은 제조업자로부터 대량 주문을 한 후에 제품을 소량으로 나누어 소매상들의 소량 주문에 응해주기 때문에 제조업자와 소매상 양자의 욕구를 만족하게 해줄 수 있다.

③ 신용 및 금융 기능

외상 판매를 확대함으로써 소매상들이 구매 대금을 지급하기 전에 제품을 구매할 기회를 제공한다. 소매상들이 필요로 하는 많은 품목을 보관하고 이용 가능성을 증가시키는 기능을 수행함으로써 소매상들의 재고 부담을 감소시킨다.

④ 소매상 서비스 기능

소매상들은 제품의 구매처로부터 배달, 수리, 보증 등 다양한 유형의 서비스를 요구하게 된다. 도매상은 이 같은 서비스를 제공함으로써 소매상들의 노력과 비용을 절감시킨다.

⑤ 기술지원 기능

많은 제품은 제품 사용에 대한 기술적 지원과 조언 이외에 제품 판매에 대한 조언이 필요하다. 이 경우 도매상은 숙련된 판매원을 통해 소매상에게 기술적·사업적 지원을 제공하고 있다.

4) 도매상 종류

도매기관들은 일반적으로 상인 도매상(Merchant Wholesaler)과 대리 도매상(Agent Wholesaler)으로 분류된다. 상인 도매상이란 상품을 직접 구매하여 판매하는 기능을 하는 도매기관이며, 대리 도매상은 제조업자의 상품을 대신 판매·유통해주는 기능이 있는 도매상을 의미한다. 두 기관의 차이는 상품을 소유하는 소유권의 유무에 있다.

① 상인 도매상(Merchant Wholesaler)

상인 도매상(Merchant Wholesaler)은 취급하는 제품에 대해 소유권을 가지는 독립된 사업체의 도매기관을 의미한다. 상인 도매상은 제조업자들로부터 제품을 구매하고 이 제품이 소매상이나 그 이외의 사람들에게 다시 판매될 때까지 소유권을 가진다. 소매상보다는 생산자에게 판매하는 상인 도매상을 산업 유통업자라고 한다. 산업 유통업자는 제품을 생산하는 데 사용되는 기계 도구나 플라스틱, 전기 부품, 베어링과 같은 제품을 생산자에게 공급한다.

② 종 류

㉠ 완전 기능 도매기관

고객들을 위하여 수행하는 서비스 가운데에서 필요한 광범위한 서비스를 제공하는 도매기관이다. 완전 기능 도매기관들은 그들이 취급하는 제품의 종류에 따라 종합

상인 도매기관과 전문 상인 도매기관으로 분류할 수 있다.

ⓐ 종합 상인 도매기관 : 고객들이 요구하는 거의 모든 상품을 판매하는 도매기관

ⓑ 전문 상인 도매기관 : 한정된 전문계열의 제품을 판매하는 도매기관

㉡ 한정 기능 도매기관

한정 기능 도매기관은 완전 기능 도매기관들과는 달리 도매기관의 기능 중에서 일부만을 수행하는 도매기관들이다.

ⓐ 현금 판매-무배달 도매기관(Cash and Carry Wholesaler)

- 현금 판매 도매기관은 주로 소매 규모의 소매기관에 상품을 공급한다.
- 현금 판매 도매기관을 이용하는 소매기관들은 직접 이들을 찾아와서 제품을 주문하고 인수해 간다.
- 이들은 배달하지 않으며 대신 싼 가격으로 소매기관에 상품을 공급하며, 신용판매를 하지 않고 현금만으로 거래한다.
- 소매기관들의 판매를 위한 지원도 하지 않으며, 판매원도 보유하고 있지 않다.

ⓑ 트럭 도매기관(Truck Wholesaler)

- 일반적으로 고정적인 판매경로를 가지고 있으며 트럭이나 기타 수송 수단으로 판매와 동시에 상품을 배달하게 된다.
- 머천다이징(Merchandising)과 촉진 지원을 한다.
- 사용 판매를 하지 않으며 고객을 위한 조사 기능이 상대적으로 취약하다.
- 대체로 이들의 운영비는 개인적인 서비스를 고객에게 제공하기 때문에 높은 편이며, 평균 판매액도 낮은 편이다.
- 취급하는 제품은 취급이 까다롭거나 부패 및 파손 가능성이 큰 것들이다.

ⓒ 직송 도매기관(Drop Shipper)

- 제조업자나 공급자로부터 제품을 구매한 뒤 제품을 제조업자나 공급자가 물리적으로 보유한 상태에서 제품을 고객들에게 판매하게 되면 고객들에게 직접 제품을 직송하게 된다.
- 목재나 석탄 등과 같이 원자재에 해당하는 제품들은 제품의 이동이나 보관이 어려우므로 도매기관이 제품을 구매한다고 하더라도 제품을 직접 보유하지 못하게 된다. 그래서 제조업자나 공급업자가 보유하도록 하고 판매가 이루어지면 제조업자나 공급자가 직접 고객들에게 직송하도록 한다.

ⓓ 선반 도매기관(Rack Jobber)

- 선반 도매기관이란 소매점의 진열 선반 위에 상품을 공급하는 도매상을 말한다.
- 선반에 전시되는 상품에 대한 소유권은 도매기관들이 가지고 있으며, 소매기관이 상품을 판매한 뒤에 도매기관에 대금을 지급하는 일종의 위탁 방식이다.

팔리지 않는 상품은 환수한다.

- 선반 도매기관은 소매점 내에 직접 선반을 설치하여 상품을 전시하며, 상품에 가격표시를 하고, 재고를 유지·기록한다.

ⓔ 우편 주문 도매상(Mail-order Wholesaler)

- 소규모의 소매상이나 산업 구매자에게 보석이나 스포츠용품 등을 제품 목록을 통해 판매한다.
- 인적판매 노력에 대한 비용이 제품 판매로써 지원되지 못하는 외진 지역에 있는 소규모의 소매상들에게 판매한다.

③ 대리 도매상(Agent Wholesaler)

제품에 대한 소유권 없이 단지 제조업자나 공급자를 대신해서 제품을 판매하는 도매기관이다. 도매기관들의 많은 기능, 예컨대 판매지원이나 조사 기능 등을 수행하지만 제품에 대한 직접적인 소유권이 없다는 것이 큰 특징이다. 대체로 제품을 대신 판매하고 난 뒤 제조업자나 공급자로부터 수수료(Commission)를 받는다.

④ 종 류

㉠ 제조업자 대리인(Manufacturer's Agent)

- 제조업자 대리인은 여러 제조업자의 위탁으로 제품을 대신 판매하는 도매기관이다.
- 여러 제조업자로부터 제품을 대신해서 판매하지만, 이들이 취급하는 제품들은 대체로 서로 비경쟁적이거나 보충적인 제품들이다.
- 영업지역은 서로 명확히 구분되어 있다.
- 제품에 대해 신용판매는 하지 않지만, 제품의 배달 및 판매를 위한 조사 등에 대하여 지원하고 머천다이징 및 촉진 지원 등을 한다.
- 일반적으로 대리 도매기관들의 대리 판매 수수료는 판매액의 5%에서 10% 정도이다.

㉡ 판매대리인(Selling Agents) 총판

- 판매대리인은 계약상 모든 마케팅 활동의 결과에 대한 책임을 진다.
- 가격이나 기타 판매 조건에 관한 결정 권한을 가지고 있으며, 제품에 대한 소유권을 제외한 모든 도매기능을 한다.
- 한 제조업자와 판매 계약을 맺어 제조업자의 판매 부서와 같은 역할을 한다.
- 판매대리인은 대규모 제조업자보다는 소규모 제조업자와 계약하는 경우가 많으며, 한 제조업자와 독점적으로 판매 계약을 하므로 제조업자 대리 도매기관보다 수수료가 높은 편이다.

㉢ 수수료 상인(Commission Merchants)

- 수수료 상인은 생산자로부터 위탁으로 상품을 받는다.
- 종종 신용을 제공하고, 상품을 비축·전달하며 판매원을 제공한다.
- 판매를 위한 연구와 계획적인 지원을 하지만 상품화 계획과 촉진을 지원하지는 않는다.
- 수수료 상인은 공급자가 제시한 가격의 범위 내에서 구매자와 가격에 관해 협상할 수 있으며, 제품이 판매되고 나면 판매가에서 수수료, 운송비, 기타 경비를 제한다.
- 이러한 유형은 농산물, 해산물, 가구, 예술 작품 등에 많다.

㉣ 거간(Broker)

- 브로커의 기본적인 임무는 구매자와 판매자를 만나게 하는 일이다.
- 가격, 제품, 일반 시장 생활과 관련하여 상당한 시장정보를 제공한다.
- 브로커는 일반적으로 상품을 물리적으로 취급하지 않으며, 판매 의뢰자와 지속적인 기반 위에서 거래하는 것은 아니다.
- 브로커는 단지 판매에 관하여 협상을 해줄 뿐이며 구매자의 요구를 승인하거나 거절하는 것은 판매자의 책임이다. 소유권이 없으므로 위험을 부담하지 않으며, 금융 기능도 수행하지 않는다.

5) 도매상 전략

① 제품 구색과 서비스 결정 전략

일반적으로 도매상은 언제나 소매상의 주문에 대응하여 상품 구색과 서비스 수준을 결정해야 하며, 재고수준에 대하여 A, B, C 분류 방법에 따라 수익성 있는 상품을 구분하여 수익성을 유지하는 데 주안점을 둔다. 주로 소매상인 표적에 최대한 서비스 수준을 유지할 수 있는 의사결정도 수행하게 된다.

② 가격 결정 전략

도매상은 제조업체의 가격 결정방법과 달리 원가산정 방식에서 소요 비용과 일정 마진율을 가산하여 가격을 결정하게 된다. 제조업체나 소매상과 같이 거래 규모나 시기에 따라 매출 증대와 재고 처분을 위해 가격할인이나 가격 인하를 단행하는 때도 있다.

③ 판촉 전략

도매상의 판촉 전략은 최종 소비자를 대상으로 하는 것이 아니므로, 제조업체나 소매상에 비해 판매를 위한 판촉활동이 뒤떨어진다. 주로 인적 판촉 수단이나 소매상 판촉에 주력하게 되며, 도매 상가나 도매센터에서는 공동판촉을 전략으로 한다.

④ 입지 상권 결정 전략

도매상은 최종 소비자를 대상으로 하는 영업이 아니므로 입지·상권전략은 중심상가 지역이 아니어도 영업에 큰 지장이 없다. 대체로 임대료가 싸거나 도매단지가 조성된 교외 지역이나 도시 변두리 지역에 입지를 선정하는 전략을 사용한다.

제 2 절 유통경로 및 구조

1 유통경로 개념과 역할

1) 유통경로 개념 및 의의

유통경로(Distribution Channel)는 제품이나 서비스가 생산자로부터 소비자에 이르기까지 거치게 되는 통로 또는 단계를 말한다. 생산자와 소비자 사이에는 상품유통을 담당하는 여러 종류의 중간상들이 개입하게 된다. 이러한 중간상에는 도매상, 소매상과 같이 소유권을 넘겨받아 판매 차익을 얻는 형태도 있지만, 생산자의 직영점이나 거간과 같이 소유권의 이전 없이 단지 판매 활동만을 하거나, 그것을 조성하는 활동만을 수행하는 형태도 있다. 생산과정을 통하여 얻은 제품의 사용 가치에 추가적인 효용을 부가함으로써 제품의 교환가치를 높여서 완전한 제품이 되게 하고 시장에서 상품으로 거래될 수 있도록 한다. 완전한 제품을 제공해 준다는 것은 소비자가 원하는 시간과 장소에서 원하는 형태의 상품과 서비스를 소유할 수 있도록 해주는 것을 의미한다.

2) 유통경로 사회·경제적 역할

① 교환 과정의 촉진

유통경로는 교환 과정에서부터 발생하였고, 시장경제가 복잡해질수록 교환 과정 역시 복잡해지고 더 많은 생산자와 잠재적인 소비자가 증가하게 됨에 따라서 시장에서의 거래 수를 감소시키고 거래를 촉진한다.

② 제품 구색 불일치의 완화

생산자는 규모의 경제를 실현하기 위하여 소품종 대량생산을 하지만, 소비자는 다양한 제품라인을 요구함에 따라 발생하는 제품 구색의 불일치를 유통경로가 완화한다.

③ 거래의 표준화

거래 과정에서 제품, 가격, 구매 단위, 지급조건 등을 표준화시켜 시장에서 거래를 쉽게 해준다.

④ 생산과 소비 연결

생산자와 소비자 사이에 존재하는 지리적·시간적·정보적 장애를 극복하여 양자 간에 원활한 거래가 이루어지도록 한다.

⑤ 고객서비스 제공

소비자에게 애프터서비스(After Service), 제품의 배달, 설치 및 사용 방법 교육 등의 서비스를 제공한다.

⑥ 정보 제공 기능

유통 기관, 특히 소매업은 유형재인 상품의 판매 기능뿐만 아니라 소비자에게 상품정보, 유행 정보 및 생활 정보 등과 같은 무형적 가치도 아울러 제공한다.

⑦ 쇼핑의 즐거움 제공

소매점들도 소비자의 쇼핑 동기를 충족시켜 줄 수 있도록 점포의 위치, 점포의 설비, 실내장식, 휴식 및 문화공간, 진열대의 구조 및 진열, 조명, 냉·난방과 같은 물적 요인과 판매원의 고객에 대한 표정, 용모, 복장, 언행 등과 같은 인적 요인이 조화를 이루도록 하여야 한다.

3) 유통경로 시스템 기능

유통경로 구성원들이 수행하는 유통 기능은 그들이 작용하는 기능에 따라 크게 전방기능 흐름, 후방기능 흐름, 양방기능 흐름의 3가지로 분류할 수 있다.

① 전방기능 흐름

수송·보관과 같은 물적 소유권이나 촉진과 같은 기능들은 생산자로부터 최종 소비자의 방향으로 흐르는 것을 말한다.

② 후방기능 흐름

주문이나 대금결제와 같이 최종 소비자로부터 소매상·도매상·생산자의 방향으로 흐르게 된다.

③ 양방기능 흐름

거래를 협상하거나 금융·위험부담과 같은 기능들을 말한다.

유통 기능 종류		주요 내용 및 특성
전방기능 흐름	물적 소유	공급자(생산자) ➡ 운송업자 ➡ 제조업자 ➡ 중간상 ➡ 고객
	소유권	공급자(생산자) ➡ 운송업자 ➡ 제조업자 ➡ 중간상 ➡ 고객 취득세, 부가가치세 등의 거래비용 발생
	촉 진	광고대행사 자사 제품의 판매를 위한 촉진 활동
후방기능 흐름	주문 및 시장정보	유통 기능의 효율화를 위해 주문의 확보가 매우 중요함 고정 고객의 확보와 관리가 중요함
	대금결제	공급자(생산자) ⬅ 은행 ⬅ 제조업자 ⬅ 은행 ⬅ 중간상 ⬅ 고객 대금 회수의 신속화 대금 회수 방법, 기간, 대손처리문제
양방 흐름	협 상	수요와 공급의 연결 상담(거래조건, 가격, 관할권) 거래상대방에 대한 조사가 필요함
	금 융	생산자금, 외상판매 등
	위험부담	수요변화, 원자재수급 및 가격변화 등에 대한 계약, 재고수준, 반품처리 등

[유통경로 시스템 3대 기능]

2 유통경로 유형

1) 소비재 유통경로

제조업자가 소비자에게 직접 판매하는 형태로, 직접 마케팅 경로라고도 한다. 제조업자와 소비자 사이에 소매상이 중간상으로서 역할을 하는 형태이다. 제조업자와 소비자 사이에 도매상과 소매상이 개입되는 형태로서, 가장 일반적인 유형이다. 도매상, 중간 도매상, 소매상을 사용하는 때도 있다.

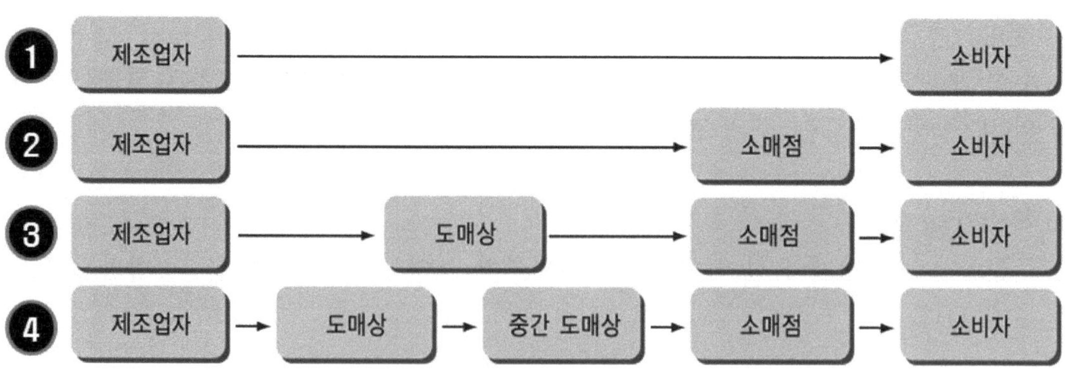

[소비재 유통경로]

2) 산업재 유통경로

산업재 유통경로는 4가지 유형으로 구분된다. 그러나 산업재는 소비자에게 직접 판매하는 것이 일반적이며, 간혹 대리인이나 산업재 공급업자들이 이용되기도 한다. 산업재는 용도와 기준에 따라 구분하는데 원자재와 부품, 설비, 소모품 등이 있다. 산업재 고객의 수는 적지만 한 번에 대량을 적재함에 따라 거래 규모는 대체로 크다. 산업재 시장 특성은 소수의 대형 구매자와 공급자가 존재한다. 고객과 긴밀한 관계를 맺는다. 기술적 전문성이 높다. 구매과정에 구매센터가 참여한다. 구매자가 특정 지역에 집중되어 있다. 수요 변동이 크다.

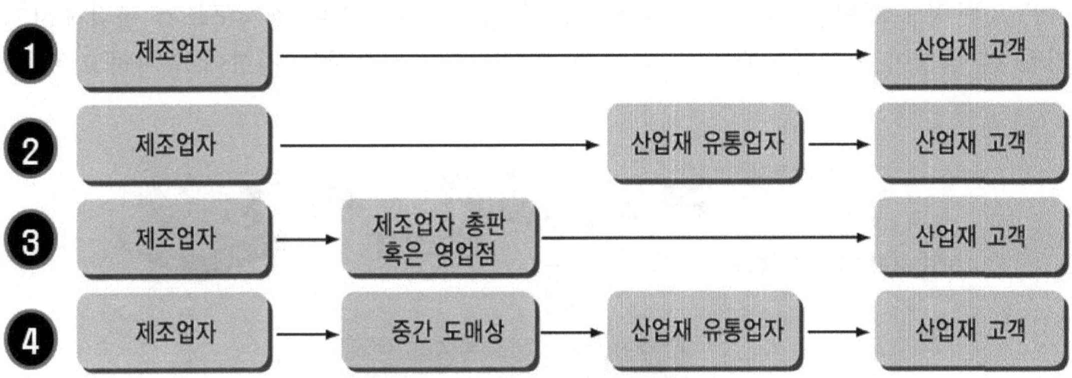

[산업재 유통경로]

3) 서비스(Service) 유통경로

서비스는 무형성과 생산자와의 비 분리성이라는 특성이 있으므로 직접 마케팅 경로가 가장 일반적이다. 다만, 특별한 때에만 생산자와 소비자 사이에 하나의 중간상이 개입하는 형태가 있을 수 있다. 의료, 자동차 수리, 미용, 호텔, 여객 수송 등 대부분 서비스는 생산과 동시에 소비되며 생산자와 상품이 분리될 수 없다. 서비스는 형체가 없으므로 그것을 물리적으로 보관하거나 운송한다는 것은 상상할 수 없다. 그러나 서비스 역시 하나의 상품이므로 소비자들이 소비할 수 있도록 그들의 최인접지에 도달시켜 주어야만 한다는 일반적 유통 개념은 적용될 수 있다.

4) 하이브리드(Hybrid) 유통경로

기업은 다양한 유통경로를 통해 소비자와 커뮤니케이션을 한다. 요즘 기업의 오프라인 유통채널이 가진 비용상의 약점과 온라인채널이 가진 태생적인 한계를 돌파하기 위하여 하이브리드 채널을 이용하고 있다. 하이브리드 채널은 오프라인과 온라인 채널의 단점을 제거하면서도 멀티채널이 갖는 채널 간의 갈등을 없애기 위해 다수의 채널이 가진 장점만을 효과적으로 재배치한 새로운 채널이다. 흥미를 느낀 고객에게는 각종 상품정보를 인터넷(온라인채널)으로 제공하기도 하고 또는 상품을 직접 만져 보게 하려고 가까운 대리점을 안내해 주기도 한다. 고객의 흥미 유발 → 각종 상품정보 제공 → 구매 → 주문 처리의 각 단계에 대응하여 온라인과 오프라인 채널을 각각 탄력적으로 대응하고 있다.

5) 복수 유통경로(Multichannel Marketing System)

다른 두 개 이상의 유통경로를 채택하는 것이다. 이는 단일 시장이라도 각기 다른 유통경로를 사용하여 세분된 개별 시장에 접근하는 것이 더 효과적이기 때문이다. 생산자들은 일반적으로 단일 시장 단일 유통경로 원칙을 채택했으나 경제구조가 복잡해지고 기업 간 경쟁이 치열해짐에 따라 복수의 유통경로를 사용하는 경향이 증가하고 있다.

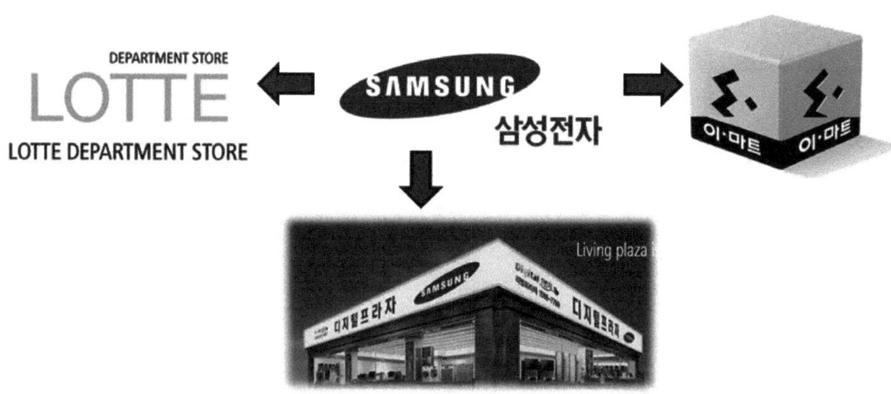

3 유통경로 설계

1) 유통경로 설계 중요성

유통경로는 다른 마케팅 활동에 직접적인 영향을 미친다. 즉, 유통경로가 결정되면 제품, 가격, 촉진 등 마케팅 믹스의 다른 요소에 직접적인 영향을 주게 된다. 유통경로의 결정과 관리는 신중해야 한다. 왜냐하면, 중간상과의 거래는 일반적으로 장기 계약 때문에 이루어지므로 한번 결정되면 단시일에 바꾸기 어렵다. 또한, 유통비용은 제품 원가의 상당한 비중을 차지하고 있으므로 유통경로를 합리적으로 결정하고 관리해야 한다. 유통경로의 길이, 중간상들의 기능 및 능률성, 기업의 합리적 유통경로 결정 등은 기업의 경쟁력에 큰 영향을 주고, 나아가서 국가 경제에도 영향을 미친다. 유통경로는 각 나라의 고유한 역사적 배경과 시장환경에 의하여 영향을 받게 되므로 각국의 유통경로는 매우 다른 양상을 보인다.

2) 유통경로 설계 시 필요 사항

① 고객이 기대하는 서비스 분석이 필요하다.
② 대기시간이다.
③ 제품 다양성을 고려해야 한다.
④ 구매 가능한 제품의 최소단위를 파악해야 한다.
⑤ 점포의 숫자 분포를 살펴봐야 한다.
⑥ 유통경로의 목표를 설정해야 한다.
⑦ 제품 특성을 파악해야 한다.
⑧ 중간상 특성을 파악해야 한다.
⑨ 경쟁기업 특성을 고려해야 한다.
⑩ 자사 특성을 냉철히 파악해야 한다.
⑪ 환경 특성을 고려해야 한다.

요 인	구체적 사례
구매단위	전형적인 고객들이 한 번에 구매하기 바라는 상품의 양
대기시간	고객들이 상품을 인수하기까지의 기다려줄 수 있는 시간
이동거리	상품과 만남을 위해 투자할 용의가 있는 시간과 거리
상품구색	고객들이 한곳에서 구매하고자 하는 상품들의 조합내용
부가서비스	고객들이 원하는 배달 설치 등의 부가적 서비스 내용

[유통경로로부터 기대하는 서비스]

3) 유통경로 설계 시 갭 분석

① 갭 분석(Gap analysis)

실제 고객의 기대나 요구사항 등의 내용이 기업이 수행한 성과물 사이에서 발생하는 차이를 분석하는 방법이다. 이러한 분석 정보를 바탕으로 기업은 성과 개선을 위하여 전략적·전술적 계획을 개발하는 데보다 유용하다.

② 공급사슬(Supply Chain)

공급사슬은 원자재업자로부터 공장, 창고를 거쳐 소비자에게 최종제품을 전달하는 것까지의 모든 활동을 말한다.

㉠ 상위 흐름 공급사슬(Upstream Supply Chain)
조직의 첫째 상단에 있는 1차 공급업자와 그들에게 공급해 주는 공급업자 간 흐름이다.

㉡ 내부 공급사슬(Internal Supply Chain)
입고분을 출고분으로 전환하는 과정에서 조직이 수행하는 과정이다.

㉢ 하위 흐름 공급사슬(Downstream Supply Chain)
제품을 최종고객에게 전달하는데 관련된 전 과정이다.

4) 유통경로(중간상) 필요성

① 총거래수 최소화 원칙

중간상의 개입으로 거래의 총량이 감소하게 되어 제조업자와 소비자 양자에게 실질적인 비용 감소를 제공하게 된다. 즉, 중간상의 개입으로 제조업자와 소비자 사이의 거래가 보다 효율적으로 이루어지므로 중간상의 개입이 정당화될 수 있다는 논리이다.

② 집중준비 원칙

유통경로 과정에 도매상이 개입하여 소매상의 대량 보관 기능을 분담함으로써 사회 전체적으로 상품의 보관 총량을 감소시킬 수 있으며, 소매상은 최소량만을 보관하게 된다.

③ 분업 원칙

다수의 중간상이 분업의 원리로써 유통경로에 참여하게 되면 유통경로 과정에서 다양하게 수행되는 기능들, 즉 수급 조절 기능, 보관 기능, 위험부담 기능, 정보수집 기능 등이 경제적·능률적으로 수행될 수 있다.

④ 변동비 우위 원리

무조건 제조와 유통 기관을 통합하여 대규모화하기보다는 각각의 유통 기관이 적절한 규모로 역할 분담을 하는 것이 비용면에서 훨씬 유리하다는 논리에 의해 중간상의 필요성을 강조하는 이론이다.

5) 유통경로 결정요인

① 시장 요인

시장의 형태, 잠재고객의 수, 시장의 지리적 집중도, 주문의 크기이다. 시장의 범위가 좁아 구매자 수가 적고, 구매자가 집중되어 있으면 직접 유통 경우가 좋다. 구매패턴, 즉 구매빈도가 높은 경우에는 직접 유통의 형태를 택한다.

② 제품 요인

단가, 부패 가능성, 제품의 기술적 특징이다. 제품의 기술적 복잡성이 높고 서비스 요건이 충족되는 경우 직접 유통이 좋다. 부패성 내지는 유행성이 강하거나 표준화되지 않거나 제품 단가가 비싸거나 평균 수주 규모가 큰 경우에는 직접 유통의 정도가 높다.

③ 중간상 요인

중간상에 의해 제공되는 서비스, 중간상의 이용 가능성, 제조업자와 중간상의 정책이다. 바람직한 유형의 도·소매상이 없는 경우에는 직접 유통이 좋다. 적합한 중간상이 있다고 하더라도 그 이용 가능성이 없는 경우에는 직접 유통하거나 새로운 유통 형태를 개발하게 된다.

④ 기업 요인

기업의 규모와 자본력이 크거나 제품 계열이 넓고, 또한 신제품을 적극적으로 개발하려는 경우에는 직접 유통이 좋다. 경영자의 경험이 풍부한 경우에도 직접 유통의 경향이 높다.

⑤ 경쟁적 요인

경쟁업자와 경쟁력 차별화를 위해 직접 유통을 하기도 한다. 예를 들면, 점포 내에서만 판매하는 화장품을 직접 가정을 방문하여 파는 방문판매 체제는 다른 화장품회사와의 경쟁적인 요인에 의해서 취해진 것이다.

⑥ 경로 커버리지 정책 요인

경로 관리에서 핵심적인 관점 가운데 하나는 얼마나 많은 수의 점포를 특정 지역에 설립해야 하고, 경로 흐름에서 어떤 유형의 경로 구성원이 필요한지를 결정하여 이를 통해 실재 고객과 잠재고객의 욕구를 실현하는 것이다. 경로 내에 중간상 또는 점포 수가 증가한다고 하여 반드시 시장점유율이나 매출액의 증가가 비례적으로 증가한다고 볼 수 없다. 경로 집약도에 관한 결정은 각각의 개별경로의 형태에 있어서 얼마나 많은 수의 경로 구성원을 활용할 것인가를 결정하는 것이다. 경로상 영역 불일치에 의한 갈등이 발생하게 되는 원인은 중간상이 거래하는 고객이 중복되기 때문이다. 경로 구조는 특히 경로의 노출 정도와 관련이 있다. 집약적 유통(intensive distribution)과 같은 다수의 도매상을 활용하는 경로의 길이가 긴 경로 구조는 폭넓은 분산된 시장을 획득할 수 있는 데 비해 경로 구조가 짧은 직접 경로의 유통은 시장을 유지하는 데 적합하다.

⑦ 경로 구조상 요인

경로 구조는 할당된 유통 기능들을 담당하는 경로 구성원들의 집합으로 정의된다. 다중 유통 경로 정책이 주는 단점의 하나로 경로 간 갈등이 최대화된다는 점을 들 수 있다. 기업형 유통경로는 관리비의 상승과 투자 비용이 증가하는 단점이 있다.

⑧ 제조업체의 유통경로 지배 방법

광고를 통해 강력한 상표인지도를 구축한다. 제조업체의 방침에 따르지 않는 유통업체에 제품 판매를 중단하기도 한다. 중간상들에게 정기적으로 시장정보를 제공하여 중간상의 경쟁력 향상을 지원한다.

6) 유통경로 믹스 전략

① 제품 구색 및 서비스 믹스 전략

소매상의 제품 구색은 목표 고객의 구매 기대와 일치해야 한다. 즉, 소매상은 제품 구색의 폭(Width)과 깊이(Depth)를 결정해야 한다. 예컨대, 음식점의 경우 좁고 얕은 구색(간이 식당), 좁으나 깊은 구색(조리 식품 가게), 넓으나 얕은 구색(카페테리아) 및 넓고 깊은 구색(대규모 레스토랑)으로 구분될 수 있다. 소매상은 자체 상표(Private Brands)를 개발하여 경쟁자들이 취급하지 않는 상품을 취급할 수도 있고, 전국 상표(National Brands)를 취급할 수도 있다. 예컨대, 자신의 점포에서 취급하는 모든 의류를 직접 디자인할 수도 있고, 유명 디자이너의 상표를 독점적으로 취급할 수 있는 권리를 따낼 수도 있다. 소매상은 매우 인상적인 상품전을 열 수도 있다. 가령, 백화점의 경우 특정 국가의 상품을 특별히 판매하는 기획 판매를 하는 점포로 잘 알려질 수도 있다. 이와 유사하게 소매상은 특별 상품을 기획 판매하기도 하는데, 불량상품, 과잉 재고 상품, 단종 상품 등을 기획 판매할 수 있다. 고도로 표적화된 시장만을 위한 제품 구색을 제공함으로써 차별화를 시도할 수 있는데, 체구가 큰 여성만을 위한 상품을 판매한다든지 또는 성인용 장난감 점포에서 특이하게 구색 된 기구들을 상당량 판매하고 있는 것이 그 예이다. 소규모의 식료품상에서 슈퍼마켓이 하지 않고 있는 가정배달, 외상 판매, 소비자와의 대화 같은 서비스를 제공할 수도 있다. 서비스 믹스를 어떻게 할 것인가는 다른 점포와 차별화시키는 비가격 경쟁의 핵심 수단 중의 하나가 될 수 있다. 모든 점포는 시설 배치에 있어 소비자를 편하게 또는 불편하게 할 수 있다. 점포마다 나름대로 느낌을 창출할 수 있다. 각 점포는 그 목표 시장에 맞도록 분위기를 살려내어 고객들이 구매 행위를 유도할 수 있도록 해야 한다. 가령, 고급 전문점은 조용하고 정중하고 평화스러운 분위기가 어울리며, 할인점은 밝고, 시끄러우며 생기가 넘쳐야 한다.

② 가격 결정

소매상의 가격 정책은 포지셔닝의 핵심 요소이며, 목표 시장, 제품 및 서비스의 구색, 경쟁자의 전략을 고려하여 결정되어야 한다. 모든 소매상은 높은 이익과 동시에 많은 매출을 달성하기를 원하지만, 이 두 가지를 동시에 달성하기가 쉽지 않다. 소매상들은 높은 이익에 낮은 매출(대부분의 전문점의 경우)이나, 낮은 이익에 높은 매출(할인점, 양판점의 경우)의 둘 중 하나를 택하여야 한다.

③ 촉진 결정

광고는 소매상들은 신문이나 잡지, 라디오나 TV 등에 광고한다. 광고는 직접 건네주는 안내장이나 직접 우편물 등으로 보완될 수 있다. 인적판매는 고객들에게 인사하는 방법, 고객들의 욕구를 충족시키는 방법 및 고객들의 의문점이나 불만을 처리하는 방법에 대해서는 충분히 훈련받은 판매원이 있어야 한다. 판매촉진은 점포 내 전시, 진열, 시연 및 유명인을 초대하는 등의 형태가 있다. 소매상들이 항시 이용할 수 있는 홍보 활동에는 기자 회견이나 연설, 점포개점 시 특별한 행사, 점포 잡지 및 공공 서비스 활동 등이 있다.

④ 입지 결정

입지는 소매업의 성공을 결정하는 필수적인 조건이다. 소매상의 입지는 고객을 끌어들이는 능력 측면에서 매우 중요한 경쟁 요인이다. 소규모 소매상이면 자금 사정에 맞는 입지를 선정하여야 한다. 대규모 소매상이면 정교한 방법을 사용하여 입지를 선정하는 전문가의 의견을 구하기도 한다.

7) 유통경로에 따른 유통 기관

① **소량 생산 → 소량 소비** : 수집, 중계, 분산 기관이 필요함 - 농·수산물의 유통

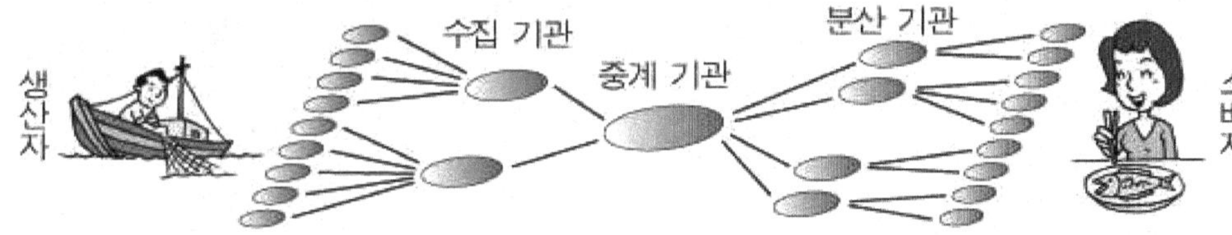

② **소량 생산 → 대량 소비** : 수집, 중계 기관이 필요함 - 농산물이나 임산물 가공

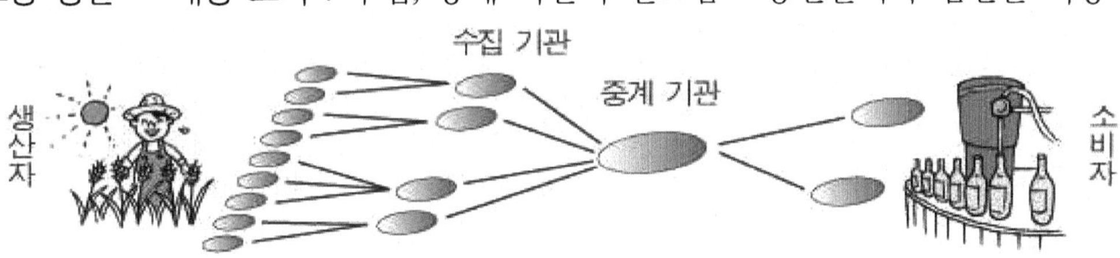

③ **대량 생산 → 소량 소비** : 중계, 분산 기관이 필요함 - 생필품이나 공산품의 유통

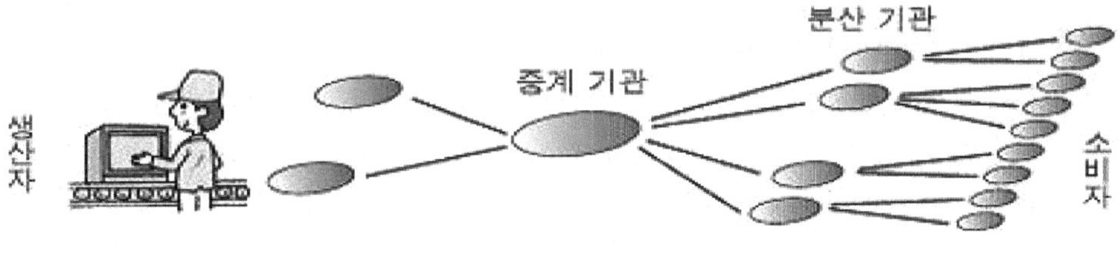

④ **대량 생산 → 대량 소비** : 생산자와 소비자의 직접 거래, 중계 기관만 필요함 - 공업용 원료나 광산물의 유통

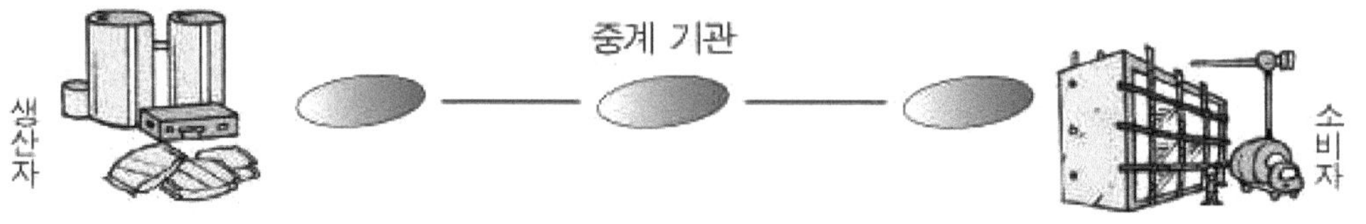

4 유통경로 커버리지(Coverage) 정책

1) 유통경로 상 중간상의 수 결정

① 개방적 유통경로(Intensive Channel Strategy)

희망하는 소매점이면 누구나 자사의 상품을 취급할 수 있도록 하는 개방적 유통경로 전략으로서 집약적 유통경로라고도 한다.

② 전속적 유통경로(Exclusive Channel Strategy)

일정한 상권 내에 제한된 수의 소매점이 자사 상품만을 취급하게 하는 전속적 유통경로 전략이다.

<table>
<tr><th></th><th colspan="2">장점</th><th>단점</th></tr>
<tr><td>개방
유통
경로</td><td colspan="2">충동구매의 증가
상품에 대한 소비자 인식의 고취
소비자의 편의성 제고
판매량이 많이 증가하는 현상</td><td>중간이윤이 작고 소량 주문이 되기 쉬움
재고비용과 재주문의 수가 증가
제조업체의 중간상에 대한 통제력이 쉽지 않음
광고비 및 판매관리비 증대
중간상에게 경쟁사의 상품보다 자사의 상품을 더 팔아달라고 동기를 부여하는 것이 어려움</td></tr>
<tr><td rowspan="2">전속
유통
경로</td><td>제조
업자
입장</td><td>유통업자의 충성도가 높음
판매지원 활발하게 이루어짐
더욱 정확한 판매예측과 효율적인 재고관리 시스템과 소매상 통제 시스템을 가질 수 있음</td><td rowspan="2">단일 유통업자를 통해서 판매되는 것이 보통이므로, 자연적으로 판매량이 제한되게 되며, 제조업자의 처지에서 보면 중간상의 세력이 너무 커지는 경향이 있음</td></tr>
<tr><td>중간
상
입장</td><td>중간이윤이 높음
제조업자와의 사이에 가격, 광고, 재고관리 등에 의견 일치를 보기 쉬움</td></tr>
</table>

[유통경로 전략과 특징]

③ 선택적 유통경로(Selective Channel Strategy)

개방적 유통경로와 전속적 유통경로의 중간적 형태로 일정 지역 내에 일정 수준 이상의 이미지, 입지, 경영 능력을 갖춘 소매점을 선별하여 이들에게 자사 제품을 취급하도록 하는 선택적 유통경로 전략이다.

2) 유통경로 길이 결정

영향요인	긴 경로	짧은 경로
제품특성	▪ 표준화된 경량품, 편의품 ▪ 비부패성 상품, 기술적 단순성	▪ 비표준화된 중량품, 전문품 ▪ 부패성 상품, 기술적 복잡성
수요특성	▪ 구매단위가 작음 ▪ 구매빈도가 높고 규칙적	▪ 구매단위가 큼 ▪ 구매빈도가 낮고 비규칙적
공급특성	▪ 생산자수 많음 ▪ 자유로운 진입과 탈퇴 ▪ 지역적 분산생산	▪ 생산자수 적음 ▪ 제한적 진입과 탈퇴 ▪ 지역적 집중생산
유통비용 구조	▪ 장기적으로 안정적	▪ 장기적으로 불안정 – 최적화 추구

[유통경로 길이 결정요인]

3) 유통경로 통제 수준 결정

유통경로에 대한 통제 수준이 높을수록 유통경로에 대한 수직적 통합의 정도가 강화되어 기업이 소유하게 되며, 통제 수준이 최저로 될 때는 독립적인 중간상을 이용하게 된다. 또한, 양자 사이에는 프랜차이즈나 계약 또는 합자의 방식으로 이루어지는 유사 통합이 있다.

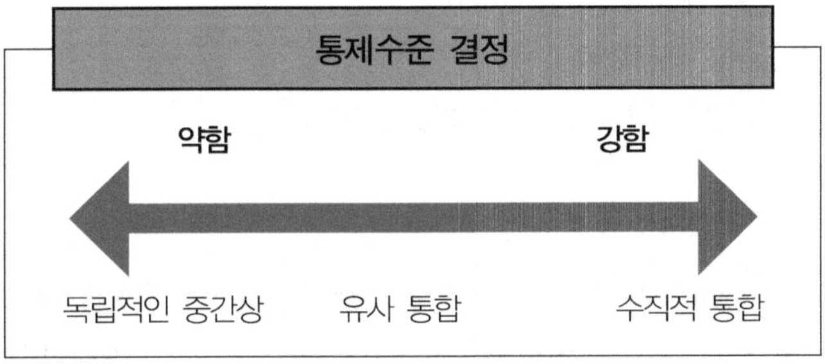

[유통경로 통제 수준 결정]

4) 유통경로 갈등관리

① 유통경로 갈등 발생 이유

㉠ 목표 불일치

경로 구성원들이 추구하는 목표가 서로 다름으로 발생한다.

㉡ 역할영역 지위 역할의 불일치

구성원들 간 제품, 시장, 기능 등에 의해 발생한다.

㉢ 지각의 차이

구성원들이 다른 경험과 배경, 편견, 경로 내 지위 요인 등에 의해 발생한다.

㉣ 과다한 상호 의존성
권력의 불균형 관계 형성으로 갈등이 발생한다.

㉤ 이념 차이
대기업과 소기업의 경영이념 차이는 서로 갈등을 일으킨다.

② 갈등 유형

㉠ 수평적 갈등
유통경로 상의 같은 수준(단계) 경로 구성원들 간의 갈등이다.

㉡ 수직적 갈등
유통경로 상의 서로 다른 단계(수준) 구성원들 간의 갈등이다.

㉢ 복수 경로 갈등
각기 다른 유통경로에 속해 있는 주체 간의 갈등이다.

③ 경로갈등과 경로 성과 간의 관계

㉠ 역기능적 갈등(dysfunctional conflict)
경로 구성원 기회주의적 행동을 유발한다.

㉡ 순기능적 갈등(functional conflict)
경로 성과 향상을 가져오는 갈등이다.

㉢ 중립적 갈등(neutral conflict)
경로 성과에 영향을 미치지 않는 경로갈등이다.

④ 갈등 해소책

경로 리더(channel captain)의 지도력을 활용하는 방법으로, 특정 경로 구성원이 지도력을 보유하고 있고, 다른 경로 구성원들의 신뢰를 획득하고 있다면 갈등 발생 소지를 감소시킬 수 있고 보다 빨리 갈등을 해결할 수 있는 분위기가 조성될 수 있다. 구성원 전체 공동목표를 제시하는 방법이 있다. 공동작업으로 경로 구성원들이 빈번히 접촉하거나 정기적인 회합을 설정하거나, 인적 교류를 통해 점차 갈등을 감소시키는 방법이다. 중재와 조정의 방법으로, 중재와 조정 절차를 수행하는 상설기구의 설립으로 유통경로 상의 갈등이 발생했을 때 이러한 기구를 통해 해결 방안을 제시하도록 하는 방법이 있다. 회원들의 대표기구를 활용하거나 경로 구성원들 간의 상호교환 프로그램의 개발과 지속적인 교육을 통해 갈등 발생을 예방하는 방법이 있다.

5) 힘(권력) 원천

유통경로 상에서 힘(권력)이란 기존 유통경로 상에서 다른 구성원의 마케팅 전략상의 의사결정 변수를 통제하는 능력으로써 한 경로 구성원이 다른 경로 구성원의 의사결정이나 목적 달성에 영향을 미치거나 변경시킬 수 있는 영향력 행사 수단이라고 할 수 있다.

① 보상적 권력(Reward Power)

한 경로 구성원이 다른 경로 구성원에게 여러 가지 물질적 또는 심리적인 도움을 줄 수 있을 때 형성되는 영향력이다.

㉠ 제조업자가 중간 기관에 해줄 수 있는 보상적 권력은 다음과 같다.

ⓐ 판매 및 영업활동 지원

ⓑ 판매원에 대한 교육훈련

ⓒ 마진폭 증대

ⓓ 판촉예산 배분

㉡ 소매기관이 제조업자에게 줄 수 있는 보상적 권력은 다음과 같다.

ⓐ 좋은 전시 장소 제공

ⓑ 광고에서 특별공간 제공

ⓒ 판매 시점지원

② 강압적 권력(Coercive Power)

한 경로 구성원의 영향력 행사에 대해서 구성원들이 따르지 않을 때 처벌이나 부정적 제재를 받을 것이라고 지각할 때 미치는 영향력이다.

㉠ 마진폭 인하

㉡ 상품공급 지연

㉢ 상품 결제 기일 단축

㉣ 전속적(배타적, 독점적) 지역 영업권 철회

㉤ 대리점 보증금 인상

㉥ 인접 지역에 새로운 점포 개설

③ 전문적 권력(Expert Power)

한 경로 구성원이 특별한 전문지식이나 경험을 가졌다고 상대방이 인지할 때 가지게 되는 영향력이다.

㉠ 종업원에 대한 교육과 훈련

㉡ 경영관리에 대한 상담과 조언

㉢ 경영정보 및 소비자 정보 제공

㉣ 상품의 진열 및 전시에 관한 조언

④ **준거적 권력(Referent Power)**

한 경로 구성원이 여러 측면에서 장점을 갖고 있으면 다른 경로 구성원은 그와 일체성을 갖고 한 구성원이 되고 싶어 하며 거래 관계를 계속 유지하고 싶어 할 때 미치는 영향력이다.

㉠ 유통업자의 경우 유명제조업자 상품을 취급한다는 긍지와 보람
㉡ 제조업자의 경우 유명백화점이나 쇼핑센터에서 제품의 판매가 이루어진다는 긍지
㉢ 상대방과의 관계 지속 욕구, 상대방의 신뢰 및 결속

⑤ **정당성 권력(Legitimate Power)**

다른 구성원들에게 영향력을 행사할 정당한 권리를 갖고 있고 상대방도 당연히 그렇게 해야 한다고 내재적으로 지각할 때 미치는 영향력이다.

㉠ 합법적 권력 : 합법적인 조직구조나 계약 관계에서 오는 영향력(상표등록, 특허권, 프랜차이즈 권리, 기타 법률적 권리)
㉡ 전통적 권력 : 오랜 관습이나 습관을 통해 당연히 여기는 영향력(관습, 습관, 가치)

⑥ **정보적 권력(Informative Power)**

다른 경로 구성원이 이전에 얻을 수 없었거나 알 수 없었던 정보나 일의 결과를 제공해 준다고 인식하는 경우 갖게 되는 영향력이다.

㉠ 시장환경 정보
㉡ 소비자 정보
㉢ 제품 정보
㉣ 마케팅 정보

5 유통경로 조직

1) 전통적인 유통경로

제조업자가 독립적인 유통업자인 도매기관과 소매기관을 통해 상품을 유통하는 일반적인 유통방법을 의미한다. 독립적인 경로 기관들로 구성된 경로 조직으로 마케팅 기능에 거의 관심을 가지지 않고 자기들에게 주어진 마케팅 기능들만 수행한다. 특징은 경로 구성원 간의 결속력(commitment)이 매우 약하고 경로 구성원들은 공통 목표를 거의 가지고 있지 않거나 미약하다. 경로 구성원 간의 연결이 느슨하므로 구성원들의 유통경로로의 진입과 철수가 쉽다.

2) 수직적 유통경로 시스템(VMS : Vertical Marketing System)

마케팅 경로상에서 지도자인 중앙(본부)에서 계획된 프로그램 때문에 경로 구성원이 전문적으로 관리되고, 집중적으로 계획된 유통망을 주도적으로 형성하며, 다른 단계에서 활동하는 경로 구성원들을 전문적으로 관리, 통제하는 네트워크 형태의 경로 조직이다. 생산에서 소비에 이르기까지의 여러 가지 유통 활동을 체계적으로 통합·일치·조정시킴으로써 유통 질서를 유지하고 경쟁력을 강화해 유통 효율성을 증가시키고자 만들어진 시스템이다. 수직적 유통경로 도입 이유는 대량생산에 의한 대량판매의 요청이 필요하다. 가격안정(또는 유지)이 필요하다. 유통비용의 절감 효과가 있다. 경쟁자에 대한 효과적인 대응이 가능하다. 기업의 상품 이미지를 높일 수 있다. 목표이익을 확보할 수 있다. 유통경로 내에서의 지배력을 획득할 수 있다. 장점은 총 유통비용을 절감시킬 수 있다. 자원이나 원재료를 안정적으로 확보할 수 있다. 혁신적인 기술을 보유할 수 있다. 새로이 진입하려는 기업에는 높은 진입장벽으로 작용한다. 단점은 초기에 막대한 자금이 소요된다. 시장이나 기술의 변화에 대해서 기민한 대응이 곤란하다. 각 유통단계에서 전문화가 상실된다.

3) 수직적 유통경로 유형

① 회사형 유통 시스템(Corporate System)

유통경로 상의 한 구성원이 다음 단계의 경로 구성원을 소유 때문에 지배하는 형태이다. 이때 제조회사가 자사 소유의 판매지점이나 소매상을 통하여 판매하는 전방 통합과 반대로 소매상이나 도매상이 제조회사를 소유하는 후방 통합 형태가 있다.

② 계약형 유통 시스템(Contractual System)

수직적 유통 시스템 중 가장 일반적인 형태로 생산이나 유통 활동에 있어서 다른 수준에 있는 독립적인 유통 기관들이 상호 경제적인 이익을 달성하기 위하여 계약을 체결하고 그 계약에 따라 수직적 계열화를 꾀하는 수직적 계열화로 독자적으로 달성할 수 있는 많은 경제성이나 판매 효과를 얻기 위하여 계약을 기초로 그들의 마케팅 프로그램을 통합하고자 하는 생산과 유통의 다른 단계에 있는 독립된 회사들로 구성되어 있다. 계약형 유통 시스템에는 다음의 3종류의 유형이 있다.

㉠ 도매상 후원 자유 연쇄점

도매상이 후원하여 다수의 소매상이 계약으로 연합하여 수직 통합하는 형태이다.

㉡ 소매상 협동조합

독립된 소매상들이 연합하여 소매 협동조합 같은 임의 조직을 결성하여 공동으로 구매, 광고, 판촉활동 등을 하다가 최종적으로 도매 활동이나 소매 활동을 하는 기구로 수직 통합을 하는 형태이다.

㉢ 프랜차이즈 시스템(Franchise System)

모회사나 본부가 가맹점에 특정 지역에서 일정 기간 영업할 수 있는 권리나 특권을 부여하고 그 대가로 로열티를 받는 시스템을 말한다.

③ 관리형 시스템(Administrative System)

경로 리더에 의해 생산 및 유통단계가 통합되는 형태로, 일반적으로 경로 구성원들이 다른 목표를 가지고 있으므로 이를 조정·통제하는 일이 어렵다. 여기에서 경로 리더(Channel Leader)란 유통 계열화에 참여하는 유통 기관들 가운데 규모나 명성 또는 경제력 등이 지도적 위치에 있는 기업을 말한다.

④ 동맹형 시스템

동맹형 시스댐은 둘 이상의 경로 구성원들이 대등한 관계에서 상호 의존성을 인식하고 긴밀한 관계를 자발적으로 형성한 통합된 시스템을 말한다. 이는 제휴시스템이라고도 한다. 동맹형 시스템은 계약이나 소유 때문에 통합하는 것이 아니라 서로 대등한 입장에서 상호 의존의 필요 때문에 통합하는 것이다.

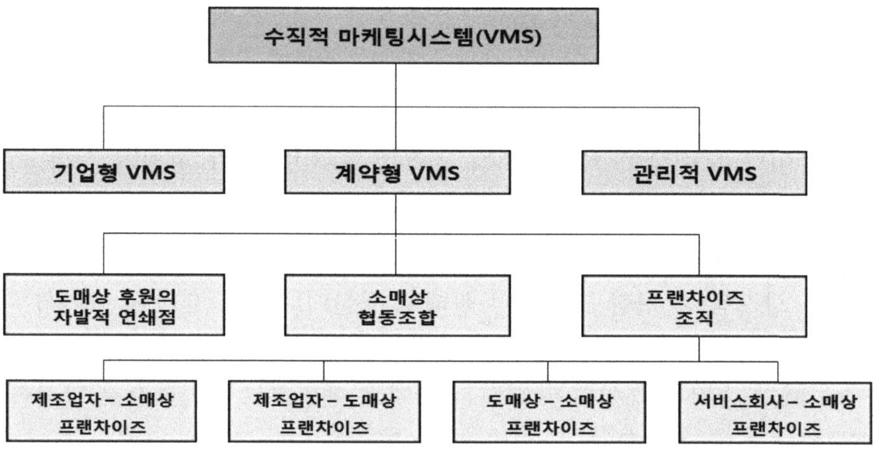

[VMS 주요 유형]

4) 수평적 유통경로 시스템(HMS : Horizontal Marketing System)

① 같은 경로 단계에 있는 두 개 이상의 기업이 대등한 입장에서 자원과 프로그램을 결합하여 일종의 연맹체를 구성하고 공생, 공영하는 시스템을 의미하며 공생적 마케팅(Symbiotic Marketing)이라고도 한다.

② 수평적 유통경로 도입 이유

㉠ 한 회사만으로 자본, 노하우, 생산 및 마케팅 설비를 모두 감당하기 곤란할 때 필요하다.

㉡ 그러한 위험을 회피하고자 할 때이다.

㉢ 연맹 관계로 상당한 시너지효과를 기대할 수 있을 때이다.

③ 기업 간 얻을 수 있는 시너지 효과

㉠ 마케팅 시너지

여러 제품에 대해서 공동으로 유통경로, 판매, 관리, 조직, 광고 및 판매촉진, 시장판매를 하고 창고를 공동으로 이용함으로써 얻게 되는 효과이다.

㉡ 투자 시너지

공장의 공동사용, 원재료의 공동조달, 공동연구 개발, 기계와 공구의 공동사용으로 얻는 효과이다.

㉢ 경영관리 시너지

경영자 경험의 결합 및 기업결합 등에서 얻는 효과이다.

6 프랜차이즈 시스템

1) 프랜차이즈 개념

프랜차이즈(franchise)라는 말은 프랑스어의 franc와 francher로 '자유를 준다'라는 의미로 중세 가톨릭교회가 세금을 징수하는 관리에게 일정한 몫은 관리 자신이 갖고 나머지를 교황에게 냈던 것에서 기인한 것으로 보는 것이 일반적이다. 프랜차이즈 비즈니스 개념을 최초로 도입한 기업은 1860년대 미국의 싱거 재봉틀 회사(Singer Sewing Machine Co.)이며, 후에 1898년에는 자동차회사인 제너럴 모터스(General Motors) 등이 탄생하게 되었다. 이러한 프랜차이즈 형태는 그 효율성이 인정받기 시작하면서 급성장을 거듭해서 여러 종류의 상품 및 서비스 분야에까지 파급되기 시작했다. 우리나라에서는 1979년 햄버거 전문점인 롯데리아가 가맹점 형태로 1호점을 개점한 것이 프랜차이즈 비즈니스의 시작이라고 하며, 본격적으로 성장을 시작한 것은 1988년 올림픽 이후 1989년 편의점 체인인 세븐일레븐이 1호점을 개점하면서 현대적인 프랜차이즈 사업이 본격화하게 되는 계기가 되었다고 볼 수 있다. 국제 프랜차이즈 협회(The International Franchise Association)에 의하면 프랜차이즈(franchise, 가맹사업)란 어느 한 조직(franchisor, 가맹본부)이 일정 지역의 다른 조직(franchisee, 가맹점, 가맹점 사업자)에 대하여 자기의 상호, 상표 등 영업을 상징하는 표지를 사용하여 제품 또는 서비스를 판매하거나 기타 영업을 할 수 있는 권리를 부여함과 동시에 영업에 대한 일정한 지시, 통제하는 한편, 선택적으로 그 영업에 대한 노하우를 제공하거나 상품을 공급하고, 이에 대하여 프랜차이즈는 프랜차이저에게 대가로서 가맹비, 보증금 또는 로열티나 제품대금 등을 지급하는 지속적인 계약을 체결하는 것을 말한다. 프랜차이즈(franchise)란 상호, 특허상품, 노하우(know-how)를 소유한 자가 계약을 통해 다른 사람에 게 상표의 사용권과 제품의 판매권, 기술 등을 제공하고 그 대가로 가맹비, 보증금, 로열티 등을 받는 시스템을 말한다. 상호·상표·노하우 등을 소유한 자를 프랜차이저(franchisor)라 하고, 프랜차이저로부터 상호의 사용권, 제품의 판매권, 기술, 상권분석, 점포 디스플레이, 관계자 훈련 및 교육지도 등을 제공받는 자를 프랜차이지(franchisee)라고 한다. 본부는 가맹점과 계약을 체결하고 가맹점에게 자기의 상호, 상표, 상징 및 경영 노하우를 사용할 권리를 준다. 가맹점은 사업에 필요한 자금을 투자하고 본부의 지도 및 원조하에 사업을 행하며, 그 보상으로써 일정한 대가(로열티)를 본부에 지급한다.

2) 프랜차이즈 시스템 성장배경

① 소자본 창업의 유용한 수단

사업을 시작하는 데에 따르는 위험이 자영 사업을 하는 것보다 훨씬 적다.

② 프랜차이즈 본부의 지원

특별한 지식이나 경험, 영업에 대해 전혀 몰라도 본사에서 각종 관리기법, 교육, 마케팅을 사업 개시할 때부터 지속해서 지원한다.

③ 자금상 이점

본부로서는 사업확장이나 시장의 개척에 많은 자금과 인력을 투자함으로써 기존 시장에서 유통되는 상품과 서비스를 빨리 판매할 수 있는 이점이 있다.

④ 같은 브랜드 품질 유지가 가능하다.

⑤ 규모의 경제를 실현할 수 있다.

⑥ 프랜차이즈 시스템의 수출이 가능하다.

3) 프랜차이즈 조직 유형

① 제조업자 - 소매상 프랜차이즈

제조업체가 프랜차이즈 본부가 되어 소매상을 가맹점으로 참여시킨 형태이다.

② 제조업자 - 도매상 프랜차이즈

제조업자가 프랜차이즈 본부가 되어 도매상을 가맹점으로 참여시킨 형태이다. (ex.정유회사 - 석유대리점)

③ 도매상 - 소매상 프랜차이즈

도매상이 프랜차이즈 본부가 되고 소매상을 가맹점으로 참여시킨 형태이다.

④ 서비스회사 - 소매상 프랜차이즈

외식 프랜차이즈 사업, 자동차 대여산업, 인스턴트 산업, 숙박산업 등이 있다.

4) 프랜차이즈 특성

가맹본부와 자본을 달리하는 독립사업자인 가맹점이 서로 협력하는 형태로서 본부와 가맹점 간에는 계약된 범위 내에서만 서로 통제하거나 특정한 요구를 수행한다는 것이다. 계약 대상은 상품뿐만 아니라 서비스, 제조 및 마케팅에 관한 노하우까지 포함한다. 가맹점은 자본에 의해 재산권을 확립하므로 사업추진에 대한 의욕이 높다. 시장의 이질화에 대응하기 위해 전문화를 마케팅전략의 기반으로 하고 있다. 본부는 혁신적 신사업이나 특수전문적 사업을 시작하며, 가맹점의 신규 참여를 유도한다.

5) 프랜차이즈 시스템 장·단점

① 프랜차이저(본부) 장점

㉠ 사업확장을 위한 자본조달이 쉽다.

㉡ 규모의 경제를 달성할 수 있다.

㉢ 판매촉진 활동으로 공동으로 광고하면 개별점포의 경우보다 많은 광고를 할 수 있으며, 높은 광고효과를 기대할 수 있다.

㉣ 프랜차이저는 직접 경영에 참여하지 않기 때문에, 프랜차이즈 사업상품 개발에 전념할 수 있다.

㉤ 노사문제에 있어서 프랜차이저는 프랜차이지가 각각의 피고용자를 조정하기 때문에, 노사 전문가를 채용하는 문제에 신경을 쓸 필요가 없다.

② 프랜차이저(본부) 단점

㉠ 계속된 지도와 원조 때문에 비용과 노력이 소모되기 쉽고 프랜차이지의 수가 급격히 증가할 때는 통제 어려움이 있다.

㉡ 프랜차이저가 프랜차이지 보다 우월한 지위를 갖는다는 사고방식 때문에 시스템 전체의 활력이 없어질 우려가 있다.

ⓒ 프랜차이저가 스스로 점포를 확장하는 것보다 투자수익률은 높지만, 이익의 크기 자체를 많이 증가시키기는 어렵다.

③ 프랜차이지(가맹점) 장점

㉠ 프랜차이저가 합리적인 방법에 따라 개발한 프랜차이즈 사업상품을 이용하고 그에 따라 영업하므로 실패의 위험성이 적다.

㉡ 비교적 소액의 자본으로 시작할 수 있으므로 설비와 도구를 프랜차이저로부터 임차할 수도 있고 상품과 원재료를 프랜차이저가 공급해 주므로 개업 초기의 재고 부담이 적다.

㉢ 사업 경험이 없더라도 프랜차이저의 교육프로그램, 경영방식 등의 지도로 쉽게 사업을 할 수 있다.

㉣ 프랜차이저가 개발한 우수한 품질의 상품, 점포, 디자인, 지명도가 높은 상표명을 사용하므로 처음부터 소비자의 신뢰를 받을 수 있다.

㉤ 프랜차이저가 일괄적인 광고 등의 판촉 활동을 해주므로, 개별점포가 홀로 판촉 활동을 하는 경우보다 효과적인 판매촉진 활동이 가능하다.

④ 프랜차이지(가맹점) 단점

㉠ 하나의 프랜차이지의 실패가 프랜차이즈 시스템 전체와 타점포에 영향을 줄 수 있다.

㉡ 프랜차이저는 시스템 전체의 효율을 고려하여 계획을 설립하고 운영하기 때문에, 특정 점포의 실정에 맞지 않을 수도 있다.

㉢ 상표나 상호의 가치가 의문시되는 때도 있다.

㉣ 프랜차이저에게 의뢰하는 경향이 커져서 스스로 문제 해결 능력이나 경영개선의 노력을 등한시할 수 있다.

6) 체인 형태

① 레귤러 체인(regular chain)

체인 본사가 독자적으로 자기자본 전액을 출자하여 체인 형태를 확장해 가는 방식을 말하며 동일 경영자와 단일자본에 의한 다점포화를 의미한다고 볼 수 있다. 즉, 하나의 기업이 다수의 직영점을 내고 본부가 총괄하여 관리하는 방식의 체인 조직을 말한다. 어느 기업이 몇 개의 점포를 가지고 있는 경우 이 점포 전체를 레귤러 체인 또는 직영 체인점이라고 한다. 점포가 많이 있어도 결국 같은 하나의 회사가 관리·감독하므로 기업형 체인이라고도 불린다. 종업원 모집에서부터 교육, 광고전략, 상품의 일괄 매입, 재고관리, 점포 경영 등을 모두 본부가 감독하게 된다. 직영점은 모두 본부가 경영하고 있기 때문에 각 점포 점장의 권한은 매우 제한되어 있을 뿐만 아니라 본부의 관리·감독 아래 각 점포의 서비스 등의 질적인 수준을 일정하게 유지하도록 하고 있다. 레귤러 체인의 단점은 프랜차이즈 체인 방식보다 점포 개설 비용이 많이 들어간다는 것이다. 점포의 구매, 자금조달을 비롯하여 점포개설 비용도 모두 본부가 투자하기 때문에 자금력이 없이는 체인점을 전개할 수 없다. 또한, 일부 점포 경영이 실패한 경우, 손해는 전부 본부가 책임져야 하는 위험도 존재하게 된다.

② 볼런터리 체인(voluntary chain)

독립자본에 의한 같은 업종의 소매점이 모여서 공동으로 매입하는 등의 형태로 생겨난 체인 조직이며, 기능 일부를 체인 본사에 위탁하여 프랜차이즈 시스템을 갖추고 영업을 하는 방식이다. 임의연쇄점이라고도 불리는 볼런터리 체인은 경영의 독립성과 체인화로 얻는 이득을 동시에 충족하고자 하는 체인 조직이며, 하나의 점포가 복수의 체인에 속하는 예도 있다. 각 점포가 각각 독립한 회사라는 점에서는 프랜차이즈 체인 방식과 같지만, 본부의 지시에 가맹점이 따르지 않고 조직의 주체는 어디까지나 가맹점이며, 전 가맹점이 경영의 의사결정에 참여하는 등 가맹점 간의 수평적 관계가 중시된다.

③ 프랜차이즈 체인(franchise chain)

체인 본사와 각 가맹점이 모두 독립자본에 의한 사업자이지만 운영의 주체는 체인 본사에 있으며, 가맹점은 체인 경영의 의사결정에 적극적으로 참여하지 않는 프랜차이즈 시스템이다. 일반 개인인 가맹 희망자가 스스로는 가질 수 없는 사업에 관한 각종 개점 및 경영 노하우를 본부가 먼저 구축 제공해 줌으로써, 점주는 편리성과 안정성을 부가해 사업을 할 수 있게 되고, 소비자는 같은 브랜드 이미지로 다점포 체인망에서 양질의 상품을 구매할 수 있으며, 가맹(체인)본부는 가맹비, 로열티 기타 상품 도매 이익 등을 수입으로 피차간 지속적인 사업을 영위해 가도록 하는 시스템을 말한다.

구 분	체인(Chain)사업 형태
직영점형 체인사업	체인 본부가 주로 소매 점포를 직영하되 가맹계약을 체결한 일부 소매 점포(가맹점)에 대하여 계속 상품을 공급하며 경영을 지도하는 형태의 체인사업
프랜차이즈형 체인사업	독자적인 상품 또는 판매, 경영기법을 개발한 체인 본부가 상호 판매방법, 매장 운영 및 광고방법 등을 결정하고 가맹점이 그 결정과 지도에 따라 운영하도록 하는 형태의 체인사업
임의가맹점형 체인사업	체인 본부의 계속된 경영지도 및 체인 본부와 가맹점 간 협업으로 가맹점의 취급품목, 영업방식 등의 표준화 사업과 공동구매, 공동판매, 공동시설활용 등 공동사업을 수행하는 형태의 체인사업
조합형 체인사업	동일 업종의 소매점들이 중소기업협동조합법 규정에 따른 중소기업협동조합을 설립하여 공동구매, 공동판매, 공동시설활용 등 사업을 수행하는 형태의 체인사업

[체인사업 형태]

7 유통경로 구조 결정이론

1) 연기-투기 이론(Postponement-speculation Perspective)

경로 구성원 중 누가 재고 보유에 따른 위험을 감수하느냐에 의해 경로 구조가 결정되는 것이다. 고객이 요구하는 시점까지 최종제품의 생산공급을 가능한 한 연기시킴으로써 경로 효율성을 확보할 수 있다. `

① 연기

한 경로 구성원이 재고 보유에 따른 위험과 불확실성을 다른 구성원에게 전가하는 방법이다. 수요가 보다 확실할 때 구매하거나 재고 부담을 하므로 위험과 불확실성이 감소한다. 제품이 큰 덩어리로 유통되고 비교적 분화되지 않은 상태로 유통되기 때문에 물류비용이 감소한다.

② 투기

처음 생산단계에서부터 차별화를 꾀하는 전략이다. 대량생산에 의한 규모의 경제가 가능하다. 주문 횟수를 줄이고 대량주문 및 대량 수송에 따른 물류비용과 재고 부족으로 인한 부가비용을 감소시킬 수 있다. 재고의 부족으로 인한 소비자의 불만 또는 상표 전환의 가능성이 줄어든다.

2) 기능 위양 이론(Functional Spin-off Perspective)

Mallen에 의하면 유통경로 구조는 기능수행의 경제적 효율성 여부, 즉 기능을 얼마나 효율적으로 수행하는가로 결정된다. 각 유통 기관은 비용 우위를 갖는 마케팅 기능들만을 수행하며, 기타 마케팅 기능은 저렴하게 수행할 수 있는 경로 구성원들에게 위양 한다. 기능 위양 이론의 핵심은 경로 구성원들 가운데서, 특정 기능을 가장 저렴한 비용으로 수행하는 구성원에게 그 기능이 위양 된다.

3) 거래비용 이론(Transaction Cost Analysis)

시장거래에서 수반되는 비용 때문에 거래에 참여하고 있는 구성원들이 그거래 관계를 내부화한다. 수직적 통합(내부 조직화)에 드는 비용과 시장거래에서 발생 되는 비용 간의 상대적 크기에 따라 경로 길이의 범위가 결정된다는 이론이다. 거래비용은 기업이 시장거래와 관련된 의사결정에 필요한 정보를 획득하는 데 드는 비용을 의미한다. 거래비용이론에 의하면 불확실한 환경하에서 거래당사자 간의 기회주의적 성향을 통제하기 위해서는 시장을 통합해야 한다고 주장한다. 거래비용이론에 의하면 거래 특유적 자산이 이전될 경우 교환 파트너의 기회주의적 행동에 의한 피해 가능성이 커져, 철저한 감시체계나 타율적 제재 등 권위통제 메커니즘을 통한 보호장치의 필요성을 증가시킴으로써 수직적 통합의 가능성을 높인다. 효율적 시장에서는 외부 조달원의 성과를 평가하여 미흡할 시에는 다른 구성원으로 대체함으로써 시스템의 효율성을 높일 수 있지만, 외부 조달원의 성과측정이 어려우면 외부조달의 효율성을 감소시키게 되므로 수직적 통합이 촉진된다. 유통경로에 대한 의사결정을 위하여 사용되는 거래 (혹은 소유권 이전) 비용을 분석하기 위해 기본적으로 사용되는 주요 개념에는 제한된 합리성, 기회주의, 거래 빈도, 불확실성 등이 있다. 거래비용 형태는 아래와 같다.

① 사전적 거래비용 : 거래조건에 대한 협상, 합의 작성 비용 등
② 사후적 거래비용 : 분쟁 관련 비용, 계약이행 보증비용 등
③ 수직적 통합(내부화) 비용 > 시장거래비용 ▶ 긴 유통경로를 선택
④ 수직적 통합(내부화) 비용 < 시장거래비용 ▶ 짧은 유통경로를 선택

4) 게임 이론(Game Theory)

수직으로 경쟁 관계에 있는 제조업체와 중간상이 각자 자신의 이익을 극대화하기 위해 자신과 상대방의 행위를 조정하는 과정에서 유통경로 구조가 결정되는 것으로 보고 있다. 분석학적 모형에서는 중간상의 기능을 수직적으로 통합하여 생산과 판매의 기능을 제조업체가 동시에 수행할 것인가, 아니면 독립적 중간상을 이용하여 생산과 판매 기능을 분리할 것인가? 그리고 독립적인 중간상을 이용한다면 어떤 형태의 중간상을 몇 단계에 걸쳐 활용할 것인가? 등을 경쟁업체 간의 힘의 구조를 토대로 설명한다. 경쟁행위에서 상대방의 행위가 자신의 이익에 영향을 미치는 경우 이익을 극대화하는 방법에 관한 이론이다. 지나치게 가격 혹은 수량에 의존하여 유통구조를 설명하는 데에는 한계가 있다.

5) 사용자-대리 이론(Agency Theory)

대리인이론에서는 조직을 계약 관계(Contractual Relationship)의 연속으로 정의하였고, 특히 계약의 당사자를 주인(Principal)과 조직 내 주어진 직무에서 수행하는 대리인(Agent)으로 구분하였다. 예를 들어, 유통경로 구조상의 도소매상이 프랜차이즈 가맹점은 제조업체나 프랜차이즈 본부의 제품과 서비스를 판매하기 위해 활동하는 대리인으로 볼 수 있으며, 동시에 소비자를 대신하여 제품 정보를 입수하고 소비자가 원하는 제품을 공급자로부터 구매한다는 점에서 소비자의 대리인으로 볼 수 있다. 대리인이론의 목적함수는 주인의 대리인비용의 최소화라고 할 수 있다. 대리인비용 발생 원인은 대리인의 자기중심적인 인간적 성향(Self-opportunism) 때문이다. 대리인과 주인 사이 정보의 비대

칭성(Information Asymmetry)이 존재한다. 효율적인 조직구조(Efficient Form of Organization)는 대리인비용을 최소화하기 위해 가장 효율적인 통제시스템을 개발하게 되고 이에 따라 효율적인 조직구조(Efficient Form of Organization)가 설계된다. 대리인의 이해관계를 주인의 것과 연동시키는 인센티브 시스템이 있다. 대리인의 행동을 감독하는 통제시스템을 개발한다.

제 3 절 유통경영전략 수립과 실행

1 유통경영전략 수립과 실행

1) 경영전략 의의와 특성

날로 치열해지는 다른 기업들과 경쟁에서 이기고 자신이 설정한 경영 목표를 달성하기 위해서는 기업에 영향을 주는 환경요인들의 변화를 고려하고 그에 대한 대응책을 마련하여야 한다. 기업의 이러한 활동을 경영전략이라고 한다. 경영전략은 대개 기업 전체를 관심 대상으로 하고 주로 최고경영자 관점에서 수립된다. 경영전략은 다른 모든 결정을 통제하는 한계를 정해준다. 즉, 전략적인 결정을 먼저 하고 난 후 그것을 구체적으로 실행하기 위한 하위결정을 해야 한다. 전략적 의사결정은 상당한 자원의 재배분을 가져오며 여러 부서를 동시에 관여하는 것이 보통이다.

2) 경영전략 수립 단계

① **1단계 : 기업 사명(mission)과 목표(goals) 설정**

㉠ 기업의 존립 근거와 존립 당위성을 설명하여야 한다.

㉡ 사업영역 결정

제품 중심적 vs 원초적 욕구 중심적인지 결정하여야 한다.

㉢ 기업 전략 목표

기업의 중·장기적 희망, 열망을 표시(전략적 목표 vs 재무적 목표)하여야 한다.

㉣ 경영이념

기업의 기본적 신념과 가치관, 철학적 신조를 명확히 하여야 한다.

② **2단계 : 기업 내·외부 환경분석**

㉠ 내부 환경분석

강점과 약점 발견, 내부 환경분석 틀(포터의 가치사슬)을 활용하여야 한다.

㉡ 외부 환경분석

기회와 위협 포착, 외부 환경분석 틀(포터의 산업구조 분석)을 활용하여야 한다.

③ **3단계 : 전략적 대안의 선택 및 전략 수립**

㉠ 내·외부 환경분석을 통해 전략적 목표를 달성할 수 있는 전략적 대안을 개발하고, 이를 비교·평가(SWOT 분석)한다.

㉡ 기업 차원 전략

전사적인 관점에서 기업의 장기적 이익을 어떻게 극대화할 것인지를 결정한다.

㉢ 사업과 시장 결정(set of business and market)을 하여야 한다.

㉣ 복수사업(시장)에서 해당 사업(시장) 간의 자원배분 문제(사업 포트폴리오 분석)를 검토하여야 한다.

예) BCG Matrix, McKinsey Matrix

㉤ 사업 차원 전략 :

해당 사업에서 경쟁자들과 어떠한 무기로 경쟁하여 이길 것인지 결정하여야 한다.

㉥ 기능부서 차원 전략 :

앞선 사업 차원 전략에 따라 일관적인 개별 기능부서의 실행 방안을 결정하여야 한다.

④ **4단계 : 전략 실행(조직구조 및 통제시스템의 설계)**

㉠ 조직이론에서의 상황 이론의 기본적인 설명(환경-전략-구조의 적합성)이 필요하다.

㉡ 전략 실행에 적합한 조직구조 설계를 하여야 한다. (예) 수출 지향적 투자의 경우 본-지사 관계

㉢ 전략 실행을 감시, 감독할 수 있는 통제시스템을 설계하여야 한다.

㉣ 전략 실행에서 나타날 수 있는 각종 갈등, 의사소통, 권력관계 등 관리 방안을 만들어야 한다.

3) 수준에 따른 경영전략 분류

경영전략은 어떠한 수준에서 설정할 것인가에 따라 기업 전략(Corporate Strategy)과 사업부 전략(Business strategy), 기능별 전략(Functional strategy)으로 나눌 수 있다.

① **전사적 수준(Corporate Level)**

전사적 수준에서의 전략경영은 전략본부의 책임을 맡은 최고 경영층에 의해 이루어진다. 이것은 주로 기업의 전체목표를 정의하고, 무슨 사업에 참여하며 어떻게 사업부 간

에 자원을 배분할 것인가를 결정한다. 따라서 전사적 수준의 전략경영은 새로운 사업영역의 선택, 기존 사업의 포기, 성장의 우선순위 결정, 장기적 자본조달 방안, 배당 정책 등과 관련된 문제들을 다룬다. 이와 같은 문제들은 기업 전체적 관점과 장기적 시야가 필요하며 잠재적 수익성이 높지만, 위험부담이 높은 것이 특징이다. 전사적 수준의 의사결정은 보통 최고경영자가 전략 스태프의 도움을 받아 결정하거나 이사회의 결의를 통해 결정한다.

② 사업부 수준(Business Level)

여러 사업을 동시에 영위하는 기업의 경우 여러 개의 독자적인 사업부들이 존재한다. 각 사업부는 각기 독자적인 사업영역을 가지고 있으며 생산, 마케팅, 재무, 인사 등 독자적인 경영 기능들을 소유하고 있다. 사업부 수준의 전략경영이란 이러한 개별 사업부 안에서 이루어지는 것을 말한다. 전사적 전략경영이 기업 전체의 관점에서 사업의 균형을 이루는 데 주안점을 두는 것에 반해 사업부 수준의 전략경영은 특정 사업에 국한된 전략적 의사결정들을 주 내용으로 한다. 즉 이것은 전사적 수준에서 결정된 전략적 방향과 목표에 따라 개별사업의 영위에 필요한 구체적 전략들을 결정한다. 따라서 사업부 수준의 전략경영은 미리 정해진 사업영역 안에서 어떻게 경쟁자들과 효과적으로 경쟁해 나갈 문제를 주로 다룬다. 사업부 수준에서의 전략적 의사결정은 시장 세분화, 유통채널, 원가구조, 공장입지 등과 같이 상대적으로 구체적이고 경쟁우위의 확보가 대부분이다. 기업 전략이 사업 단위에 자원을 어떻게 배분할 것인지를 결정하는 기본 전략이라면 사업전략은 사업 내에서 어떻게 경쟁할 것인가와 관련된다. 원가 우위(cost leadership) 전략은 낮은 원가로 제품을 생산하거나 제공하는 전략이다. 차별화(differentiation) 전략은 품질·서비스·납기·유연성·신제품 도입 속도 등에서 고객에게 특별히 인식되는 차이점을 확보하는 전략이다. 집중화(focused) 전략은 시장 세분화에 의해 목표 시장에 집중하는 전략이다.

③ 기능별 수준(Functional Level)

기능별 전략경영은 궁극적으로 경영 기능별 경영자들이 담당한다. 이것은 생산, 마케팅, 재무, 인사, 연구개발 등 각 경영 기능에서의 단기적 목표와 전략 방안들을 마련함을 주 내용으로 한다. 기능별 수준에서의 의사결정은 사업부 수준에서 결정된 전략을 실천하는 것과 직접 관련되어 있다. 따라서 기능별 수준의 전략들은 앞에서 설명한 사업부 수준에서의 전략들과 일관성을 가져야 한다. 기능별 수준에서의 전략적 의사결정은 전사적 또는 사업부 전략보다 단기적이며 보다 구체적이다. 즉, 이 의사결정은 주로 생산시스템의 효율성 제고, 적정재고 수준의 결정, 고객서비스의 질적 향상, 연구개발의 방법 결정 등과 같은 실천적 문제를 다룬다.

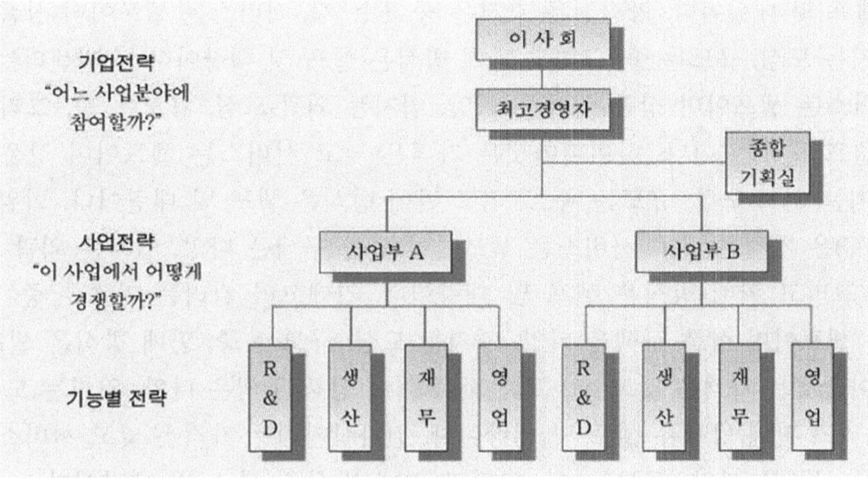

[경영전략 분류]

4) 유통기업 경쟁 전략

① 수익률과 회전율 조합전략

저수익-고회전율(박리다매)	고수익-저회전율(후리소매)
▪ 별도의 노력 없이 팔리는 제품이다. ▪ 최소한의 서비스 혹은 선택적 유통 서비스 제공한다. ▪ 비교적 고립된 지역에 위치한다. ▪ 단순한 조직 특성이 있다. ▪ 다양한 제품. 얕은 제품 깊이, 소량 취급을 한다. ▪ 시중보다 낮은 가격에 판매한다. ▪ 가격에 초점을 둔 촉진 정책이다.	▪ 다양하고 많은 서비스를 제공한다. ▪ 밀집된 지역에 위치한다. ▪ 복잡한 조직 특성이 있다. ▪ 덜 다양한 제품. 더 많은 제품 깊이를 갖는다. ▪ 시중보다 높은 가격에 판매한다. ▪ 상품 지향적, 이미지 지향적인 촉진법을 쓴다. ▪ 다른 상점과 근접한 위치에 있다.

② 소매 업태별 전략

백화점은 가격은 높고 서비스는 완전하며 다양한 상품 구색이 갖춰져 있다. 입지는 도심이며 규모는 대형이다. 판매 방식은 대면 및 소량이다. 대형마트는 가격은 중정도이고 셀프서비스이며 다양한 상품 구색이 갖춰져 있다. 도심에 위치하며 셀프와 대량으로 판매되고 있다. 편의점은 가격은 높고 서비스는 셀프이며 상품 구색은 다양, 입지는 도심, 규모는 저, 그리고 판매 방식은 셀프 및 소량이다. 재래시장은 가격은 중 또는 저가이며 서비스는 셀프이며 상품 구색은 다양, 입지는 외곽 또는 도심, 규모는 중/저, 그리고 판매 방식은 셀프 및 소량이다. 전문점은 가격은 높고 서비스는 셀프이며 상품 구색은 다양, 입지는 도심, 규모는 중, 그리고 판매 방식은 대면 및 소량이다. 할인점은 가격은 낮고 서비스는 셀프이며 상품 구색은 다양, 입지는 외곽-도심, 규모는 중, 그리고 판매

방식은 셀프 및 대량이다. 양판점은 가격은 중 또는 저, 서비스는 셀프이며 상품 구색은 전문, 입지는 도심, 규모는 중, 그리고 판매 방식은 셀프 및 대량이다. 슈퍼센터는 가격은 낮고 서비스는 셀프이며 상품 구색은 다양, 입지는 외곽-도심, 규모는 중, 그리고 판매 방식은 셀프 및 대량이다. 하이퍼마켓은 가격은 낮고 서비스는 셀프이며 상품 구색은 다양, 입지는 외곽-도심, 규모는 중, 그리고 판매 방식은 셀프 및 대량이다. 회원제 도매클럽(MWC)은 가격은 낮고 서비스는 셀프이며 상품 구색은 다양, 입지는 외곽-도심, 규모는 중, 그리고 판매 방식은 셀프 및 대량이다. 카테고리 킬러는 가격은 중 또는 저, 서비스는 셀프이며 상품 구색은 다양, 입지는 도심, 규모는 중, 판매 방식은 셀프 및 대량이다. 아울렛은 가격은 낮고 서비스는 셀프이며 상품 구색은 다양, 입지는 도심, 규모는 중, 그리고 판매 방식은 셀프 및 대량이다. 전자상거래는 가격은 낮고 서비스는 셀프이며 상품 구색은 다양, 규모는 대, 그리고 판매 방식은 셀프 및 대량이다.

2 유통경영 전략 유형

1) 다각화 전략(Diversification Strategy)

한 기업이 다수의 분야에 걸쳐서 사업을 전개하려는 전략을 말한다. 기업을 에워싼 정황은 부단히 변화하고 있으며 특히 신제품, 구입처, 판매처 등에 변동이 있으면 때때로 치명적인 타격을 입게 되는 때도 있다. 이를 피하고자 스스로 신제품을 개발하거나 신규침입·구매처·판매처 등을 자사 지배하에 두기 위해 다각화 전략을 채택하게 된다. 1970년대의 미국에서는 시너지 효과 등이 유행, 다각화 만능과 같은 현상이 나타났다. 그러나 다각화했다고 즉시 업적이 좋아지는 것은 아니고 한 분야에서의 실패가 타 분야에 파급돼서 경영의 파탄을 초래하는 예도 많다. 캘리포니아 대학의 R.P. 루멜트는 이 문제를 실증적으로 연구하여 단순한 다각화가 아니라 분류 중시(dominant constraint), 관련성 중시(related constraint)의 다각화가 아니면 성공하지 못한다는 것을 명백히 밝혔다.

	기존 제품	신제품
기존 시장	시장 침투 전략	제품개발 전략
신시장	시장 개발 전략	다각화 전략

[성장 방향으로 본 다각화의 분류(Ansoff의 제품 - 시장 매트릭스)]

2) 아웃소싱 전략(Outsourcing Strategy)

아웃소싱(Outsourcing)이란 Out과 Sourcing의 결합어로 일반적으로는 외부의 전문회사를 활용하여 기업활동 일부를 수행하게 하고 이를 통해 기업의 핵심역량을 강화하여 내부적으로 전략적 이득을 추구하는 활동이라 할 수 있다. 기업이나 기관이 비용 절감, 서비스 수준 향상 등의 이유로 기업에서 제공하는 일부 서비스를 외부에 위탁하는 것을 말한다. 즉, 자신의 핵심적인 능력을 중심으로 기업의 경쟁력을 높이기 위해서 기타 부가적인 서비스는 그것을 전문적으로 제공하는 기관들의 도움을 받는 것을 의미한다. 아웃소싱을 하는 이유는 기업이 업무나 기능을 자체적으로 제공, 유지하기에는 수익성이 부족하거나 조직 내부 갈등을 해결하기 위해 제3자에게 문제를 위임하고 내부적인 전문성은 없지만 당장 그 기능이 필요하여 그 부분을 외부에서 조달하기 위함이다. 하지만 아웃소싱을 하는 가장 큰 이유는 조직의 유연성과 민첩성을 높이는 가장 효과적인 수단 중 하나이기 때문이다. 기업 환경이 갈수록 빠른 속도로 변화하기 때문에 예측이 불가하다. 따라서 기업조직의 전 부문에 투자하는 것보다 핵심적인 부분에만 투자하는 것이 예측할 수 없는 미래 상황과 위험에 재빠르게 대처할 수 있다. 그러므로 아웃소싱은 기업의 생존전략이라고 할 수 있다. 아웃소싱은 유통뿐만 아니라 과학기술, 생산, 마케팅, 인력 등 다양한 분야에서 이용된다.

3) 전략적 제휴(Strategic Alliance)

전략적 제휴란 둘 이상의 기업이 경쟁력 제고를 목표로 경영자원을 공유하거나 협력하는 일정 기간의 지속적 협력 관계를 말한다. 기술, 생산, 판매, 자본 등 기업기능의 전 부문에 걸쳐 상호협력을 바탕으로 기술 보완, 위험 분담, 비용 절감, 시장개척 등을 위해 업체 간 협조체제를 구축하는 경영전략이다. 전략적 제휴는 합작투자나 매수·합병 등과 같이 공동투자 때문에 별도로 기업을 설립하는 기존의 지분적 협력 형태와는 달리, 협력기업들 간에 더욱 유연한 비 지분적 제휴 관계를 기반으로 하고 있으며 참여기업들의 특화된 가치를 결합해 시너지 효과를 창출하는 것을 목표로 하고 있다. 협력기업에 대한 통제력 상실과 기술 및 노하우(know-how)에 대한 유출 위험도 동시에 내포하는 단점도 있다. 원자재, 부품뿐만 아니라 기술, 경영 방법 등 영업에 도움이 되는 모든 경영자원을 서로 보완한다는 점에서 과거의 '제휴'와 구별된다. 전략적 제휴의 대표적인 예는 데이터베이스 소프트웨어 업체인 미국 오라클사를 들 수 있다. 이 회사는 최대 경쟁자인 SAP에서부터 회계법인 딜로이트 & 투슈(D&T)에 이르는 수천 개 회사와 전략적 제휴를 맺고 있다. '협력 경쟁(Coopetition)'이라는 신조어를 만들어 낸 곳도 이 회사이다.

4) 합작투자(Joint Venture)

2개국 이상의 기업·개인·정부 기관이 영구적인 기반 아래 특정 기업체 운영에 공동으로 참여하는 국제경영 방식으로 전체 참여자가 공동으로 소유권을 갖는다. 공동소유의 대상은 주식자본·채무·무형고정자산(특허권·의장권·상표권·영업권 등)·경영 노하우·기술 노하우·유형고정자산(기계·설비·투자 등) 등에 이르기까지 다양하다. 합작에 참여하는 기업들이 소유권과 기업의 경영을 분담하여 자본·기술 등 상대방 기업이 소유하고 있는 강점을 이용할 수 있고 위험을 분담한다는 점에서 상호이익적 해외투자 방식이다. 합작투자는 신설 방식으로 이루어질 수도 있고 기존 현지법인의 일부 소유권을 취득하는 방식으로 이루어질 수도 있다. 다국적기업이 현격한 기술격차를 이용하여 해외에 진출했던 1950~1960년대에는 합작투자보다 단독 투자 방식이 많이 이용되었지만, 경쟁이 격화되고 신기술이 지연되는 등 독점적 우위의 확보가 어려워짐에 따라 최근 들어 합작투자를 통한 해외 진출을 많이 이용하고 있다. 합작투자 방식이 선호되는 경우는 첫째 현지 정부의 제한 때문에 단독 투자 방식을 이용할 수 없는 경우, 둘째 필요로 하는 원료 및 자원을 현지 파트너가 생산하고 있어 원료 및 자원의 입수가 현지 진출을 위한 전제조건이 되는 경우, 셋째 다각적인 제품을 취급하는 기업의 경우 현지 마케팅 노력이 요청되는 경우, 넷째 해외사업 운영에 필요한 자본 및 경영 능력 부족을 해결하고자 하는 경우, 다섯째 해외사업 경험이나 협상력이 부족한 경우 등이다. 외국기업은 합작투자 방식을 이용함으로써 위험부담의 축소, 규모의 경제 및 합리화 달성, 상호보완적인 기술 및 특허 활용, 경쟁 완화, 현지 정부가 요구하는 투자 또는 무역장벽 극복 등의 전략적 이점을 활용할 수 있다.

5) 인수 및 합병(M&A : Merger and Acquisitions)

기업의 '인수'란 한 기업이 다른 기업의 주식이나 자산을 취득하면서 경영권을 획득하는 것이며, '합병'이란 두 개 이상의 기업들이 법률적으로나 사실적으로 하나의 기업으로 합쳐지는 것을 말한다. 인수·합병의 목적은 기존 기업의 내적 성장한계를 극복하고 신규사업 참여에 걸리는 기간과 투자 비용 절감, 경영 노하우, 숙련된 전문인력 및 기업의 대외적 신용확보, 경쟁사 인수를 통한 시장점유율 확대, 경쟁기업의 주식 매입을 통한 M&A 대비, 자산가치가 높은 기업을 인수한 뒤 매각하여 차익 획득 등 여러 가지가 있다. 인수·합병은 그 성격에 따라 우호적 M&A(기업 인수, 합병을 상대 기업의 동의를 얻는 경우)와 적대적 M&A(상대기업의 동의없이 강행하는 경우)가 있다. 일반적인 M&A 방법으로는 주식인수, 영업 양수, 자산취득, 위임장대결, 합병 등이 있으며, '적대적 M&A'는 주로 주식매수와 위임장대결을 통해 이루어진다.

① 자산인수

대상기업의 자산뿐 아니라 영업권 등 포괄적 권리를 매수하는 것이다.

② 주식인수

주식매수를 통한 회사의 경영권을 인수하는 것이다. (주주 개별매수, 증권시장매수, 공개매수)

③ 흡수합병

인수기업이 대상기업을 흡수하는 것이다.

④ 신설합병

양 기업이 합병하여 새로운 회사를 설립하는 것이다.

⑤ 역합병

실질적인 인수기업이 소멸하고 피인수 기업이 존속하는 것이다.

6) 수평적 통합(horizontal combination)

동일 업종의 기업이 동등한 조건으로 합병·제휴하는 것을 말한다. 수직적 통합과 대비된다. 세계의 주요 기업은 어느 것이나 주로 수평적 통합 때문에 기업 규모를 확대했다. 수평적 통합 때문에, 첫째, 대기업 간 통합의 경우에는 시장점유율을 높여 가격선도자(price leader) 임무를 수행할 수 있으며, 둘째, 중소기업의 경우에는 생산설비 능력이 향상되어 생산 규모 확대의 장점을 확보할 수 있고, 셋째, 판매망을 강화할 수 있으며, 또 자금조달력도 강해지는 등 기업은 각종의 유익을 얻을 수 있다.

7) 수직적 통합(vertical combination)

원재료의 획득에서 최종제품의 생산, 판매에 이르는 전체적인 공급 과정에서 기업이 이 일정 부분을 통제하는 전략으로 다각화의 한 방법이다. 동종업계의 다른 기업과 통합하는 수평적 통합과 대비된다. 제품의 전체적 공급 과정에서 기업이 일정 부분을 통제하는 전략으로 다각화의 한 방법이며 전방 통합과 후방 통합으로 구분된다. 원료를 공급하는 기업이 생산기업을 통합하거나 제품을 생산하는 기업이 유통채널을 가진 기업을 통합하는 것을 전방 통합(前方 統合)이라 하며 이는 기업의 시장지배력을 강화하기 위한 전략으로 사용된다. 유통기업이 생산기업을 통합하거나 생산기업이 원재료 공급기업을 통합하는 것을 후방 통합(後方 統合)이라 하며, 이는 기업이 공급자에 대한 영향력을 강화하기 위한 전략으로 사용된다.

8) 리엔지니어링(Reengineering=BPR : 업무 재설계)

업무 재설계(業務 再設計, Business process reengineering, 줄여서 BPR)는 경영혁신기법의 하나로서, 기업의 활동이나 업무의 전반적인 흐름을 분석하고, 경영 목표에 맞도록 조직과 사업을 최적으로 다시 설계하여 구성하는 것이다. 정보시스템이 도입되면서 BPR이 매우 쉬워졌고, 반복적이고 불필요한 과정들을 제거하기 위 작업 수행의 여러 단계가 통합되고 단순화된다. 비용, 품질, 서비스, 속도와 같은 핵심 부문에서 기업이 획기적인 성과의 향상을 이루기 위하여 업무처리 과정(프로세스)을 기본적으로 다시 생각하고 근본적으로 재설계하는 것을 의미한다. IBM을 비롯해 미국의 대기업들이 쇠퇴하면서 생산성이 일본에 뒤지자, 이의 만회를 위하여 혁신적인 경쟁력 제고의 방안을 도입하게 되었다. BPR의 특징(Michael Hammer & Champy에 의한 정의)은 다음과 같다.

① 여러 직무가 하나로 통합됨
② 현장 담당자가 의사결정을 내림
③ 프로세스가 기본목적에 맞도록 진행됨
④ 업무가 효과적으로 수행됨
⑤ 관리통제가 줄어듦
⑥ 고객접촉 창구가 일원화됨
⑦ 집중/분산 작업이 혼합됨

BPR 추진 절차는 사업 비전과 프로세스별 목표의 개발로 비용 절감, 작업시간 절감, 작업환경개선, 권한위임과 같은 구체적인 사업 비전과 프로세스별 목표를 찾아내고 이들의 우선순위를 확정한 후 최종목표치를 정량화시켜 확정한다. 재설계 대상 핵심 프로세스의 규명으로 프로세스의 성과에 강한 영향을 미치는 핵심 프로세스 또는 문제가 되는 병목 프로세스를 찾아내어 재설계 대상 프로세스로 확정하고 프로세스별 책임자를 선정하는 작업을 수행한다. 기존 프로세스의 이해와 측정으로 프로세스 재설계에 앞서, 일단 발견된 문제는 더는 반복하지 않고, 정확한 측정과 분석을 통하여 향후 개선의 기준으로 삼는 데 필요한 단계이다. 문제와 오류를 해결하고 개선된 프로세스를 위해 완전한 프로세스와 신중히 비교·분석해야 한다. 필요 정보기술의 탐색은 요구되는 정보기술을 탐색하는 단계이다. 프로세스 원형의 설계 및 구축은 프로세스를 실제로 구축하게 되지만 이는 프로세스 재설계의 마지막이 아니라, 원형을 이용해 순환적 수정을 통하여 최적의 프로세스를 찾아 나가는 형태이다. 결과의 측정 및 평가이다.

3 유통경영 전략 평가 및 통제

1) 유통경로 전략 평가

전략이란 '기업이 어떤 사업들에 있고 또 있어야 하는가, 그리고 기업은 어떤 성격을 띠고 있고 또 띠어야 하는가를 정의하는 목표(objective), 목적(purposes or goals), 그리고 그러한 목적을 달성하기 위한 주요 정책(policies)과 계획(plan)의 형태(pattern)'로 정의한다. 전략은 환경이 요구하는 기업 내의 필수적 변화를 촉진할 뿐만 아니라 기업 내 모든 구성원의 협동 그리고 기업이 나아가야 할 방향 및 기업의 목적을 제공하면서, 기업의 모든 주요한 활동들을 포함하는 다차원적 개념으로 생각할 수 있다. 경영전략의 성과나 과정의 마지막 단계는 평가 과정이라고 할 수 있다. 평가는 최고경영자가 그들이 선택한 전략이 기업의 목표를 얼마나 달성하는지를 평가하는 과정이다. 평가는 기업과 전략사업단위에서 동시에 일어난다. 평가 과정은 동기부여, 피드백시스템, 평가 기준, 평가 결과에 대한 해석이 필요하다. 평가는 객관적이거나 주관적 평가 기준에 의한다. 전략의 능률을 객관적, 정량적으로 평가하기 위하여 과거 자기 기업의 실적과 경쟁업자의 업적을 비교해 본다.

2) 유통경로 성과 거시적 평가

경로 시스템과 경로 구성원의 효과성을 평가하는 과업은 쉬운 일이 아니므로 부단한 계획과 정확한 정보를 기반으로 했을 때 성공적인 수행을 기대할 수 있다. 전체 경로 시스템의 효과성을 평가하는 일은 목표 시장이 상업적 경로가 제공해 주기를 원하는 서비스를 평가하는 것으로부터 시작된다. 열악한 상태에 있는 고객에게 경로 기능이 얼마나 공평하게 수행되고 있는지를 평가하는 일은 매우 어렵지만 경로 관리자가 경로 성과를 평가하기 위해서는 필수적으로 확인해야 할 과정이다. 공평한 구매 기회의 실현 등이 이에 해당한다. 공평성 제고를 목표로 한 정책사례는 백화점 셔틀버스의 제한적 운영, 외곽지역의 현대적 유통시설 입점 지원 등이 있다. 생산성이란 소매점, 소매 체인, 개별 유통업자, 제조업자, 조성기관, 전체 유통경로 등과 같은 조직이 토지, 노동, 자본 등을 이용하여 판매량, 총마진, 부가가치 등을 얼마나 효율적으로 창출해 내는가를 측정한 것이다.

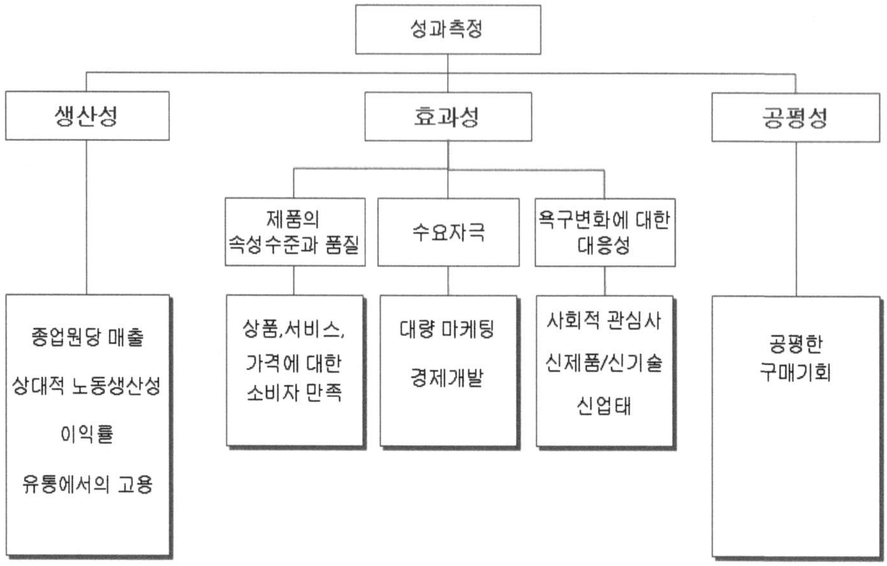

[유통경로 성과 거시적 평가측정 지표]

3) 유통경로 성과 미시적 평가

① 유통비용 분석(distribution cost analysis)

㉠ 미시적 평가를 위한 분석 방법으로는 유통비용 분석이 대표적이다. 유통경로별 수익성을 측정하는 데 있어 손익계산서상의 비용항목이 유통경로별 경로 활동에 얼마나 효율적으로 사용되었는지를 비교하는 것이다.

㉡ 유통비용 분석은 유통경로 구성원이 현재 가담하고 있는 경로의 수익성을 결정하는 것을 돕는 도구이며, 유통비용 분석을 통해 현재의 경로에서 무엇을 변경하고 수정할지를 알 수 있다.

② 전략적 이익모형(strategic profit model : SPM)

㉠ 전략적 이익모형은 여러 가지 재무비율 간의 상호관련성을 탐색하는 방법이다.

㉡ 순이익률(순이익/순매출액) : 이 비율은 제품과 서비스의 원가, 감가상각을 포함한 영업비용, 차입 자금의 비용 등의 비용을 판매 수익으로 감당할 수 있는 경영 능력을 나타낸다.

㉢ 자산회전율(순매출액/평균 총자산) : 총자산에 대한 순매출액의 비율은 자본을 얼마나 잘 활용하는지를 보여주는 지표이며, 자산에 과잉 투자했는지를 보여준다.

㉣ 자산수익률(ROA : 순이익/총자산) : 순이익률은 사용된 자산의 효율성을 간과하고 있으며, 자산회전율은 매출액의 수익성을 반영하지 못한다. 자산수익률(ROA)은 이러한 단점을 보완한다.

ⓜ 레버리지 비율(총자산/순자본) : 이 비율은 기업이 장 단적인 목적으로 자금을 얼마나 차입했는지를 나타내는 지표이다.

ⓗ 투자수익률(ROI : 순이익/순자본) : 소유주의 투자에 대한 이익률을 나타낸다.

ⓢ 재고투자 매출 총수익률(GMROI) : 이 비율은 제품 재고에 대한 투자가 총이익을 얼마나 잘 달성하는가를 평가할 수 있는 지표이다.

ⓞ 경로 구성원 총자산 수익률(CMRA : channel member return on assets)
CMRA = 총이윤 - (판매촉진, 상품개발, 창고, 운반비용) / 외상 매출금 + 재고

③ **경제적 부가가치(EVA : Economic Value Added)**

경제적 부가가치(EVA)란 기업이 고유 활동을 통하여 창출한 순가치 증가분으로서 세후 영업이익(NOPAT : Net Operating Profit after Tax)에서 자본주의 기대수익 금액인 자본비용을 차감하고서 얼마만큼의 이익을 창출하였는지를 나타내는 지표이다.

> EVA = 세후 영업이익 − 총자본비용
> = (영업이익 − 법인세) − [타인자본비용 + 자기자본 비용(총자산 − 부채)]
> = (영업이익 − 법인세) − (투하자본 × 가중평균자본이자율)

특징으로는 기업의 고유업무와 관련된 영업활동만을 고려하고, 자기자본에 대한 기회비용을 고려하며, 손익계산서뿐만 아니라 재무상태표 항목들을 종합적으로 관리한다.

4) 유통경영 전략 통제 성격

경영자가 조직의 정책이나 전략이 실제로 준수되고 있는가를 확인하기 위하여 사용하는 모든 방법과 절차 및 수단을 통제라고 한다. 경영자는 조직 구성원들 각자가 그들의 임무를 계획대로 수행하고 있는가를 확인할 방법이 있어야 하는데 이를 위한 일련의 과정이 바로 통제 과정이다. 경영관리 프로세스에는 많은 요소가 복합적으로 영향을 미친다. 그리고 이를 통해 규모와 환경, 기술, 상호 의존성, 전략의 여러 요소 중에서 통제시스템 설계에 영향을 미치는 주요 요소를 확인할 수 있다. 통제시스템의 목적은 전략의 실현을 돕는 것이다. 시스템 설계자가 통제시스템을 설계할 때에는 환경과 기술, 규모, 문화, 지리적인 위치, 관리방식 등과 같은 외부적인 요소를 고려해야 한다. 통제 과정에서 경영자가 수행하는 역할을 경영통제라고 하며 이를 보조하기 위해 지속해서 정보를 수집·분석·평가하는 시스템과 그 밖의 보조수단을 총칭하여 경영통제시스템이라고 한다. 즉 경영통제시스템이란 경영자가 경영통제 활동에서 사용하는 조직적이고 체계적인 과정 및 구조를 의미한다.

5) 통제시스템 구성 요소

① 관찰 수단

통제 대상 활동이나 현상을 관찰하여 이를 측정하거나 기술하는 수단을 말한다. 이 요소는 관찰자 또는 감지기라고 한다.

② 평가 수단

어떤 활동이나 조직의 성과를 미리 설정된 표준 또는 예산과 비교하여 수용범위를 벗어난 활동과 상황을 밝혀내는 수단을 말한다. 이 요소는 평가자 또는 선택자라고 불린다.

③ 조정 수단

통제 대상 활동이나 현상을 평가한 결과로 조정의 필요성이 있다고 인정되는 상황에 해당 활동이나 성과를 변경시키는 데 사용되는 수단을 말한다. 이 요소는 지시자 또는 조정자라고 불린다.

④ 정보전달 수단

통제시스템의 여러 가지 구성 요소를 사이에 정보를 전달해 주는 수단을 말한다. 이 요소는 의사 소통망이라고 불린다.

⑤ 위 4가지 구성 요소

서로 유기적으로 연결되어 상호 작용을 하여 특정 목표를 달성하기 위해 전체로서의 시스템을 구성하게 된다.

6) 성과 환류(Feedback)

① 환류 개념

환류는 어떤 흐름이 진행되다가 다시 원 상태로 되돌아와 흐르는 현상으로서 행동을 취한 당사자에게 행동의 결과에 대한 정보를 주는 것이다. 이것은 행위의 효과에 대한 보다 객관적인 평가를 가능하게 해주기에 결국 환류는 성공률을 높이기 위해서 진행되고 있는 행동을 결국 수정하게 된다. 환류는 목표수정과 오차 수정을 위한 장치로 환류는 합리적 정책 결정에 도움이 된다. 환류된 정보와 자료는 정책결정자뿐만 아니라 관련 이해당사자들에게도 제공하는 것이 바람직하며 환류는 정책환경의 변화를 인지하는 데 유용한 자료로 활용된다.

② 환류 필요성

어떤 과정을 감시하고 진단하는 과정을 모니터라고 하는데 진단의 과정을 통하여 문제점을 파악하고 분석하여 적절한 대응책을 찾을 수 있게 하는 일련의 행위를 말한다. 환류를 통하여 모니터하고 객관적인 평가를 가능하게 함으로써 문제점을 개선할 수 있고 나아가 일에 대한 대응성과 직무역량을 높이기에 모니터는 환류에서 필요한 요인이 된다고 볼 수 있다.

제 2 장 유통경영관리

제 1 절 조직 구성과 관리

1 조직 기초이론과 변천 과정

1) 조직 기초 이해

조직이란 어떤 기능을 수행하도록 협동해 나가는 체계, 즉 개개의 요소가 일정한 질서를 유지하면서 결합하여 일체적인 것을 이루고 있는 형태를 말한다. 조직화란 조직 내에서 목표 달성을 위하여 수립된 계획을 수행하기 위하여 개개인이나 부문의 역할체계를 설계하고 유지하는 것이다. 따라서 조직화에는 목표 달성을 위한 활동의 확인, 과업의 할당 및 분류, 집단행동을 통제하는 데 필요한 권한, 조직 단위 간의 수직적·수평적인 조정이 요구된다.

2) 조직화 기본요소

① 공동목표

조직화에는 반드시 그 조직이 달성해야 할 공동목표가 있어야 하며, 이러한 공동목표는 계획수립 과정에 명확히 규정되고, 조직에서는 항상 집단의 활동이 이루어지며, 이 활동은 공동목표에 기초를 두고 있다.

② 분업

조직의 목표를 달성하는 데 개인의 능력으로는 한계가 있으므로, 업무의 분할, 즉 직무의 특성에 따라서 적절한 양으로 분업하게 된다.

③ 권한

조직에서의 권한은 조직의 목표 달성을 위해서 개인이나 부문이 그들의 임무를 수행하는 데 필요한 의사결정과정에서 재량권을 행사할 수 있는 영향력이다.

3) 조직화 기본원칙

① 조직화 목적과 근거에 대한 원칙

㉠ 목표 단일성 원칙

목표는 조직의 활동을 집중시킬 수 있는 단일성을 가지고 있어야 한다.

㉡ 능률성 원칙

비용을 최소한으로 하여 조직의 목표 달성에 공헌할 때만 조직의 유효성이 높고 능률적이라고 할 수 있다.

㉢ 관리범위 원칙 :

관리범위란 한 사람의 관리자가 효과적이고 능률적으로 통제할 수 있는 부하의 수를 의미하는데, 이러한 관리범위는 일반적으로 조직의 상위계층에서는 4~8명, 하위계층에서는 8~15명으로 알려져 있다.

② **조직화 기본원칙** : 조직구조와 권한에 대한 원칙

㉠ 계층 원칙

기업은 최고경영자로부터 최하위 감독자와 작업원에 이르기까지 상호관계의 직위로 계층을 이루고 있는데, 이렇게 구성된 계층은 될 수 있는 대로 단축해야 한다는 측면에서 '계층 단축의 원칙'이라고도 한다.

㉡ 권한 이양 원칙

권한 이양이란 권한을 보유하고 행사해야 할 조직계층의 상위자가 하위자에게 직무를 위임할 때 그 직무수행에 있어 요구되는 일정한 권한도 이양하는 것을 말한다. 그러나 책임은 이양할 수 없다.

㉢ 권한과 책임 균형 원칙

모든 지위에 있어서 직무수행을 위한 권한에 대응하는 책임이 있어야 한다는 것이다.

㉣ 명령 일원화 원칙

한 사람의 부하는 어떠한 직무수행에 대해서든지 한 사람의 상사로부터 명령·지시를 받아야 한다는 것이다.

③ **조직화 기본원칙** : 업무 활동의 부분화에 대한 원칙

㉠ 분업 원칙

분업이란 거대한 과업을 보다 작은 단일의 직무로 나누는 것을 의미한다.

㉡ 전문화 원칙

조직의 개개 구성원이 가능한 한, 단일의 전문화된 업무 활동만을 담당하게 하는 것이다.

㉢ 통합과 조정 원칙

조직의 목적을 달성하기 위해서 직무를 나누고, 전문화된 하위부문의 활동과 노력을 조정·통합하는 것을 말한다.

3) 조직이론 변천 과정

① 고전적 조직이론

고전 이론의 계보에는 Taylor 등에 의한 과학적 관리론과 최고관리층의 기능으로서 POSDCORB와 조직의 원리를 강조한 Gulick 등에 의한 행정관리론, M. Weber의 관료제 이론 등이 해당한다. 고전 이론의 일반적인 특성으로는 조직에 대한 기계적 모형, 폐쇄 체제적 모형, 합리적 모형 등으로 요약할 수 있다. 특징으로는

㉠ 능률성·생산성·합리성이라는 단일 가치 기준으로 삼았기 때문에 조직의 생산 활동과 관련된 공식적 구조와 과정적 변수에 주로 관심을 두었다.

㉡ 연구 대상인 조직을 환경과의 상호 작용이 없는 폐쇄체제로 인식하였다.

㉢ 인간 본질을 X론적 인간 혹은 경제적·합리적 인간모형으로 보았다.

㉣ 과학성을 추구하여 원리·원칙의 발견에 주력하였으나 많은 조직의 원리가 비조직적이며, 비 경험적인 직관 때문에 전개되는 미숙성을 나타내고 있다.

㉤ 정치·행정 이원론적 입장이며 행정행위를 가치가 아닌 관리·사무·사실의 행위로 파악하였다.

② 신고전적 조직이론

신고전 이론의 계보에는 E. Mayo 등의 호손실험에 이은 인간관계론이 대표적인데, 신고전 이론의 특징을 보면 다음과 같다.

㉠ 조직 내의 비공식 관계와 조직참여자의 사회적·심리적 측면을 중요시하였으며 사회적 능률을 새로운 가치 기준으로 삼았다.

㉡ 인간의 기계적인 측면이 아닌 사회적·정서적·심리적 측면을 중시하고 인간관계와 비공식적 요인 및 조직의 불확실한 요인을 중시하였다.

㉢ 외부 환경적 요인은 경시하였으나 내부환경의 상호관계를 중시하였다.

㉣ 인간의 비합리적·비공식적 측면을 중시하였으며 인간을 사회적 인간모형에 따라 연구하였다.

㉤ 특히 행태이론은 고전 이론의 허구적인 과학성과 원리주의를 공격하고 경험주의를 제창하였다.

③ **X-Y** 이론

X-Y 이론은 맥그리거가 인간관을 동기부여의 관점에서 분류한 이론이다. 맥그리거는 전통적 인간관을 X 이론으로, 새로운 인간관을 Y 이론으로 지칭하였다.

㉠ X 이론 : 고전, 과학관리론
인간은 본래 일하기를 싫어하고 지시받은 일밖에 실행하지 않는다. 경영자는 금전적 보상을 유인으로 사용하고 엄격한 감독, 상세한 명령으로 통제를 강화해야 한다.

㉡ Y 이론 : 신고전, 현대적, 인간관계론
인간에게 노동은 놀이와 마찬가지로 자연스러운 것이며, 인간은 노동을 통해 자기의 능력을 발휘하고 자아를 실현하고자 한다. 경영자는 자율적이고 창의적으로 일할 수 있는 여건을 제공해야 한다.

④ **현대적 조직이론**

현대적 조직이론의 계보에는 Simon과 March 등에 의한 의사결정 모형과 체제모형, 1930년대 미국의 사회학자와 1960년대의 발전론자들에 의해 수정된 이후의 관료제 이론 조직의 쇄신 이론, 비교조직 이론 등이 여기에 속한다.

㉠ 조직의 외부 환경을 복잡하고 다양한 것으로 이해하고 조직과 환경과의 동태적·개방적·유기적 관계를 중시한다.

㉡ 조직의 변수 중에서 구조보다는 인간행태나 발전적·쇄신적 가치관을 중요시하며 인간관은 Y론적 인간 또는 복합으로 가정한다.

㉢ 단순한 능률성보다는 이를 바탕으로 한 효과성·생산성·민주성·사회적 적실성·대응성을 중하게 여긴다.

㉣ 정치·행정 일원론의 입장과 가치·목적을 수단·현실보다 더 중요시한다.

㉤ 조직의 복잡한 체제로 보기 때문에 무모한 획일화를 피하고 분화·가변성·통합적 노력을 시도하고 있다.

2 조직설계 및 유형

1) 조직설계 의의

디자인이나 설계한다는 것은 존재하지 않는 것을 새로 만들기 위한 또는 지금 있는 그 어떤 것을 다른 것으로 바꾸기 위한 설계자의 의지적 행위를 말한다. 조직을 설계한다는 것은 새로 설립되는 조직을 바람직한 모습으로 체계화하거나 비효과적인 기존의 조직을 좀 더 효과적으로 새로운 조직으로 바꾸는 것이다. 조직설계는 조직이 조직 목표를 달성하는 데 필요한 여러 활동을 통제할 수 있도록 조직구조를 선택하고 관리하는 과정이라고 정의할 수 있다. 즉 조직설계는 다양한 조직구조가 어떻게, 그리고 왜 선택되는가와 관련된 문제이다. 조직설계를 위해 설계자는 기본 도구가 되는 요소들인 조직구성원 간의 분업, 의사결정의 배분, 통합을 위한 조정 메커니즘을 주어진 상황인 조직이 처한 환경이나 사용하는 기술 및 조직 규모 등에 가장 적절하게 맞도록 전문적인 지

식으로 설계하게 된다.

2) 조직구조 유형

① 라인 조직(기능별)

라인 조직은 각 조직 구성원이 한 사람의 직속상관의 지휘·명령에 따라 활동하고 동시에 그 상위자에 대해서만 책임을 지는 형태이다.

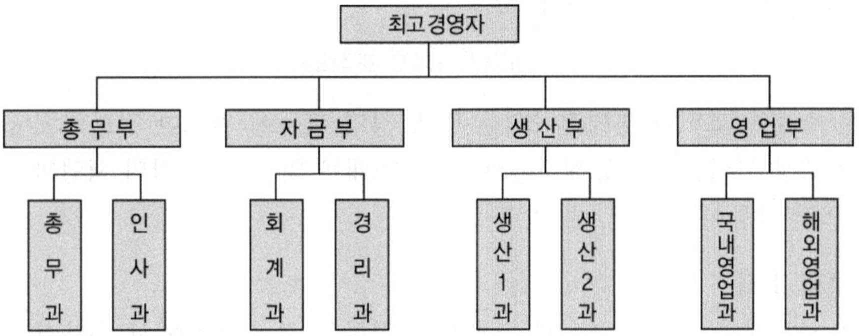

[라인 조직도]

관리자와 부하 간의 수직적 관계를 보여주는 조직의 형태이다. 장·단점은 다음과 같다.

장 점	– 권한과 책임의 소재와 한계가 분명하다. – 의사결정에 신속을 기할 수 있다. – 관리자는 부하에게 강력한 통솔력을 발휘할 수 있다. – 이에 따라 조직 운영에 효율을 기할 수 있다.
단 점	– 업무가 의사결정자의 독단으로 처리될 수 있다. – 라인 조직 바깥의 전문적인 지식이나 기술이 활용되기 어렵다. – 조직의 경직화로 환경변화에 민감하게 적응하기 어렵다.

[라인 조직의 장·단점]

② 기능별 조직(테일러식 기능조직)

마케팅 활동을 관련 업무나 수행 기능별(마케팅관리, 광고, 촉진, 판매 또는 영업, 마케팅조사, 신제품 개발 부문) 로 분류한 조직 형태로서 제품의 수가 많지 않고 비교적 고객이 분산되어 있을 때 효율적이다. 전문화의 원리를 적용하여 각 관리자가 기능적으로 전문화하여 일을 분담하는 조직이다.

③ 라인-스태프 조직

명령 일원화의 원리와 전문화의 원리를 조화시켜 경영의 대규모화, 복잡화에 대응할 수 있도록 만들어진 조직구조이다.

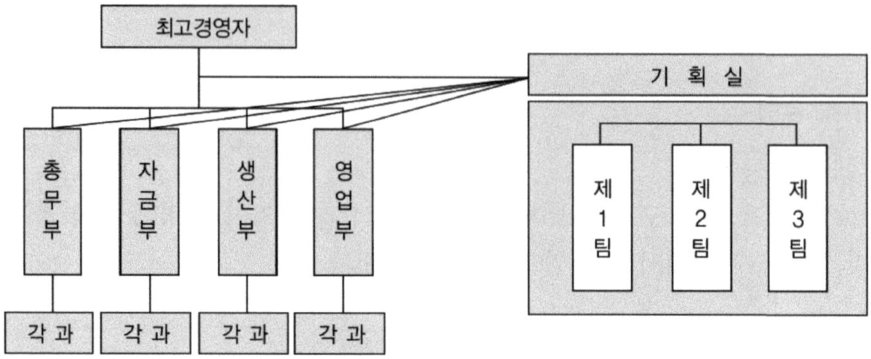

[라인-스태프 조직도]

장점은 스태프 조직이 경영전략의 수립과 경영 활동에 필요한 정보의 수집과 분석을 담당하여 조정자 역할이 가능해진다. 단점은 스태프 및 라인 조직의 책임과 권한이 명확하지 않으면 갈등이 발생할 수 있다.

④ 사업부제 조직

대규모 조직에서 사업부 단위로 조직을 편성하고 각 사업부에서 독자적 생산과 마케팅, 관리 권한을 행사하는 구조를 의미한다.

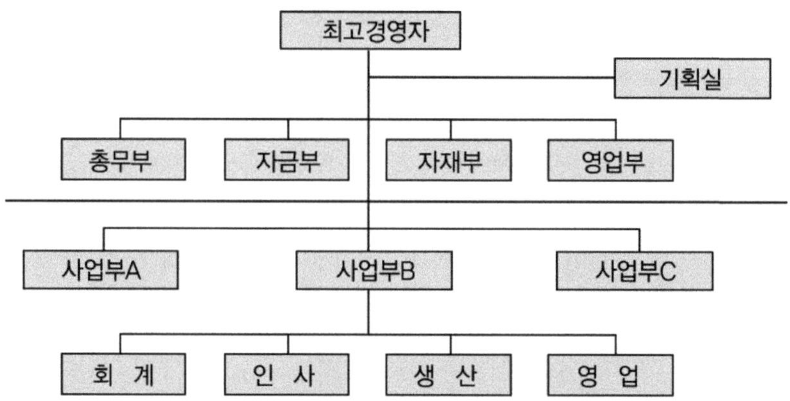

[사업부제 조직도]

각 사업부가 독립된 분권 조직 형태이다. 각 사업부가 하나의 회사처럼 운영 결과에 책임을 진다. 물류 전문 인재 육성에 우수한 조직이다.

문제점	– 인재의 교류가 경직화된다. – 전사적인 관점에서의 종합성이 모자라 경영 효율이 낮아진다. – 전체조직이 종적인 형태를 취함으로 각 사업부 간 횡적 교류가 어렵다.
단 점	– 각 사업부 간의 수평적 조정 어려움 – 사업부 위주 운영 – 조직 전체차원의 기능적 축적의 어려움 – 인력 낭비 및 조직비용 증대 초래

[사업부제 조직의 문제점과 단점]

⑤ 제품별 & 지역별 조직

제품관리조직(제품관리자)은 특정 제품이나 제품라인을 전담하는 제품관리자를 두고 각 관리자가 담당 제품에 관련된 모든 마케팅 활동을 수행하는 조직구조로써, 제품 수가 많거나 서로 이질적일 때 쓰이며 기능별 조직과 보완적으로 활용되기도 한다. 지역별 조직은 제품시장이 광범위하거나 지역별 수요의 특성이 다를 때 이용되는 조직으로 전체 시장을 몇 개의 지역으로 나누고 지역별로 독립된 마케팅 조직을 두어 해당 지역 내의 모든 마케팅 관련 활동을 담당하게 하는 조직 형태이다. 은행, 백화점 등이 여기에 속한다.

⑥ 프로젝트(Project)별 조직

특별 과업에 따라 관련 부서에서 프로젝트 수행을 위해 인력을 파견하고 프로젝트를 해결한 후 원래 부서로 복귀하는 조직을 의미한다. 목표 달성을 위해 일시적으로 인적·물적 자원을 결합하고, 해산을 전제로 임시로 편성하는 것이 특징이다.

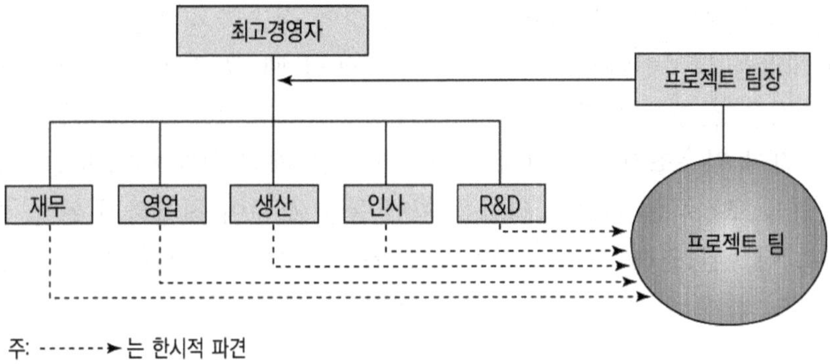

[프로젝트 조직도]

장·단점은 다음과 같다.

장 점	– 프로젝트의 특성에 따라 인적 및 물적 자원을 탄력적으로 운영할 수 있다. – 조직목적이 분명하고 조직원 각자의 정체성이 확인된다. – 조직에 기동성을 부여하고 업무를 신속·정확·효과적으로 수행할 수 있다.
단 점	– 일시적, 한정적인 혼성조직이므로 관리자의 관리능력에 의해 결과가 크게 좌우된다. – 기존조직과의 관계에서 구성원들이 자신의 모 조직에 대한 명령 통일성과 충성심을 약화할 수 있다. – 한시적 조직이므로 추진하는 업무에 일관성을 유지하기가 힘들다.

[프로젝트 조직의 장·단점]

⑦ 매트릭스(Matrix) 조직

라인 조직이나 라인-스태프 조직과 같은 효율성 지향의 조직과 사업부제 조직과 프로젝트 조직과 같은 유연성 지향의 조직 사이에서 조직은 효율성 목표와 유연성 목표를 동시에 달성할 수 있는 조직 형태에 관심을 두게 된다. 이러한 의도를 최초로 담고 만들어진 관리 조직의 기본 형태가 매트릭스 조직이다.

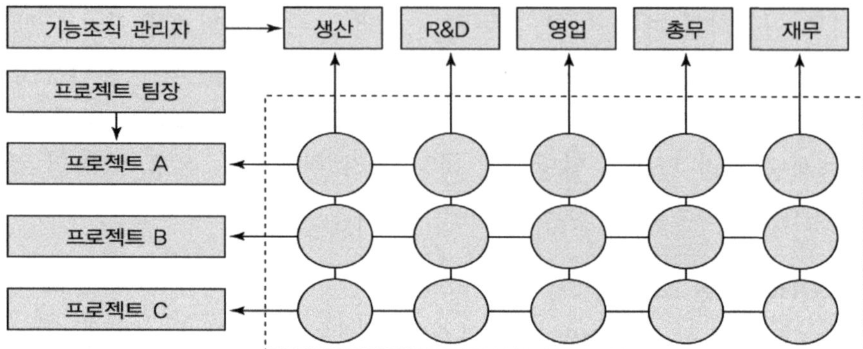

[매트릭스 조직도]

매트릭스 조직은 기술과 시간에 좌우되며 고도로 전문화된 재화나 용역을 산출하고 판매하는 고도의 정보처리가 요구되는 불확실성에 직면하고 있는 조직 그리고 인적, 물적 자원의 제약을 다루어야 하는 조직 등에 적용될 때 그 장점이 크게 나타날 수 있다. 매트릭스 조직은 전통적인 직능부제 조직과 전통적인 프로젝트 조직을 통합한 형태로, 프로젝트 조직이 직능조직의 단위에 첨가되어 있을 때의 형태이다. 또한, 직능부문과 여러 전문 활동을 조정하는 주요한 역할을 지닌 통합 부문이 첨가하게 된다. 개인으로서는 종적 계열로 형성된 원래의 조직 일원임과 동시에 횡적 계열에 따르는 매트릭스 조직 일원의 임무도 함께 수행한다. 장·단점은 다음과 같다.

구분	내용
장 점	- 조직의 기능적·생산적 관리, 둘 다가 가능하다. - 조직의 자원 이용이 효율적이다. - 조직이 환경변화에 잘 대처한다. - 조직의 관리 기술을 발전시킬 수 있다.
단 점	- 조직의 이중 권한으로 구성원에게 좌절과 혼란을 가중할 수 있다. - 관리자의 권한-라인 간에 마찰이 생길 수 있고 이들 간의 권한 균형을 이루기가 어렵다. - 관리자 간의 권한 문제를 해결하기 위한 시간이 필요하며 결과적으로 관리 비용이 증가한다. - 관리자 간의 인간관계기술을 높이기 위한 특수훈련이 필요할 수도 있다.

[매트릭스 조직의 장·단점]

⑧ 네트워크 조직

현재의 조직기능을 경쟁력 있는 핵심역량(Core Competence) 중심으로 합리화하고 여타 기능은 외부 기관과 신뢰의 기반 위에서 상호 전략적 제휴(Strategic Alliance)나 상호 협력적 아웃소싱(Outsourcing) 등의 계약 방식 등을 통해 효율적인 목표 달성을 추구하는 위계적 조직이 아닌 수평형 유기적 조직이다.

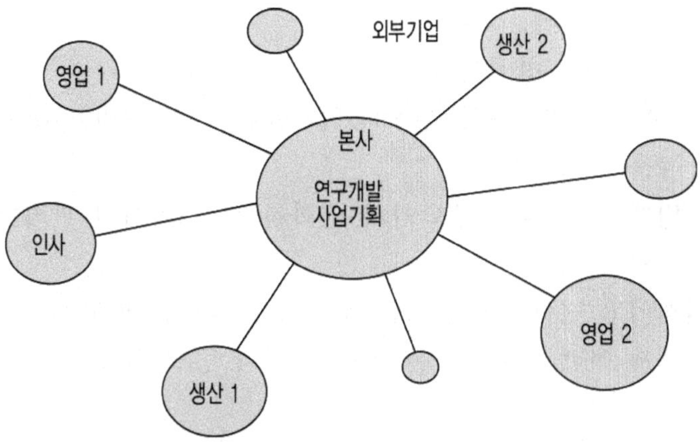

[기능적 네트워크 조직도]

다른 조직과의 제휴 등을 통해 시너지효과를 창출하고 상호네트워크 구축 효과의 극대화와 상호 신뢰를 꾀하는 조직이다. 환경변화에 더욱 신속하고 적절하게 대응할 수 있도록 외부 자원의 효과적 활용을 꾀하는 조직구조이다. 종합적인 통솔과 의사소통이 어렵다.

3 조직 목표관리와 갈등관리

1) 목표관리(MBO : Management by Objective)

목표관리(MBO)란 회사의 사업 전망(VISION)과 중장기 경영전략, 연간사업계획을 달성하기 위하여 본부 → 부문 → 팀 → 팀원에게 이르기까지 상사와 부하가 사전에 협의하여 업무 목표와 달성 기준(평가지표)을 명확히 설정하고 체계적으로 조직 구성원들의 개개목표나 책임을 합의하여 부과하며 그 수행 결과를 사후에 평가하고 환류시켜 궁극적으로 조직의 효율성 향상에 이바지하고자 하는 관리체제나 관리기법을 의미한다. 회사목표와 개인 목표와의 연계를 통한 경영 목표의 효율적 달성과 참여에 의한 목표 설정과 자율적인 업무 수행으로 동기부여를 통한 업적 향상과 권한과 책임의 명확화와 자율 경영 체계의 정착에 있다.

① 목표관리 특징

㉠ 작업에 대한 구체적인 목표를 설정한다.
㉡ 종업원들이 계획설정에 참여한다.
㉢ 실적평가를 위한 계획 기간이 명시되어 있다.
㉣ 실적에 대한 피드백(feedback) 기능이 있다.

② 목표관리 성격

㉠ 목표 설정에 부하를 참여시킨다.

㉡ 조직 전체의 목표와 하급자의 개별 목표를 민주적으로 그리고 효율적으로 일치시킨다.

㉢ 성과와 능률을 중시한다.

㉣ 관리체제 면에서 볼 때 집권화와 분권화를 잘 조화시킨 관리방식이다.

㉤ 매우 의도적인 관리방식이다.

㉥ 보다 장기적이고 전략적인 계획을 포함하는 경향을 띠고 있다.

㉦ 통합적인 체제 아래 이루어지는 종합적 관리 방법이다.

③ 가치와 장점

㉠ 조직의 목표를 명확히 하고 그러한 목표에 조직 활동을 집중시킴으로써 조직의 효율화에 공헌한다.

㉡ 조직의 목표와 조직 속의 개인(하위) 목표를 통합시킨다.

㉢ 참여적 방법에 따라 조직 단위의 목표를 설정하고 그에 입각한 관리행위가 이루어짐으로써 조직의 인간화와 조직발전에 이바지하며 조직 구성원의 사기 향상에 이바지한다.

㉣ 조직의 목표를 명백히 밝히고 관리 문제의 다 목표적 성격을 인식시킨다. 그리고 갈등을 일으키고 있는 제 목표를 확인하게 한다.

㉤ 목표에 입각한 결과의 측정을 객관적으로 쉽고 가능케 하며 결과에 대한 책임의 한계를 분명히 한다.

㉥ 관리자가 업무계획을 세우도록 강제하고 또 그것을 돕는 임무를 수행한다.

④ 성공적인 목표관리 조건

㉠ 최고관리층이 MBO의 실시를 지지하고 솔선수범하여야 한다.

㉡ 조직의 구조와 과정이 MBO를 수용할 수 있도록 마련되어야 한다.

㉢ MBO가 효용을 발휘하려면 어느 정도의 안정성이 있어야 한다.

ⓐ Motive(목표 달성에 대한 성취 동기부여)

ⓑ System(목표 달성 여부를 평가하고 조정하는 시스템)

ⓒ Leadership(변화를 이끌며 조직 구성과 업무추진의 원동력은 리더십)

2) 갈등관리

갈등이란 어떤 개인(집단)의 기대나 목표지향적 행위가 다른 사람(또는 다른 집단)에 의해 좌절되거나 그렇게 될 것으로 지각하는 것을 말한다. 조직 내에 갈등이 존재하면 개인과 조직에 도움이 되기도 하고 오히려 해가 되기도 한다. 순기능 측면에서의 갈등은 조직의 유효성과 능률성을 향상하며 조직의 학습과 창의성, 능력의 향상 등을 개선하는 데 도움을 준다. 역기능적 측면에서의 갈등은 조직성과에 타격을 주게 되어 혁신과 변화를 어렵게 하고, 조직환경의 변화에 효과적으로 적응할 수 없게 하며, 이러한 수준의 갈등이 계속되면 조직의 존속 자체를 위태롭게도 한다. 갈등에 대한 견해로는 전통적 견해(traditional view)는 갈등이 개인과 조직에 나쁜 영향을 미친다고 보는 부정적인 견해로서 반드시 회피해야만 하는 것으로 보고 있다. 갈등에 대한 행동주의적 견해(behavior view)는 인간관계론적 견해라고도 부르는데, 갈등을 모든 집단과 조직에서 필연적이고 자연적으로 발생하는 현상으로 보고 있다. 즉, 갈등은 완전히 회피할 수 없는 불가피한 것이기 때문에 갈등의 존재를 인정하여야 하며, 때로는 갈등이 집단의 성과를 향상하기도 하므로 그것을 적극적으로 수용하려는 태도가 중요하다고 생각한다. 상호작용적 견해(interactional view)는 갈등이 조직에 대해서 추진력으로 작용할 수 있을 뿐만 아니라 적당한 갈등은 집단과 조직의 성과를 향상하는 데 절대적으로 필요하다고 강조하고 있다. 갈등은 상호 의존성을 지닌 둘 이상의 갈등 주체 사이에 발생하는 현상이다. 갈등의 주체는 조직 내 개인, 집단, 그리고 이들을 포함하는 조직 전체이다. 따라서 갈등은 개인과 개인, 개인과 집단, 개인과 조직, 집단과 집단, 집단과 조직, 조직과 조직 등 다양한 관계 속에서 발생한다. 갈등은 동태적이며 순환적인 변화 과정을 거친다. 갈등은 갈등 원인의 지각, 심리적 대립 현상 그리고 대립적 행동의 표면화로 이어지는 과정이다. 이러한 여러 단계가 언제나 끝까지 진행되는 것은 아니며 어느 단계에서 끝나거나 전 단계로 되돌아가거나 혹은 다른 단계로 전이될 수도 있다. 갈등은 심리적 마찰과 대립적 행동을 내포한다. 갈등이 발생하기 위해서는 일반적으로 심리적 갈등을 거쳐서 행동으로 나타나게 된다. 갈등은 외부로 나타나는, 즉 표면화되는 대립적 행동(농성, 시위, 항의 방문 등)만을 지칭하는 것이 아니라 표출되지 않더라도 당사자들이 갈등 상황을 지각하고 긴장과 불안, 적대감을 느끼기 시작하면 벌써 갈등이 존재한다고 보아야 한다. 갈등 발생에는 반드시 그 원인과 조건이 수반된다. 조직의 모든 구성 요소는 갈등 발생의 잠재성을 가지고 있다고 할 수 있으나 그 잠재성만으로 갈등이 발생하는 것은 아니며 여기에 일정한 조건이 부여될 때 비로소 갈등이 발생한다.

3) 갈등에 대한 대응 방식

① 경쟁(강요/대립)

권한 중심적 대응 방식으로서 이 유형은 자기 뜻을 고수하기 위해 자신의 권한을 사용한다. 예를 들어 논쟁하는 능력, 서열, 경제적 제재 등을 활용한다.

② 협력

양측 모두 충분히 만족할 수 있는 해결책을 찾으려고 노력한다. 협력형은 두 사람의 요구사항을 모두 충족시킬 수 있는 대안을 찾기 위해 쟁점을 찾아 특정사안을 파고드는 방법이다.

③ 타협

타협형을 선택하는 목적은 양측 모두 어느 정도 만족할 수 있는 해결책을 신속하게 찾는 것이다. 이는 경쟁과 순응의 중간 성격을 가지며 협력형처럼 주제를 깊이 파고들지 않는다. 따라서 자신이 추구하는 것을 상대의 목표와 절충, 타협적으로 해결한다. 자신의 실익 및 상대와의 관계를 적절히 조화시키려 한다.

④ 회피

갈등상태에 있는 자신의 목표·실익 달성을 추구하지 않는다. 회피형은 갈등에 대한 언급 자체를 피한다. 자신의 의견을 강하게 내세우는 것도 아니고, 그렇다고 타인의 주장을 적극적으로 따르는 것도 아니다.

⑤ 양보·순응

자신의 이해관계보다는 상대의 요구에 맞춰 갈등 해결을 추구한다. 자신의 실익보다는 상대와의 관계를 더 중시한다. 이 방식에는 자기희생이 따른다.

제 2 절 인적자원관리

1 인사관리 기초와 개념

1) 인사관리 의의

인사관리란 조직에서 일하는 사람을 다루는 제도적 체계이며 사람이 사람을 다루는 제도로써 관리의 대상과 주체 모두가 인간이다. 또한, 조직체가 보유한 인적 자원의 효율적 이용을 위하여 수행하는 일련의 계획적·체계적 시책이다. 인사관리의 구체적 내용은 채용·배치·교육훈련·승진·퇴직·임금·안전·위생·근로 시간 등 여러 분야에 미친다. 채용은 어떤 노동을 시키기 위하여 사람이 필요한가를 분명히 하는 인원 계획을 기초로 한다. 모집 방법(공모, 연고 등), 대상, 시험방법(학과, 면접, 적성검사, 집단토의 등) 등은 채용 목적에 맞추어서 선택해야 한다. 채용된 사람이 일정한 직장에 배치될 때 필요한 수의 사람을 확보하는 양적 배치와 자격요건에 따라 적절히 이루어지는 질적 배치가 모두 갖추어져야 한다. 남은 인원의 배치전환에 따른 고용확보도 근로의욕이라는 점에서 중요하다. 채용된 사람이 모두 기대한 자질을 갖추고 있다고 단정할 수는 없고 또한 끊임없는 기술혁신 등의 환경변화는 기존의 자질을 낡게 만든다. 이를 타개하기 위해서는 신입 사원 교육 및 재교육을 포함한 체계적인 교육훈련이 필요하다. 각 사람의 업적은 객관성이 있는 공정한 인사고과에 따라 평가되고 그것에 기초하여 승진·승급·상여가 이루어져야 한다. 이를 위하여 합리적인 승진제도나 자격제도가 필요하고, 그러한 제도의 적정한 운용은 각 사람에게 장래의 희망을 준다는 점에서 매우 중요하다.

2) 인사관리 특성

관리의 대상이 인간이며 아울러 관리의 주체도 인간이다. 인사관리는 주체와 대상이 모두 인간이라는 점에서 볼 때 인간 상호 작용의 관계로 볼 수 있으며 이때 이들이 공통으로 영향을 받는 사회적·문화적 환경과 전통의 영향을 배경으로 하고 있음을 벗어날 수 없다. 인사관리는 사람이 가지고 있는 능력이나 성향을 활용하는 데 그치지 않고 그 능력이나 성향을 바꾸는 것이 더 중요시될 때도 있다.

3) 인적자원관리 이론 변천

① 기계적 접근(테일러의 과학적 관리론)

기계적 접근은 테일러(Tayler)의 과학적 관리법을 출발점으로 형성되었다. 테일러가 활동했던 19세기 말과 20세기 초 미국의 공장관리는 i) 상사의 경험과 주관에 의한 작업 지시 ii) 작업 간의 유기적 조정 불가능 iii) 조직적 태업 iv) 성과급제에 대한 불신으로 능률향상이 이루어지지 못하는 상황이었다. 테일러는 이 문제를 해결하기 위해서 “과학적 관리” 이론을 정립했고, “과업관리(task management)”를 하게 되었다. 직무는 가능한 한 전문화(분업)되어야 하고, 기계의 역할을 높여 생산의 효율성을 추구해야 하며, 작업조건은 양질의 표준화된 수준을 유지해야 한다. 인간은 생산의 한 요소로 간주하였다. 인간을 “경제적 동물”이라는 관점에서 이해했다. (경제인 가설)

② 인간 관계적 접근(인간관계론 : 호손실험)

1920년대 미국의 시카고 근처의 한 전화기 제조회사인 호손 공장에서 시행된 일련의 연구 결과를 기초로 하여 형성되었다. 당시 호손 공장에서는 테일러의 과학적 관리법에 입각한 성과급 제도를 도입하고 있었으나 생산성 측면에서 만족스럽지 못했고, 이에 따라 작업환경의 물리적 변화나 작업시간, 임률의 변화 등에 따른 생산성 연구가 진행되었다. 직무 전문화는 일에 대한 흥미와 작업 의욕을 감소시키므로 가치가 평가 절하되었다. 작업장에서의 물리적 작업조건보다 작업자의 심리적·사회적 조건이 더 중요하다. 인간을 “사회적 동물”로 보았고, 다면적이고 복잡한 존재로서의 인간, 비합리적 인간으로서의 측면을 인식하게 되었다. 공식집단보다 사적인 인간관계로 맺어진 비공식집단이 종업원 개개인의 행동에 미치는 영향이 더 크다. 비경제적인 보상을 강조하게 되었다.

③ 행동 과학적 접근

행동 과학은 인간의 행동에 관하여 객관적인 방법을 수집한 경험적 증거에 의해 입증된 일반적 법칙을 확립하고 인간 행동을 과학적으로 설명하고 예측하는 사회과학이다. 사용자의 민주적, 참여적 리더십의 도입 및 보급에 크게 이바지하였으며 사용자의 인적자원관리 기법에 변화를 불러오게 했다.

④ 시스템적 인적자원관리

1970년 이후 1980년대에 걸쳐 보급된 시스템이론은 종래의 폐쇄적 인적자원관리의 접근방법에서 개방적, 상황 적합한 인적자원관리에 접근방법의 변화를 불러오게 되었다. 특히 이런 접근방법에서는 기업 또는 모든 조직을 하나의 사회적 체계로 인식하며 동시에 기업의 구성원을 포함한 정부, 주주, 금융기관 등의 내·외부 환경적 이해집단과의 상호작용적 개방체계(open system)로 보고 있는 점에 주요 특징을 찾아볼 수 있다.

2 직무분석과 직무평가

1) 직무분석 의의

직무분석이란 특정 직무의 성질을 결정하는 과정으로 합리적 채용 기준 마련 및 직무평가를 위한 자료를 얻기 위하여 실시한다. 역사적으로는 F. W. 테일러에 의해 직무분석에 합리적 방법이 적용되었다. 직무분석을 하기 위해서는 직무분석 방법, 직무분석 담당자 및 직무에 관한 사실 또는 자료 정리 등에 관하여 충분한 사전 연구와 조사가 선행되어야 한다. 직무분석 방법에는 모든 직무를 개별로 분석하는 직무 개별조사법과 모든 직무 중 기준적 직무만을 상세히 분석하고 그것을 기준으로 유사한 직무의 차이 부분만을 분석하는 직무분석비교법이 있다.

2) 직무분석 목적과 절차

① 직무분석 목적

직무분석의 목적은 인사관리가 일관성 있고 공정하게 수행될 수 있도록 직무에 관한 객관적 자료를 제공하는 것이다. 직무분석은 조직의 합리화를 위한 기초작업으로 권한과 책임의 한계를 명확하게 하고, 합리적 채용·배치·이동의 기준을 제공하며, 업무개선의 기초자료를 제공한다. 또한, 종업원 교육훈련과 직무급 등 임금 결정의 기초자료로 활용된다.

② 직무분석 절차

분석 목적 결정 → 분석 범위 결정 → 직무분석표 작성 → 직무분석가 선발·훈련 → 예비조사 · 본조사 → 직무기술서 직무명세서 작성

3) 직무평가(job evaluation)

① 직무평가 의의

직무평가(job evaluation)란 기업 내에서 각각의 직무가 차지하는 상대적 가치(the relative worth of jobs)를 결정하는 것이므로 각각의 직무가 지니는 책임도, 업무 수행상의 곤란도, 복잡도 등도 비교 평가하여 이들에 대한 상대적인 서열을 매기는 기법이다. 직무평가는 경영조직에서 각 직무의 상대적 가치를 결정하기 위한 한 방법이므로 어디까지나 직무 그 자체의 가치를 판단하는 것이지 결코 직무상의 개개 인간을 평가하는 것은 아니다. 따라서 직무평가는 객관적인 직무 그 자체에 대한 가치판단이다. 이처럼 직무평가는 직무분석과 마찬가지로 구체적인 개개의 인간과는 일단 분리된 각 직무가 요구하는 지식, 숙련, 노력, 책임, 직무 조건 등을 평가 요소로 하여 각 직무의 상대적 가치를 체계적으로 평가하는 것이다. 이상과 같은 정의에서 미루어 보면 직무평가는 다음과 같이 네 가지 과정을 포함한다.

㉠ 직무에 관한 사실을 파악하여 분석하는 과정이다.
㉡ 이들 사실을 직무기술서에 정리하는 과정이다.
㉢ 직무기술서를 기초로 하여 어떠한 평가 방법에 따라 직무를 평가하는 과정이다.
㉣ 이 평가를 기초로 하여 직무의 임금을 결정하는 과정이다.

② 직무평가 목적

각 직무의 질과 양을 평가하여 직무의 상대적인 유용성을 결정하기 위한 자료를 제공한다. 공정 타당한 임금 편차에 의하여 종업원의 노동 의욕을 증진하고 나아가서는 노사간의 관계를 원활하게 한다. 직계제도나 직제의 확립과 직무급의 입안 등의 기초가 된다. 동일 노동시장 내의 다른 기업과 비교할 수 있는 임금구조의 설정에 대한 자료를 제공한다. 합리적인 임금 지급의 기초가 되며, 또한 노동조합과의 교섭의 기초가 된다.

③ 직무평가 방법

㉠ 서열법(Ranking Method)

각 직무의 난이도 및 책임성 등을 평가하여 서열을 매기는 방법

㉡ 분류법(Grading Method)
직무의 가치를 단계적으로 구분하는 등급표를 만들고 직무평가를 그에 맞는 등급으로 분류하는 방법

㉢ 점수법(Point Method)
직무를 각 구성 요소로 분해한 뒤 평가한 점수의 합계로써 직무의 가치를 평가하는 방법

㉣ 요소비교법(Factor-comparison Method)
객관적으로 가장 타당하다고 인정되는 기준직무를 설정하고, 이를 기준으로 평가직무를 그것에 비교함으로써 평가하는 방법

4) 직무설계(Job Design)

조직의 목표를 달성하고 직무를 맡은 개인의 욕구를 만족하게 하기 위한 직무의 내용·기능·관계를 결정하는 것으로, 직무의 내용·요건, 요구되는 대인관계, 성과 등이 직무설계의 핵심적인 요인이다. 전통적인 접근방법으로 과학적 관리법에 따른 직무설계기법은 테일러와 그의 동료들에 의해 주도된 것으로 조직에서 작업의 설계를 위한 전통적인 접근방법으로 활용되었으며, 산업공학이나 직무 공학으로 계승되어 기술적·경제적 합리성을 목표로 하는 직무설계의 원칙으로서 오늘날에도 여전히 중요한 위치를 차지하고 있다. 전통적 접근방법으로 대표적인 것이 과학적 관리법에 따른 직무설계이다. 현대적 접근방법으로 직무 전문화, 직무 순환, 직무 확대 등이 기본적으로 작업자들의 욕구를 충족시키지 못하여 유효한 직무설계의 방법이 되지 못한다는 것이 밝혀지자 직무 충실 이론과 직무특성이론이 등장하였다. 허츠버그에 의하면 직무 충실 이론은 단순히 직무를 구조적으로 크게 하는 것이 아니라 직무의 내용을 풍부하게 만들어 작업상 책임을 늘리며 능력을 발휘할 수 있는 여지를 만들고 도전적이고 보람 있는 일이 되도록 직무를 구성하도록 하는 것을 의미한다. 직무특성이론이란 핵심 직무 차원, 중요 심리상태, 개인의 직무성과는 중요 심리상태에서 얻어지고 중요 심리상태는 핵심 직무 차원에서 만들어진다는 것이다.

5) 직무설계 방법

① 직무순환(Job Rotation)

작업자들이 완수해야 하는 직무는 그대로 놓아두고 작업자들의 자리를 교대 이동시키는 방법이다. 한 작업자가 같은 직무만 하면 지루하기도 하고 한 가지 기술밖에 익힐 수 없게 되지만 동료들과 자리를 바꾸면 동료의 직무도 배울 수 있고 지루함도 어느 정도 감소시킬 수 있다.

② 직무 확대(Job Enlargement)

직무 확대는 전문화와 표준화의 원리에서 벗어나 직무를 재설계하려는 최초의 시도라고 할 수 있다. 직무 확대는 과업의 다양성을 증진하기 위하여 직무를 수평적으로 확대하는 것이다. 한 직무에서 수행되는 과업의 수를 증가시키는 것을 말하는데, 직무의 다양성을 증대시킴으로써 작업의 단조로움과 지루함을 극복하여 높은 수준의 직무 만족으로 이끌어갈 것으로 기대한다.

③ 직무 충실화(Job Enrichment)

허즈버그(F. Herzberg)는 그 자신의 동기-위생이론을 기초로 하여 직무 충실화 제안하였다. 직무 충실화란 직무수행을 통하여 작업자에게 자아 성취감과 일의 보람을 느낄 수 있도록 직무 내용과 환경을 설계하는 방법이다. 직무 충실화는 직무성과가 직무수행에 따른 경제적 보상보다도 개개인의 심리적 만족에 달려 있다는 전제하에 직무수행 내용과 환경을 재설계하려는 방법이다.

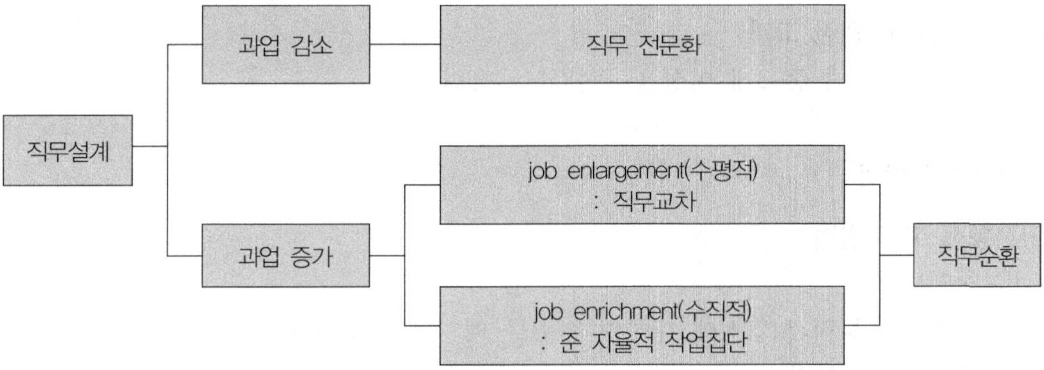

[직무설계 기법]

3 인사고과

1) 인사고과 의의

인사고과(performance assessment)란 종업원의 능력과 업적을 평가하여 그가 보유하고 있는 현재적 또는 잠재적 유용성을 조직적으로 파악하는 방법이다. 인사고과의 목적은 인력배치 및 이동, 인력개발, 인력계획 및 기타 인사 기능의 타당성 측정, 성과측정 및 보상, 조직개발 및 근로의욕의 증진 등을 들 수 있다.

2) 고과자 지위에 따른 인사고과 분류

① 자기 고과

자기 자신을 평가하는 방법이다.

② 상사에 의한 고과

상급자가 하급자를 평정하는 방법이다.

③ 동료에 의한 고과

동료가 서로 평가하는 방법이다.

④ 하위자에 의한 고과

하위자가 상사를 평가하는 방법이다.

⑤ 외부인에 의한 고과

외부인, 특히 산업 심리학자에 의해 시행되는 방법이다.

⑥ 복수 평가에 의한 고과

이상의 5개 방법 중 2개 이상을 종합하는 방법이다.

3) 인사고과 방법

① 전통적 고과 방법

㉠ 서열법

종업원의 능력과 업적에 대하여 순위를 매기는 방법이다.

㉡ 근무 성적기록법

종업원의 근무 성적의 기준을 객관적으로 정해 놓고 이를 기록하는 방법이다.

㉢ 평가척도법

전형적인 전통적 인사고과의 방법으로 종업원의 자질을 직무 수행상 달성한 정도에 따라 사전에 마련된 척도를 근거로 하여 평정자가 체크할 수 있도록 하는 방법이다.

㉣ 대조법

설정된 평가 세부 목록에 따라 체크하는 방법이다.

㉤ 강제할당법

미리 정해 놓은 비율에 맞추어 피고과자를 강제로 할당하는 방법이다.

㉥ 업무 보고법

피고과자가 작업 업적을 구체적으로 적어서 평가를 받는 방법이다.

② 근대적 고과 방법

㉠ 중요 사실 서술법

기업 목표 달성의 성패에 영향을 미치는 요소를 큰 중요 사실을 중점적으로 기록· 검토하여 피고과자의 직무 태도와 업무 수행 능력을 개선하도록 유도하는 고과 방법이다.

㉡ 자기 신고법

피고과자가 자기 능력과 희망을 기술하여 정기적으로 보고하고, 그것을 고과 하여 그 결과를 인력자원조사의 자료로 활용하는 방법이다.

㉢ 면접법

면접을 통하여 피고과자의 업무 수행 능력과 잠재력을 찾아내고 작업의 개선이나 책임의 명확화, 직무 요소의 우선순위 등을 결정하는 방법이다.

㉣ 목표관리법(MBO)

목표관리는 상사와 부하가 협조하여 목표를 설정하고, 그러한 목표의 진척 상황을 정기적으로 검토하여 진행해 나간 다음 목표의 달성 여부를 근거로 평가하는 제도이다.

평가 방법	특징
서열법 (ranking method)	사용하기가 쉬우며 간단하지만, 비교자의 수가 많아지면 사용하기가 힘들어진다. 또 동일 직무에서만 비교할 수 있으며, 평가의 기준이 모호하므로 신뢰성이 많이 떨어진다. → 대인 비교법(요소별 서열)
평정척도법 (rating scale method)	피고과자의 자질을 사전에 마련된 척도를 근거로 하여 평가자가 체크를 할 수 있도록 하는 방법으로 관대화 경향, 중심화 경향, 가혹화 경향 및 후광효과 등에 의한 오류 가능성이 있다.
강제할당법 (forced distribution method)	평가 집단이 전체적으로 우수하거나 열등한 집단이라면 커다란 오류를 범할 수 있다. → 중심극한정리(정규분포)
중요사건기록법 (critical incident method)	사건에 대한 기록을 유지하기에 많은 시간이 요구될 뿐만 아니라, 어떤 사건들을 기록해 두어야 할지에 대한 개념이 고과자에 따라 다를 수 있다.
행위기준고과법 (BARS)	먼저 관리자로부터 직무를 수행하는데 나타나는 수많은 중요 사실을 추출해서 몇 개의 범주로 나눈 후 각 범주의 중요 사건을 척도에 의해 고과자들이 피고과자를 평가하는 방법이다. → 평정 척도법 + 중요사건기록법
자율서술법 (essay method)	주관적인 특성을 보이며 신뢰할 만한 자료를 기대할 수 있을지에 대한 의문이 제기되고 있으며, 피고과자를 가장 자세히 설명할 수는 있지만, 피고과자의 서술방법의 스타일에 따라서 고과 내용에 많은 차이가 있을 수 있다.
목표관리법 (MBO)	집단의 공동참여와 상호간의 협조적 행동을 통하여 고과자와 피고과자 사이의 공동목표 설정과 공동성과 평가를 증진시키고, 조직목적과 피고과자 개인 목적의 통합을 도모한다. 계량적 목표 설정의 어려움, 목표의 경직성, 단기적 목표 등의 단점이 있다.
다면평가제도 (360도 피드백)	직장 동료뿐만 아니라 부하직원이 상사를 평가할 수 있고, 많은 사람이 다각도의 입장에서 평가한다는 점에서 편파적이고 주관적인 편견을 많이 개선할 수 있다는 장점이 있다.

[인사고과]

ⓜ 인적평가센터법(HAC)

평가를 전문으로 하는 평가센터를 만들고, 여기에서 다양한 자료를 활용하여 고과하는 방법이다.

ⓗ 행동기준고과법(BARS)

경영 성과가 어떻게 달성되었으며, 어떤 직무수행이 더 나은 경영 성과를 초래하는가를 동기유발의 행동 과학적 입장에서 평가하는 방법이다.

ⓢ 다면평가법

종업원 성과를, 자신을 비롯해 상사, 부하, 동료, 심지어 공급자나 고객 등 다양한 원천에 의해서 평가하는 방법이다. 상사평가의 주관적 오류를 최소화하면서 집단 성과 평가와 성과에 대한 피드백을 추구하는 평가기법이다.

4) 인사고과 평정 상 오류

① 현혹 효과

고과자가 피고과자의 어떠한 면을 기준으로 다른 것까지 함께 평가하는 경향이다.

② 관대화 경향

피고과자의 실제 능력이나 실적보다 더 높게 평가하는 경향이다.

③ 중심화 경향

평가의 결과가 평가상의 중간으로 나타나기 쉬운 경향이다.

④ 규칙적 오류

가치 판단상의 규칙적인 심리적 오류에 의한 것으로서 이를 항상 오류라고도 한다.

⑤ 시간적 오류

고과자가 피고과자를 평가하면서 쉽게 기억할 수 있는 최근의 실적이나 능력을 중심으로 평가하려는 데서 오는 오류이다.

⑥ 대비 오류

고과자가 자신이 지닌 특성과 비교하여 피고과자를 평가하는 경향이다.

⑦ 논리적 오류

서로 상관관계가 있는 요소 간에 어느 한쪽이 우수하면 다른 요소도 당연히 그럴 것으로 판단하는 경향이다.

⑧ 주관 객관화

자기 자신의 특성이나 관점을 타인에게 전가하는 경향이다.

⑨ 지각적 방어

자기가 지각할 수 있는 사실을 집중적으로 파고들어 가면서도 보고 싶지 않은 것은 외면하는 경향이다.

유형	오류 내용	대책
현혹 효과	피평가자의 한 가지 장단점에 현혹되어 모든 것을 좋게 또는 나쁘게 평가함 · 쉽게 관찰되지 않는 특성 · 익숙하지 않은 특성 · 쉽게 정의되지 않는 특성 · 성격적인 특성	항목별 평가 근거 명시 평가자훈련 요소점 명확화
관대화 경향	피평가자의 능력보다 높게 평가하는 경향 · 부하와의 좋은 인간관계 유지 · 자기 부하의 낮은 평가 기피 · 나쁜 평가가 평가자 책임	분포 제한 근거 제시 특정점 명확화 기술법
중심화 경향	평가 결과가 중심으로 나타나는 경향 · 강제할당 시 책임회피	분포 제한 사업법 평가척도 세분화
대비 오류	객관적인 기준보다 평가자의 특성과 비교하여 평가 · 편견 유유상종	평가자 훈련
시간적 오류	최근의 능력이나 실적 중심으로 평가 · 평가자로 미비 시 기억중심	평소 관찰 기록훈련 평가 기간 조정
논리적 오류	평가 요소 간 겉으로 보이는 논리적 상관관계에 의한 평가 · 잔업 = 성과 / 기획력 / 창의력	요소점 명확화 유사항목 멀리 배치
규칙적 오류	가치판단 상의 규칙적 오류 · 감시목적은 낮게 관리목적은 높게 평가	평가자훈련
주관 객관화	자기 자신의 특성, 관점을 타인에게 전가 자기의 지각 범위만 집중적으로 보고 여타의 것은 보지 않음	평가자훈련
지각적 방어	자기의 지각 범위만 집중적으로 보고 여타의 것은 보지 않음	평가 항목 세분화

[평가 오류별 대책]

제 3 절 재무관리

1 재무관리 개요

1) 재무관리 의의

재무관리(financial management)란 기업의 목표를 효율적으로 달성하기 위해 자금을 조달하고, 그 자금을 투자, 운용 및 투자자금의 회수 등 일련의 의사결정과 관련된 관리 이론이다. 경제학으로부터 분리 발전하여 재무 경제학 또는 재무학이라고도 한다. 기업이 필요로 하는 자금을 합리적으로 조달하고 조달된 자금을 효과적으로 사용하는 관리 기능으로 기업가치의 극대화를 궁극적 목표로 한다. 초기의 재무관리는 기업의 자금조달 관련 문제 해결에 초점을 두었다. 기업자금 조달이 과거에는 은행 차입과 같은 금융시장에서 간접금융 중심이었으나, 증권시장 발달로 주식과 회사채 발행, 투자자로부터 직접 자금을 조달하는 직접금융이 중요한 위치를 차지한다. 최근의 재무관리는 시장균형에서 자본의 가격인 이자율, 수익률 결정 과정에 대한 분석이 중요한 위치를 차지하고 있다. 재무관리란 자금의 조달과 사용이라는 재무관리 담당자의 기능을 합리적으로 되도록 최적 재무의사결정(Optional Financial Decision)을 하는 분야로 주된 내용은 기업 재무(Corporate Finance)를 대상으로 한다.

2) 재무관리 기능

재무관리 기능은 사업 종류와 규모를 선택하는 투자 결정(Investment Decision) 즉 자산 주로 비유동자산을 어떻게 구성할 것인가의 자본예산과 선택한 사업수행에 필요한 자금을 최적 방법으로 조달하는 자본조달 결정(Financing Decision)으로 이루어진다. 투자 결정은 자산구성을 최적화함으로써 투자수익률의 극대화를 추구하며, 고정자산의 투자분석을 자본예산(Capital Budgeting)이라 하며 운전자본(Working Capital)도 기업의 유동성에 영향을 미치므로 투자 결정의 대상이다. 자본조달 원천은 자기자본과 타인자본으로 구분되며 이의 구성비율을 자본구조(Capital Structure)라 한다. 재무관리의 기능은 재무상태표(B/S)와 손익계산서(P/L)로 해석하며, B/S 차변에 자금 운용 즉 투자 결정, 대변에 자금 조달 결정으로 나타낸다. P/L(혹은 I/S)에는 기업의 매출에서 매출비용을 차감한 영업이익과 부가가치를 채권자와 주주에게 배당하고 나머지는 사내에 유보한 것을 보여준다.

3) 재무관리의 의사결정

① 투자 결정

조달된 자본을 어떤 자산에 얼마만큼 배분(투자)할 것인지의 의사결정을 말한다. 투자 결정은 기업가치 계산에 있어서 수익력(기업의 미래현금흐름)과 위험(영업위험)에 영향을 미친다. 투자 결정은 재무상태표 차변 항목과 관련이 있다.

② 자본조달 결정

투자에 사용될 자본을 어떤 방법으로 얼마만큼 조달할 것인지의 의사결정을 말한다. 자본조달 결정은 기업가치 계산에 있어서 위험(재무위험)에 영향을 미친다. 자본조달 결정은 재무상태표 대변 항목과 관련이 있다.

③ 배당 의사결정

배당 의사결정은 영업의 결과로 실현된 이익을 어떻게 배분할 것인지의 의사결정이다. 주로 배당과 사내유보와 관련된 의사결정이다.

④ 재무분석

재무분석은 기업의 여러 가지 재무의사결정에 필요한 정보를 얻기 위한 의사결정이다. 재무분석은 주로 기업의 회계 및 재무 자료 등을 이용한다.

2 자본예산

1) 자본예산(Capital Budget)

투자로 인한 수익이 앞으로 1년 이상 걸쳐 장기적으로 실현될 투자 결정에 관련된 계획과정의 수립을 자본예산이라고 한다. 자본예산에는 토지, 건물 또는 생산시설에 대한 투자가 포함되며 신제품 개발 및 사업확장은 물론 투자의 영향이 1년 이상에 걸쳐 나타나는 광고비, 시장조사비 및 연구개발 등에 대한 투자도 포함된다. 정부의 예산은 정책 및 절차상의 편의를 위해 크게 경상적(current) 부문과 자본적(capital) 부문으로 나누어 편성되는데, 경상적 지출은 균형예산의 원칙에 따라 경상적 수입으로 충당되나 자본적 지출은 채무에 의해 충당되므로 연차적으로 균형예산이 될 수 없다. 자본적 지출은 대개 장기적 투자이며 그 수익도 장기간에 걸쳐 발생하기 때문이다. 투자안을 분석하고 어떤 투자안을 자본예산에 편성시킬 것인가를 결정하는 전체과정을 자본예산편성이라고 한다. 자본예산편성은 투자 결정과 일맥상통한다. 자본예산에 포함되는 투자안들은 기업의 장기적인 성장을 결정하는 중요한 투자이다. 투자안은 신규투자, 대체투자, 확장투자, 전략적 투자와 같은 성격에 의한 분류가 있고 독립적 투자안, 상호배타적 투자안, 보완적 투자안, 종속적 투자안과 같은 투자안의 상호관계에 따른 분류로 나뉜다. 자본예산의 목표는 투자의사 결정을 통해 순 현재가치를 극대화하고 기업가치의 극대화 또는 주주부문의 극대화를 이루는 것이다.

2) 자본예산 의사결정

자본예산 의사결정(capital budgeting)은 고려하고 있는 신사업 투자를 자본예산에 포함할 것인지 판단하는 결정으로 사업의 미래 수익성이 충분하면 채택하고 충분하지 않으면 기각하는 것을 말한다. 자본예산 의사결정의 첫 단계는 사업의 창출할 현금흐름을 예측하는 작업으로 미래 수익성이 충분한지를 판단하는 데에는 여러 기법이 사용될 수 있다. 자본예산 의사결정의 중요성은 기업의 장기적인 경영전략과 자금조달계획, 미래

상황에 대한 분석을 토대로 신중하게 이루어져야 한다. 자금 수요와 투자 효과에 바탕으로 이루어져야 한다. 다각적이고 광범위한 자금 수급 계획이 필요하다. 경제환경의 변화, 소비자 취향의 변화, 국가정책의 변화 등 여러 요인을 계획성 있게 분석하여 투자 결정을 해야 한다.

3) 투자안의 경제적 평가 방법 및 기법(자본예산 모델)

① 회수기간법

어떤 투자안에 대한 회수 기간(payback period)은 투자안에 대한 최초의 현금지출을 회수하는 데 걸리는 년수(年數)를 의미한다. 회수기간법은 투자안이 초기의 투자액을 얼마나 빨리 회수하는가를 측정하므로, 각 투자안의 회수 기간을 계산할 때 회계이익이 아니라 현금흐름을 대상으로 측정하여야 한다. 예를 들어 어떤 투자안을 수행할 경우, 현재 1,500만 원의 투자 비용이 소요되는 투자안을 고려해 보자. 그리고 이 투자안이 계획대로 수행될 경우, 앞으로 3년에 걸쳐서 각 연도 말에 순서대로 각각 1,000만 원(t=1), 500만 원(t=2), 3,000만 원(t=3)의 현금유입이 예상된다고 가정해 보자. 이 투자안의 경우 초기 투자액 1,500만 원을 회수하는 데 걸리는 기간은 2년이다. 따라서 이 투자안의 회수 기간은 2년이 된다. 회수기간법 장점은 계산이 간단하고 쉬우므로 이해하기 쉽고 투자안을 평가할 때 시간과 비용을 절약할 수 있다. 위험지표(risk indicator)로서의 정보를 제공 즉, 회수 기간이 짧은 투자안일수록 안전하다. 기업의 유동성 확보와 관련된 의사결정에 유용하다. 투자 후반기의 현금흐름이 불확실한 경우에는 유용한 평가 방법이 될 수 있다. 회수기간법 단점은 회수 기간 이후의 현금흐름을 무시하고 화폐의 시간가치가 무시 된다. 목표 회수 기간을 설정하는데, 자의적인 판단이 개입된다.

② 순현재가치법(**Net Present Value**)

순현가 또는 NPV는 투자의 결과 발생하는 현금유입의 현가에서 현금유출의 현가를 차감한 것이다. 순현가 또는 NPV는 어떤 사업의 가치를 나타내는 척도 중 하나로서, 최초 투자 시기부터 사업이 끝나는 시기까지의 연도별 순편익의 흐름을 각각 현재가치로 환산하여 합하여 구할 수 있다. NPV를 계산하여 투자가치를 판단하는 방법이다. NPV가 0보다 크면 투자가치가 있는 것으로, 0보다 작으면 투자가치가 없는 것으로 평가한다. 순현가에서는 미래의 현금흐름을 적절한 할인율로 할인하여 현재가치를 구해야 하는데, 여기서 적절한 할인율이란 투자에 대해서 요구되는 최저요구수익률(hurdle rate, minimum required rate of return)로서 소요자본의 기회비용인 자본비용의 의미가 있다. 장점으로는 비할인 모형에서 무시되고 있는 화폐의 시간적 가치를 고려한다. 현금흐름을 고려하고 회계적 수치와는 무관하므로 자의적 요인을 제거할 수 있다. 가치 가산의 원칙(value additivity principle)이 성립한다. 즉, 상호독립적인 투자안 A와 B가 있을 때 두 투자안의 결합 순 현재가치는 각 투자안의 순 현재가치의 합이 된다. 기업의 가치를 극대화할 수 있는 투자안을 선택할 수 있다.

③ 내부수익률법(IRR)

내부수익률법(internal rate of return method)은 투자안의 내부수익률을 구하여 이를 요구수익률(discount rate, hurdle rate)과 비교함으로써 투자의사 결정을 하는 방법으로 내부수익률이란 투자로 인한 미래 기대현금 유입의 현재가치와 기대 현금유출의 현재가치를 같게 하는 할인율을 말하며, 이는 투자안의 NPV가 0이 되게 하는 할인율이다. 내부수익률법 장점은 비할인 모형에서 무시되고 있는 화폐의 시간적 가치를 고려한다. 회계적 수치와는 무관하므로 자의적 요인을 제거할 수 있다. 내부수익률은 자본비용의 손익분기점이라는 의미가 있다. 내부수익률법 단점은 내부수익률을 구할 때 보간법이나 시행착오법을 사용해야 하기 때문에 계산이 어렵다. 투자 규모를 고려하지 않기 때문에 복수 투자안의 비교 시 우선순위 적용에 문제가 있다. 내부수익률법에서는 투자 기간의 현금흐름을 내부수익률로 재투자한다고 가정하고 있으므로 지나치게 낙관적이다.

4) 포트폴리오 이론

포트폴리오(portfolio theory)는 원래 서류 가방 또는 자료 수집 철이란 뜻이나 투자론에서는 하나의 자산에 투자하지 않고 주식, 채권, 부동산 등 둘 이상의 자산에 분산 투자할 경우 그 투자 대상을 총칭하는 것으로 경제주체가 보유하고 있는 금융자산 등 각종 자산의 구성을 의미한다. 1952년 마코위츠(H. M. Markowitz)가 '포트폴리오의 선택'이라는 논문을 발표한 이후 이에 입각한 투자분석이 본격화되었다. 예컨대 금융시장에서 경제주체는 포트폴리오 이론에 따라 자신의 효용 극대화를 위해 위험 및 수익에 저마다 다른 수많은 자산의 보유 비중을 결정하는 투자 형태를 의미한다고 볼 수 있다. 현대 포트폴리오 이론(modern portfolio theory)은 자산을 분산 투자하여 포트폴리오를 만들게 되면 분산 투자 전보다 위험을 감소시킬 수 있다는 이론이다. 포트폴리오 이론의 가정에 따르면 투자자들은 투자안의 의사결정과정에서 고려하는 수익과 위험은 각각 평균과 분산으로 표현할 수 있으며, 포트폴리오를 구성할 경우, 자산 간의 상관계수가 1인 경우가 아니라면 분산이 감소함을 통해 이득을 얻을 수 있다고 본다.

3 재무분석

1) 재무제표(financial statement)

회계 실체의 일정 기간(회계 기간)의 경제적 사건과 그 기간 말에서 경제적 상태를 나타내기 위한 일련의 회계보고서이다. 회계는 회계 실체의 이해관계자에게 회계 실체에 관련된 유용한 재무적 정보를 제공하는 수단으로써 회계보고서를 작성·보고하는 것으로서, 재무제표는 이러한 회계보고서의 가장 중심적이고 종합적 체계를 이루고 있다. 회계 실체의 외부에 있는 이해관계자는 그 실체에 관한 정보를 얻을 기회가 극히 제한되어 있으므로 이들 외부 이해관계자에게 있어서 재무제표는 매우 중요하다. 따라서 이해관계자가 광범위하게 존재하는 기업이나 그 밖의 사회적 조직에 대하여는 재무제표 작성 및 보고가 법령으로 의무화되어 있으며, 또 그 작성 및 보고 방법에 관하여도 규제가 가해지는 것이 일반적이다. 한국의 '기업회계원칙(증권관리위원회 제정)'은 재무제표 작성에 관하여 회계 기간의 사건을 나타내 주는 손익계산서(損益計算書), 재무상태변동표(財務狀態變動表) 및 제조원가명세서(製造原價明細書), 기말(期末)의 상태를 나타내 주는 재무상태표(財務狀態表), 이익잉여금처분계산서(利益剩餘金處分計算書), 결손금처리계산서(缺損金處理計算書) 등을 필수적인 것으로 정하고 있다. 그러나 이렇게 정형화된 양식에 따라서 작성된 재무제표가 때로는 정보이용자의 필요를 충분히 또는 적절하게 충족시켜 주지 못하는 예도 있다. 따라서 이러면 정해진 양식에 구애받지 않고 추가적인 내용을 보충하여 보고함으로써 정보이용자가 잘못 판단하는 오류를 방지하도록 요구되는데, 이때의 보충 설명 자료를 주기(註記: foot note)와 부속명세서(附屬明細書: supporting and supplementary schedule)라고 한다. 재무제표는 기본적으로 회계 실체의 경영자 또는 그 지배를 받는 사람에 의하여 작성되며 그 정보는 회계 실체의 경영자를 포함한 여러 이해관계자의 이해관계에 직접·간접으로 영향을 준다. 따라서 경영자는 자신에게 유리한 방향으로 재무제표를 작성·보고할 가능성이 있다. 그러므로 이러한 문제점을 방지하기 위하여 오늘의 경제사회에서는 회계 실체와 직접적 이해관계가 없는 독립적인 전문가에 의하여 그 정보의 타당성에 관한 감사(監査: audit)를 받고, 감사인(auditor)의 감사 의견을 첨부하여 보고할 수가 있다.

2) 재무상태표(대차대조표, Balance sheet)

회사의 자금이 어떻게 조달되었고 어디에 사용되고 있는지를 나타내 준다. 대차(貸借)란 왼쪽, 오른쪽을 나타내는 것으로서 왼쪽이 차를, 오른쪽이 대를 가리키는 말이다 즉, 오른쪽에는 회사 운영에 필요한 자금이 어떻게 조달되었는지를 나타내게 되는데 은행 등 외부에서 빌린 돈이나 갚지 않은 돈은 부채로 표시하고, 주주들로부터 거둔 자금은 자본으로 표시하는 것이다. 한편 왼쪽에는 이렇게 조달된 자금이 현재 어떤 형태의 자산에 운용되고 있는지를 보여주는 것이므로 재무상태표는 결산일 현재의 재무상태를 나타내며 재무상태표의 구성 내용은 다음과 같다.

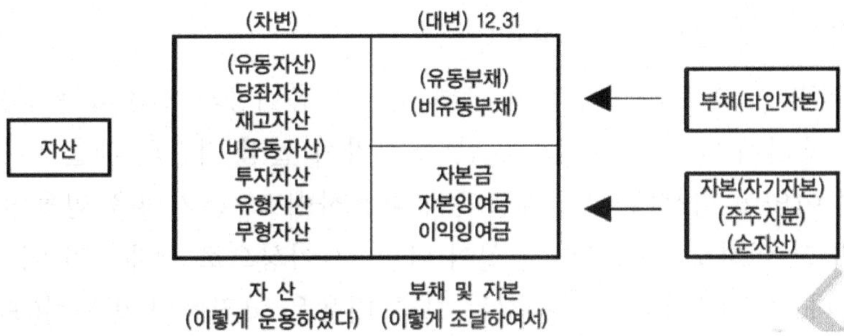

[재무상태표]

3) 손익계산서(Income statement)

손익계산서는 기업의 경영 성과를 밝히기 위하여 일정 기간 내에 발생한 모든 수익과 비용을 대비시켜 당해 기간의 순이익을 계산·확정하는 보고서를 말한다. 손익계산서에 기재되는 계정과목은 수익이나 비용을 발생하게 한 이유·원인을 나타내는 것으로써, 매출액·수입이자(受入利子) 등은 기업의 가치를 증가시킨 원인이며 반대로 매입비·급료·잡비 등은 기업의 가치를 감소시킨 원인이다. 손익계산서에서는 수익과 비용의 과목을 대응·비교시켜 손익을 표시하므로, 그 기능은 순손익액을 명백히 밝힐 뿐만 아니라 손익 발생의 과정을 분석적으로 추적할 수 있도록 하여 영업의 수행 과정까지 알려준다. 손익계산서는 기업의 목적 달성 정도를 측정하는 기준이며 경영정책의 수립과 방향 설정에 있어 가장 중요한 자료가 된다. 양식에는 계정식(計定式)과 보고식이 있는데, 기업회계기준에서는 보고식을 원칙으로 하고 있다. 계정식은 총계정원장의 차변과 대변을 그대로 옮겨놓은 형식으로, 총비용과 총수익의 대조에 편리한 방식이나, 일반의 이해관계자가 이해하기 쉽고 편리한 형식을 채용하기 위해 보고식을 택하고 있다. 손익계산서 산식은 매출총이익 = 매출액 - 매출원가, 영업이익 = 매출총이익 - 판매비와 일반관리비, 법인세비용 차감 전 순이익 = 영업이익 + 영업 외 수익 - 영업 외 비용, 당기순이익 = 법인세비용 차감 전 순이익 - 법인세비용이다.

4) 현금흐름표(Statement of cash flow)

현금흐름표는 일정 기간 기업의 현금흐름을 나타내는 표이다. 즉 현금의 변동 내용을 명확하게 보고하기 위하여 당해 회계 기간에 속하는 현금의 유입과 유출 내용을 적정하게 표시한 표이다. 현금이 어떻게 창출되어 어디에 얼마만큼 쓰였는가를 보여주는 표라고 할 수 있다. 현금흐름표는 재무상태표, 손익계산서, 자본변동표, 이익잉여금처분계산서와 함께 주요 재무제표의 하나이다. 현금흐름표는 일정 기간의 현금흐름을 나타내는 보고서이므로 유량(flow) 개념이고 동적 재무제표이다. 재무상태표가 기초에서 기말로 변천해 간 과정을 현금흐름의 측면에서 관찰한 것이 현금흐름표라고 할 수 있다.

5) 손익분기점(Break Even Point : BEP)

손익분기점이란 한 기간의 매출액이 당해 기간의 총비용과 일치하는 점을 말한다. 즉, 이익도 손실도 생기지 않는 매출액을 말한다. 따라서 일정 기간의 매출액이 그 분기점을 넘어 증가하면 이익이 발생하지만, 매출액이 감소하여 그 분기점을 밑돌면 손실이 발생한다. 매출액이 그 이하로 감소하면 손실이 나며 그 이상으로 증대하면 이익을 가져오는 기점을 가리킨다. 손익분기점 분석에서는 보통 비용을 고정비와 변동비(또는 비례비)로 분해하여 매출액과의 관계를 검토한다. 매출액은 매출 수량과 매출단가의 관계로 대치되므로 판매계획의 입안에 있어서 이 분석방법은 중요한 실마리가 된다. 또한, 그들 상호의 인과관계를 추구하는 것에 의하여 생산계획, 조업도(操業度)정책, 제품 결정 등 각 분야에 걸쳐 다각적으로 이용된다.

손익분기점(채산점)을 산출하는 공식은

$$\text{손익분기점 매출액} = \text{고정비} \div [1 - (\text{변동비} / \text{매출액})]$$

손익분기점 판매량 공식은

$$\text{손익분기점 판매량} = \text{총 고정비} / (\text{단위당 판매가} - \text{단위당 변동비})$$

어떤 일정한 매출을 하였을 때 발생하는 손익액을 산출하는 공식은

$$\text{손익액} = \text{매출액} \times [1 - (\text{변동비} / \text{매출액}) - \text{고정비}]$$

특정의 목표이익을 얻는 데 필요로 하는 매출액을 산출하는 공식은

$$\text{필요매출액} = (\text{고정비} + \text{목표이익}) \div [1 - (\text{변동비} / \text{매출액})]$$

손익 구조의 변화는 매출액의 증감에 의한 영향보다는 오히려 비용증감에 크게 영향을 받는다. 비용에는 매출액의 증감과 거의 관계없이 지출되는 비용과 매출액의 증감에 따라 변화하는 비용이 있다. 전자를 고정비라 하고, 후자를 변동비라고 한다. 고정비에는 판매원의 급료, 복리후생비, 차량연료비, 여비교통비, 통신비, 소모품비, 수도·광열비, 광고·선전비, 감가상각비, 수선비, 토지·건물 임차료, 교제비 등이 있다. 변동비에는 매출원가, 지급운임, 지급 하역비, 포장 재료비, 지급보관료 등이 있다.

6) 원가계산

원가란 경영 활동을 하는 데 필요한 자금을 말한다. 좁은 의미로는 물건을 만들거나, 공급하는 물건을 사는데 필요한 자금을 뜻하지만, 넓은 의미로는 물건을 만들어 판매하고 그 대금을 회수하는 때까지 직접·간접으로 들어가는 모든 자금을 뜻한다.

① 원가 구성

제품의 원가를 구성하는 원가요소는 다음과 같은 단계를 거쳐 판매가격을 구성한다.

㉠ 직접원가 = 직접재료비 + 직접노무비 + 직접제조경비

㉡ 제조원가 = 직접원가 + 제조간접비(간접재료비 + 간접노무비 + 간접제조경비)

㉢ 판매원가 = 제조원가 + 판매비와 관리비

㉣ 판매가격 = 판매원가 + 이익

			이 익	판 매 가 격
		판매비와 관리비	판 매 원 가	
	제조간접비	제 조 원 가		
직 접 재 료 비	직 접 원 가			
직 접 노 무 비				
직 접 제 조 경 비				

[원가 구성]

② 제조원가(manufacturing costs)

㉠ 제조원가란, 제품을 생산하는 과정에서 발생하는 모든 경제적 가치의 소비액을 말한다.

㉡ 재료비

제품의 제조를 위한 재료의 소비액. 예) 가구 제작업의 목재 등

㉢ 노무비

제품의 제조를 위해 투입된 인간의 노동력에 대한 대가. 예) 임금, 급료, 상여 수당 등

㉣ 제조경비

재료비와 노무비를 제외한 기타의 모든 원가요소. 예) 전력비 등

①	재 료 비	직 접 재 료 비	주요 재료비, 부품비
		간 접 재 료 비	보조재료비, 소모 공구 기구비품비
②	노 무 비	직 접 노 무 비	완성 직공 임금
		간 접 노 무 비	검사공 임금, 수선공 임금, 공장 감독자 급여 등
③	제조경비	직접 제조 경비	외주가공비, 특허권사용료, 설계비
		간접 제조 경비	전력비, 가스수도비 등

[제조원가 구성]

7) 기업경영분석

기업경영분석이란 기업의 재무상태표, 손익계산서 등 재무제표나 각종 경영 관련 자료를 종합하여 기업의 재무 상태나 경영 성과를 종합적으로 분석하는 것이며 재무제표를 이용한 비율분석이 중심을 이루고 있어 기업경영분석을 재무제표분석(financial statement analysis) 또는 재무분석(financial analysis)이라고도 한다. 기업경영분석을 하는 목적은 기업 내외의 이해관계자, 즉 경영분석을 하는 주체에 따라 다르며 주주, 채권자, 경영자, 종업원, 납품업자, 경쟁기업, 소비자, 정부 등 재무제표에 대한 각 수요자의 입장에 따라 분석 목적이 다르다.

부문	항목	산식	표준
안전성 분석	유동비율	유동자산/유동부채×100	200% 이상
	당좌비율	당좌자산/유동부채×100	100% 이상
	부채비율	부채/자기자본×100	200% 이하
	자기자본비율	자기자본/총자본×100	50% 이상
수익성분석	매출액 순이익률	당기순이익/매출액×100	높을수록 양호
	총자산 세전이익률	세전이익/총자산×100	높을수록 양호
	자기자본 세전이익률	세전이익/자기자본×100	높을수록 양호
활동성분석	총자산 회전율	매출액/총자산	높을수록 양호
	매출채권 회전율	매출액/매출채권	높을수록 양호
	재고자산 회전율	매출액/재고자산	높을수록 양호
성장성분석	매출액 증가율	당기 매출액/전기 매출액×100	높을수록 양호
	총자산 증가율	당기말 총자산/전기말 총자산×100−100	높을수록 양호
	자기자본 증가율	당기말 자기자본/전기말 자기자본×100−100	높을수록 양호
생산성분석	종업원 1인당 부가가치 증가율	당기 종업원 1인당 부가가치/전기 종업원1인당 부가가치×100−100	높을수록 양호
	종업원 1인당 매출액 증가율	당기 종업원 1인당 매출액/전기 종업원 1인당 매출액×100−100	높을수록 양호
	총자본투자효율	부가가치/총자본×100	높을수록 양호

[경영분석 지표]

제 3 장

물류경영관리

제 1 절 도소매 물류 이해

1 물류 기초

1) 물류 개념

물류란 생산단계에서부터 소비 또는 그 이용에 이르기까지 상품의 이동 및 취급을 관리하는 것, 즉 개별 기업의 입장을 더 명료하게 표시하면서 기업의 물류관리를 마케팅 주체의 관점에서 개념화한 것이다. 물류란 소비자의 욕구를 충족시키기 위하여 원초 지점으로부터 소비 지점까지 원자재, 중간재, 완성재, 그리고 관련 정보를 이동시키는 것과 관련된 흐름과 저장이 효율적이면서 효과적으로 계획, 수행, 통제하는 과정이다. 물류란 넓은 의미로 재화 및 서비스를 최초 생산자부터 최종 소비자에 이르기까지의 물리적인 흐름과 관련된 활동이며, 그 재화 및 서비스를 잠재 사용자에게 필요한 시간과 장소에 전달시키기 위해서는 물류가 가장 중요한 임무를 수행한다. 물류의 범위는 판매물류뿐만 아니라 원재료의 조달 물류도 포함하는 동시에 국제 물류까지 확대한 개념이다. 물류란 유형 또는 무형의 물리적인 재(財)를 공급자로부터 수요자에 이르게 하는 실물적인 흐름이며, 구체적으로 수송, 포장, 보관, 하역 및 통신의 제 활동을 지칭하고 있으며, 물류 활동은 상거래에서는 물리적인 재(財)의 공간적·시간적 가치 창조에 공헌하고 있다. 제품을 물리적으로 생산자에서 최종 소비자에게 이전하는 데 필요한 제 활동이며, 수송·포장·하역·통신 등의 제 활동이다. 물류란 물리적인 물(物)의 흐름에 대한 경제활동을 말하는 것이며, 물자 물과 정보 물이 포함된다.

2) 물류 중요성

기업활동에 있어 제품, 가격, 판매촉진, 유통경로 등은 마케팅 믹스(marketing mix)의 발전을 통하여 상당한 진전을 가져왔으나 제품의 물적 흐름에 관해서는 단지 기업활동의 보조나 지원 수단으로 인식했다. 그러나 기업활동에서 제조 부문에서의 원가절감은 기계화 및 원가관리의 합리화 그리고 자본의 고정화에 따른 고정자산의 증대로 인하여 제조원가는 어떤 한계점 이상의 절감은 어려운 것이 현실이다. 제품의 운송, 보관, 재고통제 등의 물류 분야는 관리의 혁신을 통하여 대폭적인 비용 절감을 기대할 수 있으나 관심 부족으로 타 분야보다 미개척 분야로 남아 있다. 이러한 물류의 중요성. 이하여 미국의 드럭커(P. F. Drucker) 교수는 "경제의 암흑대륙"으로 그리고 파커(D. D. Parker) 교수는 "비용 절감을 위한 최후의 미개척 분야"로 표현하고 있으며, 일본에서도 1965년부터 물류에 대하여 "제3의 이윤원", 「비용 절감의 보고(寶庫)」, 「암흑대륙」 등으로 물류의 중요성을 표현하고 있다. 이같이 물류의 중요성이 강조되는 이유에 대하여 스튜어트(W. M. Stewart)는 다음과 같이 지적하고 있다.

① 재고비용 절감을 위한 주문 횟수를 증대시키기 위해서는 증가한 주문 횟수를 처리할 새로운 시스템의 도입이 필요하다.
② 소비자의 제품에 대한 다양한 요구는 재고 저장 단위 수의 증대가 필요하며, 이는 다목적 창고 재고 유지, 재고 불균형 등의 문제를 발생시킨다.
③ 소비자의 상품에 대한 저가 압력은 능률적이며 간접적인 분배경로의 등장을 강요하게 되었다.
④ 가격 결정에 있어서 신축성을 부여하기 위해서는 전국적인 평균비용에 의존하기보다는 개별시장으로의 운송에 드는 실제 분배 비용의 산출이 필요하게 되었다.
⑤ 물류 서비스를 개선하고 물류비 절감을 통하여 기업은 고객에 대한 서비스 수준을 높일 수 있으며 이는 놓은 수요를 창출할 수 있다.

현대 기업들이 물류에 대해 높은 관심을 두고 이에 대한 합리화를 적극적으로 검토·실행하고 있는 원인은 다음과 같다.

① 생산 부문의 합리화 즉 생산비의 절감에는 한계가 있다.
② 물류비는 매년 증가하는 경향이 있다.
③ 고객의 요구는 다양화, 전문화, 고도화되어 고객서비스 향상이 특히 중요시되고 있다.
④ 기업 간 경쟁에서 승리하기 위해 물류 면에서 우위를 확보하여야 한다.
⑤ 기술혁신으로 운송, 보관, 하역, 포장 기술이 발전되었고 정보 면에서는 그 발전 속도가 현저하게 높다는 점이다.

3) 물적 유통 활동 범위

① 운송 활동(transporting)

운송 활동이란 자동차, 열차, 선박, 항공기, 파이프라인 등의 시설을 이용하여 재화를 장소적으로 이동시키는 것을 말한다. 여기서 운송 활동이란 운송장비를 제공하는 활동과 운송장비에 의해 운송하는 활동을 말한다. 운송은 마케팅 활동에서 필요한 기능으로서 우리나라의 경우 전체 물류비의 약 절반을 차지하기 때문에 일반적으로 물류란 운송으로 인식되고 있다. 운송 기능을 담당하는 대표적인 기관으로는 철도, 자동차, 항공기, 해운 등이 있으면 이의 선택에 있어 고려해야 할 요인은 재화의 가격, 품질, 운송량의 단위, 발송인과 수취인의 입지 조건, 운송 거리, 운송비 등이 있다. 그 이외에 일반적인 선택 조건으로 경제성, 신속성, 정확성, 안전성, 편리성 등이 있다.

② 보관 활동(storing)

보관이란 창고를 제공하는 활동과 창고 시설을 사용해서 보관하는 활동을 말한다. 보관 활동은 운송 다음으로 물류의 중요한 역할을 담당하고 있으며 그 영역으로는 물품을 단순히 저장하고 관리하는 행위뿐만 아니라 물품의 가치를 유지해 유통의 최전선인 고객에게 서비스하는 기능까지도 포함하고 있다. 보관은 물류의 관점에서 보면 생산에서 소비에 이르는 물의 흐름에 있어 적시에 원료 및 부품을 공급하여 생산을 원활히 하고 또한 제품을 적기에 수요에 따라서 공급할 수 있는 기능이 있다. 따라서 운송이 공간의 극복인 데 반하여 보관은 시간의 극복과 수급 조정에 의한 가격조정이라는 두 가지 기능을 가지고 있다.

③ 하역 활동(handling)

하역이란 보관과 운송의 양단에 있는 물품을 취급하는 활동을 말하며, 하역시설을 제공하는 활동과 그 설비를 이용하여 직접 하역하는 활동을 말한다. 하역은 하역 자체가 갖는 가치보다는 운송이나 보관능력의 효율 향상을 지원하는 역할이 크다. 운송이 공간적 효용을 창출하고 보관이 시간적 효용을 창출하는 데 비하여 하역은 그 자체로서 아무런 가치를 창출하지 않는 것으로 보인다. 하지만 생산에서 소비에 이르는 전 물류 과정에서 수많은 하역이 이루어지고 있으므로 하역 작업의 합리화는 물류비 절감에 직접적인 영향을 미치므로 하역의 합리화는 물류의 합리화에 있어서 큰 의미가 있다.

④ 포장 활동(packaging)

포장은 생산의 종점인 동시에 물류의 시발점으로 상품의 운송, 보관, 거래, 사용 등에 있어 적절한 재료와 용기 등을 이용하여 그 가치 및 상태를 유지하기 위한 기술 및 보호 상태를 말한다. 포장의 기능은 제조자로부터 목적지까지 이동하는 과정에서 예상되는 외력으로부터 상품을 보호하고, 적당한 단위로 묶어 운송과 보관 및 하역을 쉽게 하는 한편, 상품의 외형을 미화시켜 소비자로부터 구매 의욕을 불러일으키는 판매촉진 기능을 말한다. 포장은 그동안 물류의 일부로서 굳건한 위치를 확보하지 못한 채 유지됐으나 최근에는 물류 가운데서 중요한 영역으로 주목받고 있다.

⑤ 재고관리(inventory control)

적정재고수준을 유지하는 데 필요한 활동 및 기법을 말한다. 수요를 충족시키는 데 필요한 자재 소요량을 결정하여야 하고 자재에 관련된 자료를 기록하여야 하며 최적 발주량을 결정하여야 한다.

⑥ 구매(purchasing)

외부 업자로부터 자재를 획득하는데 관련된 활동이다. 공급업자 선정, 가격, 품질, 서비스, 입지, 공급업자의 재고 정책, 유연성: 수요의 변화 및 설계 변경에 유연하게 대처하는 능력이다.

⑦ 자재운반(materials handling)

회사 내에서 효율적인 자재 운반과 관련된다. 공장배치 및 운반 장비의 선정이 중요하다.

⑧ 수요예측(forecasting)

미래에 고객의 제품 수요량을 예측한다. 마케팅 부서, 생산 부서, 물류관리 부서에서 모두 이 자료가 필요하다. 특히 물류관리 부서에서는 어느 지역에 제품을 어느 정도 공급하여야 하는 가를 결정 가능하다.

⑨ 정보유통 활동

무형의 물자로서 정보를 유통하는 경제활동을 총칭하여 정보유통 활동이라 하며 구체적으로는 상품의 유통 활동을 촉진하는 데 필요한 각종 정보를 뜻한다. 정보의 의의는 물류의 주요 요소인 운송, 보관, 하역 등 각 기능을 서로 연결해 전체적인 물류관리를 효율적으로 수행하는 데 있다.

⑩ 입지(location)

입지 결정은 수송비용과 고객에 대한 서비스에 영향을 준다. 공장입지는 원자재 수송비 및 완제품의 수송비에 영향을 미친다. 창고나 유통센터 등의 입지는 운송비용과 고객서비스에 영향을 미친다.

4) 물류 표준화

① 물류 표준화

물류 표준화는 물류의 공통 기준을 정하여 시행함으로써 모든 분야에서 낭비를 예방하고 이익을 도모하는 활동이다. 물류 표준화란 포장, 하역, 보관, 수송, 정보 등 각각의 물류 기능 및 단계의 물동량 취급 단위를 표준규격화하고 이에 사용되는 기기, 용기, 설비 등을 대상으로 규격, 강도, 재질 등을 통일시키는 것을 말한다. 물류 표준화의 대상은 규격(치수), 재질, 강도 등이며 이는 규격의 표준화, 통일화되어야 수송, 보관, 하역 등 물류의 제반 기능 및 단계에서 일관된 연결 작업이 가능해진다.

② 물류 표준화 필요성

물동량 증대에 따라 물류의 일관성과 경제성을 확보하기 위한 표준화의 필요성이 대두되고 있다. 물류비 과대를 최소화할 수 있다. 하역보관 기계화, 자동화, 수 배송 합리화 등 기술을 경제적으로 수립하는 데 필요하다. 국제화 및 시장개방으로 인한 국제표준화(ISO)에 연계되는 물류 표준화가 요구되고 있다. 국가 표준화가 선행되어야만 보급이 쉽고 낭비를 예방할 수 있으며 화물 유통과 관련된 각종 운송수단 및 각종 기기와 시설의 규격, 강도, 재질 등은 국가 전체적인 효율성의 차원에서 표준화가 요구된다.

③ 물류 표준화 효과

㉠ 물류 표준화가 가져오는 자원 에너지 효과

ⓐ 재료 경량화　ⓑ 적재효율 향상
ⓒ 일관수송에 의한 에너지 절약　ⓓ 단순화
ⓔ 작업 표준화　ⓕ 물류 생산성 향상

㉡ 물류기기 표준화 효과

ⓐ 각 사의 사양 통일　ⓑ 호환 및 교체 용이
ⓒ 모든 기기와 유연성 풍부　ⓓ 모든 기기 안전 사용
ⓔ 부품 공용성 수리 용이　ⓕ 물류비 절감
ⓖ 작업조건 용이

㉢ 포장 표준화 효과

ⓐ 포장공정 단순화　ⓑ 기계화에 따른 보관 효율 향상
ⓒ 포장재 비용 감소　ⓓ 제품 파손 감소
ⓔ 인건비의 절약 및 제품의 물류비 절감

④ 물류 표준화 유닛로드시스템(Unit Load System) 도입 과제

㉠ 수송용 적재함 규격 표준화
㉡ 포장단위 치수 표준화
㉢ 운반·하역 장비 표준화
㉣ 보관설비 표준화

⑤ 물류 표준화 방안 중 소프트웨어 부문 표준화

㉠ 낭비적인 작업 과정의 제거를 위하여 거래조건의 단순화, 규격화가 필요하다.

㉡ 포장 치수의 표준화가 필요하다.

㉢ 전표의 크기, 양식, 기재 내용 등의 데이터를 표준화하는 것이 필요하다.

㉣ 용어 사용의 혼돈을 방지하기 위하여 물류 용어의 표준화가 필요하다.

소프트웨어 부문 표준화	하드웨어 부문 표준화
물류용의 통일 거래단위 표준화 전표 표준화 표준코드 활용 포장 치수 표준화	팔레트 표준화 내수용 컨테이너 보급 지게차 표준화 트럭 적재함 표준화 보관시설 표준화 기타 물류기기 표준화

[소프트웨어 부문과 하드웨어 부문 표준화]

5) 물류 공동화

물류 공동화란 자사와 타사의 물류시스템이 공유되는 것을 말한다. 즉 자사의 물류시스템을 타사의 물류시스템과 연계시켜 하나의 시스템으로 운영하는 것이다. 물류 공동화를 위해서는 자사의 물류시스템을 완전히 개방해야 한다. 표준 물류 심벌(ITF) 및 업체 통일전표와 외부와의 교환이 가능한 팔레트를 사용하여야 한다. 서비스 내용을 명확하게 하고 표준화시켜야 한다. 통일된 회계기준에 근거하여 물류비를 명확하게 산정하고 체계화해야 한다.

① 물류 공동화 특징

물류 공동화는 물류 합리화의 한 방법으로, 동종업체나 이종 관련 기업들이 전국적, 지역적으로 물류 시설을 공동으로 설치·운영하고 관리함으로써 물류 시설을 개별적으로 관리하는 것보다 더 적은 비용으로 더 많은 이익을 창출할 수 있다. 물류 공동화의 도입과 활용은 물류비 절감과 고객서비스 향상을 추구하는 물류 합리화의 기본이 된다.

② 물류 공동화 목적

사람, 물자, 자금, 시간 등 물류 자원을 최대로 활용함으로써 비용 절감을 도모하며 고객에 대한 서비스 향상과 외부불경제, 즉 대기오염, 소음, 교통체증 등에 대한 문제의 최소화를 도모한다.

③ 물류 공동화 효과

㉠ 자금조달 능력이 향상된다.

㉡ 수송 단위의 대량화가 가능하다.

㉢ 정보의 네트워크화가 이루어진다.

㉣ 차량 유동성이 향상된다.

㉤ 수·배송 효율이 향상된다.

㉥ 다빈도 소량 배송에 의한 고객서비스가 확대된다.

④ **물류 공동화 유형**

㉠ 수평적 물류 공동화

동종의 다수 메이커와 이들과 거래하는 다수의 도매점이 공동으로 정보 네트워크와 물류시스템을 공동화하는 것이다.

㉡ 물류 기업 동업자 공동화

물류 기업이 동업형식으로 물류시스템을 공동화하는 것이다.

㉢ 소매기업에 의한 계열적 공동화

대형 소매 체인점이 도매점이나 메이커에서의 납품 물류를 통합하여 납품자와 받는 각 점포의 상호이익을 도모하기 위해 물류센터 등을 만드는 것이다.

㉣ 경쟁 관계에 있는 메이커 간의 공동화

서로 경쟁 관계에 있는 기업들이 모여 물류의 효율화를 위해 공동화를 이룩하는 것이다.

㉤ 제조기업에 의한 계열적 공동화(수직적 공동화)

메이커와 판매회사 도매점과의 물류 공동화를 이룩하는 것이다.

㉥ 화주와 물류 기업의 동반관계

전문 사업자로서 화주의 물류 합리화나 시스템화로 적극적으로 참여하는 제안형 기업이 되어 상호 신뢰를 확립하는 것이다.

2 물류 기능, 물류관리와 고객서비스

1) 물류 기능

① 장소적 기능

생산과 소비의 장소적 거리를 조정하는 기능으로 물류 활동을 통해 시장에서 생산과 소비의 장소적 거리를 조정하는 기능이 발휘됨으로써 생산자와 소비자 간에 재화의 유통을 원활하게 할 수 있다.

② 시간적 기능

생산과 소비 시기의 시간적 거리를 조정하는 기능으로 물류 활동은 이 시간적 거리를 조정함으로써 신속하게 재화의 흐름을 주도하여 시장 경제하에서 모든 생산 활동과 소비 활동을 적기(適期)에 이루어지게 할 수 있다.

③ 수량적 기능

생산과 소비의 수량적 거리를 조정하는 기능으로 생산자의 생산 단위 수량과 소비자의 소비 단위 수량의 불일치는 집화·중계·배송기능 등을 통해 조정할 수 있다. 물류 활동을 통한 소비의 양적 예측은 실제로 기업이 생산 규모를 선택하기 위한 의사결정에 기본적인 요인이 된다.

④ 품질적 기능

생산자가 제공하는 재화와 소비자가 소비하는 재화의 품질적 거리를 조정하는 기능으로 생산자가 제공하는 재화와 소비자가 소비하는 재화의 품질은 가공·조립·포장 기능을 통하여 조정할 수 있다. 기업은 물류 활동을 통해 신속·정확한 수·배송으로 소비자의 욕구에 맞는 품질의 재화를 적기에 소비자에게 공급할 수 있다.

⑤ 가격적 기능

생산과 소비의 가격적 거리를 조정하는 기능으로 생산자와 소비자를 연결하는 물류 부문은 운송에서 정보활동에 이르기까지 이러한 가격조정 기능과 관련되어 있다. 기업은 물류 활동의 원활화를 통해서 생산자와 소비자 간의 장소적·시간적 효용을 통해서 제품 원가를 절감할 수 있으며 가격 협상을 쉽게 할 수 있다.

⑥ 인격적 기능

생산자와 소비자 사이의 인격적 거리를 조정하는 기능으로 생산자와 소비자를 인격적으로 결합하고 생산, 유통, 소비를 유기적으로 결합하여 조직화함으로써 생산자와 소비자를 더욱 가깝게 접속시키는 동시에 생산자의 대고객서비스도 향상할 수 있다. 생산자와 소비자가 인격적으로 다르고 분업이 계속 진행되기 때문에 복잡한 유통 경제 조직이 형성되고 있다.

2) 물류 영역

① 조달 물류

조달 물류는 물류의 시발점으로 물자가 조달처로부터 운송되어 매입자의 물자 보관창고에 입고, 관리되어 생산공정(또는 공장)에 투입되기 직전까지의 물류 활동을 의미한다.

② 생산 물류

생산 물류는 자재 창고의 출고 작업에서부터 생산공정으로의 운반 하역, 창고에 입고 작업까지를 말한다. 생산물류에서는 이러한 과정을 어떻게 단축하느냐 하는 것이 핵심

과제로써 운반, 하역, 창고의 자동화가 가장 중요한 관심의 초점이 된다.

③ 판매 물류

판매 물류는 물류의 최종단계로서 제품을 소비자에게 전달하는 모든 수·배송 활동을 말한다. 즉 제품창고에서 출고하는 과정과 중간의 물류거점인 배송센터까지의 운송, 배송센터 내에서의 유통가공 및 제품분류 작업, 각 대리점과 고객에게 배송하는 작업등이 포함된다.

④ 반품 물류

소비자에게 판매된 제품이나 상품 자체의 문제점(상품 자체의 파손이나 이상)의 발생으로 상품의 교환이나 반품을 위한 물류 활동을 의미한다.

⑤ 폐기 물류

파손 또는 진부화 등으로 제품이나 상품, 또는 포장 용기 등이 기능을 수행할 수 없는 상황이나 기능을 수행한 후 소멸하여야 할 상황일 때 제품 및 포장 용기 등을 폐기하는 물류 활동을 의미한다.

⑥ 회수 물류

제품이나 상품의 판매 물류에 부수적으로 발생하는 팔레트, 컨테이너 등과 같은 빈 물류 용기를 회수하는 물류 활동을 의미한다.

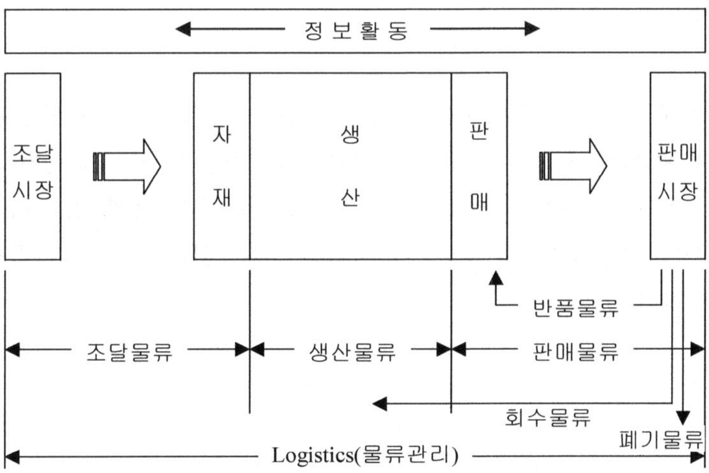

[물류 영역]

3) 물류관리 필요성

원재료의 조달과 제품의 생산, 소비에 이르기까지 수반되는 물적 유통의 제반 업무를 종합적이고 체계적으로 관리하여 제품의 비용 절감과 재화의 시간적·공간적 효용 가치를 통한 시장 능력의 강화를 추구하는 것이다.

① 비용 절감 측면에서의 필요성

기업 비용은 제조원가와 영업비(판매비, 물류비, 일반관리비)로 구성된다. 대부분 기업은 제조원가 관리에 있어서 제조시설의 기계화와 원가관리 기법의 도입을 통하여 상당한 비용 절감을 이루었으나, 영업비 중 판매비는 판매촉진 효과를 위하여 계속 늘려야 하고, 일반관리비는 그 성질상 대폭적인 절감이 어려우므로 기업활동에 있어 영업비용의 절감은 결국 물류비 분야에서 도모하여야 한다.

② 판매촉진 실현 측면에서의 필요성

전통적으로 마케팅 학자들은 수요를 촉진하기 위하여 판매촉진 활동의 목적으로 연구는 상당히 진척시켰으나 물류 활동에 대해서는 마케팅의 부수적인 활동 또는 보조 활동 정도로 간주했다. 최근 들어 기업의 물류비가 증가하고 소비자 주문의 신속한 처리를 통한 물류 활동의 중요성을 인식하게 되면서부터 물류 활동에 대한 효율적인 관리의 필요성을 느끼게 되었다.

4) 물류관리 역할

① 개별 기업 측면

개별 기업은 상품을 제조·판매하기 위한 원재료 구매와 제품 판매에 관련된 제 업무를 총괄하는 물류관리에 중점을 두고 있다. 고객에 대한 서비스 수준의 향상, 물류비의 절감, 구매·생산·판매 부문을 지원하는 정보의 피드백 등을 통해 경영의 효율화에 이바지하게 되므로 서비스의 경쟁, 즉 소비자의 욕구에 부합되는 물류 서비스의 제품이 판매수단으로 중요시되고 있다.

② 국민경제적 측면

기업의 체질 개선과 소비자물가 및 도매 물가의 상승 억제(산업 전반에 유통 효율 향상), 소비자에게 질적으로 향상된 서비스를 제공(품질 유지와 정시 배송), 자원의 효율적인 이용에 기여(자원의 낭비 방지), 인구의 지역적인 편중(偏重) 억제(균등한 지역경제의 발전), 물류 개선을 위한 사회간접자본의 증강과 각종 설비투자의 기회 부여 및 도시재개발로 인한 생활환경개선에 이바지하고 물류 합리화는 상품 흐름 합리화를 초래하여 상거래의 대형화를 유발한다.

제 2 절 도소매 물류관리

1 재고관리

1) 재고 개념

재고란 원자재, 부품, 재공품 및 반제품으로서 현재 사용되고 있지 않은 경제적 자원을 말하며, 노동 및 자본까지도 포함하고 있다. 적정한 재고는 적시에 물건을 공급하여 이익을 가져오며 고객에게 대한 서비스 향상으로 기업의 이미지를 창출한다. 재고는 기업이익의 최대화를 지향하여 적정 수준의 재고를 유지하여 품절로 발생하는 매출 기회 상실에 대비하고 고객서비스를 최대화하는 것을 목적으로 한다.

2) 재고관리

생산을 쉽게 하거나 고객으로부터의 수요를 만족하게 하려고 유지하는 원자재, 재공품, 완제품, 부품 등 재고를 최적 상태로 관리하는 절차를 말한다.

① 재고관리 목적

㉠ 재고 적정화에 의해 재고투자 및 재고 관련 비용이 절감된다.
㉡ 재고비 감소와 과다재고 방지에 의한 운전자금이 절감된다.
㉢ 재고관리에 의한 생산 및 판매 활동의 안정화를 도모할 수 있다.
㉣ 과학적이고 혁신적인 재고관리에 따라 업무 효율화 및 간소화를 추진할 수 있다.
㉤ 고객 서비스 수준을 만족하게 하면서 품절로 인한 손실과 재고유지비용 및 발주비용을 최적화하여 총재고관리비용을 최소로 하는 것이다.

② 재고관리 과제

㉠ 1회 주문량을 "얼마"로 하여야 하는가?
- 경제적 발주량(EOQ) 결정의 문제이다.

㉡ "언제" 주문하여야 하는가?
- 발주 시기 내지 발주점의 문제이다.

㉢ "어느 정도"의 재고수준을 유지해야 하는가?
- 적정재고 수준이나, 안전재고(Safety Stock) 수준의 문제이다.

3) 재고관리 기능

① 수급 적합 기능

품절로 인한 판매 기회의 상실을 방지하기 위한 기능으로 생산과 판매의 완충이라는 재고 본래의 기능을 수행하는 것을 말한다.

② 생산의 계획·평준화 기능

재고를 통해 수요의 변동을 완충하는 것으로, 주문이 불규칙적이고 비정기적이면 재고를 통해 계획적인 생산의 시행과 조업도의 평준화를 유지하게 하는 기능으로 제조원가의 안정과 가격 인하에도 이바지한다.

③ 경제적 발주 기능

발주 정책의 수립 시 재고 관련 비용을 최소화하는 경제적 발주량 또는 로트량을 구하고, 이것을 발주 정책에 이용함으로써 긴급 발주 등에 따른 추가의 비용을 방지 및 최소화하는 기능을 말한다.

④ 수송 합리화 기능

재고의 공간적 배치와 관련된 기능으로 어떠한 재고를 어떠한 보관 장소에 보관할 것인가에 따라 수송의 합리화가 결정되며, 이것을 재고의 수송 합리화 기능이라고 한다. 물류거점별로 소비자의 요구에 부응하는 형태별 분류와 배송을 가능하게 해주는 기능을 말한다.

⑤ 유통가공 기능

다양한 소비자의 요구에 대처하기 위해 제조 과정에서 모든 것을 충족시키는 것이 아니고, 유통과정에서 일부의 조립과 포장 등의 기능을 담당하는 것을 말한다.

4) 재고비용

재고 정책을 결정하는 데 중요한 비용의 일반적인 세 가지 분류는 발주비용, 재고유지비용, 재고 부족 비용이다. 주문량을 결정할 때 이들 관련 비용은 균형(Trade-off) 관계를 맺는다.

① 발주비용

필요한 자재나 부품을 외부에서 구매할 때 구매 및 조달에 수반되어 발생하는 비용으로 주문발송비, 통신료, 물품 수송비, 통관료, 하역비, 검사비, 입고비, 관계자의 임금 등을 말한다.

② 준비 비용

재고품을 외부로부터 구매하지 않고 회사 자체 내에서 생산할 때 발생하는 모든 비용으로 준비 요원의 노무비, 필요한 자재나 공구의 교체, 원료의 준비 비용으로 주문 비용과 대등하다.

③ 재고유지 비용

저장비용, 자재 취급 비용, 정보화 비용, 보험료, 세금, 진부화 비용, 자본비용 등이 포함된다. 재고유지비용은 재고량에 비례한다.

④ 재고 부족 비용

품절, 즉 재고가 부족하여 발생하는 비용(일종의 기회비용)으로 판매 기회 손실도 크지만, 고객에 대한 신용의 저하가 가장 큰 손실이다. 이것을 바로 고객서비스에 해당하는 것으로 고객의 수요를 잘 파악해 대처하여야 한다. 안전재고량, 연간 주문 주기 횟수, 주문 주기당 수요변동 정도, 주문 주기당 수행시간 변화 정도, 제품 대체성 등이 재고부족 비용의 크기에 영향을 미친다.

⑤ 총재고 비용

총재고 비용 = 주문 비용(준비 비용) + 재고유지 비용 + 재고부족 비용

총재고 비용이 최소로 되는 수준에서 재고 정책을 결정하여야 한다.

5) 적정 재고관리

고객이 원하는 상품의 구색을 충분히 갖추고 적정 수준의 재고를 유지하기 위해서는 재고관리를 계획하지 않으면 안 된다. 기초재고, 상품 구색 재고, 신규재고를 적정선에서 유지하려면 매장과 창고에 있는 상품 수량, 상품별 판매 빈도, 주문해야 할 상품의 유형과 수량에 대한 정확한 데이터가 확보되어야 하며, 재고 부족의 원인이 되는 부정확한 판매예측, 매입처로부터의 상품공급 지연, 매입 자금 부족, 예상치 못한 고객수요 등에 대한 대응책도 아울러 마련되어야 한다. 적정 재고관리를 위해서는 사무용 컴퓨터에 매일의 매출과 매입 및 재고수준을 기록으로 입력하고, 주간, 월간별 실적을 대비하여 과학적 통계에 의한 재고조정 방안을 체계화하는 것이 필요하다.

6) 재고회전율

재고회전율이란 재고의 평균 회전 속도라 말할 수 있다. 재고자산에 투자한 자금을 신속하게 회수하여 재투자하였는가를 측정하여 더욱 적은 자본으로서 이익의 증대를 도모하고자 함이 그 목적이다. 재고량과 회전율은 서로 반비례한다. 즉 회전율이 높으면 품절 현상을 초래할 위험이 있으며, 회전율이 낮으면 불필요하게 과다한 재고량을 보유함으로써 보관 비용 증대를 초래하게 된다. 재고량과 수요량은 서로 정비례 관계가 성립된다. 수요량이 적을 때에는 재고 보충을 중단시키고, 수요량이 급격하게 증가할 때 재고 보충을 증가시켜 적정재고 회전율에 도달할 수 있도록 회전율 향상에 노력하여야 한다. 재고회전율 산정 방법은 재고회전율(R) = 총매출액(S) / 평균재고액(I)이다.

7) 경제적 발주 모형(EOQ : Economic Order Quantity)

경제적 발주란 자재 부문에서 예측된 수요량을 가장 경제적으로 일정 기간에 필요한 소요량이 예측되어 확정되면 이를 몇 번으로 나누어서 조달하는 것이 재고관리 비용을 최소화하는 발주량 인지를 결정하는 것이다. 이때 1회 발주량을 경제적 발주량 즉, EOQ(Economic Order Quantity)라고 한다.

$$EOQ = \sqrt{\frac{2DO}{H}}$$ Q : 1회 주문량, D : 수요량, O : 1회 주문비, H : 재고유지비

① 경제적 주문량 모형

㉠ 재주문점(ROP) = (리드 타임 × 일 평균 소요량) + 안전재고
㉡ 안전재고 = 안전계수 × 조달 기간 수요의 표준편차
㉢ 연간 단위당 재고유지비 = 단가 × 연간 재고유지 비율
㉣ 연간 최적 주문 횟수 = 연간 수요량 / EOQ
㉤ 주문 주기일 = 365일 / 주문 횟수
㉥ 연간주문비용 = 연간 주문횟수 × 1회 주문비용 = (D/Q) × S

② 전제조건

㉠ 단일품목에 대해서만 고려한다.
㉡ 주문량은 전부 동시에 도착한다.
㉢ 연간 수요량은 알려져 있다.
㉣ 수요는 일정하며 연속적이다.
㉤ 주문량이 다량일 경우에도 할인이 인정되지 않는다.
㉥ 조달 기간이 일정하다.
㉦ 재고 부족 현상이 일어나지 않는다.
㉧ 재고유지비는 평균 재고량에 비례한다. (단위당 재고유지비용 일정)

8) ABC 분석기법

① 관리품목 수가 많은 경우 유용하게 사용되는 기법으로, 경제학자 파레토는 인구의 20%가 총자산의 80%를 가지고 있음을 발견하였는데, 이를 파레토 법칙이라고 부른다. 이 파레토 법칙을 이용한 재고관리가 ABC 분석기법이다.

㉠ A등급 : 전체 품목의 10~20%를 차지하며, 매출의 70~80%를 차지하는 품목 (중점 관리)

㉡ B등급 : 전체 품목의 30~40%를 차지하며, 매출의 15~20%를 차지하는 품목 (그룹 관리)

㉢ C등급 : 전체 품목의 40~50%를 차지하며, 매출의 5~10%를 차지하는 품목(표본 관리)

② **ABC 분석 절차**

㉠ 모든 제품의 단가와 월평균 판매량을 나열한다.

㉡ 각 제품의 단가와 월평균 판매량을 곱하여 월 판매액을 계산한다.

㉢ 월 판매액이 큰 순서로 제품들을 열거한다.

㉣ 월 판매액의 합계액, 즉 총판매액을 계산한다.

㉤ 총판매액의 누적값을 구한다.

㉥ 누적 판매액을 총판매액으로 나누어 누적 판매율을 계산한다.

③ **ABC 분석에 따른 관리**

	재고 품목 수	연간 총 사용 금액	재고 통제 수준	적정 재고관리 기법
A등급	20% 내외	70~80%	아주 엄격	정기발주법
B등급	30% 내외	20%	중간 정도	정량발주법
C등급	50% 내외	5~10%	느슨	Two-bin법

9) 정량발주법(Fixed Order Quantity System)

① 정량발주법

발주점법 또는 정량 발주 시스템(fixed order quantity system)은 재고량이 일정한 재고수준, 즉 발주점까지 내려가면 일정량을 주문하여 재고 관리하는 경제적 발주량 주문 방식이다. 발주점에 도착한 품목만을 자동으로 발주하면 되기 때문에 관리하기가 매우 쉽고 초보자도 발주 업무를 수행할 수 있다. 발주점 발주 로트를 고정화하면 관리가 확실해진다. 수량관리를 철저히 하고 재고조사 시점에서 차이를 조정하면 주문량이 일정하여 수입, 검품, 보관, 불출 등이 용이하고 작업 코스트가 싸게 먹힌다. 경제 로트 사이즈를 이용할 수 있기에 재고비용을 최소화할 수 있다. 관리가 쉽고, 확실하여 다품목의 관리가 가능하다.

② 정량발주 적용

㉠ 로트 보충 경우가 필요하다.

㉡ 수요예측이 어려운 경우이다.

㉢ 품목이 많고 관리하기 어려운 경우이다.

㉣ 수요량의 합계로서는 수요가 안정된 경우이다.

㉤ 소비 예정량의 계산이 복잡하고 계산의 확실성이 애매한 경우이다.

㉥ 현물관리가 나쁘고 재고 차이가 심한 경우이다.

㉦ 주문과 생산이 그다지 관계가 없는 경우이다.

㉧ 주문이 납입자 또는 자사 생산능력의 일부밖에는 차지하지 않는 경우이다.

㉨ 저가의 상품인 경우이다.

③ 재주문점

㉠ 수요와 조달 기간이 일정한 경우

재주문점 = 일일 수요량 × 조달 기간

㉡ 수요와 조달 기간이 다양한 경우

재주문점 = 조달 기간의 평균수요(일 수요량 × 조달 기간) + 안전재고

10) 정기발주법(Fixed Oder Interval)

① 정기발주법

주문 기간의 사이가 일정하고 주문량을 변동한다. 재고수준을 계속 관찰하는 것이 아닌 정기적으로 재고량을 파악하고 최대 재고수준을 결정하여 부족한 부분만큼 주문한다. 정기 주문의 경우에 안전재고수준은 정량 주문의 경우보다 더 높다. 수요가 일정한 재고에 대하여 특히 유용하다. 많은 안전재고 유지에 따른 재고유지비용이 많이 든다.

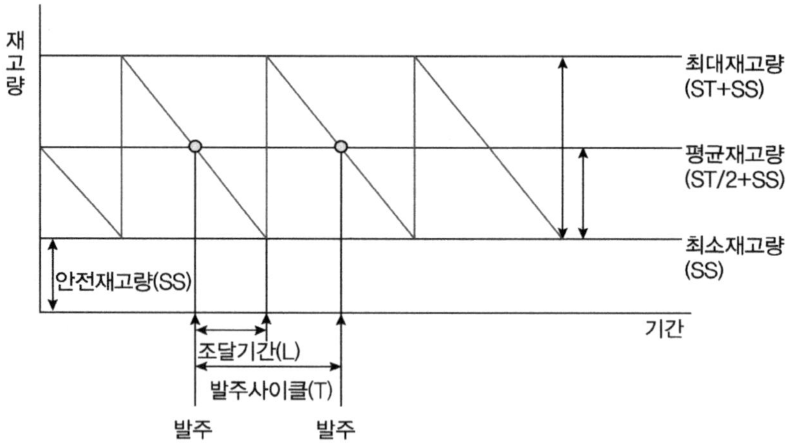

[정기발주법]

② 정기 발주 적용

㉠ 설계 변경이 많거나 유행을 타는 것에 적용한다.
㉡ 처리량이 불규칙하게 변하는 경우, 정확한 구매가 필요할 때 적용한다.
㉢ 예산을 세울 필요가 있는 품목이다.
㉣ 소비량이 큰 주요 원자재 등의 품목에 적용된다.
㉤ 운용의 형식이 획일적이고 개개의 품목 특성에 의한 재고관리가 쉬운 것에 적용한다.
㉥ 고가의 상품일 경우 적용한다.

시스템 구분	정량 발주 방식	정기 발주 방식(발주점법)
개요	발주점에 이르면 정량을 발주	정기적으로 소요량을 발주
발주 주기	부정기	정기
발주량	정량(경제적 발주량)	부정량(최대재고량 – 현재고)
수요정보	과거의 실적으로 예측	정도가 높은 정보가 필요
재고의 성격	Active Stock	Active Stock + Safe Stock
적용 품목	금액 및 중요도가 높지 않은 B, C급 품목으로	금액 및 중요도가 높은 A급 품목

[정량발주법과 정기발주법 비교]

2 운송, 보관, 하역, 포장

1) 운송 정의와 목적

운송은 장소적 효용 창출을 위하여 인간과 물자를 한 장소에서 다음 장소로 이동시키는 공간적·물리적 행위이다. 운송의 현대적 의미는 '운송은 단순한 재화의 장소적·공간적 이동'이라는 개념에서 탈피하여 마케팅 관리상 물류시스템 합리화의 중요한 요소로 인식하고 있다. 운송의 기본적인 목적은 가장 많은 수량을 가장 빠른 속도로 더욱 높은 안전도와 저렴한 가격으로 운송하는 것이다. 현대의 운송은 단위적재시스템의 핵심이 되는 일관 팔레트 적재와 일관 컨테이너 적재를 이용한 협동 일관 운송을 기반으로 하여 국제복합운송으로 발전하는 것이 목적이다.

2) 운송 기능과 중요성

운송 기능은 정해진 시간 내에 상품을 고객에게 정확하게 전달한다. 판매와 생산의 조정 역할로 생산계획을 원활하게 추진한다. 물류 계획을 바르게 수행하기 위함이다. 운송 중 운송수단에 상품을 보관하는 기능을 수행한다. 운송은 생산과 소비를 연결하는 파이프로써 물류에서는 중요한 역할을 수행하고 있다. 재화의 공간적 이동에 의한 가치를 창조하는 물류의 한 분야로서 장소적 효용을 창출한다. 오늘날의 물류 개념 하에서의 운송은 수주, 보관, 포장, 하역, 유통가공을 포함하여 총 물류비용 절감과 고객서비스 향상에 주안점을 두고 있다.

3) 운송 3요소

① 운송경로(LINK)

도로(지방도, 국도, 고속도로), 철도, 해상항로, 항공로 등을 말한다.

② 운송수단(MODE)

자동차, 열차, 선박, 항공기 등을 말한다.

③ 운송상의 결절점(NODE)

전 구간의 화물 운송을 위한 운송수단들 상호 간의 중계 및 운송 화물의 환적 작업 등이 이루어지는 장소이다. (역, 트럭터미널, 물류센터, 유통센터, 항만, 공항, 도로의 교차점 등 상호 간의 중계기지를 의미한다.)

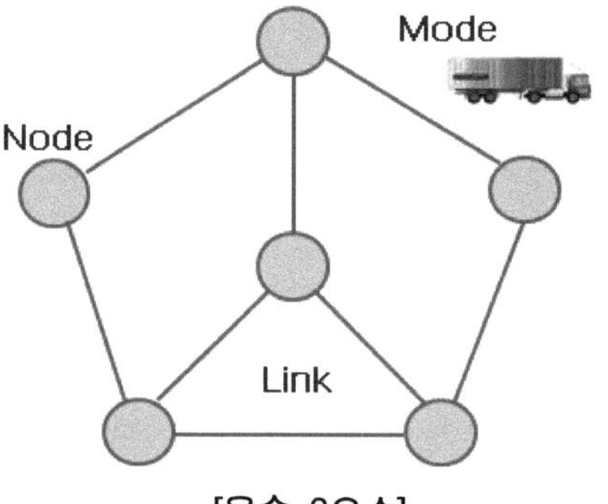

[운송 3요소]

4) 소화물 일관 운송(일명 특송, 택배 서비스, 문전 배달제)

① 소화물 일관 운송

하주로부터 1건 또는 1개 이상의 소형·소량의 화물 운송을 의뢰받아 송하주의 문전에서 수하주의 문전으로 화물의 집화, 포장, 운송, 배달에 이르기까지 자기의 책임으로 화물 운송 및 이에 관련된 일련의 서비스를 신속·정확하게 제공해 주는 편의 위주의 운송 체계를 말한다. 택배(door-to-door)는 1989년 국토해양부의 최종 사업 승인에 따라 많은 업체가 면허를 취득하여 사업을 하고 있다. 택배 대상 소화물은 중량 30kg 이하를 원칙으로 하며, 신속성, 안전성, 경제성이 요구되는 운송 사업이다. 소화물 일관 운송 특징은 소형·소량 화물에 대한 운송 체계다. 포괄적인 운송 서비스이다. 일관 책임 운송 제도이다. 신속성, 안정성, 경제성을 근본적 특징으로 한다.

5) 공동 수·배송시스템 유형

① 집배송 공동형

㉠ 특정 화주 공동형

동일 업종의 화주가 조합이나 연합회 등을 결성하여 화주 주도로 집화 및 배송의 공동화를 추진하는 유형이다.

㉡ 운송사업자 공동형

복수의 운송사업자가 각 지역을 분담하여 불특정 다수의 화물을 집화 및 배송을 공동으로 하는 유형이다.

② 배송 공동형

물류센터까지는 각 화주 또는 개개의 운송사업자가 화물을 운반하고 배송만을 공동하는 유형이다.

③ 노선 집화 공동형

개개인의 노선사업자가 집화해 온 노선화물의 집화 부분만을 공동으로 하는 유형이다.

④ 납품 대행형

백화점이나 판매점으로의 납품에 있어서 도매업자 등의 발화주가 개개의 점포별로 납품하는 것이 아니라 수송업자가 다수의 화주 상품을 집화해서 발화주를 대신하여 납품하는 형태를 말한다.

6) 보관(Storage) 역할과 기능

① 보관 역할

보관은 물품의 생산과 소비의 시간적 거리를 조정하여 시간적 효용을 창출하는 것으로, 적시에 원료 및 부품을 공급하여 생산을 원활하게 하고 그 제품을 수요에 적합하게 적시에 출하하여 판매 효과를 높이는 기능이 있다. 기업의 보관시설 사용 목적은 수송비와 생산비를 줄이고, 공급과 수요의 균형을 이루며, 생산과정을 지원하고, 판매 활동을 지원하기 위해서이다. 재화를 물리적으로 저장하고 관리하여 주문에 따라 피킹, 분류, 검품 및 출고, 배송 작업을 수행한다.

보관 기능은 고객서비스 최전선 기능으로 고객의 주문에 대해 효율적인 재고관리를 하여, 신속·정확하게 주문품을 인도한다. 운송과 배송 간 윤활유 기능으로 공장에서 수송된 대량 로트를 소량 로트로 나누어 배송하는 중간 기지의 역할을 한다. 생산과 판매

간 조정 또는 완충 기능으로 재고관리 기능을 통해 생산과 판매 사이에서 발생하는 시간적·공간적인 갭을 메꿔준다. 유통가공 기능으로 검사, 집산, 분류, 검사 장소 등의 기능도 수행한다.

7) 보관 원칙

① **통로 대면 보관 원칙**

물품의 입·출고를 쉽게 하고 효율적으로 보관하기 위해서는 통로 면에 보관하는 것이다.

② **높이 쌓기 원칙**

물품을 고층으로 적재하는 것으로 평적 보다 팔레트 등을 이용하여 용적효율을 향상하는 것이다.

③ **선입선출 원칙**

FIFO(First In First Out)이란 먼저 보관한 물품이 먼저 출고하는 원칙이다. (상품형식 변경이 잦은 것, 상품수명주기가 짧은 것, 파손·감모가 생기기 쉬운 것)

④ **회전 대응 보관 원칙**

보관할 물품의 장소를 회전 정도에 따라 정하는 것으로 입·출하 빈도의 정도에 따라 보관 장소를 결정하는 것이다.

⑤ **동일성·유사성 원칙**

동일 품종은 동일 장소에 보관하고, 유사품은 근처 가까운 장소에 보관해야 한다는 원칙이다.

⑥ **중량 특성 원칙**

중량에 따라 보관 장소나 높낮이를 결정해야 한다는 원칙이다.

⑦ **형상 특성 원칙**

형상에 따라 보관 방법을 변경하며 형상 특성에 부응하여 보관한다는 원칙이다.

⑧ **위치표시 원칙**

보관물의 장소와 선반 번호 등의 위치를 표시함으로써 업무의 효율화를 증대시킬 수 있다는 원칙이다.

⑨ **명료성 원칙**

시각적으로 보관물을 쉽게 식별할 수 있도록 보관하는 원칙이다.

⑩ 네트워크 보관 원칙

관련 품목을 한 장소에 모아서 보관하는 원칙이다.

8) 하역(loading and unloading)

물품의 운송 및 보관과 관련된 운반 기구나 설비에 화물을 싣고 내리는 것과 운반하고, 쌓아 넣고, 꺼내고, 나누고, 상품 구색을 갖추는 등의 작업 및 이에 부수적인 작업을 총칭한다. 하역은 각종 운송기관 즉 자동차, 철도 화차, 선박, 항공기 등에서 화물의 상·하차작업, 운송기관 상호 간의 중계 작업 그리고 창고의 입·출고 작업 등 그 범위가 매우 넓다. 하역의 범위에 있어 협의의 하역은 사내 하역만을 의미하나 광의의 의미로서는 수출기업의 수출품 선적을 위한 항만하역까지도 포함한다.

하역 기능은 수송과 보관을 연결해 주는 기능을 한다. 수송·보관능력의 효율성 향상을 지원한다. 각종 수송기관에서 화물의 상하차 작업 또는 수송기관 상호 간의 중계 작업을 지원한다. 내용물 보호를 위한 포장 물류에 영향을 미친다.

하역 작업별 내용은 적재 작업으로 화물을 일정 장소로부터 운송기관의 설비나 창고 등 보관시설의 보관 장소에 옮겨놓는 작업을 말한다. 하차작업으로 적재 작업의 반대 작업이다. 피킹 작업으로 보관 장소에서 물품을 꺼내는 작업이다. 분류작업으로 품종별·목적지별·고객별로 묶어 분류하는 작업이다. 반송 작업으로 화물을 수평·수직 경사면으로 움직이는 작업이다. 이송 작업으로 설비·거리·비용면에서의 화물의 이동 작업이다.

9) 포장 정의와 기능

포장이란 물류의 수송, 보관, 거래, 사용 등에 있어서 그 가치 및 상태를 유지하기 위한 적절한 재료, 용기 등을 이용하여 보호하는 기술 및 보호한 상태를 말한다. 단위 포장(물품 개개의 포장)은 물품의 상품 가치를 높이거나 물품 개개를 보호하기 위하여 적절한 재료와 용기 등으로 물품을 포장하는 방법 및 포장한 상태를 말한다. 내부포장(포장된 화물의 내부포장)은 물품에 가해지는 수분, 습기, 광열 및 충격 등을 방지하기 위하여 적합한 재료와 용기 등으로 물품을 포장하는 방법 및 포장한 상태를 말한다. 외부 포장(화물 외부 포장)은 물품을 상자, 자루, 나무통 및 금속 등의 용기에 넣거나 용기를 사용하지 않고 그대로 묶어서 기호 또는 표식을 나타내는 포장을 말한다.

포장의 일반적인 기능은 다음과 같다.

① 보호성

상품 본래의 품질 보존과 외력으로부터의 품질 보호의 의미→공업 포장의 본질은 내용물을 보호하는 기능을 하며, 품질 유지를 위해서는 불가결한 요소이다.

② 정량성(하역성)

물품을 일정한 단위로 정리하는 기능 → 팔레트, 컨테이너, 트럭, 화차, 기타 운송기관과의 관계를 고려하여 표준규격에 맞게 하역이 이루어질 수 있도록 하여야 한다.

③ 표시성

화물 취급 및 분류에 필요한 사항을 포장에 인쇄·라벨 등으로 표시함으로써 하역 활동을 쉽게 하는 것을 의미 → 하역의 자동화와 컨베이어 및 분류기 등의 채택이 쉬우며, 액체, 입체 등 표시가 어려운 것은 포장하여 표시하기 쉽게 하여야 한다.

④ 작업성(효율성)

포장 작업의 기계화, 시스템화, 자동화 현상이 두드러지며, 그에 따라 재료도 복합재료의 사용이 늘어나고 포장공정에서도 일관작업 및 자동화 작업이 이루어지고 있다.

⑤ 편리성

물품의 이용·진열을 쉽게 하고 수송·하역·보관 작업이 쉽게 해야 한다. 화물 취급의 편리·수송·하역·보관에 적절한 형상 유지, 생산 시 사용이 편리할 것, 이동이 간단히 이루어질 수 있을 것, 비용의 저렴, 진열이 간단하고 진열 효과가 높을 것, 사용 용기의 재사용 가능, 설명서·서비스 물품·팸플릿 등의 첨부 등이 특징이다.

⑥ 수송성

하역 작업이 원활하고 능률적으로 이루어질 수 있도록 포장되어야 하며, 수송 포장을 보다 큰 단위로 종합한 유닛 로드 형태로 이루어지는 것이 바람직하다.

⑦ 사회성

포장재료·용기의 내용물에 대한 안전성이 점검되어야 하며, 포장의 공해 문제와 재활용의 문제가 있다.

⑧ 판매 촉진성

판매 의욕을 환기함과 동시에 광고성이 많이 주어지는 것이 좋다.

⑨ 경제성

포장은 물류를 위해 필요한 최소한도의 적정포장을 통하여 비용을 최소화할 수 있도록 체적의 최소화, 중량의 감소화, 수량의 축소화, 대량화물의 일관화가 이루어지도록 하여야 한다.

10) 포장 합리화 원칙

① 대량화 및 대형화 원칙

포장의 크기를 대형화할 수 있는지를 검토하고 다수의 업체와 거래하고 있는 경우에는 대량화를 통하여 비용을 절감할 수 있도록 하는 원칙이다.

② 집중화 및 집약화 원칙

집중화와 집약화를 통하여 관리 수준을 향상함과 동시에 대량화의 추진이 가능하게 하는 원칙이다.

③ 규격화 및 표준화 원칙

규격화 및 통일화의 실현으로 1회당 발주 단위가 커지며 이를 통해 규모의 이익을 얻을 수 있다. 표준화는 국내외에서 생산 유통되는 각종 포장 용기의 규격을 검토·분석하여 표준화함으로써 유통의 합리화를 도모하는 데 그 목적이 있다. 포장의 규격화에 따라 하역 능률이 향상되어 유통비를 절감시키고 업체가 가공의 신속화를 기하도록 하며 일정한 단위에서 많은 생산비를 절감할 수 있는 균일한 포장으로 종합 유통 원가를 절감시킨다. 규격화 및 통일화가 포장비에 미치는 효과는 포장설계의 간소화와 과잉 포장의 배제로 인한 포장비의 절감, 포장 재료비의 절감, 용기 제작비의 절감, 포장 작업비의 절감, 포장재료의 보관 장소 및 재고의 감소 등이 있다. 물류비의 효과는 보관 효율의 향상 및 보관비 절감, 운송 효율의 향상 및 운송비 절감, 하역 효율의 향상과 파손율의 감소 효과가 있다. 포장의 표준화는 강도의 표준화, 재료의 표준화, 규격의 표준화 및 기법의 표준화로 분류되며 포장 강도의 표준과 규격의 표준화는 서로 관련이 있다.

④ 사양 변경 원칙

포장의 보호성에서 벗어나지 않는 범위 내에서 시방의 변경을 통한 비용 절감이 이루어질 수 있도록 하는 원칙이다.

⑤ 재질 변경 원칙

재질의 변경을 통하여 비용 절감이 가능하므로 재질을 한 등급 낮출 수 있도록 하는 원칙이다.

⑥ 시스템화 및 단위화 원칙

팔레트화나 컨테이너화를 효과적으로 실시하기 위해서는 그 기본요소인 팔레트와 컨테이너의 규격, 구조, 품질 등을 공동으로 사용할 수 있도록 표준화하고, 운송, 배송, 보관, 하역 등 물류의 제 활동이 유기적으로 연결되도록 시스템화하여야 한다. 단위화의 형태는 팔레트류, 컨테이너류 등의 기재를 사용하지 않고 포장화물 자체를 결속 자재 등을 사용하여 단위화하는 집합 포장, 팔레트류를 사용하는 팔레트 화물, 컨테이너류를 사용하는 컨테이너 화물의 3가지 형태로 분류할 수 있다. 운송, 보관, 하역할 때 팔레트 화물의 형태로 실시하는 방식을 팔레트화라고 한다. 컨테이너 화물의 형태로 실시하는 방식을 컨테이너화라 한다.

11) 포장 기능 구분

① 제품 기능

㉠ 제품을 담는 기능
제품이 액체나 가루로 되어 있는 경우 담아야 한다.

㉡ 제품의 보호 기능
제품이 훼손되는 것을 방지하는 기능을 한다.

㉢ 제품의 사용을 편리하게 하는 기능
소비자의 사용을 편리하게 하는 기능을 말한다. 예를 들면 음료수 캔 등이다.

② 포장 의사전달 기능

㉠ 제품식별 기능
포장의 형태나 색상을 독특하고 개성 있게 디자인한다.

㉡ 제품 인상을 심어주는 기능
제품이 원하는 이미지를 형성한다.

㉢ 정보제시 기능
소비자의 제품에 대한 태도를 바꾸게 한다.

㉣ 태도 변화 기능
소비자의 제품에 대한 태도를 바꾸게 한다.

③ 포장 가격 기능

㉠ 대형포장 구매유도 기능
대형포장을 통하여 가격을 낮춘다.

㉡ 다 수량 구매유도 기능
낱개로 구매하기보다는 다 수량 포장을 통한 대량 구매를 유도한다.

㉢ 가격표시 기능
가격표시를 쉽게 찾을 수 있도록 한다.

3 물류관리 정보기술

1) 종합물류 정보전산망

종합물류 정보전산망은 화물 운송 정보처리의 비효율성에서 기인하는 화물의 지체를 최소화하고 화물의 흐름을 원활히 하기 위해 육상 해상 항공 등 개별 화물정보망과 무역 통관 금융 보험 등 유관 망, 그리고 타 국가 기관 전산망 등을 상호 연계하여 물류 관련 업무의 일괄처리서비스(One-Stop Service)를 제공함으로써 화물의 수송 보관 하역 입출항 등의 업무를 자동화하는 범국가적 기간망(Infra-VAN)이다. 육상·해상·항공화물 유통 업무에 관한 EDI 시스템을 구축하고 화물의 수송·보관·하역·입출항 등의 물류 DB를 구축하는 것을 말한다. 고객은 물류와 관련한 모든 민원을 전국 어느 곳에서나 볼 수 있으며 화물 관련 예약이나 주문은 물론 운송 차량의 위치 등 화물 운송 정보들을 파악할 수 있다.

2) 주파수 공용통신(TRS : Trunked Radio System)

주파수 공용통신(Trunked Radio System)이라고 하며 중계국에 할당된 여러 개의 채널을 공동으로 사용하는 무전기 시스템이다. 이동 차량이나 선박 등 운송수단에 탑재하여 이동 간의 정보를 실시간(real time)으로 송수신할 수 있는 통신 서비스이다. 꿈의 로지스틱 실현이라고 부를 정도로 혁신적인 화물 추적 통신시스템으로서 주로 물류관리에 많이 이용된다.

① **TRS 종류**

㉠ 음성 통화(Voice Dispatch) 기능이 있다.
㉡ 공중망 접속 통화(PSTN I/C)가 가능하다.
㉢ TRS 데이터 통신(TRS data communication)이 가능하다.
㉣ 차량 위치 추적(automatic vehicle location)이 가능하다.
㉤ 첨단 차량 군 관리(advanced fleet management)가 가능하다.
㉥ 신용카드 조회가 가능하다.

② **TRS 효과**

차량의 운행 정보 입수와 본부에서 차량으로 정보전달이 쉬우며 차량으로 접수한 정보의 실시간 처리가 가능하다. 화주의 수요에 신속히 대응할 수 있고, 화주의 화물 추적이 쉽다.

3) 위성추적시스템(GPS : Global Positioning System)

위성추적시스템(Global Positioning System)이란 인공위성을 이용하여 차량의 위치를 추적함으로써 물류 정보시스템을 가장 효율적으로 활용할 수 있는 장치이다. 위치 정보는 GPS 수신기로 3개 이상의 위성으로부터 정확한 시간과 거리를 측정하여 3개의 각각 다른 거리를 삼각 방법에 따라서 현 위치를 정확히 계산할 수 있다. 현재 3개의 위성으로부터 거리와 시간 정보를 얻고 1개 위성으로 오차를 수정하는 방법을 널리 쓰고 있다.

① GPS 특징

이 시스템에서는 인공위성, 배달 차량, 배달센터와의 통신망을 구성해서 중앙컴퓨터에서 인식된 배송 차량의 위치, 배송 진행 과정, 목적지까지의 최적 경로, 배달 예정 시각, 각종 편의 정보 등을 고객들에게 실시간으로 제공한다. 배달 차량의 위치가 파악됨에 따라 배차 작업을 최적화할 뿐만 아니라 배달 시간을 훨씬 단축할 수 있다. 상품을 주문한 고객은 자신의 화물에 대한 배달 상황을 인터넷 통해 알 수 있어서 편리하다.

② GPS 도입 효과

혼잡한 도심지에서 목적지를 쉽게 찾을 수 있다. 배송 사고가 났을 때 그 위치를 신속히 파악하여 구조할 수 있다. 차량추적시스템과 연계함으로써 운항 차량에 대한 완벽한 관리 및 통제를 할 수 있다.

4) 위치기반 서비스(Location-Based Service)

이용자의 위치를 자동으로 파악하여 관련 정보를 제공하는 서비스를 뜻한다. 휴대전화 보급 초기부터 LBS는 성장 잠재력이 가장 높은 분야로서 많은 주목을 받았다. 휴대전화가 가진 이동성(Mobility)이라는 장점과 가장 궁합이 맞는 분야였기 때문이다.

LBS 3대 구성 요소는 다음과 같다.

① 측위 기술(LDT : Location Determination Technology)

측위 기술이란 GPS, 인접 이동통신 기지국과의 거리 관계 및 전파 상태 측정값, 무선랜 등 다양한 방식을 조합하여 이용자의 위치를 측정하는 기술이다. 활용할 수 있는 여러 수치를 통해 위칫값을 계산해 내기 때문에, 실외뿐만 아니라 실내에 있는 이용자의 위치 또한 측정해 낼 수 있다.

② 위치 처리 플랫폼(LEP : Location Enabled Platform)

서버는 측위 기술에 의해 얻어진 데이터를 취합하고 가공하여 애플리케이션에 제공하는 역할을 한다. 이를 위해서는 많은 이용자의 데이터를 동시에 처리할 수 있도록 안정적인 서버가 구축돼야 하며, 서버는 데이터를 신속하고 정확하게 처리하여 애플리케이션에 제공하게 된다.

③ 위치 애플리케이션(LAP : Location Application Program)

위치 정보를 이용하여 콘텐츠를 제공하는 서비스로써, 이용자가 실제로 이용하는 애플리케이션을 뜻한다. 측위 기술과 위치 처리 플랫폼은 LBS의 인프라라고 할 수 있다. 해당 요소들은 이용자가 직접 그 존재를 체감하기 힘든 반면에, 위치 애플리케이션은 이용자가 실제로 접하고 사용하는 것이다. 최근 바로 이 부분에서 다양한 애플리케이션들이 쏟아지고 있다.

4 물류비(물류 회계)

1) 물류비(Physical Distribution Cost) 산정

물류비는 물류 활동을 수행하는 데 소모되는 경제 가치로 정의할 수 있다. 즉, 물류비란 원재료의 조달에서부터 완제품이 생산되어 거래처에 납품 또는 반품, 회수, 폐기되기까지 제반 물류 활동에 드는 모든 경비를 의미한다. 물류비를 산정하는 것은 물류 활동에 수반되는 원가 자료를 제공하고 물류 합리화에 의한 원가절감이나 서비스 개선에 대한 관리 지표를 제공하는 데 그 의의가 있다. 물류비의 산정은 물류 활동의 관리와 물류 합리화의 추진을 효과적으로 수행하기 위하여 물류비의 실체를 명확히 포착하고 관리체계를 확립하는 데 필수적이다.

① 물류비 산정 목적

물류비의 수치로 사내에서 물류의 중요성을 인식할 수 있고 물류비를 통하여 물류 활동의 문제점을 파악할 수 있다. 물류비로 물류 활동의 계획, 관리, 실적을 평가할 수 있으며 생산과 판매 부문의 불합리한 물류 활동을 발견할 수 있다.

② 물류비 절감 중요성

물류 목표의 하나는 물류비의 절감이다. 물류가 포함하고 있는 활동(운송, 포장, 하역, 보관)과 그 활동을 지원하는 정보활동에서 비용을 절감할 여지가 많다고 하여 물류를 '제3의 이익원' 또는 '이윤의 암흑대륙'이라 표현하기도 한다. 물류 활동에서 운송, 보관, 하역, 포장, 정보 등에 관계되는 물류비를 어떻게 절감할 수 있는가의 문제는 중요한 과제가 되고 있다.

2) 재무회계 방식과 관리회계 방식

기업회계기준(GAAP)에서 재무회계의 작성 목적은 외부 정보이용자들에게 효율적인 정보를 제공하는 것을 목적으로 작성된다. 반면에 내부 관리자들은 관리회계 내용을 보고 의사결정을 하게 된다. 관리회계는 비교적 정확하게 물류비 계산을 할 수 있어 관리자의 의사결정에 이용되지만, 재무회계는 그렇지 못하는 단점을 가지고 있다.

① 일반기준(관리회계 방식)

㉠ 물류비를 상세하게 원천적으로 계산하는 방식이다.

㉡ 물류 원가계산의 관점에서 보면 관리회계 방식에 의한 물류비 계산 기준이다.

㉢ 일반기준은 기업에서 물류비 관리에 필요한 정보 등과 같은 상세한 물류비 정보를 입수하기 위해 사용되는 기준이므로 일정 이상의 물류비 관리 수준을 가지고 있는 기업에서 활용된다.

② 간이기준(재무회계 방식)

㉠ 회계장부와 재무제표로부터 간단하게 추산하는 방식이다.

㉡ 물류 원가계산의 관점에서 보면 재무회계 방식에 의한 물류비 계산 기준이다.

㉢ 상세한 물류비 정보보다는 개략적인 물류비 정보나 자료 정도로도 만족하는 중소기업 등 비교적 물류비 관리 수준이 낮거나 물류비 산정의 초기 단계의 기업에서 사용한다.

구 분	관리회계 방식 (일반기준)	재무회계 방식 (간이기준)
계산 기본 관점	· 물류 목표를 효과적으로 달성하기 위한 활동에 관여하는 인력, 자금, 시설 등의 계획 및 통제에 유용한 회계 정보의 작성 목적 · 기능별, 관리 목적별 업적평가나 계획수립 가능	· 기업활동의 손익상태(손익계산서)와 재무 상태(대차대조표)를 중심으로 · 회계제도의 범주에서 물류 활동에 소비된 비용 항목을 대상으로 1 회계 기간의 물류비 총액 추정
계산 방식	· 물류 활동의 관리 및 의사결정에 필요한 회계 정보를 입수하기 위해 영역별, 기능별, 관리 목적별로 구분하여 비용집계	· 재무회계의 발생 형태별 비용항목 중에 물류 활동에 소비된 비용을 항목별 배부기준을 근거로 해당 회계 기간의 물류비 추산
계산 방식 장점	· 영역별, 기능별, 관리 목적별 물류비 계산을 필요한 시기, 장소에 따라 실시 가능 · 물류 활동의 개선안과 개선 항목을 더 명확하게 파악 가능	· 개략적인 물류비 총액계산에 있어서 별도의 물류비 분류, 계산 절차 등 불필요 · 전담 조직이나 전문지식이 부족해도 계산 가능
계산 방식 단점	· 상세한 물류비의 분류 및 계산을 위한 사무절차와 작업량이 많으므로 정보시스템 구축이 전제되어야 함	· 상세한 물류비 파악이 곤란하므로 구체적인 업무평가나 개선 목표의 달성에 한계 · 물류비 절감 효과 측정에 한계

[관리회계 방식과 재무회계 방식 비교]

3) 물류비 분류

	과목	영역별	기능별	지급형태별	세목별	조업도별
개정	비목	조달물류비 사내물류비 판매물류비 리버스물류비 (반품, 회수, 폐기)	운송비 보관비 포장비 하역비(유통가공비 포함) 물류 정보·관리비	자가 물류비 위탁 물류비 (2PL, 3PL)	재료비 노무비 경비 이자	고정물류비 변동물류비

① 영역별 분류

㉠ 조달물류비

물자(원자재, 부품, 제품 등을 포함)의 조달처로부터 운송되어 매입자의 보관창고에 입고, 관리되어 생산공정(또는 공장)에 투입되기 직전까지의 물류 활동에 따른 물류비이다.

㉡ 사내물류비

매입 물자의 보관창고에 완제품 등의 판매를 위한 장소까지의 물류 활동에 따른 비용이다. (재료의 생산이나 제품의 제조공정 내에서 발생하는 비용은 생산원가 또는 제조원가에 포함되므로 물류비에서는 제외)

㉢ 판매물류비

생산된 완제품 또는 매입한 상품을 판매 창고에서 보관하는 활동부터 고객에게 인도될 때까지의 물류비이다.

㉣ 리버스(Reverse)물류비

회수물류비, 폐기물류비, 반품물류비이다.

② 기능별 분류

㉠ 운송비

물자를 물류 거점 간 및 고객에게 이동시키는 활동에 따른 물류비이다.

㉡ 보관비

물자를 창고 등의 물류 시설에 보관하는 활동에 따른 물류비이다.

㉢ 하역비

유통가공 및 운송, 보관, 포장 등의 업무에 수반하여 상차 및 하차, 피킹, 분류 등 물자를 상하·좌우로 이동시키는 물류비이다.

㉣ 포장비

물자 이동과 보관을 쉽게 하려고 실시하는 상자, 골판지, 팔레트 등의 물류 포장(최종 소비자를 위한 판매 포장은 제외) 활동에 따른 물류비이다.

㉤ 물류 정보·관리비

물류 활동 및 물류 기능과 관련된 정보처리와 관리에 따른 물류비이다.

ⓐ 물류 정보비

구매, 수송, 생산, 창고 운영, 재고관리, 유통망 등 물류 프로세스를 전략적으로 관리하고 효율화하기 위하여 컴퓨터 등의 전자적 수단을 써 지원하는 활동에 따른 물류비이다.

ⓑ 물류 관리비

물류 활동 및 물류 기능의 합리화와 공동화를 위하여 계획, 조정, 통제 등의 물류관리 활동에 따른 물류비이다.

③ 지급형태별 분류

㉠ 자가 물류비

자사의 설비나 인력을 사용하여 물류 활동을 수행함으로써 소비된 비용을 말하며, 다시 재료비, 노무비, 경비, 이자의 항목으로 구분한다.

㉡ 위탁 물류비

물류 활동의 일부 또는 전부를 타사에 위탁하여 수행함으로써 소비된 비용을 말하며, 물류 자회사 지급분과 물류전문업체 지급분으로 구분한다.

④ 세목별 분류

㉠ 재료비

물류와 관련된 재료의 소비 때문에 발생하는데, 주로 포장이나 운송 기능에서 발생한다.

㉡ 노무비

물류 활동을 수행하기 위해 발생하는 노동력에 대한 비용으로서, 운송, 보관, 포장, 하역 및 관리 등의 전반적인 기능과 조달, 사내, 판매 등의 전 영역에서 발생한다.

㉢ 경비

재료비, 노무비 이외에 물류 활동과 관련하여 발생하는 모든 비용으로서, 주로 물류관리의 기능에서 발생하며, 회계 및 관리부문 등에서 사용하는 계정과목이 전부 해당한다.

㉣ 이자

물류 시설이나 재고자산에 대한 이자 발생분을 의미하고 있는데, '금리' 또는 '투자보수비'라고도 한다.

⑤ 조업도별 분류

㉠ 물류 고정비

물류 활동의 범위 내에서 물류 조업도의 증감과 관계없이 발생하거나 소비되는 비용이 일정한 물류비이다.

㉡ 물류 변동비

물류 활동의 범위 내에서 물류 조업도의 증감에 따라 발생하거나 소비되는 비용이 비례하여 변화되는 물류비이다.

4) 물류비 계산 절차

① 제1단계 : 물류비 계산 욕구 명확화

물류비 계산의 목표를 해당 기업의 물류비 관리 필요성이나 목표에 따라 명확하게 해야 한다. 물류비 계산 욕구를 토대로 물류 관리자는 물류비 절감 목표와 관련하여 물류비 계산 대상을 결정해야 한다. 물류비 계산 범위의 설정은 기업에서 물류비 규모를 결정하는 매우 중요한 사항으로서, 어디까지 물류비를 계산하면 되는가를 결정하는 것을 말한다.

② **제2단계 : 물류비 자료 식별과 입수**

물류비 계산을 위해 물류 활동으로 발생한 기본적인 회계자료 및 관련 자료를 계산 대상별로 식별하고 입수하여야 한다. 물류 활동에 관련된 기초적인 회계자료는 회계 부문으로부터 입수하게 되는데, 이 물류비 관련 자료는 해당 기업의 계정과목을 중심으로 제공되며 이 자료는 세목별 물류비의 기초자료에 해당한다. 물류비 계산에 있어서 중요한 시설이나 재고의 부담 이자를 계산하기 위한 기회비용 관련 자료도 별도로 입수해야 한다.

③ **제3단계 : 물류비 배부기준 선정**

회계 부문으로부터 물류비 관련 회계자료가 입수되면, 계산 대상별로 물류비를 계산하기 위해 물류비의 배부기준과 배부 방법을 선정하여야 한다. 영역별, 기능별, 관리 항목별(제품별, 지역별, 고객별 등)로 물류비 계산하기 위해서는, 우선 물류비를 직접 물류비와 간접 물류비로 구분해야 한다. 직접 물류비는 계산 대상별로 직접 부과하며, 간접 물류비는 적절한 배부기준과 배부 방법에 따라 물류비를 계산 대상별로 일정액 또는 일정률을 배부한다.

④ **제4단계 : 물류비 배부와 집계**

제2단계에서 입수된 물류비 관련 자료를 사용하여 제3단계의 배부기준 및 배부 방법에 따라 물류비를 배부하여 집계하는 단계이다. 직접 물류비는 전액을 해당 계산 대상에 직접 부과하고, 간접물류비는 선정된 배부기준과 배부 방법에 따라서 물류비의 일정액 또는 일정률을 계산 대상별로 배부하고 집계하여 합산한다.

⑤ **제5단계 : 물류비 계산 보고**

물류비 계산의 시행에 따른 보고서를 계산 대상별로 작성함과 동시에 이 내용을 종합하여 물류 활동에 관한 물류비 보고서를 제출하는 단계이다. 물류비 보고서는 「물류비 계산서」를 전사 차원에서 합산하여 전사 물류비 보고서를 작성하면 된다. 필요에 따라서는 영역별, 기능별, 지급 형태별 보고서를 비롯하여 물류센터별, 제품별, 지역별 등의 관리 항목별, 조업도별 물류비 보고서를 작성하게 되면 산출된 물류비 정보를 이용하여 물류 의사결정이나 물류 업적평가에도 매우 유용하게 활용할 수 있다.

제1단계		제2단계		3단계		4단계		5단계
물류비 계산 요구의 명확화	→	물류비 자료의 식별과 입수	→	물류비 배부기준의 선정	→	물류비의 배부와 집계	→	물류비 계산의 보고

[물류비 계산 절차]

5 물류 아웃소싱과 제3자 물류

1) 물류 아웃소싱

물류 아웃소싱이란 기업이 고객서비스의 향상, 물류비 절감 등 물류 활동을 효율화할 수 있도록 물류 기능 전체 혹은 일부를 외부의 전문업체에 위탁·대응하는 업무를 말한다.

형 태		목 적
비용 절감형 아웃소싱		– 비용 절감을 위해 중요치 않은 기능들을 아웃소싱
분사형 아웃소싱	이익추구형 (Profit-Center)	– 사내에서는 크게 중요하지 않지만 나름대로 전문성을 확보한 기능을 외부화하여 수익률을 제고시키려는 아웃소싱
	스핀오프형 (Spin-off)	– 자사보유의 일정기술, 역량 등을 분사화하여 비즈니스화하며, 핵심역량 자체는 아웃소싱하지 않는 형태
네트워크형 아웃소싱		– 핵심역량 이외의 모든 기능을 아웃소싱하고 이들 공급업체와 네트워크를 형성하여 시너지 효과를 제고시키는 형태 – 복수의 주체가 각각 서로의 경영자원을 공유하고 상호 보완적으로 활용하는 코소싱(Co-sourcing) 형태
핵심역량 자체의 아웃소싱		– 핵심역량 자체를 외부화시켜 경쟁에 노출시킴으로써 핵심사업의 경쟁력을 더욱 높이려는 아웃소싱

[아웃소싱 형태]

① 물류 아웃소싱 효과

㉠ 제조업체가 물류 아웃소싱을 추구할 때, 그 업체는 전문화의 이점을 살려 고객 욕구의 변화에 대응하여 주력사업에 집중할 수 있게 된다.

㉡ 물류 공동화와 물류 표준화가 가능하다.

㉢ 물류 시설 및 장비를 이중으로 투자하는 데 따르는 투자위험의 회피가 가능하다.

㉣ 기업의 경쟁우위 확보 및 사회적 비용의 절감과 국가경쟁력 강화에 이바지할 수 있다.

② 물류 아웃소싱 단점

㉠ 물류 과정에 대한 통제력 상실할 우려가 있다.

㉡ 고객서비스 수준이 저하될 우려가 있다.

㉢ 전략적 정보의 노출이 우려될 수 있다.

㉣ 교체 비용이 발생할 수 있다.

㉤ 환경변화에 대응력 저하가 우려될 수 있다.

㉥ 의존성 증가가 우려될 수 있다.

㉦ 정확한 절감 효과의 예측 미흡과 물류비용 산정에 어려움이 있다.

2) 제3자 물류(TPL : Third Party Logistics)

제3자 물류는 화주 기업이 고객서비스의 향상, 물류 관련 비용의 절감 그리고 물류 활동에 대한 운영 효율의 향상 등을 목적으로 공급사슬(supply chain)의 전체 또는 일부를 특정 물류 전문 업자에게 위탁(outsourcing)하는 것을 말한다. 즉 포장, 운송, 보관, 하역, 물류 가공, 물류 정보처리 등 일련의 공급사슬에서 요구되는 활동을 외부의 전문업체에 위탁함으로써 자사의 물류를 효율화하는 방식이다. 여기서 말하는 공급사슬이란 공급자로부터 생산자와 유통업자를 거쳐 최종 소비자로 이르는 재화의 흐름을 포함한다. 제3자 물류는 물류전문업체와 화주 기업이 물류비 절감과 물류 서비스 향상을 공동의 목표로 설정하고 이를 달성하기 위해 양자가 계약을 맺고 정보를 공유하면서 전략적 제휴를 맺는 관계라고도 말할 수 있다.

화주 기업 관점	– 기업의 핵심역량에 집중 – 물류관리비용 절감 – 유연성의 향상 – 물류 아웃소싱에 따른 세제 혜택	– 선진 물류 기법 활용 – 고객서비스 향상 – 물류 자본에 대한 투자 감소 – 인력 절감
물류 업체 관점	– 규모의 경제 실현 – 물류 핵심사업군으로 양성 가능 – 물류 전문인력 양성 가능 – 물류 전문업체 양성에 따른 지원 혜택	– 다양한 물류 고객 확보 가능 – 물류 서비스 수요변동에 대처 가능 – 경험을 통한 글로벌 물류시장 진출

[제3자 물류 장점]

3) 제4자 물류(Fourth Party Logistics)

제3자 물류에 전문성을 극대화하기 위하여 물류 회사, 컨설팅회사, IT 회사가 컨소시엄을 구성하여 물류비 절감과 서비스 증대에 주력하는 전략이다. 전체적인 공급 연쇄 솔루션을 제공하는 서비스 제공자와 함께 기업의 경영자원, 능력, 기술을 관리하고 결합하는 공급 연쇄 통합자라고도 불린다. 제4자 물류 체제는 대기업이 물류 시장에 새롭게 진출하면서 사이버 물류시스템을 기반으로 기존 주요 운송업계와 VAN 사업자가 장악하고 있는 물류 정보 서비스를 주도하는 전략이다.

제4자 물류의 특징은 다양한 기업이 파트너로 참여하는 혼합조직 형태를 갖추고 합작투자 또는 장기 제휴로 참여한다. 이익분배를 통한 공통의 목표를 설정하고. 공급체인 전체의 관리와 운영에 목표를 둔다.

제 3 절 구매 및 조달관리

1 구매관리

1) 구매관리 개념

구매란 기업이 생산에 필요한 자재(원재료, 부분품, 소모 공구, 기구 비품, 기계 설비 등)를 또는 용역(전력, 수송, 통신, 보수 등의 서비스 위탁 가공 등의 가치)을 외부로부터 대가를 지급하고 취득하는 것을 뜻하며 판매하기 위한 상품을 취급하는 것과는 구분하고 있다. 구매는 유형이나 무형의 제품을 생산하는 데 필요한 재화나 용역을 대가를 지급하고 이용하는 것을 말하며 구매를 계획, 실행, 통제하고 평가하는 일련의 과정을 구매관리하고 할 수 있다. 기업 측면 관점에서 구매관리란 생산 활동의 흐름 속에서 생산계획을 달성할 수 있도록 생산에 필요한 자재를 양호한 거래처로부터 적정한 품질을 확보하여 적절한 시기에 필요한 수량만을 최소의 비용으로 입수하기 위한 관리 활동을 말한다. 구매 활동의 주요 목표들은 서비스, 가격 그리고 납품업자와의 관계 등과 연관되어 있다. 구매 부서는 납품업자의 신뢰도, 보전관리 및 반품 정책, 그리고 고객서비스에 대한 다른 면들을 고려하여야 한다.

2) 구매관리 대상

구매관리의 대상은 자재뿐만 아니라 기초 생산설비 등의 고정자산 부분도 그 대상으로 취급되나 통상적으로 자재가 그 주된 대상으로 취급된다. 일반적으로 구매 업무의 착오는 직접 재고품의 문제로 나타나기 때문에 구매 활동과 생산 활동의 관계를 표현하는 재고관리는 구매관리의 핵심과제로 주목받는데, 단순히 자재의 재고를 최소화하는 것뿐만 아니라, 재고 고갈의 위험을 없애는 일 또한 중요하다. 보통 재고관리는 회전율을 척도로 하는 표준재고제도를 방법으로 취한다. 회전율은 자재의 납입 후에서 출고까지의 고정 기간, 즉 1회전에 필요한 기간으로 일정 기간을 제한 것을 말하며 자재의 회전율을 높이는 문제는 적정 재고관리의 핵심 사항이다. 회전율을 높이기 위해서는 주문점을 구매가 필요한 기간의 최대필요량에 맞추는데, 이때 상한점은 최대 잔액과 신규 입하량과의 합계에서 하한점은 주문점과 평균 필요량과의 차에서 구한다.

3) 구매관리 중요성

구매 부문에서 시장조사라든가 가치 분석 활동으로서 얻어진 시황, 수급 동향, 신제품 및 신기술에 대한 정보를 기업에 따라 장래 상품계획, 제조계획 등에 큰 영향을 주며 동시에 구매 활동을 통해 회사의 명성이 높아진다. 구매를 잘해야 이윤을 올릴 수 있으며 제3의 이익원으로서 구매관리의 역할은 중요하다. 경영 시스템은 구매·생산·판매의 순환에서 보듯 구매에서 시작되고 경쟁력 제고, 품질 향상은 구매관리에서 시작된다. 구매 업무는 비용 창출 기능보다는 이익 창출 기능이 있으며 구매관리는 비용 절감의 역할보다는 조직 목표 달성에 부가가치할 수 있는 전략적 관점으로 인식되어야 한다. 무재고 원칙이나 자재 소요계획 등 자재 구매의 신기법 개발, 활용이 필요하다.

4) 구매 5원칙

① 적정 거래처(Right Place)

구매의 제1조건은 적정한 거래처를 선정하고 확보하는 것이다. 유능하고 적정한 거래처를 선정하고 그 거래처와의 관계를 장기적인 관점에서 확립하여 안정거래를 하는 것이 중요하다. 잠재 공급자의 4대 평가 기준은 품질, 가격, 납기, 서비스로 볼 수 있고, 일반적으로 가격의 적격성, 납기의 신뢰성 등의 경제적인 요인이 지금까지 중요시됐으나 점차 품질에 대한 신뢰성, 서비스, 성의와 책임감 등의 비경제적인 요인에 비중을 두는 추세에 있다.

② 적정 품질(Right Quality)

구매의 제2조건은 적정한 거래처를 선정하고 확보하는 것이다. 적정한 품질이란 일반적으로 구매자의 목표 달성에 부합되는 것을 의미하는데, 구체적으로 품질의 편차가 관리 한계 내에 있는 것을 의미한다. 품질의 내용은 목표의 품질(경영정책에 명시된 품질), 설계의 품질(설계도에 명시된 품질), 제조의 품질(생산된 품질), 사용의 품질(고객이 평가하는 품질) 등으로 분류될 수 있다. 품질의 개선을 위해서는 품질 경영(Quality Management)의 철학에 따라 고객에게 초점을 맞추어야 하며, 계속적이고 점진적인 개선을 통하여 품질의 개선이 이루어질 수 있고, 이러한 과정에 전 조직원이 참여한다면 개선을 가속할 수 있다.

③ 적정 수량(Right Quantity)

구매의 제3조건은 적정한 납기를 설정하고 확보하는 것이다. 경제적 주문 수량은 재고유지 비용, 수송비, 주문처리 비용, 창고 관리 비용 등을 고려하여 결정하게 된다. 경제적 주문 수량을 결정할 때 총비용 개념(Total Cost Approach)에 따라 결정되어야 하고, 이러한 결정 과정에서 부문의 최적화는 피하면서, 전사적인 그리고 총체적 시스템의 관점에서 행해져야 한다.

④ 적정 납기(Right Time)

구매의 제4조건은 적정한 납기를 설정하고 확보하는 것이다. 납기의 지연은 대기를 유발하고, 관리 비용을 증대하고, 불량의 원인이 되며 작업자의 의욕을 저하한다. 납기 관리의 개선책으로 수주자와 발주자의 의사소통, 주문량의 표준화, 조달 기준 일정의 확립, 납기 의식을 높이는 방안 등을 생각할 수 있다.

⑤ 최적 비용(Right Price)

구매의 제5조건은 적정한 가격을 결정하고 확보하는 것이다. 가격은 기업의 이윤과 직접적인 관련성을 가지고 있고, 시장 조건의 변화에 따라 가장 신속하게 조정될 수 있다. 적정한 가격 수준을 정하기 위해서는 풍부한 자료를 축적해서 체계적이고 과학적인 방법을 활용함이 바람직하다.

5) 구매 기능별 업무영역

① 조달계획 기능

생산계획 기능의 부분계획으로서 재료계획, 설비, 치공구 등의 계획이나 타 부문에서의 자재에 대한 소요계획 등을 말한다.

② 구매요청 기능

자재의 소요계획 및 공급계획에 의하여 구매에 의한 취득계획이 확정되면 이에 의하여 구매지시로서의 구매요청이 자재 계획 부문에서 구매 부문으로 행해진다.

③ 구매 조사 및 구매계획 기능

유리한 구매를 위한 가장 중요한 요소의 하나이다.

④ 구매 절충 및 계약 기능

구매의 기본적 기능으로서 협의의 구매 기능이라 할 수 있다.

⑤ 수입 기능

해외로부터 필요한 자재를 구매할 때 수반되는 절차상의 기능이다.

⑥ 납기 관리 기능

계약된 자재나 용역의 납품을 확보하는 기능이다.

⑦ 입고, 검사 기능

현품을 받아들이는 기능이다. 즉, 실제로 자재나 용역을 공급자로부터 인수하는 것이다.

6) 매입 방법 선정

① 장기계약구매

장기 제조계획의 수립에 따라 산출된 소요 자재로 그 기간 중의 소요량을 일괄 계약하여 계약 시점에서의 가격을 고정하는 계약구매와 그 기간에서의 예정 수량을 예정 단가를 가지고 계약하고 실제로 납입된 수량의 확인을 기다려 가격을 결정하는 예정 계약구매가 행해진다. 어느 것이나 계약이 장기에 걸치는 것으로 장기 계약 구매라고 부른다.

② 일괄구매

소모품 등에서 사용량은 적지만 여러 종류로 품종이 많은 것들로 개별적으로 발주하는 것을 지양하고 일정한 품종 그룹으로 공급처를 선정하여 일괄 구매하면 편리하다.

③ 투기구매

시장 상황이 유리한 시점에서 구매하는 것이 투기구매이다. 이 경우에는 제조용의 자재보다도 상품으로서의 구매되며 구매 담당 부문의 직접적인 책임으로 이루어지지 않고 재무 부문과의 공동의 발의 하에 최고경영자의 지시로 행동 되는 것이 보통이다.

④ 시장구매

연간 예측되는 필요 수량을 확보하고 생산계획에 따라 구매가 하여지는데 명백한 시장 상황에서 볼 때 유리한 구매가 가능한 경우에는 제조계획의 구체적 수립을 기다리지 않고 행하는 시장구매가 있다. 생산계획을 전제로 생각하는 한 투기구매와는 구별되어야 한다.

⑤ 대량구매

대량 구매를 하면 현금할인이나 수량할인을 받을 수 있는 이점이 있다. 그러나 재고품의 보관 비용이 많이 들고 상품의 재고 기간이 길어지면 자금이 묶이는 불리한 점도 있다.

⑥ 당용구매

그때그때 필요한 양만큼의 상품을 구매하는 방법이다. 할인 혜택은 적지만 상품의 회전이 빠르고 재고로 인한 손실이나 자금의 고정화로 인하여 생기는 불리한 점을 피할 수 있다는 장점이 있다.

⑦ 약정구매(memorandum buying)

소매업자가 납품받은 상품에 대한 소유권을 보유하되 일정 기간에 팔리지 않은 상품은 다시 납품업자에게 반품하던지 혹은 다 팔린 후에 대금을 지급하는 권리를 보유하는 조건으로 구매하는 방식이다.

⑧ 사전구매

제조업자가 판매촉진 제품을 계획된 판매촉진 기간 안에 큰 폭으로 할인된 가격으로 판매를 계획하는 경우 필요한 제품과 수량을 미리 구매하여 보관하는 방식으로 구매하는 측면에서는 규모의 경제 효과가 있다.

⑨ 위탁구매

위험이 크거나 신제품, 가격이 비싼 제품이면 주로 많이 이용하는 방식으로 소매업자에게 제공한 제품의 소유권이 공급업자에게 있다. 소매업자는 일정 기간 제품을 진열하여 최종 소비자에게 제품을 판매한 후 사전에 결정된 일정 비율의 수수료를 받고 남은 제품은 공급업자에게 반품하게 된다. 주로 수요예측이 어렵고 위험이 큰 제품이면 사용한다.

7) 집중구매

집중구매란 본사에서 자재나 상품을 집중적으로 구매하는 것이다.

① 집중구매 품목

㉠ 금액 중요도가 높은 품목이다.
㉡ 전사적 공통품목 및 표준품목이다.
㉢ 대량으로 사용되는 품목이다.
㉣ 수입 자재 등 구매 절차가 까다로운 품목이다.
㉤ 수요량, 수요빈도가 높은 품목이다.
㉥ 구매량에 따라 가격 차가 있는 품목이다.

② 집중구매 장점

㉠ 대량 집중구매로 구매 수량이 채워지기까지의 가격, 거래조건이 유리해진다.
㉡ 본사, 사업소(공장)에서 사용하는 공통의 자재를 정리하여 관리함으로써 표준화. 단순화가 이루어지기 쉽고 재고량을 절감하는 데 도움이 된다.
㉢ 수입 자재 등 절차가 복잡한 것은 중앙에 통합하여 집중구매하는 것이 유리하다.
㉣ 구매 절차를 통일하기 쉽다.
㉤ 구매품의 발주, 독촉, 감사, 수입, 지급 등의 일련의 구매 업무를 정리하여 한꺼번에 할 수 있으므로 구매비용이 절감된다.
㉥ 구매 기술의 개발과 적용이 쉬워지고 유리한 구매를 하기 쉽다.

③ 집중구매 단점

㉠ 구매 절차가 번잡하게 되어 구매에서 입하까지의 시간이 걸리고, 또 본사와 공장 사이의 사무처리에 시간이 걸리는 일이 많다.

㉡ 사업소(공장)에서는 구매의 자주성이 없어지고 절차가 복잡하게 된다.

㉢ 긴급한 경우에는 시간을 맞출 수 없을 때가 많다.

㉣ 사업소의 재고 상황을 알아내기 어렵다.

㉤ 납입업자가 사업소보다 먼 곳에 있는 경우 납입 일수, 운임 등으로 손이 많이 가게 된다.

8) 분산구매

본사 외의 여러 군데의 사업소(공장, 지점)에서 개별 구매하는 방법이다.

① 분산구매 품목

㉠ 시장성 품목이다.

㉡ 구매 지역에 따라 가격의 차이가 없는 품목이다.

㉢ 소량·소액 품목이다.

㉣ 사무용 소모품 및 수리부속품이다.

② 분산구매 장점

㉠ 자주적 구매가 가능하다.

㉡ 사업장의 특수한 요구가 채워지게 된다.

㉢ 긴급수요에 유리하다.

㉣ 구매 절차가 간단하고 비교적 단기간으로 끝난다.

㉤ 계원이 공장의 생산공정을 잘 알고 있으므로 일을 진행하는 데 유리하다.

㉥ 구매처가 사업소에서 가까운 곳에 있는 경우에 운임 그 밖의 모든 것이 값싸게 먹히고 납입의 서비스에 유리하다.

㉦ 사업소와 그 소재지의 관계가 좋아진다.

③ 분산구매 단점

㉠ 본사의 방침과 다른 자재의 주문이 있게 된다.

㉡ 일괄 구매보다 구매 경비가 많이 들고 구매단가가 높아지는 것이 통례이다.

㉢ 재료시장에서 거리가 먼 공장에서는 적정한 재료를 구매하기 어렵다.

㉣ 제조 측면을 주체로 한 구매 방법이 채용되는 경우가 많으므로 원가 의식이 낮아질 수 있다.

구분	장 점	단 점
집중구매	- 대량구매로 가격과 거래조건 유리 - 공통자재의 표준화, 단순화 가능하고 재고 줄임 - 자재 수입 등 복잡한 구매에 유리 - 구매절차를 표준화하여 구매비용 절감 - 시장조사나 거래처조사, 구매 효과 측정 등 유리	- 각 공장 내 구매의 자주성이 없고 절차 복잡 - 자재 긴급조달, 각 공장 재고상황 파악 힘듦 - 구매절차가 복잡하고 사무처리에 시간 걸림 - 납품업자가 멀리 떨어져 있는 경우 조달 기간과 운임이 증가함
분산구매	- 자주적 구매가 가능하고 사업장 특수요구가 반영 - 긴급수요의 경우 유리 - 구매절차의 신속 - 납품업자가 공장과 가까운 거리에 있을 때 유리	- 본사방침과 다른 자재를 구매할 경우가 발생 - 구매 경비가 많이 들고 구매단가가 비싸다. - 구입처와 멀리 떨어진 공장은 적절한 자재를 구매 불가능 - 원가의식이 낮아질 수 있다.

[집중구매와 분산구매 비교]

9) JIT 구매관리

공급업체는 필요한 시간에, 필요한 장소에, 필요한 양만큼 배달해주고, 제조업체의 신제품개발 등에 참여한다. 공급업자와 구매자 간의 장기적인 안정성과 유연성을 유지하기 위하여 협조를 강화하고 구매 기능이 기업의 전략적 계획에 통합되어야 한다. 공급업체가 제조업체의 필요량을 신속하게 파악할 수 있도록 해야 한다. JIT는 무재고 원칙이므로 공급의 안정성을 확보하기 위해 소수의 안정된 공급업체로부터 원자재를 구매해야 한다. 공급업자와의 장기 계약을 통해 공급업체들이 제조기업의 한 부분 기능인 것처럼 협력할 수 있어야 한다.

	전통적 구매방식	JIT 구매방식
공급자/판매자의 역할	종속	공존
거래 기간	단기 또는 장기	장기
발주 수량	대량	소량
품질조건	수입검사 시행	무 검사
재고개념	자산	감소대상
공급자 수	다수	소수
공급자의 지역별 분호	광범위	가능한 한 집중
창고	대형자동화	소형, 가변화

[전통적 구매 방식과 JIT 구매 방식 비교]

2 공급체인 관리(SCM : Supply Chain Management)

1) SCM 개념

SCM은 기업 내부 자원뿐만 아니라 자사와 연결된 공급업체, 제조업체, 유통업체, 창고업체 등을 하나의 연결된 체인으로 간주하여 이들 간의 협력과 정보교환에 기초한 확장·통합 물류와 최적 의사결정을 통한 비용 절감 및 효율성 증대로 상호이익을 추구하는 관리체계를 의미한다. SCM은 제조, 물류, 유통업체 등 유통 공급망에 참여하는 전 기업들이 협력을 바탕으로 양질의 상품 및 서비스를 소비자에게 전달하고 소비자는 거기에서 극대의 만족과 효용을 얻는 것이 목적이다.

2) SCM의 명칭

① 의류 부문 : QR(Quick Response)

② 신선식품 부문 : EFR(Efficient Food service Response)

③ 의약품 부문 : EHCR(Efficient Healthcare Consumer Response)

④ 식품 부문 : ECR(Efficient Consumer Response)

	공급사슬관리	전통적 접근방법
공동계획주기	지속적임	거래에 기반을 둠
위험과보상 방식	공동책임	개별 책임
정보, 재고 흐름	유통센터 지향적	창고 지향적
시간 영역	중장기적	단기적
총비용 접근방식	광범위한 경로 비용 효율성	개별 기업 비용 최소화
경로 리더십	중요하게 요구	불필요

[공급사슬관리와 전통적 접근방법 비교]

3) 공급사슬 구성 요소

공급사슬은 원자재업자로부터 공장, 창고를 거쳐 소비자에게 최종제품을 전달하는 것까지의 모든 활동을 말한다.

① 상위 흐름 공급사슬(**Upstream Supply Chain**)
조직의 첫째 상단에 있는 1차 공급업자와 그들에게 공급해 주는 공급업자를 말한다.

② 내부 공급사슬(**Internal Supply Chain**)
입고분을 출고분으로 전환하는 과정에서 조직이 수행하는 과정을 말한다.

③ 하위 흐름 공급사슬(**Downstream Supply Chain**)
제품을 최종고객에게 전달하는데 관련된 전 과정을 말한다.

4) SCM 도입 효과

거래·투자 비용이 최소화된다. 기업 예측도의 제고 및 자동 보충을 통한 재고의 감축이 가능하다. 더욱 개별화된 고객서비스 제공이 가능하다. 순환 주기가 감축된다. 관련 인프라 및 다른 산업 분야로의 수평적 확장의 용이성이 증대된다. 기업 간 프로세스의 유기적 통합이 가능하다.

5) 채찍 효과 발생 원인과 제거 방안

① 채찍 효과(Bull whip Effect) 개념

공급자, 생산자, 도매상, 소매상, 고객으로 구성된 공급사슬을 공급자로 갈수록 상류(Up-stream), 고객 쪽으로 갈수록 하류(Downstream)라 하면, 채찍 효과는 하류의 고객 주문정보가 상류로 전달되면서 정보가 왜곡되고 확대되는 현상으로서 증폭 현상이라고도 한다.

② Bull whip(증폭) 효과 주요 발생원인

㉠ 각각의 주체가 독립적으로 수요예측을 하기 때문이다.
㉡ 각각의 단계에서 Order가 Batch 처리되기 때문이다.
㉢ Promotion 등 가격 정책 영향이 있기 때문이다.
㉣ 부족한 팔린 제품에서 일어나는 Fantom 수요(하류 기업은 재고가 부족하다고 느낀 경우, 가능한 한 재고를 가능한 한 많이 확보하기 위해 실제로 필요한 양보다 많이 수량을 발주하는 경향이 있다. 그것 때문에 발생하는 외관상의 수요)가 발생한다.

③ 채찍 효과 제거 방안

㉠ 공급체인 전반에 걸쳐 수요에 대한 정보를 집중화하고 공유한다.
㉡ 최종 소비자의 수요변동 폭을 감소시킬 수 있는 영업전략을 선택한다.
㉢ 제품의 공급 리드 타임을 감축시킬 방안을 연구한다.
㉣ 공급자 재고관리(VMI : Vendor Managed Inventory) 등 공급체인 구성원 간에 전략적 관계를 강화한다.

6) SCM 성과측정 도구

① 균형성과표(Balanced Scorecard)

BSC(Balanced Scorecard)는 성과평가 시스템으로, 데이비드 노턴(David. P Norton) 박사와 로버트 캐플런(Robert S. Kaplan) 교수가 공동으로 개발한 균형성과표를 의미한다. 균형성과표는 재무 측정 지표와 운영측정 지표 모두를 균형 있게 고려한 새로운 성과측정 시스템으로, 과거 성과에 대한 재무 측정 지표를 통해서 미래 성과를 창출하는 측정 지표이다. 즉 균형성과표에는 실행 결과를 나타내는 재무 측정 지표와 이를 보완하면서 미래의 재무성과에 영향을 주는 운영 활동인 고객 만족, 내부 프로세스, 조직의 학습 및 성장 능력과 관련된 3가지 운영 측정 지표가 포함되어 있다. 조직의 비전과 전략에서 도출된 평가지표들의 조합이다. 각 지표는 재무와 비재무, 장기와 단기, 선행과 후행, 내부와 외부, 조직과 개인에 관련된 것들이 균형을 이룸으로써 조직 내에 전략과 비전이 공유되고 단기간의 성과가 아닌 미래 이익에 선행하는 비재무적 성과도 관리한다. 지속적인 성과 피드백을 통해 전략 실행을 위한 조직적인 학습이 가능하여 조직은 전략이 중심이 되어 모든 활동을 전개하는 '전략 중심의 조직'으로 바뀌어 가고 임직원들이 기존의 사고와 틀에서 벗어날 수 있도록 변화를 끌어낸다.

② SCOR(Supply Chain Operation Reference-model)

SCC(Supply Chain Council)의 SCOR(Supply Chain Operations Reference) 모형은 회사 내부의 기능과 회사 간 Supply Chain 파트너 사이의 의사소통을 위한 언어로써 공통의 Supply Chain 경영 프로세스를 정의하고, "최상의 실행", 수행 데이터 비교, 최적 소프트웨어를 적용하기 위한 과정의 표준이다. SCOR 모델은 일종의 프로세스 레퍼런스 모형으로서 비즈니스 프로세스 리엔지니어링(BPR), 벤치마킹, 프로세스 측정(Process Measurement)을 기능 간 프레임 워크(cross-functional framework)로 통합시킨 모델로, 비즈니스 프로세스에 대한 설명과 프로세스 사이의 관계 프레임워크, 수행도 측정을 위한 매트릭스, Best-in-Class 수행도를 달성하기 위한 표준을 담고 있다. 추진 성과를 내부적·외부적 관점에서 측정한다. 내부적 관점(기업 측면)에서는 비용과 자산 측면에서, 외부적 관점(고객 측면)에서는 유연성, 반응성, 신뢰성을 통해 성과측정이 이루어지고 있다. 공급망의, 측정, 평가를 위한 모델이다. 특징은 데이터 흐름이 아닌 업무 흐름을 표시한다. 프로세스 중심 지향적, 횡적 경영 비즈니스 모델이다. 장점은 공급망 구축에 있어 모델을 얻기 쉽다. 용어, 프로세스의 표준화로 커뮤니케이션이 쉽다. 프로세스의 과부족이나 과잉 특수처리 등을 표면화할 수 있다.

3 SCM 응용 기술

1) 자동발주시스템(CAO : Computer Assisted Ordering)

CAO는 유통 소매점포의 기반 시스템으로서 상품 판매대의 재고가 소매점포에서 설정한 기준치 이하로 떨어지면 자동으로 보충 주문이 발생하는 것이다. 소매점포의 컴퓨터시스템은 판매대에 진열된 모든 품목에 대하여 입고량과 판매량을 대조하여 봄으로써 각 상품에 대한 재고를 추적·관리한다. CAO를 성공적으로 이끌기 위해서는 정확한 POS 데이터, 상품에 대한 판매 예측치 그리고 점포 수준의 정확한 재고 파악이 필수적이다. 점포·상품별 판매 예측치는 적절한 재고목표치를 설정하는 데 사용되며, 시계열적인 판매데이터, 계획된 판촉 행사, 계절 조정 등을 기초로 하여 작성된다.

2) 지속적인 상품 보충(CRP : Continuous Replenishment Programs)

CRP는 유통 공급망 내에 있는 업체 간에 상호 협력적인 관행으로써 기존의 전통적인 관행인 경제적인 주문량에 근거하여 유통업체에서 공급업체로 주문하던 방식(Push 방식)과 달리 실제 판매된 판매데이터와 예측된 수요를 근거로 하여 상품을 보충시키는 방식(Pull 방식)이다. CRP는 적기에 필요로 하는 유통소매점의 재고를 보충하기 때문에 운영비용과 재고수준을 줄인다. CRP에서는 POS 데이터와 이를 근거로 한 판매 예측 데이터를 기초로 하여 창고의 재고 보충 주문과 선적을 향상한다. 가장 보편적인 형태로 운영되는 공급자 재고관리(VMI : Vendor Managed Inventory)는 물류 업체에서 재고데이터와 점포별 주문데이터를 매일 공급업체에 전송하면, 공급업체는 물류 업체가 소매점포의 상품 수요를 충족시킬 수 있도록 주문 업무를 책임져야 한다. CRP는 전반적인 유통 공급 과정에서의 상품 주문 기능을 향상한다. CRP는 또한 유통 공급 과정에서의 상품의 흐름을 향상할 수 있다. 유통업체가 원가를 절감하고 고객 위주의 서비스를 제공하기 위해서는 무엇보다도 재고관리가 중요하다. 이러한 재고관리와 관련하여 효율적 유통시스템 정책으로 나타난 것이 CRP이다.

3) 협업 설계 예측 및 보충(CPFR : Collaborative Planning Forecasting and Replenishment)

CPFR은 협업 설계 예측 및 보충이라고 하며, 유통과 제조업체가 정보교환 협업을 통하여 One−number 수요예측과 효율적 공급계획을 달성하기 위한 기업 간의 Work flow이다. 인터넷상에서 실시간 공유되는 판매 관련 정보와 소비자 및 시장 관련 정보는 제조업체의 생산관리 일정에 신속히 반영되어 Supply Chain 상에서 변화에 대한 적응력이 상당히 높아진다. CPFR은 소매업자 및 도매업자와 제조업자가 고객서비스를 향상하고 업자들 간에 유통 총공급망(SCM)에서의 정보의 흐름을 가속하여 재고를 감소시키는 경영전략이자 기술이다. 협업적 계획수립을 위해서는 모든 거래 파트너들이 주문 정보에 대한 실시간 접근이 가능해야 한다. 모든 참여자는 공통된 하나의 일정에 따라서 운영 활동을 수행한다. 모든 참여자는 그들이 원할 때 적정한 원자재 및 완제품을 가질 수 있도록 계획수립 및 수요예측을 하고자 하는 기법이다.

4) 크로스 도킹(Cross Docking)

크로스 도킹은 창고나 물류센터로 입고되는 상품을 보관하지 않고 곧바로 소매점포에 배송하는 물류시스템이다. 보관 및 피킹(Picking, 필요한 상품을 꺼내는 것)작업 등을 생략하여 물류비용을 절감할 수 있다. 크로스 도킹이 실현되기 위해서는 정확한 주문 정보의 사전 입수, 출고될 수량과 상태로 출고 시간 전 입고 여부, 입고 후 출고 차량별 분류 및 재포장 가능성이 이루어져야 한다.

① **크로스 도킹 유형**

㉠ 팔레트 크로스 도킹(Pallet Cross Docking)

한 종류의 상품이 적재된 팔레트별로 입고되고 소매점포로 직접 배송되는 형태로 가장 단순한 형태의 크로스 도킹이며, 양이 아주 많은 상품에 적합하다.

㉡ 상자 크로스 도킹(Case Cross Docking)

한 종류의 상품이 적재된 팔레트 단위로 소매업체의 물류센터로 입고되고 입고된 상품은 각각의 소매점포별로 주문 수량에 따라 피킹되고, 팔레트에 남은 상품은 다음 납품을 위해 잠시 보관하게 된다.

㉢ 사전 분류된 팔레트 크로스 도킹

사전에 제조업체가 상품을 피킹 및 분류하여 납품할 각각의 점포별로 팔레트에 적재해 배송하는 형태이다. 제조업체가 각각의 점포별 주문 사항에 대한 정보를 사전에 알고 있어야 하므로 제조업체에 추가적인 비용을 발생시킨다.

② **크로스 도킹 효과**

㉠ 물류센터의 물리적 공간이 감소한다.
㉡ 물류센터가 상품의 유통을 위한 경유지로 사용된다.
㉢ 공급사슬 전체 내의 저장 공간이 감소한다.
㉣ 물류센터의 회전율이 증가한다.
㉤ 상품공급의 용이성이 증대된다.
㉥ 재고수준이 감소한다.

5) 카테고리관리(Category Management)

카테고리관리는 유통업체와 공급업체 간의 협조를 통하여 소비자의 구매 형태를 근거로 하여 소비자 구매패턴, 상품 및 시장 동향 등을 파악하여 카테고리를 관리함으로써 업무를 개선하고자 하는 것이다. 카테고리관리를 수행하고자 하는 기업은 카테고리관리자에게 상품 구색, 재고, 상품 진열 공간 할당, 판촉, 구매 등에 대한 권한을 부여하게 된다. 카테고리관리는 개별상품이나 브랜드가 아닌 전체 상품군에 대한 이익과 판매를 강조함으로써 유통업체와 공급업체가 장기적인 관점에서 마케팅 활동 및 상품기획 활동을 공동으로 수행할 수 있게 한다.

6) 활동원가회계(ABC : Activity Based Costing)

활동기준 원가계산(Activity-Based Costing : ABC)은 기존의 전통적인 원가계산 방식의 문제점을 개선하기 위해 도입된 새로운 원가계산 방법이다. ABC는 제조간접비를 소비하는 활동(Activity)이라는 개념을 설정하고 이러한 여러 활동에 따라 제조간접비를 배부하고 제품별로 활동 소비량에 따라 제조간접비를 배부함으로써 기존의 전통적인 원가계산 방식에 비해 좀 더 합리적인 원가배부를 목적으로 하는 원가계산 방식이다. ABC는 SCM 응용 기술들이 실제 적용될 때 그 실행 정도를 측정하는 중요한 수단 중의 하나이다. 활동원가회계 분석은 SCM 응용 기술을 적용하는 기업에 대하여 어느 부문에서 어떻게 이익을 발생시키고 있는지에 대한 명확한 분석을 할 수 있도록 해준다. 고객에게 주어지는 제품과 서비스에 대한 활동을 통해 조직의 자원 비용을 부과하는 방식으로, 보통 제품과 고객의 비용과 이익을 이해하는 도구로 쓰인다. 가격을 매기고, 하도급하고 인증하고 처리 개선을 측정하는 등의 전략적인 결정을 지원하는 데 사용된다.

Your Name
READ Aa
FILES
HOME
SAMPLE TEXT
IDEA
25%
50%
75%
100%
Site Name
HOME
SAMPLE TEXT

제2부 상권분석

제 4 장

상권조사

제 1 절 상권 개요

1 상권 의의

1) 상권 의의

상권이란 상업상의 거래하는 공간적 범위를 말하며 상세권이라고도 한다. 상권은 보통 두 가지 의미로 사용되는데, 한 점포가 고객을 흡인하거나 흡인할 수 있는 범위와 다수의 상업시설이 고객을 흡인하는 공간적 범위를 말한다. 상권은 시장 지역 또는 배후지라고도 부르며 점포와 고객을 상행위와 관련하여 흡수할 수 있는 지리적 영역이고 경쟁자의 출현은 상권을 차단하는 중요한 장애물이며 고객 밀도는 상권 내의 인구밀도와 밀접한 관련이 있다. 일반적으로 상권은 계층적 구조로 형성된 것으로 볼 수 있다. 즉, 상권은 지역 상권, 지구 상권, 개별점포 상권 등으로 계층적으로 분류될 수 있다. 구매빈도가 낮은 업종일수록 넓은 상권을 가져야 하고 구매빈도가 높은 업종일수록 좁은 상권을 가져도 된다. 상권은 점포에서 취급하는 상품에 대한 상권 내 인구의 구매력을 추정하고 매출액을 설정하는 데 기본적인 데이터를 제공하며 판촉 활동 범위를 결정하는 데 필수적인 데이터로 활용된다. 상권의 구분은 판매자 측면으로는 특정 판매자 또는 판매자 집단이 상품과 서비스를 판매 또는 인도하면서 비용과 취급 규모 면에서 경제성이 확보되는 지역 범위를 말한다. 구매자 측면으로는 적절한 가격의 재화 및 서비스를 합리적으로 발견할 수 있을 것으로 기대되는 지역 범위를 말한다.

2) 상권 중요성

창업 시 상권설정, 기준점의 정확한 상권 파악은 소매경영에 있어서 가장 기초적인 사항이다. 상권 범위는 출점하는 업종, 업태와 밀접한 상관관계가 있으며 상품구성, 가격대 설정의 중요한 기초 자료이고 구매력 추정과 매출액 설정의 기초 자료가 된다. 또한, 판촉 활동 범위 결정에 필수적인 자료로 지역으로 유입되는 인구의 특성(유동 인구, 각종 인구통계지표)은 입지 평가의 시발점이자 요점이다.

3) 상권과 상세권(company operating area)

상권은 한 점포의 세력이 미치는 범위이며 고객이 점포에 오는 지역 범위이다. 특정 소매업이 예상 고객을 흡인하는 가능성(80% 이상)이 있는 판매 대상 지역이며 특정 점포에 오는 거리 개념이 아닌 고객을 흡입할 수 있는 시간적 범위이다.

상세권은 복수의 점포 또는 상업집단(시장, 상점가, 체인스토어 등)이 고객을 동원할 수 있는 복수 점포 또는 상업집단의 지구 전체 사업 범위이다. 대상 상가가 흡인할 수 있는 실질적인 고객이 존재하는 권역이다. 상업활동을 성립시키는 지역 조건을 가진 공간적 넓이이다. 상권 넓이는 점포 크기, 상품 종류, 상업집적도, 철도, 버스 등 교통 편리함 때문에 결정되므로 대형점포 출점, 철도 개설 등으로 범위는 변한다. 특정 사업 또는 점포별 상권이 모여 있는 기업 세력권이며 체인스토어는 규모별 로컬 체인이 한 상세권을 형성한 후 리저널 체인, 내셔널 체인으로 발전한다. 점포 전개로 지역별 절대 구매력을 점유하고 물류센터(DC), 배송센터가 중심이다.

4) 상권 범위 및 특징

상권 범위는 점포의 크기, 취급하는 상품의 종류나 상업집적도, 그에 따르는 교통편의 등에 의해 결정된다. 즉, 대형 상점의 신설, 전철 등의 개설 등에 따라 범위가 크게 바뀐다. 도시의 각종 물자의 상권은 도시의 세력권을 나타내는 지표로 이용된다. 고객의 사회적·경제적 수준이 높을수록 유리하며 교통수단이 편리할수록 유리한 상권이 된다. 상권은 사회·경제적 요인의 변화 때문에 항상 변동하는 것이지만 반드시 확대된다고 말할 수 없다. 인구밀도가 높아도 고객이 없으면 상권을 형성하기가 힘들므로 고객 밀도가 높아야 한다. 상권마다 매매 관습과 소비 관습의 차이가 있으며 경쟁자의 출현은 상권을 차단하는 중요한 장애물이다. 상권 크기는 입지 조건, 상권의 형태, 교통의 편리성, 경쟁 업태 상품 종류, 구색, 가격, 수송 및 배송, 판촉 및 기타 서비스 등 여러 가지 요인에 따라 달라진다.

5) 상권에 영향을 미치는 요소

① 자연조건

하천이나 산과 같은 자연조건은 상권에 영향을 미치게 된다. 교통수단이나 도로가 발달하지 않은 시장 형성 초기 단계에 큰 영향을 끼쳤다. 최근에는 도로 개설이 쉽지 않은 산이나 하천을 배후로 하여 독립적으로 상권이 형성되는 경우가 있다.

② 교통 체계

도로나 대중교통 수단과 같은 교통 체계도 상권 형성에 영향을 미치고 있다. 어떤 점포 주위에 도로가 잘 형성되어 있고 대중교통 수단이 발달하여 접근성이 우수하다면 그 점포의 상권은 그렇지 않은 경우보다 확대된다. 어떤 점포로 접근하는 교통 체계가 발달하여 있지 않으면 가까운 거리의 소비자들만이 그 점포를 이용하기 때문에 상권의 지리적 범위가 축소되는 경향이 있다.

③ 점포 규모와 유통업 형태

일반적으로 점포 규모가 클수록 많은 소비자를 흡수하게 되어 상권이 넓어지며, 규모가 작아질수록 상권이 좁아진다. 같은 규모일지라도 취급하는 상품 종류에 따라 상권 범위가 달라진다.

2 상권 구분

1) 일반적 상권 구분

상권은 계층적 구조로 되어 있는데 지역 상권, 지구 상권, 개별점포 상권 등으로 구분할 수 있다.

① 지역 상권(GTA : General Trading Area)

특정 지역 전체가 가지는 상권으로 도시 내의 유통 기관이 모여 형성되며 고객의 50~75%를 흡수할 수 있는 지역이다. 상권 내에 동일 업종이 있는 경우에는 고객 유인을 위한 점포 경쟁이 이루어진다.

② 지구 상권(DTA : District Trading Area)

지역 상권 내에서 후보 입지가 속하는 상업집적이 가지는 상권으로 하나의 지역 상권 내에는 다수의 지구 상권이 존재한다. 인근 수요자를 중심으로 하나의 지역 상권을 지구 상권별로 구분할 수 있는데 보통 고객의 15~20%를 흡수할 수 있는 지역을 말한다. 지방 중소도시의 경우 지역 상권 내의 가장 중심지에 있는 지구상 권이 지역 전체의 소비자를 유인하기 때문에 지역 상권과 지구 상권의 크기가 같은 경우가 많다.

③ 개별점포 상권(ITA : Individual Trading Area)

지구 상권 내에서 점포의 후보 입지가 가지는 상권으로 지역 상권과 지구 상권 내의 개별점포들은 각각의 점포 상권을 형성하게 된다. 점포 규모가 클수록 그 상권도 크다. 교통편이 좋은 곳이나 일류 상가에 있는 점포일수록 상권이 크다. 선매품, 전문품 등을 취급하는 점포의 상권이 편의품을 취급하는 점포의 상권보다 크다. 지명도가 높은 상권일수록 개성이 강한 상품을 취급하는 점포일수록 상권이 크다.

2) 상권 계층 구분

상권은 그 수준에 따라 1, 2, 3차 상권으로 나눌 수 있다. 상권의 크기와 모양은 업태, 점포 크기, 상품 다양성, 경쟁점 현황, 도로 상황, 마케팅 활동 등에 영향을 받는다.

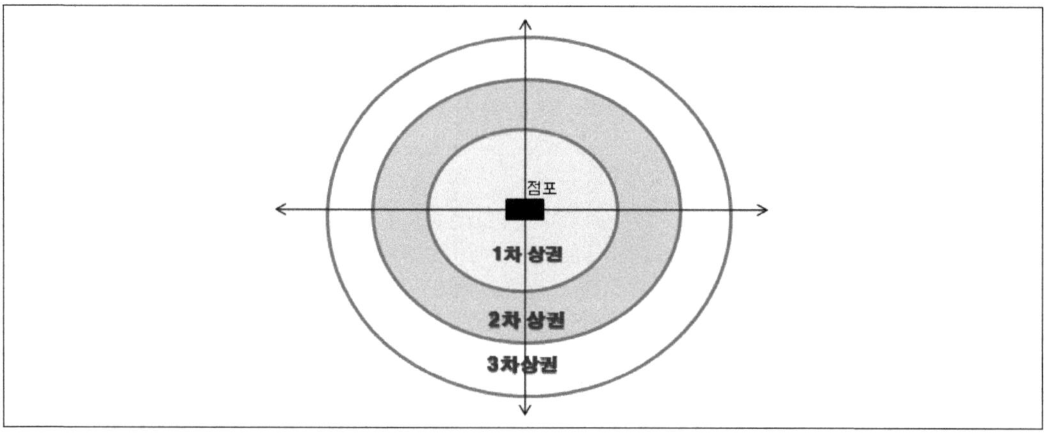

① **1차 상권(primary trading area)**

점포 고객의 약 60~70%를 포함하고 있는 지역을 말하는데 점포에 가장 근접해 있고 내점 빈도나 매출액에의 비중이 가장 높은 지역이다. 대부분 그 점포에 지리적으로 인접한 지역에 거주하는 소비자들로 구성되며, 해당 점포의 이용 빈도가 가장 높은 고객층이기 때문에 매출액 비중이 가장 높다. 따라서 마케팅 전략 수립 시 가장 관심을 기울여야 할 주요 고객층이다. 점포를 기준으로 500m 이내 지점, 다시 말해서 지름 1km 반경 이내 지점을 말한다. 이 상권 내에서 사업장 이용 고객은 60~70% 정도 범위이다.

② **2차 상권(secondary trading area)**

점포 고객의 약 15~25%를 포함하고 있는 지역이며 1차 상권 외곽에 위치하며 고객 접근성이 떨어진다. 점포를 기준으로 1km, 즉 지름 2km 이내의 지점으로 사업장 이용 고객의 15~25%를 포함하는 범위를 말한다.

③ **3차 상권(Fringe trading area)**

1차 상권과 2차 상권에 포함되지 않은 외곽상권을 둘러싼 고객 지역 범위를 말한다.

한계상권 내의 이용 고객은 고객들이 매우 광범위하게 분산되어 있으며 점포에 미치는 영향은 미미하다. 3차 상권 내에 있는 고객들은 1차 상권 및 2차 상권과 비교할 때 고객의 수와 이들의 구매빈도가 적기 때문에 점포 매출액에서 5% 정도 차지한다. Fringe란 '언저리'로서 2차 상권의 외측 범위에서 가끔 내점하는 고객의 범위를 말한다.

3) 상권 유형 구분

① 근린 상권형(근린형)

주거지 근처에 있고 사람들이 일상적으로 자주 쇼핑하거나 외식을 즐기는 상업지를 말한다. 동네 상권이라고 할 수 있으며 동네 상권은 오피스 상권과 함께 한정된 고정고객을 대상으로 영업하는 대표적인 입지로, 한정된 고객층을 대상으로 영업하고 이들을 고정 고객화해야 하는 입지 형태이다. 근린형은 일상생활에서 자주 구매하게 되는 일반상품 위주로 판매되기 때문에 일반상품형이라고 한다. 초보자에게 근린형 상권이 유리하다고 하는 것은 근린형 상가의 경우 권리금이나 보증금 임대료가 싸고, 우리에게 익숙한 상품을 주로 취급하기 때문이다. 근린형의 상권 범위는 반경 500m 내외의 거리로 도보로 이동할 수 있는 거리를 상권으로 보면 된다. 흔히 근린 상가라는 말을 많이 쓰는데, 동네에서 이 정도 상권을 범위로 하는 상가 건물을 근린 상가라고 한다. 생활용품전문점의 상권 입지로는 지구형보다는 못하지만, 일정 세대수 이상을 가진 근린형 상권을 고려해 볼 만하다. 지구형보다 유동 인구나 흡수할 수 있는 세대수는 적지만, 상대적으로 권리금이나 보증금, 월세가 저렴하므로 사업자의 경영 능력에 따라서는 의외로 높은 투자수익을 기대할 수 있다. 단, 근린형이라고 하더라도 전체 흡수할 수 있는 세대수가 1천세대 이하라면 생활용품전문점 사업으로 성공하기가 극히 어렵다. 단지 내 상가는 피하는 게 좋고 근린 상가 중 전문 상가 건물에 입점하거나 중대형 슈퍼마켓이나 수협매장 등이 입점해 있는 상가 건물이 적당하다. 아파트와 단독, 연립을 합해서 3,000~4,000세대 가량 되고 인근에 시장이 형성되어 있으며 판매 업종이 밀집된 상가 거리나 건물이라면 근린 상권으로서는 최고의 점포를 얻는 셈이다. 단, 이때도 점포의 출입구, 주 동선과의 관계, 가시성 등은 반드시 고려해야 한다.

② 지구형

주거지에서 다소 떨어져 있고 보통 주 단위로 쇼핑하는 물건이나 서비스를 주로 취급하는 곳을 말한다. 일상생활에 필수적인 품목이 아니라 선호품이나 기호품을 주로 팔기 때문에 선호품형 상권이라고 일컫는다. 지구형은 다시 지구 중심형과 대지구 중심형으로 나뉘는데, 지구 중심형은 반경 1km 이내의 생활권을 범위로 하며, 대지구 중심형은 몇 개의 거주 지역을 상권으로 한다. 이 상권은 생활용품전문점에는 최고의 상권으로 꼽힐 만하다. 지구형 상권 내의 점포들은 근린 상권보다 점포 구매비가 많이 드는 게 일반적이지만 이는 A급 입지에 해당하는 말이고 B급 입지의 점포들은 오히려 근린 상권의 A급 입지보다 저렴한 점포들도 있으므로 지구 중심 상권의 B급 입지 점포를 적극적으로 알아보는 게 좋다. 이런 점포 중에 앞에서 제시한 생활용품전문점 입지 조사표의 양식에 따라 점포를 구한다면 최적의 점포를 구할 수 있을 것이다.

③ 중심형(번화가형)

주거지에서 멀리 떨어져 있으며 쇼핑은 일 년에 몇 회 간격으로 이루어진다. 일반상품 업종은 물론이고 외식업이나 오락, 유흥 등 여러 업종이 복합적으로 구성돼 있어 번화가형이라 하기도 한다. 중심형은 다시 부도심형과 도심형으로 나눌 수 있는데 신촌이나 영등포 등 교통이나 도시 개발과 함께 신흥 상권으로 떠오른 곳을 부도심이라고 하며 남대문이나 동대문같이 전통적이고 복합형으로 구성된 중심 상권을 도심형이라고 한다. 부도심은 지하철, 철도 등을 축으로 도시의 일부 지역을 상권 대상으로 하며 도심형은 해당 도시 전체에 세력을 미치는 상권이다. 중심형은 생활용품전문점과는 맞지 않는 상권이다. 권리금이나 점포세가 비쌀뿐더러 판매 업종의 경우 주로 젊은 층 위주로 업종이 구성돼 있고 그밖에 외식과 유흥업이 발달했기 때문이다. 다만 이들 상권에서도 B·C급 입지로 이어지면서 시장이 형성돼 있거나 주택가로 이어지는 지점으로서 주부들을 흡수하는 업종이 밀집돼 있다면 최고의 상권이라고 할 수 있다. B·C급 입지는 A급 입지보다 점포구매비도 훨씬 저렴하므로 기회가 온다면 적극적으로 점포를 물색해 볼 수는 있다.

4) 소비 행태별 상권 구분

① 목적형 상권

고객의 기대 소비에 따라 목적을 정하여 구매하는 상권을 말하며 구매빈도는 높지 않지만, 목적 방문에 따른 구매율이 높으므로 새로운 경쟁자의 진입이 쉽지 않다. 경기 침체 등 해당 상품에 대한 수요가 줄면 상권 체제가 심각한 영향을 받아 독자적인 마케팅 전략을 구사하기 어렵다. 주택가보다는 시내 중심으로 향하는 특성이 강하고 독립지역보다는 상품 가격이 저렴하다는 이점이 있어 원거리 고객의 유입이 가능하다. 목적형 상권에 진입하고자 할 때 될 수 있는 대로 동일 업종보다는 유사 업종 군의 틈새를 선택하는 것이 바람직하다.

② 비목적형 상권

비목적형 상권은 역세권과 같이 사전에 구매 의사를 정하지 않고 우연히 구매가 일어나는 상권을 의미한다. 대체로 업종 간의 연계성이 높지 않기 때문에 구매 목적이 있어도 목적을 제대로 달성하기 어렵다. 따라서 단골을 만들기가 쉽지 않아서 될 수 있는 대로 유동 인구의 많고 적음에 따라 성패가 엇갈린다. 김밥전문점이나 패스트푸드, 오락

게임장, 편의점, 화장품전문점 등이 비목적형 상권에 적합한 대표적인 업종들이다.

5) 경쟁 상황 정도에 따른 상권 구분

① 과소지역 상권(도입기)

해당 지역의 욕구를 만족하게 하기 위한 특정 제품이나 서비스를 판매하는 점포가 매우 부족한 지역이다. 점포 부족 지역이라고도 하며 점포의 공급이 수요에 미치지 못하는 초과 수요현상이 발생하는 지역이다. 이는 주로 신도시 등 초기 진입단계에서 발생하며 점포의 생애 주기상 도입기에 해당한다.

② 과다지역 상권(성장기)

너무나 많은 점포가 특정 상품이나 서비스를 판매하기 때문에 현재 상권 내 경쟁이 치열한 지역으로 수익 실현이나 유지에 대한 불확실성이 높다. 점포 과밀지역이라고도 하며 점포의 생애 주기상 성장기에 해당하며 시장성장률이 높은 시장으로 경쟁 점포들의 경쟁이 가장 치열한 상태이므로 출점 시 가장 주의가 있어야 하는 상권단계에 해당한다.

③ 과점지역 상권(성숙기)

고객에게 우수한 상품과 서비스를 제공하며, 경쟁 소매업체들이 이익을 많이 남길 수 있도록 해주기 때문에 소매업체들은 이 지역이 매력적이라고 생각한다. 점포 적정지역이라고도 하며 지역 점포의 수요와 공급 상황이 균형을 이루고 있는 상권의 경쟁상태를 의미한다. 점포의 생애 주기상 성숙기에 해당하며 출점하고자 할 때 매력적인 출점 지역이 될 수 있다.

④ 포화지역 상권(쇠퇴기)

특정 상품이나 서비스를 몇몇 점포가 과점하여 판매하지만, 경쟁력이 있는 점포는 그 시장에 진입하여 이익을 볼 수 있다. 소수의 경쟁자가 전체 상권을 점유하고 있는 상태를 의미하며 가격담합 등의 불공정 진입장벽을 특징으로 한다.

3 상권조사

1) 상권조사 의의

상권조사란 입지와 상권조사를 통한 사업 타당성 여부를 검토하기 위한 기본 분석을 의미한다. 소매점포가 상품이나 서비스를 제공하여야 할 유형, 예상 매출액, 신 점포 시설의 매장 규모의 산정과 부지선정의 기초가 되는 결정을 위한 조사를 하는 것이다. 초기 상권 범위를 결정하려고 할 때 일반적으로 기초 자료로써 사용되는 요인으로는 인구 밀도분포, 개별점포에 접근하는 교통 조건, 경쟁상대의 위치를 조사해야 한다. 상권조사를 위한 경계 설정은 다음과 같다.

① 물리적 경계

상권을 구분하는 실체적인 사물에 의한 구분으로 자연적인 경계물인 산, 강, 하천 등을 의미하고, 자연적인 경계 이외에 도로, 철도, 다리 등의 인공적인 경계물에 의한 구분으로 경계를 구분할 수 있다.

② 인문적(경제적) 경계

대중교통을 이용한 접근의 편리성, 소매점에서 취급하는 상품의 넓이와 깊이, 상권 내에서 파악되는 기존 경쟁 및 대체 경쟁의 정도에 의해 구분할 수 있다.

2) 상권조사 방법

① 물건에 따른 조건

㉠ 물건 및 계약조건(점포 규모, 건물특징, 임차 조건 등)을 파악한다.

㉡ 기능적 입지성(도로/교통, 주택조성 형태, 지형/지세, 접근/통행성, 인지/홍보성, 상권 내 개발 전망 등)을 잘 살펴본다.

㉢ 개인점일 경우 점주 사항(나이/학력/성명, 경력/현직, 자질/인성, 투자 비용 등)을 파악한다.

② 상권분석

㉠ 상권 특성과 세대수(1차/2차)를 조사한다.

㉡ 상권 범위를 설정한다.

㉢ 소비자 특성(생활 수준/구매자 성향 파악)을 조사한다.

㉣ 경합점(경쟁점/거리/규모/매출액/취급 품목/특기 사항) 경합 특성을 파악한다.

매출 추정 즉, 1차, 2차 상권별 또는 1년 차, 2년 차별 상권 내 세대수, 고객 흡입률(일객수), 객단가(1인), 내점률(일객수), 일평균 매출액을 파악한다.

3) 상권조사 내용

① 상권 주요 약도 작성

상권 이해를 위한 기본 약도 및 지점별 사진 촬영을 통한 비교 분석한다.

② 지형·교통 조건 파악

지형·지세·교통 조건을 통한 상권 형태 파악, 개방형 상권과 폐쇄형 상권의 유무를 분석하는 기초자료를 파악한다.

③ 상권 요소 업종 분포 작성

상권 내 업종 분포도 작성을 통해 본 업종과의 연관성을 분석한다.

④ 배후지 인구 특성 파악

배후지 인구의 연령대·주요 직업군·소득수준 파악을 통한 소비주력군의 성향을 분석한다.

⑤ 유동 인구 흐름 파악

나이·성비·시간대별 유동 인구의 추이 분석을 통해서 소비층의 제조 건을 분석한다.

⑥ 매물 조사

상권 내 매물의 점포 임대료·권리금을 조사한다.

⑦ 경쟁점 조사

본 점포와 경쟁이 되는 경쟁점의 입지적 장단점을 조사한다.

⑧ 임대가와 권리금

점포별 임대가와 권리금을 조사하고, 권리금 협상의 가능성 유무와 권리금 추정치를 작성한다.

⑨ 점포 외부 조사

점포를 형성하는 외부 점포의 모양, 지형과 유동 인구의 흐름 파악과 연결 점포의 구성, 주차장 유무, 기타 제 조건을 파악한다.

⑩ 점포 내부 조사

점포 내부의 구조물, 점포 실평수, 가로·세로 길이, 높이 파악 및 기타 조건을 파악한다.

⑪ 점포주 조사

점포주의 직업·주변 평판을 통해서 향후 점포주와의 관계를 자연스럽게 유지할 수 있다.

⑫ 경쟁점과 경쟁업종 점포 조사

동종 업종의 경쟁점포와 연관 업종의 경쟁점포를 조사한다.

4) 상권조사 방법 4단계

① **제1단계 : 상권 내 지역 정보를 수집한다.**

㉠ 관공서의 인구 통계 자료
㉡ 상업 통계 자료
㉢ 특정 기관 조사 정보(방송사, 신문사, 조사업체 자료 등)
㉣ 지역 관련 점포 조사(점포 수, 위치 등)

② **제2단계 : 지역 상권도를 작성한다.**

㉠ 지구별 세대수, 인구수 표시
㉡ 업종별 점포 표시(할당된 점포 포함)
㉢ 교통 기관별 표시(역, 정류장, 건널목 등)
㉣ 관련 업종 및 경쟁점포 표시
㉤ 지형적인 특성 파악
㉥ 집객력이 있는 지역시설(체육관, 금융기관, 관공서 등) 표시
㉦ 경쟁점포 표시

③ **제3단계 : 상권 내 지역을 도보로 관찰한다.**

㉠ 나이별로 구분하여 거주 연수, 생활방식 파악
㉡ 지역 통행량 파악(나이별, 남녀별)
㉢ 거주지, 주거 형태, APT 평수, 주요 직업, 소유 차량 등 통해 소득수준 파악
㉣ 교통 이용 현황을 통한 상권의 넓이 파악
㉤ 혼잡한 점포, 인기 있는 점포 파악
㉥ 쇼핑 도로(동선) 파악
㉦ 가망고객들의 생활방식(특히, 휴일 및 공휴일) 및 상품의 구매 행동 파악
㉧ 가장 인기 있는 제품의 구매 행동 및 점포 선택 상황 파악

④ **제4단계 : 그룹 방문에 의한 심층 조사한다.**

㉠ 지형 특성, 접근의 용이성, 차량 진입 및 주차의 편리성 정도
㉡ 서비스·접객 태도·영업시간·종업원 수 파악
㉢ 유사 경쟁점의 서비스, 접객 태도, 영업시간, 종업원 수 파악
㉣ 판촉 활동의 영향력 파악
㉤ 이동 거리를 늘일 방안 심층 조사
㉥ 기존 점포의 클레임 처리, 신용도 체크
㉦ 사용 빈도 조사
㉧ 상권의 변화 가능성 분석

5) 상권조사에서 고려해야 할 사항

① 기초 환경 조사

점포의 위치, 점포의 형태, 구모, 도로와의 접근성, 주변 환경, 주차 용이성, 지역 특성, 경쟁점포, 각종 규제 여부 등을 조사해 평가 기준에 따라 분석한다.

② 세부 환경 조사

시장 규모를 바탕으로 세부 지도에 핵심 상권과 전략 상권을 정한 후 해당 상권별 인구분포, 주 소비층인 여성 고객의 비율, 세대수, 대형 주택단지 여부, 상권 내 고객의 소비 수준 등을 분석한다. 또한 주요 교통수단, 주요 공중 집객 시설, 경합 점포와 상호보완 업종, 고객 흡인 시설 여부, 대형 백화점 또는 할인점 유무, 학교, 향후 발전 가능성, 도시 계획의 변경 등을 상세하게 조사할 수 있어야 한다.

③ 유동 인구 및 주변 상권

점포의 핵심 고객층을 설정하려면 점포 주변과 상권의 유동 인구수는 물론 연령대, 성별 구성비, 주요 통행시간, 통행 방향, 주 출입구 등을 조사해야 한다. 이러한 유동 인구의 조사는 직접 조사원을 동원하여 조사하는 것이 바람직하며, 시간대별 상황, 평일 및 휴일의 상황이 분석할 수 있도록 조사해야 한다. 예를 들어 생활용품전문점과 같은 판매점의 경우 주변 상권과의 관계를 고려해야 하는 이유는 선매품으로 고객이 여러 점포를 다니면서 가격, 디자인, 색상, 품질 등을 비교하여 구매하는 경향이 강한 업종이기 때문이다.

④ 접근성 등

점포의 입지와 상권에 대한 세부 분석이 이루어지면 다음으로 구체화한 점포의 접근성이 양호한지, 유동 고객의 시선을 끌 수 있는지, 고객이 편리하게 이용할 수 있는지 등을 고려해 결정한다. 이는 동일 상권 내 비슷한 지역에 있는 점포라도 점포의 접근성, 가시성, 편의성 등에 따라 활성화의 결과가 다르게 나타나기 때문이다.

기타 창업자금의 규모, 입지의 개발 전망, 주거지와의 거리, 임대 매장의 경우 건물주의 성향 등을 고려하여 적정한 점포를 선정한다.

6) 소매 포화지수(IRS : Index of Retail Saturation)

소매 포화지수(Index of Retail Saturation)는 특정 시장 내에서 주어진 제품계열에 대한 점포 면적당 잠재 매출액의 크기를 말하며, 이것은 상권분석에 있어서 중요한 소비자 수요와 경쟁 공급량의 비율을 의미한다. 지역시장의 수요잠재력을 총체적으로 측정할 수 있는 지표로서 많이 이용된다.

① 소매 포화지수(IRS) 특징

소매 수요가 아무리 높다고 하더라도 기존 점포 간의 경쟁이 매우 치열한 상황이라면 지역시장의 매력도는 낮아지며 신규 개점을 위한 수요분석 시 주로 사용되는 척도이다. IRS에서는 점포가 비슷한 전통적인 슈퍼마켓 등은 적용이 용이하나 스포츠용품 또는 가구점 등 전문화된 점포에는 적용이 어렵다. IRS 값이 적어질수록 점포가 초과 공급되었다는 것을 의미하므로 신규점포에 대한 시장잠재력은 상대적으로 낮아질 것이고 IRS 값이 클수록 시장기회가 커진다. IRS 값은 마케팅 능력 부족 때문에 다른 지역에서 쇼핑하는 상황을 반영 못 한다. IRS 값은 특정 업태가 가지는 시장에서의 단위 면적당 잠재수요로서 클수록 신규점포 개설에 유리하다.

② 소매 포화지수(IRS)에 포함되는 요인

특정 제품(서비스)에 배분한 총매장 면적, 특정 제품(서비스)에 대한 특정 상권 고객의 지출액, 특정 제품(서비스)에 대한 특정 상권 내의 고객 수(가구 수)이며 공식은 아래와 같다.

$$IRS = \frac{\text{수요}}{\text{특정 업태의 총매장 면적}}$$

$$= \frac{\text{지역시장 총가구수} \times \text{가구당 특정 업태에 대한 지출비}}{\text{특정 업태 총매장면적}}$$

7) 시장 확장 잠재력(MEP : Market Expansion Potential)

지역시장이 미래에 신규 수요를 창출할 수 있는 잠재력을 반영하는 지표로 거주자들이 지역시장 외에서의 쇼핑 정도를 파악할 수 있다. MEP는 IRS의 단점을 보완하는 지표로써, 구체적으로는 거주자들이 지역시장 외에 다른 시장에서 쇼핑 지출액을 추정하여 계산할 수 있다. 이 경우 다른 지역의 쇼핑 정도가 높을수록 시장 확장 잠재력은 향상하게 된다. 마케터는 신규점포가 자리 잡을 지역시장의 매력도를 평가할 때, 기존 점포들에 의한 시장 포화 정도뿐 아니라 시장 성장 잠재력(MEP)을 함께 고려해야 한다. 지역시장 매력도는 IRS와 MEP를 함께 사용하여 평가될 수 있는데, 이럴 때 시장 매력도는 네 가지 유형으로 분류하고 있다.

① IRS와 MEP값이 모두 높은 지역시장이 가장 매력적이며 지금이나 미래에도 시장은 아주 좋은 지역으로 부지 가격만 적정하다면 아주 좋은 지역이다.

② IRS가 높고, MEP가 낮은 지역은 지금은 시장의 매력이 높은 지역이지만 앞으로 발전

가능성은 불확실한 지역이므로 지금과 미래의 중요성 평가자의 주관에 따라 구분된다.

③ IRS가 낮고, MEP가 높은 지역은 지금은 비 매력적이지만 앞으로 유망한 지역으로 적절한 시기에 개발한다. MEP 점수가 높은 경우는 총수요의 증가 가능성이 크다는 것을 나타낸다.

④ IRS와 MEP가 둘 다 낮은 경우 비 매력적인 시장으로서 치열한 경쟁과 낮은 시장 성장 가능성 때문에 신규점포의 진출은 어렵게 되며 검토 대상이 되지 않는다.

IRS \ MEP	고	저
고	(성장기) 1 가장 매력적 (+)	(도입기) 2
저	(성숙기) 3	(쇠퇴기) 4 비 매력적 (-)

[소매 포화지수(IRS)와 시장 확장 잠재력(MEP) 평가]

8) 구매력 지수(BPI : Buying power Index)

소매점포의 입지 분석을 할 때, 해당 지역시장의 구매력을 측정하는 기준으로써 사용되는 것으로 그 시장에서 구매할 수 있는 능력을 나타내는 것이다. 이 지수를 산출하기 위해서는 다음과 같은 3가지 요소에 가중치를 곱하여 합산하는 공식을 사용한다.

> 구매력 지수(BPI) = (인구비 × 0.2) + (소매 매출액비 × 0.3) + (유효구매 소득비 × 0.5)
>
> * 인구비 : 총인구 대비 지역의 인구비율
> * 소매 매출액비 : 전체 소매매출액 대비 지역의 소매매출액 비율
> * 유효구매 소득비 : 지역의 가처분소득 비율

구매력 지수가 높으면 높을수록 그 시장의 구매력은 크다는 것을 의미한다. 그러나 보편적인 가격으로 판매되는 대중 상품의 구매력을 추정할 때는 BPI의 유용성은 높지만, 상품의 성격이 대중 시장에게서 멀어질수록 더욱 많은 차별 요소(소득, 계층, 나이, 성별 등)를 가지고 BPI를 수정할 필요성이 높아진다.

4 상권 특징

1) 지역적 요인

① 주거지역(거주의 쾌적성과 생활의 편리성을 중심)
- ㉠ 일조, 온도, 습도, 풍향 등의 기상 상태
- ㉡ 거주의 계층 등 사회환경 양부
- ㉢ 가로의 폭, 구조 등 상태
- ㉣ 도심과의 거리 및 교통시설의 상태
- ㉤ 상하수도·가스공급·처리시설의 상태
- ㉥ 학교 병원, 공원 등의 배치 상태
- ㉦ 변전소, 오수처리장 등의 위험시설 또는 혐오시설의 여부
- ㉧ 홍수, 지진 등의 재해 발생의 위험성
- ㉦ 소음, 대기의 오염 등 공해 발생의 정도
- ㉨ 각 획지 면적, 배치 및 이용의 상태
- ㉩ 조망, 경관 등 자연환경의 양부
- ㉪ 토지의 이용에 관한 공법상의 규제 정도

② 상업지역(매출 수익성을 중심으로)
- ㉠ 배후지 및 고객의 질과 양
- ㉡ 고객의 교통수단 상태
- ㉢ 영업의 종별 및 경쟁의 상태
- ㉣ 당해 지역 경영자의 창의와 자질
- ㉤ 변화성의 정도 및 성쇠의 상황(입지경쟁의 특징)
- ㉥ 토지의 이용에 관한 공법상의 규제 정도

③ 공업지역(생산비의 저렴성 및 생산능률에 따른 기업 재산성을 중심으로)
- ㉠ 제품 판매시장 및 원재료 구매시장과의 위치
- ㉡ 간선도로, 항만, 철도 등 수송시설의 정비 상황
- ㉢ 동력자원 및 용·배수에 관한 비용
- ㉣ 노동력 확보의 난이
- ㉤ 관련 산업과의 위치 관계
- ㉥ 온도, 습도, 풍설 등의 기상 상태
- ㉦ 수질의 오탁, 대기오염 등 공해 발생의 위험성
- ㉧ 행정상의 조성 및 규제의 정도

2) 개별적 요인

① 주택지

㉠ 면적, 형상, 일조 및 건습
㉡ 교통시설과의 거리
㉢ 공급·처리시설의 상태 및 접근의 정도
㉣ 고저·각지 기타 접면가로와의 관계
㉤ 인접 부동산 등과 주위와의 상태(부동산의 환경성)
㉥ 공공시설 등에의 접근 상태
㉦ 상점가와의 접근 정도

② 상업지

㉠ 가로와의 접하는 면 폭, 형상, 지적 및 지반
㉡ 고저, 각지 기타 접면가로와의 관계
㉢ 접면가로의 계통, 구조 등의 상태 및 그의 위치 관계
㉣ 고객의 통행패턴 및 적합성
㉤ 상업지역의 중심에의 접근성
㉥ 부동산의 상태

③ 공업지

㉠ 면적, 형상 및 지반
㉡ 항만, 철도 등의 수송시설과의 위치 관계
㉢ 용·배수 등의 공급, 처리시설의 정비 상황 및 정비의 필요성

3) 개별 상권 특징

① 아파트 상권

㉠ 생활방식이 유사한 5천 세대 이상으로 구매 형태가 거의 일정하다.
㉡ 고가품이나 사치품이 아닌 일상 생활용품을 취급해야 한다.
㉢ 가능한 한 단지 주민과 유동 인구를 흡수할 수 있는 점포여야 한다.
㉣ 상가 점주들의 표정에서 영업이 잘되는지 안 되는지를 파악한다.

② 지하철역 역세권 상권

㉠ 도심 교통의 체증 현상이 지하철역 상권을 강화한다.
㉡ 통행 인구의 습성과 특징을 고려하여 중·저가품을 취급한다.
㉢ 사무실 밀집 지역 근처 5평 규모가 적정하다.
㉣ 지하상가는 화려하게, 노면 점포는 청결과 친절을 생명으로 한다.

③ 학교 주변 상권

㉠ 판매 대상이 고정적이기 때문에 구매 단위 역시 고정적이다.
㉡ 학생 취향과 구매 형태를 고려한 고도의 전문점이 필요하다.
㉢ 반드시 중저가품을 취급하고 학교의 성격과 잘 부합해야 한다.
㉣ 학생들은 선택의 폭이 한정적이어서 고객관리를 우선해야 한다.

④ 주택가 진입로 상권

㉠ 배후지 세력이 다소 유동적이어서 생활 수준 정도를 반드시 관찰한다.
㉡ 소비 형태가 도보로 이루어지기 때문에 입지가 대단히 중요하다.
㉢ 배후지 세력은 1년 단위로 교체된다는 가정 아래 영업한다.
㉣ 가능한 한 집적 상가 내 있어 업종 간 협력도 고려한다.

⑤ 중심지 대로변 상권

㉠ 화려하고 특색 있는 사업장은 전혀 어렵지 않게 영업할 수 있다.
㉡ 간판, 상품 진열 등에서 사업장의 특색을 최대한 개성화시킨다.
㉢ 고정고객보다 유동 고객이 대부분이므로 친절을 중요시한다.

⑥ 오피스 상권

㉠ 사무실 밀집 지역은 주로 요식업 분야가 50% 이상을 차지한다.
㉡ 토요일, 일요일엔 판매 대상이 전혀 없다는 사실도 인지해야 한다.
㉢ 주간 업무 인구가 대부분이므로 퇴근 시간에 영업을 맞춰야 한다.
㉣ 지속해서 변화를 추구하면서 영업을 전개해야 한다.

제 2 절 상권 범위 및 분석

1 상권 범위 설정

1) 상권 범위 의의

상권 범위는 고정적인 것이 아니고 영위하고자 하는 업종 종류, 사업장 규모, 경영전략, 상권 구분의 물리적 요소 등 복합적 요인에 의해 사례별로 결정된다. 점포 규모에 비례하여 상권 범위가 커진다. 대형 슈퍼와 편의점을 찾는 고객의 상권을 비교해 보면 대형 슈퍼를 찾는 고객의 상권이 더 크며 교통편이 양호하고, 번화가 입지일수록 상권 범위가 확대된다. 선매품(구매 시 비교 선택하여 구매하는 상품 : 양복, 가전제품 등), 전문품(악기, 고급 의류 등) 취급 점포의 상권이 편의품 취급 점포의 상권보다 크다. 점포의 지명도가 높을수록 상권이 더 크다.

2) 상권 범위 결정 요소

① 업종 종류

크게는 판매업, 서비스업, 외식업, 레저업, 스포츠업 등으로 구분하여 생각할 수 있으며, 판매업 중에서는 생필품, 중간품, 기호품 판매업 등으로 형성되고, 업태에 따라서는 슈퍼, 쇼핑센터, 백화점 등으로 상권의 범위가 다르게 형성된다.

② 사업장 규모

동일 업종을 영위해도 사업장 규모의 대소에 따라, 또 시설의 고급화 정도에 따라 상권은 변동적이다. 대체로 사업장 규모가 클수록 또 시설이 고급일수록 상권은 넓어지며, 반대로 시설이 작을수록 또 저급일수록 상권 범위는 좁아진다.

③ 경영전략

사업의 업종 및 시설 조건이 같다 하더라도 경영자의 경영 자세 및 영업, 판촉전략에 따라 상권은 크게 확장되기도 하고 축소되기도 한다.

㉠ 적극적 경영전략 : 상권 확대
㉡ 소극적 경영전략 : 상권 축소

④ 상권 구분 물리적 요소

다음과 같은 요소들이 상권 내에 존재하는 경우 실제 상권은 영향을 받는다.

㉠ 자연 지형물
산, 하천, 철도, 도로 등은 상권을 나누는 대표적 요소이다.

㉡ 대형 시설물
학교, 관공서, 운동장 등 대형 시설물은 상권을 분할시키는 요소이다.

㉢ 도로 상태
도로망의 연계 상태, 길너비, 중앙분리대, 신호등, 건널목 유무, 접도 조건 등의 요인에 따라 상권은 다르다.

㉣ 중심 방향
도심, 역 등 사람들이 모여드는 방향이 어느 쪽이냐에 따라 상권의 범위도 다르게 형성된다.

ⓐ 중심 방향 쪽 : 상권 좁음

ⓑ 중심 반대쪽 : 상권 넓음

3) 상권설정 절차

상권설정 절차도 계상 사업 종류에 따라 그 정밀도에 차이가 있으나 개발계획 단계에서는 절차를 밟는 것이 일반적이다.

첫째, 1/10,000 또는 1/5,000 지도를 준비하여 계획지점을 마크한다. 둘째, 영위하고자 하는 사업의 업종, 업태를 고려하여 가상 기본상권의 반경 범위를 그려 넣는다(원형). 셋째, 가상 기본상권 범위가 그려진 상태에서 산, 하천, 철도, 도로, 대형 시설물 등 물리적으로 상권을 구분하는 요소들을 고려하여 현실적 상권 범위를 조정한다. 넷째, 조정된 상권에 경쟁점의 위치 및 영향권, 도로의 연계 상황, 중심 방향 등을 고려하여 더욱 현실적인 상권 범위를 확정한다(아메바형). 다섯째, 확정된 상권 범위 내에 속하는 행정구역 단위의 인구(세대수), 사업체 수(종업원 수), 산업 통계표 등의 자료를 입수하여 상권 규모를 계량화한다.

4) 상권설정 방법

① 단순 원형 상권설정 방법

설정한 상권에서 경합도 및 방향도를 산출할 수 있으며, 일반적으로 가장 많이 활용되는 상권설정 방법이다. 상권 인구 산출과 매출 예측 방법은 다음과 같다.

㉠ 점포를 중심으로 한 반경 500m의 원을 그린다. 점포를 중심으로 500m의 원을 그리는 이유는 드라이빙 데이터베이스(Driving Database)가 없기 때문이다.

㉡ 500m 내의 인구 자료를 조사한다(동사무소나 구청에서 자료 입수).

㉢ 500m 이내에 다른 구역의 경계선이 존재하면 면적 배분을 해서 상권 인구를 구한다.

㉣ 기존점도 같은 조건으로 상권 인구를 조사해 상권 인구 1인당 매출액을 조사한다. 이 기존점 자료를 기초로 신규 후보 점포의 매출을 예측한다. 기존점은 이미 실적이 있으므로, 상권 인구와 상권 인구 1인당 매출액은 다음과 같은 식으로 계산할 수 있다.

상권 인구 1인당 매출액 = 기존점의 1년 평균 매출액 / 반경 내 상권 인구

② 실사 상권 설정법

단순 원형 상권설정법처럼 지도상에서 행해지는 것이 아닌 현장에 나가서 인간이 가진 오감(五感)을 살려 자신의 눈과 발과 행동으로 상권을 파악하는 것이다.

㉠ 도보에 의한 상권설정법
상권이라고 생각되는 범위를 걸을 때는 상권 범위를 좌우하는 요소로써 무엇이 존재하는가를 살펴서 하나씩 확인을 반복한 뒤 지도상에 경계점을 찍어 나가서 그 점과 점을 연결하는 것으로 상권을 설정할 수 있다.

㉡ 실주행 조사에 의한 상권설정법
교외형에서 많이 소개되는 방법으로 지도에 경계점을 설정하는 것이 의외로 어려우므로 오차를 최소화하기 위해서는 여러 번 실주행해서 평균적인 지점을 파악해야 한다.

③ 앙케트를 이용한 상권설정 방법

앙케트에 의한 상권설정법은 점포에 찾아온 고객에 대해 직접 물어보고 조사한 뒤 그 결과를 집계 분석하여 상권설정에 활용하는 방법이다. 그 과정은 크게 나누면 1단계(회답표 작성) - 2단계(조사 준비) - 3단계(조사 실시) - 4단계(실제 고객지수의 산출) - 5단계(상권의 확정)로 구분되며, 이 일련의 조사를 판매 지역 조사법(SAS : Sales Area Survey)이라고 부른다. SAS는 점포마다 점장이 중심이 되어서 매년 정기적으로 시행하는 것이 바람직하다. 점포의 영업 성과와 판촉 결과는 계획 입안 자료로 활용되며 본점에서는 그 정보를 수집해 점포의 입지와 상권, 경합 상황, 판촉활동 등의 종합적인 전략 정보로 가공한 뒤 이용하기도 한다.

④ 고객리스트를 통한 상권설정 방법

고객리스트에 의한 상권설정법은 상권설정을 위한 표본 수집에 특정 점포의 고객 정보를 활용하는 방법이다. 장점은 앙케트 실시에 따르는 시간과 비용이 절감된다는 것이고, 단점으로는 표본의 신선도가 낮다는 점, 점포의 고객 전체를 나타내는 표본이 되기 어렵다는 점이 있다.

5) 업종별 상권 범위

① 판매업

㉠ 생선가게, 채소 가게, 과일가게, 약국, 미니슈퍼 등을 말한다.
㉡ 주택지나 아파트단지 내 생활필수품은 1차 상권의 범위가 500m 이내이다.
㉢ 생활필수품도 대형 백화점이나 할인점에 잠식, 지역밀착형 사업이 대표이다.
㉣ 선매품·고가품은 보통 상권 범위가 넓어서 1~2km 거리도 고객이 많다.

② 음식업

㉠ 일반음식점(중국음식점, 소규모한식점, 분식 등) :
상권의 범위가 보통 500m 이내이다.

ⓛ 전문음식업(대형 패스트푸드점, 전문한식점, 전문분식점 등) : 1차 상권 범위가 1~2km이다.

ⓒ 상기 점포라도 취급하는 품목에 따라 상권의 범위 다르다.

③ 서비스업

㉠ 세탁소, 구두수선점 등 서비스업은 500m 이내이다.

ⓛ 노래방, 미용실 등은 1~2km까지로 1차 상권의 범위가 넓다.

ⓒ 골프연습장, 건강 관련업 등은 더욱 범위가 넓다.

2 상권분석 개념 및 방법

1) 상권분석 의의

상권분석이란 상권 전체의 성쇠를 파악하는 것으로 잠재수요를 반영하는 판매예측량을 추정하는 데 필요하고, 상권분석을 통한 상권에 대한 올바른 인식과 파악은 고객지향적인 마케팅 전략의 수립과 전개에 필요하다. 상권분석의 상권 전체의 가치에 많은 영향을 주는 요인을 파악하는 것을 말한다. 상권과 입지 조건 분석을 동시에 묶어 상권분석이라 한다. 실제로 상권 자체는 쇠퇴의 상태로 진행되고 있지만, 자기의 점포 입지가 워낙 뛰어나 다른 점포보다 훨씬 장사가 잘 되는 경우도 상당히 존재하기 때문에 상권 자체의 번성 여부보다는 개개 점포의 입지 조건만 분석할 확률이 높다. 상권 자체가 쇠퇴하면 대부분의 개개 점포도 머지않아 쇠퇴하게 되어, 상권과 점포는 같은 운명에 처하게 된다. 하지만 개개의 점포 입지가 좋지 않아도 상권 자체가 형성되는 곳에서 자신만의 노하우와 경쟁력만 갖추고 있다면 언제든지 번성하는 데 장애는 없다.

2) 상권분석 범위

실질 구매력을 가진 유효수요가 분포된 공간으로 공간적 규모에 따라 지역상권, 지구상권, 지점상권으로 구분한다. 상권의 특성에 따라 도심, 부도심, 역세권, 주택가, 아파트단지, 대학가로 세분화 단독, 또는 집적의 상업시설이 고객을 흡인할 수 있는 지리적 범위이며 상업상의 거래하는 공간적 범위, 도소매 판매 지역 범위이다. 거리를 상권으로 하는 방법은 대상 점포의 상권 범위, 거리(m 단위)로 표현하고 시간을 상권으로 하는 방법은 고객이 점포에 오는 시간(분 단위)을 상권 범위로 한다. 인구 또는 세대수에 의한 상권 범위 표현은 인구 대비 객수, 세대수에 의한 상권 범위를 설정한다.

3) 상권분석 중요성

상권은 소매업 성공의 중요 요인으로 부적절한 입지는 매출에 지대한 영향을 미치기 때문에 상권분석은 자사 점포의 수요예측과 마케팅 전략의 수립을 위한 필수적 단계이다. 상권분석을 통해 고객수요와 발전 가능성이 충분하다고 판단되었으면 상권 내 가장 적합한 입지 선정이 뒤따라야 한다. 상권분석을 통해 소비자의 인구 통계적·사회경제적 특성을 파악할 수 있으며, 마케팅 활동의 방향을 명확히 할 수 있고, 시장의 구조와 브랜드별 점유율을 파악할 수 있다.

4) 상권분석 목적

부가가치를 목적으로 번성 되는 입지 선정을 위한 기초자료로 활용하며 상권분석을 통해 상권 전반적인 특징을 이해한다. 창업 후 예상되는 매출액을 짐작하고 경쟁업소에 대해 분석을 한다.

5) 상권분석 조사 항목

① 상권 내 경쟁시설물에 관한 정보를 수집한다.

- ㉠ 경쟁시설물 개수 또는 위치
- ㉡ 경쟁시설물 규모 또는 경쟁력
- ㉢ 경쟁시설물 영업 실태 또는 임대가

② 상권 내 행정통계를 조사한다.

- ㉠ 인구수 또는 세대수
- ㉡ 세대별 소비지출 비용의 내용
- ㉢ 사업체 수 및 종업원 수
- ㉣ 유동 인구 및 통행객

③ 설문조사 등에 의한 소비자 형태를 조사한다.

- ㉠ 지역별 고객 분포 현황
- ㉡ 지역별 시장점유율
- ㉢ 소비단가
- ㉣ 이용 횟수 또는 시설별 선호도
- ㉤ 지역별 필요 시설물

6) 상권분석 고려 사항

① 일차적 점포 기본환경 조사

점포의 위치, 점포의 형태, 규모, 도로와의 접근성, 주변 환경, 주차 용이성, 지역 특성, 경쟁점포, 각종 규제 여부 등을 조사하여 평가 기준에 따라서 평가한다.

② 점포 위치 상권 세부 분석

상세하게 그려진 지도를 가지고 핵심 상권과 전략 상권을 정한 후 해당 상권별 인구분포, 특히 생활용품전문점의 표적 고객인 주부층 비율, 세대수, 대형 주거단지 여부, 상권 내 고객의 소비 수준, 주요 교통수단, 주요 공중 집객 시설, 경합 점포 및 상호보완 업종, 고객 흡인시설 여부, 대형 백화점 또는 할인점 유무, 학교, 향후 발전 가능성, 도시 계획의 변경 등을 조사·분석한다.

③ 점포 주변 유동 인구와 주변 상권 관계 고려

점포의 핵심 고객층을 설정하려면 점포 주변과 상권의 유동 인구수는 물론 연령대, 성별 구성비, 주요 통행시간, 통행 방향, 주 출입구 등을 조사하여야 한다. 이러한 유동 인구의 조사는 직접 아르바이트생을 동원하여 조사하는 것이 바람직하며, 시간대별 상황 및 평일과 휴일의 상황이 분석할 수 있도록 조사하여야 한다. 생활용품전문점과 같은 판매업의 경우, 주변 상권과의 관계를 고려해야 하는 이유는 선매품으로 고객이 여러 점포를 다니면서 가격, 디자인, 색상, 품질 등을 비교하여 구매하는 경향이 강한 업종이기 때문이다.

④ 점포 접근성·가시성·편의성 고려

점포의 입지와 상권에 대한 세부 분석이 이루어지면 구체화한 점포의 접근성은 양호한지, 유동 고객의 시선을 끌 수 있는 곳인지, 고객이 편리하게 이용할 수 있는지 등을 고려하여 결정한다. 이는 동일 상권 내 비슷한 지역에 있는 점포라도 점포의 접근성, 가시성, 편의성에 따라 잘되는 경우와 그렇지 않은 경우가 있기 때문이다.

그밖에 창업자금의 규모, 입지의 개발 전망, 주거지와의 거리, 임대 매장의 경우 건물주의 성향 등을 고려하여 적정한 점포를 선정한다.

7) 상권분석 구분

① 기존 점포에 대한 상권분석

기존 점포의 상권은 점포 내부 자료와 다른 목적으로 수행된 조사자료 등의 기업 내 2차 자료를 이용하여 측정할 수 있다. 이와 함께 정부의 인구통계자료, 세무자료, 여러 유통 기관과 연구소에서 발표된 자료들을 각 점포의 필요에 맞게 조정하여 이용할 수 있다. 기존 점포는 신용카드 이용 고객과 현금 사용 고객의 주소를 이용하여 상권을 쉽게 추정할 수 있다. 1차 상권, 2차 상권 및 한계상권은 다음의 2차 자료에 근거하여 추정될 수 있다. 첫째, 특정 구역 내 고객들의 각 점포에서의 상품구매 빈도, 둘째, 고객의 평균 구매량(액), 특정 구역 내의 자사 점포 고객 중 신용카드 보유자의 비율이다. 기업은 1차 자료(Primary Data)의 수집을 통해 상권 규모를 결정하고, 차량 조사법이나 소비자조사법을 이용하여 상권의 범위를 정하고 점포 근처에 주차한 자동차의 면허번호판을 기록하여 자동차 소유자의 주소를 입수하거나 보행 고객, 대중교통 수단이나 타인이 운전한 차를 이용한 고객들에 대한 설문조사(Survey)를 통하여 상권을 분석할 수 있다. 어떤 분석 방법을 사용하든 제조업자와 도소매업자는 특정 지역의 상권 규모가 시간대에 따라 변할 수도 있음에 유의해야 한다.

② 신규점포에 대한 상권분석

서술적 방법에 따른 상권분석은 체크리스트법, 유추법이 있으며 규범적 모형에 의한 상권분석은 중심지이론, 소매중력(인력) 법칙을 활용하고 확률적 모형에 의한 상권분석은 허프 모형, MNL(Multinomial Logit) 모형 등을 활용한다.

제 3 절 상권분석 제 이론

1 서술적 모형

1) 체크리스트법

상권의 규모에 영향을 미치는 요인들을 수집하여 이들에 대한 평가를 통하여 시장잠재력을 측정하는 것이다. 특정 상권의 제반 특성을 체계화된 항목으로 조사하고 이를 바탕으로 신규점 개설 여부를 평가하는 방법으로 상권분석의 결과를 신규점의 영업과 마케팅 전략에 반영한다. 부지와 주변 상황에 관하여 사전에 결정된 변수 리스트에 따라 대상 점포를 평가한다. 일반적으로 체크리스트에는 부지 특성, 주변 상황, 상권의 특성 등에 관한 변수가 포함되며 개별변수에 대해서는 가중치가 부과되기도 한다. 장점으로는 이해하기 쉽고 사용하기 쉬우며 비용이 상대적으로 적게 들어 체크리스트를 수정할 수 있는 유연성이 있으나 주관성, 변수, 해석의 다양성, 변수 선정의 문제 등은 단점이다.

상권 내 입지특성에 대한 평가	– 상권내 행정구역 상황 및 행정구역별 인구통계 – 상권내 자연경계특성(강, 산, 하천, 구릉 등) – 상권내 도로 교통특성(도로, 대중교통노선, 통행량, 주차시설, 접근 용이성 등) – 상권내 도시계획 및 법·행정적 특기사항 – 상권내 산업구조 및 소매시설 현황 및 변화상황 – 상권내 대형건축물, 인구 및 교통유발시설
상권 내 고객 특성에 대한 분석	– 배후상권 고객 : 목표고객의 지역경계내에 주거하는 가구 – 직장(학교)고객 : 점포주변에 근무하는 직장인(학생) 고객 – 유동고객 : 점포주변을 왕래하는 유동 인구 중에서 흡입되는 고객
상권 경쟁구조 분석	– 위계별 경쟁구조 분석 – 업태별·업태내 경쟁구조 분석 – 잠재경쟁구조 분석 : 진입 가능한 경쟁자에 대한 분석 – 경쟁보완관계

[체크리스트법에 의한 조사 내용]

2) 유추법

유추법은 자사의 신규점포와 특성이 비슷한 기존의 유사 점포를 선정하여 그 점포의 상하 범위를 추정한 결과 자사 점포의 신규입지에서의 매출액 즉 상권 규모를 측정하는 데 이용하는 방법이다. 유추법에 따른 상권 규모 측정은 CST(Customer Spotting map) 기법을 이용하여 이루어진다. William Applebaum(1966)은 소비자들로부터 획득한 직접 정보를 이용하여 1차 상권과 2차 상권을 획정하는 기법을 개발하였다.

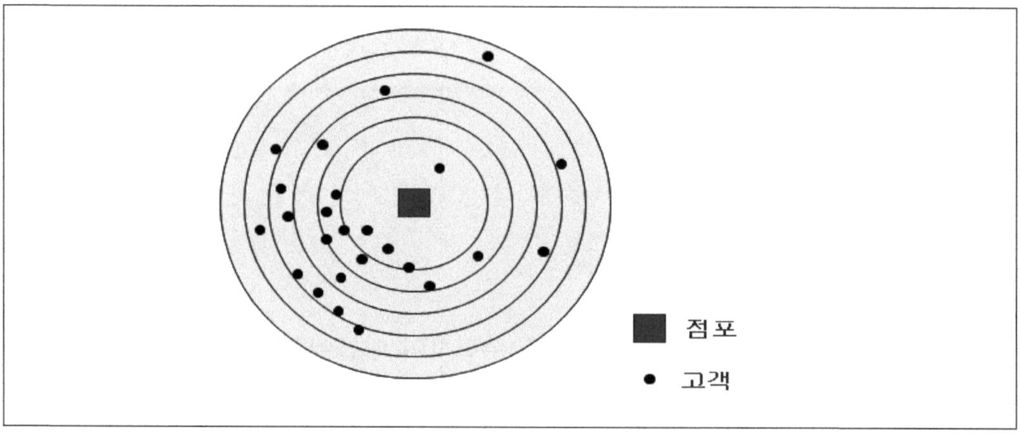

[CST(Customer Spotting map)]

고객 점표법의 절차는 다음과 같다. 먼저 점포에 출입하는 고객들을 무작위로 인터뷰하여 고객들의 거주지나 출발지를 확인하고 이를 격자 도면상에 표시하여 고객 점표도를 작성한다. 고객 점표도에는 대상 점포에서 쇼핑하는 고객들의 지리적 분포가 나타난다. 고객 점표법의 두 번째 단계는 격자별 인구를 계산하는 일이다. 격자의 크기는 필요에 따라 조절할 수 있다. 셋째 격자별 인구가 계산된 후 격자별로 매출액을 추계한다. 넷째 몇 개의 격자를 그룹화하여 상권을 확정하는 것이다.

CST(Customer Spotting Technique)란 설문을 통해 실제 점포이용 고객의 주소를 파악한 후 직접 도면에 표시하여 방형 분석(Quadrate Analysis)을 실시한 후 대상지 인근의 토지 이용현황, 지형, 지세 등을 고려하여 상권을 파악하는 기법으로 특정 매장에 상품구매를 위하여 방문한 고객을 무작위로 선택하여 각각의 거주지 위치와 구매 행태 등의 정보를 획득한다. 고객이 얼마나 먼 거리로부터 시설까지 통행하는가, 고객 통행의 장애 요인은 무엇인가 등의 정보를 제공한다. 현재 입지하고 있는 상업시설의 상권분석 또는 새로운 상업시설이 위치할 지역에 대한 판매예측에 많이 활용될 수 있다. 상업시설을 방문한 소비자의 거주지 분포를 지도상에 나타냄으로써 소비자 거주지 분포를 통해 상권을 추정할 수 있다.

3) 현지조사법

대상부지를 보다 정확하게 평가하기 위해서는 현지조사가 필요한 경우가 많다. 현지 조사 내용은 대상 점포나 판매 제품, 조사 성격에 따라 달라질 수 있다. 현지조사법은 조사자에 따라 주관적으로 조사될 가능성이 크다는 단점이 있다.

4) 비율법

몇 가지 비율을 사용하여 적정부지를 선정하거나 주어진 부지를 평가하는 방법으로 상권분석에 흔히 사용되는 비율로는 지역 비율과 상권 비율이 있다. 지역 비율은 입지 가능성이 큰 지역이나 도시를 선정하는 데 사용되며 상권 비율은 주어진 점포에 대한 가능 매출액을 산정하는 데 주로 사용된다. 비율법의 가장 큰 장점은 간단하다는 것이며 비율법에 사용되는 자료는 손쉽게 구할 수 있고, 분석 비용도 다른 어떤 것보다 저렴하다. 상권 확정에 분석자 주관이 많이 개입되며 가능 매출액에 대한 예측력이 떨어진다는 단점이 있다.

2 규범적 모형

1) 크리스탈러(Christaller) 중심지 이론

1930년대에 개발된 크리스탈러의 중심지이론은 그 후 한 지역 내에서 마을 간의 공간 구조를 연구하는 데 기초이론을 제공하였다. 이 이론에 의하면 상업중심지로부터 중심 기능(또는 상업서비스 기능)을 받을 수 있는 가장 이상적인 배후상권의 모양은 정육각형이며, 정육각형의 형상을 가진 배후상권은 중심지 기능의 최대 도달거리(Range)와 최소수요 충족 거리(Threshold Size)가 일치하는 공간구조이다. 크리스탈러의 중심지이론에서 제시된 상업중심지의 이상적 입지와 이들 간의 분포 관계를 이해하기 위해, 중심지 기능의 최대도달 거리(The Range of Goods and Services), 최소수요 충족 거리(Threshold), 육각형 형태의 배후지 모양, 중심지계층 등의 개념을 이해해야 한다. 중심지 기능의 최대도달 거리(Range)란 중심지가 수행하는 상업적 기능이 배후지에 제공될 수 있는 최대(한계)거리를 말한다. 즉, 배후지에 거주하는 소비자가 상품을 구매하기 위해 중심지까지 움직이는 최대거리를 의미한다. 중심지(central place)는 서로 다른 재화를 제공하는 상점들이 밀집된 지역을 의미한다. 상업중심지의 계속된 존립을 위해 최소한의 정상이윤이 확보되어야 하며, 이를 위해 일정 지역 범위 내의 소비자들로부터 최소한의 수요가 발생하여야 한다. 상업중심지의 정상이윤 확보에 필요한 최소한의 수요를 발생시키는 상권범위를 최소수요 충족 거리(Threshold)라고 한다. 결국, 최소수요 충족 거리는 (상업) 중심지의 존립에 필요한 최소한의 고객이 확보된 배후지의 범위를 발한다. 크리스탈러는 중심지의 최대도달 거리(Range)가 최소수요 충족 거리(Threshold)보다 커야 상업시설이 자리 잡을 수 있다고 주장하였다.

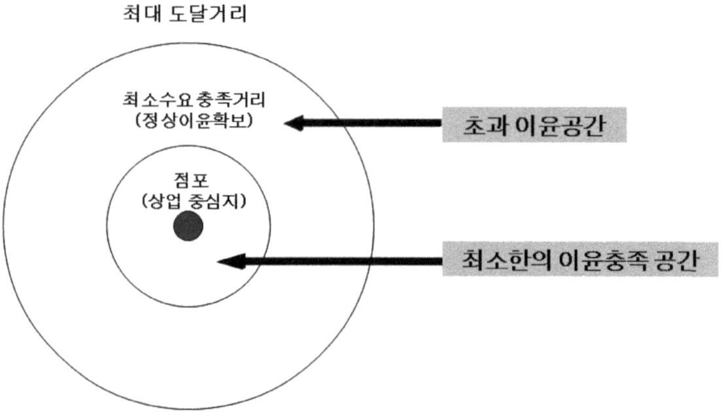

크리스탈러의 중심지이론에 의하면 한 지역 내 거주자들이 모든 상업중심지로부터 중심기능(최적 구매가격으로 상품을 구매하는 것)을 받을 수 있고, 상업중심지 간에 안정적인 시장균형을 얻을 수 있는 이상적인 상권모형은 원형 대신에 정육각형의 형상을 가질 때이다. 정육각형의 상권모형에서는 최대도달 거리와 최소수요 충족 거리가 일치한다. 중심지들은 제공되는 유통서비스의 기능 정도 즉 중심성(Centrality)이 서로 다르며 이로 인해 중심지의 상권 규모 간에 차이가 발생한다. 중심지 간의 상권 규모의 차이는 중심지 간에 계층적 구조를 발생시킨다. 이때 중심성이 큰 기능을 보유한 중심지를 고차(또는 상위)중심지(Higher Order Central Place), 작은 기능을 보유한 중심지를 저차(또는

하위) 중심지(Lower Order Central Place)라 한다. 고차의 중심지는 저차의 중심지가 보유한 유통 기능을 모두 포함할 뿐만 아니라 자기 특유의 기능을 추가로 보유한다. 저 차위 재화는 매우 작은 면적의 상권을 나타내는 재화(빵, 채소 등)를 말하며 고 차위 재화는 넓은 면적의 상권을 나타내는 재화(백화점, 종합병원 등)를 말한다.

중심지이론에서 다루는 중요 개념의 하나로 중심지계층의 포함원리가 있는데, 이는 고차중심지의 육각형의 상권 안에 차수가 작은 중심지들의 배후상권이 어떻게 분할·포함되는지를 설명한다. 크리스탈러는 중심지계층의 포함원리를 K-value 체계를 가지고 설명한다. K=3 체계의 공간구조에서 보면 6개의 차하 중심지와 그 배후상권에 사는 소비자들은 가장 짧은 거리에 있는 차하의 중심지 기능을 이용할 것이다. 이론상 이들은 차하의 3개 상업중심지로부터 등거리에 있으므로 각각 1/3씩 분할되어 거리상 가장 가까운 고차중심지의 상품을 구매할 것이다. 따라서 고차의 중심지의 6각형 상권 내에는 1/3씩 분할 포함된 6개의 차하 배후상권과 완전히 포함된 1개의 차하 배후상권이 있다. 요약하면 규모가 다른 중심지 간의 공간포함원리는 한 지역 내의 각 하위중심지가 상위계층의 중심지에 계층적으로 포함됨을 말하는데, 크리스탈러는 중심지 간의 공간적 계층구조를 K-value의 3개 체계, 즉 K = 3, K = 4, K = 7의 3가지 경우에서의 중심지 간의 포함관계를 설명하였다.

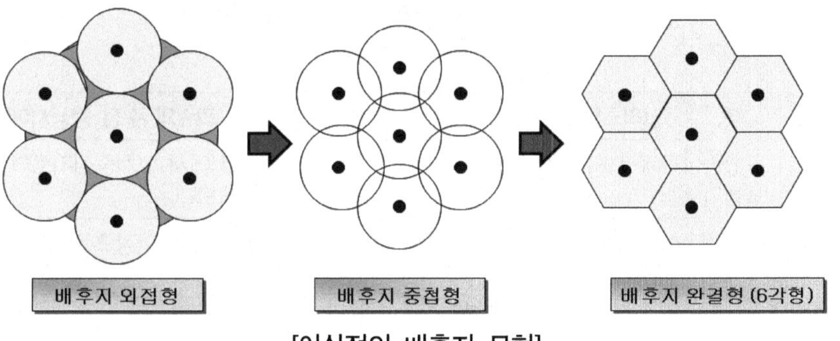

[이상적인 배후지 모형]

2) 뢰슈 수정 중심지 이론

크리스탈러의 중심지이론에 몇 가지 수정을 가한 것이 뢰슈의 K 체계의 비고정모형이다. 그는 가장 이상적인 중심지 배후모형이 육각형이라고 가정한 점에서 크리스탈러의 모형과 유사하다. 그러나 그는 중심지계층의 공간구조를 K = 3, K = 4, K = 7의 3개의 경우에 대한 중심지 간의 포함원리에 국한하지 않고, K값을 확대함으로써 더욱 융통성 있는 상권구조이론을 전개하였다. 뢰슈는 인구의 분포가 연속적 균등분포가 아니라 불연속 인구분포를 이루기 때문에 각 중심지의 상권 규모(육각형의 크기)가 다르다고 가정하여 비고정 K-value 모형을 제시하였다. 크리스탈러는 비고정 K-value 모형을 이용해 대도시지역의 상권구조를 설명하였다. 즉, 그는 부채꼴 형의 중소도시 지역들이 대도시를 중심으로 방사하는 도시상권구조를 이루고 있음을 보였다. 즉, 도시가 밀접한 구역(City Rich Sector)과 도시가 희박한 구역(City Poor Sector)으로 양분되어 최대의 중심지(Metropolis)에 수렴되는 모양의 대도시 상권구조를 제시하였다.

3) 크리스탈러 중심지이론과 뢰슈 수정 중심지이론 차이점

크리스탈러는 최상위중심지의 육각형 상권구조에 하위중심지들이 포함되는 하향식 도시 공간구조를 제시했지만 뢰슈는 가장 보편적인 최하단위의 육각형 상권구조에서 출발하여 상위계층의 상업중심지로 진행하는 상향식 도시 공간구조를 전개하였다. 크리스탈러는 K = 3, K = 4, K = 7 각각의 경우에서의 상업중심지 간의 공간구조를 설명한 데 반해 뢰슈는 크리스탈러의 육각형 이론에 비고정원리를 적용함으로써 더욱 현실적인 도시 공간구조를 반영하려고 하였다. 크리스탈러는 고차상업중심지는 저차 상업중심지의 유통 기능을 전부 포함할 뿐 아니라 별도의 추가기능을 더 보유하는 것으로 보았으나, 뢰슈의 모형에서는 고차중심지가 저차 상업중심지의 모든 상업 기능을 반드시 포함하지는 않는다. 따라서 뢰슈의 모형에서는 하위중심지는 상위중심지가 보유하지 않은 특화된 상업 기능을 가질 수 있다. 이러한 점에서 뢰슈의 중심지이론이 크리스탈러의 모형보다 대도시지역의 공간구조를 더욱 잘 설명한다고 볼 수 있다.

구 분	크리스탈러 중심지이론	뢰슈의 수정 중심지이론
이론의 전개	고차중심지에서 저차중심지로의 하향식 포섭의 원리	저차중심지에서 고차중심지로의 상향식 도시공간구조
K-value 체계	K=3, K=4, K=7의 3가지	K-value를 3개 이상으로 확장
중심지 기능	고차중심지는 저차중심지 기능을 모두 포함	고차중심지라도 모든 기능을 포함하는 것은 아님

4) 레일리 소매인력의 법칙(Reilly's law of retail gravitation)

뉴턴의 만유인력 법칙을 상권이론에 적용한 것이다. 두 중심지 사이에 위치하는 소비자에 대하여 두 중심지가 미치는 영향력의 크기를 설명하는 이론이다. 소매인력 법칙은 점포들의 밀집도가 점포의 매력도를 증가시키는 경향이 있음을 나타내는 법칙으로 이웃 도시 간의 상권 경계를 결정하는 데 주로 이용한다. 소매인력 법칙에 의하면 두 경쟁도시가 그 중간에 있는 소도시의 거주자들을 끌어들일 수 있는 상권의 영향력(흡인력)은 인구에 비례하고, 각 도시와 중간 도시 간의 거리 제곱에 반비례한다.

소매인력 법칙에 따르면 더욱 많은 인구를 가진 도시가 더 많은 쇼핑 기회를 제공할 가능성이 크므로 먼 거리에 있는 고객도 흡인할 수 있다는 것이다. 레일리 소매인력 법칙 가정은 소비자들은 주요 도로에 두 지역을 통하여 똑같이 접근할 수 있으며 두 지역의 상점들은 똑같이 효과적으로 운영되고 위 두 요인 이외의 것은 일정하다고 가정한다. 소매인력 법칙 한계는 특정 상업지구까지의 거리는 주요 도로를 사용하여 측정되나, 소비자들이 샛길이나 중심도로를 이용할 때 거리는 더욱 길지만, 여행시간이 짧게 걸릴 수 있으므로 상업지구까지의 거리보다 여행시간이 더 나은 척도가 될 수 있다. 실제 거리는 소비자가 생각하는 거리와 일치하지 않을 수도 있다. 소비자에게 편의성 및 서비스가 낮고 복도가 혼잡한 점포는 더욱 쾌적한 환경의 점포보다 고객에게 생각되는 거리가 더 길 수 있기 때문이다.

레일리(W. J. Reilly) 이론의 공식은 다음과 같다.

$$\frac{R(A)}{R(B)} = \frac{P(A)}{P(B)}\left[\frac{D(B)}{D(A)}\right]^2$$

Ra = A 시의 상권영역(중간 도시로부터 도시 A가 흡인하는 소매흡인량)
Rb = B 시의 상권영역(중간 도시로부터 도시 B가 흡인하는 소매흡인량)
Pa = A 시의 인구(거주)
Pb = B 시의 인구(거주)
Da = A 시로부터 분기점까지의 거리
Db = B 시로부터 분기점까지의 거리

계산 예는 다음과 같다.

A 시 인구 10만 명, B 시 인구 5만 명, 그 중간에 있는 C 마을로부터 A, B 도시 거리는 얼마인가? A 시까지 5km, B 시까지 3km인 경우

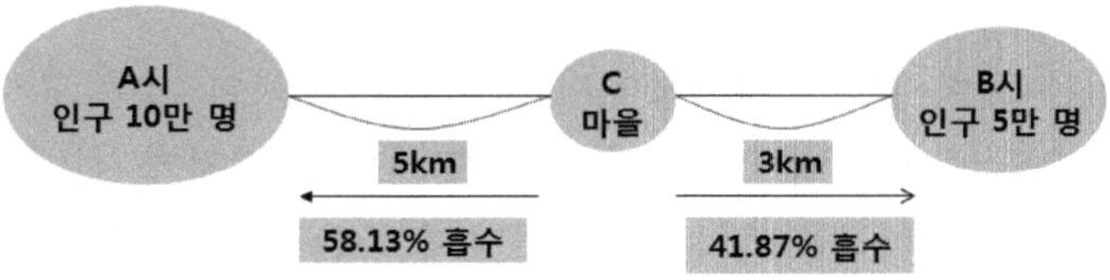

$$\frac{Ba}{Bb} = \left(\frac{Pa}{Pb}\right) \times \left(\frac{Db}{Da}\right)^2 = \frac{10\text{만명}}{5\text{만명}} \times \left(\frac{3km}{5km}\right)^2 = 2 \times 0.36 = 0.72$$

$$\text{산식} = \frac{0.72}{1+0.72} = 41.87\% \qquad B\text{시에 흡수되는 비율}$$

$$※ 100 - 41.87 = 58.13\% \qquad A\text{시에 흡수되는 비율}$$

5) 컨버스(Converse) 수정 소매인력 법칙

컨버스는 두 도시 사이의 거래가 분기되는 중간지점의 정확한 위치를 결정하기 위해서 레일리의 인력모델을 수정하여 거리-감소함수를 도출하였다. 이것은 거리가 멀어짐에 따라 구매이동이 줄어드는 현상을 거리-감소함수로 파악하여 거리와 구매빈도 사이의 관계를 역의 지수함수 관계로 본 것이다.

컨버스 제1법칙은 경쟁도시인 A와 B에 대해서 어느 도시로 소비자가 상품을 구매하러 갈 것인가에 대한 상권분기점을 찾아내는 것이다. 이것은 주로 선매품과 전문품에 적용되는 모델이다. 컨버스 제1법칙의 공식은 다음과 같다.

* Converse의 breaking point
→ 분기점 : 두 도시 간의 상대적인 상업 매력도가 같은 지역

$$D_a = \frac{D_{ab}}{1+\sqrt{\frac{P_b}{P_a}}} \text{ or } D_b = \frac{D_{ab}}{1+\sqrt{\frac{P_a}{P_b}}}$$

D_a = A 시로부터 분기점까지의 거리
D_b = B 시로부터 분기점까지의 거리
D_{ab} = A·B 두 도시(지역) 간의 거리
P_a = A 시의 인구
P_b = B 시의 인구

컨버스 제2법칙은 소비자가 소매점포에서 지출하는 금액이 거주 도시와 경쟁 도시 중 어느 지역으로 흡수되는가에 대한 것으로 중소도시의 소비자가 선매품을 구매하는 데 있어 인근 대도시로 얼마나 유출되는지를 설명해 주는 이론이다.

3 확률적 모형

확률적 모형은 해당 상권 내의 점포들에 대한 소비자의 지출 패턴이나 소비자의 쇼핑·여행 패턴을 반영함으로써 특정 점포의 매출액과 상권 규모를 더욱더 정확하게 예측할 수 있다. 확률적 모형은 한 상권 내에서 특정 점포가 끌어들일 수 있는 소비자 점유율은 점포까지의 방문 거리에 반비례하고 해당 점포의 매력도에 비례한다는 가정 아래 이루어진 것이다. 소매인력의 법칙이 확률적 모형의 효시라고 할 수 있지만, 그것과 달리 확률적 모형은 상권의 크기를 결정하는 데 있어 소비자의 행동은 고려하지 않는다.

1) 허프(Huff) 확률 모형

미국의 UCLA 대학의 경제학자인 데이비드 허프(David L. Huff)에 의하여 주창된 이론으로 소비자가 특정 점포에 흡인될 수 있는 확률은 소비자가 구매하려고 하는 점포의 크기와 특정 점포까지의 거리에 의하여 영향을 받는다는 이론이다. 레일리나 컨버스 이론, 즉 상권 경계선 모델은 지역이나 도시의 고객흡인력이 각각의 지역의 인구 규모에 의해 결정되는 것으로 하는 경험법칙이었으나 허프는 도시 내 소비자의 공간적 수요이동과 각 상업중심지가 포괄하는 상권의 크기를 측정하기 위해 거리변수 대신에 거주지에서 점포까지의 교통 시간을 이용하여 모델을 전개하였다. 소비자는 구매 장소를 지역내의 후보인 여러 상업 집적이 자신에게 제공하는 효용이 상대적으로 큰 것을 비교하는 것에 대한 확률적 선별에 대해 '효용의 상대적 크기를 상업 집적의 면적 규모와 소비자의 거주지로부터의 거리에 따라 결정되는 것'으로 전제하여 모델을 작성하였다. 다시 말하면 거리가 가깝고 매장 면적이 큰 점포가 큰 효용을 준다는 것이다. 소비자의 특정 점포에 대한 매력도는 점포의 크기와 점포까지의 거리에 좌우된다. 즉 소비자가 점포에 대해 가지는 효용은 점포의 매장 면적이 클수록 증가하고, 점포까지의 거리가 멀수록 감소한다고 보았다. Huff 모델에서 특정 점포를 선택할 확률의 결정요인은 점포 규모, 거리, 시간이다.

허프 확률 모델 공식은 다음과 같다.

$$P_{ij} = \frac{\frac{S_j}{T_{ij}^{\lambda}}}{\sum_{j=1}^{n} \frac{S_j}{T_{ij}^{\lambda}}}$$

P_{ij} = 거주지구 i에 거주하는 소비자가 점포 j에 구매하러 갈 확률
S_j = 점포 j의 규모 또는 특정의 상품계열에 충당되는 매장 면적
T_{ij} = 소비자의 거주지구 i로부터 점포 j까지의 소요시간이나 거리
n = 점포의 수
λ = 점포를 방문하는 데 걸리는 소요시간이 쇼핑에 어느 정도 영향을 주는지를 나타내는 매개변수 (매개변수 λ 는 실제 표본에서 조사하여 그 실태 결과에 따라 경험적으로 적합한 것을 정하나 계산이 복잡하여 컴퓨터를 사용하여야 한다.)

허프 모형 한계점은 허프 모형은 특정 점포의 매력도를 점포의 크기만으로 측정하는

데 문제가 있다. 즉, 허프 모형은 점포 매력도가 점포 크기 이외에 취급 상품의 가격, 판매원의 서비스 등 다른 요인들로부터 영향을 받을 수 있다는 점을 고려하지 않는다.

예상 매출액 추정 절차는 신규점포를 포함하여 분석 대상 지역 내의 점포 수와 규모를 파악하고 분석 대상 지역을 몇 개의 구역으로 나눈 다음 각 구역의 중심지에서 개별점포까지의 거리를 구한다. 구역별로 허프 모형의 공식을 활용하여 점포별 이용 확률을 계산하고 구역별 소매 지출액에 신규점포의 이용 확률을 곱하여 구역별로 신규점 예상 매출액을 구하고 이를 합산한다.

사례를 들면 다음과 같다.

A 점포는 거리 4㎞와 매장 면적 50,000㎡, B 점포는 6㎞와 매장 면적 70,000㎡, C 점포는 3㎞와 매장 면적 40,000㎡이고 소비자가 부여하는 a 값이 1이고 b 값이 2인 경우

점 포	거 리(km)	크기(㎡)
A	4	50,000
B	6	70,000
C	3	40,000

- 점포 A 효용 : $\frac{50,000}{4^2} = 3,125$
- 점포 B 효용 : $\frac{70,000}{6^2} = 1,944$
- 점포 C 효용 : $\frac{40,000}{3^2} = 4,444$

※ A점포 구매확률 = $\frac{3,125}{3,125 + 1,944 + 4,444} = 0.328$

※ B점포 구매확률 = $\frac{1,944}{3,125 + 1,944 + 4,444} = 0.204$

※ C점포 구매확률 = $\frac{4,444}{3,125 + 1,944 + 4,444} = 0.467$

※ 쇼핑확률에 대한 모수값 영향

구 분	a=1.0 b=-2.0	a=1.0 b=-3.0	a=2.0 b=-2.0
점 포 A	0.33	0.30	0.33
점 포 B	0.20	0.13	0.29
점 포 C	0.47	0.57	0.28

2) 수정 허프 모델

허프 모델은 복수의 상업시설 고객 흡인율을 계산할 수 있으므로 실용성이 크다. 특히 기존 상가 근처에 대규모 상업시설을 계획할 때 고객 흡인 가능성을 예측하는 데 유용하

다. 그러나 허프 모델은 매우 어려워 그대로 이용하기 힘들다. 그중에서도 파라미터 λ는 일일이 시장조사를 하지 않으면 산출되지 않는다. 이를 실용성 있게 고친 것이 수정 허프 모델인데 여기서는 Tλ 대신에 레일리 법칙의 '거리의 제곱에 반비례한다'를 대입한 것이다. 수정 허프 모델은 일본의 통산성이 고안하여 상업 조정에 실제로 이용되고 있는데 이는 '소비자가 어느 상업지에서 구매하는 확률은 그 상업 집적의 매장 면적에 비례하고 그곳에 도달하는 거리의 제곱에 반비례한다'라는 것을 공식화한 것이다.

3) MNL 모형

1980년대 이후 소비자의 점포 선택 행위와 특정 점포의 시장점유율을 예측하는 데 많이 이용되고 있는 Huff 모형 이외의 또 다른 확률적 선택모형이 MNL(Multinomial Logit) 모형이다. MNL 모형은 상권 내 소비자들의 각 점포에 대한 개별적인 쇼핑 여행에 관한 관측자료를 이용하여, 각 점포에 대한 선택 확률의 예측은 물론, 각 점포의 시장점유율 및 상권의 크기를 추정할 수 있다. Luce의 선택공리에 이론적 근거를 두고 있는 MNL 모형의 가정은 다음과 같다.

㉠ 가정 1

소비자의 특정 점포 안에 대한 효용은 결정적 요소(Determinant Point)와 무작위 요소(Random Component)로 구성된다. 결정적 요소는 관찰 가능한 점포 대안들의 점포 속설들 또는 소비자 특성들의 영향을 반영하며, 무작위 요소는 결정적 요소에서 고려되지 않은 기타 변수들의 효과를 반영하는 부분이다.

㉡ 가정 2

확률적 효용극대화이론(Stochastic Utility Maximization)에 근거하여 소비자는 고려 중인 점포 대안 중에서 가장 효용이 높은 점포를 선택한다. 이 이론에 의하면, 특정 점포 대안이 선택될 확률은 그 대안이 가지는 효용이 다른 점포 대안들보다 높을 확률과 같다.

㉢ 가정 3

무작위 요소(오차항)는 서로 독립적이며, Double Exponential(Extreme Value) 분포한다.

4) MCI Model(Multiplicative Competitive Interaction)

MCI 모델은 경쟁적 상호작용모델로 허프 모델을 근간으로 해서 개발된 모델이다. 점포의 효용을 측정하는 데 있어서 점포의 크기와 점포까지의 거리뿐 아니라 다양한 점포 관련 특성을 포함하고 있다. MCI 모델의 유인 변수로써 점포 규모 외에도 상품 구색, 가격, 분위기, 점포 장식 등과 같은 변수를 추가하고 저항변수에는 교통 시간 외에도 교통비용, 교통안전도, 이동 중의 안락감, 교통편의도 같은 질적 특성을 포함하고 있다.

MCI 모델 공식은 다음과 같다.

$$\text{Pa} = Pa = \frac{P^{a1}AS^{a2}AD^{b}A}{\sum_{j=1}^{3} P^{a1}jS^{a2}D^{b}j}$$

$$\text{Pa} = \frac{\text{점포 A의 효용치}}{\text{점포 A의 효용치} + \text{점포 B의 효용치} + \text{점포 C의 효용치}}$$

D : 점포 선택 시 점포까지의 거리
P : 점포의 상품 구색
S : 점포 판매원의 서비스
P^{a1}j : j 점포의 제품 구색에 대한 효용치
S^{a2}j : j 점포에 대한 판매원 서비스에 대한 효용치
D^{b1} : j 점포까지의 거리에 대한 효용치

MCI 모델을 이용한 매력도 분석은 다음과 같다.

구 분	점포 구색에 대한 효용치	판매원 서비스에 대한 효용치	점포까지의 거리에 대한 효용치	각 점포의 효용치
점포 A	4	3	10	120
점포 B	5	4	5	105
점포 C	2	4	7	56

점포 A의 매력도

$$\text{Pa} = \frac{120}{120+100+56} = 0.43$$

MCI 모델은 확률적 인력 법칙인 데 비해 공간 수요의 결정에 유관하게 작용한다고 생각되는 중요변수의 수를 증대시킴으로써 깊이 있게 설명하려고 노력하였다. 하지만 변수들의 증가로 변수들 사이의 공통성을 제거하고 이에 대한 설명력을 높이려는 시도에 불과하다는 비판과 매장 면적과 거리 이외에 변수를 추가하고 있으나 지역 간 선택 요인과 점포 선택을 구별하지 못한다는 한계성도 가지고 있다.

제 5 장 도·소매입지

제 1 절 도·소매입지 개요

1 도·소매입지

1) 입지 중요성

소매점은 '입지산업'이라고 할 만큼 입지 조건이 중요한 전략적 결정요인이며 위치에 따라 매출이나 이익이 좌우되기 때문에 점포의 위치는 사업의 성공 여부에 중요한 역할을 한다. 기업이 일단 점포의 입지를 결정하게 되면 입지변경을 하기가 쉽지 않고 부적합한 입지로 인한 불이익을 극복하기 어렵다. 또한, 막대한 투자를 장기적으로 하여야 하므로 선정되는 입지는 최대한의 투자수익률과 이익을 보장해 줄 수 있어야 한다. 유통시설의 입지 결정은 입지 조건에 따라 유통전략 믹스 상의 다른 요인들에도 큰 영향을 준다. 예를 들면 업무 중심지와 같이 사무실이 많은 도심지에 자리 잡은 소매점의 경우, 주말에 보행자의 통행량이 줄어들어 부부가 공동으로 결정하여 구매하는 품목, 예컨대 가전제품과 같은 상품은 취급할 수 없게 된다. 전형적으로 상점은 3단계의 수명주기(상승 → 절정 → 쇠퇴)를 보인다. 상승과 쇠퇴 단계는 매우 가파르거나 혹은 완만하게 되고, 절정의 단계는 길게 혹은 짧게 지속할 수도 있다. 그러므로 소매업자들은 항상 입지의 문제에 부딪히게 된다. 입지의 중요성은 아무리 강조해도 지나치지 않다. 좋은 점포를 구하려면 상권 전체의 특성을 파악해야 하고, 상권 전체의 특성을 파악하고 난 후에 개개 점포의 입지 조건을 분석하여 입지가 좋고 나쁨을 가려야 한다.

2) 입지 선정 고려 요인

① 도시상권 내 소비자 인구 및 성격

㉠ 필수 평가 요소

지역 상권 내 소비자 수, 직업, 나이(연령층), 소득·구매력, 세대 구성원, 주택 소유율, 차량 보유 등 인구통계학적·경제적 분석 상황을 고려하여야 한다.

㉡ 중요한 선정 요인

도시상권 내 소비자의 구매습관, 구매 행동 특성 등을 고려한다.

② 도시 발전성

인구나 소득 증가 지역, 교통 정비가 발전하는 지역 등인지 살펴본다. 도시산업의 형태와 성질도 밀접한 관계가 있으므로 검토가 필요하다.

③ 도시 교통상황

교통망, 도시상권 동향 등은 커다란 선정 요인이 된다. 교외형 대규모 소매점, 쇼핑센터 등 광역상권 대상의 상업시설은 해당 도시 내부의 근접성뿐만 아니라, 근린 지역 접근 편리성이 입지상 중요한 요인이 된다.

④ 도시 상업경쟁 상황

소매점 총수나 업종·업태를 검토한다.

㉠ 도시 간 경쟁 : 다른 도시의 상업 집적 간 경쟁 상황을 검토한다.

㉡ 도시 내 경쟁 : 출점할 해당 점포와 같은 업태의 수와 그 영업 동향 등을 파악한다.

도시의 법적 규제, 매장 면적, 영업일, 영업시간 등 영업과 관련된 법규 제도를 살펴보아야 한다. 기후, 문화성, 토지가격 등도 도시 선정 요인이 된다. 상업지구, 주택지구, 교육지구, 등 지구의 성격 외에 토지가격, 법규제 등도 입지 선정에 관계하는 요인이다.

3) 입지 선정 기준

① 안정성

안정성은 사업장의 투자 규모와 수익성과의 관계이다. 사업장의 입지적인 여건이 아무리 좋아 보여도 개점에 필요한 투자 비용이 수익성을 능가하면 창업은 아무런 의미가 없어진다. 간혹 기업은 전시장 개념의 시범 점포(Antenna Shop)를 설치할 때 수익성을 고려하지 않고 기업의 이미지 제고만을 위하여 매장을 개점하는 때도 있는데, 일반적으로 창업의 최대 목표는 수익성을 극대화하여 사업을 안정적으로 유지하고 이로 인한 부의 창출을 이루어내는 것이다. 중심 상권의 비싼 임대 매장에서 단가가 낮거나 영업이익이 작은 아이템을 적용하게 되면 고객의 유입은 많을지 모르나 한정된 점포의 좌석으로 인한 회전이 원활히 이루어지지 않으므로 수익성이 투자비보다 현저히 낮은 결과를 낳을 것이다. 안정적인 영업활동은 투자비와 비교해서 적정 수준의 이윤이 발생할 때 지속적인 마케팅 전략과 영업전략이 유효하며 사업장도 활기를 유지할 수 있을 것이다. 안정성과 관련된 또 다른 요인 중 하나가 사업 아이템의 선정에 관한 문제이다. 안정성은 말뜻 그대로 수익성이나 사업 아이템이 장기적으로 안정적인 궤도를 유지하는 것을 의미한다. 안정성을 유지할 수 있는 사업장을 찾기 위한 노력은 예비창업자가 입지 선정과 상권분석의 과정에 얼마나 충실히 임했는지 아닌지로 판가름 날 것이다.

② 균형성

균형성은 주변 경쟁점과의 균형에 관한 문제이다. 예비창업자가 선택을 고려하고 있는 사업장의 입지 여건이 그 상권 내에 있는 유사 점포와의 경쟁에서 우위를 차지할 수 있는 기본적인 여건을 갖추기 위한 조건을 말한다. 비교 점포와의 균형성을 측정하기 위한 기준으로는 점포의 규모, 실내장식 상태, 메뉴의 가격, 고객의 접근성 정도 등을 가장 기본적인 비교 사항으로 꼽을 수 있다. 동일 상권 내에서 유사한 업종의 아이템으로 창업을 고려할 때 경쟁점과의 점포 규모는 고객의 흡인요인에 직접적인 영향 요소로 작용한다. 비슷한 규모와 조건에서 경쟁력을 갖기 위해서는 더욱 쾌적하고 편리한 업종에 따라서는 개인의 프라이버시를 지켜줄 수 있는 구조 등을 갖춘 점포가 고객에게 인기가 있을 수밖에 없다. 고객으로서는 될 수 있는 대로 메뉴의 가격이 저렴할 때 더욱더 호의적일 것이다. 그러나 이와 같은 조건에서 경쟁력을 갖고 있다고 하더라도 고객이 쉽게 발견하고 접근할 수 있는 위치와 주차장의 설치 여부 및 점포의 전면 구조 형태, 고객이 쉽게 접근할 수 있는 동선 등의 요인이 경쟁점포와의 균형성에 있어서 우위를 점할 수 있는 우선적인 요인임을 기억해야 한다.

③ 조화성

조화성은 예비창업자가 선택한 아이템과 주변 상권과의 조화를 말한다. 대체로 상권 형성 형태를 살펴보면 유사한 업종이 집중적으로 형성되어 상권을 이루고 있는 것을 볼 수 있다. 이와 같은 현상은 고객을 유도하기 위한 전략 중 하나이며 고객으로서는 선택의 폭이 그만큼 넓어짐으로써 되도록 필요한 상권이 형성된 곳으로 몰릴 수밖에 없을 것이다. 그러나 때에 따라서는 선택한 사업 아이템이 형성된 상권과 전혀 이질적이지만 독점적으로 영업을 운영하여 호황을 누리는 업종도 있을 수 있으며 상권 외곽에 위치하여 고객에게 주목을 받을 만한 업종도 있다. 업종의 아이템이 가진 특성에 따라서 특이하게 나타날 수 있는 경우로 대부분 업종은 유사한 업종이 집중적으로 형성된 곳에서 경쟁력을 가질 수 있다. 예비창업자가 입지 선정 및 상권분석과 관련한 조화성 부분에서 가장 주의를 기울여야 할 창업전략은 차별화 전략이다. 유사 업종이 집중적으로 형성된 상권 내에서 고객의 관심을 유도할 방법은 메뉴, 서비스, 이벤트 및 모든 영업활동과 관련된 부분에서 차별화될 수 있는 아이템을 구축하는 것이다. 갈수록 치열해지는 창업현장에서 고객의 관심을 집중시킬 수 있는 나만의 아이템을 하나둘 정도 갖고 있으므로 인하여 상권 내에 있는 경쟁점과의 차별화에 성공할 수 있을 때 창업의 성공도 보장받을 수 있을 것이다.

4) 입지 선정 조사 내용

① 인구 및 세대수 : 현재인구, 인구증감을 분석한다.

② 전입 및 전출을 분석한다.

③ 연령분포 및 가구 형태의 분포(아파트, 단독주택, 연립/다세대)를 조사한다.

④ 유동 인구(성별, 나이별, 시간대별, 요일별)를 조사한다.

⑤ 소득수준, 학력 수준, 직업분포 : 도시가계 연보(통계청), 해당 구청에 알아본다.

⑥ 통행 차량(통행량, 시간대, 노선 수, 종류), 차량 종류 체크는 해당 점포의 시계성 문제 때문이다.

⑦ 경쟁점포(계층, 가격, 매장, 장단점)를 조사한다.

⑧ 주간 상권, 야간상권, 고정상권, 유동 상권을 조사한다.

⑨ 상권의 전망(확대 또는 축소, 개발 정보, 신축 또는 철거)을 조사한다.

⑩ 고객 동선을 조사한다.

⑪ 지하철역이나 버스정류장과의 거리를 측정한다.

⑫ 공공시설 접근성, 학교, 극장, 관공서, 시장(할인점, 쇼핑센터), 금융기관 등의 분포를 조사한다.

⑬ 분석 결과를 판정한다.

5) 좋은 입지 구성 요소

① 좋은 입지 전제 조건

㉠ 점포 입지를 먼저 선택하고 그 입지에 맞는 업종을 선택하는 것이 현실적이다.

㉡ 상권 선택은 장기적인 안목이 필요하다.

㉢ 업종에 맞는 상권 선택이 중요하다.

㉣ 점포 자체의 영업능력도 중요하지만, 전체 시장 영업능력도 중요하다.

㉤ 상권 내에서 영업전략(저렴한 가격, 우수한 상품, 친절함 등)이 중요하다.

② 입지 선택 시 좋은 입지

㉠ 유동 인구가 많은 곳은 매출이나 수익성이 빨리 산출될 수 있는 곳이다.

㉡ 배후지가 넓고 소득수준이 높은 곳은 판매 상품의 고객 단가(1명이 팔아주는 평균 가격)가 높아 마케팅 측면으로 수익산출이 나올 수 있다.

㉢ 일반 판매 업종의 경우 역, 극장, 정류장 등 사람들이 많이 몰리는 동선에 있는 점포는 예비 통행 고객들이 많아 언제나 점포를 인식할 수 있다.
㉣ 상권의 중심 통로에 위치하여 퇴근길 동선에 있는 상점이 유리하다.
㉤ 인근 상인들 표정이 밝은 곳은 상권 형성이 돼서 매출이나 수익성이 높기 때문이다.
㉥ 금융기관, 대형유통시설로 가는 길목에 위치하는 것이 유리하다.
㉦ 담배나 복권을 같이 팔 수 있는 곳이면 더욱 좋다.
㉧ 대형 패스트푸드점(맥도널드 등) 주변은 젊은 층이 많이 오는 곳이므로 유리하다.
㉨ 권리금이 있는 점포는 초보 창업자나 사업하는 사람은 쉽게 접근할 수 있는 곳이다. 다만, 거품이 존재하는지 반드시 점검해야 한다.
㉩ 자금이 부족하다고 안 좋은 입지에 점포를 얻는 것보다는 점포의 크기를 줄이더라도 목이 좋은 곳을 선택하는 것이 유리하다.
㉪ 대형건축물의 경우, 반드시 넓은 주차시설이 있어야 한다.
㉫ 거주지에서 사업장으로 이동시간이 30분 이내인 곳으로 점포가 위치해야 통제하기가 쉽고 시간 낭비를 덜 할 수 있다.

6) 입지적 장단점

① 입지가 좋으면 임대료가 상대적으로 비싸다.

② 핵점포(anchor stores)에 가까운 입지일수록 임대료가 비싸다.

③ 목적점포(destination stores)에 가까운 입지일수록 임대료가 비싸다.

④ 충동구매품목 판매 비중이 높은 점포는 유동 인구가 많은 입지적 장점을 기준으로 입지를 선택해야 한다.

7) 입지 대안 평가 기준

유사 업종의 밀집성은 유사하고 상호보완적인 점포들이 무리 지어 있다면 고객을 유인하기에 쉽다는 설명이다. 다만 너무 많은 점포가 밀집되어 있으면 오히려 고객 유인을 저해하는 요인이 된다. 입지의 경제성은 점포의 입지를 결정할 때 점포의 생산성과 성장 잠재성을 고려하여 초기의 투입비용과 비교한 후 일정 수준의 경제성이 확보되어야 점포 입지가 쉽다는 설명이다. 보충 가능성의 원칙은 유사하거나 상호보완적인 제품, 또는 관계를 맺고 있는 점포가 인접해 있으면 고객을 공유할 가능성이 커져 고객을 유인할 수 있다는 점을 설명하는 개념이다. 접근 가능성은 어떤 위치에 도달하는데 소요되는 시간적·경제적·거리적·심리적 부담과 관련되는 개념이다. 접근성은 점포로의 진입과 퇴출의 용이성을 의미한다. 접근성을 평가하려면 도로 구조, 도로 상태, 주도로로의 진입과 퇴출, 교통량과 흐름, 가시도, 장애물 등은 물론 심리적으로 느끼는 불편함 등을 고려해야 한다.

2 소매입지 선정

1) 소매입지 선정 절차

일반적으로 입지 선정은 지역(region) → 상권(trade area) → 특정 입지(site)의 단계적 분석을 거쳐 결정된다. 거시적 입지분석으로 주민과 소매점과 대체적인 상권을 평가하고 상점 내 어떠한 유형의 입지에 출점할 것인지를 결정한다. 단독입지인지 집합입지인지 입지 유형을 선정한 후 입지 유형 내 부지를 선택한다.

2) 특정 입지 선정

잠재적인 상권이 규정되면 소비자의 접근 가능성, 교통량, 상권 인구의 규모와 분포, 수입, 경제적 안전성, 경쟁 등의 요인에 의해 선택 가능한 점포 입지가 선정된다. 소매점포 입지(retail site)란 소매업을 하는 소매점포의 구체적인 지리적 위치를 의미한다. 점포 입지의 가치는 점포들에 대한 선호와 입지 근처에 고객들의 자유로운 이동을 방해하는 자연적 또는 인위적 장벽의 존재 여부에 영향을 받는다. 소매업 입지는 소매점의 표적 세분 시장에 도달하는 데 결정적인 역할을 한다. 점포 입지의 대안으로는 다른 소매점들과 지리적으로 격리된 독립 입지(isolated site)와 지리적으로 인접하거나 밀집된 군집입지(clustered site) 등이 있다. 일반적으로 의류, 구두, 가구 등의 선매품을 판매하는 점포들은 군집입지에 위치하여야 하나, 전문품을 판매하는 점포는 독립 입지에 위치하여도 매출에 큰 영향을 받지 않는다.

3) 소매점포 입지평가 고려 사항

① 보행객 통행량

통행인 수, 통행인 유형을 평가한다.

② 차량 통행량

차량 통행 대수, 차종, 교통 밀집의 정도를 고려한다.

③ 주차시설

주차장 수, 점포와의 거리, 종업원 주차 가능성을 살펴본다.

④ 교통

대중교통 수단 이용 가능성, 주요 도로와 접근성, 상품배달 용이성이 우수한지 알아본다.

⑤ 점유 조건

소유 또는 임대 조건, 운영유지비, 세금, 도시 계획 관련 여부를 살펴본다.

⑥ 상권잠재력

시장 규모, 향후 상권의 발전 가능성을 평가한다.

⑦ 특정 부지

시각성, 입지 내 위치, 대지와 건물의 크기와 모양 및 조건과 사용 연수를 조사한다.

⑧ 기타

상권 내 점포 수와 규모, 자점과의 유사성, 소매 구조상 균형 정도를 파악한다.

4) 유통 집적시설에 유리한 입지 조건

① 핵점포 존재

언제든지 누구나 찾아오기 때문에 고객의 집객력이 높다.

② 간선 도로망

교외를 왕래하는 자동차 고객을 대상으로 하는 상업입지 지역으로 주로 쇼핑센터를 중심으로 주말이나 휴일에 특히 번성하는 지역이다.

③ 교외 지역

교외 지역은 인구가 충분하고 앞으로도 인구 증가가 예상된다.

④ 지역 최대의 주차장

대형 주차장은 자동차 쇼핑 시대의 편의를 제공한다.

⑤ 독립상권의 성격

독립상권이라면 구매력이 다른 상권으로 유출되기 어려우므로 유리한 조건을 갖고 있다.

⑥ 점포 부족 상태

점포가 부족한 상태라면 소비자가 대형 유통시설의 출점을 기대하고 있다.

5) 출점을 위한 입지평가 방법

① 주먹구구식 방법(rules of thumb)
경영자의 지금까지의 경험이나 주관적인 사업 능력에 의존하는 방법을 말한다.

② 체크리스트 방법(check-list)
특정 입지에서의 매출과 비용에 영향을 주는 요인들을 체크리스트로 만들어 살펴보는 방법이다.

③ 판매 잠재력의 변이를 모델화하여 살펴보는 방법
역사적 성과, 그 점포의 상권 특성, 지역 내에서의 경쟁 수준 등을 분석하는 것이다.

6) 점포 선정 고려 요인

① 추정된 영업거래량(매출액)이다.

② 취급 상품의 종류와 고객의 구매습관이다.

③ 고객의 통행량
교통 계수(traffic coefficient), 시간당·주당 고객의 통행량 및 통행의 유형이다.

④ 경쟁자들과 타 점포들에 관련된 위치이다.

⑤ 접근성
대중교통시설, 점포와의 거리, 교통혼잡, 점포의 위치, 가시도, 도로의 폭 등이다.

⑥ 자본투자에서 얻어지는 수익
설비와 장치, 상품의 재고, 임대료 등이다.

⑦ 부지의 유용성이다.

⑧ 소매점 판로에 저해되는 부지의 특성 유무
매연, 먼지, 혐오시설, 낡은 인접 건물 등이다.

3 업태 및 업종과 입지

1) 소매점 입지 유형

① 도심형 입지(CBD : Central Business District)
중추 관리 기능 즉, 권력·자본·정보가 대량 집적되는 장소이며 관청, 상사, 은행, 보험, 신문, 잡지, 방송, 광고 등 대중매체 업무 건물이다. 주간은 교통 및 인구이동 활발, 야간

은 인구 격감 및 조용한 지역으로 변모한다. 하나 이상의 주력 백화점과 전문점과 편의점 등 업태·업종이 결집하여 있다.

② 부도심 소매중심지(SBD : Secondary Business District)

2개 이상의 가로(街路)의 교차점 중심으로 집적된 소매중심지로 하나의 도시에 하나의 지역백화점, 일용잡화점, 소규모점포 등이 산재해 있다. 도시 규모 확장으로 여러 지역으로 인구가 분산·산재하여 생긴 근린 소매중심지이다. 보통 주택가 주변에 위치, 주민 편의성과 구매 요구 충족으로 생긴 지역으로 주된 소매업태는 슈퍼마켓, 일용잡화점, 소규모 소매점 등이 있고 주거지역 도로변이나 아파트단지 상점가 등 형태를 갖추고 있다.

③ 선상 소매중심지

보통 동종 또는 보완 제품을 취급하는 소매점 집적으로 형성된 지역으로 가로(街路)나 고속도로변에 입지한다.

④ 고립 입지(Isolated Locations)

고속도로, 교외 도로 등 인접 점포가 없는 길가에 있는 자유 입지이다.

2) 형태별 입지

① 생활형 입지

생활형 입지는 주로 식당 등이 대부분에 해당하므로 접근성이 쉬우며, 도보나 차량을 이용하는 고객 모두를 흡수할 수 있어야 한다. 일상적인 생활을 주로 하는 고객들이 편리하게 이용하는 입지로서 아파트나 주택 등 지역 주민들이 이용하는 곳을 말한다.

② 목적형 입지

목적형 입지는 주로 특정한 주제에 따라 고객이 유입되므로 차량을 이용한 접근이나 주차장 등의 시설물 이용에 불편이 없어야 한다. 고객은 단순하게 그 점포에 접근하는 것이 아니고 특정한 목적이 있는 경우에게만 그곳에 와서 이용하는 입지를 말한다.

③ 적응형 입지

적응형 입지에서는 주로 패스트푸드나 판매형 아이템 사업 등이 유리하므로 도보객이 접근하기 쉬운 출입구, 시설물, 계단 등 가시성이 좋아야 한다. 일상적인 거리에서 통행하는 유동 인구에 의해서 그 점포의 매출이 커다란 영향을 받고, 입지 유형 중 거리에서 통행하는 유동 인구에 의해 영업이 좌우되는 입지를 말한다.

3) 상품에 따른 소매점 유형

① 편의품점

근처의 점포에서 사는 상품으로 생필품이 대부분이며, 주로 저차원 중심지에 입지한다. 입지는 고객 가까이에 위치해야 하므로 도보로는 10~20분 이내, 거리는 1,000m 이내 위치로, 주로 통행하는 길목에 상점이 위치하는 것이 좋다. 상품이 주로 가정용품이고, 주부를 대상으로 하며, 이런 상점은 인근 지역과 2차 상업지역에는 좋지만, 도심 상업지역에는 좋지 않다.

② 선매품점

선매품이란 고객이 상품의 가격·스타일 등을 여러 상점을 통해서 비교한 후 구매하는 것을 말한다. 편의품보다 가격 수준이나 이윤율은 높고, 구매 횟수가 적으며, 고객의 취미 등이 잘 반영되어야 하므로 표준화되기 어렵다(가구, 부인용 의상, 보석류 등). 집심성과 집재성 점포에 속하는 경우가 많고 비교적 원거리에서 고객이 찾아오므로 교통수단과 접근성이 좋아야 한다(주로 중차원 또는 고차원 중심지에 입지).

③ 전문품점

주로 고차원 중심지에 자리 잡으며 고객이 특수한 매력을 찾으려는 상품으로, 구매를 위한 노력을 아끼지 않는다. 가격 수준이 높고 광고된 브랜드가 많다.

4) 소매집적

① 소매집적(retail cluster) 개념

소매집적(小賣集積)이란 대형, 소형 또는 다른 업종과 다른 업태의 여러 소매기관이 공통의 목표하에 상호간에 관련이 있으면서 한 장소에 모인 소매시스템을 의미한다. 소매집적을 분류하면 자연 발생적 소매집적, 사후 통합적 집적 및 계획적 소매집적으로 나누어진다. 일정한 어떤 구역에 있어서 한 소매점의 매출액 점유율은 그 지역 전체의 소매매장 면적에 대한 해당 점포의 매장 면적의 비율에 직접 비례할 것이라는 가정하에서 수행하는 것을 점포 공간 매출액 비율법이라고 한다. 이러한 소매집적은 입지의 집체적 편의성(aggregate convenience)을 높여주기 때문에 고객의 흡인력을 증가시켜 주며, 따라서 단독입지의 경우보다 유리한 효과를 올리게 하여 준다.

② 소매집적 기능

소매상이 집적 기능을 수행하기 위해서는 그 지역사회의 커뮤니티 기능을 수행할 수 있어야 한다. 커뮤니티 기능은 그 지역 주민이 그 지역에 입지하고 있는 소매집적 시설에 대해 요구하는 여러 가지 지역 편의 기능을 말한다.

③ 소매집적 커뮤니티 기능

㉠ 편의적 기능

셀프서비스(self-service)나 원스톱 쇼핑(one-stop shopping) 기능을 말한다.

㉡ 자연적 기능

그 지역의 발전과 자연을 충실히 보존하는 기능을 말한다.

㉢ 인간적 기능

그 지역 번화가에 많은 사람이 모여 오락성과 인간적 친밀성을 교환하는 기능을 말한다.

㉣ 상징적 기능

그 지역의 중심 특성을 표현하는 것으로 유명백화점, 유명토산품점, 유명음식점 및 유명서비스점 등의 기능을 말한다.

④ 누적 유인 원리(the principle of cumulative attraction)

유사하고 상호보완적인 점포들이 함께 무리 지어 있는 것이 독립적으로 있는 것보다 더 큰 유인력을 갖는다는 주장이다. 누적 유인 원리는 특정 입지를 매력적으로 만들 수 있으며 상호 보완 상품을 판매하는 점포 간에 적용할 수 있는 원리이다. 유사하고 상호보완적인 점포들이 함께 모여 있는 것이 독립적으로 있는 것보다 더 큰 유인력을 가지고 같은 제품을 판매하는 점포의 수가 많을수록 상권 내 매출이 높아진다. 서로 직접 경쟁하는 점포들에 적용될 수 있으며 선매품이나 전문품 등의 목적구매품에 적용할 수 있고 편의품은 누적 유인의 원리와 관계가 가장 적다.

제 2 절 입지별 유형

1 지역 공간 구조

1) 도시 내부 지역구조 이론

Burgess 동심원 이론은 1925년 “the growth of the city”에서 미국 시카고의 실태조사를 통하여 대도시의 성장은 도시의 외연적 확대를 수반하며, 그 확대 과정은 5 지대로 형성된 동심원상의 형태로 설명하고 있다.

① 중심업무지구(CBD : Central Business District)

② 점이지대

중심업무지구를 둘러싸고 있으며 이곳은 중심지에 있던 업무시설이나 경공업이 들어와 주거환경을 악화시키는 지역이다. 이 지역의 내부는 공장지대, 외부 지역은 주거지역으로 이 지역을 점이지대라 하며 여기에는 저급주택 혹은 불량주택(Slum)(공유지의 무단거주자인 squatter와 다른 점) 등이 형성되기도 한다.

③ 노동자 주택지대

점이지대로부터 이주한 노동자들의 주거 지역이다. 이 지역은 공장에 출퇴근하는 노동자 혹은 이민 2세들이 주로 거주하는 지역이다. (미국의 경우 공항에 마중 나온 사람의 직업과 이민자의 직업과의 관계)

④ 중, 고급 주택지역

여기는 중류층 이상의 단독주택 혹은 아파트가 형성되며 점이지대 중에서 교통 여건이 양호하거나 접근성이 좋은 지역에 위성도시 혹은 부도심이 형성된다.

⑤ 통근자 지대

이 지역은 도시의 경계선을 넘어 승용차로 30~60분 가량의 통근 범위 내에 있다. 위성도시 혹은 베드타운(Bed-town)을 이룬다.

각 지대를 내측과 외측으로 나눌 때 내측은 외측 지역으로 침입함으로써 지역을 확대하는 경향이 있다. 도시 성장의 확대 과정은 침입과 점이 과정뿐만 아니라 집중화(Concentration)와 분산화(Decentralization)이다. 이처럼 도시의 일부 지역이 집중 또는 분산체계(Centralized or decentralized system)로 재편되는 과정을 볼 수 있다. 도시의 변화는 사회조직 혹은 인간의 형태에 따라 변화될 수도 있다. 도시의 확대는 개인과 집단을 거주지별, 직업별로 분화, 재배치시킨다. 도시의 성장은 이동성을 확대한다.

2) 공간 균배 원리에 의한 상점 분류

공간 균배 원리는 경쟁점포들은 상호경쟁을 통하여 공간을 서로 균등히 배분하여 입지한다는 이론이다.

① 집심성 점포

배후지의 중심부에 입지하며 재화의 도달 범위가 긴 상품을 주로 취급한다. 백화점, 고급 음식점, 보석 가게, 고급 의류점, 대형 서점, 영화관 등이 있다.

② 집재성 점포

업무의 연계성이 크고 상호 대체성이 큰 점포끼리 한곳에 입지한다. 가구점, 중고 서점, 전자제품, 기계점, 관공서 등이 있다.

③ 산재성 점포

배후지가 작으므로 분산 입지하는 것이 유리하며 재화의 도달거리가 짧은 상품을 주로 취급한다. 잡화점, 이발소, 세탁소, 대중목욕탕, 소매점포, 어물점 등이 있다.

④ 국부적 집중성 점포

어떤 특정 지역에 동업종끼리 국부적 중심지에 자리 잡아야 유리하다. 농기구점, 석재점, 비료점, 종묘점, 어구점 등이 있다.

⑤ 배후지가 넓고 수요의 탄력성이 크면 분산 입지한다.

2 도심 입지와 노면 독립 입지

1) 도심 입지(중심상업지역 : CBDs)

중심상업지역은 전통적인 도심 상업지역이며 계획성보다는 무계획성으로 인하여 밀집된 것이 특징이다. 다양한 상업활동으로 인해 많은 사람을 유인하며 접근성이 좋은 지역으로 지가(地價)와 임대료가 비싸다. 대중교통의 중심지이고 도보 통행량이 많으며 교통이 혼잡하고 건물의 고층화, 과밀화로 토지 이용이 집약적이다.

2) 노면 독립 입지

노면 독립 입지란 여러 업종의 점포가 한곳에 모여 있는 군집(群集) 입지와 달리, 전혀 점포가 없는 곳에 독립하여 점포를 운영하는 형태이다. 독립지역은 다른 소매업체들과는 지리적으로 떨어진 지역을 의미하며, 통상적으로 독립지역에 있는 소매점은 다른 소매업체들과 고객을 공유하지 않는다. 노면 독립 입지는 다른 소매업체와 연결되지 않는 입지이다. 창고클럽 등의 대형 소매업체와 전문점이 종종 독립 입지에 자리 잡는다.

노면 독립 입지에 적합한 업종으로는 다른 업체와 비교우위에 있는 확실한 기술력을 보유하고 있는 전문성이 있는 업종이 적합하다. 다른 업체와 비교하여 뛰어난 마케팅력을 보유하고 있으며, 충분히 능력을 발휘할 자신이 있는 업종이 적합하다. 대규모 자본을 투자하여 다른 업체와 확실한 비교우위를 설정하여 고객 스스로 찾아올 수 있도록 할 수 있는 서비스와 시설 규모가 갖춰진 업종이 적합하다. 할인점이나 회원제 창고점처럼 저비용·저가격 정책을 펴야 하는 경우 적합하다.

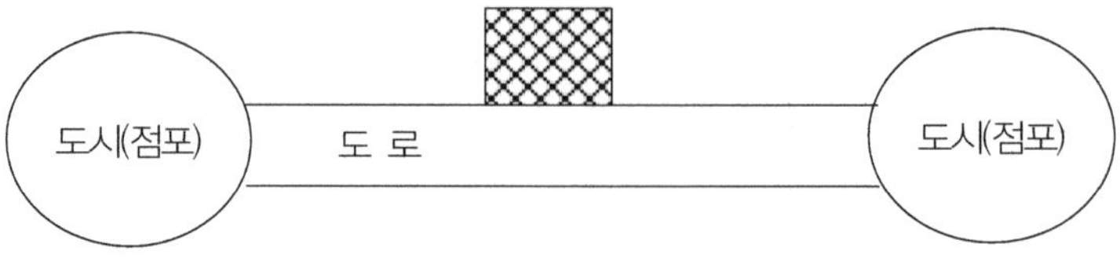

장점으로는 임대료가 저렴하고 가시성이 크다. 직접적인 경쟁업체가 없고 주차 공간이 넓다. 점포 확장이 쉬우며 고객을 위한 편의성이 크고 영업시간, 간판, 제품에 대한 규제가 적다.

단점으로는 고객의 특성은 오직 그 점포만을 생각하고 방문하기 때문에 고객 유치가 곤란하며 다른 점포와의 시너지 효과를 얻기 어렵다. 고객을 지속해서 유인하기 위해서는 가격, 홍보, 상품, 서비스 등을 차별화해야 하므로 비용적인 측면에서 증가한다.

3 쇼핑센터

1) 쇼핑센터 정의

도시 주민의 교외로의 이동이라는 이른바 스프롤(Sprawl) 현상과 더불어 자가용의 보급에 따라 제2차 세계대전 뒤 미국에서 발전한 집합형 소매상점가를 말한다. 쇼핑센터는 도심 밖의 커뮤니티 시설로 계획되는 것이 일반적이며 같은 개발업자가 계획한 소매업, 음식업, 서비스업 등의 대규모 집단 판매시설을 의미한다. 스프롤(Sprawl) 현상이란 대도시 교외부의 무질서, 무계획하게 주변 지역으로 확산하는 현상을 의미한다. 대부분 교외부의 지가가 도심부에 비해 낮으므로 교외부의 농지 등이 택지로 변화하게 된다. 도시인구나 기능이 집중되어 과밀화하면 그 도시 주변으로의 분산이 촉진되어 격화하지만, 그 경향은 도시 주변에서 급격히 진행되는 단지·주택의 난립, 공장·주택의 혼합, 서비스시설 진출 등으로 나타난다. 이러한 토지 이용에 대한 통제·규제는 뒤로 미루어지는 경우가 많으므로 도로나 교통 기관의 생활 기반과 환경정비는 늦어지기 쉽다. 도시 근교에 광대한 토지를 확보하여 드라이브인 극장(자동차를 탄 채 영화를 보는 극장) 등의 시설을 갖추고 백화점·슈퍼마켓 등 대규모 소매점을 중심으로 하여 여기에 연쇄점, 전문점, 소매점 등을 모아 원스톱 쇼핑(One-stop-Shopping : 한 점포만 들려도 필요한 모든 상품 구매가 가능한 쇼핑)이 가능하도록 계획적으로 만들어진 대규모 상점가를 말한다. 쇼핑센터를 백화점이나 다른 상점과 명확히 구분해 주는 요소는 쇼핑센터가 다른 시설과는 달리 중앙 부분에 보행자 전용로(Pedestrian Mall)가 있다는 점이다. 또한, 어떤 쇼핑센터는 백화점을 그 구성 요소 중 하나로 두고 있을 만큼 일반적으로 대규모인 경우가 많다. 따라서 상업행위 이외에도 커뮤니티 역할을 하는 여러 가지 기능들, 즉 은행,

이발소, 세탁소, 사무소, 호텔, 극장 그리고 대규모 주차장까지 포함하고 있다. 대규모인 교외형, 중간 규모인 준 교외형, 소규모인 근린형으로 나뉘는데, 교외형에서는 내구소비재나 전문품, 준 교외형에서는 내구소비재, 근린형에서는 일용품의 판매가 중심이 된다. 이런 쇼핑센터의 등장으로 도시를 떠나 교외에 살게 된 소비자들은 일상품은 가까운 곳에서 구하고, 내구소비재와 전문품은 쇼핑센터에 가서 구매한다. 우리나라에서는 번화가의 상점가를 뜻하며 대자본의 공세에 대항하기 위해 일반 독립 소매상이 모여서 역 근처나 빌딩 및 지하도에 근대적인 거리를 만들거나 공동 점포를 건설한 것을 쇼핑센터라고 하였다. 그 뒤 미국의 영향을 받게 되자 백화점·슈퍼마켓 등의 대형 상점을 중심으로 개발하고 여기에 전문점과 일반 소매점이 입주하는 형태로 발전하였다. 이것은 자가용의 보급과 제2차 세계대전 뒤 유통혁신의 결과로 나타난 새로운 상점가이다.

2) 쇼핑센터 기원과 역사

쇼핑센터의 기원은 고대 그리스 상인들이 공적인 활동을 하기 위해 특별히 계획된 스토아(Stoa) 열주(列柱)라 할 수 있다. 스토아는 그리스인의 의사표시 중심이 되었던 도시 광장인 아고라(Agora) 일부이며 이 광장은 도시의 사회적·상업적·종교적·문화적 활동의 중심이 되었다. 또한, 시민을 위한 시장, 대회장, 박람회장이 되었다. 근래에 들어 쇼핑센터를 기업 정신으로 재생시킨 미국 쇼핑센터의 기원은 1923년에 니콜스(J. C. Nichols)에 의한 교외 쇼핑센터이다. 니콜스는 미주리주 캔자스시 도심에서 남쪽으로 5마일 떨어진 지역의 40에이커 땅 위에 크고 작은 상점들을 세우고 최초로 도로밖에 주차 공간들을 설치하였다. 또한, 인근에 500에이커의 주거단지를 건설하여 이 쇼핑센터에 4만 명의 단골을 확보하였다. 1949년 이후 실질적으로 성장하기 시작한 미국의 교외 쇼핑센터에서 자동차와 보행자의 동선이 충돌하게 되어 이 충돌의 방지를 위해 보행자와 차량 동선을 분리하여 페디스트리언(Pedestrian : 보행자) 몰이 생기게 되었다. 이것이 기후조건에 구애받지 않고 연중 편안한 쇼핑을 할 수 있는 내부의 쇼핑몰로 발전하였다. 쇼핑센터는 1960년대에 미국의 경우 소매매출액의 40%를 차지하게 되었으며 일본의 경우는 뉴타운의 건설, 구매층의 확대를 수반하여 도시 상업지역을 중심으로 건설되기 시작하였다.

3) 쇼핑센터 분류

① 입지별 분류

㉠ 교외형 쇼핑센터

특정 상권의 사람들을 구매층으로 하며 비교적 저층이고 대규모 주차장을 갖고 있으며 백화점, 대형 슈퍼마켓 등을 중심으로 하는 경우가 많다.

㉡ 도심형 쇼핑센터

불특정 다수의 사람을 구매층으로 하며 지가가 높은 지역에 자리 잡기 때문에 면적 효율상 고층이 되는 경우가 많고 주차 공간도 집약된다.

	특징 및 콘셉트	유형별 업태
지역센터	일반식료품 및 의류	대형할인점, 양판점 등
패션/전문센터	고급의류나 전문품	패션, 의류전문점
아울렛센터	상설할인매장	팩토리 아울렛, 리테일 아울렛
테마/페스티벌 센터	다양한 구색, 쇼핑과 오락의 결합을 통한 원스톱쇼핑	레스토랑, 테마공원, 놀이동산

② 규모별 분류

㉠ 근린형 쇼핑센터

도보권을 중심으로 한 상권의 슈퍼마켓·드럭 스토어를 중심으로 한 일용품 위주의 소규모 쇼핑센터이다.

㉡ 커뮤니티형 쇼핑센터

슈퍼마켓·버라이어티 스토어, 소형 백화점 등을 중심으로 한 실용품 위주의 중규모 쇼핑센터이다.

㉢ 지역형 쇼핑센터

백화점·종합슈퍼·대형 버라이어티 스토어 등의 대형 상점을 중심으로 하고 여러 가지 서비스 기능이나 레저·스포츠 시설 등을 갖춘 대규모 쇼핑센터이다.

4) 스트립 쇼핑센터 유형

① 네이버후드 센터(Neighborhood Center)

말 그대로 이웃의 점포라는 뜻으로 소비자와 가장 가까운 지역에서 그들의 일상적인 욕구를 충족시키기 위하여 편리한 쇼핑 장소를 제공하도록 설계되었다. 이는 보통 '지역 밀착형' 쇼핑센터라고도 불리며, 슈퍼마켓이나 드럭 스토어(drug store) 등 핵심 점포를 이루며 약 10,000㎡ 미만의 점포 면적 안에 출점한다. 미국의 경우 이 센터의 반은 슈퍼마켓으로 1/3 정도는 드럭 스토어로 정착되었다. 일반적으로 슈퍼마켓이 가장 강력한 핵점포(anchor store)의 구실을 한다.

② 커뮤니티 센터(Community Center)

지구 중심으로 있으며 네이버 후드 센터보다는 다양한 범위의 일반적인 상품을 제공하며 센터 내의 주요 소매업태는 일반적인 슈퍼마켓과 대형 드럭 스토어, 할인백화점 등이 있다. 지역 쇼핑센터라고도 하며 네이버 후드 쇼핑센터의 3~4배 면적(약 5만 평) 부지에서 시작했다. 평균 임대면적 1만 5천5백㎡(4천7백 평), 주차대수 4백~1천 대, 테넌트 20~40점포이고 핵점포는 생존 3대 업태와 GMS, 디파트먼트 스토어이다.

③ 파워 센터(Power Center)

파워 센터는 할인점, 할인백화점, 창고형 클럽 또는 홈디포 등 카테고리 킬러를 포함하는 일부 대형점포들로 구성된다. 소매업의 업태 분류 중 카테고리 킬러, 대형마트를 핵점포(anchor store)로 유치하는 것이 가장 적절하다.

5) 범위에 따른 쇼핑센터

① 편의형(Convenience type) 쇼핑센터

규모가 가장 작은 5~10개의 입주점으로 구성되며 은행·세탁소·주류점·식당·서비스점이 동시에 입주하고 있다. 핵점포는 대개 편의점이며 주로 통행량이 많은 거리를 따라 형성된다.

② 분산적 근린형(Neighborhood type) 쇼핑센터

고객의 구매 관습과 동기는 쇼핑센터의 위치가 가깝고 편리하여 매일 구매하고 고객의 욕구 분류는 생활 조건의 욕구로서 구매 상품은 주로 실용품이다. 상업 형태는 체인스토어, 생업적 상점, 분산적 상점이며 업종 구성은 선매품 30%, 편의품 20%, 음식점 30%, 기타 서비스점 20%로 구성된다.

③ 집결적 근린형(Neighborhood type) 쇼핑센터

고객의 구매 관습은 주 2~3회 정도이다. 근거리, 편리성, 친밀성에 의해 규격품과 신도심 상품을 선호하고 욕구 분류는 생활의 합리성 욕구이다. 상업 형태는 재래시장, 집합점포, 선매품점 등이며 약 80개 이상의 점포가 집결하고, 업종 구성은 선매품점 40%, 편의품점 20%, 음식점 30%, 기타 서비스점 10%로 구성된다.

6) 쇼핑센터 입지 전략

① 계획 전제

자동차를 이용하여 도달할 수 있는 소요 거리 및 소요 시간이 중요하며 입지별로 교외형과 도심형 쇼핑센터로 구분, 각각의 특성에 적합한 목표를 설정하여야 한다. 쇼핑센터를 구성하는 중심상점, 몰, 코트(Court), 전문 상가, 사회·문화시설 등의 연계 체계를 세심하게 검토하여야 하며 고객을 위한 다양한 공간의 제공을 고려하여야 한다.

② 계획 주안점

쇼핑센터의 특징적인 요소인 보행자 지대와 몰(Mall)의 계획이 중요하다. 보행자 지대와 몰은 쇼핑센터 내의 주요 동선으로 고객을 각 점포에 균등하게 접근할 수 있도록 하

며 고객에게 다양한 공간과 휴식 공간의 기능도 동시에 제공하여야 할 것이다. 전문점과 중심상점의 주 출입구는 몰을 향하도록 하며 쇼핑센터의 몰은 단층 또는 다층으로 계획할 수 있으나 각층 사이의 시야 개방이 고려되어야 한다. 획일적인 보행자 도로보다는 부분적으로 알코브(Alcove) 등을 형성함으로써 다양한 놀이 및 행사를 수용할 수 있도록 한다. 바닥의 마감 재료 등을 다양하게 연출하여 변화감과 다채로움을 부여하도록 한다.

③ 입지 조건

쇼핑센터의 위치결정은 이용객의 주거지로부터 쇼핑센터에 이르기까지의 소요 거리(운전 시간)가 중요한 요인이 된다. 운전 시간이 거리와 반드시 비례하지는 않는데 고속도로와 같은 곳을 운전할 경우와 도심지를 통해 빠져나갈 때 같은 운전 시간이라도 거리상의 차이가 있기 때문이다.

④ 배치 및 블록 플랜

중심상점을 몰로 연결하고 그 양측에 전문점을 두어 주차장이나 대중교통 수단으로부터의 진입 방향에 출입구를 위치시킨다. 쇼핑센터는 중심형과 분산형으로 구분할 수 있는데 중심형의 경우는 고객의 주 진입 방향에 출입구를 두고 반대쪽에 중심상점을 배치하며 그사이에 몰을 축으로 하는 전문점들로 연결한다. 분산형인 경우는 각 중심상점이 몰로 연결되어 고객들의 순환 동선이 원활하게 이루어지도록 한다.

7) 평면계획

쇼핑센터를 구성하는 중요한 요소는 중심상점, 몰, 코트, 전문점, 주차장, 사회·문화시설 등을 들 수 있다.

① 중심상점(핵 상점)

쇼핑센터의 중심으로서 고객을 끌어들이는 기능이 있으며 백화점이나 종합슈퍼마켓, 대형 전문점 등이 이에 해당한다.

② 몰(Mall)

쇼핑센터 내의 주요 보행 동선으로 고객을 각 상점으로 고르게 유도하는 쇼핑 거리인 동시에 고객 휴식처의 기능도 갖고 있다. 쇼핑센터의 가장 특징적인 요소이다.

③ 코트(Court)

몰의 군데군데에 고객이 머물 수 있는 공간을 마련한 곳을 말한다. 코트에는 분수, 전화부스, 식수, 벤치 등을 설치하여 고객의 휴식처를 조성함과 동시에 정보 안내를 제공하며 쇼핑센터를 상징하는 연출장 기능을 한다. 코트에는 중심적인 역할을 하는 센트럴 코트(Central Court)와 무대(Stage)를 마련하여 그 쇼핑센터 전체의 계획에 의한 행사를 진행하는 곳이 있다. 오늘날 코트의 크기는 대규모화되는 경향을 나타내고 있다.

④ 전문 상가

전문점의 구성과 배치는 그 쇼핑센터의 특색에 따라 차이가 있지만, 쇼핑센터 내의 보행 거리를 최대한 길게 하여, 고객이 쇼핑센터에 머무는 시간을 길게 유도해야 한다. 전문점은 주로 단일 종류의 상품을 전문적으로 취급하는 상품과 음식점 등의 서비스점으로 구성된다.

⑤ 사회·문화시설

커뮤니티에 대한 기여와 고객 유치의 2차적 요소인 레저시설, 은행, 우체국 등의 사회시설과 미술관, 홀, 각종 강좌 등의 문화시설은 쇼핑센터가 가지고 있어야 할 또 하나의 중요한 기능이다.

면적의 구성비는 쇼핑센터의 규모·중심상점의 수 등에 따라 차이가 있으나 일반적으로 중심상점이 전체 면적의 약 50%, 전문점 부분이 약 25%, 몰·코트 등의 공유공간이 약 10% 정도가 되도록 하며 나머지는 관리시설, 화물처리장, 기계실 등이 약 15% 정도를 점유한다.

4 기타 입지 유형별 특성

1) 복합용도개발 지역

Gurney Breckenfeld(1972)가 처음으로 사용한 용어이고 위더스푼(Witherspoon, 1976)은 복합용도 건축물을 특징짓는 기본요건으로 세 가지를 설정하였다.

① 세 가지 이상 주요 소득 용도 수용

복합용도로 개발된 건물은 호텔, 오피스, 상가, 주거 등 도시 속 인간 생활의 기본요소인 주거, 작업, 여가의 각 활동을 동시에 수용하는 건물로서 세 가지 이상의 용도가 한 건물에 물리적·기능적으로 복합된 건물을 말한다. 이러한 용도의 다양성은 각 용도 간에 상호보완적인 지원 관계(상승작용)를 유지하면서 다양한 목적을 가진 이용 대상자 범위를 증대시키고, 비업무 시간대의 활용을 유도하여 도심에서의 24시간 활동을 가능하게 한다.

② 물리적·기능적 규합

복합용도개발의 또 하나의 특징은 구성 요소 간에 견고한 물리적 기능의 통합에 의한 고도의 토지 이용을 창출하는 데 있다. 이를 위해서는 수직적·수평적 동선 체계의 집중적인 연결로써 긴밀하게 통합되어야 한다.

③ 통일성 있는 계획에 의한 개발 성공

복합용도개발은 단위 개발 프로젝트보다 관련 전문 분야와의 협력이 필요하며 전체 프로젝트의 규모, 형태, 밀도, 용도, 공정, 구성, 용도 간의 상대적인 관계, 오픈 스페이스, 인프라(Infrastructure) 등의 일관된 계획에 따라 이루어진다.

복합용도개발 필요성으로는 다음과 같다.

① 복합 기능의 수용에 따라 도시 내 상업 기능만이 급격한 증가 현상을 억제함으로써 도시의 균형 잡힌 발전을 도모할 수 있다.

② 젊은 독신자나 젊은 부부처럼 도시 내에서 살고자 하는 사람이나 살 필요가 있는 사람들에게 양질의 주택을 공급할 수 있으며 이에 따라 도심 공동화 현상을 방지할 수 있다.

③ 도심지 주변에 주상복합건물을 건설할 때 이 지역이 도·소매업, 광고업, 인쇄업 등 서비스 기능 위주의 전이 지역으로 변화하는 것을 방지할 수 있다.

④ 도심지 내 주생활에 필요한 근린생활시설 및 각종 생활 편익 시설의 설치가 가능하게 되어 도심지가 생동감이 넘치고 다양한 삶의 장소로 바뀔 수가 있다.

⑤ 주상복합건물을 건설할 때 기존 시가지 내의 공공시설을 활용함으로써 신시가지 또는 신도시의 도시기반시설과 공공서비스시설 등에 드는 공공 재정이나 민간 자본을 절감할 수 있다.

⑥ 직장과 주거지와의 거리가 단축됨으로써 개인적으로 출퇴근 시 교통비용 및 시간의 절약이라는 이점이 있으며 교통혼잡도 완화할 수 있다.

⑦ 차량 통행량 증가가 완화됨에 따라 대기오염 요인 감소와 에너지 절감의 효과를 얻을 수 있다.

⑧ 주차장 이용에 있어서 주거, 상업, 업무 등 기능별로 주차자의 집중 이용 시간대가 분산되므로 한정된 주차 공간을 효율적으로 이용할 수 있다.

⑨ 기능 면에서 보행자 동선과 차도를 분리해 수송문제를 입체적으로 해결할 수 있다.

⑩ 경제적인 측면에서 도심지 내 토지의 고층화·고밀화를 통하여 해결할 수 있고 아울러 쾌적한 녹지공간의 확보와 기존의 도시시설을 편리하게 이용할 수 있다.

2) 백화점

백화점이란 의류, 가정용품, 장식품 등 다양한 상품을 폭넓게 취급하는 점포 또는 각종 상품을 부문별로 구성하여 최종 소비자가 일괄 구매할 수 있도록 직영 형태로 운영되는 대규모 점포를 의미한다. 우리나라의 경우 매장 면적이 1,000평(지방 700평) 이상이고 50% 이상이 직영으로 운영되어야 함을 기준으로 하고 있다. 백화점과 같은 대규모 소매점은 점포의 위치에 따라 성패가 좌우된다. 백화점의 입지를 선정할 때는 대상 지역의 주요 산업, 유동 인구, 인근 지역 소비자의 소비 형태, 대중교통의 연계망 등 다양한 요소를 고려해야 하지만, 그중에서도 유동 인구와 거주인구 요인이 가장 중요한 요인으로 지적되고 있다. 오늘날 백화점은 소비자가 한 군데에 단골을 정하지 않고 좋아하는 브랜드를 찾아다니면서 각 백화점을 비교하는 성향에 노출되어 있다. 이러한 다양한 소비 형태에 따라 백화점은 소비자가 신뢰하고 필요한 모든 상품을 구매할 수 있도록 상품 구색의 종합화로 원스톱 쇼핑의 공간을 제공해야만 한다. 서비스의 다양화, 부문별 조직화를 활성화함으로써 소비자가 필요한 정보를 얻고 여가를 활용할 수 있도록 하는 문화생활의 장소로서 그 기능이 다양화되어야 한다. 이러한 현실에서 각 백화점은 입지의 지리적·환경적 요인을 분석하여 소비자의 흡인율을 높일 뿐만 아니라 집객력이 높은 층을 고려한 MD 개편, 문화·레저산업과의 연계 등 차별화된 마케팅 전략이 요구된다. 판매장 외에도 주차시설, 문화행사시설, 상담실, 휴게실 등 소비자 보호시설과 같은 서비스시설이 갖춰져야 한다. 요즘에는 백화점의 문화시설이나 편의시설을 이용하는 고객이 증가함에 따라 이에 대한 중요성이 더욱 커지고 있다. 백화점은 3차 산업으로 전형적인 시장 중심형 입지 패턴을 가진 시장 지향적 입지로서 입지 형태는 상업입지이다. 백화점이 들어서는 지역은 새로운 상권이 형성되거나 상권의 변화가 생길 정도로 유통에 있어 중요한 위치를 차지한다. 의류 및 패션 잡화의 경우 백화점에 입점한 브랜드에 대한 소비자의 인식이 달라지기 때문에 백화점에 입점하느냐, 안 하느냐는 업체의 사활이 걸린 문제이다. 그로 인해 뜻하지 않는 과열 경쟁을 불러오거나 기업 운영에 있어 많은 어려움에 봉착하기도 한다. 이런 점에서 대형 쇼핑센터로 입지를 굳히고 있는 백화점에 문제점이 나타나고 있다. 최근의 경제 불황으로 백화점의 매출액이 큰 폭으로 감소하고 있고 소비의식의 변화나 대형 아웃렛의 등장 등으로 인해 둔화 현상을 보이는 백화점도 나타나고 있다. 특히 유통시장개방과 맞물려 외국의 대형 유통업체가 몰려옴에 따라 기존의 판매 방식에 변화를 주거나 새로운 판매 전략을 수립해야 할 상황이다.

3) 의류 패션 전문점(fashion specialty stores)

의류 및 패션 관련 소매업의 경우 IMF 외환위기 이후로 가격대에 의해 양분 현상을 보인다. 외환위기 이전에는 고가의 브랜드 제품과 보세 및 수입품 위주의 중가 제품 그리고 저렴한 시장제품이 고루 공존했다. 그러나 외환위기를 겪으면서 중산층이 줄고 소비가 줄어들면서 중간 가격대의 제품들이 많이 사라지고 대신 저렴한 가격대의 상품을 선호하는 계층이 많아졌다. 물론 여기에는 빠르게 변모하는 유행의 흐름도 한몫했지만,

외환위기를 거치면서 중산층과 저소득층의 소비성향이 많이 약해졌음을 알 수 있다. 이제 의복 판매시장은 브랜드 중심(명품 및 국내 유명 브랜드)의 시장과 저렴한 동대문 및 남대문 시장제품의 양대 산맥을 주축으로 해서 돌아가고 있다. 또 다른 변화로 회전 주기가 점점 빨라지는 유행과 다양해진 유통구조를 들 수 있다. 유통구조는 예전의 생산-도매-소매-소비자의 흐름에서 이제는 모든 유통과정 모두 소화하는 체제의 매장부터 도·소매를 동시에 하는 매장 혹은 인터넷 쇼핑몰에 납품하는 업체 등 다양한 유통구조를 보인다. 인터넷 시장의 성장과 택배 시스템의 발전을 배경으로 소매에도 패션 쇼핑몰, 로드숍, 인터넷 쇼핑몰, 인터넷 제휴 등의 형태 또는 두 가지의 형태를 병합한 사업형태가 많이 있다(On-line 매장과 Off-line 매장을 동시에 갖는 형태). 사회 전반의 인프라 성장과 국내외 패션업계의 빠른 유행 주도는 소비자들의 소비 충동을 더욱 부채질하고 있다. 이제 의류는 예전의 의식주 개념에서의 '의(依)'의 개념보다는 총체적인 패션의 의미가 있다. 패션계의 소비자층은 점차 모든 영역에서 성장을 보이지만, 여전히 주도적인 20~30대 여성이 주 소비층이라고 할 수 있다. 인류의 영원한 테마 중의 하나인 아름다움과 유행이라는 영원한 과제를 가지고 패션업계는 질적·양적으로 점점 발전하고 있다.

① 의류 패션 전문점 의의

패션전문점(fashion specialty stores)의 상품 구색에서 가장 비중이 높은 상품 유형은 선매품이다. 의류점의 경우 선매품으로 고객이 여러 점포를 다니면서 가격이나 디자인, 색감이나 품질 등을 비교하여 구매하는 특성을 보였기 때문이다. 의류 패션 전문점은 도심의 중앙이나 쇼핑몰에 다수가 포진하고 있으므로 지나가는 통행인들을 유인하기 위하여 항상 좋은 상품을 진열하는 전략을 세우고 실행해야 한다.

② 의류 패션 전문점 입지

의류 패션 전문점은 백화점보다 더 인기가 있는 곳이라 생각되는 곳에 주로 위치하며 그 입지는 주로 중심상업지구, 중심상업지구 인근 쇼핑센터, 의류 전문센터 등이 적합하다. 비교구매가 가능한 의류 상권이 밀집된 지역이 의류 패션 전문점의 지역적인 입지 조건으로는 가장 좋다. 구체화한 점포가 있는 곳이 유동 고객을 유인할 수 있는 지역인지 고객이 편리하게 모든 시설 등을 이용할 수 있는 지역인지 오락과 즐거움을 제공할 수 있는지를 고려하여 결정한다. 점포의 핵심 고객층을 설정하려면 점포 주변과 상권의 유동 인구수는 물론 연령대, 성별 구성비, 주요 통행시간과 통행 방향 및 주(主) 출입구 등을 조사해야 한다.

4) 제조 직매형 의류전문점(SPA : Speciality retailer of Private label Apparel)

최근 가두 매장이 대형화되면서 의류업체 등이 종전 프랜차이즈 형태에서 직영점 체제로 변화를 시도하고 있다. 패션전문점 확산과 더불어 합리적 가격의 중요성이 대두되면서 직영 또는 반직영 체제의 유통망인 SPA(Speciality retailer of Private label Apparel) 형태의 점포가 확산하고 있다. SPA란 미국 청바지 회사 'GAP'이 1986년 도입한 개념으로서 '전문점(Speciality retailer)'과 '자사 상표(Private label)' 및 '의류(Apparel)'라는 의미를 합친 합성어로, 번역하자면 '제조 직매형 의류전문점'이라고 할 수 있다. 의류를 축으로 하여 기획·개발에서부터 자사의 라벨에 의한 생산과 모든 소매 활동에 이르기까지 일괄된 시스템을 전개하는 기업을 말한다. SPA는 기획에서부터 판매에 이르기까지 하나로 연결되어 있으므로 이곳에서는 이미 판매하여 소비자들에게 검증된 상품만을 높여 판매가 이루어진다. 비용의 절감을 통하여 소비자의 부담을 줄이는 합리적인 패션 유통의 한 형태이기 때문에 소비자가 원하는 스타일을 파악해 신속한 기획과 생산, 반품과 매장관리가 이루어져 재고 부담이 적다. 판매의 경우 소규모 대리점에 맡기지 않고 가두점 위주의 대형매장을 통해 박리다매하는 형식을 따른다. 이에 재고 부담이 적고 옷값은 그만큼 싼 편이다. 트랜드가 즉시 반영되어 생산과 유통이 이루어지는 '빠른 패션(Fast Fashion)'이다. 소비자들이 그때그때 원하는 디자인을 부담 없는 가격으로 구매할 수 있다. 리미티드, 에스프리, 베네통, 망고, GAP, ZARA, 유니클로, H&M 등이 대표 브랜드다.

5) 생활용품 전문점

생활용품전문점 입지는 상품의 성격에 따라 달라진다. 대형할인점 등과 취급 품목이 겹치는 업태라면 인근에 대형 유통센터가 없는 지역이 유리하다. 하지만 기능성 생활용품전문점, 장식용 디자인 소품, 홈쇼핑 판매 품목 등과 같이 대형할인점에서는 취급하지 않는 틈새 상품을 취급하는 매장이라면 적극적으로 대형할인점 출점 지역 인근으로 진출하는 것이 오히려 유리하다. 생활용품전문점 중 주방 기구나 실내장식 소품·수입 용품을 전문으로 판매할 때 주 고객층은 주부들이다. 대단위 아파트 밀집 지역, 주택가 밀집 지역 등 주거지 인근에 출점하여야 하며, 도로변이나 재래시장 근처, 통행량이 많은 곳이나 슈퍼마켓 근처가 입지로 적합하다. 가능하면 1층 점포에 출점하는 것이 좋다. 단, 전문성과 건물 내에 입점할 때 상가 건물이 활성화되어 있고 흡인력이 좋다면 1층이 아닌 매장도 권할 만하다. 간판 노출도가 좋다고 상가가 활성화되지 않은 건물의 지하층이나 2, 3층에 입점하는 것은 금물이다. 생활용품전문점의 판매 품목 중 상당수는 충동구매 성향이 높아서 접근성이 뛰어난 점포가 유리하기 때문이다. 소득수준 면에서는 생활용품 할인점의 경우 서민층 밀집 주거지역 부근이 유리하다. 생활 수준이 높은 중산층 이상의 소비자들은 물건이 비싸도 고가의 브랜드나 명품을 선호하는 경향이 있고 생활용품 가격의 높고 낮음에 크게 신경 쓰지 않고 백화점이나 대형할인 매장의 생활용품을 더 선호한다. 따라서 이들 수요층을 흡인할 만한 메리트가 없어 매출에 불리하므로 생활수준이 중산층 이상이거나 부촌인 지역의 상권은 피하는 게 좋다. 아이디어나 기능성 상품 판매점, 수입 용품 판매점은 중산층 거주지가 적합하다. 세대수가 5천 세대 이상

흡수할 수 있는 상가 건물 중, 업종 구성이 다양하고 유동 고객 수가 많은 곳이라면 입점해도 무방하다. 상가 건물의 경우 개방형 매장이 많고 상대적으로 권리금이나 보증금이 저렴해 주부들이 부업으로 창업할 때 적당한 점포라고 할 수 있다. 세대수가 적은 지역은 단골 유치와 신상품 등 상품 회전에 많은 신경을 써야 한다.

제 3 절 입지 선정 및 분석

1 입지 선정 의의

1) 입지와 입지 선정

입지(location)는 주택, 공장, 점포 등이 있는 장소로서 정적 개념이다. 상권분석이 공간적인 면(面)적인 분석이라고 한다면, 입지 분석은 점(点)적인 분석이라고 할 수 있다. 입지 선정은 입지 주체가 추구하는 입지 조건을 갖춘 토지를 발견하는 것으로 동적 개념이며 공간적 개념을 말하며 또 주어진 부동산에 관한 적정한 용도를 결정하는 것도 이에 해당한다. 입지 선정 시 업종과의 부합성을 반드시 검토하여야 하는 데 일반적으로 좋은 입지라고 보는 것도 업종과 부합되지 않으면 나쁜 입지가 된다. 입지 선정이 잘못되면 경영 관리상 노력의 낭비를 가져와 사업의 실패를 초래하게 되므로 입지는 사업의 성패를 결정하는 중요한 변수로 작용하게 되었다.

2) 입지 조건 구성 요소

① 인구

인구는 그 지역의 행정 인구를 가리킨다. '중심지이론'에 의하면 거리의 흡입력은 인구와 매장 면적의 합계에 의해 결정된다. 거리의 흡입력도 인구에 비례해서 커지므로 더욱 넓은 면적을 가진 매장일수록 점포 운영에 적당한 인구를 유도할 수 있다.

② 교통수단

교통수단은 고객이 점포까지 오기 위한 도로망 및 전철, 버스 등을 말한다. '더욱 쉽게, 빠르게 도착할 수 있는 곳일수록 내점률이 높아진다.'라는 중심지이론에 따라 교통수단이 편리할수록 고객 흡입력이 높아진다.

③ 상업 중심성

상업 중심성은 인구와 그 지역 내 점포의 매장 면적에 좌우된다. 같은 조건을 가지고 있을 때 점포 면적의 합계가 5천 평인 상권보다 1만 평인 상권이 흡입력이 더 높다고 할 수 있다. 따라서 그 상권 인구도 주변 지역 일부를 포함하여 더욱더 크게 형성된다.

3) 상업지 입지

① 사회적·경제적 조건

㉠ 배후지 및 고객 양과 질

배후지를 상권 또는 시장 지역이라고도 하며 상업활동은 고객을 상대로 하므로 그들이 존재하는 배후지가 가장 중요하다. 따라서 인구밀도와 지역 면적이 크고, 고객의 소득수준이 높아야 유리하다.

㉡ 고객 교통수단과 접근성

상점가는 고객의 교통인구가 많은 곳이 좋다. 교통인구는 단순한 통과 인구가 아닌 고객 인구여야 한다. 배후지가 아무리 잘 발달하여 있고 소득이 높다 하더라도 교통수단이 발달하여 있지 않으면 고객을 흡인할 수 없으므로 접근성이 나빠 불리할 수 있다.

㉢ 번영 정도

당해 지역이 지역 사이클로 볼 때 어떤 국면에 있으며, 현재 얼마나 번영하고 있는가를 살펴야 한다. 당해 지역의 지가 수준, 임대료 수준, 매출액, 교통량, 입지경쟁 등의 상태를 파악하면 이를 알 수 있다.

② 물리적 조건

㉠ 가로 구조

동서로 된 가로는 서쪽이 유리, 커브를 이룬 가로의 경우는 내부 쪽이 유리, 역이나 정류장 등을 향한 가로는 우측이 유리, 비탈길의 경우에는 하부가 유리하다. 다만 업종에 따라 다를 수 있다.

㉡ 가로 길이

가로의 길이가 500m 이상의 직선인 경우는 상가로서 유리한 위치가 못되지만, 100m 이내에서 끊어지는 경우도 불리하다.

㉢ 일일 교통인구

5,000~6,000명 정도, 보행인구 + 자동차 인구 = 약 10,000~12,000명

㉣ 접면 너비(바깥길이)

상품의 전시를 위하여 가급적 가로와 접한 폭인 바깥 길이가 넓은 것이 유리하며, 가로의 폭은 지나치게 넓지도 좁지도 않은 것이 유리하다.

ⓜ 지반 고저

주거지는 가로보다 낮으면 마이너스 요인이 되고, 상업지는 가로보다 높으면 마이너스 요인이 된다.

4) 주거지 입지

① 주거지 자연조건

㉠ 지형

남동은 트이고 완만한 경사, 북서쪽은 차가운 계절풍을 막아주는 산·숲이 좋다. 또 앞이 낮고 뒤가 높은 곳이 좋다.

㉡ 지세

언덕바지나 절벽 밑은 붕괴 위험이 있고, 바람받이가 되며, 그늘이 지기 쉬워 불리하고, 우뚝 솟은 봉우리는 바람받이가 되어 나쁘고 움푹 파여 들어간 소형분지도 나쁘다.

㉢ 토지 성질과 지질, 지반의 상태

집터는 생땅(生地)이, 지질은 습도를 알맞게 보존할 수 있는 점토와 사토가 적당히 섞인 토양이 좋다.

㉣ 기상 조건

풍향, 강수량, 일조시간, 기온과 습도의 변화 파악은 주택 쾌적성을 좌우한다.

② 사회적·행정적 조건

㉠ 공해, 위험, 혐오시설 여부

공해, 위험시설(변전소, 가스탱크 등), 혐오시설(오물처리장, 쓰레기처리장 등), 공장 인접지, 공항 고속도로, 철도, 번화가 등 인접지는 주거지 조건에 부적합하다.

㉡ 도로, 교통의 여건

도로 및 교통의 접근성을 고려하여야 한다.

㉢ 공공시설의 정비 상태

교육시설, 의료시설, 문화시설, 구매시설, 스포츠 시설, 가스공급 처리시설 여부, 주차 문제, 전파장애 등을 고려해야 한다.

㉣ 공법상 규제 상태

각종 공법상 규제를 고려한다.

ⓜ 지역 사회적 환경

거주자 지위, 직업, 소득, 나이 등을 고려한다.

5) 공업 입지

① 시장지향형 입지

부패성이 심한 제품, 신선도 유지가 필요한 제품으로 중량이나 부피가 늘어나는 산업,

교통비용을 절감해야 하고 재고 확보가 필요한 제품, 소비자와의 접촉이 많이 필요한 제품, 원료가 단순·동일하고 무게가 무거우며, 생산에 필요한 원료가 복잡한 제품인 경우이다.

② 원료지향형 입지

원료생산지에 입지하여 생산 활동을 하는 산업으로 특정한 장소에서만 생산되는 원료인 편재원료를 많이 사용하는 공장에 적절하다. 총비용 가운데 수송비가 절대적으로 큰 비중을 차지하며 중량감소산업(시멘트, 제련공업 등)과 부패하기 쉬운 원료 물품을 생산하는 공장(통조림, 냉동공업 등)은 원료 산지에 자리 잡아야 한다.

③ 노동지향형 입지

수송비와 노동비 절약이 균등한 비용 곡선상의 최소 노동비 지점에 있으며 전자, 인쇄, 출판업, 섬유, 신발, 합판업 등에 적절하다.

6) 넬슨(R.L Nelson) 소매 입지 이론

오늘날 소비자의 욕구가 다양화·개성화·전문화하는 추세에서 소매점도 이에 대응하여 대형화·시스템화·전문화되고 있다. 넬슨은 소매인력법칙을 보완하여 매장 면적과 거리 외 점포의 물리적 속성에 해당하는 다른 요인도 흡인력에 영향을 미치고 있다고 보았다. 넬슨은 최대의 이익을 얻을 수 있는 매출고를 확보하기 위하여 점포가 어디에 있어야 하며, 어디에 자리 잡아야 하는지를 알기 위하여 입지 선정을 위한 8가지 평가 원칙을 다음과 같이 제시하였다.

	구 분	내 용
①	상권잠재력	– 현재 관할상권내에서 취급하는 상품, 점포 또는 유통단지의 수익성 확보 가능성
②	접근 가능성	– 관할 상권에 있는 고객을 자점으로 끌어들일 수 있는 가능성
③	성장 가능성	– 인구 증가 또는 소득수준 향상으로 시장규모 또는 자점 또는 유통단지의 매출액이 성장할 가능성
④	중간 저지성	– 기존 점포 또는 유통단지가 고객과의 중간에 위치하여 기존 점포로 접근하는 고객을 중간에서 차단할 수 있는 정도
⑤	누적적 흡인력	– 점포가 많이 몰려있어 고객을 끌어들일 수 있는 가능성 – 사무실, 학교, 문화시설 등이 인접해 있어 고객을 끌어들일 수 있는 가능성
⑥	양립성	– 상호 보완 관계가 있는 점포가 위치하고 있어 고객이 흡입될 가능성
⑦	경쟁 회피성	– 경쟁점의 입지, 규모, 형태 등을 감안하여 자점이 기존 점포과의 경쟁에서 우위를 확보할 수 있는 가능성 – 장래 경쟁점이 신규 입점하므로써 자점에 미칠 영향 정도
⑧	경제성	– 입지의 가격 및 비용 등으로 인한 수익성 및 생산성 정도

[입지 선정 8가지 평가 방법]

7) 입지의 매력도 평가 원칙

① 고객차단 원칙(principle of intercept)

입지가 고객이 특정 지역에서 다른 지역으로 이동할 때에 고객이 점포를 방문하도록 하는 입지적 특성이 얼마나 되는지를 평가하는 것이다.

② 동반 유인 원칙(principle of cumulative attraction)

유사하거나 보충적인 소매업들이 군집하고 있는 경우가 분산되어 있거나 독립된 경우보다 더 큰 유인 잠재력을 가질 수 있다는 원칙이다.

③ 보충 가능성 원칙(principle of compatibility)

두 개의 사업이 고객을 서로 교환할 수 있는 정도를 의미하는데, 이 원칙에 의하면 인접한 지역에 있는 사업 간에 양립 가능성이 높을수록 점포의 매출액이 높아진다.

④ 점포 밀집 원칙(principle of store congestion)

동반 유인이나 보충 가능성과는 반대로 지나치게 유사한 점포나 보충할 수 있는 점포들이 밀집되어 있어서 고객의 유인 효과를 감소시키는 현상을 의미한다.

⑤ 접근 가능성 원칙(principle of accessibility)

고객의 관점에서 점포를 방문할 수 있는 심리적, 물리적 특성을 의미하는데, 지리적으로 인접해 있거나, 교통이 편리하거나, 시간의 소요가 적으면 점포의 매출이 증대된다는 원칙이다.

2 입지 영향 인자

1) 인구통계학적 특성

배후 인구의 통계적 특성 분석을 위하여 가구, 인구, 가구당 인구, 나이별 구조를 파악한다. 통계 연보로 나이별·남녀별·지역별·가구별 인구 등을 파악할 수 있다. 또한, 도·소매업 조사보고서, 서비스업 조사보고서 등에서는 지역 주민들의 생활상을 파악할 수 있다. 주거 형태의 구조를 분석해 보면 같은 소득일지라도 아파트 지역이 주택지역보다 소비성향이 1.2배 가량 높다. 아파트는 집적도가 높으며 인구가 많고 편리성을 추구하는 집단이다.

2) 라이프 스타일(Life style)

최근에는 마케팅과 소비자의 행동 연구 분야에서 관심을 끌게 되었다. 그 이유는 시장의 세분화에 있어서 인구통계학적 분류 외에 소비자의 심리적 측면을 고려할 필요가 있기 때문이며 나아가서는 제품의 새로운 의미 부여, 신제품개발 등에서도 소비자의 잠재적 요구를 파악할 필요가 있기 때문이다. 즉, 소비자 행동을 결정하는 주체가 소비자로서 합리적인 경제원칙에 따라 행동할 뿐만 아니라 주체성을 가지고 자신의 생활을 설계하는 생활자로서의 의식을 갖는다는 것을 전제로 성립한 것이다. 라이프 스타일은 개인이나 가족의 가치관 때문에 나타나는 다양한 생활양식·행동양식·사고 양식 등 생활의 모든 측면의 문화·심리적 차이를 전체적인 형태로 나타낸 말로서 최근에는 마케팅과 소비자의 행동 연구 분야에서 관심을 끌게 되었다. 라이프 스타일이란 "소비자가 그러한 자금과 시간을 어떻게 소비하는가(활동), 자신의 환경 내에서 무엇에 관심을 두고 있는가(관심), 자신과 주변 환경에 관하여 어떠한 의견을 갖고 있는가(의견)의 측면에서 묘사되는 생활양식"으로 정의된다. 라이프 스타일 특성은 인구 통계적 특성과는 달리 연구자의 조사 목적에 따라 다른 차원에서 측정되어야 한다. 따라서 나이 또는 소득, 직업과 같이 표준적으로 고정된 차원이 없으며 라이프 스타일을 반영해 주는 AIO 목록을 직관적으로 개발하여 적용하거나 소비자의 구매 목록을 확인하여 라이프 스타일을 추론함으로써 측정될 수 있다. AIO 분석(Activity, Interest, Opinion)이란 나이나 성별, 소득, 직업 등 같은 인구 통계적 집단 내 속한 사람들도 서로 다른 정신·심리적 특성이 있을 수 있다는 정신·심리적 특성을 기초로 시장을 나누는 것을 말한다. 라이프 스타일은 흔히 활동(Activity)과 관심(Interest), 의견(Opinion)을 기준으로 분류되는데, 그 머리글자를 따서 AIO 분석이라고 한다. 즉, 소비자가 어떻게 시간 보내고 어떤 일을 중시하며 어떤 견해를 갖고 있는가를 척도로 나타내어 수치화하는 것이다.

활동(Activity)	관심(Interest)	의견(Opinion)
일	가정	자기 자신
취미	친구	사회문제
공동체 활동	이웃	정치
쇼핑	유행	경제
레저	음식	제품
스포츠	매체	문화

[AIO 분석]

3) 접근성 분석

① 적응형 입지

도보자의 접근성을 우선 고려하여 도보자가 접근하기 쉬운 출입구, 시설물, 계단, 가시성 등이 좋아야 한다. 출입구도 자동문이나 회전문은 좋지 않다. 대부분 도보객은 버스나 택시, 지하철을 이용하므로 이들 교통시설물과 근접하면 좋다. 도심의 최적 입지는 차 없는 거리이며 도심의 점포는 주차장이 없어도 된다. 굳이 투자 효율성이 떨어지는 주차장을 둔다면 건물 뒤편에 위치하는 것이 좋은데 우선 도보객이 접근하기 쉬워야 하기 때문이다.

② 목적형 입지

특정 테마에 따라 고객이 유입되므로 차량이 접근하기 쉬워야 한다. 주도로에서 접근하기 쉽고 주차장이 크고 편리성이 있어야 하며 주차관리원도 두어야 한다. 또 주차장의 위치는 건물 앞쪽에 있어야 이용자의 편리성이 높다.

③ 생활형 입지

지역 주민이 주로 이용하는 식당이므로 도보나 차량을 모두 흡수할 수 있어야 한다. 주차시설도 갖추고 도보객의 접근도 유리한 지역에 출점해야 한다.

고객의 흡인이 쉽도록 점포의 입구나 건널목 상태, 고객의 주요 유동 방향 등을 반드시 확인해야 한다.

4) 경쟁 상황 파악

상권 내의 업종별 점포 수, 업종비율, 업종별·층별 분포를 파악한다. 업종별 분류는 판매 업종과 서비스업종으로 구분할 수 있는데, 판매 업종은 식품류, 신변잡화류, 의류, 가정용품류, 문화용품류, 레포츠용품류, 가전·가구류로 구분하고 서비스업종은 외식 서비스, 유흥 서비스, 레저·오락 서비스, 문화 서비스, 교육 서비스, 의료 서비스, 근린 서비스로 나눌 수 있다. 경쟁 소매업체와 경쟁을 시작하기 전에 경쟁 상황을 파악하기 위하여 동일 상권 내의 업종별 점포 수, 업종의 비율, 업종별 층별 분포도 등을 상세하게 파악하여야 한다. 판매 업종과 서비스업종의 구조를 파악한다. 판매 업종이 많을수록 유동성이 높으며 패스트 푸드 점포가 유망하다. 또한, 판매 업종이 다수이면 판매 업종을 출점하는 것이 유리하다. 서비스업종이 많으면 서비스업을 택하는 것도 좋다. 건물의 각층 구성비에 따라 상권이 좋고 나쁨을 판단할 수 있으므로 건물의 층별 점포 구성을 조사·분석하여야 한다. 입점하고 있는 브랜드를 분석한다. 우리나라 소비자는 브랜드 선호도가 높으므로 유명 브랜드가 많이 입점되어 있으면 좋은 입지이다.

5) 시너지 효과 고려

동종 업종이 집적되어 있으면 초기 투자비가 비싸다. 경쟁점포가 출점하더라도 매출이 민감하게 변하지 않으며 소비자는 바가지를 쓸 염려를 하지 않는다. 또 구색이 다양해서 선택의 폭이 넓어지는 장점이 있다. 동종 업종의 집적을 고려한 입지 선정 유사

업종(테크노마트, 논현동 가구의 거리)의 집객력을 고려하여 선정한다. 판매 업종이 집중된 명동이나 백화점, 할인점에 외식업을 출점하면 시너지 효과를 최대한 확보할 수 있다. 서비스업종이 집중된 음식점이나 유흥 위락단지, 숙박업, 학원, 극장 등 같은 업종끼리 집중되면 시너지 효과가 극대화된다. 특정 시설에 의존하는 입지를 선택한다. 호텔, 백화점, 시장, 대형사무실, 대형상가, 대형 복합빌딩 등 바로 옆이나 아니면 영향권에서 벗어난 지역에 입점해야 한다. 그러나 소매점 판매업은 될 수 있는 대로 피하는 것이 좋다. 소비자들은 대형할인점 등 대형 시설물을 좋아하고, 사이버 시장이 급속히 증가하고 있으며 재고가 부담되고 점포는 과포화 상태이기 때문이다.

6) 소비자 상권 이용 형태

소비자는 대형 지향성을 갖고 있어 동일 업종인 점포가 나란히 여러 개 밀집되어 있으면 대형점포를 선택하게 된다. 고객은 평탄하거나 아래쪽을 선호하며 충동구매를 많이 한다. 또 눈높이에 맞아야 한다. 심리에 민감하며 자동문이나 회전문, 점포를 가리는 나무는 좋아하지 않는다. 또한, 전면 길이가 긴 점포를 선호하고 안쪽으로 길쭉한 점포는 상대적으로 선호도가 낮으며 도로변에 면한 길이와 점포 안쪽의 길이는 3 : 2 정도의 비율이 좋다. 고객은 비 역류성으로 비(非) 번화 지역에서 번화 지역으로 이동한다. 고객은 동질적이다. 점포에 같은 부류가 오는 것을 좋아한다. 표적을 명확히 정해야 한다. 아파트는 대형 50평 이상보다는 30평 이하 지역의 소비성향이 1.2배 정도 높다. 특히 아파트 상가는 소형 아파트일 때 영업이 잘된다.

7) 법적 조건 체크

① 용도지역

이들 지역은 건축이 가능한 지역이 있고, 전혀 불가능한 지역이 있으며, 지방자치단체의 조례에 따라 가부가 결정되는 것도 있다. 자세한 세부 내용은 구청에 문의하면 최신 정보를 얻을 수 있다. 또한 학교시설 지구(고등학교 이하)에서는 50m까지가 절대정화구역, 200m까지는 상대정화구역이다.

② 건폐율과 용적률

건폐율이란 건물을 땅바닥에 앉히는 면적 비를 말한다. 용적률이란 땅 대비 총건축 가능 평수를 말한다. 용도지역에 따라서 건폐율과 용적률은 많은 차이가 있으므로 유의해야 한다.

8) 성장성 분석

출점 예정인 입지가 미래에 어떻게 될 것인가는 아주 중요하다. 이런 변화에 대해서는 구체적인 확인이 필요하다. 단기 변화는 1년 내 시행되는 것을 중기 변화는 3년 이내에 장기 변화는 3년 이상으로 분류할 수 있다. 적어도 음식점을 창업하기 위해서는 1년 이내에 변화해야 한다. 아파트단지 내의 상가나 인근 상업지역에 출점해도 신중해야 한다. 아파트단지는 입주 개시 후 적어도 3년 길게는 10년이 되어야 안정될 수 있다.

9) 다점포 경영(Chain Store Operation)

각 지역의 발전성이나 상권 자체가 가진 이점 등을 자사(自社)의 이익과 연계시키기 위한 수단으로서 각 해당 지역에 자사의 지점포(支店鋪)를 출점하게 하는 이른바 다점포화(多店鋪化) 정책에 따라 만든 각 체인점의 영업활동에 대한 경영관리(經營管理)를 말한다. 매입 및 판매 활동의 기능을 각기 나누어 본점이 전지점(全支店)의 매입을 통괄적으로 담당하고, 지점은 오로지 판매 활동만을 담당하도록 한다. 다점포 경영이란 본점을 통한 대량매입(大量買入)과 각 지점을 통한 대량판매(大量販賣)의 동시 실현을 목표로 하는 경영체제를 일컫는다.

10) 비즈니스 환경

비즈니스 환경은 최고경영자가 의사결정을 내려야 할 때 고려해야 하는 외부 요인을 말한다. 이곳에 입지해야 하는지 저곳에 입지해야 하는지의 판단은 그 기업의 총매출과 기업의 운명에 지대한 영향을 주기 때문에 최고경영자의 신중한 판단이 요구된다. 일반적인 환경요인은 기후나 지형 같은 자연적인 조건과 정치, 경제, 사회, 문화, 기술, 국제 환경으로 나눌 수 있다. 구체적 환경요인은 경쟁업체, 소비자, 유통업체, 공급업체 등과 같이 조직 활동과 밀접한 관련을 맺고 있는 기업의 이해당사자들로 구성되어 있다.

3 경쟁점포 분석

1) 경쟁점 조사 의의

경쟁상대에 대한 조사도 입지 선정 과정에서 빼놓을 수 없는 항목이다. 아무리 상권이 뛰어나고 아무리 좋은 입지를 선정했다고 해도 이미 그 상권에 자신이 하려는 업종이 포화상태라면 개점의 의미가 없기 때문이다. 첨단업종이 아닌 이상 자신이 시작하려는 업종과 같은 업종이 한두 개쯤은 있게 마련이다. 그렇더라도 크게 걱정하거나 미리 포기하지 말고 이 점포와 경쟁해서 승산이 있는지, 서로 시장을 나누어 차지할 수 있을 만큼 대규모 상권인지를 먼저 살펴보고 점포 위치는 경쟁점과 붙어 있는 것이 좋은지 아니면 떨어져 있는 것이 좋은지 경쟁점 조사를 통해서 파악해 보도록 한다. 먼저 경쟁에 대한 개념 정립이 필요한데, 같은 업종이 모두 경쟁하는 것은 아니다. 대부분 업종은 다른 점포와 경쟁하는 동시에 양립한다. 양립이란 상권 내에 유사 업종이 함께 모여 있음으로써 상호 간의 매출이 상승효과를 얻는 것이다. 다시 말하면 경쟁은 점포 간에 이익을 서로 많이 차지하려는 것이지만 양립은 상호의 이익을 상승시키는 것이다. 이러한 경쟁과 양립 관계를 명확히 파악해 과연 진정한 경쟁자가 누구인지를 알아내야 한다. 점포의 경쟁 개념이 확고해졌다면 경쟁점을 정의하고 그 경쟁점보다 비교우위를 점할 수 있는 차별화 정책을 모색해야 한다. 이러한 차별화 정책을 모색하기 위해서는 경쟁점의 강점을 먼저 조사해야 한다. 왜 고객이 경쟁점을 이용하는지 그 이유를 파악해야 한다. 고객이 주변의 경쟁점을 이용하는 경우는 가격이 저렴하거나 상품의 품질이 우수하거나 점포가 청결하다든가 종업원이 친절하기 때문일 것이다. 이런 이유를 파악했다면 경쟁점의 강점과 자기 점포를 비교·분석해서 문제점을 개선해야 한다. 경쟁점 조사는 조사의 목적에 따라서 시기가 달라질 수 있으므로 적절한 시점에 진행해야 효과를 볼 수 있다. 따라서 원인 없이 매출이 하락하면 즉시 시행하고 정기적인 시점(월별, 분기별), 가격을 인상하고자 할 때 경쟁점이 판촉 행사를 할 때 지역에 행사가 있으면 실시한다.

2) 경쟁점포 범위

경쟁점포에 대한 상황은 자점과 경쟁점포의 매출액 추이를 비교함으로써 인식할 수 있다. 고객수요 관점의 경쟁유형에 해당하는 직접 경쟁과 간접 경쟁, 그리고 잠재 경쟁으로 구분할 수 있다. 직접 경쟁은 동일 업태와의 경쟁이며 간접 경쟁은 서로 다른 업태와의 경쟁을 말한다. 단, 자점의 취급 상품 범주가 경쟁점포와 같으며 부분집합이 될 때는 직접 경쟁으로 구분한다.

3) 경쟁점 조사 목적과 절차

후보지 인근의 경쟁점 현황을 조사하는 목적은 경쟁점포의 인지도, 매장 크기, 취급하는 상품의 성격, 영업시간, 하루 내점 고객 수 등을 조사하여 경쟁점보다 우월한 차별화 전략을 세우기 위해서이다. 경쟁점이라는 말에서 느낄 수 있듯이 주변 상권에 경쟁점이 많으면 영업에 부정적인 영향을 주는 것이 일반적이다. 하지만 경쟁점이 있다고 해서 모두 불리한 것은 아니고 주위에 같은 업종이 많아서 오히려 덕을 보는 예도 있다. 같은 업종의 점포가 많이 모여 있으면 서로 의지해서 상권을 형성하고, 상호 간 상승효과를 볼 수 있기 때문이다. 손님으로서는 한 장소에 같은 업종의 점포가 여러 개 있으면 편리하게 비교해 볼 수 있다는 장점이 있다. 같은 업종의 경쟁상대가 많은 곳에 점포를 내는 것은 방법에 따라서는 성공할 확률이 높아진다. 그러나 모여 있다고 모든 업종이 상승효과를 보는 것은 아니고 업종에 따라 서로에게 도움을 주는 업종이 있는가 하면 반대로 손해를 끼치는 업종도 있다. 상권 내에 있는 경쟁점포가 보혜·보완 업종이어서 자신의 점포에 좋은 영향을 주는 경우이든, 나쁜 영향을 주는 경우이든 경쟁점 현황을 직접 조사해서 판단해야 한다. 경쟁점 현황조사의 궁극적인 목적은 차별화 전략을 세워 해당 상권을 찾아온 고객을 경쟁점이 아닌 자신의 점포로 끌어들이는 방법을 찾아내는 것이다. 즉, 주변의 다른 점포와 같은 업종으로 장사를 하고 있더라도 자기 점포만의 전문성을 확보하여 고객층을 세분화해서 고객층에게 맞는 특징 있는 상품과 서비스를 갖추면 경쟁점을 이길 수 있는 점포가 될 것이다. 조사 절차는 다음과 같다.

조사의 포인트 결정 → 조사의 목적 수립 → 자점의 현상 요약 → 세부조사 항목 결정 → 현장조사 실시 → 조사 결과 정리 → 자점과 대비분석 → 교육 후 현장에 반영 → 시행 결과 피드백이다.

4) 차별화를 위한 경쟁점 조사

창업을 마음먹고, 아이템과 입지를 선정하면 거의 모든 경우에 경쟁업체가 있게 마련이다. 그렇다고 입지나 아이템을 변화하는 것은 상당한 애로사항이 따른다. 그렇다면 어떻게 해야 할 것인가가 중요한데, 우선 경쟁점포의 존재와 영업상태는 향후 자기 점포를 운영하는 데 많은 지침을 제공한다고 할 수 있다. 여기서 주의할 것은 경쟁점포와 같은 수준의 서비스와 상품 수준으로는 겨룰 수 없다는 전제에서부터 시작할 필요가 있다. 경쟁점포의 영업성과는 해당 상권에서 얼마나 어필할 수 있는 것인가를 알 수 있다. 처음에 상권에 동일 업종이 없다면 왜 없는 것인지를 반드시 확인하여야 한다. 만약 아이템이 해당 상권에서 어필할 수 없는 것이 이유라면 출점은 취소되어야 한다. 출점이 합리적이고 경쟁점도 번성하고 있다면, 다음으로는 경쟁점과 내 점포의 차별적인 특징을 개발하기 위해서 차별화를 위한 타점 조사를 하여야 한다. 어림짐작과 방향이 없는 막연한 조사보다는 어떻게 차별화를 진행하고 수익으로 연결할 수 있을지 고려해야 한다. 따라서 차별화를 위한 타점 조사는 확실한 목표 의식이 중요하다. '단순히 점포의 면적이 크다. 서비스가 우수하다'라는 모호한 차별성과 강점이 아니라, 경쟁점포가 무엇이 강점인지, 무엇이 단점인지를 찾아내기 위해서 집중적으로 살필 필요가 있다. 경쟁점포의 존재와 자기 점포와의 관계에서 양립할 수 있을 것인가를 고려할 필요가 있다. 대부분의 판매업과 서비스업은 경쟁 관계가 심할수록 서로에게 좋지 않은 결과를 초래할 수 있고, 외식업의 경우는 경쟁점의 존재가 더 좋은 결과를 만들어 낼 수 있다. 소매업의 경우 대부분 집적 이익을 추구하는 경향이 많으므로 경쟁점포의 존재에 대해서 너무 비관적으로도 낙관적으로도 생각할 필요가 없다. 있는 현상 그대로를 이해하고 차별화를 추구하겠다는 정신자세가 중요하다. 차별화를 추구하기 위해서는 우선 상품을 세분화할 필요가 있다. 소매업은 고객층이 바뀌지 않는다는 특징이 있다. 같은 고객들에 대해서 꾸준하게 만족을 줄 수 있는 상품을 계속 갖춰 두고 이질적인 상품을 준비해 지속해서 구매를 유도하여야 한다. 취급 상품의 폭, 가격 범위, 가격 대비 품질 등 같은 고객층에 대해서 다양한 상품구성의 접근이 필요하다. 경쟁점포를 관찰하고 부분별로 핵심이 되는 주력상품을 찾아낸다. 경쟁점의 관찰에 따라서는 주력상품의 중복이 아니라면 적어도 그 부문에 대해서는 경쟁점이 아니다. 여기에 정확하게 경쟁점포를 관찰해야 하는 이유가 있다.

5) 차별화와 양립

① 차별화

차별화란 다른 점포와 다른 우리 점포만의 특징을 개발하고 내세우는 것이다. 경쟁점에 대한 가장 효과적인 대책은 경쟁하지 않는 것이다. 여기서 경쟁하지 않는 것이란 경쟁상대와 전혀 다른 것을 실현하는 것을 말한다. 따라서 경쟁하는 것이 아니라 경쟁상대와의 양립성을 강화해서 경합하면서도 양립하여 공존하는 상태로 만들어 가는 것이다. 경합이라는 말에는 두 가지 의미가 포함되어 있는데 경쟁이라는 요소와 양립이라는 요소이다. 이 두 가지 결합의 상태는 소매업에서만 볼 수 있는 특징이다. 즉, 소매업에서는 집적에 의한 상호 양립을 깊게 하면서 동시에 보다 치열한 경쟁상태로 나아가는 것이다.

② 소매업 양립 관계

㉠ 고 양립

상호 고객의 10~20%를 교환하는 점포끼리의 관계이다.

㉡ 중 양립

5~10%를 교환하는 점포끼리의 관계이다.

㉢ 저 양립

1~5%를 교환하는 점포끼리의 관계이다.

㉣ 부 양립

상호 고객을 교환하지 않는 점포끼리의 관계이다.

㉤ 비 양립

경쟁점 관계로서 상호 이해가 상반하는 관계이다.

③ 양립성을 높이기 위한 상품 세분화 단계

㉠ 취급 품목

단지 업종이 같다는 이유만으로 경쟁의식을 갖는 경우가 많으나, 상품 세분화 분석 결과 취급 품목이 다르다면 경쟁점 관계라기보다 양립점의 관계라고 할 수 있다. 예를 들어 같은 정육점이라도 A점이 우육 중심, B점이 돈육 중심, C점이 계육 중심이라면, A, B, C의 3개 점포는 서로 양립점의 관계인 것이다. 취급 품목이 같아 상호 경합하는 관계라면 경쟁을 피하고자 A, B, C 각 점이 취급 품목을 차별화하는 것이 현명하다.

㉡ 가격 범위

만일 주력 품종이 같고 차별화도 쉽지 않을 때는 가격대를 비교해 볼 수 있다. 만일 주력 품종이 같다고 해도 서로 가격대가 다르다면 이것은 경쟁점이라 볼 수 없고 양립점이 되는 것이다.

㉢ 적정 가격

가격대도 같다면 동일 품종의 적정 가격을 비교한다. 만일 적정 가격이 다르면 자기 점포의 적정 가격이 과연 채산성이 있는지 없는지를 다시 한번 살피는 것이 필요하다.

㉣ 적정 가격 대비 품질

마지막으로 적정 가격이 같은 경우, 품질을 통한 경쟁 극복 대책을 세우도록 한다. 같은 적정 가격 품목의 품질을 경쟁점의 품질보다 높게 유지하는 것이다.

④ 상품화 조사

경쟁점 분석을 하기 위한 1차적 관문은 경쟁점의 존재를 명확하게 파악하는 것이다. 이런 의미에서 경쟁과 양립을 구별하는 것이 경쟁점 분석의 출발점이 된다. 따라서 경쟁점 분석에서는 무엇보다도 상품화 조사를 우선할 필요가 있다. 상품화 조사는 점포에 대해서 경쟁과 양립의 존재를 명확히 해주고 그 분석 결과에서 자기 점포의 바람직한 상품화 수준이 어느 정도인지 파악할 수 있게 해준다. 상품화 조사는 대부분 점포를 관찰하는 것으로 이루어진다. 먼저 점 내를 관찰해서 부문별로 핵심이 되는 품종을 찾는다. 핵심 품종을 발견하고 난 후에 해야 할 중요한 일은 품종을 상품 분류상의 구분이 아닌 용도로 분류하는 것이다. 용도 수준은 구매 동기를 말하는 것이고 구체적으로는 구매빈도를 말하는 것이다. 용도를 살펴보면 아무렇지 않게 구매한다(종종 산다, 가끔 산다, 이따금 산다, 드물게 산다는 것으로 구분). 반드시 생각해서 구매한다.

⑤ 적정 가격과 품질 비교

주력 품종의 가격 수준 속에서 적정 가격을 조사하여 적정 가격이 일치하지 않으면 이 점포를 경쟁점에서 제외할 수 있다. 적정 가격이 일치하는 경우는 마지막으로 품질을 비교한다. 자기 점포의 품질이 뛰어나다면 상관없지만 같은 수준이라면 경쟁점이라고 할 수 있다. 상품이 국산품일 경우에는 브랜드를 비교하는 것도 필요하다.

⑥ 입지 조건 조사

㉠ 입지 수준 결정

ⓐ 입지 수준은 상권 범위가 얼마나 넓은가로 결정된다.

ⓑ 상권 범위의 크기는 내점 빈도와 반비례한다. 내점하는 고객의 방문이 빈번하다는 것은 고객의 거주지가 이 입지에서 가깝다는 것을 의미하며, 이 입지의 상권 범위가 작다는 것을 의미한다.

㉡ 상권 범위 넓기 결정요인

ⓐ 입지 환경

입지를 둘러싼 주변 지역의 인구분포, 교통상황, 산이나 강 등의 지리적 상황 등을 말한다.

ⓑ 기존 점포의 수준

입지 환경의 중앙에 기존 점포가 성립된 것이다.

㉢ 상품 수준과 입지 수준

ⓐ 상품화와 입지 수준이 일치할 때 점포의 영업 효율은 최대로 나타날 수 있다. 점포의 출점지를 결정할 때 점포의 상품 수준을 최우선으로 고려하지 않으면 입지 선정도 불가능하기 때문이다.

ⓑ 대규모 출점 전략은 점포의 상품 수준과 같은 입지 수준을 선정하는 것에 의해 결정된다.

㉣ 경쟁점의 입지 조건 분석

경쟁점의 입지 조건 분석을 위해서는 경쟁점 입지의 집적도와 양립도를 조사할 필요가 있다.

ⓐ 집적도

일정한 지역에 점포가 많이 모여 있어 이 지역으로 고객이 집중하는 정도를 말한다.

ⓑ 양립도

점포의 주변에 이익을 함께 나누어 가지는 점포가 몇 개나 존재하는가의 문제이다. 동일 수준의 점포 수가 많을수록 양립도는 높게 된다.

⑦ 부문 분석

같은 업태 중에서도 하나하나의 업종 부문별로 비교하려는 것, 즉 점포를 구성하는 부문별로 정보를 파악해서 이를 모두 합한 뒤 점포 전체의 경쟁력을 알아보려는 것이다.

㉠ 부문별 조사 및 분석의 목적

하나하나의 부문의 힘이야말로 경쟁에서 이길 수 있는 근원이기 때문이다. 즉, 전체적으로 힘을 발휘하기 위해서는 그 점포 안의 어느 부문도 타점에 열등해서는 안 되기 때문이다.

㉡ 부문 분석 조사

ⓐ 부문 분석은 실지 조사를 통해 이루어지고 실지 조사는 직접 발로 뛰면서 대상 부문의 점포에 대한 각 정보를 기록하는 방법이다.

ⓑ 이 조사를 통해 분포도를 작성할 수 있을 뿐만 아니라 상권 각 부문의 총매장 면적과 총매출을 파악할 수 있다. 여기에서 자기 점포의 각 부문의 매장 면적 대 점유율을 계산해 낼 수 있다.

6) 직접 방문에 의한 경쟁점 조사

① 앙케트 면접조사

상권을 직접 호별 방문하여 경쟁점을 조사할 수 있다. 이 조사에서는 질문 항목을 가능한 한 적게 해서 소요 시간을 작게 잡아야 한다. 그렇게 하기 위해서는 예상으로 삼고 있는 점포에 맞게 조사 항목을 선정해야 한다. 호별 방문을 할 때는 일반적으로 '이러한 종류의 물건을 쇼핑하기 위해서 대개 어느 점포에 가십니까, 그 이유는 무엇입니까?'라는 내용의 질문을 만든다. 그리고 어느 집을 방문할 것인지를 등간격 유출법으로 샘플링하면 정확한 시장점유율을 구할 수 있다. 등간격 추출법이란 모집단의 몇 분의 1로 표본을 조사할 것인가가 정해지면 등간격으로 대상 표본을 정하면 되기 때문에 꽤 단순한 방법이다. 예를 들어, 모집단이 1,000명이고 거기에서 100명의 표본을 뽑고 싶을 경우, 각 10명째의 표본을 취하면 되는 것이다. 이처럼 1,000명을 무작위로 그리고 등간격으로 나열하면 되는 것이다. 그리고 1, 11, 21이라는 순서로 표본을 정하면 된다.

② 좌담회

좌담회 형식을 이용한 방법은 자사 점포의 고객은 대상에서 제외하고 특히 자사 점포에서 문제로 삼고 있는 경합점의 고객(5~6인)을 대상으로 한다. 이 방법의 목적은 경쟁점에서 쇼핑하고 있는 사람들을 모아서 '왜 그 점포에 갑니까?' 그리고 '왜 우리 점포에는 오지 않습니까?'를 물어보기 위함이다.

7) 경쟁점 대책에 필요한 사항

① 상권 변화

상권은 소매사업을 할 때 가장 중요하게 점검해야 하는 외부 환경요인이다. 소매점의 1차 상권을 중심으로 건물의 신축, 증축계획, 사무실 이동 사항, 관공서 신설, 병원 건립, 아파트 재건축 사업 시행 등의 사항을 평소에 조사해 두어야 한다.

② 경쟁점 출현

소매 점주는 주변의 정보에 민감해야 한다. 특히 신규 경쟁점포가 출현한다는 정보는 신속히 파악해서 이에 대비하여야 한다. 경쟁점이 개점하기 전에 이에 따른 영업방침 및 판촉 행사 등을 기획해 놓아야 하기 때문이다.

③ 주변 업종 변화

하루아침에 점포가 개점하고 또 폐점하기도 한다. 이런 변동 상황을 잘 관찰한다면 상권 내에서 새로이 부상하는 업종이 무엇이며 반대로 어떤 업종이 쇠퇴해 사라지는지를 판단할 수 있다. 따라서 현재의 영업이 과연 장기적으로 볼 때 발전 가능성이 있는가 하는 점도 이러한 주변 업종의 변화를 관찰함으로써 판단할 수 있다.

④ 주변 경기 흐름

주변의 경기가 불경기인지 아니면 호황인지에 따라 점포 매출은 많은 영향을 받는다. 주변의 경기 흐름이 하락하는 추세라면 점포 자체 내에서도 이에 대비한 긴축 운영 태세를 갖추어야 한다. 이런 흐름을 파악하지 못하고 엉성한 운영을 한다면 가맹점의 손익은 점점 악화할 것이다.

⑤ 위기 상황

외부 환경의 변화로 인한 위기는 소매점이 생존할 수 있느냐 없느냐를 결정짓는 중요한 상황이다. 이러한 위기 상황을 빨리 파악해 소매점의 영업 방향의 전환 및 체질 개선으로 활용한다면 또 다른 도약을 위한 기회 요인이 된다는 것을 명심해야 한다.

	원가우위 전략	차별화우위 전략	집중화 전략
제품차별화	낮음	높음	낮음 또는 높음
시장세분화	낮음	높음	낮음
핵심역량	제조와 자재관리	연구개발, 판매 마케팅	양쪽 모두 가능
진입장벽 수단	원가 우위, 규모의 경제	상표충성도, 차별화	소비자 충성도

[경쟁우위 구축 전략]

제 6 장 점포개점 전략

제 1 절 점포개점 계획

1 점포개점 의의 및 프로세스

1) 점포개점 의의

점포개점이란 경영자가 자신의 창업환경을 분석한 후 자신이 가장 잘할 수 있는 또는 가장 하고 싶은 아이템을 선정한 후에 아이템과 가장 적합한 입지를 선정하여 영업하기 위한 일련의 과정으로 적합한 업종을 선택한 후에 점포를 구하는 단계를 거친다. 개점에 대한 이해가 부족하거나 잘못 진행할 때 불필요한 비용의 손실을 보아 올 뿐만 아니라 창업의 기회를 놓쳐버리는 경우가 발생하며 위험 요소를 줄이기 위해서 개점 프로세스에 대한 이해가 필요하다. 점포개점은 다른 말로 창업이라고 할 수 있다. 창업이란 기업가(Entrepreneur)의 능력을 갖춘 개인이나 단체가 상업의 아이디어를 가지고 사업 목표를 세우고 적절한 시기에 자본, 인원, 설비, 원자재 등 경영자원을 확보하여 제품을 생산하거나 용역을 제공하는 것이다. 대부분 창업자는 "경제적인 여유"를 찾고자 함이다. 하지만 완벽하게 준비하지 않은 상태에서 창업한다면 이득보다 손실이 클 것이다. 철저한 준비를 통해 창업을 실행해야 할 것이다.

2) 개점 프로세스

① 1단계

㉠ 창업자 환경 분석(적성, 자금, 시기)
철저한 자기 분석이 먼저이다. 그리고 동원할 수 있는 창업자금을 고려하고 시기를 정해야 한다.

㉡ 아이템 선정
적성에 맞거나 하고 싶은 일을 선택하는 것이 첫 번째이다.

㉢ 사업계획서 작성
실질적인 내용으로 직접 작성한다.

㉣ 창업 방법 결정
특별한 노하우나 기술을 보유하고 있는 경우나 유경험자면 전문가의 도움을 받아 독립적으로 창업할 수 있지만, 초보자면 프랜차이즈 창업이 유리할 수 있다.

② **2단계**

㉠ 상권분석
업종에 따라 적합 상권과 입지는 다르다. 그리고 자기 능력에 맞는 상권과 입지 그리고 점포 크기를 정하는 절제가 필요하다.

㉡ 입지 선정
입지는 상권에서 가장 좋은 곳이어야 한다.

㉢ 사업 타당성 분석
목표 매출이 가능한지를 따져보고 결정해야 한다. 간혹 보기에는 화려하나 실속이 없는 상권이 있기 때문이다.

③ **3단계**

㉠ 실내장식과 점포 꾸미기
아이템에 맞는 실내장식이라야 시너지 효과를 얻을 수가 있다. 프랜차이즈일 때 이미 정해진 실내장식 콘셉트가 있으므로 문제가 없지만, 독립창업이면 전문가에 도움을 받는 것이 추가 비용을 줄이는 방법이다. 기존의 동일 업종으로 성업하는 점포의 실내장식을 벤치마킹하는 것도 좋은 방법이다.

㉡ 기자재
업종에 따라 필요 기자재는 차이가 있다. 자신이 선택한 업종에서 필수적으로 필요한 기자재는 사전에 충분한 시장조사를 한 후에 결정해야 하는데 마찬가지로 프랜차이즈 창업이면 본사에서 이미 최적의 기자재가 선정되어 있어 크게 고민할 필요가 없지만 독립 가게일 때 직접 확인하는 것이 좋다.

㉢ 초도 물품 준비
장사를 하기 위해서는 판매할 상품을 갖춰야 하는데 판매 업종이면 도매상을 통해 매입 계획을 세워야 하고 외식업종이면 수많은 종류의 식자재를 구매 혹은 구입처를 사전에 확보해 두어야 한다.

④ **4단계**

㉠ 가격책정
판매 상품의 가격을 정해야 한다. 기본적으로 각 메뉴나 상품별 원가나 매입가를 기준으로 책정하면 된다. 원가에 임대료 인건비 기타 지출 비용, 감가상각 등에 순

이익률을 포함해서 정하는 것이 기본인데 업종에 따라 차이가 있으므로 동일 상권의 경쟁점포의 가격을 파악한 후 판매가격을 정하는 것이 좋다.

ⓛ 인력계획

필요 인력은 업종에 따라 점포 크기에 따라 그리고 영업시간에 따라 각각 다르다. 이런 부분을 고려하여 사전에 준비해야 한다.

ⓒ 홍보계획 :

소점포 사업자의 홍보는 작지만 길게 그리고 꾸준히 해야 한다.

⑤ **5단계**

㉠ 매장 운영에 필요한 교육 및 인허가

매장 운영에 필요한 교육을 사전에 충분히 받아야 한다.

ⓛ 오픈 준비 및 오픈

오픈은 완벽한 준비가 되지 않으면 열지 않는다는 마음으로 사전 준비를 철저히 해야 한다. 대부분 오픈이 가까워져 오면 돈을 벌 수 있다는 욕심으로 맘이 급해지고 준비가 부족한 상황에서 오픈하는데 이는 삼가야 한다.

3) 점포개점 계획 고려 사항

입지 선정과 상권분석의 단계에서 예상되는 고객의 특징과 수요량을 파악하면 그에 따라 취급할 상품을 결정한다. 상품의 종류와 재고수준을 결정할 때는 자본금의 액수, 점포의 크기 등의 요소도 고려하여야 한다. 이 단계에서는 취급하려고 하는 상품을 구매할 수 있는 곳(도매상, 또는 생산자)과 구매 방법, 대금결제 방식 등을 조사한다. 상점의 외양을 잘 갖추는 것은 고객을 효과적으로 유인하기 위한 것이다. 상점의 외양은 고객들에게 상점의 개방성, 활기, 안정, 일관성이 있다는 인상을 줄 수 있어야 한다. 또, 외양은 목표 고객에 대하여 상점의 특별한 이미지를 전달해야 한다. 상점의 외양에서 고려해야 할 사항은 간판, 입구, 진열창(display window), 주차장 등이다. 소요 인력, 내부 레이아웃, 필요 자금 등도 고려해야 한다. 교통 문제, 소비자의 구매습관 전망 및 경쟁분석 등을 포함한 입지 평가를 위한 다양한 방법들을 활용하여 소매상의 적합한 입지를 선정한다. 상권의 수명주기가 어디에 있는지 면밀하게 분석해야 한다. 수명주기는 성장기 → 성숙기 → 쇠퇴기 → 천이기(과도기) → 악화기의 단계를 거친다.

2 투자 기본계획

1) 사업계획서 작성 항목 및 내용

① 업체 현황을 작성한다.

② 창업자와 회사 일반현황을 기재한다.

③ 계획사업의 개요
개발 동기, 사업 내용, 생산 제품의 특성, 기대효과 등이 포함된다.

④ 시장 현황
거시적인 측면에서의 시장 현황을 기술한다.

⑤ 동종업계 현황
시장의 규모와 전망, 시장점유율과 경쟁 관계, 계획제품의 침투 가능성 등이 포함된다.

⑥ 판매계획
판매 전략 및 판매 현황, 가격 정책, A/S 계획, 국내 판매계획, 수출계획, 생산계획(제조공정도, 자체 생산계획, 외주 생산계획) 등이 포함된다.

⑦ 설비 투자계획
적정규모 제조설비 및 검사설비 내용, 구입처, 수량, 가격 등이 포함된다.

⑧ 인원 및 조직계획
업무 흐름 별 조직체계도, 직무별, 직위별, 소요 인원 등이 포함된다.

⑨ 원부자재 조달계획
국내 조달계획, 수입 자재 조달계획 등이 포함된다.

⑩ 재무계획
추정손익계산서, 추정 재무상태표, 현금흐름표, 손익분기점 분석 등 포함된다.

⑪ 자금계획
총 필요 자금 명세, 조달계획 또는 차입계획, 차입금 상환계획 등이 포함된다.

⑫ 사업추진 일정 계획표
세부적인 추진 일정, 기간, 예산 등 표기한다.

⑬ 부속 자료
인건비 명세서, 감가상각비 명세서, 제조원가명세서, 경영진 이력서, 제품설명서, 특허권 사본, 제공 가능 담보물 내용, 설비구매 견적서 등이 포함된다.

2) 매출과 수익성 분석

매출이란 사전적으로 물건을 내다 파는 일로 정의하는데 매출은 판매 행위로 인해 발생한 재화의 총칭이다. 물건을 팔고자 하는 상품과 판매자 그리고 사려는 사람인 구매자가 가격을 두고 이뤄지는 상행위의 결과로써 매출에는 상품, 판매자, 구매자, 가격, 행위의 비용이 포함된다. 매출이 높을수록 수익성도 높을 가능성이 있지만, 반드시 그런 것은 아니다. 대부분 창업자가 창업 전 단계에 많은 관심이 집중되어 있다. 그러나 매출을 발생시키는 부분은 점포 운영이다. 아무리 훌륭한 사업 아이템을 선정하여 최고의 상권 최상의 입지에서 열더라도 점포 운영에 차질이 생기면 성공하기 어렵다. 누구나 막연하게 점포 운영을 잘할 수 있다고 생각한다. 하지만 창업 후 운영의 어려움과 내·외부 요인으로 인한 고통에 직면하게 된다. 점포 운영에는 매출 관리, 점포 환경관리, 종업원관리, 상품관리의 요소가 있는 데 전체적인 조화를 만들어 가는 것이 중요하고, 단기간에 성과를 내려고 하지 말고 시간이 오래 걸리더라도 자기 생각대로 가야 한다. 판매상품의 가격을 결정해야 하는 데 기본적으로 각 메뉴나 상품별 원가나 매입가를 기준으로 책정하면 된다. 원가에 임대료, 인건비, 기타 지출 비용, 감가상각비 등에 순이익률을 포함해서 절하는 것이 기본인데, 업종에 따라 차이가 있으므로 동일 상권의 경쟁점포의 가격을 파악한 후 판매가격을 정하는 것이 좋다.

3) 수익성 영향 요소

원재료비의 요소로서 가장 바람직한 것은 최상의 제품을 최저가로 구매 최고가로 파는 것이다. 업종에 따라 다르지만, 외식업의 경우 이 비중이 매출 대비 35%를 넘지 않도록 관리하는 것이다. 인건비 요소로서 이 비용은 고정지출 비용으로 매출과 관계없이 지출되는 비용으로 매출 대비 20%를 넘지 않아야 좋다. 임대료(리스) 요소로서 이 비용은 당연히 임차하는 점주에게 적용하지만, 자가 점포라면 기회비용을 생각해야 한다. 이 비용은 적을수록 유리하며 매출의 10% 미만으로 관리해야 한다. 관리비·공과금·세금·카드수수료 등도 수익성에 영향을 주는 요소이다. 이 중 관리비는 고정경비지만 나머지는 매출에 따라 변하는 변동 경비이다. 전체적으로 매출 대비 10% 선으로 관리한다는 기준을 마련할 필요가 있으며 이런 방식으로 하면 매출의 25%는 순이익을 가져갈 수 있고, 업종의 차이는 있겠지만 대체로 경비를 줄이면 순이익이 늘어난다. 매출은 수익의 원천이기 때문에 특별히 신경 써야 한다. 점포 운영 시 매월 손익분기점을 정해 놓고 철저한 매출 관리를 통해 안정적인 점포 운영을 할 수 있도록 해야 수익성도 높여 갈 수 있는 여지가 생긴다.

4) 매출과 수익 관계

일반적으로 매출이 높으면 수익도 높지만, 매출이 높다고 반드시 수익성이 좋은 것은 아니다. 이럴 때는 반드시 수익성에 영향을 미치는 요소를 점검해 보고 수정 보완해 가는 지혜가 필요하다. 매출 상승보다 수익성 상승에 초점을 두어야 하는데 장사가 잘되느냐보다 얼마나 남느냐에 관심을 가질 필요가 있다. 수익성이 높은 구조로 점포 운영을 하면서 매출을 극대화하는 데 노력을 해야 한다. 매출이 없으면 지출은 있지만, 수익은 전혀 존재하지 않기 때문이다. 수익의 원천은 매출인 것을 기억해야 한다. 매출을 높이려는 노력과 동시에 수익성을 높이는 관리가 필요한데 수익성을 저해하는 부분이 어느 부분인지 파악하고 그것을 개선하면 된다. 진단하지 않고 지나가면 그 결과는 예측할 수 있다. 매출은 차별화된 상품의 가치가 주도한다. 매출의 상승은 간단히 상품을 많이 팔면 되지만 단순한 판매라기보다는 그 상품에 가치를 부여하는 기술이 필요하다. 단순하게 물건이나 서비스를 판매한다는 생각으로는 한계가 있으므로 반드시 가치를 부여하고 가치를 판다는 마음 자세가 무엇보다 중요하다.

5) 획득 가능 매출 추정

일반적으로 이루어지는 매출 추정법은 다음과 같다.

① 모델점의 매장 효율(평당 매출) 적용

인근 경쟁점 또는 유사지역 점포의 평당 매출을 적용하여 추정하되 기존점 대비 신규점의 효율 및 업체 간 경영 능력 등을 고려한다.

② 예상 고객 수 및 객(客)단가 적용

계획지의 객단가와 자사 점포 및 경쟁점의 객단가를 비교하여 추정한 뒤 상권분석을 통해 설정된 예상 고객 수를 고려하여 매출을 추정한다.

③ 지역별 점유비 산정에 의한 방법

지역별로 시장 규모를 산출하고, 계획점, 경쟁점, 상권 외로의 유출 등으로 시장점유율을 나누어 획득 가능 매출을 추정하며, 시장점유율의 분할은 고객 앙케트를 통해 구하는 것이 일반적이다.

④ 매장 면적 점유율에 의한 방법

매장 면적 점유율에 의한 매출 추정은 다음과 같은 단계를 거쳐 이루어진다.

㉠ 상권 전체의 시장 규모 산출

가구당 소매 매출(50만/월) × 가구 수(25만 세대) × 12개월 = 1조 5천억 원

ⓛ 상권 외 유출을 고려한 상권 내 체류 시장 규모를 산출
총시장 규모(1.5조 원) - 상권 외 유출(10%, 1,500억 원) = 1조 3,500억 원

ⓒ 점포별·업태별로 효과 면적을 산출하여 상권 내 체류 시장을 효과 면적 점유율별로 나누어 계획점 매출 추정
체류 시장 총액(1조 3,500억) × 상권 점유율(11.8%) = 1,592억 원
ⓐ 효과 면적 = 매장 면적 × 효과지수
ⓑ 상권 점유율(Market Share) = 계획점 효과 면적 / 총효과 면적

6) 사업 타당성 분석

사업 타당성 분석이란 창업에 앞서 사업의 성공 여부를 판단 또는 분석하는 행위를 의미한다. 좀 더 구체적으로는 성공적인 사업을 위해 필요한 사업추진 능력, 기술성, 시장성, 상품성, 수익성, 안정성, 위험 정도 등을 분석하고 평가하는 총체적 활동으로 정의할 수 있다. 다만 이러한 모든 요소를 다루는 사업 타당성을 정성적 분석과 정량적 분석으로 나누어 구체화할 수 있지만, 소규모 외식 창업의 경우 단순화된 절차를 통해 사업 타당성 분석을 하는 것이 현실적인 대안이 될 것이다. 일반적으로 소규모 외식 창업의 경우 창업자의 사업 능력을 체크리스트 등을 통하여 판단하는 정성적 분석과 투자 금액, 매출액, 비용의 추정을 통해 투자수익률, 회수 기간 등을 고려하는 정량적 분석이 주를 이룬다. 따라서 외식 창업을 고려하는 사업자라면 최소한의 사업 타당성 분석을 해보고 사업의 진입 여부를 결정하는 노력이 필요할 것이다. 사업 타당성 분석은 창업하는 데 있어서 필수 불가결한 요소임이 틀림없다, 대규모 투자를 수반하는 사업이 아니고 소자본만으로 사업을 시작하는 경우라도 이를 간과해서는 곤란한데, 사업 타당성 분석의 필요성을 살펴보면 그 이유를 더욱 명확하게 이해할 수 있을 것이다. 먼저 사업 타당성 분석은 객관적·체계적 분석을 통해 창업 성공률을 높이는 데 필요하다. 그 외에도 창업 요소의 정확한 파악을 통해 창업 기간을 단축할 수 있도록 하며, 철저한 준비를 통한 효율적 창업 가능성 증대, 경영 지식 습득과 능력 향상의 기회 등을 제공한다.

① 사업 타당성 분석 중요성

㉠ 치열한 경쟁, 급격한 변화에 대응하기 위한 철저한 준비가 필요하다.
ⓛ 성공 가능성이 낮은 사업의 회피에 꼭 필요하다.
ⓒ 미래 위험 상황에 대처하기 위한 사전정보 수집이 필요하다.
㉣ 사업의 지속과 포기의 결정에 도움이 된다.

② 사업 타당성 분석 요소

㉠ 창업 아이템과 창업자 적합도
업종, 적성, 경력, 경영 능력 등의 적합성을 검토한다.

㉡ 예비 창업자 마인드
경영 및 서비스 정신, 반드시 성공하겠다는 굳은 의지가 있어야 한다.

㉢ 시장 환경과 시의성
업종의 라이프 사이클상 도입기 또는 성장기에 해당하여야 한다.

㉣ 사전 지식과 기술성
노하우 적정성, 기술 확보가 가능해야 한다.

㉤ 경영 능력과 전략
인적 관리 능력, 마케팅 능력, 전략 수립 및 실행 능력이 있어야 한다.

㉥ 상권과 입지 타당성
업종과의 적합성, 상권의 성장 가능성이 있어야 한다.

㉦ 수익성
경쟁업체의 수익성을 바탕으로 검토해야 한다.

㉧ 장기 비전
유행 업종 여부, 장기 성장 가능성을 분석해야 한다.

㉨ 자금계획
창업 및 운영자금이 적정한지 검토해야 한다.

㉩ 연구개발 능력
상품 연구개발 능력을 확보해야 한다.

㉪ 공익성
공익에 반하지 않으며 이바지해야 한다.

제 2 절 점포출점 전략

1 점포개발

1) 점포개발

최소 비용으로 최대 수익을 올릴 수 있는 점포를 자신이 직접 발굴하여 임대차까지 체결하는 과정을 협의의 점포개발이라고 한다. 점포개발을 위해 고려할 사항은 다음과 같다. 즉 피해야 할 점포이다.

① **수익성** : 상권과 입지 조건은 양호하지만, 수익을 내지 못하는 점포

② **아이템 적합성** : 상권과 입지 특성에 적합하지 않은 콘셉트의 점포

③ **자금 취약** : 과다한 채무를 통해 창업한 점포

④ **외관 노후** : 사양 업종이거나 시설이 노후화된 점포

⑤ **업종 전환** : 음식점이 아닌 타 업종의 점포를 업종 전환

점포개발 유형 중 점포의 분할은 회전율에 중요한 업종을 1급지에서 창업하기 위하여 기존의 대형점포를 나누는 전략이다.

2) 출점 기준

출점 여부에 관한 판단은 경합 영향도와 출점 후 전망에 따라 이루어진다. 매출 예측과 시장 규모를 제2축으로 하고, 손익분기점, 투자 회수 기간 및 총투자이익률을 제3축으로 추가하여 3차원적으로 분석할 수도 있다. 매출 예측치와 시장 규모가 모두 표준 이상이지만 향후 타사 경합이 발생하면 매우 위험한 물건(입지면, 시계성, 동선, 점포구조)이라고 판단되었을 때는 출점을 포기하는 것도 훌륭한 전략의 하나이다. 경합 영향도는 작지만, 매출 예측치가 낮은 경우에게도 원칙적으로는 출점을 포기하는 것이 옳지만 전략적으로 출점해야 하는 예도 있다. 이 경우에는 하나의 점포를 대상으로 상권을 그리는 것이 아니라 그 지역의 점포 몇 개(4~5점포)를 하나의 상권으로 설정해서 시장의 매출과 비교해서 판단하는 것이 유효한 전략이다. 시장력 흡수 전략에도 후보지 탐색 및 선정을 위한 명확한 기준이 필요하다. 매출 예측 결과 및 시장 규모의 평가가 표준 이상이면 고효율 점포 또는 대규모 점포를 출점하는 것이 옳다. 매출 예측이 표준 이상이고 시장 규모가 표준 이하면 출점 이후 시장 규모의 변화를 예측하여 중대형 점포로 출점한다. 매출 예측은 표준 이하이고 시장 규모가 큰 경우 매출을 증가시킬 가능성을 타진해 본 이후에 출점을 결정해야 한다.

2 출점 전략

1) 점포출점 전략

① 시장력 우선 전략

출점 전략의 기본으로 시장력이 높은 지역부터 출점하도록 한다. 왜냐하면, 시장력의 크기에 따라 경합의 영향도가 다르기 때문이다. 시장력이 크다면 경합의 영향도는 작고 반대로 시장력이 작으면 경합의 영향도는 크다. 인지도 확대 전략과의 연계가 중요하다.

② 시장력 흡수 전략

시장력에 맞는 규모와 형태로 출점하며 시장의 규모에 맞는 출점을 통해 그 시장이 갖는 잠재력을 충분히 흡수하기 위한 것이다. 시장의 규모가 큼에도 불구하고 점포가 작다면 시장 잠재수요를 효율적으로 흡수할 수 없고 성공할 기회를 상실하게 된다.

③ 인지도 확대 전략

지역에서 인지도를 확대하고 신규 고객을 유치하기 위해서는 상품이나 체인을 인지시키는 광고뿐만 아니라 점포 그 자체를 인지시킬 수 있도록 고객과 접촉 횟수를 늘리려는 노력이 필요하다. 가장 관건이 되는 것이 자사 경합으로 타사 경합보다 영향도가 매우 크기 때문에 출점 시 가장 유의해야 한다.

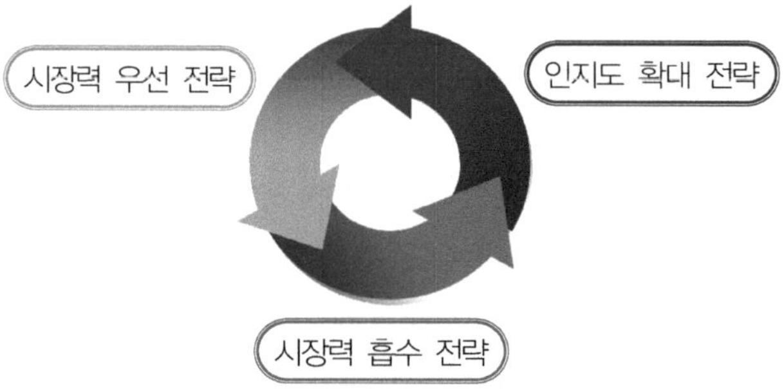

[점포출점 전략]

④ 도미넌트 전략

일정 지역에 다수의 점포를 동시에 출점시켜서 경쟁자의 진입을 억제하는 다점포 전략으로서 물류비 절감과 매장구성을 표준화 통해 경쟁력을 유지하는 전략에 해당한다.

2) 출점 전략 고려 요인

① 경제적 요인

㉠ 주요 경제 요인이 어떻게 각 단위 사업운영에 영향을 미치는가?
㉡ 이들 요인과 전년도 것은 어떻게 비교할 것인가?

② 인구 통계적 요인

㉠ 다양한 인구통계학적 집단들이 어떻게 개별사업의 운영에 영향을 미치는가?
㉡ 중요 인구통계학적 집단의 증감은 사업 운영에 있어 어떤 의미가 있는가?

③ 사회적 요인

㉠ 관련된 사회적 경향(태도, 라이프 스타일)은 무엇인가?

㉡ 태도나 라이프 스타일 경향은 사업 운영에 무슨 영향을 미치는가?

④ 기술적 요인

㉠ 계획 기간 이용할 수 있게 될 응용 기술들은 내부 시스템에 어떤 영향을 미치게 될 것인가? 상품과 서비스의 마케팅은?

㉡ 자사의 영업은 이러한 기술에 의해 어떤 영향을 받게 될 것인가?

⑤ 규제 요인

㉠ 계획수립 기간 중 계획 운영에 영향을 줄 기존 혹은 미정의 규제 사항들에 대한 기본적 전제는 무엇인가?

㉡ 계류 중이거나 잠정적인 규제의 예상 결과는 무엇이며, 이러한 결과가 자사의 사업 운영에 미칠 영향은 무엇인가?

㉢ 그와 같은 규제 사항 중에는 자사 사업에 포함해야 할 다른 국면, 즉 정치적 요인이 있는가?

3) 출점 전략 방식

① 출점 방식

㉠ 자사 소유 물건에 의한 출점이다.

㉡ 임차 출점이다.

㉢ 임대차계약 조건부 매각(Sale & Lease-back)출점이다.

㉣ 합작 출점이다.

㉤ 프랜차이즈 출점이다.

② 출점 방식 선택

자사의 출점 전략, 투자 능력, 입지 여건, 사업성, 파트너의 능력 및 의사 등을 종합 분석하여 결정하게 된다.

③ 출점 전략 수립 시 검토·결정되어야 할 세부 전략

입지 전략, 점포 건축 전략, 층별 배치전략이 수립되어야 하며 이를 근간으로 최종적으로 머천다이징 전략이 수립되게 된다.

제 3 절 점포 폐점

1 업종 전환

1) 업종 전환

사업자등록증의 업태와 종목을 합쳐서 업종이라는 단어로 통용되고 있다. 업종 전환이란 제조업, 도·소매업, 서비스업 등의 업태 자체를 바꾸거나 업종을 바꾸는 경우를 말한다. 예를 들어, 일반음식점에서 간이음식점, 삼겹살집에서 쌈밥집으로 동종 업종에서 동종 업종으로 바꾸는 경우와 또는 팬시 문구점에서 부대찌개 전문점으로 타업종으로 바꾸는 경우가 업종 변경의 개념에 포함된다고 볼 수 있다. 상권과 업종의 적합성이 떨어지는 경우, 경쟁점포와의 경쟁력을 상실하였을 때 이를 극복하기 힘든 경우에게도 새로운 업종을 탐색해야 한다. 신규 업종으로의 전환은 과다한 시설비 투자가 수반되므로 신중한 접근이 필요하다.

2) 업종 전환 이유

업종 전환을 통해 영업 부진 점포에 대한 새로운 사업 기회를 찾기 위해서이다. 업종 전환을 통해 기존 시설을 될 수 있는 대로 활용하면서 재투자 비용 최소화를 통해서 새로운 사업 기회를 모색하기 위해서이다. 폐업으로 막대한 손실을 줄이는 방법이라는 측면이 강하다. 창업 현장에서 매출 부진으로 인해 폐업으로 연결되는 경우 창업자는 막대한 경제적인 피해를 볼 수밖에 없기 때문이다.

2 부진 점포 진단과 폐점

1) 부진 점포 진단

① 상권과 업종(아이템) 적합성 문제

구분	내용	대책
상권의 수명주기가 쇠퇴기에 접어든 경우	– 상권 배후지의 재개발, 재건축 – 대형 편의시설의 이전 등	– 신규 고객 창출이 어려운 경우 점포의 매도 고려
상권의 수명주기에 특별한 변화가 없는 경우	– 경쟁점포의 출현 – 경영관리 및 마케팅의 문제점 등	– 벤치마킹을 통한 경쟁력 제고 및 활성화 전략
상권에 업종이 적합하지 않은 경우	– 창업 전 상권분석의 오류 – 계획과 실행 과정상의 오류	– 유사 업종으로의 변경 – 전혀 다른 업종으로 변경 또는 점포 매도

② 경쟁점포와 경쟁력 문제

구분	내용	대책
실전에서의 경쟁력이 뒤지는 경우	– 창업 전 경쟁력 판단 오류 – 계획과 실행 과정상의 오류	– 상권 및 입지 조사 분석에 의한 경쟁력 강화
경쟁점포의 신규 출현	– 강력한 경쟁점포의 출현 – 업종의 유행에 따른 과다 창업	– 단기 : 판촉 활동을 통한 방어 장기 : 상표 가치 제고

③ 경영 관리상 문제점

구분	내용	대책
상품(메뉴)관리	– 과다한 상품(메뉴)의 수, 전문성의 결여, 원재료의 수급 문제 등	– 전문성과 다양성 추구
인적자원관리	– 조직화의 문제, 파워먼트(empowerment) 부재, 인적 자원의 수급 문제 등	– 동기부여 및 권한위임, 인적 자원 의존도를 최소화할 수 있는 서비스 체계의 구축
자금(원가)관리	– 부문별 원가 통제 미흡, 과다한 고정비, 재료비 및 인건비의 통제 불가 등	– 손익분기점 낮추기

2) 폐점

다음 2개의 모형으로 상권과 점포를 평가했을 때 모두 부정적인 결과가 나왔을 경우 퇴점을 검토해야 한다.

① 제1단계 : 시장 규모와 매출 규모 모형

㉠ 시장 규모

ⓐ 도시형

점포를 중심으로 반경 500m 이내의 소매 판매액을 기준으로 한다.

ⓑ 교외형

점포의 주간 인구와 야간 인구, 그리고 반경 3km 전후의 소매 판매액. 단, 시장 규모 데이터는 세대수 등의 정보를 이용해도 괜찮고 각 회사에 맞는 시장 데이터를 활용한다.

㉡ 매출 규모

점포마다 매출 평균을 평가한다.

② 제2단계 : 시장 성장성과 손익분기점 모형

㉠ 시장 성장성

ⓐ 도시형

점포를 중심으로 반경 500m~1km 범위의 소매 판매액 성장률을 분석한다.

ⓑ 교외형

점포를 중심으로 반경 3km 전후 범위의 주간 인구, 야간 인구증가율, 세대 수의 증가율을 분석한다.

㉡ 손익 현황

각 점포의 손익 현황을 파악한다.

제3부 유통 마케팅

제7장 유통 마케팅 전략기획
제8장 유통 점포 관리
제9장 상품 판매와 고객관리

제 7 장

유통 마케팅 전략기획

제 1 절 유통 마케팅 전략

1 유통 마케팅 개요

1) 유통 마케팅 개념

제품과 서비스가 이용 혹은 소비가 가능해지도록 하는 과정에서 관여하는 상호 독립적인 조직체의 집합(Stern), 형태(form), 소유(possession), 시간(time), 장소(place) 효용의 발생을 통하여 이용자와 소비자에게 가치를 창조하는 체계적인 네트워크의 조직 및 활용의 총체를 유통 마케팅이라고 한다. 유통 마케팅은 사회적인 지지는 물론 소비자의 요구를 지속해서 만족하게 해나가는 것이다. 결과적으로 유통 마케팅은 경영전략을 지원하기 위한 여러 활동을 뜻한다. 소매상의 매출액 증대 및 소매 고객의 만족을 위해 주위 환경에 대한 적극적인 반응과 대처를 하기 위한 마케팅 방법이다. 유통 마케팅은 제조 마케팅과는 달리 대 소비자 마케팅 환경의 역할과 변화에 따라 소비자가 원하는 방향의 마케팅 전략 수립이 필수적이다. 유통 마케팅 전략은 적정한 가격과 적정한 시기에 적정 서비스를 제공함으로써 소비자 욕구를 최대한 충족하며 경영합리화와 전후방 업체와의 효율적인 유대관계를 통해 합리적인 구매 루트를 지속해서 개발하고 유지하는 행위를 말한다.

2) 유통 마케팅 기능

유통 마케팅 기능으로 소유권 이전 기능, 물적 유통 기능, 유통조성 기능의 3가지로 구분할 수 있다. 구매(buying) 및 판매(selling)를 통해 소유권을 이전시키는 기능으로써 마케팅의 가장 본질적인 기능이다. 운송(transportation) 및 저장(storing)을 통해 물적 유통 기능을 수행한다. 유통조성 기능은 마케팅의 교환기능이나 물적 유통 기능이 합리적으로 수행되도록 보조하는 기능이다.

3) 유통 마케팅 과정

과거부터 마케팅 활동은 제조업 중심으로 오랫동안 전개됐으며 유통업은 지금까지 마케팅의 주체가 아닌 객체의 입장에 머물고 있다. 최근 시장 지배 파워가 제조업에서 유통업체로 유통업체에서 소비자로 옮겨가면서 유통업 마케팅 활동의 중요성 부각과 함께 유통업 마케팅이 활발히 전개되고 있다. 현대적 마케팅은 소비자 지향적 활동으로서 소비자 만족을 추구하고 소비자의 욕구를 확인하며 욕구를 충족시켜 줄 수 있는 제품을 생산하여 판매하는 형식으로서 저압적·구매자 중심의 시장·순환적 마케팅을 지향하며 사회적 과정으로서의 마케팅 활동과 수익적 운용의 중요성을 강조한다. 현대적 마케팅은 소비자의 장기적 복지 증진과 증대를 추구하며 전사적·통합적·선행적 마케팅을 추구한다. 일관성 있고 소비자에게 만족을 주기 위해 기업의 모든 활동은 마케팅 부문을 중심으로 통합되며, 소비자의 욕구 만족을 위한 선행적 마케팅이다.

4) 수직적 마케팅시스템(VMS : vertical marketing system)

① 수직적 마케팅시스템

생산자, 도매상, 소매상 등의 유통 구성원들이 하나의 통일된 시스템을 이루는 유통경로의 체계를 말하는데, 일반적으로 유통경로를 계열화한다는 것은 수직적 마케팅시스템을 일컫는다. 이러한 시스템으로 상품이 생산자로부터 생산되고 최종 소비자가 구매하기까지의 수직적인 유통단계를 전문적으로 계획하고 관리할 수 있다.

② 기업형 VMS

기업형 VMS는 한 유통경로 구성원이 다른 유통경로 구성원을 소유하여 통합적인 관리체계를 만든 것이다. 하나의 소유권 아래에서 유통의 각 단계를 결합한 것이므로 생산부터 판매까지 통합적이고 일관적으로 통제할 수 있다는 장점이 있지만, 유연성이 떨어져 경직될 수도 있다.

③ 계약형 VMS

어떤 한 구성원이 상품이 흐르는 모든 유통경로를 통제하는 기업형 VMS는 제조업자이건 유통업자이건 전체를 관리할 수 있는 능력이 있어야 한다. 그러나 대부분 이러한 수직적 마케팅시스템을 만들 수 있을 만큼 여유가 있는 것은 아니다. 이렇게 한 구성원이 다른 모든 구성원을 통제할 수 있는 능력이 없을 때 계약형 VMS를 구축할 수 있다. 계약형 VMS 개별 구성원들끼리 계약 때문에 전체 시스템을 구성하여 결합하는 것으로 계약에 따른 의사결정기구에 의해 중요한 의사결정이 내려지지만, 개별 구성원들도 자율적인 지위를 보장받을 수 있게 된다. 도매상의 후원하에 다수의 소매상이 계약으로 결합한 도매상 후원 자유 연쇄점, 독립적인 소매상들이 모여 연합한 소매상 조합, 모회사가 가맹점에 특정 지역에서 영업할 수 있는 권리를 부여하고 로열티를 받는 프랜차이즈(franchise) 조직 등이 여기에 속한다.

④ 관리형 VMS

관리형 VMS는 공동소유권이나 계약에 의해서가 아니라, 하나 또는 한정된 수의 기업이 자신의 지위, 명성, 자원 등을 이용하여 연속적인 전체 경로를 관리하고 다른 구성원들은 자율성을 가지고 이에 따르는 시스템이다. 공식적인 강제력은 없지만, 전체의 목표를 향해 비공식적으로 협력하는 이러한 체계는 한쪽의 규모와 힘으로 조정된다. 시장점유율이 높은 브랜드의 상품을 가진 제조업자는 판매업자에게 강력한 거래상의 협조와 지지를 확보할 수 있기 때문이다.

기업은 수직적 마케팅시스템을 구축함으로써 다양한 효과를 거둘 수 있다. 뛰어난 기술 능력을 보유할 수 있게 되고 원자재의 확보가 쉬워지며 유통 및 거래비용을 줄일 수 있다. 또한, 이러한 강력한 유통 체계는 경쟁기업의 시장진입을 막는 역할도 하게 된다. 그러나 각 유통 단계별로 나타나는 문제점과 시장의 변화에 대응하기 곤란해져 융통성이 떨어질 수 있고 또한 이러한 시스템을 구축하는 데 많은 자본이 소요된다. 이러한 수직적 마케팅시스템은 자사의 특성과 시장의 환경을 제대로 분석하고 구축할 때 기업의 성장에 커다란 이바지를 할 수 있지만 잘못 구축된 시스템은 오히려 기업의 생존을 위협하여 실패할 수도 있다.

5) 수평적 마케팅시스템(HMS : horizontal marketing system)

자원이 부족한 기업들이 효과적인 마케팅 활동을 수행하기 위하여 같은 경로 단계에 있는 다른 기업과 결합하는 것을 말한다. 이러한 통합을 통해서 각각의 기업은 서로의 목표를 달성해 나가기 위한 시너지효과를 얻게 되는데 이러한 시스템을 공생적 마케팅(symbiotic marketing)이라고도 한다. 이 시스템은 경쟁자이든 비경쟁자이든 상관없이 서로의 목표를 위해서 힘을 결속할 수 있다는 장점이 있다.

6) 체인(Chain) 시스템

동질의 다수 점포를 동시에 운영과 경영을 하는 시스템으로 조직상의 특징은 본부와 점포가 기능을 분담하는 것이다.

① 레귤러 체인(regular chain)

체인 본사가 독자적으로 자기자본 전액을 출자하여 체인 형태를 확장해 가는 방식을 말하며 동일 경영자와 단일자본에 의한 다점포화를 의미한다고 볼 수 있다. 즉, 하나의 기업이 다수의 직영점을 내고 본부가 총괄하여 관리하는 방식의 체인 조직을 말한다. 어느 기업이 몇 개의 점포를 가지고 있는 경우 이 점포 전체를 레귤러 체인 또는 직영 체인점이라고 한다.

② 볼런터리 체인(voluntary chain)

독립자본에 의한 같은 업종의 소매점이 모여서 공동으로 매입하는 등의 형태로 생겨난 체인 조직이며 기능 일부를 체인 본사에 위탁하여 프랜차이즈 시스템을 갖추고 영업하는 방식이다. 공동브랜드에 가깝다고 볼 수 있다. 임의연쇄점이라고도 불리는 볼런터리 체인은 경영의 독립성과 체인화로 얻는 이득을 동시에 충족하고자 하는 체인 조직이며 하나의 점포가 복수의 체인에 속하는 예도 있다.

③ 프랜차이즈 체인(franchise chain)

체인 본사와 각 가맹점이 모두 독립자본에 의한 사업자이지만 운영의 주체는 체인 본사에 있으며 가맹점은 체인 경영의 의사결정에 적극적으로 참여하지 않는 프랜차이즈 시스템이다. 일반 개인인 가맹 희망자가 스스로는 가질 수 없는 사업에 관한 각종 개점 및 경영 노하우를 본부가 먼저 구축 제공해 줌으로써, 점주는 편리성과 안정성을 부가해 사업을 할 수 있게 되고 소비자는 같은 상표 인지도로 다점포 체인망에서 양질의 상품을 구매할 수 있으며 가맹(체인)본부는 가맹비, 로열티, 기타 상품 도매 이익 등을 수입으로 피차간 지속적인 사업을 영위해 가도록 하는 시스템을 말한다.

2 마케팅관리

1) 마케팅관리 철학

① 생산 개념(The Production Concept)

소비자들은 저렴한 제품을 선호한다는 가정에서 출발한다. 대량생산과 대량유통을 통해 낮은 제품 원가를 실현하는 것이 목표이다. 소비자 욕구의 다양화와 고도화로 인해 비효과적인 개념이 된다. 극심한 경제 불황으로 인한 저가 제품의 선호나 비용 우위 전략을 사용할 때 효과적이다.

② 제품 개념(The Product Concept)

소비자들은 우수한 제품 품질, 성능 및 독특한 특징 등을 선호한다는 가정에서 출발한다. 지속적인 제품개선을 통한 우수한 제품을 개발하는 데 관심을 기울인다. 제품의 개선이 연구·개발 관점에서 이루어져 시장에서 외면당할 수 있다. 소비자는 차별화된 최고의 품질 및 특성을 보인 제품에 관심을 가지므로, 제품혁신이 중요하다는 기업의 인식으로 자칫 소비자의 욕구를 제대로 파악하지 못할 때는 마케팅 근시안(marketing myopia)이 발생할 수 있다. 마케팅 근시안은 Theodore Levitt가 연구한 주제로 기업이 제품 자체에만 집착하여 고객이 요구하는 제품의 근원이 되는 본원적 욕구(needs)를 망각하는 현상, 또는 기업이 고객의 욕구를 판단하지 못하거나 경쟁 세력의 출현을 인지하지 못하여 쇠락해 가는 현상을 의미한다. 기술적으로 뛰어나지만, 시장에서 외면당하는 제품이 출시되는 경우가 흔하다.

③ 판매 개념(The Selling Concept)

공급이 수요를 초과하는 상황(판매자 시장에서 구매자 시장으로의 변화)에서 발생한다. 공격적인 영업 및 촉진 활동의 전개가 필요하다. 소비자가 원하는 상품을 만드는 것이 아니라, 기업이 만든 상품을 소비자에게 단순히 판매하는 것을 목표로 한다.

④ 마케팅 개념(The Marketing Concept)

고객의 관점에서 기업경영 활동을 전개하는 고객 중심적 마케팅관리 철학이다. 표적시장에 속한 고객들의 필요와 욕구를 찾아내어 경쟁자들보다 그것을 더 효과적이고 효율적으로 충족시키고자 하는 것을 기업 목표로 한다. 고객을 장기적인 성과를 위한 관계의 대상으로 볼 때 실현할 수 있다. 고객을 단순히 상품의 판매 대상으로 보는 것이 아니라, 고객이 가진 문제를 해결하여 만족을 얻을 수 있도록 하는 것을 목표로 한다.

⑤ 사회적 마케팅 개념(The Social Marketing Concept)

기업의 이윤을 창출하면서 사회 전체의 이익을 동시에 고려해야 한다는 마케팅관리 철학이다. 사회복지, 고객 만족, 건전한 음주문화 기업 목적 모두를 고려하는 것이다. 친환경 마케팅(Green Marketing)이 한 예라고 볼 수 있다. 기업의 마케팅 활동이 환경보호, 자원의 보존 등 환경을 고려하여 수행된다.

생산콘셉트		제품콘셉트		판매콘셉트		마케팅콘셉트		사회적 마케팅콘셉트
대량생산	⇒	제품 품질 향상	⇒	판매촉진	⇒	소비자 지향	⇒	소비자, 환경보호
생산 중심		기술 혁신		광고 활성화		소비자 욕구 충족		사회적 책임

[마케팅 관리철학의 변천]

2) 기본적인 마케팅 과업

① 부정적 수요(Negative demand)

소비자들이 해당 제품에 대해 부정적인 인식으로 이를 극복하기 위해서는 전환적 마케팅을 통해 수요를 긍정적으로 전환하는 정책을 펼쳐야만 한다.

② 무수요(Nonexistent demand)

무수요란 해당 재화에 대한 소비자들의 욕구가 없거나 무관심한 수요상황이라고 할 수 있다. 수요를 발생시키기 위해서는 적극적인 마케팅 정책을 통해서 수요를 자극하고 자극에 따라 촉발된 수요를 확대해야 한다.

③ 잠재적 수요(Latent demand)

잠재적 수요란 현재 소비자들이 현존 제품으로는 욕구가 충족되지 않은 상태로, 새로운 형태의 욕구가 있는 상황을 말한다. 마케터들은 수요의 개발을 위해서 적극적인 개발적 마케팅 전략을 펼쳐서 잠재적인 세분 시장의 수요자들을 흡수할 수 있어야 한다.

④ 감퇴적 수요(Declining demand)

감퇴적 수요란 소비자들의 수요가 줄어들고 있는 상황으로 제품의 수명 주기상 성숙기를 넘어 쇠퇴기로 접어들고 있는 시점이다. 따라서 기업의 마케터들은 수요의 부활을 위해서 적극적인 프로모션 활동을 통해 감소하고 있는 소비 수요를 부활시키는 재마케팅(Re - marketing)을 활용해야 한다.

⑤ 불규칙적인 수요(Irregular demand)

소비자의 구매 시점 및 주기는 제품이나 상황에 따라 일별, 월별, 분기별, 계절별, 시간대별로 불규칙하게 변동할 수 있으므로, 기업 측면에서는 안정적인 매출액 달성, 정확한 수요예측을 위해서는 수요와 공급의 시기를 일치시키는 동시화 마케팅(synchronization marketing)이 필요하다.

⑥ 완전 수요(Full demand)

시장에서 수요자들이 공급된 물품을 적절하게 구매할 수 있는 상황으로, 기업 측면에서는 현재의 양호한 시장 상황을 지속해서 유지하는 유지적 마케팅이 주요 과제가 된다고 할 수 있다.

⑦ 초과 수요(Overfull demand)

일반적인 시장 상황과는 달리 시장에 제공되는 상품의 공급보다는 이를 획득하고자 하는 수요가 더 큰 상황이다. 일반적인 경제법칙에 의하면 기업은 초과 수요시장에서는 가격을 올리고 공급량을 증가시키는 행위가 일반적이나, 희소성(scarcity) 있는 상품의 경우에는 오히려 그 수요를 감소시키는 decrease marketing이 유효한 전략일 수 있으므로, 기업은 이러면 전략적으로 역마케팅(De - marketing)을 활용하는 때도 있다.

⑧ 불건전한 수요(Unwholesome demand)

유행이나 일시적인 사회현상에 의해 소비자들은 바람직하지 않은 불건전한 결과를 초래하는 제품이나 서비스에 흡인되기도 한다. 예컨대, 사회적 해악 행위인 공해 발생, 도박, 마약, 성매매 등과 같은 행위에 부가되는 제품이나 서비스를 들 수 있는데 이러한 경우에 기업 측면에서는, 불건전한 수요에 대응할 수 있는 대항적 마케팅(counter marketing)을 실천해야 한다.

수요 상황 (demand state)		마케팅 과업 (marketing task)	명칭
수요<공급	부정적 수요	수요를 전환한다.	전환적 마케팅
	무수요	수요를 창조시킨다.	적극적 마케팅
	잠재적 수요	수요를 개발한다.	개발적 마케팅
	감퇴적 수요	수요를 부활시킨다	재마케팅
	불규칙적 수요	수요를 유지한다.	동시화 마케팅
수요=공급	완전 수요	수요를 유지한다.	유지적 마케팅
수요>공급	초과 수요	수요를 감소시킨다.	디 마케팅
–	불건전 수요	수요를 파괴한다.	대항적 마케팅

[수요상황에 따른 마케팅 과업]

3) 마케팅 종류

① MOT 마케팅(Moment of Truth : 진실의 순간)

MOT은 'Moment of Truth'의 영문 약자로 굳이 번역하자면 "결정적인 순간 또는 진실의 순간을 포착하라"라는 뜻이다. 소비자들이 아침에 일어나서 신문을 보는 순간부터 집을 나와서는 교통수단을 통해 식당에서 또는 친구를 만나 차를 마시는 곳, 그 어느 곳에서나 제품의 이미지를 심어주는 것이 MOT 마케팅의 핵심 전략이다. MOT 마케팅은 본래 70~80년대 스웨덴 항공사인 <스칸디나비아 항공>이 세계 최초로 고안해 큰 성공을 거둔 이후 많은 다국적 기업들이 벤치마킹을 해오고 있다.

② 공동상표 마케팅

공동상표 마케팅은 장기간의 소비 침체로 고심하고 있는 일본 기업들이 타개책의 목적으로 도입한 신종 마케팅 전략이다. 대표적인 사례가 토요타 자동차와 마쓰시타 전기 외에 맥주회사와 생활용품회사 등 다양한 업종의 유수 기업들이 참여하여 만든 일(will)이라는 공동상표다. 공동상표는 더 적은 비용으로 더 많은 판매를 달성하고 자사 제품의 상표 가치를 획기적으로 높일 방법을 찾던 기업 간에 이심전심으로 뜻이 통하여 새로운 전략적 제휴 방법으로 등장하게 된 것이다. 국내의 경우에는 주로 중소기업의 활로를 모색하는 차원에서 지역적 기반이 같고 유사한 업종의 영세업체들 사이에 공동상표가 활발히 도입되고 있다.

③ 네트워크 마케팅

네트워크 마케팅이란 기존의 중간 유통단계를 배제하여 유통 이윤을 줄이고 관리비, 광고비, 샘플비 등 모든 비용을 없애 회사는 싼값으로 소비자에게 직접 제품을 공급하고 회사 수익의 일부분을 소비자에게 환원하는 시스템이다. 네트워크 마케팅은 프로판매원이 아니라 보통 사람이 하는 사업으로 대부분의 판매는 끊임없이 소비자를 찾아 판매하여야 하고 매월 새로 실적을 쌓아야 한다. 피라미드와 근본적으로 다른 점은 회원을 아무리 많이 가입시켜도 소용없고 그 회원들이 그 제품을 애용해야 한다는 것이다.

④ 데이터베이스 마케팅

데이터베이스 마케팅이란 고객에 관한 데이터베이스를 구축, 필요한 고객에게 필요한 제품을 직접 판매하는 것으로, 원 투 원 마케팅(One to one marketing)이라고 한다. 다시 말해서 어느 고객이 무엇을 얼마나 자주 구매했는지, 어느 매장에서 어떤 유형의 제품을 구매했는지, 언제 재구매, 대체 구매할 것인지 등과 같은 데이터를 가지고 고객의 성향을 분석, 향후 필요한 마케팅 전략을 수립하는 것이다.

⑤ 마이크로 마케팅

소비자의 인구 통계적 속성과 라이프 스타일에 관한 정보를 활용, 소비자의 욕구를 최대한 충족시키는 마케팅 전략이다. 이를 위해 시장을 가장 작은 상권 단위로 나눈 다음, 시장별로 소비자 특성에 관한 자료를 수집해 마케팅 계획을 세운다. 주로 많은 매장을 가지고 영업하는 대형 유통업체, 은행, 보험회사 등에서 활용할 수 있다.

⑥ 바이러스 마케팅

컴퓨터를 통해 자료를 내려받을 때 컴퓨터에 바이러스가 침투되듯이 자동으로 홍보 내용 또는 문구가 따라 나오게 하는 마케팅 기법으로 미국의 무료 전자우편인 <핫메일(HOTMAIL)>이 처음으로 시도해 큰 성공을 거둔 이후 보편화하였다. 핫메일은 무료 전자우편 서비스를 시작하면서 빨리 여러 사람에게 핫메일의 존재를 알리기 위해 전자우편을 주고받을 때는 반드시 편지 끝에 '무료 전자우편 서비스 핫메일'이라는 홍보 문구를 붙이도록 하였다. 사이트 광고를 주변 사람들에게 재전송해 줄 때 경품이나 현금을 주는 것도 바이러스 마케팅의 일종이다.

⑦ 버즈 마케팅

입소문 마케팅 또는 버즈 마케팅은 소비자들이 자발적으로 메시지를 전달하게 하여 상품에 대한 긍정적인 입소문을 내게 하는 마케팅 기법이다. 꿀벌이 윙윙거리는(buzz) 것처럼 소비자들이 상품에 대해 말하는 것을 마케팅으로 삼는 것으로, 구전 마케팅(word of mouth), 버즈 마케팅, 바이럴 마케팅이라고도 한다.

⑧ 하이브리드 마케팅(hybrid marketing)

복합 마케팅시스템이란 선도 수요 창출, 판매 수요 검토, 예비 판매, 판매 마무리, 판매 후 서비스, 거래처 관리 등 각 수요 창출 과정과 소비자 규모마다 마케팅의 경로와 방법을 달리해 시장점유율 및 수익성을 극대화하는 효과적인 마케팅이다.

⑨ 앰부시 마케팅(Ambush Marketing)

ambush는 '매복' '잠복'을 의미하는 것으로 교묘히 규제를 피해 가는 마케팅 기법으로서, 후원자의 권리가 없는 자가 마치 자신이 후원자인 것처럼 가장해 마케팅 활동을 펼치는 것이다.

⑩ 인디케이터 마케팅

소비자의 편의를 높이기 위하여 제품 사용 시기나 상태를 알려주는 상품 개발이다. 예를 들면 오줌을 싸면 색깔이 변하는 기저귀, 맥주를 마시는 최적 온도를 알려주는 특수마크 등이 인디케이터 마케팅을 이용한 것이다.

⑪ 풀(Pull) 마케팅

광고, 홍보 활동에 고객들을 직접 주인공으로 참여시켜 버리는 판매기법을 의미한다. TV나 신문, 잡지 광고, 진열장 등에 물건을 전시하여 쇼핑을 강요하던 종전의 '푸시(Push)' 마케팅에 대치되는 개념이다. 예를 들면 새로운 제품을 출시하면서 전국을 누비며 모델 선발대회를 개최한다거나 어린이 그림 잔치 등을 열어 고객이 제품의 홍보에 적극적으로 참여토록 유도하는 것이다.

⑫ 플래그십 마케팅

플래그십 마케팅이란 시장에서 성공을 거둔 특정 상품 브랜드를 중심으로 마케팅 활동을 집중하는 것이다. 이를 통해 다른 관련 상품에도 대표 브랜드의 긍정적 이미지를 전파, 매출을 극대화하는 전략이다. 토털 브랜드 전략과는 상반된 개념이다. 토털 브랜드는 강력한 기업 인지도를 바탕으로 통합된 이미지를 앞세워 제품 매출을 확대하는 것인 반면, 플래그십 마케팅은 주로 초일류 이미지를 가진 회사와 정면 대결을 피하려고 구사하는 전략이다. 조선맥주가 <하이트> 맥주로 사명을 변경한 것이 그 대표적인 예이다.

4) 온라인 마케팅관리

① 검색엔진 마케팅

검색엔진을 활용한 마케팅 기법이다. SEO(Search Engine Optimization)는 콘텐츠 및 사이트를 검색엔진에 맞도록 최적화시켜 최대한 검색 노출이 많은 부분, 중장기전략에 적합하다. SEM(Search Engine Marketing)은 키워드광고, 검색 광고. 기획 및 제작 단계 고려. 유입량 증가 및 매출 트래픽 확보가 쉽고 효과적인 중·단기 전략에 적합하다.

② 인터넷 마케팅(internet marketing)

개인이나 조직이 다양한 솔루션을 인터넷 기술을 이용하여 양방향 의사소통을 바탕으로 마케팅 활동이다.

③ 블로그마케팅

네이버의 경우 유입 비율 40%. 광고가 아닌 콘텐츠를 찾는 고객을 겨냥하여 필요한 정보를 제공, 간접 홍보 효과를 기대할 수 있다.

④ 카페마케팅

카페를 활용한 마케팅. 특정한 목적을 가진 사용자들이 유입, 표적화 부분에서 효과적이고 입소문을 기대할 수 있다는 장점이 있다.

⑤ 디지털 마케팅(Digital Marketing)

시간과 공간의 장벽을 허물고 기업과 고객이 상호 연결되어 가치를 만들어 가는 통합형 네트워크 마케팅 기법이다.

⑥ 스프레드 마케팅(Spread Marketing)

신문, 방송 등에 광고를 내보내지 않고 인터넷과 입소문만을 활용하여 비용을 줄이고 홍보 효과를 극대화하는 마케팅 전략이다.

⑦ 원 투 원 마케팅(One to one marketing)

다품종 소량 생산 시대에서 고객데이터베이스를 구축, 필요한 고객 욕구를 만족하게 하는 직접 판매 방식이다.

⑧ SNS 마케팅

소셜 네트워크 서비스는 온라인 인맥 구축 서비스이다. 1인 미디어, 1인 커뮤니티, 정보 공유 등을 포괄하는 개념이며, 참가자가 서로에게 친구를 소개하여, 인맥 관계를 넓힐 것을 목적으로 개설된 커뮤니티형 서비스를 지칭한다. 단순한 일방적인 홍보와 판매가 아닌 교류와 신뢰를 목표로 한 진정성을 가지고 고객이 원하는 것에 귀 기울이는 방법으로 쌍방향 커뮤니케이션을 이루어 나가는 것이다.

3 마케팅 전략과 환경 분석

1) 마케팅 전략 개념

마케팅 목표를 달성하기 위해서 다양한 마케팅 활동을 통합하는 가장 적합한 방법을 찾아 실천하는 일을 말한다. 장기적 전략과 혁신적 전개 방법으로 계속된 개선을 목표로 한다는 점에서 마케팅 전술과는 다르다. 전개의 폭은 통합적이어야 하고, 반드시 모든 마케팅 기능을 가장 적합하게 조정·구성하여야 한다. 이 점에서도 개별기능의 개선을 중요시하는 전술과 크게 다르다. 마케팅 전략은 전략 기회를 발견하기 위한 분석, 가장 알맞은 전략의 입안, 조직 전체의 전개라는 3차원(三次元)을 포함한다. 이러한 마케팅 전략을 전개하려면 결국 기업의 비(非)마케팅 부문, 즉 인사(人事)·경리 등에도 많은 관련이 있게 된다.

2) 마케팅 전략 내용

마케팅 전략 내용은 시장 표적의 발전과 선택을 해야 한다. 경쟁사 상황 분석 및 마케팅 믹스의 문제 등을 잘 해결해야 한다.

마케팅 전략 요건은 다음과 같다.

① 적합성

예측 가능한 환경적 위협과 기회에 적합한가?

② 타당성

신뢰성과 타당성을 갖춘 정보인가?

③ 일관성

상호 간 일관성을 갖고 또한 목표와도 일관성이 있는가?

④ 실행 가능성

필요한 자원이 충분한가?

⑤ 취약성

불확실한 자료와 가정에 의존하여 예측되는가?

⑥ 잠재적 보상

예측 결과가 목표에 비추어 만족스러운가?

3) 필립 코틀러(p. kotler) 네 가지 전략

① 시장 선도자 전략

시장에서 순위 1위의 기업으로 타 기업을 선도하는 기업을 말한다. 현재의 지위를 유지하기 위해 총 시장 수요증대, 시장점유율 유지 및 확대를 도모하기 위한 전략이다. 끊임없이 새로운 혁신, 새로운 시장개혁이 필요하다.

② 시장 도전자 전략

시장에서 끊임없이 도전하며 1등 다음으로 1등에 도전하는 기업으로 1등과 대등한 관계를 위해 도전하는 기업을 말한다. 시장점유율 확대를 위해 선도 기업, 동일 규모 기업 및 소규모 기업을 공격한다.

③ 시장 추종자 전략

선발기업에 도전하지 못하는 후발 기업을 말하며 도전자보다 생산원가를 낮게 하거나 품질·서비스를 높인다. 추종 전략에는 완전 추종, 차별적 추종, 선택적 추종이 있다.

④ 시장 적소자 전략

틈새를 파고드는 전략으로 중소기업들을 말하며 이들 기업은 전문화를 통하여 효과적으로 시장 적소에 침투한다. 기업의 성공 수단으로는 법률적 독점권, 특허 기술적 노하우 등이 있다.

4) BCG 성장-점유 매트릭스

기업의 전략사업단위를 시장성장률과 시장점유율이라는 두 변수를 양축으로 하는 2차원 공간상에 표시하여 각 사업의 상대적 매력도를 평가하고 새로운 전략을 제시해 주는 모델이다. 수직축인 시장성장률은 제품이 판매되는 시장의 연간성장률로서 시장 매력 척도이며, 수평축은 상대적 시장점유율로서 시장에서 기업 강점 측정 척도이다. 이러한 분석을 통해 경영자는 회사가 처한 시장 상황에 대해 인식할 수 있으며 앞으로의 전략을 수립하기 위한 중요한 자료로 삼을 수 있다.

① 물음표(question mark)

시장성장률은 높으나 상대적 시장점유율이 낮은 영역의 사업 단위이며 사업 초기 사업 단위로서 시장점유율 높이기 위해 많은 자금이 소요된다. 경쟁력이 있는 사업 단위는 시장점유율 증대를 위해 현금을 지원 “별”의 방향으로 이동시킬 것인가 아니면 경쟁력이 낮은 사업 단위는 철수할 것인가를 결정해야 한다.

② 별(star)

높은 시장성장률과 높은 상대적 시장점유율도 높은 사업 단위이며 자체 사업을 통해 많은 현금을 벌어들이지만, 급속히 성장하는 시장에서 시장점유율을 유지·증대시키기 위해 많은 자금이 필요하다. 어느 시점에 가서 성장률이 둔화함에 따라 '자금 젖소'의 위치로 진입한다.

③ 자금 젖소(cash cow)

시장성장률은 낮지만, 상대적 시장점유율이 높은 영역으로 시장 성숙기에서 쇠퇴기 초기에 속한 사업 단위로 많은 이익을 창출할 수 있다. 기업의 다른 사업들에 자금을 공급하며 시장점유율이 높으므로 이익 창출은 높지만, 시장성장률 낮으므로 자금투자를 많이 하지 않는다.

④ 개(dog)

시장성장률이나 시장점유율이 모두 낮은 영역으로 대체로 수익성이 낮고 시장 전망이 어둡다. 시장쇠퇴기에 속하며 이익도 크지 않고 투자자금도 많이 필요하지 않다.

BCG 분석 한계는 시장점유율과 수익성은 반드시 비례(+)하지 않으며 시장점유율만이 시장기회를 결정하지는 않는다. 시장을 어떻게 정의하느냐에 따라서 SBU(Strategic Business Unit : 전략사업단위)의 위치가 달라질 수 있다. BCG 모델은 현재 시점의 위치만을 보여줌으로써 시간의 흐름에 따른 환경변화와 전략 실행의 효과는 예측하기 어렵다. 고성장 분야에 있는 사업 단위나 제품은 반드시 자금을 더 많이 필요로 한다는 가정도 맞지 않을 수 있다. (합리적 경영) BCG 매트릭스와 경험곡선효과(Experience Curve Effect)의 관계는 경험곡선효과란 누적 생산량이 2배로 늘 때마다 비용(생산원가뿐 아니라 광고비, 유통비, 판매비 등을 포함한 전반적 비용)이 일정한 비율로 감소하는 현상이며 사업 단위의 수익성(매력도)을 높이는 데 있어 시장점유율이 중요함을 시사한다.

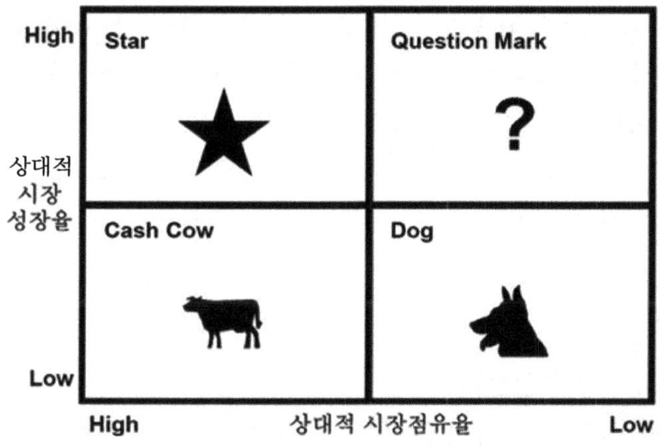

[BCG 매트릭스 – 사업 포트폴리오 관점]

5) GE/McKinsey 모형

BCG 매트릭스의 한계점을 보완하고자 개발된 포트폴리오이다. 시장의 가능성, 규모, 매력성, 사업의 현재 위치 등 보다 다양한 정보를 포함하여 더 효과적이고 정확한 의사결정을 도울 수 있다. 전략산업 단위가 속해 있는 산업의 매력도와 시장에서의 사업 강점이라는 두 가지 기준으로 평가하는 분석모델이다. 각 사업 단위를 산업 매력도와 사업 강점이라는 두 차원에 의해 평가하는 모형이다. 산업 매력도(Market Attractiveness)는 시장의 규모, 시장성장률, 이익률, 수요변동 상황, 규모의 경제 등 기업 외부 요인들을 평가하여 결합한다. 사업 강점(Business Strength)은 시장점유율, 가격경쟁력, 품질, 판매 효율성, 고객에 관한 정보 등 기업 내부 요인들을 평가하여 결합한다.

GE/McKinsey 모형에서 각 사업 단위에 해당하는 원의 크기는 해당 제품시장의 크기를 나타내며, 원에서 빗금으로 표시된 부분은 해당 사업 단위의 시장점유율을 나타내고 있다. 사업 단위의 원이 차지하고 있는 위치는 자금흐름이 아닌 투자수익률(ROI)과 연관되어 평가된다.

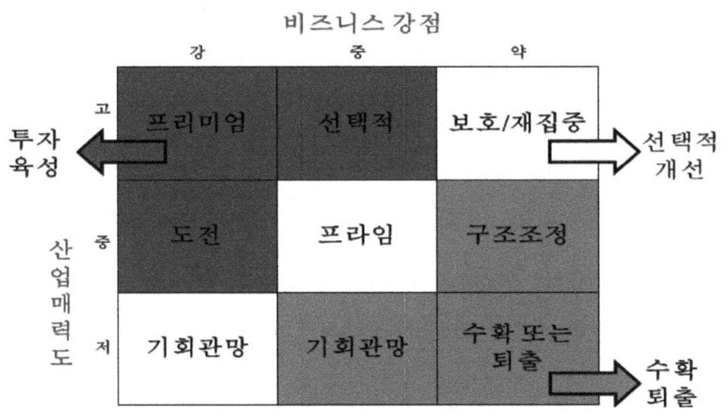

[GE/McKinsey 모형]

GE 매트릭스는 포괄적이고 다양한 변수를 사용하여 각 사업부의 현재 상황을 파악하고 전략을 제시하는 데 도움을 주지만, 많은 변수가 경영자의 주관적 판단 때문에 평가되므로 완전한 객관성을 확보할 수 없다는 문제가 있다. 평가자의 주관적 판단에 따라 SBU 들의 위치가 달라질 수 있고, 또 같은 위치에 있더라도 매우 다른 요인에 의해서 그 위치에 놓이는 경우가 많다.

6) 성장전략 수립

① 내부성장전략과 외부성장전략

내부성장전략은 신제품을 자사(自社)의 연구개발 부문에서 개발하고 기업의 기성 판매경로와 경영 인재를 이용하여 다변화를 이루어 성장하는 방식이다. 내부성장전략은 현재 가지고 있는 부문과의 사이에 시너지효과가 큰 성장 기회에 대해서는 비용과 타이밍의 양면에서 보아 유리한 성장 방식이라고 할 수 있다. 그 장점으로는 선발생산자(先發生産者)로서 높은 창업자적 이득을 얻을 수 있고 새로운 기술과 노하우(Know-how)가 사내에 축적되며 사내의 연구개발 의욕을 향상할 수 있다는 점 등이다. 외부성장전략은 기업의 내부 자원에 의존하지 않고 외부 자원을 이용한 성장전략으로써 타 회사와의 기술제휴, 개발이 끝난 신제품의 취득, 타 회사의 흡수·합병 등의 방법이 있다. 장점은 신규사업 분야의 진출에 있어서 리드 타임(Lead Time)을 단축할 수 있고 투자 비용과 투자 위험을 줄이며 기성 제품 분야와 시너지효과(Synergy Effect)를 갖지 않는 비관련 성장 분야에 진출할 수 있다. 반면, 이 전략의 단점은 자사(自社) 개발보다 수익성이 낮고 사내 연구개발 의욕의 저하를 초래할 염려가 있으며 합병의 경우에는 인사 문제가 복잡하게 되는 것 등의 문제가 있다.

② 앤소프 제품/시장 확장 그리드를 이용한 네 가지 성장전략

㉠ 시장침투 전략

기존시장+기존제품의 경우로 어떤 형태로든 제품을 변경시키지 않고 기존고객들에게 더욱 많이 판매하도록 하는 전략 수립이다. (ex. 수량할인, 보너스카드 및 고객관계관리)

㉡ 시장개발(개척)

신시장+기존제품의 경우로 시장개척의 가능성을 고려하는 전략 수립이다. 경쟁사와의 경쟁이 어렵거나, 시장점유율이 정체 또는 쇠퇴할 때 활용되는 전략이다.

㉢ 제품개발 전략

기존시장+신제품의 경우로 기존시장에 신제품 또는 수정된 제품을 공급하는 전략 수립이다. 제품이 진부화되어 고객의 욕구를 충족시키기 어렵거나, 새로운 기술력이 향상될 때 사용한다.

㉣ 다각화 전략

신시장+신제품의 경우로 기존의 제품이나 시장과는 완전히 다른 새로운 사업을 시작하거나 인수하는 전략 수립이다. 다각화는 수직적 다각화, 수평적 다각화, 집중적 다각화, 복합적 다각화의 네 가지 방법으로 구성되어 있다.

	기존제품	신제품
기존시장	시장침투 전략	제품개발 전략
신시장	시장개발 전략	다각화 전략

[제품/시장 확장 그리드 앤소프 모형]

7) 마케팅 환경(Marketing environment)

① 마케팅 환경 구성 요소

㉠ 미시적 환경(micro environment) :
기업 내부, 고객 시장, 공급업체, 마케팅 중개 기관, 경쟁업체, 공중 등이 구성 요소이다.

㉡ 거시적 환경(macro environment) :
인구 통계적 환경, 경제적 여건, 자연적 환경, 기술적 환경, 정치적 환경, 문화적 환경 등이 구성 요소이다.

기업이 통제하기가 불가능한 요소들로서 표적 시장(target markets)의 새로운 변화를 계속 창출하고 전개해 나간다. 기업 통제할 수 있는 마케팅 믹스 전략(제품, 가격, 유통, 촉진)을 수립하여 특정 잠재고객에게 소구할 수 있도록 계획되어 있어야 한다. 기업은 환경적 요인을 분석하고 환경이 제공하는 기회를 이용하며, 환경의 변화에 의한 위협을 회피할 수 있는 경영전략을 수립하고자 한다. 어떤 기업은 그들의 환경을 관찰하고 그 변화에 따른 적절한 대응을 벗어나 마케팅 환경을 구성하는 요인과 공중들에게 적극적인 행동을 취하려 한다.

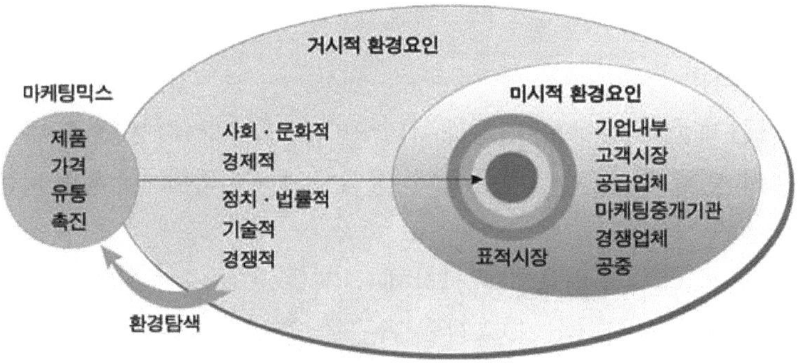

[마케팅 환경]

② **SWOT** 분석

기업의 환경분석을 통해 강점(strength)과 약점(weakness), 기회(opportunity)와 위협(threat) 요인을 규정하고 이를 토대로 마케팅전략을 수립하는 기법이다. 어떤 기업의 내부환경을 분석하여 강점과 약점을 발견하고, 외부 환경을 분석하여 기회와 위협을 찾아내어 이를 토대로 강점은 살리고 약점은 죽이고, 기회는 활용하고 위협은 억제하는 마케팅전략을 수립하는 것을 말한다. 기업 내부의 강점과 약점을, 기업 외부의 기회와 위협을 대응시켜 기업의 목표를 달성하려는 SWOT 분석에 의한 마케팅전략의 특성은 다음과 같다.

㉠ SO 전략(강점-기회 전략) : 시장기회를 활용하기 위해 강점을 사용하는 전략을 선택
㉡ ST 전략(강점-위협 전략) : 시장 위협을 회피하기 위해 강점을 사용하는 전략을 선택
㉢ WO 전략(약점-기회 전략) : 약점을 극복함으로써 시장기회를 활용하는 전략을 선택
㉣ WT 전략(약점-위협 전략) : 시장 위협을 회피하고 약점을 최소화하는 전략을 선택

4 소매 고객 특성 및 점포 선택

1) 소비자 구매 의사결정

① 소비자 구매 행동 5단계

문제 인식 → 정보 탐색 → 대체안 평가 → 구매 의사결정 → 구매 후 행동

② 관여

태도 변화와 관계있는 개인의 자아 몰입 또는 자기 관여를 나타내는 것으로써 특정한 주제에 대한 몰입의 정도를 설명하는 데 이용된다. 즉, 소비자 행동에 영향을 미치는 개인적 심리상태의 정도, 동기부여 수준, 흥미의 정도, 개인적 중요성의 정도를 반영하는 넓은 의미가 내포된 개념이다.

③ 관여도

어떤 개인의 정보를 뜻하는 것으로 특정 사항에서 서로 관련되는 정도, 즉 정보 탐색의 양을 결정짓는 변수로 작용한다. 고관여 제품은 내구재인 승용차·주택·냉장고 등과 같은 개인의 이미지 구축과 관련된 제품으로 신발·장갑·액세서리 등 일반적으로 소비자와 관련이 높은 것을 말한다. 이때 고관여 제품의 구매는 전체적·포괄적 문제해결 방식이 적용된다.

④ 관여 수준 결정요인

㉠ 소비자 특성
소비자들의 자아에 대한 이미지, 가장 중요시하는 가치, 제품에 대한 경험과 욕구, 제품구매에 따르는 위험의 인식 정도 등에 따라 관여 수준은 달라질 것이다.

㉡ 제품 특성
제품의 상징적 가치, 복잡성, 소비자가 느끼는 중요성의 정도 등과 같은 제품 특성에 따라 소비자의 관여 수준이 결정된다.

㉢ 상황적 특성
제품이 구매되고 사용되는 상황에 따라서 관여 수준이 달라진다.

⑤ 관여도에 따른 구매 의사결정 수준

㉠ 습관적 의사결정

구매하고자 하는 상품이 상품 간에 차이가 없고 그중 한 상표를 구매한 경험이 있어 상표 충성도(Brand Loyalty)가 형성되었을 때 발생하는 의사결정으로, 문제가 인식되면 곧 내부 탐색을 통하여 단일의 해결안(상품)을 선택·구매한다. 구매 후 불만족한 경우에는 다른 상표로 전환하여 반복적인 구매 활동을 계속한다.

㉡ 한정적 의사결정

습관적 의사결정과 광범위한 의사결정의 중간 유형에 속하는 것으로 관여도에 따라 차이가 있으나 대개 습관적 의사결정과 특징이 유사하다. 이런 유형의 의사결정에서는 정보 탐색이 활발하게 이루어지지 않으므로 소비자가 쉽게 주목할 수 있도록 소매점에서의 진열과 가격표시, 배치 등 판매 시점 광고가 중요한 역할을 한다.

㉢ 광범위한 의사결정

주택이나 컴퓨터, 자동차 등과 같은 고관여 상품을 구매하는 의사결정으로 광범위한 내부 및 외부 정보 탐색이 있고 난 뒤, 시간적인 여유를 가지고 다수의 대안에 대한 복잡한 평가 과정을 거쳐서 구매한다. 구매 후에는 구매에 대해 철저한 재평가를 하는 것이 일반적이다.

⑥ 관여도에 따른 구매 행동 및 마케팅관리

㉠ 제품 특성에 따른 구분

	큰 경우	작은 경우
고관여 제품	◇ 복잡한 구매 행동 – 광고를 통한 자사 제품의 차별화된 장점을 강조하는 촉진	◇ 부조화 감소 구매 행동 – 소비자가 구매 후 구매에 대해 확신하도록 촉진
저관여 제품	◇ 다양성 추구 구매 행동 – 시장 선도자 : 습관적 구매유도 – 시장 추종자 : 저가격 전략 및 판촉 활동을 통한 상표 전환유도	◇ 습관적 구매 행동 – 상표 친숙도 측면의 반복광고 또는 가격할인이나 판촉 활동 진행

㉡ 마케팅 믹스에 따른 구분

	고관여 수준	저관여 수준
소비재 유형	▪ 전문품 또는 선매품	▪ 편의품
구매 행동	▪ 복잡한 구매 행동 ▪ 부조화 감소 구매 행동	▪ 다양성 추구 구매 행동 ▪ 습관적 구매 행동
광고 전략	▪ 광고의 도달 범위는 좁게, 폭넓은 정보 캠페인에 집중하는 것이 중요	▪ 광고의 도달 범위는 넓게, 몇 가지 중요한 초점에 집중하는 것이 중요 ▪ Push Marketing
유통 전략	▪ 전속적 유통전략(전문품) ▪ 선택적 유통전략(선매품)	▪ 집약적 유통전략
가격 전략	▪ 고가격 전략	▪ 저가격 전략

⑦ 인지 부조화(Cognitive dissonance)

㉠ 사람은 자신의 태도 간에 혹은 태도와 행동 간에 일관되지 않거나 모순이 존재할 때 이러한 비일관성이나 모순을 불쾌하게 여겨 이것을 감소시키려고 한다. 이러한 모순을 줄이기 위해 사람은 태도나 행동을 바꾸려 시도하는데, 태도는 다른 사람들이 모르지만, 행동은 이미 다른 사람들이 알고 있으므로, 행동에 맞게 태도를 바꾸게 된다.

㉡ 인지 부조화 이론이란 아이디어나 신념, 믿음 등이 서로 조화를 이루지 못하는 것에 불편함을 느끼고, 태도를 바꾸어서라도 이를 해소하고자 하는 경향이 있는 것을 의미한다.

㉢ 인지 부조화가 발생하는 경우는 다음과 같다.

ⓐ 소비자의 관여도가 높은 제품을 구매할 때 주로 발생한다.

ⓑ 구매 후 결과에 대하여 위험부담이 높은 제품에서 빈번하게 발생한다.

ⓒ 주로 고가의 제품이나 전문품을 구매할 때 빈번하게 발생한다.

ⓓ 부정기적으로 구매해야 하는 제품을 구매할 때 빈번하게 발생한다.

ⓔ 각 상표 간 차이가 미미한 제품을 구매할 때 빈번하게 발생한다.

2) 소비자 구매 행동 영향 요인

① 문화적 요인

㉠ 문화(Culture)

ⓐ 문화의 구성 요소

문화적 신념, 문화적 가치, 문화적 규범이다.

ⓑ 소비자의 문화적 가치

소비자가 선택하는 상품·상표, 판매점의 종류와 쇼핑 패턴과 광고매체의 선택 등에 영향을 준다.

㉡ 사회계층(Social Class)

ⓐ 유사한 가치관, 흥미, 라이프 스타일 및 행동 패턴 등을 지닌 비교적 영속적·동질적인 집단으로서 사회 구성원들의 규범, 태도 및 행동을 위한 준거 틀로 작용한다.

ⓑ 사회계층은 주로 직업, 소득, 교육 수준, 주거 지역(이웃 특성, 주택의 가치 등) 및 재산 등을 기준으로 측정된다.

② 사회적 요인

㉠ 준거집단

소비자의 신념과 판단, 그리고 행동에 있어서 기준 또는 준거하는 집단이다.

ⓐ 규범적 준거집단

소비자의 가치나 행동에 강한 영향을 주는 준거집단이다.

ⓑ 비교적 준거집단

소비자의 극히 제한된 태도나 행동의 비교 기준이 되는 준거집단이다.

㉡ 가족

ⓐ 개인의 행동에 대한 영향력이 지배적인 준거집단이다.

ⓑ 하나의 경제단위로서 공동의사결정을 한다.

㉢ 역할과 지위

역할이란 자기 주위에 있는 사람들에 의해서 어떤 사람이 수행하도록 기대되는 활동으로 이루어지며 각각의 역할은 사회에 의해서 부여된 일반적인 존경을 반영하는 지위를 수반한다.

③ 심리적 요인

㉠ 지각(Perception)

ⓐ 의의 : 감각기관을 통하여 유입되는 자극의 내용을 이해·해석하여 나름대로 의미를 부여하는 과정으로, 소비자는 같은 자극에 대해서 선택 지각하며 각기 다른 해석을 하게 된다.

ⓑ 소비자 자극해석 과정

- 지각적 부호화 : 자극에 의미를 부여한다.
- 지각적 조직화 : 자극을 구성하는 요소들을 개별적이 아닌 전체로 통합하여 지각한다.
- 지각적 범주화 : 유입되는 자극을 기억 속의 어떤 대상에 대해 가지고 있는 정보와 관련짓는다.

㉡ 학습(Learning)

소비자들은 상품의 구매나 사용, 또는 외부 정보를 통해 기존에 자신이 가지고 있던 신념이나 태도 및 행동을 변화시킬 수 있는데, 이를 학습이라 한다.

㉢ 동기부여(Motivation)

ⓐ 목표물을 향해서 행동의 방향을 지시·촉진·가속하도록 하는 내적 상태이다.

ⓑ 어떤 자극이 반응(행동)으로 나오기까지 유기체 내에서 진행되는 정신적 과정이다.

ⓒ 어떤 목표를 향하여 행동을 지속적이고 활발하게 촉진하는 내적인 원동력으로 욕구가 행동으로 표출되는 중간 과정을 의미한다.

④ 개인적 요인

㉠ 개성

소비자의 행동은 여러 가지 다른 상황에 따라 변화하지만, 소비자가 이러한 상황에 일관성 있게 반응(행동)하도록 하는 내부 심리적 특성을 개성이라고 한다. 이는 소비자의 유전적 요인 또는 환경이나 상황에 의해서 결정되는 것으로 일관적·지속적인 특성이 있고, 아울러 상황이 바뀌면 변화할 수도 있다.

㉡ 라이프 스타일

사회 전체 또는 일부 계층의 고유하고 특징적인 생활양식으로, 그 사회의 문화나 가치를 포함해서 개개인의 생활양식과 행동 등에 의해서 형성되는 복합개념이라고 할 수 있다. 문화, 사회계급, 준거집단, 가족 등과 같은 외부 환경 요인들과 개성이나 가치와 같은 개인적인 요인들에 의해 영향을 받아 나타난 독특한 생활양식으로 소비자가 돈과 시간을 소비하는 모든 양식을 반영하기 때문에 시장 세분화, 광고, 포지셔닝, 매체 지침, 신상품 도입 등에 중요한 정보를 제공한다.

㉢ 태도(Attitude)

ⓐ 태도

태도는 어떤 대상이나 대상들의 집합에 대해 일관성 있게 호의적 또는 비호의적으로 반응하려는 학습된 선유 경향(Predisposition)이라고 정의된다.

ⓑ 소비자의 태도

어떤 상품이나 상표에 대한 소비자의 태도는 그 상품이나 상표에 대한 소비자의 평가를 요약한 것이라 할 수 있다. 따라서 마케팅관리자는 태도를 통하여 소비자의 구매 행동을 예측할 수 있으며, 자사 상품에 대한 소비자의 평가를 알아낼 수 있다.

3) 소비자 점포 선택 행동

① 쇼핑 동기(Shopping Motive)

㉠ 개인적 동기

역할 수행(가정에서 필요한 물품을 구매), 기분 전환, 자기만족(상품의 구매를 통한 기대 효용의 충족), 새로운 경향에 대한 학습, 신체적 활동, 감각적 자극(시청각적 즐거움이나 음악감상 등) 등이 있다.

㉡ 사회적 동기

가정 외부에서의 사회적 경험(친분 확대), 비슷한 취미를 가진 사람들과 대화(취미 관련 매장에서 동종 취미자와의 교분 장소), 쇼핑을 통한 신분 과시, 흥정을 통한 즐거움 등이 있다.

㉢ 쇼핑 동기 변화에 따른 점포 개념 변화

정보문화 공간, 문화공간, 교제 공간 등으로 쇼핑 동기에 맞게 점포 개념을 재정립할 필요가 있다.

② 점포 선택 과정

㉠ 쇼핑·구매 욕구 형성 요인

소비자의 인구 통계적 특징, 라이프 스타일, 개성, 입지, 경제적 변수 등이다.

㉡ 점포 평가 우선순위의 결정요인

편리성, 가격 수준, 판매원, 상품선택의 폭, 매력적 실내장식 등이다.

㉢ 점포 선택 후 상품선택 기준

상품가격, 구색, 진열 등 점포 내 자극이다.

5 STP 전략

1) 시장 세분화(market segmentation)

비슷한 욕구를 가진 고객들의 집단을 세분 시장이라고 부른다. 이 시장을 여러 개의 세분 시장으로 나누는 것을 시장 세분화(market Segmentation)라고 부르고, 각 세분 시장의 욕구에 맞는 상품만을 마케팅하는 것을 세분 시장마케팅(Segment marketing)이라고 부른다. 시장은 여러 형태의 고객, 제품 및 요구로 형성되어 있으므로 마케팅관리자는 기업의 목표를 달성하는 데 있어 어느 세분 시장이 최적의 기회가 될 수 있는가를 결정하여야 한다.

① 세분 시장 마케팅전략 수립의 단계

㉠ 시장 세분화(market segmentation)

시장 세분화를 위한 여러 가지 기준들을 복합 적용하여 프로파일을 작성한다.

㉡ 표적 시장 선정(targeting)

각 세분 시장의 매력도와 자사의 제품 및 능력과의 적합도를 고려하여 표적 시장을 선정한다.

㉢ 포지셔닝(positioning)

선정된 표적 시장을 상대로 제품의 주요 특징적 이점을 개발하고 차별화 방향에 따라 마케팅 믹스를 구사하는 전략이다.

② 시장 세분화 효과

㉠ 마케팅 기회 발견

고객의 욕구에 따라 세분된 시장은 고객이 원하는 바를 더욱 분명하게 파악 기업은 더욱 쉽게 마케팅 기회를 발견할 수 있다.

㉡ 정확한 욕구 충족

세분 시장의 구분을 통해 고객들의 욕구에 맞게 제품을 비롯한 마케팅 믹스를 개발함으로써 그들의 욕구를 더 정확히 충족시킬 수 있다.

㉢ 브랜드 충성도(brand loyalty) 제고

소비자들의 욕구를 정확히 충족시킴으로써 자사의 브랜드에 대한 충성도를 높일 수 있다.

㉣ 경쟁우위 확보

자사의 강점을 최대로 활용할 수 있는 세분 시장에만 자사의 마케팅 노력을 투입하므로 경쟁우위를 확보할 수 있다.

㉤ 적합한 마케팅 프로그램 개발

기업은 자사 제품에 대한 시장 전략을 수립 적절히 조정하며, 특정 세분 시장에 맞는 마케팅 프로그램과 소요 예산을 수립할 수 있다.

③ 시장 세분화 요건

㉠ 측정 가능성

세분 시장의 크기, 구매력, 기타 특성을 측정할 수 있어야 한다.

㉡ 규모

세분 시장이 너무나 작아서는 안 된다. 즉 그 세분 시장만을 표적으로 마케팅 활동을 해도 이익이 발생할 수 있는 정도의 규모를 갖고 있어야 한다.

㉢ 접근 가능성

세분 시장에 속하는 고객들에게 효과적이고 효율적으로 접근할 수 있어야 한다. 즉 고객들이 어떤 대중매체를 주로 보는지, 또는 고객들이 주로 어느 지역에 사는지 등과 같은 정보를 알고 있어야 한다.

㉣ 세분 시장 내 동질성과 세분 시장 간 이질성

같은 세분 시장에 속하는 고객들끼리는 최대한 비슷하여야 하고 서로 다른 세분 시장에 속한 고객들끼리는 최대한 달라야 한다.

④ 시장 세분화 기준 변수

㉠ 지리적 변수

ⓐ 현재 소비자가 거주하는 지역의 특성을 세분화의 기준으로 사용하는 방법

ⓑ 행정구역에 따라 역사와 기후가 다르고 제반 환경적 특성이 다르므로 시장의 특성을 구분 짓는 기본적인 세분화 변수

ⓒ 세분화 작업이 비교적 쉽고, 효율적으로 접근이 쉬우며, 적은 비용으로 측정이 가능

㉡ 인구 통계적 변수

ⓐ 소비자의 나이, 성별, 직업과 같이 소비자 개인 또는 소비자가 속한 가구의 특성을 세분화의 기준으로 활용하는 방법

ⓑ 시장 구분의 쉬움으로써 널리 활용되는 세분화 기준

㉢ 심리 분석적 변수

ⓐ 소비자들의 개성·가치·라이프 스타일 등의 심리적 변수를 기초로 시장을 세분화하는 방법

ⓑ 심리 분석적 변수에 있어서 가장 유용하게 적용되어 온 방법의 하나로 라이프 스타일에 의한 세분화 방법

㉣ 행동적 변수

ⓐ 추구하는 편익

소비자들이 제품의 소비를 통하여 얻는 혜택을 의미하며 기본적인 가정으로 한 가지 품목의 제품에 대해서도 고객이 얻고자 하는 편익은 다양하다는 것

ⓑ 사용량

제품이나 서비스를 구매하거나 사용하는 빈도

ⓒ 브랜드 충성도

소비자가 어떤 특정 브랜드를 일관성 있게 선호하는 정도를 말하는 것으로 그 브랜드를 지속해서 구매하려는 경향

ⓓ 제품구매 단계

소비자가 브랜드에 대해서 알고 있는 정보와 관심의 정도, 구매의욕의 정도에 따라 시장을 세분화

2) 목표시장 선정(Targeting)

일단 시장을 세분화한 다음엔 발견된 세분 시장들을 여러 가지 기준으로 평가하여 가장 바람직한 한 개 또는 그 이상의 세분 시장을 찾아내야 한다. 이렇게 찾아진 세분 시장을 표적 시장이라 부른다.

① 세분 시장 선택

㉠ 시장 매력도

세분 시장의 규모와 성장률에 있어서 높은 매력도를 갖추어야 한다.

㉡ 시장 내 경쟁 상황

특정 세분 시장의 경쟁 상황은 경쟁기업의 포진 정도, 고객들의 구매력, 시장 내 영향자와의 교섭력 등으로 이에 대한 상대적 우위를 가진 시장이어야 한다.

㉢ 자사와의 적합성

특정 세분 시장이 자사의 기업문화, 목표와 자원에 적합해야 한다.

② 표적 시장의 선정

㉠ 무차별 마케팅

무차별 마케팅전략은 소매점이 세분 시장 간의 차이를 무시하고 단일제품이나 서비

스로 전체 시장에 진출하려는 것이다. 소비자 욕구의 차이보다는 공통점에 초점을 맞추고 있다. 무차별 마케팅은 원가 면에서 경제적이다. 제품 계열이 축소되어 생산, 재고, 수송비용이 절감된다. 물론 무차별 광고 프로그램으로 광고 비용도 절감되며, 세분 시장에 대한 마케팅 조사와 계획도 하지 않으므로 마케팅 조사와 제품 관리 비용도 절감된다.

㉡ 차별적 마케팅

차별적 마케팅전략에 따르면 소매점은 여러 목표시장을 표적으로 하고 각각에 대해 다른 제품과 서비스를 설계한다. 제품과 마케팅을 다양화함으로써 매출액을 늘리고 각 세분 시장에서의 지위를 강화하려고 한다. 여러 세분 시장에서의 더욱 강한 위치가 제품 범주에 대한 소비자의 전반적인 인식을 높여 줄 수 있다. 그리고 제품이 고객의 요구에 더 잘 부합함으로써 반복 구매가 더 커질 것으로 기대한다. 차별화 마케팅은 무차별 마케팅보다 더 많은 매출액을 창출하는 것이 보통이다. 그러나 이 전략은 사업운영비용도 상대적으로 높아진다. 각 세분 시장의 요구 조건에 맞추어 제품을 수정하려면 추가로 연구 개발비, 마케팅 비용 등이 소요된다.

㉢ 집중적 마케팅

집중적 마케팅(Concentrated Marketing)은 소매점이 자원의 제약을 받을 때 특히 유용하다. 대규모 시장에서 낮은 점유율을 추구하는 대신에 한 두 개의 세분 시장에서 높은 점유율을 추구하는 전략이다.

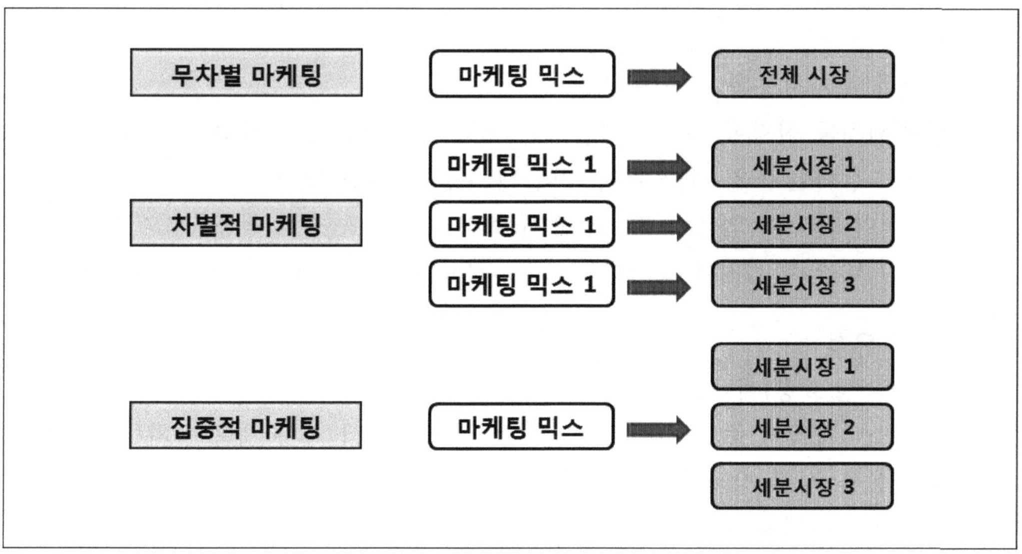

[표적 시장 선정]

3) 포지셔닝(Positioning)

제품이나 소매점의 위치(Position)란 그 제품이나 소매점이 소비자들에 의해 중요한 속성에 따라 어떻게 정의되느냐 하는 것이다. 즉, 제품이나 소매점이 경쟁제품이나 경쟁점과 비교하여 소비자들의 마음속에 차지하게 되는 위치를 의미한다. 소매점 경영자는 특수한 제품 속성 및 소매점 특성에 따라 포지셔닝을 할 수 있으며 제품이나 소매점이 제공하는 편익에 따라서도 포지셔닝을 할 수 있다. 고객의 특정 계층에 따라 포지셔닝을 할 수도 있으며, 경쟁제품이나 경쟁점과 직접 대비함으로써 포지셔닝을 할 수 있다.

① 포지셔닝 전략 선택과 실행

㉠ 경쟁우위의 정의

소비자들은 보통 가장 큰 가치를 제공하는 제품과 서비스를 선택하게 마련이다. 따라서 소비자를 확보·유지하는 관건은 경쟁자보다도 소비자들의 욕구와 구매 과정을 더욱 잘 이해하고 더 많은 가치를 전달하는 데 있다. 어떤 소매점이 선택한 목표시장에 대해 더 우수한 가치를 제공하여 포지셔닝함으로써 경쟁우위를 확보할 수 있다. 구체적으로 경쟁자보다 저가격으로 제공하거나 고가격을 정당화할 수 있는 더 많은 편익을 제공하는 것 등이다.

㉡ 적절한 경쟁우위의 선택

소매점이 여러 가지 잠재적인 경쟁우위를 발견한 다음 단계로 전략의 기초가 되어야 할 경쟁우위를 결정해야 한다. 어떤 차이를, 그리고 몇 가지나 중점적으로 추진해야 할 것인가를 결정한다.

㉢ 선택한 포지셔닝을 시장에 전달

일단 위치를 설정했으면, 그다음에는 목표 소비자들에게 원하는 위치를 알리고 전달하는 강력한 조처 해야 한다. 기업의 모든 마케팅 믹스 노력은 위치와 전략을 지원하여야 한다. 기업의 포지셔닝은 구호가 아니라 구체적 행동을 요구한다. 만약 품질과 서비스로 위치를 구축하기로 했다면, 먼저 그 위치를 전달해야 한다.

② 포지셔닝 유형

㉠ 제품 속성(효용)에 의한 포지셔닝

표적 소비자들이 중요하게 생각하는 제품 속성에서 자사 제품이 차별적 우위를 갖고 있음을 직접 강조하는 방법이다.

㉡ 이미지 포지셔닝

제품이 지닌 추상적인 편익을 소구하는 전략이다.

㉢ 경쟁제품에 의한 포지셔닝

소비자의 마음속에 강하게 인식하게 있는 경쟁제품에 비해 자사 제품의 차별점을 제시하는 방법이다.

㉣ 사용 상황에 의한 포지셔닝

제품이 사용될 수 있는 적절한 상황과 용도를 자사 제품과 연계시키는 방법이다.

㉤ 제품사용자에 의한 포지셔닝

표적 시장 내의 전형적 소비자를 겨냥하여 자사 제품이 그들에게 적절한 제품이라고 소구하는 방법이다.

③ 포지셔닝 맵(Positioning Map)

소비자들의 마음속에 있는 제품과 경쟁제품의 위치를 2~3차 공간에 작성한 지도로 고객지각 때문에 도표화된 각 상표의 위치를 도표상에 나타낸 것이다. 소비자 욕구 파악 및 이를 근거로 한 시장의 세분화 표적 소비자들이 원하는 이상적 제품(ideal product)의 위치를 통해 소비자가 원하는 제품 특성을 파악하고 이를 통해 세분 시장을 파악하는 것이다. 포지셔닝 맵을 통해 소비자들에게 지각된 각 상표의 상대적 자사 상표가 제대로 포지셔닝되었는지 판단하는 것이다. 즉 자사의 상표들과 경쟁 관계에 있는 상표들의 파악하고 소비자들이 원하는 이상점과 각 상표의 상대적 위치의 분석을 통해 시장기회를 파악하는 것이다.

④ 포지셔닝 분석 방법

㉠ 소비자 설문조사법

조사응답자의 생각, 의도, 태도 등을 파악하려는 방법으로 측정할 수 없는 자료를 질문이나 문제를 만들어서, 대상자의 생각, 의도, 태도를 데이터화 하는 방법으로서 제품의 선호도와 구매 태도를 파악하여 제품의 포지셔닝을 정립하는 방법이다.

㉡ 컨조인트 분석

어떠한 제품이나 서비스, 매장 등에 대해서 여러 가지 대안들을 만들었을 때, 그 대안들에 부여하는 소비자들의 선호도를 측정하여 소비자가 각 속성(attribute)에 부여하는 상대적 중요도(relative importance)와 각 속성수준의 효용(utility : 부분 가치, part-worth)을 추정하는 분석 방법이다.

제 2 절 상품 및 가격관리 전략

1 상품 개요

1) 상품(Product) 개념

상품(Product)이란 구매자가 관심을 끌게 되어 구매하여 사용하거나 소비함으로써, 자신의 욕구를 충족시켜 줄 수 있는 모든 것을 말한다. 상품은 제품은 기본적 욕구 또는 욕망을 충족시켜 줄 수 있는 것으로 시장에 출시되어 주의나 획득, 사용 또는 소비의 대상이 될 수 있다. 물리적 대상물, 서비스, 사람, 장소, 조직, 아이디어 등이 포함된다. 고객을 만족하게 할 수 있는 일련의 유·무형의 속성 다발로 구성된 상품, 서비스, 혹은 아이디어이며, 화폐나 혹은 다른 가치 있는 것과 교환을 할 수 있다. 좁은 의미에서는 물리적이고 기능적인 속성을 나타내는 유형 제품을 말하고, 넓은 의미에서는 그에 부수적인 서비스 및 상징적 가치를 결합한 총체를 나타낸다.

2) 상품 구조

① 물리적 조립품으로서 물리적 상품

② 구매자의 필요·욕구를 충족시키는 효용으로서의 상품
- ㉠ 주로 물리적 상품에 의해서 창출되는 1차적 효용으로서의 상품이 있다.
- ㉡ 주로 시장적 상품에 의해서 창출되는 2차적 효용으로서의 상품이 있다.

③ 시장성을 배려한 시장적 상품
- ㉠ 상품 자체에 시장성을 부가한 시장적 상품이 있다.
- ㉡ 상품제공과 관련하여 시장성을 부가한 시장적 상품이 있다.

④ 제3자의 효용을 배려한 사회적 상품

3) 상품 적성

상품이 상품으로서의 매매의 대상이 되고 소비자가 기대하는 효용을 위해서는 다음과 같은 적성을 갖추어야 한다.

① 적합성

소비자의 필요와 욕구에 적합하게 하기 위해서는 1·2차적 효용을 제공할 수 있는 품질을 갖추어야 한다.

② 내구성

생산에서 소비되기까지 상품의 가치가 변하지 않아야 한다.

③ 운반성

생산된 장소에서 소비되는 장소까지 안전하며, 경제적으로 운반할 수 있어야 한다.

④ 대체성

매매 및 소비할 때 동종동양의 상품을 가지고 대체할 수 있어야 한다.

⑤ 경제성

가격이 가치보다 비교적 싼 것이어야 한다.

⑥ 정보성

상품·브랜드 등이 잘 알려져 있으며, 그 구매 및 소비에서도 충분한 정보가 제공되고 있어야 한다.

⑦ 안전성

위에 제시한 모든 적성이 충족되어 있다고 해도 만일 안정성에 문제가 있다면 상품으로서의 모든 가치를 잃게 된다.

⑧ 채산성

메이커와 판매업자에게 채산이 맞아야 한다.

⑨ 사회성

사회 전체에 어떠한 영향을 미치는가 생각해야 한다.

4) 수준별 상품 분류

① 핵심 제품(core product)

가장 기초적인 수준의 상품을 말하며 소비자가 상품을 소비함으로써 얻을 수 있는 핵심적인 효용을 핵심 상품이라 한다. 소비자들이 제품을 구매할 때 그들이 실제로 구매하고자 하는 핵심적인 혜익(Benefit)이나 문제를 해결해 주는 서비스를 말한다.

② 실체 제품(tangible product)

상품의 핵심이 눈으로 보고, 손으로 만져볼 수 있도록 구체적으로 드러난 물리적인 속성 차원에서의 상품을 말한다. 실체 상품은 소비자가 실제로 느낄 수 있는 수준의 상품이다. 흔히 상품이라고 하면 이러한 차원의 상품을 말한다. 핵심 상품에 품질과 특성, 상품, 디자인, 포장, 라벨 등의 요소가 부가되어 물리적인 형태를 가진 상품을 말한다.

③ 확장 제품(augmented product)

실체 상품의 효용 가치를 증가시키는 부가서비스 차원의 상품을 말한다. 실체 상품의 보증, 반품, 배달, 설치, 사후관리, 사용법 교육, 신용, 상담 등의 서비스를 추가하여 상품의 효용 가치를 증대시키는 것으로 상품 차별화를 할 수 있다.

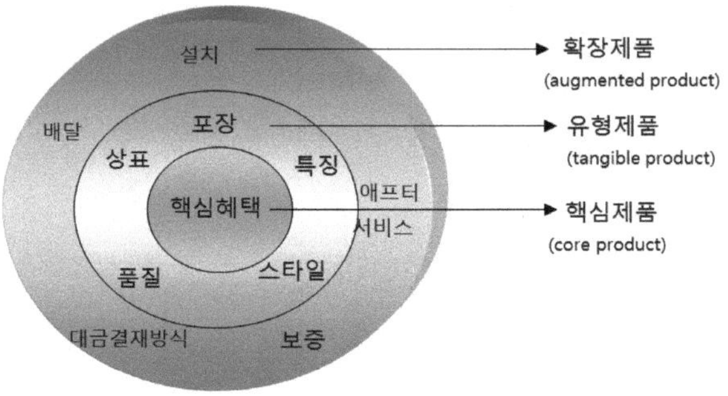

[상품개념의 확장]

5) 내구성 또는 유형성에 의한 분류

① 내구재

일반적으로 여러 번 사용되어도 소모되지 않는 유형의 제품으로 일정 기간의 사용에 견디는 것을 확보하기 위해 그 초기에는 일시적으로 거액을 지출해야 하지만 그 후에는 소액의 유지비 이외에는 지출할 필요가 없는 특징을 가진다. 기업회계에서는 감가상각(減價償却)이라는 방법으로 이 문제를 처리하고 있다. 그러나 내구성이 있으므로 불황 때에는 구매를 삼가려는 경향이 크며 수요변동이 심한 성격을 가진다.

② 비내구재

보통 한 번 또는 두세 번 사용하는 유형 제품, 즉 내용(耐用)기간에 따라 경제재(經濟財)를 분류할 때 내용기간이 비교적 단기인 재화를 말하며 내용기간에 관하여 미국 상무부에서는 3년 이내로 규정하고 있는데 의류나 서적 등 비교적 장기간의 사용에도 견딜 수 있는 것도 비내구재로 분류된다. 일반적으로 비내구재에 대한 지출은 내구재에 비하면 경기변동에 대한 탄력성이 적어 특히 비내구소비재를 가리켜 비내구재라고 하는 예도 있다.

③ 서비스

판매할 목적으로 제공되는 활동과 혜익 또는 만족을 일컫는다.

④ 소비재

최종 소비자가 개인적 소비를 목적으로 구매하는 제품으로 재화의 생산을 위한 원료로 사용되는 생산재(중간재), 재화의 생산을 위한 설비로 사용되는 자본재 등과 구별된다. 소비재는 다시 편익(便益)을 받는 기간에 따라서 내구소비재와 비내구소비재로 나누어진다. 일반적으로 편익을 1년 이상 받을 수 있는 것을 내구소비재라고 하는데, 자동차·텔레비전·냉장고 등이 포함된다.

⑤ 생산재

생산과정에서 필요로 하는 재화로 인간의 생산 활동의 최종적 목적은 소비재를 생산하는 데 있으나 실제로는 이를 위한 원료나 반제품 등 중간생산물과 기계·설비 등의 내구적 생산수단(耐久的生産手段 : 자본재)이 필요하다. 따라서 넓은 의미에서 생산재는 중간생산물과 자본재를 포함한다.

6) 소비자 구매 관습에 의한 분류

① 편의품

제품에 대하여 완전한 지식이 있어 최소한의 노력으로 적합한 제품을 구매하려는 행동의 특성을 보이는 제품으로 식료품·약품·기호품·생활필수품 등이 여기에 속한다. 구매하기 위하여 사전에 계획을 세우거나 점포 안에서 여러 상표를 비교하기 위한 노력을 하지 않으므로 구매자는 대체로 습관적인 행동 양식을 나타낸다. 따라서 구매할 필요가 생기면 빠르고 쉽게 구매를 결정하며 선호하는 상표가 없더라도 기꺼이 다른 상표의 제품으로 대체한다. 단위당 가격이 저렴하고 유행의 영향을 별로 받지 않으며 상표명에 대한 선호도가 뚜렷하다. 그러므로 편의품을 판매하는 소매점의 특성은 별로 중요하지 않으며 판로의 수가 많을수록 좋다.

② 선매품

제품을 구매하기 전에 가격·품질·형태·욕구 등에 대한 적합성을 충분히 비교하여 선별적으로 구매하는 제품으로 제품에 대한 완전한 지식이 없으므로 구매를 계획하고 실행하는 데 많은 시간과 노력을 소비하며 여러 제품을 비교하여 최종적으로 결정하는 구매 행동을 보이는 제품이다. 식품·기호품·일상용품 등 최소한의 노력으로 구매를 결정하는 편의품에 비하여 구매단가가 높고 구매 횟수가 적은 것이 보통이다. 따라서 소매점의 중요성이 높고 선매품을 취급하는 상점들이 서로 인접해 하나의 상가를 형성하며 발전한다.

③ 전문품

상표나 제품의 특징이 뚜렷하여 구매자가 상표 또는 점포의 신용과 명성에 따라 구매하는 제품으로 비교적 가격이 비싸고 특정한 상표만을 수용하려는 상표 집착(Brand Insistence)의 구매 행동 특성을 나타내는 제품으로 자동차·피아노·카메라·전자제품 등과 독점성이 강한 디자이너가 만든 고가품의 의류가 이에 속한다. 구매자가 기술적으로 상품의 질을 판단하기 어려우며 적은 수의 판매점을 통해 유통되어 제품의 경로는 다소 제한적일 수도 있으나 빈번하게 구매되는 제품이 아니므로 중간이윤이 높다. 전문품의 마케팅에서는 상표가 중요하고 제품을 취급하는 점포의 수도 적으므로 생산자와 소매점 모두 광고를 광범위하게 사용한다. 생산자는 소매점의 광고비를 분담해 주거나 광고 속에 자사의 제품을 취급하는 소매점을 소개하는 협동광고를 하기도 한다.

7) 사용 목적에 따른 분류

① 소비자용품

최종 소비자가 자기의 가정 안에서 소비하거나 혹은 선물 등의 목적을 위하여 소비·사용하는 것이다.

㉠ 많은 구매 횟수
㉡ 일반적으로 소량 소비되고 낮은 상품가격
㉢ 시장이 광범위하고 대량판매
㉣ 감정적·충동적으로 구매
㉤ 주문생산보다는 시장생산

② 산업용품

다른 상품을 생산하기 위하여 또는 업무 활동을 위하여 재판매함으로써 이익을 얻기 위하여 소비·사용하는 것이다.

㉠ 적은 구매 횟수
㉡ 구매자 수도 적고 시장이 지역적으로 치우침
㉢ 대량으로 구매·소비
㉣ 구매자의 상품지식이 높음
㉤ 계획적·합리적으로 구매 결정
㉥ 상품 자체의 능력, 생산성, 채산성 등에 관한 고려가 우선

8) 라이프 사이클에 따른 분류

① 도입기 상품

방금 발매된 신상품으로 품질이나 효용 및 특징을 널리 광고하여 판매촉진을 적극적으로 해야 한다.

② 성장기 상품

광고의 효과 등으로 상품의 지명도와 유용성이 널리 소비자에게 인식되어 매출이 점진적으로 상승하며, 판매 추세가 급상승하는 제품이다.

③ 성숙기 상품

수요가 포화상태가 되어 판매신장률이 둔화하는 시기이다.

④ 쇠퇴기 상품

대체상품의 진출이나 소비자 행동의 변화 때문에 수요가 강화되어 매출과 이익이 감소한다.

9) 경합성과 배제성에 따른 재화 유형

경합성은 어떤 소비 주체가 하나의 재화(혹은 서비스)를 소비할 때 동시에 다른 소비 주체가 소비할 수 없는 성질을 말한다. 배제성이란 어떤 재화(혹은 서비스)의 공급 주체가 임의로 소비 주체를 재화의 소비로부터 배제할 수 있는 능력을 말한다.

① 사적 재화(=사유재)

배제성과 경합성을 모두 가지고 있는 재화를 말한다. (MP3, 아이스크림 등)

② 공공재

배제성과 경합성이 없는 재화를 말한다. 공공재는 사람들이 그 재화를 소비하는 것을 막을 수 없을 뿐 아니라, 한 사람의 공공재 소비가 다른 사람의 공공재 소비를 방해하지도 않는다. (공기, 국가안보)

③ 공유자원

경합성은 있지만, 배제성이 없는 재화를 말한다. (바닷속 물고기)

④ 자연독점

어떤 재화가 경합성은 없지만, 배제성이 있다면, 이 재화는 자연독점의 속성을 지니고 있다고 말한다. (소방 서비스)

2 상품관리 개요

1) 상품관리 의의

상품관리는 현대의 점포 경영 그중에서도 특히 소매업 경영에서 매우 중요한 위치를 점하고 있다. 소매업에서 상품관리는 판매 업무처럼 활동적인 일이 아니다. 판매 업무를 동적이라고 한다면 상품관리는 정적인 업무이다. 상품관리는 소비자에게 더욱 나은 상품을 제공하기 위하여 입점 상품의 품질관리와 적정재고 유지를 위한 제반 활동을 말하며 이를 통하여 고객 만족 경영을 구현함에 있다. 상품관리는 재고 통제뿐만 아니라 통상 재고 통제의 영역을 초월하여 음미 되는 상품의 매입, 디스플레이, 매가 설정, 판매촉진, 판매 등의 여러 가지 기능을 포함하며 또한 재고에 대한 투자 규모 및 구성에 대한 계획도 포함하고 있다.

2) 상품관리 내용

상품관리 기능 중 하나는 적정한 상품구성을 실현하는 일이다. 고객에게 최대한의 만족을 제공하는 동시에 소매업체도 최대한의 이익을 얻기 위해서는 적정한 상품구성이 관건이 된다. 상품관리는 적정한 재고량을 유지하는 데 있어 중요한 기능을 발휘한다. 적정한 1회 발주량을 결정하는 것은 매입 또는 매입관리의 중요한 활동이면서 상품관리의 일이기도 하다. 매입처로부터 상품이 납품되었을 때 정확한 검수가 이루어져야 한다. 검수란 납품된 상품을 전표와 비교해서 주문한 상품과 실제 납품된 상품이 품질, 치수, 치수, 수량 등이 정확한지 배송 중 손상은 없었는지를 점검한 뒤 받는 일이다. 검수가 정확하게 이루어지지 않으면 나중에 매입처와의 사이에 여러 가지 문제가 발생할 수 있다. 입·출고 시에는 반드시 전표와 상품이 함께 움직이도록 해야 하며 또한 보관 중 상품이 손상되지 않도록 관리해야 한다. 상품의 수송, 재화의 취급 및 보관 등의 물류관리에 신경 써야 한다. 특히 부가가치가 높은 상품의 보관에 주의해야 한다. 물류관리는 소매기업의 규모가 커질수록 상당한 중요성이 있게 된다.

3) 상품관리 종류

고객을 만족하게 하는 상품관리는 수량관리(unite control)와 품질관리(quality control)와 같이 두 가지로 구분할 수 있다. 수량관리는 다른 이름으로 단품 관리라고도 한다. 이것은 단품별 판매 추이를 고려해 재고량을 조절, 품절을 방지하는 기술이다. 단품별 판매 추이를 과거 자료(POS 데이터)를 통해 예측하고, 재고량을 조절하는 것을 의미한다. 수량관리를 통해 품절을 예방하고 부동 재고 및 가격 인하 로스를 줄이는 한편 상품구성을 고객 욕구와 일치시킨다. 이를 실현하려는 방법은 적정 수량을 발주하고 발주 타이밍을 잘 맞추며 팔리지 않는 상품을 제거하는 것이다. 품질관리란 단순히 선도를 좋게 유지한다는 뜻이 아니다. 넓은 의미로써 모든 사람이 공감하고 고객에게 만족을 줄 수 있는 모든 서비스를 총칭한다고 할 수 있다. 구체적으로 풍부한 상품구성, 품절이 없는 매장, 청결한 매장 등을 들 수 있다.

	기대효과	성과
수량관리	품절이 없어진다.	매출액 향상
	과잉재고가 없어진다.	재고액 감소
	안 팔리는 상품이 없어진다.	가격 인하 로스 감소
	선도가 좋아진다.	이미지 증대, 이익 증가
	무리한 작업이 사라진다.	이직률 감소
품질관리	안 팔리는 상품이 줄어든다.	매출액 향상
	전반적인 상품의 선도 수준이 높아진다.	가격 인하 로스 감소
	무리한 작업이 사라진다.	생산성 향상

[수량관리와 품질관리 기대효과]

4) 상품구성 요소와 결정요인

① 상품 계열구성

상품의 폭으로서 점포가 취급하는 비경합적 상품계열의 다양성이나 수를 결정한다.

② 상품 품목구성

상품의 깊이로서 같은 상품계열 내에서 이용할 수 있는 변화품이나 대체품과 같은 품목의 수를 결정한다.

③ 상품 폭과 깊이

상호 제약 관계에 있으므로 폭과 깊이의 비율에 따라 상품구성이 달라진다.

④ 상품구성 결정요인

㉠ 구성 비율 결정요소

매장 면적, 활용할 수 있는 인원수, 보유할 수 있는 평균 재고액, 점포가 소재하고 있는 지역의 입지 조건, 지역 내의 경쟁구조, 지역 내의 소비구조 등을 분석·검토한다.

㉡ 창업하는 점포는 면적과 투자액에 한도가 있으므로 상품구성의 폭과 깊이의 비율을 적절하게 구성해야 하고, 이것은 판매액과 이익액의 합이 최대가 되는 상품구성이어야 한다.

5) 상품 의사결정

① 상품 믹스

상품 믹스(product mix)란 구매자가 이용할 수 있게 하려고 기업이 취급하고 있는 제품 계열, 제품 품목, 상표의 구성 패턴 등의 집합으로 제품 구색(product assortment)이라고도 한다.

㉠ 폭(넓이)

기업이 생산하는 서로 다른 제품 계열의 수이다.

㉡ 깊이

각 제품 계열 내의 품목 수이다.

㉢ 길이

각 제품 계열이 포괄하는 제품 믹스 내에 있는 품목의 총수이다.

㉣ 제품 믹스

다양한 제품 계열들이 최종용도·유통경로·기타 관련 정도이다.

② 상품구성계획

기업이 판매 목표를 효과적으로 실현하기 위하여 소비자의 욕구·구매력 등에 합치되도록 제품의 개발·가격·품질·디자인·포장·상표 등을 기획·결정하는 활동을 말한다. 머천다이징(Merchandising : 상품화계획)과 유사한 뜻으로 사용되고 있다. 판매목표액에 도달하기 위한 상품의 적절한 구성을 계획하는 것으로 전체 판매이익률이 가장 높도록 상품 판매구성 비율을 결정하는 것이다. 파레토법칙으로 점포 주력상품과 서브 상품을 적절하게 진열해야 한다.

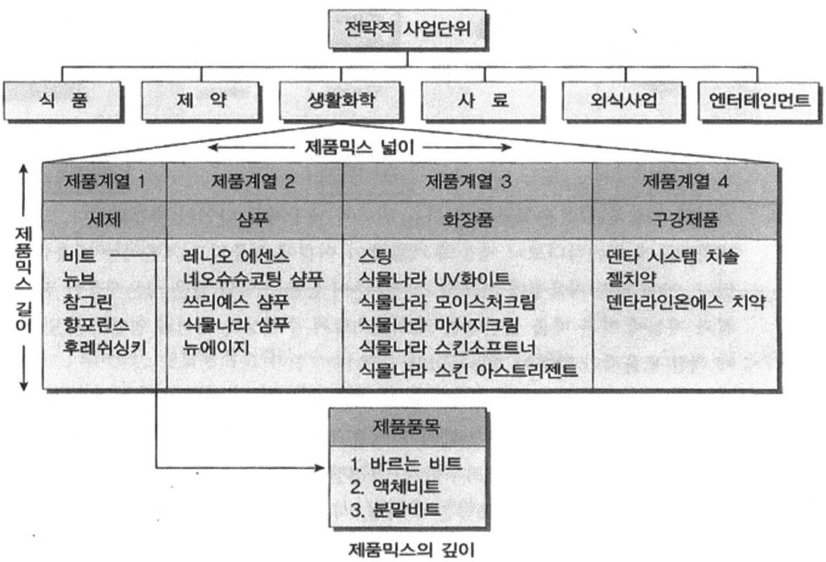

[CJ그룹 제품 믹스 전략]

③ 상품정책 기본유형

㉠ 완전 종합형 상품정책

종합화, 전문화를 동시에 실현한다. (백화점)

㉡ 불완전 종합형 상품정책

종합화를 먼저, 전문화는 오히려 후퇴된다. (넓고 얇게 - 양판점)

㉢ 완전 한정형 상품정책
전문화를 먼저, 종합화는 후퇴된다. (좁고 깊게 - 철저한 전문점)

㉣ 불완전 한정형 상품정책
점포 규모, 자본력, 입지 조건 등에서 종합화, 전문화 모두를 단념한다. (좁고 얕게 - 근린점)

6) 제품 계열 길이 의사결정

제품 계열 내에 새로운 품목을 추가하거나 기존 품목의 일부를 철수시키는 것과 관련된 의사결정을 말한다. 계열의 길이를 늘이는 전략을 계열 길이 확대 전략이라고 하고 줄이는 경우를 계열 길이 축소 전략이라고 한다.

제품 계열 길이 확대 전략	제품 계열 길이 축소 전략
■ 더 많은 이익 기회가 있다고 판단될 때 ■ 나머지 설비를 활용하기 위한 목적에서 ■ 빠져 있는 품목에 대한 대리점주의 불안을 해소하기 위해 ■ 완전 제품 계열을 확보하여 전체 시장을 공략하기 위해	■ 계열 내 품목 중 일부 품목의 매출액이 낮거나 상호간 경쟁이 심화하여 이익기여도가 낮다고 판단될 때 ■ 매출액이 낮은 품목에 제조 및 유통 관련 자원이 과다하게 할당되었을 때 ■ 제품 품질 향상으로 기존 품목들이 진부화되었을 때

[제품 계열 길이 의사결정]

7) 제품 계열 넓이 의사결정

제품 계열 확장(product line stretch)은 특정 기업이 제품 계열을 기존의 범위 이상으로 확장하는 것을 말한다. 계열의 넓이를 현재의 품목보다 저가격·낮은 품질의 제품을 추가하여 연장하는 전략을 하향 확장이라고 하고 고가격·고품질의 제품을 추가하여 연장하는 전략을 상향 확장이라고 한다.

확장 의사결정 유형은 다음과 같다.

① 하향 확장 전략(Downward Stretch)

초기에는 고품질 고가제품을 출시시켰다가, 제품 계열 길이를 확장하면서 저가 신제품을 추가시키는 전략이다.

② 상향 확장 전략(Upward Stretch)

초기에는 저가, 저품질의 상품을 출시시켰다가 제품 계열 길이를 확장하면서 고가 신제품을 추가시키는 전략이다.

③ 쌍방 확장 전략(Two-way Stretch)

기존 제품 계열 내 품목추가를 통한 제품 확장 전략이다. 나머지 설비 활용, 매출 증대, 세분 시장침투 등의 긍정적 효과를 가져올 수 있다.

3 단품 관리 전략

1) 단품 관리(Unit Control) 개요

단품(price of goods)이란 하나하나씩 별개로 독립되어 있어 저마다 객체성을 가진 상품 또는 어떤 규격이나 무늬, 소재, 가격 등의 분류에 있어 더 이상의 세분화가 이루어질 수 없는 단계에까지 이른 상품을 말한다. 단품 관리(Unit Control)는 상품을 품목, 단위별 수량관리를 통해 더 분류할 수 없는 데까지 최소 단위로 분류해서 그 단위 품목을 결정하는 방식이다. 단품 관리 필요성은 고객 요구 및 불만을 파악해서 점포의 매출과 이익을 확대하는 가장 중요한 업무로서 정확한 상품군 구성의 개념과 유지관리 및 개선에 대한 이해가 필요하다. 단품 관리는 고객 요구 및 불만을 파악해서 점포의 매출과 이익을 확대하는 가장 중요한 업무이다. 따라서 정확한 상품군 구성의 개념과 유지관리 및 개선에 대한 이해가 필요하다.

단품 관리 기대효과는 다음과 같다.

① 매장 효율성 향상

상품 하나하나가 관리되므로 인기 상품이나 재고비용이 발생하는 비인기 상품들을 자연스럽게 구분하여 제거해 나갈 수 있다.

② 품절(결품) 방지

상품이 팔리는 것에 따라 매대 할당이 이루어지므로 자연적으로 품절로 인한 loss 방지가 가능하다.

③ 적정 매장 면적 관리에 따른 생산성 향상

품목별로 진열 면적이 어느 정도인지 계산할 수 있음에 따라 부문별(또는 대분류, DPT, P/C)로 진열 면적을 할당이 가능해지고, 매장 면적 관리와 매장활용의 생산성이 향상한다.

④ 책임소재 명확성

개별 단품 관리가 가능해짐에 따라 단품별 매출액 기여도 측 증감에 따른 책임소재가 명확해진다.

2) 단품 관리 활용과 방법

① 단품 관리 활용

고객이 만족하는 고객지향의 점포 운영을 위해서는 사장 상품을 제거한 매장공간에 다른 점포의 인기 상품이나 새롭게 주목받는 인기 상품을 전진 배치하고 이익기여도가 낮은 상품을 제거하여야 한다. 매출이 저조하거나 회전율이 낮고 이익률이 적은 상품을 제거하여 수립으로 과잉재고 방지와 적정재고 유지를 통한 매장의 효율적 운영이 전제되어야 한다. 단품별 판매 수량, 재고, 발주 수량을 관리, 단위 품목별 계획판매가 가능하다.

② 단품 관리 방법

관리하기 쉬운 최소 분류를 정해서 수량과 실적 파악과 품목별 계획을 세워서 실적과 일치시키는 것이 필요하다. 단품별 판매실적을 계산한 후 판매계획을 세우고 판매에 따라 실적을 계산한다. 계획과 실적 차를 파악하여 실적과 계획의 차이를 조절한다. 상품 회전율을 높이고 효율적인 매장 운영과 매출 및 이익증대를 위해서 많은 양의 상품 동향을 수작업으로 파악할 수는 없으므로 온라인 리얼타임시스템(on-line real time system)으로 컴퓨터에 의해 POS 시스템으로 처리하여 상품 코드와 거래처 코드(code)가 상호 호환되어야 한다.

3) 단품 관리 효과

① 근본적인 효과

㉠ 고객의 요구에 맞는 상품구성과 개선 작업이 가능하다.
㉡ 가장 효과적인 판매계획의 수립과 조정이 가능하다.
㉢ 변화하는 고객 요구와 불만을 파악하여 대책을 마련할 수 있다.
㉣ 신상품 개발로 고객 만족 경영을 실현할 수 있다.
㉤ 기업 이윤의 극대화를 실현할 수 있다.

② 부수적인 효과

㉠ 매장 효율을 향상할 수 있다.
㉡ 품절을 감소시킬 수 있다.
㉢ 적정규모를 파악할 수 있다.
㉣ 부실 부문을 삭감할 수 있다.
㉤ 중점 매입을 가능하게 한다.
㉥ 책임 한계를 명확하게 한다.
㉦ 노동생산성 향상을 꾀할 수 있다.
㉧ 순이익을 증대시킬 수 있다.
㉨ 경쟁력을 강화할 수 있다.

4 수명주기별 상품관리전략

상품 수명주기(Product Life Cycle : PLC)란 하나의 상품이 시장에 나온 후 성장과 성숙 과정을 거쳐 결국은 쇠퇴하여 시장에서 사라지는 과정을 의미한다. 상품수명주기의 형태는 상품에 따라서 매우 다양하게 나타나기 때문에 일반화시키기는 곤란하지만, 전형적인 상품수명주기는 S자 형태를 띤다.

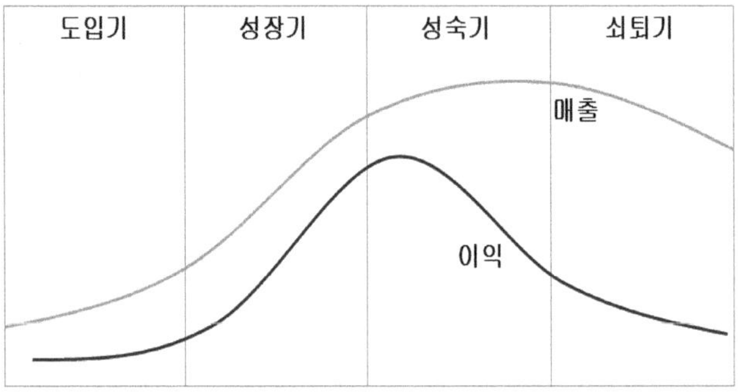

[상품 수명주기와 이익]

1) 도입기

도입기란 상품을 개발하고 도입하여 판매를 시작하는 단계로써 매출이 완만하게 증가하는 시기이다. 이는 낮은 신제품에 대한 인지도와 기존제품의 소비 습관 때문이다. 높은 유통 개척 비용과 광고 및 판촉 비용의 지출로 인한 손실이 발생하거나 이익이 매우 낮다. 표적 시장은 의견 선도층과 혁신소비자층이다. 마케팅 믹스 전략으로 기본형의 제품, 일반적으로 고가격 전략과 원가가산법의 사용, 상대적으로 높은 광고비와 판매촉진비가 투입된다.

2) 성장기

어떤 상품이 도입기를 무사히 넘기고 나면 그 상품의 매출액은 늘어나게 되고 시장도 커지게 되는 시기이다. 성장기에는 수요량이 증가하고 가격탄력성도 커지며 초기 설비는 완전히 가동되고 증설이 필요해지기도 하며 조업도의 상승으로 수익성도 호전한다. 성장기에 가장 조심하여야 할 점은 사업이 잘되면 그만큼 경쟁자의 참여도 늘어나게 된다는 것이다. 혁신소비자층과 조기 수용자층(early adopters) 등의 호의적 구전(word of mouth)이 시장 확대에 매우 중요한 임무를 수행한다. 성장기에서의 가격 전략은 시장점유율을 높이기 위한 저가격 정책 도입과 기존 가격을 유지하여 높은 이익을 실현해야 한다. 성장기에서의 유통경로 전략은 급속한 시장의 성장에 맞추어 가능한 한 점포 수를 확대해야 하며 판매촉진비는 도입기와 같거나 약간 높은 수준으로 설정해야 한다.

3) 성숙기

성숙기에는 대량생산이 본궤도에 오르고 원가가 크게 내림에 따라 상품 단위별 이익은 정상에 달하지만, 경쟁자나 모방상품이 많이 나타난다. 대다수의 잠재적 구매자에 의하여 상품이 수용됨으로써 판매성장이 둔화하는 기간이다. 이때 이익은 최고 수준에 이르지만, 이후부터는 경쟁에 대응하여 상품의 지위를 유지하기 위한 비용이 늘어나 이익은 감소하기 시작한다.

성숙기 제품에 대한 방어 전략은 다음과 같다.

① 시장개발

자사 제품에 대한 매출을 증가시키기 위해 새로운 소비자의 유인, 사용 빈도의 증가 유도, 새로운 용도 개발을 도모해야 한다.

② 제품개선

제품의 품질, 특성, 스타일 등을 수정해야 한다.

③ 마케팅 믹스 수정

정체된 매출의 증대를 위해 가격할인정책, 공격적인 판촉 활동(경품이나 콘테스트), 비교광고 시행, 할인 유통업체와의 거래, 다양한 서비스를 제공해야 한다.

4) 쇠퇴기

어떤 상품이 시장에서 쇠퇴하게 되는 이유는 여러 가지가 있는데 기술 발달로 인하여 대체품이 나오거나 소비자의 기호 변화 등으로 그 상품에 대한 소비자의 욕구가 사라지는 경우이다. 쇠퇴기에는 수요가 경기변동과 관계없이 감퇴하는 경향을 나타낸다. 광고를 비롯한 여러 판매촉진도 거의 효과가 없으며 시장점유율은 급속히 떨어지고 손해를 보는 일이 많아진다. 시장수요의 포화, 신기술의 출현, 사회적 가치의 변화, 고객 욕구의 변화로 인해 쇠퇴기가 발생한다. 많은 기업이 시장에서 철수하며 시장에 남아있는 기업들은 경쟁력이 취약한 제품을 제거하는 등의 제품의 수를 축소하는 단계이다.

5) 특수한 형태 수명주기

① 일시적 유행 상품

소비자 호응을 받다가 급속히 쇠퇴기로 접어드는 경우이다.

② 장수 상품

도입기와 성장기를 거쳐 성숙기 수준이 일정하게 지속한다.

③ 순환적 상품

유행의 순환 등으로 성장과 쇠퇴를 반복한다.

④ 스타일 상품

성장기 후 매출이 낮아졌다가 마케팅 노력 등으로 수요가 증가한다.

⑤ 연속 성장형 상품

피라미드 유형 - 일정 시점마다 새로운 용도 추가로 지속해서 수요가 증가한다.

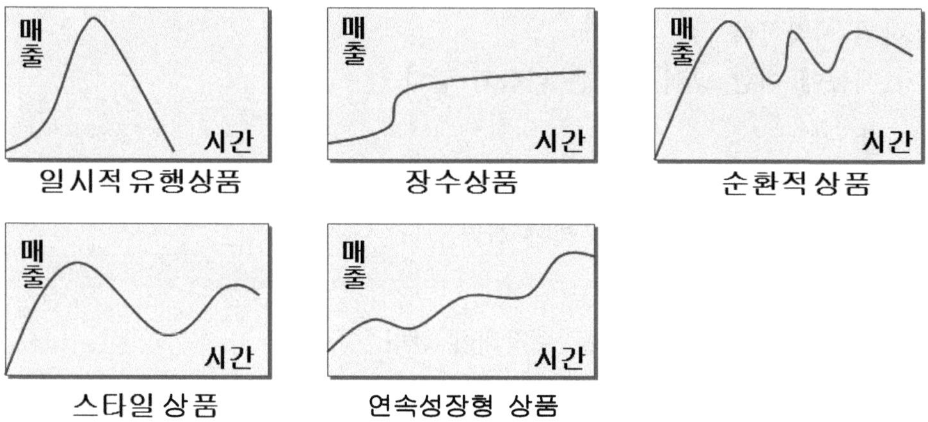

[특수한 형태의 수명주기]

5 가격관리 개요

1) 가격 개념 및 의의

가격(price)이란 기업이 제조, 판매하는 제품이나 서비스를 구매하는 대가로서 구매자가 기업에 지급하는 화폐 금액을 말한다. 가치(value)는 타제품과 교환을 가능하게 하는 제품의 능력을 계량화한 것을 말하고 가격(price)은 제품에 대하여 화폐 액으로 표현된 가치를 말한다. 재화의 가치를 화폐 단위로 표시한 것으로 가격의 개념은 교환을 떠나서는 존재할 수가 없다. 일반적인 뜻의 가격은 상품 1단위를 구매할 때 지급하는 화폐의 수량으로 표시하는 것이 보통이지만 넓은 뜻의 가격은 상품 간의 교환 비율을 뜻한다. 특히 화폐 단위로 표시되는 일반적인 뜻의 가격을 절대가격(絶對價格)이라고 하고, 상품 간의 교환 비율을 나타내는 넓은 뜻의 가격을 상대가격(相對價格)이라 한다. 가격은 시장에서 구매할 수 있는 통상적인 좁은 뜻의 상품에 대해서만 존재하는 것이 아니라 임금 또는 이자에 의한 보수를 받고 고용·임대되는 노동이나 자본과 같은 넓은 뜻의 상품에 대해서도 존재한다. 즉, 임금과 이자는 각각 노동과 자본의 가격이다. 그 사회의 법률, 관습, 제도 등에 의하여 소유와 교환이 허용되고 있는 모든 것에 대하여 가격은 존재하며 상품 간에 일어나는 교환은 그 가격에 따라서 특정한 비율로 이루어진다. 가격은 쉽게 변경할 수 있지만 가격 이미지는 쉽게 변경하기 어렵다. 또한, 이익에 즉각적으로 커다란 영향을 미친다.

2) 가격 결정

이윤을 목적으로 하는 가격 형성의 원리로서 가격 형성이라고도 한다. 경제 이론상의 가격 결정과 실질적인 가격 결정, 마케팅에서의 가격 결정의 내용은 서로 다르다. 경제학의 가격이론, 즉 한계원리(Marginal Principle)에서는 기업의 주체적인 균형에 있어 한계적으로 결정된다(한계수입과 한계비용이 같을 때 최대이윤)고 주장한다. 이에 반하여 실질적인 가격 결정이라 할 수 있는 풀 코스트 원리(Full Cost Principle)는 실제의 기업은 가격을 평균적 비용(원가)에 일정한 이윤(마크업)을 더하여 가격을 설정한다는 주장이다. 풀 코스트 원칙은 생산물의 비용을 직접재료비·직접노무비·제조간접비·영업비·일반 관리비 등의 합산으로 한다는 주장이다. 오늘날의 과점기업(寡占企業)에서는 생산물 1단위당의 주요 비용(원재료비·임금 등의 직접비)을 기초로 공통비용(감가상각비·이자 등의 간접비)을 충당하기 위하여 일정 비율을 곱한 금액을 가산하고 다시 관례적인 비율을 곱한 이윤을 가산한 시점, 즉 풀 코스트(Full Cost)의 높이에서 가격을 결정해야 한다는 원리를 주장하고 있다.

3) 가격 결정 일반적 접근방법

① 원가 중심 가격 결정

㉠ 원가가산법

제품의 원가에 기업이 원하는 단위당 이익이나 마진율을 가산하여 가격을 결정하는 방법이다. 판매자의 측면에서 보면 수요보다 원가가 확실성이 높으므로 가격의 기준을 원가로 함으로써 가격 결정 작업을 단순화시키고 수요가 변할 때마다 가격을 조정하지 않아도 되는 이점이 있다.

㉡ 목표 수익률법

목표 수익을 달성할 수 있는 수준에서 가격을 달성하고자 한다. 이 방법을 이용하기 위해서는 원가와 이익 수준을 결정할 수 있는 예상 판매량을 예측하여야 한다.

가격 = 평균 변동비 + 단위당 평균 고정비 + 단위당 투자 수익

② 경쟁 중심 가격 결정

㉠ 경쟁사 모방에 의한 가격 결정 또는 현행 비율에 따른 가격 결정

기업이 주요 경쟁사의 가격과 같게 하거나 때에 따라서는 높게 또는 낮게 책정하는 것을 말한다. 중소기업은 선도 기업의 가격을 따르는 것이 보통이다. 약간의 가격 차이를 두고자 할 때는 관습가격의 존재 여부, 기업의 목표와 가격 전략, 제품의 강

점 등을 고려해야 한다.

ⓛ 입찰에 의한 가격 결정

건설업종에서 사용되고 있으며 경쟁기업의 입찰 가격에 대한 예상에 바탕을 두고 있다. 경쟁 입찰에서 원칙적으로는 가장 낮게 응찰한 가격에 낙찰되지만, 특수한 기술이나 평판을 가진 응찰자는 비록 최저 응찰 가격이 아니더라도 낙찰되는 때도 있다.

가격 결정방법	내 용
원가가산법 (마진율 가격법 markup pricing)	· 제품원가에 표준이익 가산 – 판매자는 수요를 예측하는 것보다 원가에 대해 더 많은 확실성 – 가격경쟁 최소화(동종 산업 내 기업이 사용) – 구매자나 판매자 모두 공정한 방법
목표수익률 가격 (target-return pricing)	· 기업이 투자에 대한 목표 수익률(ROI)을 달성 – 가격탄력성과 경쟁사의 가격을 무시하게 되는 경향
지각적 가치 결정법 (perceived-value pricing)	· 가격 결정에서 중요한 것은 구매자가 지각하는 가치(PERCEIVE VALUE) – 제조업자의 제품에 대한 가치를 시장이 어떻게 평가하는지 명확하게 결정
가치 가격법 (value-pricing)	· 고품질 제공물에 대해 저가격 부과 – 그 가격이 소비자에게 높은 가치가 있는 제공물 제시 – 매일 저가격화(everyday low pricing-EDLP)
경쟁사 모방 가격 결정법 (going-rate pricing)	· 경쟁사의 가격을 가격 결정의 기초
공개입찰에 의한 가격 결정법 (sealed-bid pricing)	· 경쟁사 지향적 가격 결정방법

[가격 결정방법]

③ 소비자 중심 가격 결정

점차 많은 기업이 구매자의 인식 가치를 기준으로 자사의 제품 가격을 결정하고 있다. 인식 가치에 의한 가격 결정이란 판매자의 원가가 아니라 소비자가 제품에 대해 인식하고 있는 가치를 가격 결정의 핵심으로 사용하는 것을 말한다. 가격 결정에서는 소비자가 중요하다고 생각하는 제품과 용역의 요소는 무엇인가, 자신의 기업과 경쟁사는 이러한 요소들을 어떻게 축적하는가, 소비자들은 이러한 요소의 탁월성에 대해 얼마나 지급할 용의가 있는가 등을 이해하는 것이 중요하다. 소비자가 지급할 수 있는 가장 높은 가격은 총효용의 가치(인식 가치)에서 가격 이외의 모든 비용을 뺀 것이라고 할 수 있다.

4) 가격 결정 전략 목표

① 판매 목표

가격 결정의 목표는 조직의 전체적인 전략적 목표와 결합하여야 한다. 판매성장이 가격 결정의 목표가 된다. 판매량이 증가하는 데 드는 비용이 원가 절감을 압도하고 이윤이 감소하는 때도 있으며 일부 기업은 판매 신장을 피하고 대신에 판매 유지를 목적으로 한다. 그러한 조직은 판매성장 확대가 복잡함을 가중하고 책임감과 더 큰 문제를 일으킨다고 생각한다. 어떤 기업은 가격 전략의 목표를 단지 생존에 두기도 한다.

② 이윤 목표

원가 압력으로 인하여 점점 더 많은 기업이 가격 전략을 통하여 재정상의 목표는 이윤 극대화 혹은 가능한 한 높은 이윤을 확보하고자 하는 것이다. 이론적으로는 이윤을 얼마나 확보할 수 있는가를 설명할 수 있지만, 기업이 이윤 목표를 달성할 시기를 알 수 없으므로 실제로는 이 목표는 비현실적이다. 이윤 중심적 목표는 목표 투자수익률 가격설정이다. 이런 목표를 정한 기업은 수입에서 투자액의 특정 퍼센트를 확보하고자 한다. 목표 투자수익률 방법은 전통적으로 독점, 과점기업에서 이용해 왔다. 최근에 많은 기업의 가격 목표는 이윤뿐만 아니라 현금 순환에 역점을 두고 있다.

③ 경쟁 목표

많은 기업은 경쟁을 막거나 이에 대처하는 차원에서 제품의 가격을 정하는데 대부분 산업의 경우 분명한 가격 선도자가 있다. 다른 상황에서 다른 기업이 시장에 진입하는 것을 막기 위하여 매우 낮은 가격을 책정하는 때도 있다. 일부 기업은 경쟁사의 고객을 끌어오려고 일부러 경쟁사의 가격보다 낮게 책정하기도 한다.

④ 사회적 책임 목표

일부 기업은 특정 세분 시장에 특별한 혜택을 제공하기 위하여 비정상적으로 낮은 수준에서 가격을 정한다. 그리고 고용 종업원의 수를 유지하는데 충분한 양의 제품을 판매하기 위해 가격을 낮추기도 한다. 이러한 가격 결정의 목표는 기업의 사회적 책임과 밀접하게 관련이 있다.

6 가격설정 정책

1) 가격 정책

① 가격 정책 의의

기업이 존속하고 발전하기 위해서는 반드시 그 기업이 취급하거나 생산하는 상품을 판매하여 이윤을 얻어야 한다. 그러므로 기업은 이윤을 얻을 수 있는 범위 안에서 적당한 가격을 선택하여야 한다. 이 선택을 어떻게 할 것인지가 기업의 가격 정책이다. 기업은 특히 신제품을 개발한 경우나 생산·수요의 조건이 크게 변동하였을 때 여기에 적응하기 위한 가격 결정, 곧 가격 전략(格戰略)이 필요하다. 기업의 가격 정책은 제품의 한계이윤율과 제품의 품질·서비스·광고·판매촉진·원재료의 구매에도 영향을 끼치는 것으로 중요한 의미가 있다.

② 가격 전략 형태(생산과 수요의 조건에 따라)

㉠ 저가격 정책

수요의 가격탄력성이 크고, 대량생산으로 인해 생산비용이 절감될 수 있는 경우에 유리하다.

㉡ 고가격 정책

수요의 가격탄력성이 작고, 소량 다품종 생산인 경우의 가격 결정에 유리하다.

㉢ 할인 가격 정책

특정 상품에 대하여 제조원가보다 낮은 가격을 매겨 '싸다'라는 인상을 고객에게 주어 구매 동기를 자극하고, 제품라인의 총매출액 증대를 꾀하는 일이다.

2) 기본적인 가격 정책 유형

① 단일가격정책과 탄력 가격 정책

단일가격정책은 동일 양의 제품을 같은 조건으로 구매하는 모든 고객에게 같은 가격으로 판매하는 가격 정책이며, 탄력 가격 정책은 고객에 따라 동종·동량의 제품을 다른 가격으로 판매하는 가격 정책이다.

② 단일제품가격정책과 계열가격정책

단일제품가격정책은 품목별로 따로따로 검토하여 가격을 결정하는 정책이며, 계열가격정책은 한 기업의 제품이 단일품목이 아니고 많은 제품 계열을 포함하는 경우 규격·품질·기능·스타일 등이 다른 각 제품 계열마다 가격을 결정하는 정책이다.

③ 상층흡수가격정책과 침투가격정책

상층흡수가격정책은 신제품을 시장에 도입하는 초기에 고가격을 설정함으로써 가격에 대하여 민감한 반응을 보이지 않는 고소득자층을 흡수한 후 연속적으로 가격을 인하함으로써 저소득계층에게도 침투하고자 하는 가격 정책이며, 침투가격정책은 신제품을 도입하는 초기여서 저가격을 설정함으로써 신속하게 시장에 침투하여 시장을 확보하려는 가격 정책이다.

④ 생산지점가격정책과 인도지점 가격 정책

생산지점가격정책은 판매자가 모든 구매자에 대하여 균일한 공장도가격을 적용하는 정책을 말하며, 인도지점 가격 정책은 공장도가격에 계산상의 운임을 가산한 금액을 판매가격으로 하는 정책을 말한다.

⑤ 재판매가격유지정책

광고, 기타 판매촉진 등에 의하여 목표가 널리 알려져서 선호되는 상품의 제조업자가 소매상과의 계약 때문에 자기가 설정한 가격으로 자사 제품을 재판매하게 하는 정책을 말한다.

구 분	권장소비자가격	오픈 프라이스(Open-price)
개 념	제조업자가 원가 등을 고려하여 유통업자에게 판매가격을 권장하는 소비 가격을 결정한다.	제조회사는 공장 출하 가격만 결정하고, 유통업자가 자율적으로 판매가격을 결정한다.
가격결정자	제조회사	유통회사
실제 판매가격	권장소비자가격보다 다소 할인	수요와 공급에 따라 유동적으로 가격 결정
도입 배경	제조회사가 유통을 지배	유통업자가 유통을 지배
특 징	• 권장가와 실제 판매가의 차이로 인해 소비자의 가격 혼란 초래 • 하나의 품목에 하나의 가격이 책정됨	• 가격 인하 주도 • 하나의 제품에 다양한 가격이 책정됨

[권장소비자가격과 오픈 프라이스 가격 비교]

3) 신제품 가격 정책

① 초기 고가격 전략(skimming pricing policy)

초기에 그 시장의 고소득층으로부터 많은 이익을 얻기 위해 높은 가격을 설정하는 방법이다. 신상품이 처음 나왔을 때, 아주 높은 가격을 매긴 다음 시간이 흐름에 따라 점차 가격을 낮추는 가격 정책으로써 신제품개발을 위해 투자된 자금의 조기 회수를 꾀하는 가격 정책이다. 잠재 구매자들이 가격과 품질 간의 연상을 강하게 가진 경우나 대량생산으로 인한 원가 절감 효과가 크지 않은 조건에서 유리하다.

② 시장침투 가격 전략(penetration pricing policy)

신제품을 시장에 도입하는 초기에 저가격을 책정하여 빠른 속도로 시장에 깊게 침투한다. 많은 구매자를 신속하게 끌어들여 높은 시장점유율을 확보하는 전략이다. 대중적인 제품이나 수요의 가격탄력성이 높은 제품에 많이 사용된다. 침투 가격추진업체의 판매량이 증가하면 단위당 비용이 적어지므로 단위당 공헌이익이 커지는 비용 우위가 월등하게 우월하여 경쟁에서 비용 우위 및 보유 자원 상의 경쟁우위가 월등하다고 판단될 때 경쟁사는 치열한 가격경쟁을 한다. 서비스와 매출량이 가격에 매우 민감할 때 특히 도입 초기 단계, 대규모 작업으로 인하여 단위당 비용면에서 규모의 경제 달성이 가능할 때, 신상품 및 서비스의 도입 직후 강한 잠재 경쟁자의 위협에 직면하고 있을 때 적합하다.

4) 제품 믹스 가격 결정 전략

① 제품라인 가격 결정(product line pricing)

기업은 대체로 단일제품만을 개발하기보다는 제품라인을 개발한다. 제품라인 가격 결정은 가격대를 몇 개로 구분하고 이에 따라 라인의 제품들을 분류한다.

② 종속 제품 가격 결정(captive pricing)

주제품과 함께 사용되어야 하는 종속 제품을 생산하는 기업은 종속 제품 가격 결정을 내린다. 흔히 주제품의 가격을 낮게 책정하고 종속 제품은 높은 중간이윤을 보장하는 가격을 책정하는 전략을 사용한다. 서비스 영역에서 이용되는 종속 제품 가격 결정 전략은 사용량에 따른 변동 가격과 고정된 기본수수료로 구성된 이중 요율 가격 결정 방식이 있다.

③ 묶음 제품 가격 결정(bundling price policy)

기업이 몇 개의 제품들을 묶어서 할인된 가격으로 판매하는 것이다. 묶음 가격은 이러한 가격책정 방식을 도입하지 않으면 구매하지 않았을 제품의 판매를 촉진할 수 있지만, 묶음 가격은 묶음 제품의 구매를 유도할 만큼 충분히 싸야 한다.

④ 이분 가격 결정법(two-party price policy)

서비스가격을 기본 서비스에 대해 고정된 요금과 여러 가지 다양한 서비스의 사용 정도에 따라 추가로 서비스에 대해 가격을 결정하는 방법이다.

5) 가격조정전략

① 가격할인과 공제

대개의 기업은 고객이 조기에 대금을 지급하거나 대량 구매하는 경우 또는 비성수기에 구매할 때 고객들에게 보상하기 위해 기본가격을 수정·조정하여 할인과 공제를 제공한다.

	내 용
현금할인	대금을 즉시 지급 시 가격 인하
수량할인	대량 구매 시 가격할인
기능할인	판매, 보관, 장부 정리 같은 중간상 기능 수행하는 경로 구성원에게 제조업자가 가격할인
계절적 할인	비성수기에 구매 시 가격할인
공제	재판매업자가 특별한 프로그램에 참여하게 하도록 계획된 특별 지급 방식

[가격할인과 공제]

② 차별가격 결정

㉠ 차별가격(discriminatory pricing : 가격 차별)

제품 또는 서비스를 원가에서의 차이에 비례하지 않고 두 가지 이상의 가격으로 판매하는 것이다.

	내 용
고객 세분 시장가격	같은 제품 또는 서비스를 다른 집단별로 다른 가격
제품 형태 가격	제품 형태별 다른 가격책정
이미지별 가격 결정	이미지의 차이를 기준으로 다른 수준에 따라 가격책정
위치별 가격 결정	다른 장소별로 다른 가격책정
시간별 가격 결정	계절별, 일별, 시간별로 다르게 책정

[차별가격 결정]

㉡ 가격 차별화 충족 요건

ⓐ 시장이 세분될 수 있어야 한다.

ⓑ 저가격 세분 시장에서 구매하여 고가격 세분 시장에서 재판매 할 수 없어야 한다.

ⓒ 자사가 고가격으로 판매하고 있는 세분 시장에서 경쟁사들이 낮은 가격 판매할 수 없어야 한다.

ⓓ 시장 세분화, 가격 차별화로 얻는 수익이 비용보다 많이 들어야 한다.

ⓔ 고객의 불만이나 좋지 못한 감정을 유발하지 않아야 한다.

ⓕ 차별가격의 형태가 합법적이어야 한다.

③ 심리적 가격 결정

㉠ 권위 가격(Prestige pricing)

ⓐ 가격이 높을수록 품질의 우수성이나 높은 지위를 상징하는 때도 있는데, 이런 경우에 사용되는 가격 결정방법이다. (고급 밍크코트, 보석, 여성용 화장품 등)

ⓑ 가격을 약간 낮추면 정상적인 할인으로 보지만, 크게 낮추면 아예 품질을 의심하여 구매를 중단하게 된다. 이러한 심리적 요인을 고려하여 신중하게 결정해야 한다.

㉡ 관습가격(Customary pricing)

ⓐ 수요나 원가 또는 경쟁에 의해서가 아니라 관습에 의해 가격이 결정된다. (과자류, 껌)

ⓑ 변동 요인이 있다고 하여도 가격 그 자체를 올리기보다는 제품의 수량이나 품질을 조정하는 것으로 대신한다.

㉢ 로스 선도 가격(Loss Leader pricing)

ⓐ 몇 개의 상품을 대폭 할인함으로써 고객을 소매점으로 유인하려는 가격 전략이다.

ⓑ 구매빈도가 높은 우유, 달걀, 과일 등의 판매에 주로 적용된다.

㉣ 유인 가격(Bait pricing)

일단 저가 품목에 의해 고객이 유인된 다음에는 고가 품목의 장점을 강조함으로써 고가 품목의 판매를 증대시키려는 전략이다. (주로 다른 품목의 판촉을 목적으로 함)

㉤ 단수 가격(Odd pricing)

판매가격의 끝자리 수를 단수로 하는 것이 그렇지 않을 때보다 수요가 증대한다는 근거를 두는 가격 결정방법이다. (가장 많이 사용되는 숫자는 9자임)

㉥ 촉진 가격

단기적으로 판매를 증대시키기 위하여 정가 이하이거나 때로는 원가 이하로 가격을 일시적으로 인하하는 것이다.

	내 용
유도용손실품가격전략	슈퍼마켓과 백화점은 추가적 고객 유치하기 위해 잘 알려진 상표의 가격 인하
특별행사가격	특정 계절에 판매업자 사용(예를 들어 매 3월 개학 시 할인 판매)
현금반환	특정 기간 내 제품구매를 유도키 위해 구매 시 구매자에게 현금 반환(자동차 구매)
저 이자 금융	가격 인하 대신 저 이자 금융 제공
장기 지급조건	대출금 상환 기간 연장으로 월 납부 금액 낮춤
보증 및 서비스 계약	무료 또는 저렴한 비용으로 보증이나 서비스 제공
심리적 가격할인	특정 제품 의도적으로 고가격 책정 후 얼마 후 할인 가격으로 판매

[촉진 가격 정책]

6) 가격 변경 전략

① 저가격 전략 경우

㉠ 과잉 시설이 있고 경제가 불황인 경우이다.

㉡ 격심한 가격경쟁에 직면하여 시장점유율이 저하되는 경우이다.

㉢ 낮은 원가의 실현으로 시장을 지배하고자 하는 경우이다.

㉣ 소비자의 수요를 자극하고자 할 경우이다.

㉤ 시장수요의 가격탄력성이 높은 경우이다.

② 고가격 전략 경우

㉠ 코스트 인플레이션으로 원가가 인상된 경우이다.

㉡ 초과 수요가 있는 경우이다.

㉢ 경쟁우위를 확보하고 있을 경우이다.

7) EDLP와 High-Low 가격 전략

① EDLP(Every Day Low Price) 전략

일시적인 가격할인이 아니라 언제나 저렴한 가격으로 판매하는 전략으로 특정한 기간에 파격적인 가격으로 할인 판매를 할 바에야 매일 싸게 판매하는 게 소비자에게도 이익이 되고 유통업체에도 유리하지 않겠느냐고 생각해서 구사하게 된 전략이다. 경쟁자와의 지나친 가격전쟁의 압박을 덜어주며 가격이 자주 변하지 않기 때문에 카탈로그의 변경 주기도 길어지는 등 촉진 비용을 절약할 수 있다. 안정적인 수요의 예측은 평균 재고의 감소를 통해 회전율을 향상하는 전략이다.

② High-Low 전략

일반적으로 저가격을 지향하기보다는 품질이나 서비스를 강조하는 가격 정책이다. 보통 EDLP(Every Day Low Price) 정책보다 높은 가격 정책을 추구하며 많은 소비자를 유인하는 데 필요한 시기에 적극적으로 할인된 낮은 가격으로 제공하는 정책을 말한다. High-Low 가격 정책은 가격 세일 행사를 빈번하게 하므로 세일 시기와 비 세일 시기 사이의 수요변동이 크고 EDLP 정책을 선택하였을 때 비해 상품의 재고관리가 복잡하며 EDLP 정책보다는 광고비용이 덜 드는 경향이 있다.

8) 준거 가격(Reference Price)

준거 가격이란 소비자가 제품의 실제 가격을 평가하기 위하여 이용하는 표준가격(Standard Price)을 말한다. 즉, 소비자들은 판매되는 제품의 판매가격을 개별 제품의 실제 가격으로 기억하기보다는 그 제품군의 전체적인 가격 수준(가격 범위)으로 기억하게 된다. 이를 토대로 특정 제품이나 서비스의 가격이 수용 가능한가를 결정하게 된다 (Monroe, 1990).

① 외적 준거 가격(External Reference Price)

구매 환경에서 노출되는 가격으로 표준 소매 가격, 경쟁 브랜드의 가격 등이 대표적이며, 광고, 카탈로그, 소비자 가격 지침들을 통해서 제공될 수 있는 가격을 의미한다.

② 내적 준거 가격(Internal Reference Price)

제품 경험 및 외부 환경에서 얻을 수 있는 정보의 영향을 받는 가격으로, 실제 가격을 비교하거나 판단하는 데 이용되는 구매자 기억 속의 가격을 의미한다.

㉠ 열망 가격(Aspiration Price)

지급하고 싶어하는 가격, 합리적인 가격이다.

ⓛ 시장가격(Market Price)

평균 소매 가격, 경험된 평균 가격이다.

ⓒ 역사적 가격(Historical Price)

과거에 지급해 온 평균 가격, 항상 지급하는 가격, 지급했던 마지막 가격이다.

ⓔ 적응 수준 가격(Adaptation Level Price)

소비자가 과거에 가격과 관련되어 노출된 모든 가중치를 부여한 평균 적응 수준의 가격이다.

ⓜ 최저시장가격(The Lowest Market Price)

지각된 최저 소매 가격이다.

ⓗ 최고시장가격(The Highest Market Price)

지각된 최고 소매 가격이다.

ⓢ 공정가격(Fair Price)

거래의 이전을 공정하게 반영하는 가격이다.

9) 수요 가격탄력성

한 상품의 가격이 변화할 때 그 상품의 수요량이 얼마나 변화하는가를 측정하는 척도를 말한다.

수요 탄력성 = 수요량 변화율(%) / 가격 변화율(%)

① 수요 가격탄력성 종류

ⓖ 단위 탄력적 수요

한 상품에 대한 수요량의 변화율과 가격의 변화율이 같다면 수요의 가격탄력성은 1이 된다. (수요량 변화율 = 가격 변화율) → 직각쌍곡선의 경우

ⓛ 탄력적 수요

한 상품에 대한 수요량의 변화율이 가격의 변화율보다 커서 수요의 가격탄력성이 1보다 크게 될 때이다. (수요량 변화율 〉가격 변화율)

ⓒ 비탄력적 수요

수요량의 변화율이 가격의 변화율보다 작아서 수요의 가격탄력성이 1보다 작을 때이다. (수요량 변화율〈 가격 변화율)

ⓔ 완전 비탄력적 수요

가격이 아무리 변해도 수요량에 아무런 변화가 없다면 분자인 수요량의 변화율이 0이 되기 때문에 수요의 가격탄력성은 0이 된다. (수요량 변화율 = 0) → 수직선인 경우이다.

ⓜ 완전 탄력적 수요
아주 미미한 가격 변화(거의 0에 가까운 변화)가 아주 큰 수요량의 변화를 초래한다면 수요의 가격탄력성은 무한히 큰 값을 갖게 된다. (가격 변화율 = 0) → 수평선인 경우이다.

② 수요 가격탄력성 결정요인
㉠ 대체재가 많을수록 가격탄력성이 높다.
㉡ 소득에서 차지하는 비중이 높을수록 가격탄력성이 높다.
㉢ 사치재일수록 가격탄력성이 높다.
㉣ 시장을 좁게 정의할수록 가격탄력성이 높다.
ⓜ 시간을 길게 잡을수록 가격탄력성이 높다.

제 3 절 판매촉진 전략

1 판매촉진 전략 개요

1) 판매촉진 의의 및 기능

마케팅전략의 핵심은 상품, 가격, 유통과 촉진이다. 여기서 촉진이란 고객에게 자사상품을 알려서 사고 싶은 욕구가 생기도록 만들어 판매로 연결되게 하는 활동이다. 상품을 판매하기 위해서는 여러 가지 방법으로 소비자의 구매 의욕을 높이는 활동을 하여야 하는데 이를 촉진이라 하며 그 방법으로는 광고, 홍보, 판매촉진, 인적 판매 등이 있다. 점포의 집객력을 높이고 소비자의 구매 의욕을 자극하여 매출 증대를 꾀하기 위한 제반 수단을 총칭하는 의미로써 상품의 양, 수요, 품질, 가격, 분위기, 안내 등 판매에 관련된 모든 도구를 통합적으로 결집하는 일련의 작업이라고 할 수 있다.

① 판매촉진 효과 특징
단기적으로 고객의 직접 대량 구매를 유도하기 때문에 광고나 홍보 등과 같은 다른 촉진 활동보다 효과가 빨리 나타난다. 고객의 즉각적인 반응을 일으킬 수 있고 그 반응을 쉽게 알아낼 수 있다. 판매촉진은 짧은 시간에 소비자들에게 대량으로 구매를 유도하기 때문에 재고정리와 같은 단기적인 수요공급조절이 가능하다.

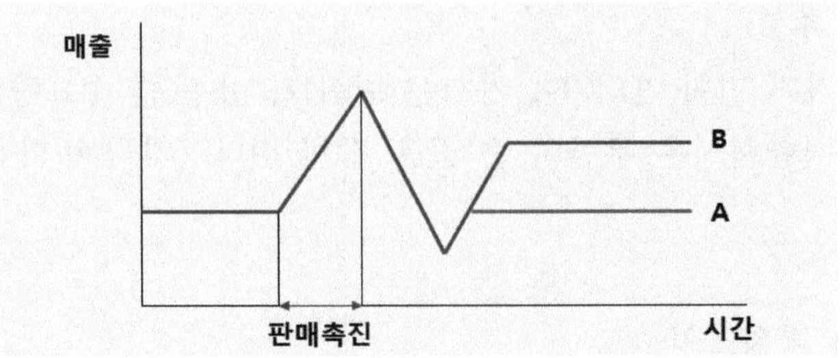

[판매촉진 효과]

② 판매촉진 기능

㉠ 정보의 전달 기능

기업이 수행하는 촉진 활동의 주요 목적은 정보를 널리 유포하는 것으로 이러한 촉진 활동은 의사 전달의 기본적인 원리에 따라 이루어진다.

㉡ 설득의 기능

촉진 활동은 소비자가 그들의 행동이나 생각을 바꾸도록 하거나 현재의 행동을 더욱 강화하도록 설득하는 기능도 하는데, 대부분의 촉진은 설득을 목적으로 한다.

㉢ 상기의 기능

상기 목적의 촉진은 자사의 상표에 대한 소비자의 기억을 되살려 소비자의 마음속에 유지하기 위한 것이다.

2) 통합적 커뮤니케이션(IMC : Integrated Marketing Communication) 전략

고객들의 요구에 맞는 제품을 개발하고 가격을 책정하여 구매할 수 있는 상태로 만들었다고 해도 그 제품에 대한 정보를 효율적이고 효과적으로 고객에게 전달하지 못한다면 제품은 팔리지 않는다. 따라서 고객에게 전달하기 위한 커뮤니케이션 전략을 입안할 때는 커뮤니케이션의 수단과 그 수단의 특성을 이해하고 제품별로 소비자의 태도 변화 프로세스(구매 결정 프로세스)에 따라 커뮤니케이션 믹스를 고려하는 것이 매우 중요하다. 마케팅 프로세스에 주목해 보면 제품 디자인에서 가격 책정, 채널 선택, 구매 그리고 사용에 이르기까지 소비자와 다양한 형태의 커뮤니케이션이 연속적으로 존재한다는 것을 알 수 있다. 종합적인 개념을 염두에 둔다면 4P의 한 요소인 프로모션이라는 개념은 기본적으로 정보전달을 목적으로 더 직접적인 커뮤니케이션 활동으로 보아야 한다. 이를 위한 수단인 커뮤니케이션 믹스 즉, 광고, 판촉, 인적 판매, 퍼블리시티, 구전 효과 등을 통합적으로 관리한다는 의미에서 요즘은 프로모션을 통합적 마케팅 커뮤니케이션 전략이라고 한다.

3) 판매촉진 전략

① 푸시 전략(push strategy)

제조업자가 광고에는 큰 노력을 기울이지 않고, 판매원에 의한 인적 판매를 통하여 그 제품을 소비자에게 밀어붙이면서 판매하는 정책이다. 광고 활동보다는 인적 판매를 통한 밀어붙이기 판매 정책, product-out strategy라고도 한다.

② 풀 전략(pull strategy)

제조업자의 광고를 통하여 이미지가 형성된 소비자가 스스로 특정 제품을 지명 구매하도록 하는 즉 끌어당기면서 구매하도록 하는 고차원적 정책이다. 광고 활동을 통하여 소비자가 직접 찾아와서 지명 구매하는 형태의 판매 정책으로 market-in strategy라고도 한다.

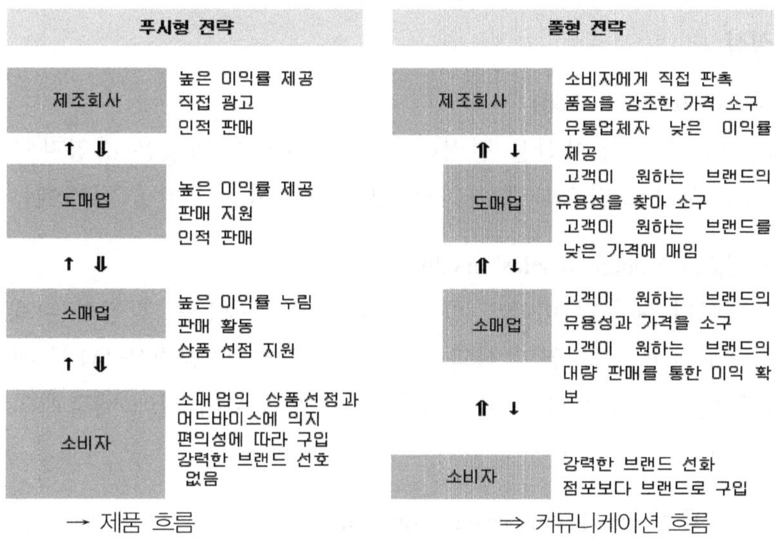

[판매촉진 전략 유형]

4) 판매촉진 전략 종류와 수단

소비자 대상 판매촉진	샘플링	시음, 시용
	쿠폰	가격할인을 보증하는 증서
	마일리지	누적 구매 실적에 따라 지급되는 할인 혜택
	추첨	순전히 운에 의해 당첨
	경연	문제를 해결하고 얻는 대가
	사은품	구매의 대가로 주는 선물
	리베이트	구매 후 일정액의 환급
	가격할인	일정 기간 가격할인
중간상 대상 판매촉진	중간상 할인	중간상에게 제공하는 각종 지원 및 보조 구매할인, 판촉지원금, 제품 진열 보조금
	협동 광고,	제조업자가 보조해주어 지역의 소매상들이 공동으로 시행하는 광고
	교육, 훈련	제품 사용 방법, 판매 방법 등 종업원들에게 교육 및 훈련

[판매촉진 수단]

① 소비자 촉진(consumer promotion) 전략

견본 배포(Samples), 쿠폰(coupon), 실연(demontration), 소액 할인, 무료 사용, 보증, 소비자 콘테스트, 소비자 교육(공장 견학, 소비자 상담실 운영, 소비자 훈련) 등을 이용한다.

② 중간상 촉진(trade promotion) 전략

공제금, 취급점 원조, 촉진금 지급, push money, 무료 제품(free goods), 거래점 판매 경진 대회(sales contests), 협동 광고, 후원회 등이 있다.

③ 판매원 촉진(sales force promotion) 전략

이에는 판매원에게 상여금(bonus) 지급, 판매원 회의(sales meeting, 신제품에 대한 정보 교환, 판매기법 토의, 판매 활동의 재평가), 판매 경진 대회 등을 이용한다.

5) 촉진예산 결정

① 가용 예산법(affordable method)

기업의 여유 자금에 따라 예산을 결정하는 방법이다. 이 방법은 경영자의 주관적 판단과 경험을 근거로 하므로 단순하고 쉽지만, 장기적인 시장 개발을 하기에는 부적당하다.

② 매출액 비율법('percentage-of-sales' method)

과거의 매출액이나 예측된 미래의 매출액을 근거로 예산을 결정하는 방법인데 가장 보편적인 방법으로서 대체로 위의 식과 같이 표시된다. 이 방법은 '과거 매출액 비율법'과 '미래 매출액 비율법'으로 나누어지며 이해하기가 쉬우나 미래 매출액의 산출과 일정률의 결정에는 어려움이 있다.

③ 단위당 고정 비용법('fixed-sum-per-unit' method)

가격 변동이 심한 제품의 경우 판매 또는 생산 단위에 적용한다는 점에서만 매출액 비율법과 다르다.

④ 경쟁 대항법(competitive parity method)

경쟁 상의 촉진예산 규모에 대응하기 위하여 경쟁자와 같은 절대액 또는 비율을 근거로 하여 예산을 결정하는 방법이다.

⑤ 목표 과업법(objective and task method)

촉진 목표를 설정하고 이를 달성하기 위한 과업을 분석하여 예산을 결정하는 방법이다.

2 광고(Advertising)

1) 광고 정의와 특징

광고란 기업이나 개인, 단체가 상품·서비스·이념·신조·정책 등을 세상에 알려 소기의 목적을 거두기 위해 투자하는 정보활동을 말한다. 광고에는 글·그림·음성 등 시청각 매체가 동원된다. 미국 마케팅협회의 정의(1963년)는 "광고란 누구인지를 확인할 수 있는 광고주가 하는 일체 유료 형태에 의한 아이디어, 상품 또는 서비스의 비 인적(Non personal) 정보제공 또는 판촉활동이다."라고 정의하였다. 결론적으로 광고란 특정한 광고주에 의하여 비용이 지급되는 모든 형태의 비 인적 판매 제시를 뜻한다. 물론 판매 제시의 객체는 상품, 서비스 또는 아이디어에 관한 것이다.

① 현대 광고에서 요구되는 조건

㉠ 광고의 과학성, 공중 봉사의 광고이어야 한다.
㉡ 정당성이다.
㉢ 창조성이다.
㉣ 진실성이다.
㉤ 민속성이다.
㉥ 신뢰성이다.

② 일반적 광고 특징

㉠ 유료성
광고주가 사용하는 매체에 광고료를 지급한다는 의미이다. 그러나 공익광고의 경우 방송국이나 신문사 등에서 무료로 광고 시간이나 지면을 제공해 주는 경우가 나타나고 있다.

㉡ 비 인적 촉진 활동
판매원이나 그 밖의 제품과 관련된 사람이 제품을 제시하는 것이 아니라 대중매체를 통해 정보를 제시한다는 특징을 가진다.

㉢ 전달 대상의 다양성
광고를 통해서 단지 상품이나 서비스에 대한 정보만을 제공하는 것이 아니라 어떤 집단의 이념이나 정책, 기업 제도 등의 아이디어도 제공할 수 있다.

2) 광고 종류와 특성

① TV 광고

텔레비전은 시각과 청각의 결합이며, 또한 영상으로 나타나고 색채가 다양하므로 각종 상품의 인지나 실연 효과는 아주 크다. 저녁의 황금시간 전후는 시청률이 최고인 A

타임으로 꼽히고 있다. 또한, 텔레비전을 사용하여 전국적인 네트가 생기는 것은 유명기업으로서의 이미지를 높이는 데에 유리하고 이것이 제공 광고주에 신뢰감을 주고 있다.

② 라디오 광고

광고 요금은 싼 편이나 소리는 곧 사라지기 때문에 배경음악이나 효과음 등으로 청취자의 정서에 호소하여 CM 상품과의 일체감을 빚어낸다. 직접적으로는 상품과 아무런 관계가 없는 상연물을 곁들여서 청취자의 주의를 끌도록 한 것이 프로그램 제공이다. 그러나 같은 소재가 청취자의 주관적인 취향에 따라 좋거나 나쁘게 받아들일 우려가 있다.

③ 신문광고

광고매체로는 정보전달의 기능뿐만 아니라 상보성(詳報性)·신뢰성 등에 관해서도 매스컴 매체 중 가장 강력하다. 설득 기능이 뛰어나며 자기의 의사로 적극적으로 선택한 매체인 만큼 광고는 독자에 의해 선택되어 숙독(熟讀)된다. 독자에게 약간의 능동성을 요구하는 반면 읽기만 하면 기억되기 쉽다. 전파 매체보다 비교적 사회의 상·중위층의 사람들, 고학력, 남성에게 친숙한 매체라고 할 수 있는 점이 특징이다.

④ 잡지광고

신문에 비하면 쪽당 단가가 싸기 때문에 양면에 걸친 전면광고나 복합광고가 쉬우며 선명한 다색인쇄로 시각에 호소할 수 있다. 일반적으로 잡지마다 대상이 명확하므로 설득소구(說得訴求) 효율이 높으나 쪽수가 많아 못 보고 지나치는 것을 방지하기 위해 편집의 협력을 얻어, 읽히는 광고면의 제작이 활발하다.

⑤ **DM 광고(direct mail advertising)**

우편에 의해서 직접 예상 고객에게 송달되는 광고로 직접광고(direct advertising)의 일종이다. DM 광고의 특성은 광고물을 예상 고객에게 직접 우송하는 점에서 시장의 세분화 전략에 적당하다. 따라서 DM의 가장 중요한 점은 메일 리스트의 작성이다.

⑥ 전단 광고**(Advertisement Leaflets/Handbills)**

신문을 간접매체로 하여 신문에 삽지하여 가정이나 회사에 배포되는 광고 인쇄물을 말한다. 오늘날에도 소매업 등의 국지적 시장을 가지는 중소기업에서는 주력 매체의 하나로 되어 있다.

⑦ 옥외광고**(outdoor advertising)**

옥외에 설치된 광고를 가리키고, 포스터, 간판, 네온사인, 애드벌룬, 선전차 등을 포함한다. 옥외광고는 계속된 소구(訴求), 조향력을 구사한 자유로운 표현 가능, 특정한 지역에 호소 등의 특성이 있다. 이들의 특성을 살리고 주목을 모으기 위해서는 장소, 크기,

색, 내용 등의 여러 요인이 결정적인 요인이 된다.

⑧ 교통광고

지하철, 버스, 택시 등 교통과 관련된 광고를 말한다.

3) 소매점 광고 특징

① 우선 점포를 알릴 것

소매점 광고에 있어서는 메이커나 브랜드에 구애되지 않고 자점에 고객을 흡수하고 나아가서는 그 고정화를 도모함으로써 점포 전체의 판매를 촉진하는 것이다.

② 관련 상품을 팔 것

소매점의 광고는 광고된 상품의 판매증대뿐만 아니라 그것을 바탕으로 하여 관련 상품의 전체를 파는 것을 계획해서 행해져야 한다.

③ 소구 대상을 정확하게 파악할 것

소매점 광고의 소구 시장의 범위는 한정되어 있으므로 고객의 특성을 고려한 보다 세밀한 소구가 가능하며, 또 그러한 광고가 요구된다.

④ 단기적인 직접 효과를 의도하고 행할 것

평상시 자기 생활에 밀접한 관계를 맺고 있는 근처 소매점이 내는 광고에는 일종의 뉴스로서의 의미를 가지며 광고에서 자기의 일상생활에 도움이 되는 요소를 얻으려고 한다. 따라서 광고의 짜임새는 이러한 뉴스로서의 관심을 자극해서 바로 구매 행동을 불러일으킬 수 있게 되어야 한다.

4) 광고 활동 전개(소매점 광고 전개)

① 광고 예산 결정(제1단계)

자점의 재무상황, 기대되는 효과 등을 생각하여 어느 정도의 예산을 수립하는 것이 가능할 것인가를 결정한다.

② 광고 목표 결정(제2단계)

광고의 궁극적인 목적은 상품의 판매촉진에 있다 하더라도 그 과정에서 상점을 지명하게 한다, 내점(來店)케 한다, 이미지 업(up) 시킨다 등이 고려되는데 그중에서 어느 것을 당면의 목표로 할 것인가를 결정한다.

③ 소구 대상 선정(제3단계)

어떠한 소비자층을 광고 대상으로 할 것인가를 지역별, 소득별, 나이별, 성별 등을 기준으로 선정한다.

④ 매체 선정(제4단계)

목표, 소구 대상, 매체의 특성을 고려하여 TV, 라디오, 신문, 잡지, DM 전단 중 어느 매체를 이용할 것인가를 결정한다.

⑤ 소구 내용 검토(제5단계)

무엇을 어떠한 방법과 표현으로 소구하는가를 구체적으로 검토한다.

⑥ 제작(제6단계)

구체적인 광고 타입을 만들어 낸다.

⑦ 실시(제7단계)

제작된 광고를 선정된 매체 선정 대상에 내보낸다.

⑧ 효과의 측정(제8단계)

광고가 소기의 목표를 어느 정도 달성했는가, 나아가서는 매출액의 증대에 얼마만큼이나 공헌했는가를 검토하여 광고의 성과를 판단함과 동시에 다음 광고를 보다 효과적으로 하기 위한 정보를 수집한다.

5) 광고 원칙과 전략

① 광고 기본원칙(AIDMA)

주의(Attention)	· 주목시킨다. · 겨냥을 확실하게 한다.	· 개인에게 소구한다. · 사람의 눈을 끌 수 있는 효과
흥미(Interest)	· 고객에게 주는 이익 · 초점을 만든다.	· 언제 어느 때 · 기본적인 욕망에 대한 소구
욕망(Desire)	· 상품보장 · 인기의 표현 · 경합품에 대한 우위성 · 명사들이 애용한다는 증명	· 양질이라는 설명 · 성실성의 표현 · 사지 않으면 손해 본다는 생각
기억(Memory)	· 점포(상호)의 식별 · 기분 좋은 연상	· 어디서 살 수 있는가 제시 · 기억에 남는 구성과 삽화
행동(Action)	· 곧 보러 가고 싶은 행동요청 · 순서가 정연한 표현	· 곧 보러 가야 한다는 행동 명령 · 문자의 크기에 의한 소구 강조

[광고 기본원칙]

② 광고전략

㉠ 표현 전략

크리에이티브 전략이라고도 하며 전달해야 할 메시지의 작성에 관한 전략이다. 그러므로 고객의 흥미나 관심을 끌 수 있는 광고 메시지를 만들어 내야 한다.

ⓐ USP(Unique Selling Proposition) 접근방식

경쟁사에 없는 우리만의 독특함을 크리에이티브 개념으로 한다.

ⓑ 상표 이미지

상표의 독특함보다 상표의 개성을 심어주는 방법이다. (담배, 커피 등)

ⓒ 보편주의 접근방식

친근감 있고 현실감 있게 실제 생활에서 크리에이티브를 만드는 방법으로서 드라마 형태의 광고가 있다. (예: 김혜자의 '쇠고기 다시다')

㉡ 매체 전략

미디어 전략이라고도 하며, 메시지를 전달하는 수단을 확보하는 것에 관한 전략이다. 그러므로 표적의 윤곽, 규모, 지역에 맞추어 제한된 촉진 예산 범위 내에서 가장 효과적인 매체를 찾아내야 한다.

ⓐ 도덕심

이웃돕기, 음주운전 안 하기 등이 있다.

ⓑ 이성

품질, 경제성, 가치 등을 강조한다.

ⓒ 감성

자부심, 애정, 기쁨 등의 감정을 불러일으킨다.

6) 광고 예산 책정

① 판매기준비율법(percent of sales method)

과거의 판매실적이나 앞으로의 예측치를 기준으로 사전에 정한 일정한 비율을 곱하여 광고 예산을 책정하는 방법이다.

② 경쟁사 대비 균형법(competitor parity method)

경쟁사와 비견될 수 있는 광고비율이나 절대 광고비 수준으로 광고 예산을 책정하는 방법이다.

③ 목표 및 과업 기준법(objective and task method)

광고의 목표를 분명하게 밝히고, 이 목표를 달성할 수 있다고 판단되는 작업을 구체적으로 판단한 뒤 비용을 계산하여 광고 예산을 책정하는 방법이다.

④ 시장반응함수에 의한 예산책정방법

시장반응함수를 명백하게 사용하지는 않지만, 그 논리를 분명하게 사용하는 방법이다.

7) 광고 효과측정

① 사전테스트

㉠ 직접평가(direct rating) 방법

광고주는 소비자 패널에게 대안적인 광고들을 노출하고, 그들에게 각 광고를 평가하게 하여 등급을 정하도록 하는 방법이다.

㉡ 포트폴리오 테스트(portfolio test)

소비자들에게 그들이 원하는 시간만큼 여러 가지 광고물을 보거나 듣게 한 다음, 보았던 광고나 그 내용을 기억하도록 요구하는 방법이다.

㉢ 실험법(laboratory test)

소비자의 맥박, 혈압, 안구의 움직임, 긴장도 등 광고물에 대한 소비자의 심리 반응을 측정하는 방법이다.

② 사후테스트

㉠ 회상 테스트(recall test)

특정한 잡지나 프로그램에 노출되어 온 소비자들에게 그들이 보았던 광고물에 포함되어 있던 광고주와 상품에 대해서 기억하는 것을 모두 쓰게 하거나 말하게 하는 방법이다.

㉡ 재인식 테스트(recognition test)

소비자가 광고물에 대해 기억하는 내용을 보기로부터 지적해 내도록 하는 방법으로서 회상 테스트보다 기억이 쉽다.

㉢ 총도달률(GRP : Gross Rating Point)

목표 청중 중에서 한 스케줄이 접촉하는 비율을 중복이나 반복 노출과 관계없이 총 접촉률로 계산한 것이다.

GRP = 도달률(reach) × 노출빈도(frequency) 1. 도달률(Reach) : 특정 기간에 적어도 한 번 이상 광고매체에 의해 노출된 사람들의 비율을 말한다. 2. 빈도(Frequency) : 이용자 한 사람이 같은 광고에 노출되는 평균 횟수(빈도)를 의미한다.

㉣ 커버리지(Coverage)

매체 도달 범위, 어떤 광고매체가 도달될 수 있는 수용자의 수 또는 광고매체가 도달되는 지리적 범위를 말한다.

8) 광고비 시간 배분(광고 스케줄링) 유형

① 단기집중형(blitz)

단기에 모든 광고 예산을 소진하는 전략이다. 예산이 적은 경우나 경쟁광고가 많은 경우 소비자의 주목을 받을 가능성이 크다. 하지만 광고의 연속성이 없으므로 광고효과가 곧 소멸할 가능성이 있다.

② 규칙적인 파동형(regular pulsing)

광고의 강약을 규칙적으로 조절하는 전략이다. 광고비용의 효율성을 높여서 소비자의 기억을 극대화하고 소비자의 구매 주기에 맞추어 광고를 집행할 수 있으며 경쟁사가 연속형 광고를 하는 경우 광고 노출을 상대적으로 높이는 효과를 얻을 수 있다. 그러나 원하는 광고 시간의 확보나 매체 확보 비용 면에서 크게 불리해질 가능성이 크다.

③ 불규칙적 파동형(irregular pulsing)

광고수준의 강약을 불규칙적으로 조절한다. 구매 주기가 불규칙적이면 광고를 이에 맞출 수 있고 경쟁사가 연속형 광고를 하는 경우 광고 노출을 상대적으로 높일 수 있다. 또한 이미 익숙한 학습 내용의 망각률이 상대적으로 낮게 나타난다면 일단 학습된 내용을 보강하는 광고는 상당히 뜸하게 스케줄화함으로써 광고비의 효율을 높일 수 있다. 그러나 구체적인 광고 시기와 광고량을 결정하는 것이 어렵다.

④ 연속형(even)

같은 소비자에게 반복광고가 필요한 경우 유력하고, 또 망각률이 높은 경우 꾸준히 기억을 유지하게 하는 효과가 있다. 매체의 선정이나 시간대 선정에 유리, 비구매 시기에도 광고를 함으로써 언제 소비자가 상품을 구매하더라도 기억을 유지하는 효과가 있다. 그러나 지나친 광고 노출은 광고 효율성이 떨어져 과다 광고수준이 될 가능성이 있으며, 심한 경우 광고의 지침효과(wearout effect)가 나타날 수도 있다.

3 홍보, 인적 판매, 판매촉진

1) 홍보(Publicity)

홍보란 Public Relations(대중 관계, 공중 관계)의 약자로 정부, 정당, 기업, 개인 등의 마케팅 주체가 대중(공중)과의 호의적인 관계를 위해 하는 모든 활동을 지칭한다. 마케팅 주체가 대중매체를 이용하여 마케팅 활동을 하는 홍보는 PR의 수단이다. 마케팅 주체는 현대 사회에서 가장 영향력 있는 정치 집단이자 소비 집단인 대중에게 호의를 얻기 위해 여러 가지 활동을 펼치는데 기업이 직접적인 이익이 없어 보이는 자선 행사를 주최하거나 비영리 단체에 기부금을 내거나 단체 봉사 활동하는 것도 모두 대중의 호의를 얻기 위한 행동이다. PR이란 정치적, 사회적, 생태적, 도덕적 결과를 기대하여 기업에 이익이 되는 커뮤니케이션 활동이다. PR의 목적은 정치적, 사회적, 생태적, 도덕적 결과에 부정적인 영향과 긍정적인 영향을 끼치지 않는 이해 집단을 설득하는 것이다. 기업, 단체 또는 관공서 등의 조직체가 커뮤니케이션 활동을 통하여 자기 생각이나 계획·활동·업적 등을 널리 알리는 활동을 말한다. 홍보 목적은 각 조직체에 관한 소비자나 지역주민 또는 일반의 인식이나 이해 또는 신뢰감을 높이고 합리적이고 민주적인 기초 위에 양자의 관계를 원활히 하려는 데 있다. 그것은 사실에 관한 정보의 정확한 전달과 불만·요망 등을 수집하는 것에서부터 시작된다.

① 홍보 특징

어떤 점포 혹은 그 취급 상품에 대한 정보가 신문의 기사라든가 TV의 뉴스로서 나오면 그 정보는 공정한 제3자로서의 보도기관이 취급하여 유출하고 있을 뿐 기업 자체의 주관적인 주장이 들어있지 않다고 판단하기 때문에 받는 측은 그것을 저항 없이 그대로 받아들이는 것이 보통이다. 홍보는 기업 측에서 본다면 무료 광고라고도 말할 수 있으며 또 그 효과는 광고보다 더하기 때문에 기업은 이를 판매촉진의 수단으로 이용하려 한다(보도기관의 퍼블리시티용, 즉 홍보용 자료 배포 등).

② 홍보자료와 보도자료

㉠ 홍보자료

자신에 관한 뉴스와 정보를 매체에 제공하기 위한 수단이다. 여기에는 보도자료, 기자회견, 녹음자료 및 기고물 등과 같은 형태가 있다.

㉡ 보도자료

가장 널리 이용되는 홍보자료의 유형이다. 기업의 신상품, 새로운 공정 또는 기업 인사의 동정에 관한 이야기를 적은 것이다.

③ 홍보 유형

㉠ 기자회견

기자회견을 하는 목적은 뉴스 가치가 있는 정보를 뉴스매체에 배포하여 사람이나 제품 또는 서비스에 관한 관심을 유발하는 데에 있다.

㉡ 제품홍보

제품홍보에는 특정 제품을 고지시키기 위한 제반 노력이 포함된다.

㉢ 기업홍보

기업 자체에 대한 이해도를 촉진하는 내부적·외부적 의사소통을 말한다.

㉣ 로비활동
국회의원 및 정부관리들과 관계를 맺음으로써 자사에 유리한 법률제정과 규제조치를 촉진하고, 불리한 것을 회피하기 위한 활동을 말한다.

㉤ 카운슬링
경영자들에게 공공적 문제와 기업의 위치 및 이미지 등에 대하여 조언하는 것을 말한다.

2) 인적 판매(Personal Selling)

인적 판매란 사람이 하는 판매활동으로 판매원에 의해 이루어지는 양방향 커뮤니케이션 수단이라고 할 수 있다. 인적 판매는 판매원이 고객과 직접 대면하여 대화를 통하여 자사의 제품이나 서비스의 구매를 설득하는 촉진 활동이다. 인적 판매는 판매원이 고객의 표정과 같은 반응에 맞추어서 즉석에서 대응할 수 있는 촉진 수단이라는 장점이 있고 소비자와의 인간적인 유대관계를 형성해 장기적인 고객과의 관계를 구축하는 데 효과적이다. 고객과 개별 접촉을 하여야 하므로 촉진의 속도가 느리고 비용도 상대적으로 많이 소요되는 단점이 있다.

① 판매원 바람직한 자세

㉠ 전략적인 사고방식을 가져야 한다.
㉡ 철저히 준비하는 습관을 지녀야 한다.
㉢ 세일즈에 대해 전문지식과 기술을 가져야 한다.

② 인적 판매 과정

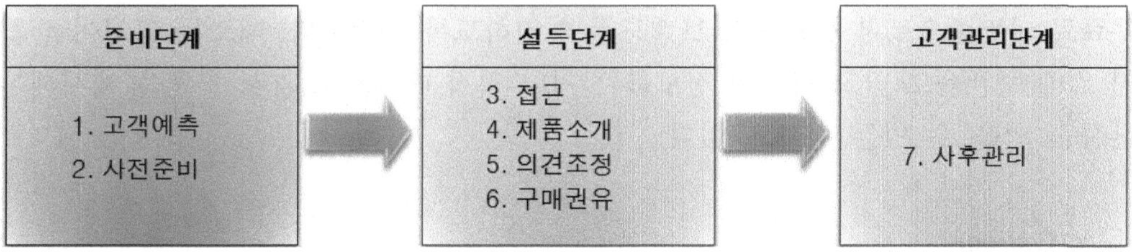

[인적판매과정]

㉠ 준비단계

ⓐ 준비단계는 고객예측과 사전준비로 구성되는데, 고객예측은 잠재고객을 탐색하는 단계에서 시작된다.
ⓑ 판매원은 잠재고객의 경제적 능력, 구매 의도, 구매 결정 권한 등에 대해 평가해야 하며, 고객 평가 때문에 얻어진 유망고객 가능성에 관한 정보는 효과적인 판매의 주요 원천이 된다.

ⓒ 사전준비는 판매원이 잠재고객에게 효과적으로 제품을 소개하는 데 필요한 구체적인 자료를 추가로 수집하고 정리해 가는 과정이다.

㉡ 설득단계

ⓐ 설득단계는 접근, 제품소개, 의견조정, 구매 권유의 4단계로 나뉜다.

ⓑ 접근은 판매원이 자사 제품을 소개하기 위하여 잠재고객을 만나는 일이다.

ⓒ 제품소개 단계는 제품이나 서비스의 특성과 장점을 포함한 각종 정보를 잠재고객에게 전달하는 과정이다.

ⓓ 의견조정 단계에서 판매원은 고객의 질문에 대한 성실한 답변과 자사 제품의 차별적 이점을 자세하게 설명함으로써 고객이 가질 수 있는 자사 제품에 대한 부정적 태도와 구매 거부 가능성을 제거해 나가야 한다.

ⓔ 구매권유는 잠재고객의 구매 의도를 물어보는 단계이다. 이 경우 소비자들은 즉각적으로 구매 의도를 나타내기도 하며 망설일 수도 있다. 주저하는 고객의 원인을 제대로 파악하고 대안을 제시함으로써 구매를 유도해 나갈 수 있다.

㉢ 고객관리단계

ⓐ 판매원은 제품의 전달, 설치에서부터 대금 지급과 제품사용 전 교육 및 제품사용 중 발생할 수 있는 문제점의 해결 등 고객에 철저한 사후관리를 해야 한다.

ⓑ 사후관리가 중요한 이유는 고객 욕구의 변화를 파악할 수 있으며, 만족한 고객이 다른 잠재고객에게 호의적인 구전을 전함으로써 잠재고객의 유입에도 긍정적으로 작용하기 때문이다.

3) 소비자 판매촉진(Sales Promotion) 기법

① 견본품(product sampling)

무료로 나눠줌으로써 신제품의 브랜드를 인지하도록 촉진한다. 때로는 고객이 샘플을 얻기 위해 쿠폰을 오리고 자신의 정보를 적거나 직접 매장으로 가서 쿠폰을 제시해야만 견본품을 얻을 수 있는 정보도 있다.

② 쿠폰(Coopon)

쿠폰은 그것을 소지한 사람에게 어떤 이익이나 현금 적립 혹은 선물을 주기 위해 인쇄매체의 형태를 띠고 유통되는 것을 말한다.

③ 프리미엄(Premium)

프리미엄이란 어떤 상품을 구매하는 고객에게 어떤 경품을 제공한다거나, 쿠폰을 제공하고 그것을 경품과 맞바꾼다거나, 여행·영화관람 등에 초대한다거나 하는 방법을 통해서 판매촉진을 꾀하는 것을 말한다.

㉠ 독자적으로 개발한 프리미엄

프리미엄을 소비자에게 매력적인 것으로 하기 위해서는 상당한 캠페인을 전개해야 하는데, 일단 성공하기만 하면 프리미엄이 판매증대에 미치는 영향이 크게 작용한다.

㉡ 기존 시판물을 이용한 프리미엄(여행, 극장에의 초대 등)

독자성이라고 하는 점이 매력에 있어 한 걸음 뒤지기 때문에 그것을 보완하기 위해서는 기존 시판물의 경품이더라도 특별한 마크를 붙이고 또 여행, 극장 관람에 대해서는 특별한 선물을 준비하는 등의 연구가 필요하다.

④ 콘테스트(contest)

콘테스트는 소비자가 상품을 타기 위해 자신의 능력을 활용하여 경쟁하도록 하는 판매촉진 방법인데 이러한 콘테스트에 참여하기 위해서는 제품을 구매하거나 사업자가 요구하는 설문지나 고객 카드를 작성해야 한다.

⑤ 시연회(Demonstration)

시연회는 고객의 눈앞에서 실제로 상품을 보여주면서, 실현을 통하여 상품의 사용법과 차별화된 우위성을 이해시키는 방법이다. 특히 전문품이나 대중에게 직접 시험 구매시키기에는 무리가 있는 제품, 또는 샘플로 제작하기에 어려움이 있는 제품의 경우에 사용된다.

⑥ 가격할인(price discount)

가격할인은 해당 제품에 대해 경제적인 측면에서 가격을 할인해 줌으로써 소비자들에게 직접적인 구매 동기를 부여할 뿐만 아니라 즉각적인 상품구매를 유도한다.

⑦ 리펀드(Refund)

리펀드는 소비자가 구매하는 시점에서 즉시 현금으로 돌려주는 형태로 이루어짐으로써 신제품을 구매하도록 유도하거나 브랜드 전환을 유도할 목적으로 활용되는 경우가 흔하다.

⑧ 리베이트(Rebate)

리베이트는 소비자가 해당 제품을 구매했다는 증거를 제조업자에게 보내면 구매가격 일부분을 소비자에게 돌려주는 것을 말한다.

⑨ 보너스 팩(Bonus Pack)

더욱 큰 용기에 제품을 담거나 덤으로 더 많은 개수를 패키지에 포함함으로써 정상가격으로 더 많은 양의 제품을 제공하는 것을 말한다.

⑩ 소비자 교육

소비자에게 상품지식, 상품의 이용 방법 등을 제공해서 상품에 대해 이해시켜 줌과 동시에 자점에 대한 호의를 갖게 하여 고객의 고정화를 꾀하고 궁극적으로는 자점의 판매증대를 가져오게 한다.

4) e-Retailing 촉진 기법(인터넷 광고 기법)

① 인터액티브 광고

인터액티브 배너 광고는 인터넷의 쌍방향성을 이용하여 소비자의 취향을 분석해서 광고를 제공한다. 광고 배너에서 직접 글을 쳐서 넣거나 게임을 즐길 수 있고 경품을 선택할 수도 있는 배너광고 유형으로 그 수가 점차 늘고 있으며 클릭률도 높은 편이다.

② 배너 광고

인기 있는 홈페이지의 한 칸에 특정 웹사이트의 이름이나 내용을 부착하여 홍보하는 인터넷 광고 기법으로 미리 정해진 규격에 동영상 파일 등을 이용하여 광고를 내고 소정의 광고료를 지급한다.

③ 팝업 광고

㉠ 인터넷 홈페이지의 첫 화면을 로딩하는 것과 동시에 별도의 창으로 내비게이션 되는 광고창을 일컫는다.

㉡ 특별할인, 경품행사 등과 같은 이벤트, 주요 뉴스, 세미나 및 교육프로그램과 같은 주요 공지 사항에 이용한다.

④ 이동 아이콘 광고

웹사이트를 이동하면서 주의를 끄는 광고이다.

⑤ 동영상 광고

기존 배너의 동적인 단점을 극복한 광고(애니메이션 포함)이다.

⑥ 스폰서십 광고

스폰서가 웹사이트를 후원하고 광고를 게재하는 것을 말한다.

⑦ 인터넷 엑세스형 광고

㉠ 키워드(Keyword) 광고

검색엔진에서 사용자가 특정 키워드로 검색했을 때, 검색 결과물의 특정 위치(일반적으로 상단)에 광고주의 사이트가 소개될 수 있도록 하는 검색엔진의 서비스이다. 불특정 다수에게 광고를 노출하는 것이 아니라 광고주가 원하는 키워드로 사용자가 검색했을 때만 광고를 내보임으로써 광고주의 서비스를 이용할 가능성이 매우 큰 잠재고객에게만 광고를 내보이는 표적화된 광고 기법이다.

㉡ 채트(Chat) 광고

채팅룸에서 채팅에 참여하고 있는 사람들에게 보이는 광고로 이용 빈도가 증가하는 추세에 있다.

㉢ 이메일(E-mail) 광고

전자우편은 비용 대비 효과적인 면에서, 다른 광고 채널보다 더 신속히 반응 정도를 평가할 수 있는 마케팅 채널로 이용되고 있다.

⑧ 리치미디어 광고

기존의 단순한 형태의 배너광고보다 풍부한(Rich) 정보를 담을 수 있는 매체(Media)라는 뜻이다. JPEG·DHTML·자바스크립트·쇼크웨이브 등을 이용해 만든 멀티미디어 형태의 광고로, 텔레비전 방송 광고처럼 비디오와 오디오·사진·애니메이션 등을 포괄한다. 스트리밍 기법과 다운로드 되며 바로 사용자와 상호작용을 할 수 있는 애플릿, 사용자가 배너광고 위에 마우스를 올려놓으면 변하는 광고 등 다양한 방식으로 표현된다.

제 8 장

유통점포 관리

제 1 절 점포 구성과 레이아웃

1 점포 구성과 설계

1) 점포 구성 조건과 기능

점포가 갖춰야 하는 점포기능 가운데 최소의 투자액으로 충분한 기능을 발휘할 수 있는 점포설계와 점포진단의 기본 조건을 정리해보면, 점포기능은 크게 '경영관리 기능(management function)'과 '소비자 기능(consumer)'의 2가지로 구분할 수 있다. 경영관리 기능은 점두 기능인 전방시설과 중앙시설(매장시설), 후방시설이다. 소비자 기능은 서비스 시설 등이다. 점포는 고객에게 꼭 필요한 상품을 잘 보이게 하면서 쇼핑에 편리하도록 조성해야 하며, 환경 이미지에 적합하도록 설계하여야 한다. 점포는 상품을 구매하고 쇼핑을 즐기는 곳이므로 쇼핑에 불편함을 제공하는 장애물이 있어서는 안 된다.

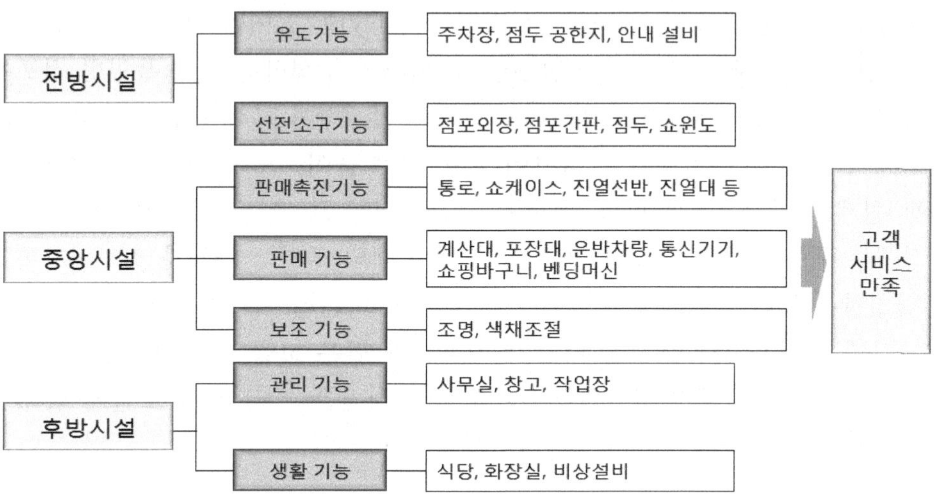

[점포시설 기능]

2) 점포설계와 공간관리

점포 시설 공사와 실내 인테리어 및 내부 장식은 투자계획에 따라 예상 투자비가 초과하지 않는 범위 내에서 추진하되 점포 시설은 전문업체와 일괄계약이 유리(허가 관련 처리가 용이)하며 체인점이나 대리점인 경우는 본사에 직접 의뢰하거나 본사에서 제공하는 설계에 따라야 한다. 점포 공간 생산성을 증진하기 위해서는 공간을 최대한 적절하게 배치하기 위하여 상품 진열 계획을 수립해야 한다. 이러한 상품 진열 계획에는 업태나 신·구 점포 간에 차이가 발생한다. 점포 면적이나 공간은 매장 부문과 비 매장 부문으로 구성된다. 업종, 취급하는 상품, 점포의 규모에 따라 매장과 비매장의 비율의 차이가 있다. 점포 전략적 관리(strategic management)는 사업의 기본 전략을 변경하는 전략이다. 이미 발전되었거나 유지되고 있는 점포 위치, 규모, 숫자에 변화를 주기 위해서 공간배치를 광범위하게 변화시키는 장기 계획의 한 부분에 해당한다. 물리적 공간 압박과 생산성 목표에 따라 표적 시장점유율의 균형을 위해 매년 시행되는 전술적 관리(tactical management)는 현재의 점포 내 매장공간의 재할당과 분류 작업을 말한다. 운영상 관리(operational management)란 특정 범위의 품목을 매장공간이나 분류 공간에 할당하기 위해 상품을 적소에 옮기고 진열 효과를 향상하는 작업을 말한다. 이는 잘 팔리거나 잘 안 팔리는 품목을 일주일 또는 일 년 간격으로 재배치하는 것을 의미한다.

2 점포 디자인

1) 점포 외장디자인 전략

점포의 외관은 점두(storefront)와 진열창(show window)으로 구성된다. 이는 통행인이나 자동차 승객들의 눈에 잘 띌 수 있는 시각성(visibility)이 있어야 한다. 점포의 외관 디자인은 고객이 노력하지 않고도 쉽게 발견할 수 있도록 구성하고 고객 흡인형 점포는 고객이 외부에서 점포 내의 분위기를 느낄 수 있도록 설계하여 고객 흡인 기능을 중시하여야 하며 고객 선별형 점포는 목표 고객만이 점포 내로 들어오도록 점포 성격을 알릴 수 있는 외관 설계에 치중하여야 한다. 점포는 외장 간판으로 그 존재를 알려야 하므로 점포 건축 시에는 주변 건물과의 조화 및 주민 또는 고객의 생활 스타일과 조화되도록 하여야 한다. 진열창은 특히 점포의 존재를 알리는 역할을 하는데 저가격 점포의 경우에는 가격표를 여기에 게시하기도 하지만 미국의 티파니와 같은 고급전문점은 특징적인 상품을 진열하고 가격은 제시하지 않는다. 입구 위치와 성격은 여러 가지 요인에 의해 영향을 받는데 고객의 접근을 쉽게 하려면 넓어야만 한다.

2) 점포 내장 디자인 전략

점포의 내부는 매력적인 요인이 있어야 한다. 넓은 통로와 적당한 조명, 환상적이고 잘 기획된 진열은 대체로 혼잡한 통로, 밋밋한 형광등 조명 및 잡탕식의 비 관련적인 진열보다는 좋은 점포 이미지를 심어준다. 내부 디자인은 고객의 구매 욕구를 높이기 위해 점포 내의 분위기를 즐겁게 상품을 더욱 매력적으로 느낄 수 있도록 설계하며 내부 면적의 배분은 매장 및 비매장 면적의 비율과 매장 면적을 상품 구색별로 구분하여 가장 효율적인 비율로 구성하는 것에 주의해야 한다. 점포 안의 조명은 고객에게 상품에 시선을 끌게 하여 품질과 가격 검토에 도움을 주어 구매 의욕을 일으키게 설계하는 등 상품을 돋보이게 하는 색채 배합과 상품의 분위기에 맞는 상점 색채를 선정하여 고객의 구매 심리를 적극적으로 유발하는 것이 중요하다. 점포의 내장 디자인 전략과 관련된 의사결정을 할 때는 다음과 같은 요건을 고려하여야 한다.

① 점포 면적

② 점포 성격(셀프 서비스, 자기 선택, 한정 서비스, 완전 서비스)

③ 취급 상품 유형(type), 종류 및 취급량

④ 경영자의 개인적 선호(창조적, 혁신적, 보수적, 안정적)

3) 점포 디자인 4대 요소

① 외장 디자인(exterior)
점두, 윈도, 간판 시설, 출입구의 숫자와 크기 등

② 내부 디자인(interior)
벽, 천장, 바닥, 파이프, 빔, 진열장, 창고 등의 매장 설비물

③ 진열 부분
디스플레이, VMD, POP 광고물, 선반, 쇼 케이스 등

④ 레이아웃
고객 동선, 종업원 동선, 공간의 효율성과 생산성 등

3 점포 레이아웃

1) 레이아웃 개념

레이아웃(Lay-out)이란 보다 효율적인 매장 구성이나 상품 진열, 고객 동선, 작업 동작 등을 위한 일련의 배치작업을 말한다. 레이아웃은 사전 상권조사를 통한 점포 콘셉트를

설정한 후에 작성해야 한다. 고객의 심리를 파악하고 무의식적으로 점포 안을 자유롭게 많이 걷게 함으로써 더욱 많은 상품을 보여주고 구매하도록 하는 기술을 말한다. 점포 레이아웃의 전제 조건은 부문별로 상품을 적정하게 할당·배치하고, 전체적인 레이아웃을 결정하며, 각 매장에 할당된 공간의 규모를 결정해야 한다.

① 조닝과 페이싱

조닝이란 레이아웃이 완성되면 코너별 상품구성을 계획하고 진열 면적을 배분하여 레이아웃 도면상에 상품 배치 존 구분을 표시하는 것을 말한다. 페이싱이란 페이스의 수량을 뜻하는 것으로 앞에서 볼 때 하나의 단품을 옆으로 늘어놓은 개수를 말하는데 진열량과는 다르다. 페이스표는 단품별 진열 도면을 말한다. 또한, 페이스 표를 표준 진열도라고도 하는데, 말 그대로 표준 페이스 표를 만들어 진열할 때 매일 활용해야 함을 뜻한다. 계절에 따라 상품구성이 달라지기 때문에 보통 계절별, 매장 규모별 표준 페이스 표를 만들어 활용하는 것이 일반적이다.

② 점포 레이아웃 기본원칙

점포 레이아웃은 소비자의 본능적 행동 양식과 업종 및 업태 그리고 점포 규모에 따라 적절하게 응용하여 조화를 이루도록 원칙에 유의하여 매장을 배치해야 한다. 점포의 입구 쪽에는 가격 단가가 낮은 상품을 안쪽으로 들어갈수록 가격 단가가 높은 상품을 배치하는 것이 일반적이다. 상품 배치의 다양한 관점과 기준 중 특히 소비자 관점에서 본 상품 간 관련성을 고려하여 상품을 배치하는 것이 중요하다. 점포의 입구 쪽에는 구매빈도가 높은 상품과 구매 시간 단축 상품을 배치하고 안쪽 부분은 상대적으로 구매빈도가 낮은 상품을 배치한다.

2) 점포 레이아웃 기본계획

① 근접성 계획

상품 라인의 근접 배치 여부를 매출과 직접 연결하여 계획을 수립하는 것을 말한다.

② 버블(Bubble) 계획

버블 계획은 전반적으로 제품을 진열하는 매장공간, 고객서비스 공간, 창고 등과 같은 점포의 주요 기능 공간의 규모와 위치를 간략하게 보여주는 것을 말한다. 이러한 계획은 소매상의 전략적 목표를 표현할 수 있어야 한다. 즉, 소매상이 점포에서 강조하고자 하는 부분을 고객의 눈에 잘 보이는 곳에 배치한다. 점포의 고객서비스에 대한 이미지가 나쁘다면 이를 바꾸기 위하여 고객서비스 데스크를 눈에 잘 보이는 곳에 배치하거나 패션지향적 이미지를 주고 싶다면 패션 부문을 점포 내에 가장 좋은 위치에 배치하는 것이 좋다.

③ 블록(Block) 계획

버블(bubble) 계획에서 간략하게 결정된 배치를 점포의 각 구성 부문의 실제 규모와 형태까지 세부적으로 결정하며 고객서비스 공간, 창고 공간, 기능적 공간 각각은 기능적 필요나 크기에 따라 배치한다. 블록 계획은 거품 계획이 완성된 후 실제 매장의 전체 영업 면적을 그린 배치도의 작성 계획을 말한다. 따라서 점포를 기본계획 원칙에 따라 레이아웃을 하기 위해서는 점포의 특징에 따라 몇 가지 회전력에 맞추면 된다. 대체로 몇 가지의 블록 계획 대안을 작성하고 점포의 전략적 목적과 기능성을 기준으로 평가하여 최종적으로 결정한다. 집기, 도구, 상품들을 매장 내에서 물 흐르듯 진열할 수 있도록 레이아웃 되어야 하는 자유로운 흐름 형이다. 축(軸)형을 중심으로 하는 레이아웃을 해야 하며 축을 중심으로 매장이 설계되면 일정한 각을 이루도록 하고 간혹 미로를 만들기도 한다. 이러한 형은 슈퍼마켓이나 드럭 스토어 등이 대표적이지만 특정 상품만을 구매하는 고객에게는 혼란을 일으킬 수도 있어 바람직한 방법은 아니다.

3) 레이아웃 유형

① 격자형(Grid Type) 레이아웃

격자형은 쇼 케이스, 진열대, 계산대, 곤돌라 등 진열 기구가 직각 상태로 되어 있다. 고객의 동일 제품에 대한 반복 구매 빈도가 높은 소매점, 즉 슈퍼마켓이나 디스카운트 스토어의 경우에 주로 쓰이는데 여기서는 주 통로와 직각으로 보조 통로가 있으며 그 넓이는 똑같다. 비용이 적게 들며 표준화된 집기 배치가 가능해 고객이 익숙해지기 쉽다. 슈퍼마켓, 드럭 스토어, 버라이어티 스토어, 디스카운트 스토어, 하이퍼마켓, 슈퍼센터, 홈센터, 오피스 데포, 스포츠 타운 등에 이용한다.

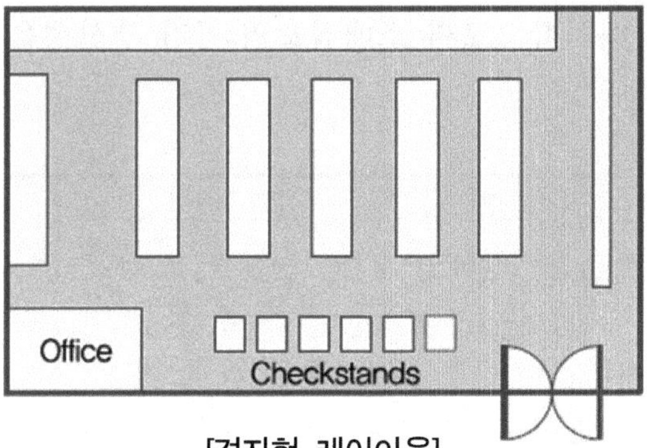

[격자형 레이아웃]

② 자유형(Free-flow Type) 레이아웃

자유형 점포 배치는 패션 지향적인 점포에서 쓰이는 유형으로서 이는 모양이 같지 않은 집기를 사용하고, 통로를 굴려 의식적으로 획일성(uniformity)을 없애려 하고 있다. 쇼케이스, 진열대, 계산대, 운반 카, 집기, 비품이 자유롭게 배치된 것이다. 고객이 자유로운 쇼핑과 충동적인 구매를 기대하는 매장에 적격인 점포 배치이다. 뷰티크점, 선물점, 백화점, 의류전문점에서 주로 쓰인다. 사용하는 집기, 비품류 대부분은 원형, U자형, 아치형, 삼각형과 같은 불규칙한 형으로 배치한다.

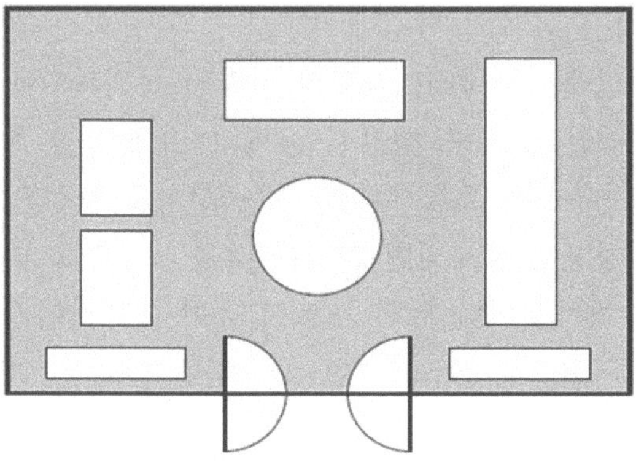

[자유형 레이아웃]

③ 경주로형(Racetrack Type) 레이아웃

경주로형은 loop 형이라고도 하며, 주된 통로를 중심으로 여러 매장 입구가 연결되어 있어 고객들이 여러 매장을 손쉽게 둘러볼 수 있도록 레이아웃된 형태의 매장을 의미한다. 진열된 제품을 최대한 드러낼 수 있는 장점(공간의 생산성)이 있어서 고객들의 충동구매를 유발할 수 있는 배치 형태이다. 고객을 매장 안으로 자연스럽게 유인하는 배치 형태는 경주로형의 장점으로 경주로(racetrack) 배치설계는 주된 통로를 중심으로 여러 매장 입구가 연결되게 배치하는 방법이다. 경주로형은 가능한 한 많은 상품이 쇼핑객들에게 노출될 수 있도록 배치함으로써 소매점포의 공간 생산성을 높여 주는 배치기법이다.

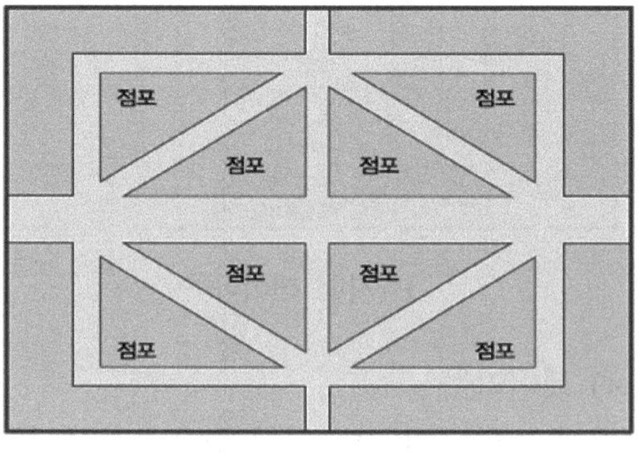

[경주로형 레이아웃]

④ 혼합형 레이아웃

격자형, 프리플로형, 루프형의 세 가지 형태를 복합한 것이다. 대형 종합점의 경우는 층마다 특색 있게 레이아웃을 하는데 때에 따라서는 각 형(型)을 복합한다.

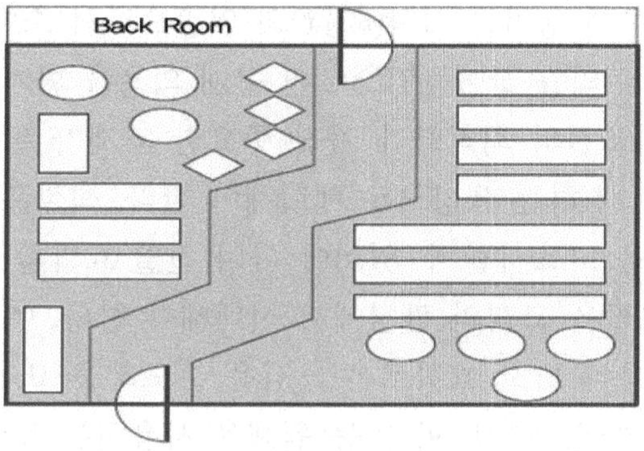

[혼합형 레이아웃]

제 2 절 점포 환경관리 및 진열관리

1 점포 내·외부 환경관리

1) 점포 내부 환경관리

① 조명

점포의 주체적 기능은 판촉이므로 조명(照明)은 진열에 대해 상품을 부각해 고객을 유인함으로써 효과적으로 매출액을 증대시키는 임무를 수행한다. 점두(店頭)의 밝기는 통행객의 주의도를 높이며, 쇼윈도의 조명은 고객의 관심을 유인하여 매력감을 부여한다. 외부 조명은 고객을 끌어들이고 내부 조명은 고객이 상품을 구매하거나 서비스를 받기 편안하게 설계되어야 한다. 조명은 물건을 돋보이게 하며 스포트라이트를 사용할 때 진열된 상품을 강조하는 효과가 있다는 점을 명심해야 한다. 조명은 고객을 사로잡는 결정적인 역할도 한다. 점포 안은 전체적으로 밝게 하는 것보다 밝은 곳과 어두운 곳을 적절히 조절해 주력상품이 눈에 잘 띄게 해야 한다. 점포 안이 전체적으로 너무 밝게만 보이면 주의가 산만해져 구매 의욕이 상실될 수도 있기 때문이다. 쇼윈도 위와 카운터, 물품 진열대 위쪽 등에 스포트라이트를 적절히 이용하면 훨씬 매력적인 매장으로 꾸밀

수 있다. 어두운 조명은 고급스러운 분위기를 연출하는 데 효과적이므로, 할인매장의 경우 강한 빛을 사용하면 좋다.

② 색채

색채란 빛의 자극 때문에 생기는 시각(視覺)의 일종으로서 소매상에게서는 색채 배색과 조절을 통해 고객의 주의를 끌어들임으로써 구매 의욕을 환기해 쾌적한 공간을 형성하게 된다. 따라서 색채조절의 최적화가 가장 중요한 과제가 된다. 색채는 실내장식과 어울리며 상품을 돋보이게 하는 색상으로 배합해야 한다. 색깔은 상점 분위기와 이미지를 창조해 고객의 관심을 고조시킬 수 있어야 하며 진열 효과를 극대화할 수 있도록 사용한다. 점포 내부의 색깔은 고객의 관점에서 선택해야 한다. 여성을 상대로 하는 사업은 흰색과 파스텔을 사용해 밝고 호화로운 느낌을 주도록 하고, 어린이가 주 고객인 유치원·장난감 가게 등은 노랑, 빨강, 파랑 등 원색을 사용하는 것이 기본이다. 특히 젊은 층을 상대로 하는 점포일수록 파격적인 색깔과 디자인을 써야 손님을 끌 수 있다. 어두운 색상과 자재는 피하는 것이 원칙이다. 어두운 색상은 답답하고 좁은 느낌을 준다. 또 분위기를 무겁게 하므로 소점포에서는 사용하지 않는 것이 좋다. 예를 들어 여성 내의를 취급한다면 침실 분위기의 은은한 색으로, 젊은 신세대 고객을 위한 상품이라면 밝고 강한 색으로 진열장이나 계산대는 흰색 또는 회색 같은 중성색을 사용해 상품으로부터 관심이 이탈되지 않도록 한다. 색채기능은 시각적인 기능으로서 난색(暖色) 계통은 팽창적이고 진출성을 나타내며, 한색(寒色) 계통은 신축적이고 후퇴성을 나타낸다. 심리적으로 보면 난색 계통은 권태감을 유발하며, 한색 계통은 긴장감을 조성하는 특성을 보인다.

③ 벽과 바닥

의도하는 바에 따라 재질, 색깔을 잘 선택해야 한다. 벽면에 거울을 달거나 점포 일부를 계단식으로 높이면 실제 점포보다 넓어 보일 수 있다. 바닥의 재질은 상품의 분위기 조성과 관계가 있다. 고급 상품은 카펫 종류가 어울리며 운동구나 구두점은 윤택한 나무 바닥이 어울린다.

④ 집기와 장비, 내부 진열

집기는 상품의 판매 진열 저장 보호 등에 이용되는 내구재로, 진열장 캐비닛 상자 선반 계산대 테이블 등이 있다. 장비란 판매에 직접 또는 간접으로 보조하는 내구재를 말하며 금전등록기, 엘리베이터, 점 내 운반 장비, 배달 장비(오토바이, 차량) 등이다. 이 모든 것이 점포의 계획단계부터 세부적으로 검토되어야 한다.

2) 점포 외부 환경관리

점포 외부 환경은 가격, 상품 구색, 머천다이징과 더불어 자점으로 흡인하기 위한 가장 큰 매력 포인트가 되기 때문에 디자인이 실패하지 않도록 충분한 사전 검토 작업이 필요하다. 점포 기능상 전방시설로서 고객의 시선을 끌어들이기에 적합하게 해야 하며 고객의 발길을 점포로 유도해야 하므로 외관적으로는 점포 자체를 소구(訴求)하는 기능이 있다. 고객이 잘 들어오지 않는다든지, 분위기가 친밀하지 않다든지, 상품이 돋보이지 않는다든지, 고객의 동선이 길다든지, 매장 배치에 구조적 결함이 있다면 이는 점포 디자인 자체에서 문제점을 파악해야 한다. 체인스토어의 경우에는 공통적인 이미지를 살릴 수 있도록 표준화 타입인 로고와 심벌마크를 중심으로 가미한 표준 외관 디자인으로 외부 장식을 하는 것이 좋다. 점포의 외관 디자인은 고객이 노력하지 않고도 쉽게 발견할 수 있도록 구성하고 고객 흡인형 점포는 고객이 외부에서 점포 내의 분위기를 느낄 수 있도록 설계하여 고객 흡인 기능을 중시하여야 하며 고객 선별형 점포는 목표 고객만이 점포 내로 들어오도록 점포 성격을 알릴 수 있는 외관 설계에 치중하여야 한다. 점포 간판은 전방시설로서 고객에게 기업명·업종·취급 상품 등을 소구하는 인상적인 기능이 있으며 건물 전면의 디자인 구성 중 한 요소이므로 전체적인 균형감을 살려 눈으로 보아 인상적인 느낌을 주어야 한다. 점포의 바깥 조명은 고객을 흡인하고 인도하며 영업시간 외에도 점포의 존재를 기억시키는 역할을 할 수 있도록 하고 점포 안의 조명은 고객이 상품에 시선을 끌게 하여 품질과 가격 검토에 도움을 주어 구매 의욕을 일으키게 설계하는 등 상품을 돋보이게 하는 색채 배합과 상품의 분위기에 맞는 상점 색채를 선정하여 고객의 구매심리를 적극적으로 유발하는 것이 중요하다. 점포의 진열창(display window)에는 진열된 상품이 고객의 주의를 끌고 고객이 관심을 가질 수 있도록 하여야 한다.

2 진열 개요

1) 진열 의의와 효과

상품 진열과 매장장식은 점포의 이미지를 높이고 매력을 향상해 매상을 늘리기 위해서는 빠뜨릴 수 없는 판매의 비결이다. 진열이란 기본적으로는 소매점 단계이며 소매점 자신에 있어서는 포장보다 진열이 한층 더 중요한 판매기법이다. 진열은 직접 고객의 마음을 사로잡는 중요한 광고 메시지가 되며 신문, 잡지, 라디오, TV 등의 전국적 광고 정책의 최종 단계로서 디스플레이는 제조업자, 도매업자, 소매업자에 있어서 중요한 광고매체라고 할 수 있다. 진열은 고객의 내점 동기를 촉진하고 충동구매, 계속 구매, 회상 구매의 기회를 높여 상품뿐만 아니라 점포 전체를 팔겠다는 데까지 발전시키는 일이 필요하다.

2) 진열 기본원칙

① AIDCA 원칙

㉠ A(Attention)

상점의 중점 상품을 효과적으로 진열해서 사람의 눈을 끌고, 가격은 고객이 잘 알아볼 수 있도록 명기하고, 잘 보이도록 전시하여야 한다. 특가품은 큰 가격표를 붙이고, 고급품은 작은 가격표를 붙이고, 또 다 팔린 매진 품에 대해서는 붉은색으로 둘레 줄을 치도록 하면 효과적이다.

㉡ I(Interest)

눈에 띄기 쉬운 장소를 골라, 그 상품의 세일즈 포인트를 강조해서 관심을 끌게 하고, 디스플레이상품을 설명한 표찰을 붙인다.

㉢ D(Desire)

'어떻게 해서든지 사고 싶다.'라는 욕망을 일으키게 해서 구매 의사를 일으키도록 한다.

㉣ C(Confidence)

사는 것이 유익하다는 확신하게 하고, 고객에게 그 상품구매에 대한 안심과 만족감을 주는 동시에 우월감을 줄 수 있는 디스플레이가 되도록 연구한다.

㉤ A(Action)

충동적인 구매 행동을 일으키게 한다.

② 디스플레이 기본원칙

㉠ 보기 쉬울 것

이것은 고객에게 있어서 보기 쉽다는 뜻으로, 단순히 놓인 상품이 보이는 것과는 다르다.

㉡ 손으로 잡기 쉬울 것

상품을 손으로 잡는다는 것은, 즉 고르기 쉽다, 사기 쉽다는 것으로 이어진다. 골든라인(Golden Line)은 유효디스플레이의 범위 내에서 보다 보기 쉽고 손에 닿기 쉬운 범위의 높이를 말하며, 가장 많은 매출을 올릴 가능성을 가진 장소이다.

㉢ 가장 빨리 판매되는 품목을 진열할 것

점 내 진열에서는 가장 빨리 판매하기 쉽고 이윤율이 높은 상품을 위하여 눈높이의 면적과 공간을 보유하여야 한다.

㉣ 가격표시를 할 것

가격을 알기 쉽게 표시하여 가격에 의해서 어필하는 것은 상품계획 및 판매촉진의 강력한 정책의 하나로 되어 있다.

㉤ 분위기를 조성할 것

사실을 알리고, 정황을 묘사하며, 계절적 주제를 표현한 디스플레이는 특정의 아이디어가 없는 디스플레이보다도 더욱 어필한다.

ⓗ 디스플레이 상품을 연출할 것
디스플레이에 사용되는 상품은 될 수 있는 대로 수를 적게 하는 것이 효과적이며, 상품을 포함하여 무대와 같이 잘 연출되는 디스플레이는 극적인 분위기를 조성해서 그 효과를 증대시킨다.

ⓢ 상품 간의 관련성을 가질 것
같은 종류의 상품을 그룹별로 디스플레이하고 그 상품과 관계가 있는 상품을 같은 공간에 집중적으로 전시한다.

ⓞ 집시 포인트로 진열할 것
진열된 상품에는 반드시 고객의 시선을 잡는 요점(Point)이 만들어져, 그 집시 포인트로 그 부분의 상품 또는 주변에 배치된 상품의 구매촉진이 도모되는 것이다.

ⓙ 주목을 분리할 것
모방에 의한 주목 유도라고 말하며, 디스플레이에 이러한 기술을 사용하는 경우 마네킹으로 실현할 수가 있다. 마네킹의 모양은 고객의 주목을 분리해 일정의 방향으로 유도한다.

ⓒ 쇼카드 등을 경시하지 않을 것
고객의 65~70%는 대체로 상표명을 찾는다고 한다. 디스플레이상품의 상표명이 유명하지 않으면 그 상품에 의해서 점명을 연상시키는 것이다. 즉, 고객은 상품을 식별할 수가 없기 때문이다. 그러므로 쇼카드, 프라이스카드, 행거보드 등은 디스플레이의 매체이다.

3 상품 진열 및 배열 기법

1) 구체적인 상품 진열방법

① 용도별 진열방법

용도별 진열이란 상품을 품종별, 용도별로 분류해 손님이 쉽게 구매할 수 있도록 하는 진열방법이다. 최근 대형점포의 상품 진열방식이 용도별로 변하고 있는데, 가정용품 판매장의 경우 주방용품, 식탁용품, 세탁용품, 목욕용품 등으로 구분하는 것이 좋은 예이다.

② 대상별 진열방법

상품을 사용하는 대상에 따라 분류하는 방법이다. 베이비 코너, 유아 코너, 하이틴 코너 등으로 분류할 수 있다.

③ 사이즈별·디자인별 진열방법

사이즈별로 분류해서 다시 디자인별로 분류할 수 있고 반대의 경우도 가능하다. 신사용 양복은 디자인별·색상별 분류를 기본으로 하고, 다시 사이즈별·가격별로 진열하면 효과적이다.

④ 색상별 진열방법

색상에 따라 상품을 분류하는 방식이다. 의복이나 액세서리 및 가정용품에 이르기까지 폭넓게 행해진다.

⑤ 가격별 진열방법

선물용품, 특가품 진열에 효과적이다. 선물용이나 특가품을 고를 때에는 가격이 우선이다.

2) 집기 종류에 따른 기본 진열방법과 특징

① 곤도라 진열

㉠ 곤돌라(gondola) 진열은 대량의 상품을 고객들이 충분히 잘 볼 수 있도록 함과 동시에, 고객들이 더 풍요함을 직접 느끼게 하면서 상품을 가장 편안하게 집어 들 수 있도록 고안된 일종의 입체식 진열을 말한다. 이 진열은 소매업에서 있어서 가장 널리 쓰이는 진열방법 가운데 하나다. 기본적인 진열방식이며 대부분 가공식품, 비식품은 곤돌라에 진열한다.

㉡ 특징

ⓐ 소분류별로 진열하고, 연관진열이 가능하다.
ⓑ 팔림세의 파악이 쉽고, 페이스 관리가 쉽다.
ⓒ 곤돌라 2대마다 한군데씩 매력 있는 자석 상품을 배치한다.
ⓓ 상품마다 가격(price) 카드를 부착한다.

② 엔드 진열

㉠ 엔드(End) 매대 진열은 매장에서 가장 눈에 잘 띄므로 항상 정리정돈이 되어 있어야 한다. 또한, 상품도 주기적으로 교체하여 계절감, 양감이 표현되도록 하는 것이 바람직하다. 주로 많이 팔려는 상품 또는 프로모션 중인 상품 등을 진열하여 매출을 높여야 한다.

㉡ 특징

ⓐ 고객이 3면에서 상품을 보는 것이 가능하고, 손으로 집기도 편리하다.
ⓑ 중앙에 반드시 POP를 게시한다.
ⓒ 컷 진열을 통해 양감 있는 연출이 가능하다.

③ 행거 진열

㉠ 행거 진열은 주방용품이나 잡화용품 진열에 많이 사용하는 진열방법이며, 반드시 걸고리가 있는 걸이대에 진열해야 한다.

㉡ 특징

ⓐ 진열량이 적어도 양감 있는 느낌을 준다.

ⓑ 상품을 고르기가 쉽다.

ⓒ 상품별 구분 진열이 쉽다.

ⓓ 흐트러지지 않는다.

④ 평대 진열

㉠ 평대 진열은 대량 진열이 가능하고 특히 특매상품, 중점판매 상품을 많이 진열할 때 사용한다.

㉡ 특징

ⓐ 필요에 따라 자유롭게 장소를 이동할 수 있다.

ⓑ 대량으로 상품을 적재하는 것이 가능하다.

ⓒ 상품의 크기와 종류에 따라 평대 크기를 조절한다.

⑤ 측면 진열

측면(Side) 진열은 엔드 진열의 한쪽 측면 등을 활용하여 엔드 진열한 상품과 관련성을 강조하는 진열방법이다. 엔드 측면에 진열하여 상품의 상호 연관성을 나타내 고객의 구매 욕구를 자극할 수 있다.

⑥ 섬 진열

주 통로 인접한 곳에 섬 모양의 진열로서 팔고자 하는 정책상품 등을 진열할 때 주로 활용한다. 매장 레이아웃 상 섬 진열 매대가 설치된 경우는, 이런 진열은 고객의 통행에 불편을 줄 수 있으므로 주의가 요구된다.

⑦ 벌크 진열

단일품목을 대량 판매하기 위해 사용하는 진열로서 가격이 저렴하다는 인식을 줄 수 있다. 그만큼 대량 진열과 판촉 행사가 병행되면 효과가 크다. 이 방법은 품목이 잘 선정되어야 한다. 쇠퇴기 상품을 대량 진열시 과다재고가 있을 위험이 크므로 신상품이나 인기상품, 또는 계절적 성수기 상품을 선정해야 효과가 크다.

3) 기본적 진열방법

① 윈도 진열(**Window display**)

윈도 진열은 점포에 대한 흡인력(吸引力)을 창조하고 점포의 품격을 향상하는 것을 주목적으로 하고 있다. 따라서 특선품 구역이라 할 수 있다. 통행객 및 아이 쇼핑(eye-shopping) 고객을 점포 내로 끌어들여 고객별로 그 점포의 수준과 성격을 파악하게 하는 구실을 한다.

② 점두 진열(Store-front display)

점두 진열은 일반적으로 통행객이나 아이 쇼핑 고객에 대하여 그 점포의 판매 상품과 제공 서비스가 훌륭하다는 신뢰감을 느끼게 하고 구매하려는 분위기를 조성하는 기능이 있다. 따라서 충동구매상품을 배치하는 것이 좋다. 점두 진열은 매력 있는 진열, 신뢰감을 느끼는 진열, 빈틈없는 진열이라는 세 가지 요인을 충분하게 고려하여야 한다. 따라서 특선품 구역으로 간주할 수 있다.

③ 점내 진열(Interior display)

상품을 판매하기 위해 구체적으로 상품구역별로 진열대에 진열하는 점내 진열의 구성요소는 소비자의 구매심리라는 관점에서 심리적인 프로세스는 주의 → 연상(連想) → 욕망 → 비교 → 확신 → 결정 과정을 거치게 된다. 고객은 점내에 진열된 상품을 자유롭게 바라보고 자유롭게 만져보고 연상하면서 상품가격과 타 상품과의 비교를 통해서 구매 결정을 할 수 있도록 진열해야지 단지 상품의 가치를 높이려고 진열을 하는 것은 아니다.

④ 수직 진열(Vertical display)

수직 진열이란 동일 상품군이나 관련 상품을 최상단부터 최하단까지 종으로 배열하는 것을 말한다. 이는 일반적으로 고객의 시선이 수평으로 흐르는 경향이 있으므로 상품을 수직적으로 배열하면 고객 시선을 멈춰 상품이 눈에 띄도록 하는 효과가 있다. 수직적 진열은 벽이나 곤돌라를 이용하여 상품을 진열하는 것을 말한다.

⑤ 라이트 업(right up) 진열

'좌측보다 우측이 잘 팔린다'라는 개념에서 출발한다. 사람의 시선은 상품명을 읽기 위해 좌측에서 우측으로 움직이기 때문이다. 우측에 고가격, 고이익, 대용량 상품을 진열하고, 새로 보충하는 상품은 좌측에 진열한다. 상품의 보충진열 작업을 하는 경우 진열 선반에 남아있는 잔여상품을 우측으로 몰아 진열하고, 새로 보충하는 상품은 좌측에 진열하여 상품의 선입선출(FIFO) 작업에 활용한다.

⑥ 전진 입체(FIFO : First In First out) 진열

매력적인 매장을 만들기 위해 적은 수량의 상품이라도 앞으로 내어 쌓는 진열을 말한다. 가능한 한 진열 선반 앞에까지 상품을 전진시키고 위에도 공간이 있는 한 쌓아 올린다. 적은 양의 상품을 갖고도 풍부한 진열감을 연출할 수 있다. 제조 일자가 빠른 상품과

오래된 상품은 앞으로 내어 진열한다.

⑦ 곡면 전고 진열

벌크 매대의 효과적인 진열방법으로 완만한 곡면의 산 모양으로 진열하여 양감 있는 진열방식이다. 고객이 접하는 부분을 완만한 곡면으로 만들며 진열시 선입선출에 유의해야 한다.

⑧ 컬러 컨트롤(color control) 진열

상품의 색채 특성을 파악하여 효과적으로 운용하는 것을 말한다. 색채 배열 순서는 밝은 색 → 어두운 색, 맑은 색 → 탁한 색, 옅은 색 → 짙은 색으로 배열하면 좋고 배열 방향은 왼쪽 → 오른쪽, 앞 → 뒤, 위 → 아래로 하는 것이 효과적이다. 주력 색을 정하고 진열상품의 양, 위치, 형태 등을 파악해야 하며, 주위 색과 색상, 채도, 명도 관계를 고려해야 한다. 조명을 사용하는 것도 좋은 방법이다.

⑨ 사이드 진열(side display)

매대의 옆에 따로 밀착시켜 돌출하는 기법이다. 주력상품과 관련된 상품을 추가로 '갖다 붙이는 진열' 것이다. 통로가 넓어야 하고 병목현상을 피해야 한다.

⑩ 쇼케이스 진열

쇼케이스란 진열을 목적으로 상점 내에 설치하는 상자형 구조물로 쇼케이스에 판매상품을 진열하여 구매 욕구를 유발하는 진열방법이다. 이에는 윈도형, 카운터형, 섬형 등이 있다.

제 3 절 비주얼 머천다이징

1 머천다이징 개요

1) 머천다이징 개념 및 의의

미국의 머천다이징 협회(AMA)에서는 '머천다이징이란 기업의 마케팅 목표를 실현하는 데 가장 유익하도록 특정의 상품 또는 서비스를 장소, 시기, 가격, 그리고 수량으로 시장에 내어놓는 데 따르는 계획과 감독이다'라고 정의하고 있다. 여기서 말하는 '상품 또는 서비스'란 해당 소매업자에게 있어서 표적 고객과 잠재고객에게 적합한 상품 또는 서비스를 말하며 '장소'란 소비자의 관점에서 어느 상품을 구매하려는 경우 가장 실행하기 쉬운 공간을 의미며 '시기'란 소비자가 상품을 구매하고자 하는 시기를 의미한다. 머천다이징(Merchandising)이란 기업의 마케팅 목표를 실현하기 위하여 특정의 상품·서비스를 장소·시간·가격·수량별로 시장에 내놓을 때 따르는 계획과 관리로서 일반적으로는 마케팅의 핵심을 형성하는 활동이라고 정의된다. 상품화계획이라고도 하며, 마케팅 활동의 하나이다. 이 활동에는 생산 또는 판매할 상품에 관한 결정 즉 상품의 기능·크기·디자인·포장 등의 제품계획, 상품의 생산량 또는 판매량, 생산 시기 또는 판매 시기, 가격에 관한 결정을 포함한다.

2) 업태별 머천다이징 특징

업태 유형	업태 경영 지향점	머천다이징 전개 내용
백화점	– 종합직 머천다이징, 부문 관리의 네트워크	– 부문 관리의 효율성, 다품종 구성의 효율성, 고이윤, 고비용 대응, 총이윤 효율
슈퍼마켓	– 합리적인 상품회전율을 유지하는 머천다이징, 상품 품목별 효율 중심	– 수요변화 대응, 저이윤, 저비용, 대량판매에 대한 대응, 셀프서비스의 효율
할인점	– 저비용, 저마진, 대량판매의 효율성	– 수요 자극 대응 상품, 저비용, 저마진, 회전효율 중시, 대량판매 대책, 셀프서비스의 효율
전문점	– 전문성의 표현과 개성 전개, 표적의 명확화	– 표적 고객 적응, 매력성, 패션성, 인기성, 고비용, 고마진
선매품점	– 계절 욕구, 패션 지향에 대한 특성과 개성표현	– 유행성, 고객 적합, 매력성, 패션성
편의점	– 계절성, 편리성, 친절성을 바탕으로 한 효율적 판매	– 지역 고객의 필요에 대응, 독자적 상품에 의한 매력성, 업태 특성 표현, 매출이익 향상
통신판매	– 인기성, 정보성, 유행성, 생활 제안형의 전개, 배송 효율	– 정보제공 비용, 표적 고객과 판촉 매체 선택, 총비용과 총이윤의 균형, 품목 효율

[소매업태별 머천다이징 활동 중점 내용]

3) 비주얼 머천다이징(Visual Merchandising)

VMD란 비주얼(Visual)과 머천다이징(Merchandising)의 합성어이다. 즉, 마케팅의 목적을 효율적으로 달성할 수 있도록 특정의 대상(Target)에 적합한 특정상품이나 서비스를 조합하여 적절한 장소·시간·수량·가격 등을 계획적으로 조정하고 이들을 조직적인 체계를 세워 정보수집·원재료 매입·재고관리·판매촉진을 통해 매력적으로 진열·판매하는 활동을 말한다. VMD라는 것은 머천다이징을 시각적으로 호소하는 것을 목적으로 판매장소의 이용 가능한 공간을 이용하여 판매촉진 효과의 향상을 목적으로 하는 전략적 계획이라고 할 수 있다.

VMD = Visual Presentation + Merchandising
시각화 상품화계획/효과적 판매촉진

총체적 시각연출로서의 VMD란 고객이 접하는 모든 시각적 표현, 즉 CI(Corporate Identity), SI(Store Identity), BI(Brand Identity), 점포 디자인, 광고와 판촉, VMP(Visual Merchandising Presentation) 등을 통한 점포와 고객 간의 감성적 커뮤니케이션을 말한다. 마케팅의 목적을 효율적으로 달성할 수 있도록 상업 공간에 적합한 특정의 상품이나 서비스를 조합하고 판매증진을 위한 시각적 연출계획으로 기획, 상품, 선전, 판촉까지의 일련의 일관된 흐름을 조정하는 활동이다. 기업의 독자성을 표현하고 타 경쟁점과의 차별화를 위해 유통의 전 과정에서 상품을 비롯하여 모든 시각적 요소를 반영하여 연출하고 관리하는 전략적인 활동이다.

① **VMD 필요성과 목적**

㉠ 필요성

ⓐ 판매를 높인다.

ⓑ 신상품을 소개한다.

ⓒ 상품의 사용 방법, 가치를 알린다.

ⓓ 타 매장과 차별화한다.

ⓔ 기업의 이미지를 알린다.

ⓕ 주위 환경을 아름답게 한다.

㉡ 목적

ⓐ 점포와 상품 이미지를 높인다.

ⓑ 타점과의 차별화 전략으로 활용한다.

ⓒ 즐거운 쇼핑 분위기를 조성한다.

ⓓ 효율적인 매장을 구성한다.

② **VMD 역할**

㉠ VMD 대상별 역할

대 상	역 할
기 업	머천다이징을 어떻게 운영하여 고객의 공감을 얻어낼 것인가를 경영전략 차원에서 전개하여 기업과 상품(서비스)에 대한 신뢰감을 높인다.
매 장	상품 제안의 방법을 고객의 요구에 맞도록 상품의 특성과 생활에서의 효율성을 제안하며, 합리적인 진열 배치로 팔기 쉽고 관리가 쉬운 매장을 만든다.
고 객	자신의 라이프 스타일에 부합되는 상품을 즐거운 분위기에서 쉽게 선택할 수 있고, 상품에 대한 자긍심을 느끼게 하며, 다시 찾고 싶은 매장을 기억하여 선택한다.

[VMD 대상별 역할]

ⓛ 매장 측면 역할

ⓐ 상품이 갖는 장점을 최대한 표현

상품이 갖는 장점이 디자인, 가격, 색채, 규격, 재료 등 어떤 것으로 인한 것인지 파악하여 고객에게 알려야 한다.

ⓑ 판매 적기의 상품을 선별 배치

매장 내 상품 중 시기적절하게 잘 팔릴 수 있는 상품을 선정하여 눈에 띄도록 배치해야 하므로 매입 부서와의 긴밀한 협조를 통해 품목별로 비중 있게 보여줄 수 있도록 스케줄표를 만들어 시행하는 것이 좋다.

ⓒ 판매율을 높임

VMD를 통해 상품에 정보 가치를 부여하고 특정 이미지를 만들어 고객의 손이 닿도록 해야 한다.

ⓓ 모든 상품이 팔릴 기회를 만듦

고객이 구석구석을 잘 살펴볼 수 있도록 유도 포인트를 설치하고 편리한 동선을 계획하도록 한다.

③ **VP(Visual Presentation)**

쇼윈도 또는 점의 스테이지로 점의 이미지를 대표할 수 있는 곳이다. 테마 공간으로 연출하거나 브랜드의 이미지를 표현하는 공간으로 고객의 시선이 처음 닿는 곳이다. 연출상품의 선택 시는 가급적 트렌드가 강하거나 이익률이 높거나, 재고량이 많은 상품을 선택하며 전문가 또는 경험자가 연출하는 것이 효과를 높일 수 있다. 매력적인 연출 매장 컨셉을 전달하기 위한 스테이지를 설치하여 테마의 종합적인 표현으로 매력적인 연출을 한다. VP는 머천다이징을 시각적으로 표현하는 것이므로 상품 기획단계의 콘셉트가 표현되어야 한다. (매장의 정체성 확립에 기여) VP는 점포의 특성과 상품에 대한 정보제안 서비스 의도를 보여주고 고객 누구에게나 공감을 얻어야 하므로 진열기술보다는 상품이 중요하다.

④ **PP(Point of Sale Presentation)**

PP는 벽면 또는 집기류의 상단으로 분류된 상품의 포인트를 알기 쉽게 강조하여 보여주는 것이다. 주력상품의 이미지를 표현하거나 상품을 연출하는 공간으로 상품진열계획의 포인트를 제안하여 판매를 유도한다. 상품의 포인트를 소구 매장 내의 상품정보를 소구하여 관련 상품과 자연스러운 코디네이터로 상품을 제안한다. PP의 위치선정은 통로를 따라 걷는 고객의 시선이 자연스레 맞닿는 곳을 선정하여 연출하는 것이 효과적이다.

⑤ **IP(Item Presentation)**

행거, 선반, 쇼케이스 등 주로 상품이 걸려 있건 진열된 곳이다. 실제 판매가 이루어지는 곳으로 매장 면적 대부분을 차지하는 부분이다. 쾌적한 매장 구성 상품을 분류, 정리하여 관리하며, 일관성 있는 연출법으로 고객이 쉽게 알아볼 수 있도록 진열한다. IP 진열은 점 내의 모든 상품을 보여주기 위해 아이템별로 알맞은 방법을 선택하여 고객이 사기에 편하도록 정리, 진열하여 보여주는 VM의 기본이다. 대부분의 소매점 내에서는 상품의 VP나 PP 연출보다는 IP 진열이 대부분을 차지한다.

2 머천다이징과 브랜드

1) 브랜드 개념과 기능

브랜드(Brand)란 메이커 또는 판매업자가 자사의 상품을 타사와 구별하기 위하여 붙인 문자·도형·기호 혹은 이것들을 결합한 것이다. 이는 소비자가 구매할 때 특정상품을 쉽게 식별할 수 있게 함과 동시에 메이커 및 판매업자의 판매촉진 수단의 역할도 한다. 재화나 용역을 타사의 그것과 식별하고 차별화하기 위한 목적으로 사용되는 명칭, 용어, 상징, 기호, 디자인 혹은 이들의 집합을 말한다. 상표화(branding)란 자사의 제품에 상표명, 상표 모양, 등록 상표 등을 부여하고 관리하는 활동을 말한다.

[브랜드 기능]

㉠ 기업에서 기능		㉡ 소비자에서 기능
- 상품의 차별화	- 상품선택을 촉진	- 상품을 식별할 수 있게 함
- 고유시장확보	- 출처와 책임을 명확히 함	- 정보로서 가치를 얻을 수 있음
- 무형의 자산		- 상품을 보증해 줌

2) 브랜드 분류기준에 따른 종류

① 브랜드 계층에 따른 분류

브랜드 계층 구조에서 일반적으로 가장 많이 쓰이는 형태이다. 기업이 판매하는 여러 제품에 적용되는 브랜드 유형 간의 서열을 보여주는 것으로 기업 브랜드(Corporate Brand), 패밀리 브랜드(Family Brand), 개별 브랜드(Individual Brand), 브랜드 수식어(Brand modifier)의 4단계로 구분할 수 있다.

㉠ 기업 브랜드

일반 기업 브랜드, 특정 기업 브랜드를 말한다. (산업군이 연상 되는 경우)

㉡ 패밀리 브랜드(공동 브랜드)

기업 브랜드만으로는 기업에서 생산하는 모든 제품에 적용하기 어려운 경우 동일한 범주 또는 동일한 아이덴티티를 갖는 다수의 개별 브랜드(제품별 브랜드)를 하나로 묶어주는 브랜드를 말한다.

㉢ 개별 브랜드

제품이 가지는 성분, 속성, 특성, 편익, 등급 등이 독특하여 기업 브랜드나 패밀리 브랜드와 같은 통합 브랜드의 보증적 역할에 의존하지 않는 브랜드를 말한다.

㉣ 브랜드 수식어

다른 브랜드의 보조를 위해 부착되는 것으로 제품 특징을 묘사하는 역할을 한다.

보 증	계층구조	사용범위
통합 브랜드 (Integrating Brand)	기업 브랜드	모든 제품
	패밀리 브랜드	제품군
차별 브랜드 (Differential Brand)	개별 브랜드	제품 라인
	브랜드 수식어	속성, 특성, 등급

브랜드 계층 / 업체별	기업 브랜드	공동 브랜드 패밀리 브랜드	개별 브랜드	브랜드 수식어
농협중앙회	농협	하나로 목우촌	하나로 쌀 프로포크	햅쌀 –
서울우유협동조합	서울우유	앙팡	헬로우 앙팡	–
삼성전자(주)	삼성	–	애니콜	SPH-8000
(주)대상	대상	청정원	순창 찰 고추장	순한 맛

[브랜드 계층에 따른 분류]

② 브랜드 리더십에 따른 분류

㉠ 선도 브랜드

시장 내에서 전반적인 환경을 주도해 가면서 경쟁자들보다 상대적으로 강자의 위치에 속해 있을 뿐만 아니라 높은 시장점유율을 구가하는 브랜드이다.

㉡ 후발 브랜드

선도 브랜드보다 인지도나 시장점유율 측면에서 한 단계 아래에 속해 있는 브랜드로서 소비자들이 독자적으로 회상할 정도는 아니지만, 브랜드를 열거했을 때 소비자들이 재인할 수 있는 브랜드이다.

㉢ 모방 브랜드

맨눈으로 비교할 때 선도브랜드의 이름이나 제품의 특성과 다소 차이점이 있지만 비교적 유사한 형태를 띠면서도 쉽게 회상되거나 재인되지 못하는 브랜드를 말한다. 제품 관여도가 낮은 범주에서 많이 등장하는 브랜드이다.

㉣ 모조 브랜드

흔히 가짜를 말하는 것으로 영세한 제조업자들이 선도 브랜드의 명성을 의도적으로 이용하기 위하여 제품 특성과 브랜드 이름을 철저하게 모사함으로써 선도 브랜드와 동일화를 추구하기 때문에 식별하기가 매우 어려운 브랜드이다.

③ 가격에 따른 분류

㉠ 명품 브랜드

과거에 역사와 전통을 자랑하며 장인정신을 제품에 실현했던 브랜드, 클래식 브랜드라고 불리기도 한다.

㉡ 프리미엄 브랜드

일반 브랜드보다 30~40% 정도 높은 가격으로 설정되지만, 우월한 편익을 제공함으로써 가격경쟁력을 갖추는 동시에 포장과 품질에서도 일반 브랜드를 웃도는 다소 품격이 높은 브랜드이다.

㉢ 일반 브랜드

실질적인 제품 원가에 유통 이윤과 적정한 이윤을 포함한 정상적인 가격 범위에서 출시되는 브랜드이다.

㉣ 염가 브랜드

저가 브랜드, 서민층 브랜드라고 불리기도 하는데 같은 목표시장에 속하는 경쟁사 브랜드가 가격 인하 공세를 펼치는 데 대해 자사의 브랜드를 보호하기 위해서, 혹은 가격 민감성이 높은 저가 제품을 희망하는 세분 시장의 고객 욕구를 충족시키기 위해서 일반 브랜드보다 낮은 가격으로 개발되는 브랜드이다.

3) 브랜드 의사결정

① 브랜드 주체

㉠ 무 브랜드

브랜드를 부착하지 않은 제품으로 제품 자체의 일반명사를 강조하는 브랜드를 의미한다.

㉡ 제조업체 브랜드

제품을 생산하여 제조업자가 부착하는 브랜드로서 판매되는 영역 또는 취급 영역의 제한이 없다고 하여, NB(National Brand)라고 한다.

㉢ 유통업체 브랜드

유통업체에서 부착한 브랜드로서 특정 유통업체에서만 판매되고 브랜드 개발 및 관리도 유통업체가 담당하는 브랜드를 의미하며 PB(Private Brand) 혹은 PL(Private Label)이라고 한다.

② 브랜드 범위

㉠ 개별 브랜드

기업에서 생산되는 제품별로 각기 다른 브랜드를 부착하는 전략으로 제품별로 독자적 브랜드를 부착함으로써 브랜드별로 차별적인 개성을 확립하기 쉬워 상표 인지도 구축에 유리하며 목표시장을 효과적으로 공격할 수 있는 장점 그러나 브랜드 개발 및 촉진 비용이 많이 소요되고 규모의 경제와 시너지 효과를 기대하기 어려운 단점이 있다.

㉡ 공동 브랜드

기존 브랜드가 인지도가 높고 이미지가 좋게 형성되어 있을 때 이를 활용하는 브랜드로써 제품 간 시너지 효과를 기대할 수 있고 신제품 도입 시에 적용하여 소비자들에게 빨리 수용되는 효과를 기대할 수 있으며 마케팅 비용을 절감할 수 있는 장점 그러나 같은 브랜드를 부착한 어느 한 제품에 부정적 문제가 발생했을 때는 다른 제품들에도 부정적인 이미지가 확산하는 문제가 발생할 수 있다.

㉢ 결합 브랜드

두 개 이상의 상표명을 하나의 제품에 부착하는 전략으로 두 회사의 브랜드 간의 결합을 통해 상표경쟁력을 발휘하거나 독특한 차별성을 부각하기 위해 주로 사용한다.

㉣ 유사 브랜드

유명 제조업체의 상호나 브랜드 자산에 기대어 간접적인 이득을 얻을 수 있도록 제조업체의 브랜드나 상품 특성에 가깝게 만드는 유통업체 브랜드(PB)를 유사 브랜드라고 한다.

3 비주얼 프레젠테이션 및 POP 광고

1) 비주얼 프레젠테이션(visual presentation)

비주얼 프레젠테이션(visual presentation)은 상품의 진열이나 윈도 기타 쇼윈도 디스플레이에 의해서 취급되는 상품의 콘셉트나 가치를 소비자에게 효과적이며 시각적으로 호소해서 제안해 가는 것이다. 인간은 크게 미각, 후각, 청각, 시각의 정보 흡수 센터를 가지고 있다. 심리학자들에 의하면 이 중에서 정보를 흡수하는 역할이 가장 큰 센서가 바로 시각센서라고 한다. 비주얼은 고객이 어느 곳에서든 볼 수 있는 장소에 상품을 배치하여, 그 상품의 장점과 매력을 고객에게 시각적으로 호소하기 위한 것을 의미한다. 프레젠테이션의 사전적 의미는 '발표, 소개, 표현' 등의 뜻이 있다. 프레젠테이션은 직접 눈으로 보는 시각을 이용하여 청중을 이해시키는데 다른 어떠한 정보 흡수 매체보다 그 효과가 탁월하다고 할 수 있다. 마케팅에 있어서 인상적 제목, 간결한 내용, 구체적 수치로 '비주얼 프레젠테이션'을 하면 성공적이다.

2) POP(구매시점광고)

POP(Point Of Purchase Advertising)은 고객의 구매 시점에 행하여지는 광고로서 고객의 쇼핑을 위한 상품의 정보를 점두, 점내에 게시하는 표시물을 말한다. 가격, 용도, 소재, 규격, 사용법, 관리법 등을 알려주어 판매원을 대신하고, 매장에 행사나 시즌의 분위기 연출에 이바지함으로써 상품 판매를 증대시키는 요소이다. 마케팅의 목표 달성을 위한 판매촉진 전략 중의 한 가지로 그 전략을 시각화·정보화하여 고객의 욕구를 자극하는 전술이라고 할 수 있다. POP를 효과적으로 활용하기 위해서는 누구라도 읽기 쉬운 문자나 보기 좋은 색채를 사용하는 것은 물론이거니와 그 목적에 따라서 종류별 규격, 문자의 규격 및 형태, 설치 기준 등을 VMD 차원에서 시스템화하여 시행함이 필요하다.

① POP 기능

㉠ 충동을 통한 상품의 판매와 기억 판매를 도와준다.
㉡ 전국적인 광고를 소매경로에 연결하는 것이다.
㉢ 상점거래를 창출하고 상점 내에서 소비자의 주의를 끄는 것이다.
㉣ 더욱 좋은 상품전시를 보장하는 것이다.
㉤ 소매점의 좋은 호의와 협력을 구하는 것이다.
㉥ 상표 인식과 촉진에 도움이 된다.
㉦ 소매업자를 보조하고 격려하며 교육하는 것이다.
㉧ 상품 판매경로로서 상점을 인식시키는 것이다.
㉨ 생산·제조업체나 중간상의 판매원을 보조하는 것이다.
㉩ 도매상인의 좋은 호의와 협력을 구하는 것이다.

② POP 역할

㉠ 분위기 연출
배너, 사인물 등으로 행사 또는 시즌을 장식한다.
㉡ 상품 설명
상품의 특징, 가격, 소재 등을 알려주어 신뢰감을 높인다.

㉢ 행사 안내
판촉계획에 의한 점내 행사를 알리고 안내한다.

㉣ 매장 안내
찾고자 하는 매장으로 안내하는 표식 기능을 한다.

㉤ 셀프 판매
판매원의 도움 없이 POP만으로 구매할 수 있도록 한다.

㉥ 광고 효율 증대
TV, 라디오, 신문, 잡지, 전단 광고 등에서 얻은 정보의 이해가 쉽도록 도와준다.

③ **POP 제작**

㉠ 문안

ⓐ 문안 제목은 Catch Phrase, Head Line과 Body Copy(설명 내용)로 구성되는데, 짧고 함축성 있게 표현되어 쉽게 인식되도록 한다.

ⓑ 제목의 경우 고객의 시선을 끌어 충동구매를 유도할 수 있는 기발하고 참신한 내용이어야 하며, 제목 설정 방법의 형식으로서 뉴스 형식을 비롯하여 실증, 주장, 암시, 경고, 의뢰, 질문 등의 여러 가지 형식을 상황에 맞게 설정한다.

ⓒ 설명 내용은 상품의 특징 또는 장단점을 간단명료하게 작성하여 한눈에 판독할 수 있도록 하며, 가격은 구매 결정의 중요한 요소이므로 정확히 표기한다.

㉡ 삽화

ⓐ Illustration은 그림이나 사진을 이용하는 것으로 문자보다 주목성이 강하고 효과가 크다.

ⓑ 직접 표현
상품의 특징을 정확히 표현하여 고객에게 주지시키며 신뢰도를 높인다.

ⓒ 간접 표현
계절 등 관련 요소를 표현하여 매장의 분위기를 조성한다.

㉢ 색채
진열 상품과의 전체적인 조화를 생각하여 계절, 유행, 행사의 성격에 따라 색채를 결정한다.

㉣ 글자체
글자의 체는 여러 가지이며 쓰는 사람에 따라, 주제에 따라 결정되지만, 기본적으로 가시성이 높고 깨끗한 글씨로, 색의 수는 2~4색으로 하여 복잡하지 않게, 가격표시는 숫자를 명확하게 한다.

㉤ 구도(레이아웃)
제목, 설명 문안, 삽화, 가격 등을 정해진 규격의 용지에 배치하고, 테두리를 만들기

도 하고, 적당한 여백을 남기기도 하여 보기 좋고 한눈에 이해가 되도록 전체적 조화를 이루도록 한다.

ⓗ 규격

사용 종류별로 규격은 다시 상황에 맞게 나누어져야 한다. 예를 들어 가격표의 경우 저가품보다 고가품일수록 작게, 같은 내용이라도 마네킹에 붙이는 것은 스테이지 바닥에 놓는 것보다 작은 것으로 한다.

④ POP 광고 종류

㉠ 장소에 따른 분류는 다음과 같다.

ⓐ 천장에서 내린 실링 디스플레이

ⓑ 벽면을 이용하여 설치하는 벽면 디스플레이

ⓒ 진열 상자에 설치하는 셀프 디스플레이

ⓓ 쇼케이스 기타 카운터에 설치하는 카운터 디스플레이

ⓔ 마루에 설치하는 플로어 디스플레이

ⓕ 쇼윈도에 설치하는 쇼윈도 디스플레이

ⓖ 쇼케이스 내에 설치하는 쇼케이스 디스플레이

㉡ 설치 장치가 한정되어 있지 않은 POP 광고는 다음과 같다.

ⓐ 아이티너렌트 디스플레이(itinerant display)

ⓑ 어태치 투 머천다이즈 디스플레이(attach to merchandise display)

ⓒ 캠페인 키트(campaign kit)

ⓓ 스프링 폴 디스플레이(spring pole display)

ⓔ 데이스터스(testers)

ⓕ 데몬스트레이션 디스플레이(demonstration display)

ⓖ 프리미엄 샘플 디스플레이(premium sample display)

ⓗ 프로덕트 스포터즈(product spotters)

ⓘ 유니트 디스플레이(unit display)

⑤ POP 운용 시 고려할 사항

㉠ 소요 비용, 예산에 대해 검토해야 한다.

㉡ 설치 목적(주제)에 따라 신상품 소재인가, 분위기 연출인가, 기존 상품의 판촉을 위한 것인가 등 주제를 명확하게 한다.

㉢ 내용은 이해하기 쉽고 빨라야 한다.

㉣ 경쟁사의 POP 활용 사례 및 과거의 POP 활용 결과를 검토한다.

㉤ 설치할 매장의 종류와 위치 및 사용량에 대해서는 상품이 놓이는 곳과 품목에 따라

POP의 위치가 다르며 크기나 수량도 적당하여야 한다.

ⓗ 기타 매체와 연결할 수 있는 POP 광고의 내용과 연관시킨다.

ⓢ 사용기관과 재사용 여부에 대해서는 정해진 기간만 사용하고 기간이 끝나면 즉시 제거한다.

제 9 장

상품판매와 고객관리

제 1 절 상품 판매

1 상품 판매 개요

1) 상품 판매 개념

소매점포의 상품 판매관리란 소매점포의 판매 관련 활동인 영업 및 마케팅 부문의 경영 활동 측면을 평가하는 것을 의미한다. 즉, 소매점포의 경영 활동이 포함된 영업실적 관련 계획, 시행된 실적을 평가하고 피드백하는 과정이다.

2) 판매관리 평가 대상

① 판매 방법 측면

소매업태의 종류 및 전략에 따라서 풀 서비스(full-service)의 지향이 적정한지 셀프서비스를 해야 하는지의 측면을 고려하여 평가한다. 수익률 재고를 위해 최근 유통혁신에 따른 무점포소매업을 기존의 오프라인 판매 채널에 추가하는지에 대한 평가를 한다.

② 상품구성 측면

제품의 매장 내 구성을 위한 판매 품목의 넓이(계열의 다양성)와 깊이(전문성)를 고려한다. 제품의 판매 성과를 위한 소매점포의 기여도에 따른 품목 배치를 ABC 기법을 적용한다. 머천다이징에 따라 품목별 구색과 함께 가격전략을 재검토한다.

③ 유통경로 및 프로모션 측면

유통경로 상의 성과측정을 통해 유통경로 정책의 전환 여부를 검토한다. 판매 성과 분석을 위해 프로모션별 비용 대비 수익성을 검토하여 프로모션 도구의 적합성과 기간적인 측면을 평가한다.

2 판매 서비스와 정보수집

1) 판매 서비스 개념

판매 행위는 마케팅 믹스 4P를 통해서 고객에게 인지된 상품이 매출로 연결되는 경제 행위를 의미한다. 이러한 판매는 상품과 대금의 교환 활동으로 마케팅전략에 따른 전술적 마케팅 믹스의 결과물이라 할 수 있으며, 최종적인 상품판매가 이루어지기 위해서는 판매원의 대인적 커뮤니케이션과 설득 과정인 판매 서비스가 수반되어야만 판매 행위가 종결(closing)된다.

2) 판매활동(販賣活動)

판매활동의 본질은 대금과 상품의 교환거래를 실현하는 활동이다. 즉, 구매자가 교환하도록 용단을 내리게 하기 위한 설득 활동을 그 내용으로 삼고 있다. 판매활동이란 상품의 효용을 고객에게 알림으로써 고객이 구매 활동을 하도록 설득하는 행동이다. 판매활동은 알리는 활동이라고 할 수 있으며 고객에게 그 상품의 효용을 알려 구매하도록 설득한다. 일반적으로 고객은 물리적인 상품 그 자체가 필요해서 구매하는 것이 아니고 그 효용을 목적으로 하여 구매하기 때문에 판매원에게는 그 효용을 알려 구매로 유도하는 역할이 요구되는 것이다.

3) 판매원 역할

고객은 어떤 상품을 어떤 판매원에게서 구매하는 편이 그 상품을 다른 판매원으로부터 사는 것보다 득이라고 생각하기 때문에 사는 것이지 판매원을 위해 사는 것은 아니다. 판매원의 일은 고객에게 이 상품을 이용하는 것이 그리고 자기에게서 구매하는 것이 유익하다는 것을 알리고 실행하는 일이다. 일상생활 용품의 판매원은 고객의 생활양식을 지도하는 생활 상담사며 업무 용품의 판매원은 사용자의 경영 합리화와 생산성 향상을 지도하는 경영컨설턴트가 되어야 한다. 무턱대고 상품을 팔려고 하거나 상품과 대금의 교환을 자기의 역할로 여기는 판매원은 시대에 뒤떨어져 결국 낙오하고 만다. 즉, 자기의 존재가치를 잃고 사라질 수밖에 없는 것이며, 그런 뜻에서 앞으로의 판매원은 상담사의 역할을 다해 나가야 한다.

3 고객서비스와 서비스품질 측정

1) 서비스 정의

서비스(Service)를 정의할 때 일반적으로 유형의 제품과 비교하여 설명한다. 즉, 서비스는 무형적인 요소를 많이 내포하고 있지만 제품은 유형성이 많은 것으로 알려져 왔으나 실질적으로 모든 상품은 유형 및 무형의 특징을 지니고 있다. 서비스(Service) 또는 용역(用役)은 물질적 재화 이외의 생산이나 소비와 관련한 모든 경제활동을 일컫는다. 상품을 빼고서 교사의 수업, 이발사의 이발, 일용직 근로자들의 일 따위가 용역에 속한다. 대개 용역은 개인이 남을 위하여 일하는 행위를 뜻하지만, 경제학에서도 토지·자본·노동이라는 각 생산 요소나 정부가 무엇인가를 생산하거나 혹은 일상생활을 위한 인간적 욕구를 충족하기 위해 하는 일련의 행동을 포함한다. 미국마케팅협회(AMA : American Marketing Association, 1960)는 서비스를 "제품 판매를 위해 제공되거나 판매에 부수적으로 제공되는 행위, 편익, 만족"이라고 정의하였다. 그 이후 많은 학자가 서비스를 나름대로 정의하고 있다.

2) 서비스 특성

① 생산과 소비 동시성

대부분 서비스에서는 생산과 소비가 동시에 발생한다. 이러한 특성은 서비스 전달 과정 및 전달 이후에도 소비자가 서비스품질에 대해 평가하게 하는 중요한 요인으로 작용한다.

② 소멸성

서비스는 생산되는 즉시 소비되므로 사용하고 나면 그 자체는 사라져 저장할 수 없다. 즉, 제공된 서비스는 소비자에 의해 즉시 사용되지 않으면 사라지고 만다. 만약 서비스가 필요할 때 서비스를 사용할 수 없다면 서비스 능력은 소멸한다.

③ 무형성

서비스는 그 자체의 성격상 무형이다. 서비스는 고객이 이를 직접 구매하지 않고서는 서비스를 보고, 느끼고, 듣고, 맛보고, 냄새 맡을 수 없으므로 구매하기 전에 서비스를 객관적으로 평가하기가 어렵다.

④ 이질성

서비스에는 인간적인 요소가 포함되어 있어서 제품과 같이 표준화하기 어렵고 실제 성과의 표준을 개발하기도 쉽지 않다. 특히 서비스품질은 생산자에 따라, 고객에 따라, 시간과 공간에 따라 변동될 수 있는 특성이 있다.

3) 서비스 구매 특징

① 서비스 제품 특성

㉠ 탐색적 특성

제품의 구매 전에 알 수 있는 제품의 특성으로서 색상, 스타일, 디자인 등의 외적인 특성 및 가격, 상표명 등의 가시적인 특성을 의미한다.

㉡ 경험적 특성

제품의 구매 전에는 쉽게 알 수 없고 소비하면서 또는 소비 후에야 알 수 있는 특성들이다. 일반적으로 음식의 맛, 의복의 내구성, 여행에 대한 만족 등이 경험적 특성에 속한다.

㉢ 신념적 특성

제품을 구매하고 서비스를 혜택받은 후에도 좀체 평가하기가 힘든 경우에 속한다. 대표적으로 의료서비스는 혜택받은 후에도 필요한 서비스를 정말로 혜택받은 것인지 또는 적절한 서비스를 혜택받은 것인지를 일반 환자들은 쉽게 가늠하지 못한다. 서비스는 일반제품과는 달리 경험적 특성과 신념적 특성이 강하기 때문에 서비스 구매(수혜) 의사결정 과정은 탐색적 특성이 강한 일반제품의 의사결정 과정과는 다르다.

② 정보탐색

정보탐색이란 소비자가 점포·제품 및 구매에 대해 더 많은 것을 알고자 하는 의도적인 노력이라고 할 수 있다. 정보원으로서는 인적인 정보원(친구, 전문가)과 비 인적인 정보원(대중매체)이 있다. 서비스 구매 시 소비자는 일반적으로 인적인 정보원에 더욱 의존하는 경향이 강하다. 서비스상품의 경우는 서비스 구매 전보다는 구매 후에 혜택받은 서비스를 평가하는 경향이 있고 구매 후에 관련된 정보에 더욱 민감해지게 된다.

③ 대안 평가 기준

가시적인 기준이 많지 않아 일반적으로 겉으로 드러나는 가격과 서비스 시설에 의존하게 된다. 방문을 통하여 제공되는 서비스 경우처럼 가시적인 서비스 시설이 존재하지 않을 때는 가격이 유일한 서비스 평가 기준이 되기도 한다. 서비스 평가 기준으로 가격과 서비스 시설만이 사용되는 것은 아니고 다양하게 생생한 정보를 제공해 줄 때 좋은 평가를 유도할 수 있다.

④ 혁신 수용

혁신 수용이란 새로운 제품이나 서비스를 받아들여 구매하는 것을 의미한다. 일반적으로 서비스는 혁신의 수용 정도가 제품의 경우와 비교하여 낮다. 서비스는 전시·예시·비교될 수 있는 속성이 적기 때문에 일반제품의 경우와 비교하여 의사소통 능력이 떨어진다. 서비스상품은 샘플을 만들기가 거의 불가능하고 시용성이 적다. 새로운 서비스는 기존의 가치관이나 습관에 부합되지 못하는 경우가 많다. 일반적으로 새로운 서비스에 대한 수용은 새로운 제품을 수용하는 속도보다 느리다.

⑤ 지각 위험

서비스상품을 구매할 때 일반제품의 구매 시보다 지각 위험이 큰 것으로 알려져 있다. 왜냐하면, 서비스는 무형적이고 비표준화되어 있으며, 품질보증 없이 판매되기 때문이다. 서비스는 받음과 동시에 소멸하여 버리는 속성이 있으므로 구매 후 불만이 있더라도 반환이나 환급을 받을 수 없어 서비스구매자는 상대적으로 높은 위험을 지각하게 된다.

⑥ 브랜드 충성도

서비스상품의 경우 정보탐색 비용이 상대적으로 높으며 새로운 브랜드로 전환 가능성은 서비스상품의 경우가 상대적으로 낮다. 서비스상품의 높은 지각위험도는 서비스구매자의 브랜드 충성도를 높여주는 역할을 한다.

4) 서비스 프로세스(Service Process)

서비스 활동의 관리적인 모델이라 할 수 있다. 상호작용(interaction)과 맞춤화(customization) 정도를 한 축으로 설정하고 종업원의 노동 집중도(labor intensity)를 또 하나의 축으로 하여 분류한다. 노동 집약도의 정도는 시설, 장비의 가치에 대한 노동비용의 비율이고, 개별화(Customization) 정도는 고객이 서비스와 상호작용하는 정도를 의미한다.

노동집약도	저 ← 상호작용과 개별화	상호작용과 개별화 → 고
고	**대중 서비스** 학교, 학원 은행업 도매상 소매상	**전문 서비스** 변호사 세무사, 회계사 건축사, 설계사 의사, 약사
저	**서비스 공장** 호텔 항공사 운송업 여가시설	**서비스 숍** 병원 자동차 정비소 전자 서비스 휴대폰 고객서비스센터

[서비스 프로세스 매트릭스]

5) 서비스 품질 의의

서비스의 품질은 사용자의 인식 때문에 결정된다. 서비스 속성의 집합이 사용자를 만족하게 하는 정도가 서비스의 품질이라고 말할 수 있다. 사용자가 요구하는 서비스의 속성이 특정 서비스에 정의되어 있고 또 그것에 부합되는 정도를 의미한다. 서비스품질을 정의하는 데는 크게 고객 필요 관점과 고객 품질지각 관점으로 나누어 볼 수 있다. 고객 필요 관점은 서비스품질을 고객이 필요(Requirement)로 하고 요구(Need)하는 데 초점을 맞추어 제공된 서비스가 고객의 기대나 요구에 부응하는 정도로 보고 있다. 여기보다 고객 품질지각 관점은 서비스품질을 기대 불일치 패러다임에 근거하여 고객의 기대(Expectation)와 성과(Performance) 사이의 지각 차이로 보는 것이다. 그러나 서비스품질은 다항 속성들로 구성되어 있으므로 고객이 요구하는 바에 적합하게 한다는 것은 관련된 많은 품질 속성 중의 어느 하나에만 적합하게 하는 데 불과하므로 고객 필요 관점은 잘못된 개념으로 지적되고 있으며 최근 학계에서는 기대 불일치 패러다임에 근거한 고객지각 관점이 많은 호응을 얻고 있다. 서비스품질이 우수하다거나 훌륭하다는 것은 고객이 서비스로부터 기대하는 바를 충족시켜 주거나 기대 이상의 서비스를 받음에 따라서 나타나게 된다. 고객이 인지하고 느끼는 서비스품질은 고객의 기대나 욕구 수준 및 그들이 인지하고 느끼는 것의 차이 정도, 즉 GAP이 발생하는 정도를 말한다. 고객의 기대에 대한 경영자의 인식이 부정확한 것을 이해 차이라고 한다.

6) 서비스품질을 측정하기 어려운 이유

경쟁우위 확보와 관련한 서비스품질의 중요성이 증대되고 있으므로 서비스품질을 측정하는 것이다. 서비스품질의 개념이 주관적이기 때문에 객관화하여 측정하기 어렵다. 모든 경우에 적용되는 서비스품질을 정의하기는 어렵다. 서비스품질은 서비스의 전달이 완료되기 이전에는 검증되기가 어렵다. 서비스의 특성상 생산과 소비가 동시에 이루어지기 때문이다. 서비스품질을 측정하려면 고객에게 물어봐야 하는데 고객으로부터 데이터 수집하는 일이 시간과 비용이 많이 들며 회수율도 낮다. 자원이 서비스 전달 과정 중에 고객과 함께 이동할 때는 고객이 자원의 흐름을 관찰할 수 있다. 이런 점은 서비스품질 측정의 객관성을 저해한다. 고객은 서비스 프로세스의 일부이며 변화를 일으킬 수 있는 중요한 요인이기도 하다. 따라서 고객을 대상으로 하는 서비스품질의 연구 및 측정에 본질적인 어려움이 있다.

7) 서비스품질의 측정 모형

① **SERVQUAL(서비스품질 측정 도구)**

SERVQUAL은 미국의 파라슈라만(A. Parasuraman), 자이다믈(V. A. Zeithaml), 베리(Leonard L. Berry) 등 세 사람의 학자(PZB)에 의해 개발된 서비스품질 측정 도구로서 서비스기업이 고객의 기대와 평가를 이해하는 데 사용할 수 있는 다문항 척도(Multiple-item Scale)이다. 처음에는 서비스품질을 주제로 하는 탐색적 연구를 시작하였다. 이들은 광범위한 문헌 연구와 다양한 고객집단에 대한 표적 집단면접을 통해 고객이 서비스품질을 어떻게 평가하고 정의하는가에 관해 다음과 같은 결론들을 도출하였다.

② 서비스품질 정의

표적 집단면접의 결과 서비스품질이 훌륭하다는 것은 고객이 기대하는 바를 충족시켜 주거나, 기대 이상의 서비스를 제공하는 것임을 분명히 드러낸다. 즉, 고객이 지각하는 서비스품질이란 고객의 기대나 욕구 수준과 그들이 지각한 것 사이의 차이 정도로 정의된다.

③ 기대에 영향을 미치는 요인들

고객의 기대를 형성하는 데 이바지하는 핵심 요인은 구전, 고객들의 개인적 욕구, 서비스를 이용해 본 과거의 경험, 서비스 제공자의 외적 커뮤니케이션 등이었던 것으로 나타났다.

④ 서비스품질 차원

서비스 품질평가를 위해 고객이 사용하는 공통적이고 일반적인 10개의 준거는 다음과 같다.

㉠ 유형성
물리적 시설, 장비, 직원, 자료의 외양

㉡ 신뢰성
약속한 서비스를 믿을 수 있고 정확하게 수행하는 능력

㉢ 대응성
고객을 기꺼이 돕고 신속한 서비스를 제공하려 하는 것

㉣ 능력
필요한 기술 소유 여부와 서비스를 수행할 지식 소유의 여부

㉤ 예절
일선 근무자의 정중함, 존경, 배려, 친근함

㉥ 신빙성
서비스 제공자의 신뢰성, 정직성

㉦ 안전성
위험, 의심의 가능성이 없는 것

㉧ 가용성
접촉 가능성과 접촉 용이성

ⓙ 커뮤니케이션
고객들이 이해하기 쉬운 고객 언어로 이야기하는 것, 고객의 말에 귀 기울이는 것

ⓚ 고객 이해
고객의 욕구를 알기 위해 노력하는 것

⑤ **SERVQUAL 개발**

일련의 반복적인 자료수집과 자료 분석 단계를 통해 97개 문항으로 구성된 측정 도구 시안을 점차 개선하고 축약하여 신뢰성(Reliability; R), 확신성(Assurance; A), 유형성(Tangibles; T), 공감성(Empathy; E), 대응성(Responsiveness; R)을 대표하는 22개 문항을 확정하였다. 다섯 가지 품질 차원은 각 차원의 영문 첫 자를 모아 RATER라고 부르기도 한다. 즉, PZB의 SERVQUAL 모형의 다섯 가지 차원은 RATER로 요약할 수 있다. 이처럼 하여 5개의 품질 차원에 대한 고객의 지각과 기대를 측정하는 22개 문항으로 구성된 서비스품질 측정 도구인 SERVQUAL을 개발하였다.

ⓐ 신뢰성(Reliability)
서비스에 대한 신뢰를 바탕으로 정확하게 업무를 수행하는 능력

ⓑ 확신성(Assurance)
고객에 대해 직원들의 능력·예절·신빙성·안전성을 전달하는 능력

ⓒ 유형성(Tangible)
눈으로 구분할 수 있는 설비나 장비 등 물리적으로 구성된 외양

ⓓ 공감성(Empathy)
고객에게 제공하는 개별적인 배려와 관심

ⓔ 대응성(Responsibility)
고객에게 언제든지 준비된 서비스를 제공하겠다는 것

서비스품질 평가 10개 차원	SERVQUAL 차원	SERVQUAL 차원 정의
유형성	유형성	물리적 시설, 장비, 직원, 커뮤니케이션 자료의 외양
신뢰성	신뢰성	약속한 서비스를 믿을 수 있고 정확하게 수행할 수 있는 능력
대응성	대응성	고객을 돕고 신속한 서비스를 제공하려는 태세
능 력	확신성	직원의 지식과 예절, 신뢰와 자신감을 전달하는 능력
예 절		
신빙성		
안전성		
가용성	공감성	회사가 고객에게 제공하는 개별적 배려와 관심
커뮤니케이션		
고객 이해		

[SERVQUAL 5개 차원]

8) 서비스품질 격차모형

표적 집단면접에 의한 탐색적 고객 연구와 이에 대한 실증적·정량적 연구를 통해 고객의 서비스품질 지각을 측정할 수 있는 도구인 SERVQUAL을 개발한 다음 제3단계 작업으로 서비스품질에 영향을 미치는 기업 내부의 요인들에 관한 연구를 시작하여 고객이 지각한 품질상의 문제점을 기업 내의 결점이나 격차(Gap)와 연결하는 개념적 모형을 개발하였다.

서비스품질은 격차 5에 의해 결정되며, 격차 5는 격차 1에서 4에 의해 결정된다.

① **격차 1**

(기대된 서비스－경영진의 고객 기대에 대한 인식) - 경영자의 인지 격차이다.

② **격차 2**

(경영자 인식의 품질 명세화－경영진의 고객 기대에 대한 인식) - 경영자의 인지 격차이다.

③ **격차 3**

(서비스 전달－경영자 인식의 품질 명세화) - 서비스 전달 격차이다.

④ **격차 4**

(서비스 전달－고객에 대한 외적 커뮤니케이션) - 시장 커뮤니케이션 격차이다.

⑤ **격차 5**

(기대한 서비스－경험(인지)한 서비스) - 경험한 서비스 격차이다.

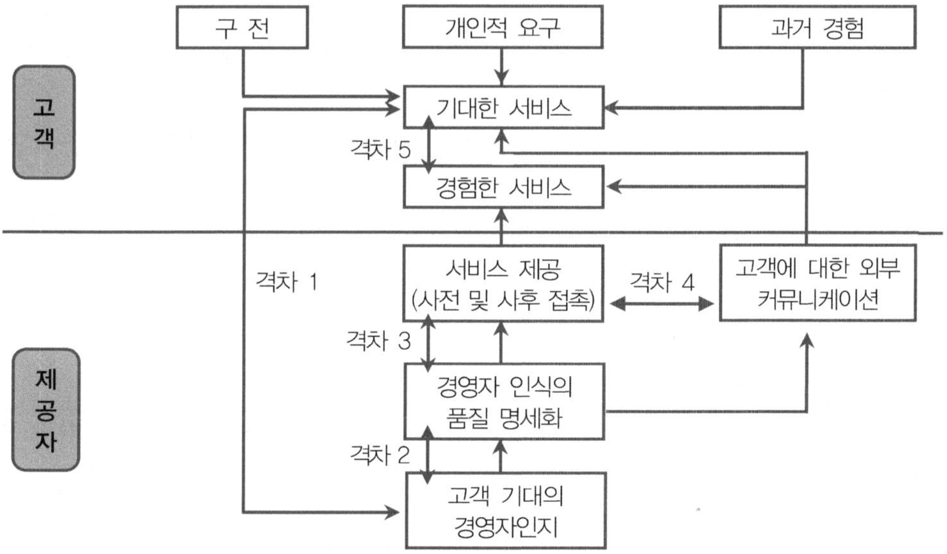

[서비스품질 격차모형]

제 2 절 고객관리

1 고객관리 개요

1) 고객 심리와 구매 동기

① 고객 심리

보통 고객은 반드시 판매원에 대하여 경계심을 품고 있다. 판매원에 대한 경계심 때문에 그들은 냉대하고, 저항하고, 거절하게 되므로 이에 잘 대처해서 고객의 굳게 닫힌 마음의 문을 열게 해야 한다. 고객은 면접의 초기에 반드시 판매원을 평가한다. 판매원의 차림으로부터 몸짓을 관찰하여 시험하고 채점하기 때문에 여기에서 좋은 점수를 받을 수 있어야 한다. 고객들은 자기의 이익을 생각하고 있다. 자기에게 플러스가 되는 일이라고 느끼게 될 것 같으면 반드시 관심을 가지고 나오게 될 것이므로 먼저 '이것이야말로 나에게 도움이 되는 이야기다.'라는 인상을 주도록 하는 것이 중요하다. 고객들은 자기의 체면을 중하게 생각하고 타인으로부터 존경을 받고자 한다. 판매원은 이에 대응하여 그 자존심을 만족하게 해 주도록 특히 신경을 써야 할 것이다. 고객은 신기한 것, 미지인 것에 끌리기 마련이다. 판매원은 언제나 멋있는 배우, 능숙한 연출가로서의 신선한 어프로치를 하도록 하는 연구가 필요한 것이다. 판매원에게서 가장 무서운 것은 타성에 빠지는 것이다. 항상 새로운 아이디어로 참신하게 어프로치 하는 판매원은 발전하는 판매원이다.

② 구매 동기

㉠ 감정적 제품 동기

소비자가 합리적인 이유를 생각하지 않고, 막연한 기분이나 분위기에 끌려 물건을 살 때 일어난다.

㉡ 합리적 제품 동기

소비자가 물건을 살 때 경제성이나 저가격 등과 같은 논리적 타당성을 이리저리 생각해 보고 살 때 일어난다.

㉢ 감정적 애고 동기

소비자가 특정 상점을 애고하는 이유를 깊이 생각함이 없이 감정에 의해 애고(愛顧)하게 될 때 일어난다.

㉣ 합리적 애고 동기

합리적인 판단을 거쳐서 애고하게 되는 것으로 여러 가지 이유를 잘 생각해 보고 살 때 이 동기가 작용한다.

2) 고객관리와 고객분석

고객관리란 고객에 관한 정보를 수집하여 분류·정리하고 가공·활용하는 일을 말한다. 고객에 대해서는 고객이 바라고 있는 서비스를 파악하여 철저히 대비해야 하며, 고객의 정보수집이나 활용에 그치는 것이 아니라 고객에게 도움을 주는 고객관리를 하여 대리점의 이미지를 높여주고 더불어 판매 신장을 도모해야 한다. 고객분석(Customer Analysis)은 기업의 지속적인 경쟁우위 개발과 투자 수준과 표적 시장의 결정을 위한 제반 전략의 구축은 제품구매의 주체인 고객을 분석(시장 특성, 구매 형태, 구매참여자, 구매 결정요인 등) 하는 것이다. 고객분석의 주요 요인은 다음과 같다.

① 고객 세분화를 통한 구매자와 사용자, 잠재고객을 파악하는 것이다.
② 고객의 구매 동기 파악으로 제품의 특성과 추구 목적, 구매 동기의 변화 가능성 등을 파악하는 것이다.
③ 충족 안 된 고객 욕구의 파악으로 제품 만족도, 문제점, 잠재적인 욕구 등을 파악하는 것이다.

3) 고객서비스 전략

유통기업이 고객서비스 전략의 우위를 점하려는 방법에는 고객화(customization)와 표준화(standardization)라는 동원되는 두 가지 접근방법이 있다.

① 고객화 접근법(Customization approach)

㉠ 개념

고객화 접근법이란 개별 소비자 각각의 구매 성향에 맞게 서비스를 조정하는 전략으로, 예컨대 목표 고객에 대하여 축적된 데이터를 활용하여 게스트 서비스 프로그램하거나, 목표 고객별로 1 : 1 마케팅을 활용하여 양질의 서비스를 제공하는 것을 들 수 있다.

㉡ 장·단점

ⓐ 장점

개별 소비자의 취향에 맞는 맞춤형 서비스를 지속해서 제공할 수 있다.

ⓑ 단점

비용이 많이 들고, 서비스의 품질이 공급자의 주관적 판단과 능력 여하에 따라 달라질 수 있다.

② **표준화 접근법(Standardization approach)**

㉠ 개념

표준화 접근법은 전체 고객집단에 대하여 같은 서비스를 제공하는 전략으로, 내부에서 정해진 규칙과 절차를 토대로 지속해서 이행하는 전략이다. 패스트푸드 체인점을 예로 든다면, 모든 매장에서 같은 메뉴와 매뉴얼을 통해서 같은 금액에 음식과 서비스를 제공하는 경우를 들 수 있다.

㉡ 장·단점

표준화의 장점은 서비스의 품질을 결정하는 다양한 요인들로 인해 발생할 수 있는 불안정한 요소들을 최소화할 수 있다. 반면에, 단점은 서비스 수준에 있어 표준화에 따른 개별고객화에는 취약할 수밖에 없다.

2 고객 응대 기법

1) MOT(Moment of Truth) 개념

MOT(Moment of Truth)는 고객과 기업이 접촉하는 '결정적인 순간'을 표현하는 것으로 기업의 생존이 결정되는 순간이라고 할 수 있다. 즉, 고객 접점서비스, 결정적 순간 또는 진실의 순간이라는 용어를 최초로 주창한 사람은 리처드 노먼이며 이 개념을 도입하여 성공을 거둔 사람은 스칸디나비아 에어라인시스템(SAS)항공사의 사장 얀 칼슨(Jan Carlzon)이다. 고객 접점서비스란 고객과 서비스 요원 사이의 15초 동안의 짧은 순간에서 이루어지는 서비스로서 이 순간을 진실의 순간(MOT : Moment of Truth) 또는 결정적 순간이라고 한다. 이 15초 동안에 고객 접점에 있는 최일선 서비스 요원이 책임과 권한을 가지고 우리 기업을 선택한 것이 가장 좋은 선택이었다는 사실을 고객에게 입증시켜야 한다는 것이다. '결정적 순간'이란 고객이 기업조직의 어떤 한 측면과 접촉하는 순간이며, 그 서비스의 품질에 관하여 무언가 인상을 얻을 수 있는 순간이다. 따라서 고객이 서비스상품을 구매하기 위해서는 들어올 때부터 나갈 때까지 여러 서비스 요원과 몇 번의 짧은 순간을 경험하게 되는데, 그때마다 서비스 요원은 모든 역량을 동원하여 고객을 만족하게 해주어야 한다. 이를 뒷받침하기 위해서는 고객 접점에 있는 서비스 요원들에게 권한을 부여하고 강화된 교육이 필요하며 고객과 상호작용 때문에 서비스가 순발력 있게 제공될 수 있는 서비스전달시스템을 갖추어야 한다. 고객은 윗사람에게 결재의 여유를 주지 않을 뿐만 아니라 기다리지도 않는다.

2) 고객 대기

① 고객 대기 마음가짐

고객 대기란 언제, 어떤 상황에서도 고객을 맞이할 수 있는 준비와 마음가짐이 되어 있는 철저한 판매체제를 시행하는 것으로 머천다이징, 쾌적한 공간관리, 매장연출 그리고 적정한 판매원의 배치와 판매원 각자의 마음가짐에 달린 문제이다. 즉, 대기는 효과적인 접근이 이루어지도록 하기 위한 사전 준비단계로서의 판매담당자가 제품구매의 의지와 능력을 갖춘 고객을 탐색하고, 이들에게 접근하기 위한 기회를 포착하는 과정이다. 이를 위한 바른 대기 자세는 단정한 용모와 밝은 표정의 연출이다.

② 판매담당자 대기 요령

가장 바람직한 대기 자세란 고객이 판매담당자에게 다가가고 싶은 마음이 생길 수 있도록 하는 것이다.

㉠ 바른 자세

양손을 겹쳐서(여자의 경우는 오른손을 위, 남자는 왼손을 위에 두거나 주먹을 가볍게 쥐고 재봉선에 밀착) 앞에 모으고 똑바로 서 있다. 부드럽고 밝은 표정을 담은 채 시선은 고객의 태도나 동작을 관찰한다. 고객을 관찰할 때는 고객이 부담을 느끼지 않는 부드러운 눈초리로 조심스럽게 살피는 것이 중요하다.

㉡ 바른 위치

고객에 신속히 응대할 수 있는 가장 편리한 장소에 있는 것이다.

㉢ 상품점검

ⓐ 상품이 제자리에 잘 진열되어 있는지, 진열량이 적절한지, 더럽혀진 상품이 없는지 확인한다.

ⓑ 상품마다 정확한 가격이 정해져 있는지, 정해진 위치에 있고 가격표가 더러워지거나 망가져 있지는 않은가 확인한다.

ⓒ 입체적인 진열이 되어 있으면 상품을 꺼내기 쉽게 되어 있는지를 점검한다.

㉣ 효과적인 진열연출

판매담당자는 보기 좋고 쉽게 고객이 선택하기 쉬운 진열방법에 관한 연구를 해야 한다.

㉤ 매장의 청결유지

POP와 진열대, 그리고 매장바닥을 항상 깨끗하게 청소하여 고객이 매장 밖에서 구경하거나 매장에 들어섰을 때 깔끔하고 상큼한 기분을 갖도록 한다.

3) 접근

① 접근 의의

접근(Approach)이란 판매를 시도하기 위해서 고객에게 다가가는 것, 즉 판매를 위한 본론에 진입하는 단계를 말한다. 접근은 실질적인 판매의 출발점으로서 이 접근에서 고객이 판매담당자에 대해 짧은 순간에 느끼는 감정(첫인상)이 판매 활동의 진행에 매우 크게 영향을 미친다.

② 접근을 위한 준비단계

㉠ 필요한 사전 공작

사전 공작이란 고객이 최초의 반응을 보일 때까지의 과정을 쉽게 하는 것이다.

㉡ 간접 판매술

판매원이 먼저 사고 싶은 마음을 일으킬 만한 활동을 충분히 하고 어떻게 하면 고객이 기꺼이 판매에 관한 이야기에 귀를 기울여 줄 것인가 하는 데 가장 좋은 수단·방법을 가려내는 일이다.

㉢ 접근 준비를 위한 이야깃거리(Story)

어느 정도 화술이 좋은 사람이라 하더라도 사람을 설득하려고 할 때는 듣고자 하는 기분을 고객이 가지고 있을 때 말을 건네는 것이 가장 좋은 방법이다. 물론 듣는 이가 없다면 말은 못 한다. 그러나 말을 한다는 것보다 훨씬 나쁜 것은 말을 하기 전에 듣는 사람이 기분을 상하게 해서 적개심을 갖게 하는 일이다.

㉣ 예상 고객과의 일체감 형성

상담을 훌륭하게 이끌어 가는 것은 반드시 고객이 관심을 기울이고 있는 문제만을 이야기하기 때문만은 아니다. 때로는 판매원 자신에게 고객이 주의를 기울이도록 하는 것도 한 가지 수단이다. 즉, 예상 고객 가족의 안부, 사업상의 성공, 혹은 예상 고객의 취미나 식도락에 대해서도 큰 관심을 기울이고 있다는 것을 나타내는 것이다.

③ 접근기술

접근에 성공하여 다음의 발전된 판매단계로 진입하기 위해서는 우선 성실하게 미소 띈 얼굴로 부드러운 분위기를 조성하여 예의 바른 세련된 화술 등의 기능이 발휘되도록 하여야 한다.

㉠ 호의적인 인상

단정한 복장과 예의를 갖추어야 하고, 3S, 즉 Smile(미소), Sincerity(성실성), Soft Touch & Smooth Mood(부드러운 분위기)를 갖추어야 한다.

㉡ 세련된 화술

판매란 결국 말로 상대를 설득하는 직업이라고 할 수 있으므로 세련된 화술이 판매에서 커다란 비중을 차지한다.

ⓒ 후광효과(Halo Effect)

판매원의 좋은 점, 뛰어난 점이 눈에 뜨이면 그것은 끝까지 고객의 인상에서 사라지지 않고 판매원의 이미지를 부각하는 데 큰 힘이 되기 때문에 합당한 자기 PR을 점잖고 자연스럽게 삽입하는 것도 좋은 아이디어가 될 것이다.

ⓓ 경청

이야기를 진행해 나감에서는 가끔 맞장구도 치고 가벼운 질문도 삽입해서 고객의 이야기를 잘 듣도록 하는 것이 좋은 방법이다.

④ 접근방법

ⓐ 상품 접근법

판매원이 판매하고자 하는 상품을 예상 고객에게 제시하며, 주의와 관심을 환기하는 데 있어서 상품의 독특한 특징에 의존하거나 흥미 있는 상품의 품질을 지적하는 것을 말한다.

ⓑ 서비스 접근법

예상 고객에게 이전에 구매한 상품에 대하여 수리나 정보제공 그리고 조언을 해주면서 예상 고객에게 접근하는 것을 말한다.

ⓒ 상품 혜택 접근법

구매자에게 제공될 상품 혜택, 예상 고객을 연관시키는 설명이나 질문이 있고 면담을 시작하는 데 사용된다.

ⓓ 환기 접근법

예상 고객의 호기심을 환기해 그의 관심과 흥미를 유발해 접근해 나가는 방법이다.

ⓔ 프리미엄 접근법

예상 고객에게 가치 있는 무엇인가를 무료로 제공하면서 접근하는 방법이다.

ⓕ 칭찬 접근법

예상 고객의 주의와 관심을 끌기 위하여 사실에 근거한 진지한 칭찬을 줄 수 있는데 대부분 사람은 남으로부터 진지한 찬사를 받기를 좋아하며, 더욱이 계속 경청하려고 드는 경향이 있다.

ⓖ 공식적 접근법

판매원이 예상 고객에게 명함을 주며 접근하는 방법으로 산업구매자, 도매상 또는 소매상의 방문에 널리 사용되고 있다. 이러한 접근법은 너무 빈번히 많은 사람에 의해 사용되고 있으므로 판매원이 유명한 회사나 신뢰받는 기업을 대리하지 않는다면 거의 관심이나 흥미를 끌기 어렵다.

ⓞ 친지 소개 접근법
상호 친지로부터의 편지, 메모, 소개장을 예상 고객에게 제시하는 것이다.

ⓩ 금전 제공 접근법
인간의 욕망에 근거를 둔 것으로 돈을 벌려는 욕망은 우리 사회에 있어서 너무나 팽배하여 있는 동기이므로 대부분 사람을 접촉하면서 금전 제공이 성공적으로 이용될 수 있다.

4) 고객 욕구 결정

① 고객 구매 욕구파악

㉠ 판매를 성공시키기 위해서 판매담당자는 고객 욕구의 이해와 그 욕구를 충족시킬 수 있는 상품을 발견하는 것이 무엇보다도 중요하다.

㉡ 판매담당자는 고객과의 접촉을 통해 욕구와 구매계획 등에 대해 가능한 다양한 지식과 정보를 획득하여야 한다.

㉢ 판매담당자가 고객의 욕구를 최상으로 만족하게 해줄 수 있는 상품을 발견할 때 판매가 성공할 수 있다.

② 고객 구매 욕구 결정방법

고객의 욕구파악은 질문으로부터 시작된다. 고객이 자신을 자랑할 기회를 주면서 그가 말하는 것을 경청하여 고객의 욕구를 파악하는 것이다. 이때 판매담당자의 대화법은 질문 → 경청 → 동감 → 응답하는 과정을 반복하는 것이다.

③ 고객과의 거리

㉠ 고객의 공간
고객의 공간이란 고객이 상품선택을 자유롭고 손쉽게 할 수 있는 연출 공간을 말하며 거기에는 선택에 필요한 충분한 상품 구색 갖춤과 쇼핑을 보조하는 기능이 상비되어 있어야 한다는 것이 조건이 된다.

㉡ 판매원과 고객과의 거리

ⓐ 접객기술로서 고객의 시야를 차단해서는 안 된다는 것은 필수조건이다.

ⓑ 고객과의 거리는 매장에서 판매원이 고객 공간을 침범하지 않을 뿐만 아니라, 접객 효과를 높이는 데 있어 알맞은 간격이어야 한다.

ⓒ 고객과의 거리는 어느 정도가 적절한가 하는 것은 그 상점의 레이아웃과도 관련하게 된다. 심리적인 고찰로 1m 이내 50cm 이상의 거리를 가져야 한다고 되어 있다. 요컨대 이것은 고객이 의식하게 하지 말고 그러면서도 대화가 가능한 거리이다.

④ 고객 본위 응대

㉠ 고객 본위 의미

고객 본위의 응대란 접객에 있어서 고객이 갖는 우위성을 보증하면서 고객의 동기에 재빨리 호응해서 고객의 가치관에 부응한 상품제시와 정보제공을 고객의 수준에서 행하는 것을 말한다.

㉡ 고객 본위 접객 기술

ⓐ 전문용어를 남용하지 않아야 하며 사용할 때는 반드시 해설을 붙여서 고객이 이해하기 쉽도록 힘써야 한다.

ⓑ 고객이 어떠한 특성을 가진 상품을 바라고 있는가를 이해하고 그 패턴에 합치한 얼마간의 상품을 갖추어 제시해야 한다.

ⓒ 접객 중에는 다른 업무를 보지 않도록 해야 한다. 매장은 고객을 위해 존재하는 것이며 판매원도 또한 고객을 위해 대기하고 존재하는 것이기 때문에 고객에게 직접적인 관계가 없는 행위는 접객 중에는 피하여야 한다.

ⓓ 흉허물이 없다고 해서 무례한 태도를 보이지 말아야 한다.

5) 판매 제시

① 판매 제시 정의

판매 제시는 고객접근과 욕구 결정 단계에서 파악된 고객의 욕구를 충족시켜 주기 위해 상품을 고객에게 실제로 보여주고 사용해 보도록 하여 상품의 특징과 혜택을 이해시키기 위한 활동으로서 상품의 실연(제시)과 설명(Explaining)이 핵심이다.

② 판매 제시 의의

판매 제시하면서 판매원은 효과적으로 의사 전달을 하기 위하여 담화, 경청, 몸짓, 전시 및 그 밖의 행동에 관한 어떤 결합에 의존하면서 예상 고객에게 설득력 있는 소구(Appeal)한다.

③ 판매 제시 요소

㉠ 판매원은 고객접촉 및 판매 제시의 실행을 위한 전체적인 계획을 개발하지 않으면 안 된다.

㉡ 판매원은 고객접촉을 실행하며, 현실적으로 특정한 판매 방문과 함께 그것을 사용한다.

㉢ 판매원은 판매 방문의 목적을 달성하기 위하여 판매원은 예상 고객으로부터 피드백(Feedback)을 관찰하며 그것은 원래의 계획된 고객접촉 및 판매 제시의 방법 변경에 귀착할 수 있다.

고객접촉 및 판매 제시의 계획 → 고객접촉의 실행 → 판매 제시 방법의 적용 → 피드백 정보의 획득

[판매 제시 4요소]

④ 판매 제시 특성

㉠ 완전성

판매 제시가 완전하기 위해서는 상품이 현재 상황에 대한 예상 고객의 불만 해소에 이바지하거나, 판매제의를 수용함으로써 어떻게 이러한 상황을 극복할 수 있는지를 보여주는 데 필요한 모든 정보를 포괄해야 한다.

㉡ 경쟁심의 배제

판매 제시는 판매자의 주장을 수립하고 있는 상황으로부터 고객과의 경쟁심을 제거해야 한다.

㉢ 명확성

판매 제시는 오해되지 않도록 예상 고객에 대하여 명확해야 한다. 즉, 예상 고객의 마음에 오해의 어떤 흐릿함을 남기지 않아야 한다는 것이다.

㉣ 예상 고객의 신뢰 획득

예상 고객은 판매원이 말하고 있는 것이 사실이라는 확신을 갖지 못하면 구매하지 않을 것이므로 판매 제시에서는 예상 고객의 신뢰를 얻는 것이 대단히 중요하다. 신뢰는 제조업자에 있는 또는 예상 고객에게 판매하는 사람 또는 판매업자에 있는 판매되고 있는 상품이나 제품에 놓일 것이다.

6) 판매 결정

① 판매 결정 의의

판매 결정(Closing The Sale) 단계는 고객이 구매 결정의 결단을 내리도록 판매담당자가 유도하는 과정에서부터 고객에게 대금을 수령·입금하기 전까지이다. '결정(Closing)'이라는 용어는 판매 계약에 대한 고객의 동의를 사실상 획득하는 행위를 지적하기 위하여 사용한다. 판매 결정은 판매 단계의 만족스러운 완성에 대한 단순한 논리적 결론이다. 판매 결정의 주요 부분은 가격의 결정에 할당되기 때문에 판매원들이 어려움을 갖게 된다. 판매원은 결정을 고객에게 맡기지 말고 고객의 구매 결정이 확정되었다는 의사 표시나 행동을 유심히 관찰하여 결정해야 한다.

② 판매 결정 촉구

판매 결정을 내리기 위해서는 고객의 반응을 올바르게 포착하여 판매 결정을 촉구하여야 한다. 판매 결정의 촉구에서 가장 중요한 것은 타이밍(Timing)이다.

③ 판매 결정 촉구방법

㉠ 추정승낙법(가정적 종결법)

대부분 판매원이 가장 많이 사용하는 방법이며, 가장 응용 범위가 넓은 '클로징'의 정석이다. 이 방법은 두 가지 안 중에서 어느 것인가를 택하도록 하게 하는 방법이다.

㉡ 교묘 질문법

이 방법은 은폐한 질문으로 고객이 그 물건을 가지게 됨으로써 얻게 되는 여러 가지 이점을 이해시킨다. 이익을 증가, 시간의 절약, 경비의 절감, 개인의 기쁨 등은 고객을 움직이게 하는 동기가 들어있다.

㉢ 테스트 질문법

판매원은 고객이 어느 정도 사고 싶은 마음이 있는가를 알기 위하여 '그 점은 충분히 이해하시겠죠?'와 같은 질문을 한다. 이 방법은 고객의 심중을 탐지할 뿐만 아니라 불안이나 의심이 있으면 찾아낼 수 있고 그것을 알게 되면 대책을 세울 수가 있게 된다.

㉣ 손득 비교법

제안의 이점과 불리한 점을 표로 만들어 고객이 결정하기 좋게 이 둘을 비교하여 주문을 구한다. 이 방법은 사무적이고 지금 바로 사는 것이 이익이라는 점을 여러 가지 시각 설득식으로 알려줄 수 있게 되어 이해시키는 힘이 크다.

㉤ 직접행동법

이 방법은 물리적 동작법 또는 주문서법이라고도 한다. 고객이 사겠다는 심정을 뚜렷하게 찾아볼 수 있을 때 판매원이 신청서를 꺼내서 간단한 것부터 기재하는 방법으로 고객은 이러한 판매원의 동작을 중단시켜 버리지 않는 한 자기가 사게 된 사실을 알고 있으면서도 대개 반대하기 힘들게 되는 것이다.

㉥ 전환법

이 방법은 고객을 수세로 몰아넣어 어느 정도 머리의 혼란을 일으킴으로써 반대하기 힘들게 한다.

㉦ 요약 반복법

이 방법은 고객에게 어필할 수 있다고 생각되는 가장 중요한 이익을 요약·반복하여 설명하는 것이다. 고객과의 호흡을 맞추고 승인하고 있는지 잘 알고 있는지 모르는 점은 없는지를 확인하면서 이익의 요약을 반복해 가는 이 방법은 널리 쓰이고 있는 상식적인 방법이므로 판매원은 당연히 이 방법의 요령도 체득하여 활용해야 할 것이다.

④ 판매 결정 기본자세

㉠ 성공할 것이라는 자신감과 태도가 필요하다.

㉡ 신중하지만 신속한 판매 종결이 시도되어야 한다.

㉢ 고객이 원하는 방법으로 판매 결정을 시도한다.

㉣ 지금이 구매의 적기라는 강한 근거를 사용한다.

7) 판매 마무리

소매점에서의 판매의 최종마무리는 고객의 구매 결정 후 대금을 수령·입금하고 상품의 포장과 인계, 그리고 전송까지이다.

8) 고객 컴플레인 대응

① 컴플레인 정의

고객이 상품을 구매하는 과정에서 또는 구매한 상품에 관하여 품질, 서비스, 불량 등을 이유로 불만을 제기하는 것으로 매장 내에서 종종 발생하는 사항이다. 고객의 불만, 오해, 편견 등을 풀어주는 일을 컴플레인 처리라고 하며 이것은 판매담당자의 중요한 임무 중의 하나이다.

② 컴플레인 의의

고객의 컴플레인은 성의껏 처리해 주었을 때 고객은 크게 만족하게 되어 자사의 계속 구매 고객이 될 가능성이 크다. 성의를 다하는 컴플레인의 처리는 매장(회사)의 신뢰도를 높여주고 고객과의 관계를 효과적으로 유지해 주는 지름길이 된다. 소비자의 컴플레인은 기업에 막대한 손실을 입힐 수 있으며 경영자에게도 큰 영향을 미친다.

③ 컴플레인 발생원인

㉠ 판매자 측 원인

판매자 측의 잘못으로 인한 컴플레인은 판매담당자의 고객에 대한 인식 부족, 무성의한 고객 응대 태도, 제품지식의 결여, 제품관리의 소홀, 무리한 판매 권유, 단기간의 이해 집착, 약속의 불이행, 보관 물품의 소홀한 관리, 일 처리의 미숙이나 착오 등에 의해 발생한다.

㉡ 고객 측 원인

고객 측의 잘못에 의한 발생 원인은 제품, 상표, 매장, 회사 등에 대한 잘못된 인식, 기억의 착오, 성급한 결론, 독단적인 해석, 고압적인 자세, 할인의 구실을 찾기 위한 고의성 등이다.

④ 컴플레인 처리 방법(MTP법)

고객의 컴플레인에 대한 처리 방법은 더 높은 고객 만족 향상이라는 차원에서 고려되어야 한다. 고객 불평이나 불만의 처리 방법으로 MTP법이 자주 사용되고 있는데 사람(Man), 시간(Time), 장소(Place)를 바꾸어 컴플레인을 처리하는 방법이다.

㉠ 사람을 바꿈
판매사원 → 판매 담당으로 바꾼다.

㉡ 장소를 바꿈
매장 → 사무실, 소비자상담실로 바꾼다.

㉢ 시간을 바꿈
즉각적인 해결 방안의 제시보다는 냉각 시간이 필요하다.

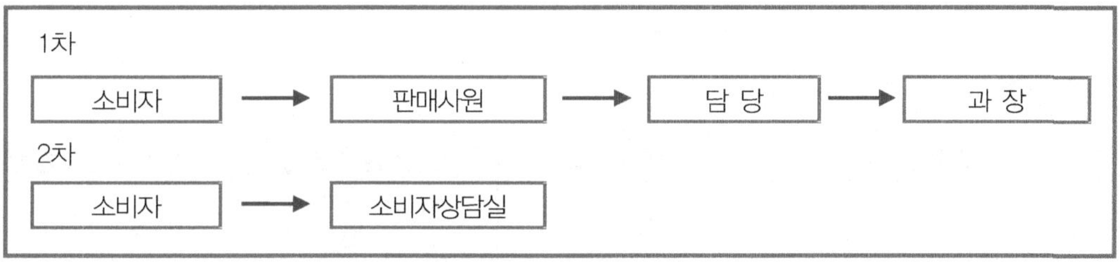

[컴플레인 처리 방법]

제 3 절 고객관계관리(CRM)전략 및 e-CRM

1 고객 관계관리 개념과 특징

1) 고객 관계관리(CRM : Customer Relationship)

오늘날 기업들은 다양한 환경변화 요인에 의해 많은 도전을 받고 있다. 정보기술, 특히 인터넷의 발전에 따라 시간과 공간을 초월한 글로벌 커뮤니케이션이 가능해지고 쌍방향의 의사소통이 가능해짐에 따라 과거 소유 개념이었던 정보와 지식이 이제는 공유의 개념으로 변화되었다. 고객들은 특정 제품 또는 서비스에 대한 정보의 공유와 교환을 통해 많은 사람의 경험이 통합된 지식을 획득할 수 있는 경험공동체 형성이 가능하게 됨에 따라 제품 또는 서비스의 기대 수준이 한층 높아지게 되었다. 따라서 기업은 고객을 제품 또는 서비스의 단순 구매자로서가 아닌 제품 또는 서비스를 같이 만드는 공동

참여자로서 인식하는 고객지향적 경영체제로의 변환이 불가피하며, 완벽한 고객 정보의 수집과 분석을 통해 고객의 요구에 부응하는 제품 또는 서비스를 제공하고 장기간에 걸친 고객과의 긴밀한 관계 유지야말로 치열한 기업경쟁 체제에서 살아남기 위한 필수 요소라는 인식을 하게 되었다. CRM은 이런 측면에서 다소 다른 관점을 취한다. "기업 수익의 80%는 상위 고객 20%에 의해 창출된다"라는 80대 20 법칙에 따라 모든 고객을 대상으로 일시적 수준의 마케팅 활동을 전개하기보다는 진정으로 기업에 수익을 주는 고객에게 더욱 정교한 대응을 하는 차별화된 마케팅전략을 구사하는 것이다. 즉, 질적으로 우수한 고객과의 관계를 지속해서 유지함으로써 다른 비즈니스 기회가 창출될 수 있도록 하는 데 주안점을 두고 있다. 과거에는 몇 개의 거대 브랜드로부터 Mass market으로 흐르는 소위 마케팅 피라미드가 성립되었지만, 이제 소수의 대상 고객에게 수많은 브랜드와 상품의 선택권이 넘어가고 있다.

2) CRM 역사

구분	판매(1970년대)	CS(1980년대)	DBM(1990년대)	CRM(90년대 후반)
대고객관점	수동적 구매자	선택적 구매자	개성화, 다양화된 구매자	능동적 파트너
고객과의 관계	전체 시장에 일방적 공급(배급)	고객만족도(CSI) 측정, 일방적 관계	그룹화된 고객과의 일방적 관계	개별고객과 쌍방향 의사소통
고객관리	단순 영업 위주	영업과 판매 위주 서비스	IT 기술팀 위주	전사적 관리

[고객 관계관리 역사]

3) CRM 정의

고객 관계 관리(Customer relationship management)는 소비자들을 자신의 고객으로 만들어 이를 유지하고자 하는 경영기법이며 기업들이 고객과의 관계를 관리, 고객 확보, 그리고 고객, 판매인, 협력자와 내부 정보를 분석하고 저장하는 데 사용하는 광대한 분야를 아우르는 방법으로써 4가지 측면으로 볼 수 있다.

① 지속적인 관계를 통한 고객관리

습관적으로 자사의 제품이나 서비스를 구매하도록 하는 마케팅 행위

② 개별고객 관리

개별적인 고객에 대한 1:1 마케팅

③ 정보기술에 의한 관리

데이터베이스를 이용하여, 고객의 정보를 관리

④ 전사적 차원에서의 관리

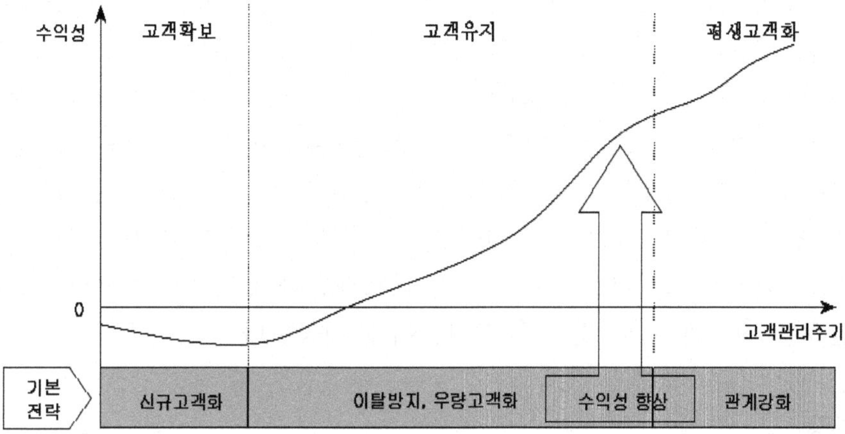

[고객 Life-Cycle]

* 고객 확보 : 새로운 고객 확보, 이탈한 고객을 다시 고객으로 재유치
* 고객 유지 : 고객 이탈 방지, 고객을 수익 기여도가 높은 우수고객으로 만듦
* 평생 고객화 : 고객의 충성도와 신뢰를 바탕으로 평생 고객 또는 동반자 관계로 고객과의 관계를 발전시킴

CRM은 우리 회사의 고객이 누구인지, 고객이 무엇을 원하는지를 파악하여 고객이 원하는 제품과 서비스를 지속해서 제공함으로써 고객을 오래 유지하고 이를 통해 고객의 평생 가치를 극대화하여 수익성을 높이는 통합된 고객 관계관리 프로세스이다. 즉, 고객 데이터와 정보를 분석·통합하여 개별고객의 특성에 기초한 마케팅 활동을 계획·지원·평가하는 과정이다.

4) CRM 필요성과 역할

① 필요성

시장점유율보다는 고객점유율에 비중을 둔다. 기존고객과 잠재고객을 대상으로 고객 유지 및 이탈방지, 타 상품과의 연계판매(Cross-sell) 및 수익성이 높은 상품을 판매하기 위한 상승판매(Up-sell) 등 1 : 1 마케팅 전략을 통해 고객 점유율을 높이는 전략이 필요하다. 고객획득보다는 고객유지에 중점을 둔다. 한 사람의 우수한 고객을 통해 기업의 수익성을 높이며, 이러한 우수한 고객을 유지하는 것에 중점을 두고 있다. 제품판매보다는 고객 관계(Customer Relationship)에 중점을 둔다. 기존의 마케팅 방향은 기업으로써 제품을 생산한 것이었다면, CRM은 고객과의 관계를 기반으로 고객의 관점에서 상품을 만들고, 고객의 요구를 파악하여 그 고객이 원하는 제품을 공급하는 것이다.

② 역할

기업의 마케팅 부서에서 자신들의 최고 고객을 식별해 내고 명확한 목표를 가지고 그들을 겨냥한 마케팅 캠페인을 추진할 수 있게 하며 판매팀을 이끌기 위한 품질을 만들어 내는 데 도움을 준다. 다수의 직원이 최적화된 정보를 공유하고, 기존의 처리절차를 간소화(예를 들어 무선 단말기를 사용하여 주문받는 등) 함으로써 통신판매, 회계 및 판매관리 등을 개선하기 위한 조직을 지원한다. 고객 만족과 이익의 극대화를 꾀하고 회사에 가장 도움이 되는 고객들을 식별해 내며 그들에게 최상의 서비스를 제공하는 등 고객마다 선별적인 관계의 형성을 허용한다. 고객에 관해 알아야 하고 고객들의 요구가 무엇인지를 이해하고 회사와 고객기반 그리고 배송 파트너들과의 관계를 효과적으로 구축하기 위해 꼭 필요한 정보와 처리 절차를 직원들에게 제공한다.

5) CRM 특징

CRM은 고객지향적이다. 고객에게 필요한 상품, 서비스는 물론 차별화된 보상 등 적절한 혜택을 제공하여 고객과의 고객관리에 기업의 초점을 맞추는 고객 중심적인 경영방식이다. CRM은 고객의 생애 전체에 걸쳐 관계를 구축하고 강화해 장기적인 이윤을 추구한다. CRM은 일회적이거나 단기적인 이윤 추구가 아니라 장기적으로 지속적인 이윤을 추구하는 동적인 경영방식이다. CRM은 기본적으로 개별고객의 생애에 걸쳐 거래를 유지하거나 늘려나가고자 한다. 그러므로 고객과 기업 사이의 상호 혜택과 신뢰를 바탕으로 하는 윈-윈(WIN-WIN)의 결과를 위한 쌍방향의 관계를 형성하고 지속해서 발전시켜 나가야 한다. CRM은 정보기술에 기반을 둔 과학적인 제반 환경의 효율적 활용을 요구한다. 고객관리를 위한 고객데이터를 분석하는 등 구체적인 ROI와 경영 효율의 측정을 통해 가시적인 경영개선에 역점을 둔다. 그래서 마케팅에서도 비효율적인 매스 마케팅보다는 차별적인 표적 마케팅을 추진하여 여러 마케팅 활동의 전반적 효율을 통합적으로 높여야 한다. CRM은 고객과의 직접적인 접촉을 통해 쌍방향 커뮤니케이션을 지속한다. 특히, 멀티채널의 경우에 통합적으로 일관성 있는 메시지와 커뮤니케이션을 구사함으로써 고객과의 관계를 강화해 나간다. 이러한 상호작용적 고객접촉을 활용하여 기업은 고객의 요구를 자세히 파악할 수 있고 더욱 능동적으로 대처할 수 있다. CRM은 단순히 마케팅 만에 역점을 두는 것이 아니라 기업의 모든 내부 프로세스의 통합을 요구한다. 관계관리에 필요한 모든 부분 즉 표준화된 업무 프로세스, 조직의 역량이나 훈련, 기술적 하부구조, 영업 요건을 충족할 수 있는 시스템의 기능, 영업전략, 영업 정보 등의 부분에서도 균형 잡힌 향상을 꾀하는 경영방식이다.

6) CRM 구축 절차 및 실행단계

① **CRM의 구축 절차**

현황파악 → 기반구축 → 고객 이해 → 설계 → 개발 → 실행 → 검토

② 실행단계

㉠ 1단계(신규고객의 획득) : 세분화와 표적화 후에 마케팅 믹스를 통해 잠재고객을 신규고객으로 확보한다.

㉡ 2단계(기존고객의 유지) : 확보된 고객은 유지, 관리 정책을 통해 이탈을 방지하고 단골로 향상하도록 한다.

㉢ 3단계(기존고객의 충성도 향상) : 단골 차원을 넘어 자사의 교차판매와 상향판매 등 자사의 다른 제품들도 이용할 수 있는 단계의 옹호자 고객 또는 더 나아가 동반관계를 공유할 수 있도록 한다.

2 고객 관계관리 유형과 구축 전략

1) CRM 분류(유형)

① **분석(Analytical) CRM**

Analytical CRM은 영업·마케팅·서비스 측면에서 고객 정보를 활용하기 위해 고객데이터를 추출, 분석하는 시스템이다. 이를 통해 사업에 필요한 고객/시장 세분화, 고객 프로파일링, 제품 콘셉트의 발견, 캠페인 관리, 이벤트 계획, 프로모션 계획 등의 기회 및 방법에 대한 아이디어가 도출될 수 있다. 고객데이터의 과학적인 분석을 위하여 데이터 마이닝 기술이 매우 중요한 이슈로 주목받으며, CRM의 다른 구성 요소인 Operational CRM, Collaborative CRM과 밀접하게 연관되도록 Closed-Loop을 구성하여야 한다.

② **운영(Operational) CRM**

CRM의 구체적인 실행을 지원하는 시스템이다. 기존의 ERP 시스템이 조직 내부의 관리 효율화를 담당하는 시스템(Back-end)임에 반하여 Operational CRM은 조직과 고객 간의 관계 향상 즉 조직의 전방위 업무를 지원하는 시스템(Front-end)이다. 이것은 주로 영업과 서비스를 위한 시스템이다. 운영적 CRM은 분석적 CRM에서 얻은 결과를 대고객 마케팅 활동에 직접 활용하여 고객과 기업 간의 상호작용을 촉진하는 기능을 말한다.

③ 협업(Collaborative) CRM(e-CRM)

1990년대 후반기부터 인터넷을 기반으로 한 비즈니스의 성장과 오프라인 기업의 온라인화가 가속화되면서 인터넷에 대응하는 신개념의 CRM이다. 협업은 분석과 운영 시스템의 통합을 의미한다. e-비즈니스 환경에서 고객별로 차별화된 서비스를 제공하는 웹 개인화 서비스 시스템이 대표적 예이다.

2) CRM 구축을 위한 전제조건

① 고객 통합 데이터베이스의 구축

기업이 보유하고 있는 고객, 상품, 거래 등에 관련된 데이터를 데이터 웨어하우스 관점에 기초하여 통합한다. 즉, CRM을 위해서는 고객과 관련된 전사적인 정보의 공유체제가 확립되어야 한다.

② 고객 특성을 분석하기 위한 마이닝 도구

구축된 고객 통합 데이터베이스를 대상으로 마이닝 작업을 통해 고객의 특성을 분석한다.

③ 마케팅 활동을 대비하기 위한 캠페인 관리용 도구

분류된 고객 개개인의 특성을 바탕으로 해당 고객에 대한 적절한 캠페인 전략을 지원·관리하는 도구가 애플리케이션, OLAP, Web 등의 다양한 형식으로 관련 부서와 사용자의 목적에 따라 이용될 수 있다.

3) CRM 기술과 구축 과정

① 데이터 수집

기업의 내부와 외부 자료를 수집하는 과정이다.

② 데이터 정제 과정

데이터에 존재하는 이상치나 중복성을 제거한다. 특히 누락 데이터(Missing Data)와 블랭크 데이터(Blank Data)의 문제 등이 중요하다.

③ 데이터 웨어하우스 구축

지속적인 고객관리를 위해서 필요하다. 이때 자주 분석될 데이터에 대해서는 데이터 마트로 관리하며, 데이터 웨어하우스에 대한 비용지출이 어려울 때는 데이터 마트만 운영할 수 있다.

④ 고객분석/데이터 마이닝

고객의 선호도나 요구에 대한 분석을 바탕으로 고객 행동을 예측하고 고객별 수익성·가치성을 측정한다.

⑤ 마케팅 채널과의 연계

분석된 결과를 두고 영업 부서나 고객서비스 부서 등에서 활용하여 마케팅 활동의 자료로 활용할 수 있다.

⑥ **Feedback** 정보 활용

마케팅 활동의 결과를 판단하여 의미 있는 정보를 마케팅 자료로 활용하기 위해 Feedback 된다.

4) CRM 전략 수립

① 고객 생애 가치(**LTV : Life Time Value**)

고객 생애 가치(customer life time value)는 한 고객이 평균적으로 기업에 이바지하는 미래 수익의 현재가치를 말한다. 고객 생애 가치는 한 시점에서의 단기적인 가치를 말하는 것이 아니고 고객과 기업 간에 존재하는 관계 전체가 가지는 가치이다. 고객 생애 가치에서는 고객들의 이탈률이 낮을수록 고객 생애 가치는 증가한다. 고객 생애 가치는 매출액을 말하는 것이 아니고 이익을 말하는 것이다. 고객 생애 가치를 산출하면서 기업은 어떤 고객이 기업에 이롭고 유리한 고객인가를 파악할 수 있으며 그 고객과 앞으로 어떤 관계를 맺도록 하는 것이 합리적인가를 파악할 수 있다.

② 크로스 셀링(**Cross selling**)과 업 셀링(**Up selling**) 전략

교차판매 전략은 기업이 여러 가지 제품을 생산하는 경우 고객의 데이터베이스를 이용하여 다른 제품의 판매를 촉진하는 것을 들 수 있다. 예를 들어 은행들이 자체 개발 상품만을 판매하던 데서 탈피해 전문성과 경쟁력을 갖추지 못한 분야의 상품은 그 개발과 운용을 과감히 외주에 맡기는 한편 타 금융기관이 개발한 상품을 적극적으로 함께 판매하는 방향으로 상품 관련 사업 모델을 수정하는 현상을 은행업계에서는 교차판매(cross selling)라고 말한다. 업 셀링은 상향판매 또는 추가 판매라고도 하며 특정한 상품 범주 내에서 상품구매액을 늘리도록 업그레이드된 상품의 구매를 유도하는 판매 활동이다.

③ 데이터 마이닝(**Data Mining**)

데이터 마이닝은 거대 규모의 데이터로부터 가치 있는 정보를 찾아내는 탐색 과정 및 방법을 의미한다. 즉, 데이터베이스로부터 과거에는 알지 못했지만, 데이터 속에서 유도

된 새로운 데이터 모델을 발견하여 미래에 실행할 수 있는 정보를 추출하고 의사결정에 이용하는 과정을 말한다. 이 용어는 광산에서 광물을 캐내는 것에 비유한 것으로 금광석에 극히 미량으로 포함된 금을 여러 단계를 걸쳐 추출하듯이 수많은 데이터로부터 유용한 정보를 찾아내는 것으로 해석된다. 지난 수십 년간 여러 조직(국가, 기업 등)에 의한 정보시스템에 대한 투자, 컴퓨터의 발전 및 보급, 데이터베이스 기술의 발전 등으로 다양한 분야에서 다양한 형태의 데이터, 예를 들어 판매 시점관리 데이터, 주식거래 데이터, 병원 환자 데이터, 전화 통화기록 데이터, 카탈로그 주문 데이터, 은행거래 데이터, 원격 입력 이미지 데이터, 항공 예약데이터, 신용카드 결제 데이터, 제조업체의 품질관리 데이터, 세금 환급 데이터 등이 기하급수적으로 축적됐다.

④ 데이터 마이닝 기법

㉠ 의사결정 나무(Decision Tree)

과거에 수집된 데이터의 레코드들을 분석하여 이들 사이에 존재하는 패턴, 즉 결괏값별 특성을 고객 속성의 조합으로 나타내는 분류 모형을 나무의 형태로 만드는 것이다. 이렇게 만들어진 분류 모형은 새로운 레코드를 분류하고 해당 결괏값을 예측하는 데 사용된다.

㉡ 신경망 분석(Neural Networks)

인간 두뇌의 복잡한 현상을 모방하여 마디(Node)와 고리(Link)로 구성된 망 구조로 모형화하고 과거에 수집된 데이터로부터 반복적인 학습 과정을 거쳐 데이터에 내재하여 있는 패턴을 찾아내는 기법이다.

㉢ 연관규칙(Association Rule)

상품 혹은 서비스 간의 관계를 살펴보고 이로부터 유용한 규칙을 찾아내고자 할 때 이용될 수 있는 기법이다. 거래(사건) 속에 포함된 품목(항목) 간의 연관 관계를 발견하고자 할 때 사용하는 데이터 마이닝 기법이다.

㉣ 클러스터링(Clustering)

어떤 목적 변수(Target)를 예측하기보다는 고객 수입, 고객 연령과 같이 속성이 비슷한 고객들을 묶어서 몇 개의 의미 있는 군집으로 나누는 기법이다.

㉤ 사례기반추론(CBR : Case-Based Reasoning)

주어진 새로운 문제를 과거의 유사한 사례를 바탕으로 주어진 문제의 상황에 맞게 응용하여 해결해 가는 기법이다.

5) CRM 도입 효과

CRM 도입은 기업가치 증대를 일으킨다. 주요 고객의 충성심 강화는 고객당 거래 건수, 거래단가, 거래 기간 등을 증가시키고, 고객의 양적 증대에서 질적 고도화로의 전환은 매출 증가, 재고 위험성 감소, 매출 대비 마케팅 비용 감축 등의 효과를 발생시킨다. 신규사업 측면에서는 고객과의 관계와 고객에 대한 지식을 기반으로 우호적인 관계를 구축하면 완전히 새로운 방향으로 다각화할 수 있다. 반면 기존사업 측면에서는 e-비즈니스 혁명으로 인해 가속화된 가격 경쟁의 구도를 벗어나 고객과 우호적인 관계를 구축함으로써, 장기적인 관점에서 수익을 확보할 수 있다. CRM 도입 효과의 핵심은 교차판매, 추가 판매, 고객 유지를 통해서 고객 한 사람 한 사람의 생애 가치(LTV)를 높임으로써 평생 고객을 확보할 수 있게 된다는 것이다. 이메일 마케팅과 같은 방법을 이용하여 고객에게 일대일로 접근하게 되므로, 불특정 다수를 대상으로 마케팅하는 것에 비해 고객 1명을 확보하는 데 드는 비용이 줄어들게 된다. 또한, 모든 고객이 평등하지 않다는 생각에서 출발하기 때문에, 수익성이 낮은 고객의 유지비용을 절감하게 됨으로써 매출액 당 유지비용이 낮아지게 된다. 따라서 궁극적으로는 기업의 가치 창출이 증대하게 되는 것이다. 기업이 인터넷 마케팅, CRM 등에 대한 투자로부터 기대하는 것은 궁극적으로 고객과 더욱 원활한 커뮤니케이션 즉, 고객 중심의 마케팅이다. 따라서 장기적인 관점에서 수립된 체계적인 마케팅전략을 바탕으로 데이터 수집과 분석, 그리고 그에 따른 고객과 끊임없는 커뮤니케이션이 실행되어야 한다. 이를 위해서는 서로 다른 부서나 구성원들 간의 협조도 매우 중요하다.

3 고객충성도 프로그램

1) 고객충성도 개념 및 의의

고객충성도(customer royalty)란 기업이 지속해서 고객에게 탁월한 가치를 제공해 줌으로써 그 고객이 해당 기업이나 브랜드에 호감이나 충성심을 갖게 함으로써 지속적인 구매 활동이 유지되도록 하는 것이다. 높은 수준의 고객충성도로부터 초래되는 경제적 이득은 상당하며, 지속적인 고객충성도 획득은 그 기업의 매출 및 시장점유율 향상과 고객유지 비용의 감소를 가져오며 이를 통한 추가분의 이익을 이용하여 고객가치 증대나 새로운 부문 투자, 종업원의 보수 향상 등에 사용할 수 있게 된다. 고객 충성은 On-Line, Off-Line 할 것 없이 기업이 포기해서는 안 되는 가장 중요한 자산이다. 웹상에서의 고객충성은 제품 가치 이외의 많은 변인의 영향을 받는다. 고객 충성을 형성하는 가장 중요한 두 축은 상대적 가치(Relative Value)와 관성(Inertia)이다. 상대적 가치란 브랜드 자체가 보유하고 있는 자산(Equity)과 가격(Price) 요인이 결합하여 시장 내의 여러 브랜드와의 경쟁 상황에서 평가되는 가치를 말한다. 관성은 소비자들이 기존의 구매 행동을 계속 유지하려는 힘을 의미한다.

2) 충성고객 형성 7단계

① **1단계(구매 용의자)**

구매 용의자는 자사의 제품이나 용역을 구매할 능력이 있는 모든 사람을 포함한다.

② **2단계(구매 가능자)**

구매 가능하다는 당신의 제품이나 용역이 필요할 수 있고 구매 능력이 있는 사람을 가리킨다. 이들은 이미 우리의 제품에 대한 정보를 알고 있다.

③ **3단계(비 자격 잠재자)**

비 자격 잠재자는 구매 가능자 중에서 제품에 대한 필요를 느끼지 않거나 구매할 능력이 없다고 확실하게 판단이 되는 사람으로 목표 고객에서 제외할 수 있다.

④ **4단계(최초 구매 고객)**

최초 구매 고객이란 우리의 제품을 1번 구매한 사람을 의미한다. 이들은 당신의 고객이 될 수도 있고, 경쟁사의 고객이 될 수도 있다.

⑤ **5단계(반복 구매 고객)**

반복 구매 고객은 우리의 제품을 적어도 2번 이상 구매한 사람들이다. 이들은 같은 제품을 2번 구매한 사람일 수도 있고, 다른 제품이나 용역을 번갈아 구매한 사람일 수도 있다.

⑥ **6단계(단골)**

단골이란 우리가 파는 제품 중 사용할 수 있는 모든 제품을 우리로부터 구매하는 사람이다. 이들은 우리와 지속적이고 강한 유대관계를 가지고 있어 경쟁사의 유인전략에도 동요되지 않을 사람들이다.

⑦ **7단계(지지 고객)**

지지 고객은 단골 중에서도 다른 사람들에게도 우리 제품을 사서 쓰도록 권유하는 사람이다.

3) 고객 로열티 평가시스템 운영 원리

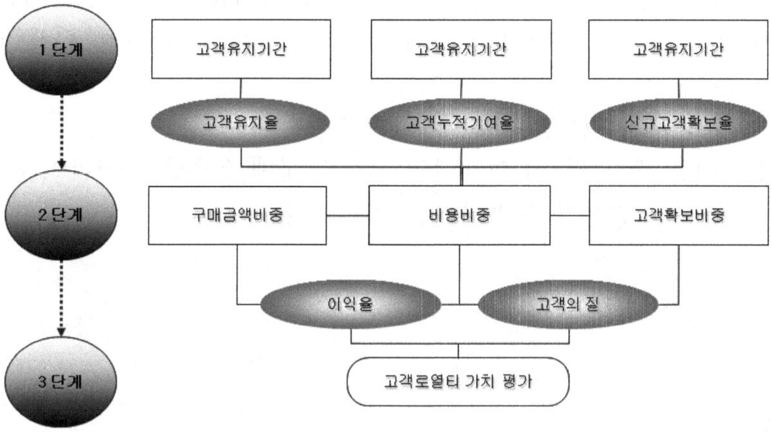

[고객 로열티 평가시스템]

4) 고객 생애 가치(LTV : Life Time Value)

① 고객 생애 가치 개념

고객 생애 가치는(LTV) 한 고객이 고객으로 존재하는 전체 기간 기업에 제공하는 이익의 합계이다. LTV는 한 시점에서의 단기적인 가치가 아니라 고객과 기업 간에 존재하는 관계 전체가 가지는 가치이다. 또 LTV는 매출액이 아니라 이익을 나타낸다. LTV를 산출함으로써 기업은 어떤 고객이 기업에 이로운 고객인가를 판단할 수 있으며, 그 고객과 앞으로 어떤 관계를 맺도록 하는 것이 합리적인가를 파악할 수 있다.

② 고객 생애 가치 특징

고객 생애 가치는 한 시점에서의 단기적인 가치를 말하는 것이 아니고 고객과 기업 간에 존재하는 관계 전체가 가지는 가치이다. 고객 생애 가치에서는 고객들의 이탈률이 낮을수록 고객 생애 가치는 증가한다. 고객 생애 가치는 매출액을 말하는 것이 아니고 이익을 말하는 것이다. 고객 생애 가치를 산출하면서 기업은 어떤 고객이 기업에 이롭고 유리한 고객인가를 파악할 수 있으며, 그 고객과 앞으로 어떤 관계를 맺도록 하는 것이 합리적인가를 파악할 수 있다. 우량고객의 효과적 관리를 위해서는 이들이 느끼는 가치에 따라 보상 프로그램을 차별적으로 실시하는 것이 바람직하다.

5) 고객 수익 기여도 분석

① **RFM(Recency, Frequency, Monetary)** 분석

RFM은 일종의 점수 부여 체계로서, 고객 세분화를 위한 구매패턴 분석에 활용된다. 다시 말해 RFM 분석은 고객이 얼마나 최근에 구매했는가(Recency), 고객이 얼마나 빈번하게 우리 상품을 구매했나(Frequency), 고객이 구매했던 총금액은 어느 정도인가(Monetary)를

수치화하는 것으로, 기업으로서 가장 최근에 일정 기간 자주 많은 액수의 상품을 구매하는 고객을 찾아내기 위한 방법론이다. 기업은 Recency, Frequency, Monetary를 분석하여 고객을 평점화하고 순위를 정하여 자사에 이익을 주는 우량고객을 뽑아낸다.

② 고객 실적평가법(HPM : historical profitability measurement)

고객 실적평가법은 과거로부터 현재까지 고객의 구매 실적을 분석하여 기업의 수익에 어느 정도나 이바지해 왔는가를 평가하는 방법이다.

4 e-CRM

1) e-CRM 개념 및 의의

e-CRM은 Electronic Customer & Relationship Management의 약자로 e비즈니스 환경 아래에서 전개되는 CRM을 말한다. 다시 말해 인터넷을 통하여 e-데이터웨어하우스로 수집된 고객과 관련된 데이터를 웹 마이닝(web mining)으로 분석하는 것을 말한다. 온라인상의 고객 접촉 수단과 원리를 활용하여 쌓이는 기업 내·외부의 고객 관련 정보를 분석하여 고객만족도를 향상하고 고정 고객화를 통해 고객 로열티를 증진해 궁극적으로 수익구조를 개선하는 경영 관리 활동이다.

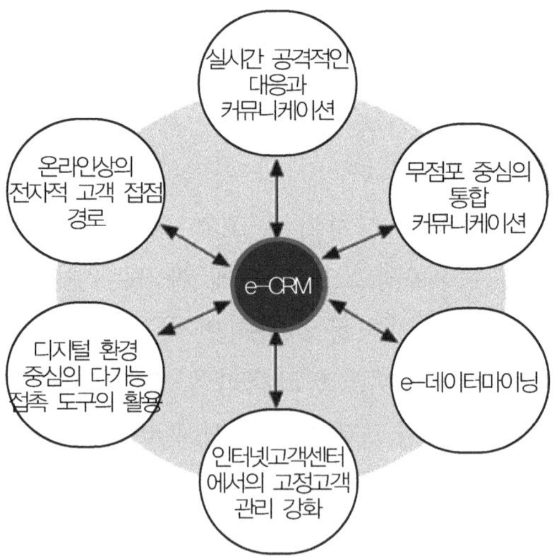

[e-CRM 전략적 정의]

온라인상에서 고객의 행동과 성향을 분석해 고객 만족을 극대화하고 실시간에 1 : 1 마케팅을 실현해 주는 것이다. 인터넷상에서 발생하는 모든 데이터와 오프라인 데이터를 이용하여 고객 정보를 구축하고, 이를 바탕으로 재구축한 고객 관계관리이다. 고객층의 정교한 세분화와 개인 고객과의 1 : 1 관계 형성을 실현하는 주요한 e-비즈니스 도구라고 할 수 있다.

2) e-CRM 목적

① 목표 고객에 대한 고객 관계를 집중화한다.

② 고객과의 1 대 1 관계를 중시하는 경영 및 마케팅 기법을 사용한다.

③ 고객 이탈 방지를 위한 적극적인 고객마케팅이 가능하다.

④ 데이터마이닝을 통한 고객자산의 기반을 전략화할 수 있다.

⑤ e-고객 정보 통합 솔루션

⑥ 인터넷 중심 5C 활용의 극대화(4P → 5C)

㉠ Customer : e-비즈니스의 출발은 고객
㉡ Communication : 고객과의 서로 대화
㉢ Contents : 고객이 원하는 정보나 요구사항
㉣ Commerce : 고객이 구매하거나 이용할 수 있는 거래 행위 매개체
㉤ Community : 고객이 자신들과 유사한 성향이나 가치를 지닌 사람들과의 조직화의 원활화

3) e-CRM 특징

인터넷을 활용한 단일 통합 채널을 통해 고객과 접촉하며, 지역적 및 시간적 한계를 극복할 수 있는 고객관리 방법으로서 음성, 동영상, FAQ 등 다양한 기술을 이용해서 고객 응대를 할 수 있다. 고객에 대한 관리를 위해서 온라인과 오프라인을 동시에 이용할 수도 있으며, 인터넷을 통해서 고객의 주문 활동을 지원함으로써 고객 구매 정보의 이력화가 가능하다. 고객을 공동의 가치창조자로서 간주하고 관리할 필요성이 있다.

구 분	CRM	e-CRM
고객접촉 경로	전화, 팩스, 판매장소, 체인점 등	e-mail, 인터넷, 이동통신, e-카탈로그 등
시간·공간 범위	제한된 영업시간, 지역적 한계 존재	24시간, 전 세계를 대상으로 가능
분석 이슈	통계기법, 데이터 마이닝, OLAP 등	개인화 엔진을 위한 실시간 고객 성향 분석, 행동 패턴 분석, 마케팅 효과 분석 등
Data 활용	마케팅 캠페인, 이탈 고객관리 전화상담실 자동화 등	1:1 마케팅, 웹사이트 콘텐츠 개인화 등
비 용	신규고객 유치와 관리 비용이 상대적으로 높음	초기 Set-up 비용이 많이 들지만, 유지·관리 비용은 상대적으로 낮음

[CRM과 e-CRM 비교]

4) e-CRM과 CRM 공통점

① 고객 접점과 커뮤니케이션 경로의 활용을 매우 중시한다.

② 원투 원 마케팅(1:1)과 데이터베이스 마케팅의 활용을 매우 중시한다.

③ 고객서비스 개선과 거래 활성화를 위해 고정고객 관리에 중점을 둔다.

④ 로열티 고객 확보와 고객 생애 가치 증대에 전략적 우선 목표를 둔다.

⑤ 고객 개개인에 대한 차별적인 서비스를 실시간으로 제공한다.

⑥ 데이터마이닝 등 고객 행동 분석의 전사적 활용을 추구한다.

⑦ 오프라인 경로 중심인 기업이나 조직의 경우 온라인 경로까지 확대하려는 움직임을 보인다.

⑧ 모든 유통경로를 통합 관리하고 의사결정을 하기 위한 고객 정보의 통합으로 CRM 솔루션을 구축하고자 한다.

Your Name
READ
FILES
HOME
SAMPLE TEXT
IDEA
10%
60%
25%
50%
75%
100%
82%
63%
76%
Site
Name
SAMPLE TEXT

제 4 부 유통정보

제 10 장 유통정보기술

제 1 절 유통정보와 바코드 이해

1 정보 이해

1) 정보(Information) 개념 및 의의

정보란 어떤 행동을 취하기 위한 의사결정을 목적으로 하여 수집된 각종 자료를 처리하여 획득한 지식이다. 정보란 어떤 사물, 상태 등 관련된 모든 것들에 대해 수신자에게 의미 있는 형태로 전달되어 불확실성을 감소시켜 주는 것과 같이 수신자가 의식적인 행위를 취하기 위한 의사결정, 선택의 목적에 유용하게 사용될 수 있는 데이터의 집합을 의미한다. 정보란 미래의 불확실성을 감축시키는 모든 것을 의미하며, 이를 위해 방대한 자료들을 객관적·체계적으로 수집·분리·보관·전달·보고하기 위한 시스템을 전제로 하는 것이다. 정보란 각각의 사실들이 지닌 본래의 가치를 초월하여 새로운 부가가치를 지니는 방식으로 조직화한 사실들의 집합체이다. 정보란 인간이 판단하고, 의사결정을 내리고, 행동을 수행할 때 그 방향을 정하도록 도와주는 역할을 하는 것이다. 따라서 정보는 미래의 불확실성을 감소시켜 주는 역할을 한다.

2) 자료, 정보, 지식의 특징

① 자료(Data)

자료는 인간이 이해할 수 있고 유용한 형태로 처리되기 전 있는 그대로의 사실이거나 기록이다. 자료는 어떤 현상이 일어난 사건이나 사실 그대로 기록한 것으로 숫자, 기호, 문자, 음성, 그림, 비디오 등으로 표현된다. 자료는 그 자체로는 의미가 없으며 이용자의 의도에 맞게 유용한 형태로 전환되고 가치를 지니고 있는 의미로 쓰이게 된다. 이렇게 자료가 의미 있는 형태로 처리되었을 경우 비로소 우리는 정보라고 부른다. 따라서 자료가 정보가 되려면 반드시 이용자의 목적에 부합 또는 적합 되어야 한다. 즉, 데이터에 목적 적합성(relevance)이 부가될 때 비로소 정보가 되는 것이다.

② 지식(Knowledge)

지식이란 이와 같은 동종의 정보가 집적되어 일반화된 형태로 정리된 것으로, '어떤 특정 목적의 달성에 유용한 추상화되고 일반화된 정보'라고 할 수 있다. 광의로는 사물에 관한 개개의 단편적인 실제적(實際的)·경험적 인식을 뜻하고, 엄밀한 뜻으로는 원리적·통일적으로 조직되어 객관적 타당성을 요구할 수 있는 판단의 체계를 말한다. 다양한 종류의 정보가 축적되어 특정 목적에 부합하도록 일반화된다.

구 분	자료	정보	지식
구체성 수준	낮은 구체성 개체적 구체성	통합된 구체성	고도의 추상성 구체성이 제거됨
상황적 의미	상황적 의미가 거의 없음	특정 상황 의존적	광범위한 상황에 적용 가능
범위 특성	매우 협소	특정 상황에 제한	정보 범위 이상 확대
시간 제약	해당 안 됨	정보 가치 감소	시간 제약 거의 없음

[자료, 정보, 지식 비교]

3) 바람직한 정보의 특성

① 정확성(Accuracy)

정확성을 갖춘 정보는 실수나 오류가 개입되지 않은 정보이다. 정보는 데이터의 의미를 명확히 하고 정확하게 편견의 개입이나 왜곡 없이 전달해야 한다.

② 완전성(Completion)

중요한 정보가 충분히 내포되어 있을 때 비로소 완전한 정보라 할 수 있다.

③ 경제성(Economical)

필요한 정보를 산출하기 위해서는 경제성이 있어야 한다.

④ 신뢰성(Reliability)

신뢰할 수 있는 정보는 그 원천자료와 수집 방법과 관련이 있다. 예를 들어, 증시에 돌아다니는 뜬소문만 믿고 투자할 수는 없는데, 그 이유는 뜬소문을 뒷받침할 수 있는 원천을 알 수 없어 신뢰성이 없기 때문이다.

⑤ 관련성(Relevancy)

양질의 정보를 취사선택하는 최적의 기준은 관련성이다. 관련성 있는 정보는 의사결정자에게 매우 중요하다. 즉, 컴퓨터제조업자에게 목재의 가격이 하락할 것이라는 정보는 관련성이 없으므로 필요 없는 정보가 된다.

⑥ 단순성(Simplicity)

정보는 단순해야 하고 지나치게 복잡해서는 안 된다. 너무 정교하거나 상세한 정보는 때에 따라 의사결정자에게 불필요할 수도 있다.

⑦ 적시성(Timeliness)

양질의 정보라도 필요한 시간대에 이용자에게 전달되지 않으면 가치를 상실한다.

⑧ 입증 가능성(Verifiability)

정보는 입증할 수 있어야 한다. 입증 가능성은 같은 정보에 대해 다른 여러 정보원을 점검해 봄으로써 살펴볼 수 있다.

⑨ 통합성(Combination)

개별정보는 관련 정보들과 통합될 때 상승효과(synergy effect)를 갖는다. 수직적 통합은 두 가지 이상의 서로 다른 유형의 경로 구성원들 간에 정보의 유기적 결합을 의미하고, 수평적 통합은 개별적으로 분산된 같은 유형의 경로 구성원에 관한 정보의 중앙 집중화를 의미한다.

⑩ 적절성(Felicity)

정보는 적절하게 사용되어야 유용한 정보로서의 가치를 가진다.

⑪ 형태성(Presentability)

의사결정자의 요구에 정보가 얼마나 부합되는 형태로 제공되는지에 대한 정도를 말한다.

2 바코드와 유통 정보화

1) 바코드 역사

오늘날 산업계에 널리 이용되고 있는 바코드는 슈퍼마켓의 관리 효율을 높이기 위해 고안되었으며 계산대 앞에서 기다리는 시간을 줄이고 판매와 동시에 재고 기록 경신을 자동으로 이루고자 하는 목적이었다. 소매 부분의 응용에서 큰 성과를 이루자, 타 산업 부문에서도 점차 바코드를 채택하기 시작하였다. 미국 매사추세츠(Messachusettes)주의 식료품 도매상의 아들인 윌리스 플린트(Wallace Flint)는 1923년 하버드 대학에서 '슈퍼마켓의 계산 자동화'에 대한 논문을 썼는데 그가 제안한 시스템은 흘러가는 랙(Rack)과 펀

치카드(Punched Card)를 이용해서 고객에게 상품을 자동으로 분배하는 것이었으나 경제적인 타당성이 없어 실현되지는 못하였다. 그러나 이것은 계산 자동화의 이점을 완전하게 문서로 만든 최초의 시도였다. 1970년대 중반에 식료품 업계의 표준코드와 심볼을 채택하고자 미국 슈퍼마켓특별위원회(U.S. Supermarket AD Hoc Committee)가 결성되었으며 이 위원회에서 표준 심볼의 지침을 세우고 이에 합당한 제안을 받은 결과 7개의 컴퓨터와 POS 장비 제조업체에서 고안한 심볼과 함께 응찰하였다. 심볼에 대한 인쇄성, 인쇄 오차도, 상점에서의 운영 등 많은 시험을 거쳐 3년 후인 1973년 4월 3일 UPC 심볼을 식료품 업계의 표준으로 결정하였다. 그 후 1974년 UPC 심볼을 판독할 수 있는 최초의 스캐너가 오하이오(Ohio) 주 트로이(Troi)의 마쉬(marsh) 슈퍼마켓에 설치되게 된다. 미국과 캐나다의 슈퍼마켓에서 성공적으로 이용되자 유럽에서도 이에 자극받아 1976년 12월 EAN(European Article Numbering) 코드와 심볼을 채택하게 된다. 1974년에 인터멕(Intermaec)사의 데이빗 C. 알레스(david C. Allais)에 의해 영문과 숫자(alphanumeric)로 표현할 수 있는 첫 번째 심볼로지(Symbology)인 코드 39가 개발되었다. 1970년대에 UPC를 채용한 소매시스템이 기술적으로나 경제적으로 타당성이 입증되자 1980년대 들어 타산업 부문에서도 바코드 심볼로지와 사양의 표준화 작업이 시도되었다. 1982년에 국방 표준(Millitary Standard 1189)이 채택되고 1983년에 ANSI 표준(MH 10.8M), 1984년에 UPC 선적 컨테이너 심볼(Interleaved 2 of 5)과 자동화 부문 표준(ALAG B1~B8), 의료부문(HIBCC 표준)이 채택되었다. 여러 종류의 심볼로지와 장비들이 등장함에 따라 관련 제조업체와 사용자들은 더 나은 정확성과 기술적인 세련도, 통일성을 요구하게 되었다. 이에 AIM(Automatic Identification Manufacturer)에서는 기술 표준 위원회(Technical Symbology Committee)를 구성하여 표준 심볼로지 사양(Uniform Sysbology Specification)을 정하기에 이르렀다.

2) 바코드 정의와 구분

바코드(Bar Code)는 두께가 서로 다른 검은 막대와 흰 막대(Space)의 조합을 통해 숫자 또는 특수기호를 광학적으로 쉽게 판독하기 위해 부호화한 것이다. 바코드는 정보의 표현과 정보의 수집·해독을 가능하게 한다. 문자나 숫자를 나타내는 검은 막대와 흰 공간의 연속을 바와 스페이스를 특정하게 배열해 이진수 0과 1의 비트로 바꾸고 이들을 조합해 정보로 이용하게 되는데 이들은 심볼로지라고 하는 바코드 언어에 의해 만들어진다. 크기가 서로 다른 정방향의 BAR(검은 막대)와 SPACE(흰 막대)의 평행한 배열의 조합에 의해 인식 가능한 문자, 숫자, 기호 등의 CHARACTER(문자)를 형성하고 그 위에 CHECK-DIGIT를 포함한 필요로 하는 문자의 좌우에 START, STOP CHARACTER와 선두와 끝에 각기 QUITE ZONE을 조합시켜 CODE 화한 전자광학 기술에 의해 개발된 BARCODE READER(BARCODE SCANNER)를 이용하여 판독하는 자동기술을 의미한다.

바코드는 데이터의 배열 방법에 따라 바이너리 코드와 멀티레벨 코드로 구분한다. 바이너리 코드는 2진법을 표현하는 바코드 체계로 판독이 쉽고 라벨의 발행이 쉬우며 ITF, Code 39 등에 쓰인다. 멀티레벨 코드는 고밀도의 정보 표현이 가능하여 KAN, Code 128 등에 쓰인다.

3) 바코드 구조

① **Quiet Zone**

바코드 시작 문자의 앞과 멈춤 문자의 뒤에 있는 공백 부분을 가리키며 바코드의 시작 및 끝을 명확하게 구현하기 위한 필수적인 요소이다. 심볼 좌측의 여백을 전방 여백, 우측의 여백을 후방 여백이라 한다.

② **Start/Stop Character**

㉠ 시작 문자는 심볼의 맨 앞부분에 기록된 문자로 데이터의 입력 방향과 바코드의 종류를 바코드 스캐너에 알려주는 역할을 한다.

㉡ 멈춤 문자는 바코드의 심볼이 끝났다는 것을 알려주어 바코드 스캐너가 양쪽 어느 방향에서든지 데이터를 읽을 수 있도록 해 준다.

③ **Check Digit**

검사문자는 메시지가 정확하게 읽혔는지 검사하는 것으로 정보의 정확성이 요구되는 분야에 이용되고 있다.

④ **Interpretation Line**

사람의 맨눈으로 식별할 수 있는 정보(숫자, 문자, 기호)가 있는 바코드의 윗부분 또는 아랫부분을 말한다.

⑤ **Bar/Space**

바코드는 간단하게 넓은 바, 좁은 바와 스페이스로 구성되어 있으며, 이들 중 가장 좁은 바와 스페이스를 'X' 디멘전이라 부른다.

⑥ **Inter-Character Gaps**

문자 간의 스페이스(X 디멘전 크기)를 말한다.

⑦ 바코드 심볼로지(**Symbology**)

나라마다 고유의 언어가 있듯이 바코드에도 여러 언어가 있는 것을 말한다. 데이터를 바코드로 표시하는 방법을 의미하고, 같은 데이터라도 심볼 체계에 따라 다르게 표현하며, 심볼의 구조는 코드의 종류에 따라 다르다.

4) 바코드 인식

바코드 리더(BARCODE READER)가 바코드 심볼을 해석해서 변환시키는 과정은 몇 단계로 나뉜다. 처음 사용자가 스캐너의 광원을 주사하면 주사된 빛이 바코드 심볼 위를 지나가게 된다. 바코드 심볼의 검은색 바와 스페이스(흰색) 바는 빛의 반사율이 다른데 스캐너의 수광부는 빛의 양을 감지하여 그 크기에 따라 전기신호를 발생하게 된다. 수광부에서 검사되는 빛의 양이 매우 적으므로 발생하는 전류도 적은데, 이를 증폭시켜 아날로그 신호를 생성시킨다. 아날로그 신호는 디지타이징(Digitizing) 과정을 거쳐 디지털 신호를 바꾼다. 즉, 상한과 하한값을 정하여 한계치에 도달하면 하이(High)와 로우(Low) 상태로 변하게 하여 생성된 디지털 신호는 디코더 내의 디지털 신호 처리 과정을 거쳐 그 비트 패널에 해당하는 데이터 값을 생성하여 상위 레벨의 장비로 자료를 전송하게 된다.

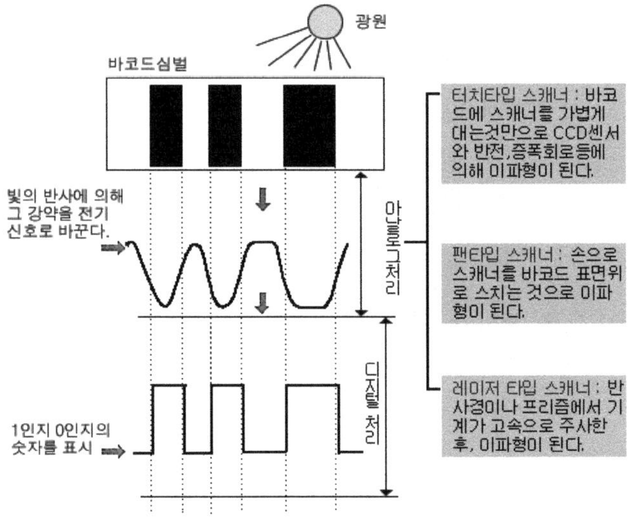

[바코드 판독원리]

자료 : http://www.keid.co.kr/support/support_2.html

5) 바코드 장점

바코드에 수록된 데이터는 비접촉 판독이 가능하고 한 번의 주사로 판독 가능하며, 오독률이 낮아 높은 신뢰성을 확보할 수 있다. 컨베이어 상에서 직접 판독이 가능하여 신속한 데이터 수집이 가능하다. 바코드에 의한 정보 입력 방식은 기타의 입력방식의 System보다 경제적이며 효율적이므로 작업의 생산성과 효율성을 높일 수 있다. 코드를 읽어 들이는 것은 수작업에 의한 컴퓨터의 입력 방법(Key-In)보다 훨씬 빠르다. 바코드화된 정보는 손쉽게 주 컴퓨터로 실시간처리(On-Line Real Time)가 가능하므로 필요한 시점에서 상황을 즉시 알아낼 수 있으므로 적정재고 유지와 효과적인 입·출하관리, 판매관리가 가능해진다. 도입 비용이 저렴하고 응용 범위를 다양하게 활용할 수 있다.

6) 마킹(Marking) 유형

① 소스 마킹(Source marking)

소스 마킹(source marking)은 제조업체와 수출업자가 상품의 생산 및 포장 단계에서 바코드를 포장지나 용기에 일괄적으로 인쇄하는 것을 말한다. 소스 마킹은 주로 가공식품·잡화 등을 대상으로 실시하며, 인스토어 마킹과는 달리 전 세계적으로 사용되기 때문에 인쇄되는 바코드의 체계 및 형태도 국제적인 규격에 근거한 13자리의 숫자(KAN)로 구성된 바코드로 인쇄해야 한다. 국내 제조업체가 자사 상품에 소스 마킹을 해야 하는 이유는 다음과 같은 두 가지 요인이 있다. 첫째 대외적인 요인으로서 해외 바이어의 요구 및 국내 유통업체의 요구 등을 들 수 있고, 둘째 대내적인 요인으로서 물류시스템에의 활용, 스캔 데이터(scan data)의 활용, EDI(electronic data interchange: 전자식 데이터 교환) 시스템에의 활용, 마킹 비용의 절감 및 마킹 작업의 노력 절약 화 등을 위해서이다.

② 인 스토어 마킹(In-store marking)

인 스토어 마킹(in-store marking)은 각각의 소매점포에서 청과-생선·채소·정육 등을 포장하면서 일정한 기준에 의해 라벨러를 이용하거나 컴퓨터를 이용하여 바코드 라벨을 출력, 이 라벨을 일일이 사람이 직접 상품에 붙이는 것을 말한다. 소스 마킹된 상품은 하나의 상품에 고유식별번호가 붙어 전 세계 어디서나 동일 상품은 동일 번호로 식별되지만, 소스 마킹이 안 된 제품 즉, 인 스토어 마킹이 된 제품은 동일 품목이라도 소매업체에 따라 각각 번호가 달라질 수 있다.

③ 소스 마킹에 따른 이점

구분	이점
제조업체	㉠ 판매 정보를 기초로 정확한 생산계획을 수립 ㉡ 경쟁품의 가격 동향을 파악하여 자사 제품 가격을 시의적절하게 조정 ㉢ 광고나 판매촉진의 효과를 측정 ㉣ 소비자의 요구에 맞춰 신제품을 개발하거나 기존제품을 개량 ㉤ 팔리지 않는 상품의 생산 중단 및 폐기 ㉥ 시장 규모를 파악하여 업체별 시장점유율 파악 ㉦ 출고·배송의 합리화 ㉧ 재고관리의 정착도 향상
유통업체	㉠ 매출 등록 계산의 간편화 및 신속화 ㉡ 마킹 비용 절감(바코드 라벨 부착 작업의 경감) ㉢ 단품 정보수집 ㉣ 재고관리 정확도 향상

[업체별 소스 마킹 이점]

④ 소스 마킹 6하 원칙

원칙	내용
누가(WHO)	상품제조업체 또는 판매원이
왜(WHY)	판매 신장과 재고관리 등 내부 관리를 위해
언제(WHEN)	상품 포장이나 용기를 인쇄할 때
무엇을(WHAT)	해당 상품번호를 나타내는 바코드 심벌을
어디에(WHERE)	포장이나 용기에
어떻게(HOW)	포장이나 용기를 인쇄할 때 동시에 바코드를 인쇄

[소스 마킹 6하 원칙]

3 상품 바코드 종류

1) 1차원 바코드 종류

① **CODE 39** 코드

알파벳 문자를 코드화할 수 있는 것의 대표적인 3 of 9 코드는 CODE 39로도 알려져 있다. 이 코드는 1974년 미국의 Interface Mechanism(현재 Intermec사)의 데이비드 알리아스 와 레이스티븐에 의해 개발되었다. 43개의 문자(0~9, A~Z, 7개의 특수문자) 와 하나의 시작, 끝 문자로 구성되어 있으며, 각 문자는 9개의 요소로 이루어지고 그중 세 개는 논리값 “1”을 의미하며, 문자와 문자 사이의 갭은 코드값을 포함하지 않는다. 현재 공업용을 비롯하여 가장 널리 사용되고 있으며 보통 바 5개가 한 문자에 해당하며 시작과 끝 문자는 반드시 “*”이어야 한다.

② **CODE 128** 바코드

CODE 128은 전체 ASCII 128 문자를 모두 표현할 수 있는 연속형 심볼로지이며, 수치 데이터는 심볼 문자당 두 자리로 표현한다. CODE 128은 시작과 끝 문자, 변동 가능한 길이의 데이터, 바와 스페이스 두 개 모두에 대한 캐릭터 패리티 체크 문자, 함수 문자 등으로 구성되어 있으며, 인쇄가 더욱 쉬우며 현재 사용되고 있는 각종 컴퓨터, 프린터에 적당하다.

③ **CODE 93** 바코드

Intermec 사에 의해 개발된 CODE 39는 구조적인 단순성으로 인해 산업용 바코드로 광범위하게 사용되며, 이산적이고 자체 검사 기능이 가능한 이유로 다양하게 사용되었으나 바코드의 크기로 인해 많은 제약을 받았다. 이에 매우 작은 크기의 바코드를 사용해야 할 경우를 위해 개발된 코드가 바로 CODE 93이다. CODE 93은 작은 심볼이 요구되는 곳에서 CODE 39와 호환할 수 있도록 고안된 것이다. CODE 93은 43개의 데이터 캐릭터와 4개의 제어 캐릭터, 한 개의 시작과 끝 캐릭터를 갖는 영문과 숫자 코드로 128개 ASCII 캐릭터와 제어 캐릭터, 기본적인 데이터 캐릭터의 조합으로 이루어진다.

④ **Interleaved 2 OF 5 코드**

이 코드는 1972년 미국의 Intermec 사가 2 of 5 코드의 효율을 증대시키기 위해 개발했으며, 산업용 바코드 중에서 많이 이용되고 있다. 이 코드는 한 개의 숫자가 5개의 바와 5개의 스페이스를 교대로 조합시켜 이루어져 있으며 문자 사이의 갭을 없앴다. 이 코드는 문자의 수가 짝수여야 하므로 홀 수 개의 문자가 들어 왔을 때 "0"이 맨 앞에 붙여지나 바코드 중 가장 짧은 것이 특징이다. 이 코드는 숫자 데이터 표현 시 많은 데이터를 짧게 코드화할 수 있고 자체 검사 기능도 뛰어나므로 산업용 및 소매용으로 많이 사용된다. 이 독특한 구성은 기록 밀도가 높고, 적은 스페이스로 많은 정보를 판별할 수 있어 정확도가 높고 인쇄가 쉽다. 1981년 미국 코드 관리 기관에서는 배송, 표장용 표준심벌로 채택하였고, 우리나라에서도 1989년 한국 공업 규격(KS)으로 공표하여 이용하고 있다. 한 개의 숫자가 5개의 바와 5개의 스페이스를 교대로 조합시켜 이루어져 있으며, 문자 사이의 갭을 없애 Industrial 코드보다 약 40%, Matrix 코드보다 약 10% 이상으로 길이를 줄일 수 있다.

2) 2차원 바코드 심볼로지

2차원 심볼로지는 양 축(X 방향, Y 방향)으로 데이터를 배열시켜 평면화시킨 것으로서 기존의 1차원 바코드 심볼로지가 가지는 문제점인 데이터 표현의 제한성을 보완하기 위하여 등장하였다. 4각형의 검은색 바와 흰 바의 조합을 통해 문자와 숫자를 표시하는 매트릭스형 2차원 바코드를 말한다. 데이터를 구성하는 방법에 따라 크게 다층형 바코드(Stacked Bar Code)와 매트릭스형 코드(Matrix Code)로 나뉜다.

2차원 바코드 심볼로지 특징은 다음과 같다.

① 하나의 심볼에 대용량의 데이터를 포함할 수 있다.

② 좁은 영역에 많은 데이터를 고밀도로 표현할 수 있다.

③ 공간 이용률이 매우 높다.

④ 심볼이 오염되거나 훼손되어 데이터가 손상되더라도 오류를 검출하여 복원하는 능력이 탁월하다.

⑤ 흑백 엘리트먼트가 변에 구속되어 있지 않아 심볼 인쇄 및 판독이 쉽고 심볼의 판독을 360° 다방향으로 할 수 있다.

⑥ 한국어를 비롯한 모든 외국어 그리고 그래픽 정보까지도 표현할 수 있다.

3) 2차원 바코드 심볼로지 종류

① 다층형(Stacked) 바코드

1차원 바코드와 같이 개별적으로 인식될 수 있는 몇 개의 문자가 모여 수평 방향으로 열(Row)을 구성하며 열 안에는 1개 이상의 데이터 문자를 포함하고, 하나의 심볼 안에는 최소 2개 이상의 열을 포함한다. 각 열은 독특한 심볼 시작(Start) 패턴과 종료(Stop) 패턴을 가지고 있으므로 바코드 판독기는 열의 순서와 관계없이 어떤 열이 읽혔는지 분간할 수 있다. 심볼 안에는 몇 개의 열(Row)과 줄(Column)이 있는지에 대한 정보와 심볼 종료 패턴이 있으므로 심볼 내의 모든 데이터가 정상적으로 판독되었는지를 확인할 수 있다. 다층형 바코드는 1차원 심볼로지의 연장선 상에 있으므로 특수한 별도의 장비가 아닌 상용화된 범용 스캐너로 판독이 쉬운 장점이 있다. 다층형 바코드(Stacked Bar Code)로는 Code 16K Code, PDF-417 Code, Code 49 Code 등이 대표적이다.

② 매트릭스(Matrix) 바코드

정방형의 같은 폭의 흑백 요소를 모자이크식으로 배열하여 데이터를 구성하기 때문에 심볼은 체크무늬 형태를 띤다. 이 심볼을 판독하는 스캐너는 각 정방형의 요소가 검은지 흰지를 식별해 내고 이 흑백 요소를 데이터의 비트(Bit)로 삼아서 문자를 구성한다. 이런 단순 구조로 인해 다층형 심볼로지나 선형 심볼로지보다 더 쉽게 인쇄나 판독할 수 있다. 그 이유는 바코드에 있어서 서로 다른 폭의 엘리먼트를 배치하거나 판독하는 일이 가장 어려운 일의 하나이기 때문이다.

QR Code　PDF417　Data Matrix　MaxiCode

Veri Code　Codablock　Aztec Code　Code 16K

Code One　Calula Code　BP04 State Code　Postnet Code

[2차원 바코드 종류]

자료 : http://www.keid.co.kr/support/support_2dbarcode.html

매트릭스형 코드에서는 흑백 엘리먼트의 존재 여부만 확인하면 되므로 데이터가 엘리먼트의 변에 구속되지 않아서 다층형 또는 선형(1D) 심볼로지에 비해서 데이터의 오차 허용도(Tolerance)가 작아도 된다. 매트릭스형 코드는 흑백 요소를 데이터 비트로 삼아 수평 및 수직 방향으로 배열하므로 2D Array 코드라고도 불린다. 매트릭스형 코드(Matrix Code)로는 Data Matrix Code, QR Code, Maxi Code, Codeone Code 등이 대표적이다.

4 바코드와 국제표준

1) GS1(Global Standard No. 1)

GS1은 상품의 식별과 상품정보의 교류를 위한 국제표준 상품코드를 관리하고 보급을 전담하는 기관으로써 세계 100개국이 넘는 국가가 가입한 국제기구이다. GS1 Korea(대한상공회의소 유통물류진흥원)는 한국을 대표하여 1988년 GS1에 가입하였으며, 국제표준 바코드 시스템의 보급 및 유통 정보화를 전담하고 있는 글로벌 기관이다. GS1 코드는 백화점, 슈퍼마켓, 편의점 등 유통업체에서 최종 소비자에게 판매되는 상품에 사용되는 코드로서 상품 제조 단계에서 제조업체가 상품 포장에 직접 인쇄하게 된다. GS1 코드는 제품에 대한 어떠한 정보도 담고 있지 않으며 GS1 코드를 구성하고 있는 개별 숫자들도 각각의 번호 자체에 어떠한 의미도 담고 있지 않다. 즉, GS1 코드는 제품 분류(Product Classification)의 수단이 아니라 제품 식별의 수단으로 사용된다.

2) GS1 바코드 적용 절차

① 제1단계 : 업체 코드 신청

GS1 국제표준바코드를 사용하기 위해서는 대한상공회의소 유통물류진흥원(GS1 Korea)으로부터 업체 코드를 발급받아야 한다.

② 제2단계 : 상품 품목 코드 설정

대한상공회의소 유통물류진흥원(GS1 Korea)으로부터 제조업체 코드를 발급받은 후, 바코드를 사용하고자 하는 업체에서는 유통업체에 납품할 상품의 개별단위로 상품 코드를 설정해야 한다.

③ 제3단계 : 바코드 인쇄 방법 선택

바코드 인쇄 방법은 바코드의 사용 목적과 인쇄량(quantity)에 따라 달라진다.

④ 제4단계 : 바코드 인쇄 방법 선택

출력하고자 하는 바코드의 종류, 크기, 위치, 선명도(품질) 등은 해당 바코드가 어느 환경에서 판독되는지에 따라 다르다. 바코드가 일반 유통매장에서 판독될 때는 GS1 13 바코드를 사용해야 한다.

⑤ 제5단계 : 바코드 종류 결정

바코드가 슈퍼마켓이나 대형할인점 등 일반 유통매장에서 판독될 때는 GS1 13 바코드를 사용한다. 바코드에 추가 정보(일련번호, 유통기한, 단위 등)를 나타내어야 할 때 GS1-128(GS1 128) 또는 GS1 Data Bar, Data Matrix 바코드를 사용한다. 물류 단위(박스)에 바코드를 적용하고자 한다면 ITF-14(물류 바코드 : GS1 14) 사용을 고려해 보아야 한다.

⑥ 제6단계 : 바코드 크기 결정

㉠ GS1 13 바코드

ⓐ 표준 크기로부터 최대 200% 확대하여 출력할 수 있으며 최소 80%까지 축소할 수 있다.

ⓑ GS1 13 바코드를 축소할 때는 특히 바코드의 높이에 주의해야 한다. 전체 배율을 무시하고 인위적으로 높이만 줄여 출력할 경우, 바코드는 판독되지 않는다.

㉡ ITF 14(GS1 14) & GS1 128

ⓐ 물류 바코드인 ITF 14와 바코드에 추가 정보를 입력할 수 있는 GS1 128 바코드 역시 표준 치수가 고정되어 있다.

ⓑ ITF 14는 표준 치수(159mm × 41mm)를 기준으로 50%~200%까지 축소, 확대하여 사용할 수 있다.

⑦ 제7단계 : 바코드 넘버 부여

바코드 아랫부분에 표현된 번호(바코드 넘버)는 바코드가 판독되지 않을 경우를 대비하여 적혀 있는 중요한 정보이다.

⑧ 제8단계 : 바코드 색상 선택

바코드를 출력하기 위한 최적의 색상 조합은 흰색 바탕에 검은색 바를 사용하는 것이다. 바코드의 바 부분은 반드시 검은색이나 짙은 남색 등의 어두운 계열의 색상이어야 한다. 바의 색상은 반드시 하나로 통일되어야 한다. 대부분은 바코드의 배경에는 색상을 부여하지 않는다. 만약 배경에 색상을 입힐 경우는 흰색과 같이 옅은 색상을 사용하며, 바의 색상과 확연히 구별되게 하여야 한다.

⑨ 제9단계 : 바코드 인쇄 위치 결정

바코드 인쇄 위치를 결정할 때에는 해당 상품의 포장 디자인을 담당하는 직원과 협력해야 한다. 바코드 부분이 눈에 잘 띄지 않는 곳에 인쇄되어 있거나, 포장지의 접지면과 같이 바코드가 왜곡되어 표현될 수 있는 경우에는 다른 위치를 고려해야 한다.

⑩ **제10단계 : 바코드 인쇄품질 검사**

GS1 바코드는 종류에 따라 스캐너에 의해 판독이 가능한 최소한의 인쇄품질을 획득해야 한다.

3) GTIN(Global Trade Item Number, 국제 거래 단품 식별코드)

소매 상품에 사용되는 상품식별 코드(바코드 번호)이며 13자리로 이루어져 있어 GTIN-13(지틴십삼)이라고 불린다. GTIN의 종류에는 GS1-8(8자리), GS1-13(13자리), GS1-14(14자리)가 있으며, 이를 전산으로 처리할 때는 모두 14자리로 입력해야 하므로 각 코드의 앞에 '0'을 채워 14자리로 만든 후 데이터베이스에 입력한다. 단축형 상품식별 코드(GTIN-8)도 있으나 최근에는 많이 사용되고 있지 않다(담배, 껌 등에 사용, 추가 비용 발생).

4) GS1-13 코드(표준형)

① **GS1-13 코드**

13자리의 숫자로 구성된 코드로 현재 전 세계에서 사용되고 있는 국제표준이다.

② **국가식별 코드(3자리)**

국가를 식별하기 위한 숫자로 3자리로 구성된다.

③ **제조업체 코드(6자리)**

상품의 제조업체를 나타내는 코드로 대한상공회의소 유통물류진흥원에서 제품을 제조하거나 판매하는 업체에 부여한다.

④ **상품품목 코드(3자리)**

제조업체 코드를 부여받은 업체가 자사에서 취급하는 상품에 임의로 부여하는 코드로서, 000~999까지 총 1,000품목에 부여할 수 있다.

⑤ **체크 디지트(1자리)**

스캐너에 의한 판독 오류를 방지하기 위해 만들어진 코드로서, 바코드가 정확하게 구성되어 있는가를 보장해 주는 컴퓨터 체크 디지트를 말한다.

5) GS1-14 코드

① **업체 간 거래 단위인 물류 단위(Logistics Unit)**

주로 골판지 상자에 사용되는 국제표준 물류 바코드로서 생산공장, 물류센터, 유통센터 등의 입·출하 시점에 판독되는 표준 바코드이다.

② **GS1-14** 물류식별 코드

I	880	123456789	C/D
(1자리)	(3자리)	(9자리)	(1자리)
물류 식별코드	국가 식별코드	제조업체 + 상품품목 코드 코드	체크 디지트

[GS1-14 물류 식별 코드]

③ 표준물류 바코드 활용 이점

㉠ 물류센터 내 검품, 거래처별·제품별 분류가 원활하다.

㉡ 로케이션 관리를 자동화할 수 있다.

㉢ 물류센터 내 실시간 재고 파악을 통한 재고관리의 효율화를 도모할 수 있다.

㉣ 생산에서 배송까지 제품이동을 신속·정확하게 할 수 있다.

㉤ 수주에서 납품까지 리드 타임 단축 등 물류 단위 중심의 EDI 거래를 촉진할 수 있다.

④ **GS1-13**과 **GS1-14** 비교

구 분	GS1-13	GS1-14
코드 자릿수	표준 13자리, 단축 8자리	14자리
사용처	소비자 구매 단위(낱개 포장)	기업 간 거래 단위(집합 포장)
응용 분야	POS 시스템	재고관리, 입·출고관리 등

[GS1-13과 GS1-14 비교]

6) GS1-128 코드

① **GS1-128** 등장 배경

GS1-8, GS1-13, GS1-14는 단품 또는 상자 단위에 인쇄되는 무의미성·범용성 식별코드이다. 물류 단위에 다양한 정보를 표준화하고자 한다. 물류 단위(상자, 팔레트, 컨테이너 등)에 다양한 정보를 표시하고자 하였으며, 기업 간, 산업 간에 상호호환이 가능한 표준 정보를 담을 수 있는 코드에 대한 욕구가 발생한다.

② 표준물류 바코드 활용 이점

㉠ 개방화된 표준

코드를 인쇄한 기업과 관계없이 어느 국가, 어느 장소, 어떤 기업에서도 사용 가능한 개방화된 표준이다.

㉡ 안정적인 표준

기업들이 필요로 하는 새로운 정보가 발생할 경우, AI를 새로 정의하여 사용할 수 있다. 이때 기존의 시스템에 대한 변경이 완벽히 불필요하다.

③ **응용 식별자(AI : Application Identifier)**

㉠ 정의 : 데이터의 형식과 의미를 지정하는 프리픽스이다.

㉡ 응용 식별자로 표현할 수 있는 정보는 다음과 같다.

ⓐ 식별 번호(Identification Number)

ⓑ 추적 번호(Traceability Number)와 일자(Dates)

ⓒ 측정 단위(Measurements)

ⓓ 트렌젝션 조회 및 로케이션 번호 등

㉢ AI의 자릿수 : 최소 2자리, 최대 4자리이다.

④ **심볼 구성 요소는 다음과 같다.**

㉠ 좌우 여백

㉡ 이중 스타트 캐릭터

㉢ 데이터(AI와 데이터 필드)

㉣ 심볼 체크 캐릭터

㉤ 스톱 캐릭터

7) GLN(Global Location Number, GS1 로케이션 코드)

GLN은 전자문서 혹은 GS1-128 체계를 이용하여서 한 기업의 물리적(예: 한국물산 부산창고), 기능적(예: 한국물산 총무부), 법적(예: (주)한국물산) 실체를 식별할 때 사용되는 13자리 코드이다. 거래업체 간의 거래 시 거래업체 식별 및 기업 내 부서 등을 식별하는 번호로 사용된다. GS1-128 체계에서 GLN을 사용하고자 한다면 AI(Application Identifier, 응용 식별자)와 함께 사용한다. AI(410) - 배송 장소, AI(411) - 송장을 보낼 곳, AI(412) - 구매처를 의미한다. GS1 Korea에서 부여받은 GLN의 구조는 880으로 시작하며 업체 코드(6자리), 업체식별 코드(3자리), 체크 디지트로 이루어져 있다.

GS1 로케이션 코드 식별 기능은 다음과 같다.

① **법률적 실체** : 기업이나 자회사 또는 관련 기관

② **기능적 실체** : 법률적 실체의 특정 기능부서

③ **물리적 실체** : 건물 또는 특정 건물의 특정 위치

8) EPC(Electronic Product Code)

EPC 코드는 GS1 표준 바코드와 마찬가지로 상품을 식별하는 코드이다. 차이점은 바코드가 품목 단위의 식별에 한정됐지만, EPC 코드는 동일 품목의 개별상품까지 원거리에서 식별할 수 있다는 것이다. 이를 통해 위조품 방지, 유효기간 관리, 재고관리 및 상품 추적 등 공급체인 면에서 다양한 효과를 누릴 수 있다.

① EPC 코드 체계

헤더(Header) + 업체 코드(EPC Manager) + 상품 코드(Object Class) + 일련번호(Serial Number)

㉠ 헤더(Header) : H1 H2
- ⓐ 헤더는 EPC 코드의 전체 길이, 식별코드 형식과 필터값을 정의. 헤더는 가변 길잇값을 가지는데, 현재 2bit와 8bit 값의 헤더가 정의되어 있다.
- ⓑ 2bit 헤더는 3개의 값을 가지며(01, 10, 11), 8bit 헤더는 63개의 값을 가지며, 헤더는 판독기가 태그의 길이를 쉽게 판단할 수 있도록 돕는 기능을 한다.

㉡ 업체 코드(EPC Manager) : M1 M2 M3 M4 M5 M6 M7
- ⓐ EAN 바코드의 업체 코드에 해당하며 각국 EAN 회원기관이 할당한다.
- ⓑ 28bit의 용량으로 7개의 숫자(0~9) 및 문자(A~F)를 조합하여 약 2억 6천만 개 업체 코드를 할당할 수 있다.

㉢ 상품 코드(Object Class) : O1 O2 O3 O4 O5 O6
- ⓐ 바코드의 상품 품목 코드에 해당하며 사용 업체가 할당한다.
- ⓑ 24bit의 용량으로 6개의 숫자와 문자를 조합하여 약 1천6백만 개 상품에 코드를 부여할 수 있다.

㉣ 일련번호(Serial Number) : S1 S2 S3 S4 S5 S6 S7 S8 S9
- ⓐ 동일 상품에 부여되는 고유한 식별 번호로써 사용 업체가 할당한다.
- ⓑ 36bit로 8개의 숫자와 문자를 조합하여 680억 개의 상품에 코드를 부여할 수 있다.

② 특징

EAN, UCC 코드와 마찬가지로 상품을 식별하는 코드로, 차이점은 바코드가 품목 단위의 식별에 한정됐지만, EPC 코드는 동일 품목의 개별상품까지 원거리에서 식별할 수 있다. 같은 상품이라도 모든 개체를 개별적으로 식별할 수 있는 일련번호가 추가되어 상품 추적과 상품 이동 상태를 매우 정확히 포착할 수 있고, 동시에 데이터 취합과 처리 효율을 높일 수 있다. 위조품 방지, 유효기간 관리, 재고관리 및 상품 추적 등 공급체인 면에서 다양한 효과를 기대할 수 있다.

9) SSCC 및 RSS

① SSCC(Serial Shipping Container Code : 수송 용기 일련번호)

최초 배송인과 최종 수령인 사이에 거래되는 물류 단위 중에서 주로 팔레트와 컨테이너 같은 대형 물류 단위를 식별하기 위해 개발한 18자리 식별코드이다. GS1 코드의 경우에는 코드 관리 기관으로부터 부여받은 국가코드와 업체 코드는 그대로 사용하고 포장 용기의 일련번호를 부여한다. 그리고 확장자와 체크 디지트를 덧붙여 18자리를 만든다. 응용 식별자 00은 괄호로 묶어 표시한다.

② RSS(Reduced Space Symbology : 축소형 바코드)

정상 크기의 바코드를 인쇄할 만한 공간이 없는 전자, 통신, 의료(의약품) 등의 소형 상품에 부착할 목적으로 개발한 축소형 바코드이다. RSS는 GS1-14 코드의 입력을 기본으로 하며 종류에 따라 부가 정보의 추가 입력이 가능하다. EAN/UCC에 의해 개발된 RSS는 모두 네 가지이며 업무 성격에 따라 선택하여 사용할 수 있다. 공통점으로 네 가지 심볼 모두가 기존 EAN 코드와 마찬가지로 1차원 선형바코드로 구성되어 있다. EAN/UCC에 의해 개발된 RSS는 RSS-14, RSS-14 Stacked, RSS-14 Limited, RSS-14 Expanded 4종류가 있다.

제 2 절 POS 시스템과 데이터 정보 활용

1 POS 도입과 유통 네트워크화

1) 정보 유통 시스템화

생산과 소비 사이에서 상품의 흐름을 원활하게 하여 고객에 대한 서비스를 향상하고 비용을 줄이기 위해서는 유통의 모든 활동을 통합하여 관리해야 한다. 이를 위해서는 각 유통 활동에 대한 정보를 생산자나 소비자가 모두 상호 공유하고 관리하는 것이 필요하다. 정보 유통 시스템은 유통 관리 활동을 직접, 간접적으로 지원하고 조정하는 정보 시스템이다. 정보 유통의 시스템을 운영하고 관리하는 것은 고객을 만족하게 하고 기업의 원가를 줄여 국제 경쟁력을 높이는 데 목적이 있다.

2) POS 시스템 정의와 도입 목적

POS(Point Of Sales) 시스템이란 판매시점정보관리시스템을 말하는데, 판매장의 판매 시점에서 발생하는 판매 정보를 컴퓨터로 자동 처리하는 시스템이다. POS 시스템에서는 상품별 판매 정보가 컴퓨터에 보관되고, 그 정보는 발주, 매입, 재고 등의 정보와 결합하여 필요한 부문에 활용된다.

① POS 시스템 적용 분야

㉠ 판매장

편의점, 슈퍼마켓, 백화점, 창고형 매장인 양판점, 할인점, 하이퍼마켓, 쇼핑센터 등이 있다.

㉡ 음식점

소형 음식점, 고급 음식점, 대형 음식점이 있다.

㉢ 진문점

서적, CD 판매점, 의류전문점, 문방구, 팬시 전문점, 화장품 가게 등이 있다.

② POS 시스템 목적

고객이 원하는 상품을 원하는 시기에 원하는 양만큼 구매할 수 있도록 하여 고객의 상품 구매 만족도를 높이는 것이다. 기업은 팔릴 수 있는 상품을 그 양만큼 공급할 수 있도록 하여, 매출과 이익을 극대화하는 데에 목적이 있다.

3) POS 시스템 기능

① 단품 관리

상품을 제조회사별, 상표별, 규격별로 구분해서, 상품마다 정보를 수집·가공·처리하는 과정에서 단품 관리가 가능하다. 이를 위해서는 바코드(Bar Code)가 상품에 인쇄되어 있어야 한다. 여기에서 단품 관리란 상품의 품목별 관리를 말한다. 인기 상품과 비인기 상품의 파악이 쉽고 종업원의 적정 배치나 적정재고 유지가 가능하다.

② 판매 시점에서의 정보입력

상품에 인쇄된 바코드를 신속하고 정확하게 자동 판독함으로써 판매 시점에서 정보를 곧바로 입력할 수 있다. 금전등록기에서 일일이 자료를 입력하는 것에 비하면 시간과 노력을 절약할 수 있음을 알 수 있다.

③ 정보 집중관리

단품별 정보, 고객 정보, 매출 정보, 그 밖의 판매와 관련된 정보를 수집하여 집중적으로 관리할 수 있다. 이러한 정보는 필요에 따라 처리 또는 가공되어 필요한 부문에 활용되는 것은 물론 경영상의 의사결정을 하는 데에도 활용된다.

4) POS 시스템 구성

① POS 단말기

POS 단말기는 판매장에 설치된 POS 터미널(Terminal)을 말하며, 금전등록기의 기능 및 통신 기능이 있다. 단말기는 본체, 키보드, 고객용 표시장치, 조작원용 표시장치, 영수증 발행용 프린터, 컬러모니터, 금전 관리용 서랍, 매출표시 장치 등으로 구성되어 있다.

② 바코드 스캐너(Bar Cord Scanner)

상품에 인쇄된 바코드를 자동으로 판독하는 장치로 고정 스캐너(Fixed Scanner)와 핸디 스캐너(Handy Scanner)가 있다. 판매량이 많은 곳에서는 고정 스캐너를, 판매량이 적은 곳에서는 핸디 스캐너를 사용하는 것이 경제적이다.

③ 스토어 컨트롤러(Store Controller : 메인 서버)

판매장의 판매 정보가 POS 터미널로부터 전송되어 보관되는 대용량의 컴퓨터 또는 미니컴퓨터로 주 컴퓨터(Host Computer)다.

㉠ 스토어 컨트롤러 안에는 마스터 파일(Master Files)이 있어서 상품명, 가격, 구입처, 구매 가격, 구매 일자 등에 관련된 모든 정보가 저장되어 있다.

㉡ 판매장에서 판매가 이루어지면 자동으로 판매 파일, 재고 파일, 구매 파일 등을 갱신하고 기록한다.

㉢ 점포가 체인 본부나 제조업체와 연결되었을 때 스토어 컨트롤러에 기록된 각종 정보를 온라인으로 본부에 전송한다.

5) POS 시스템 운용 과정

소비자가 판매장에서 상품을 구매하고 정산할 때 계산대에 있는 직원은 스캐너를 이용하여 상품 또는 상품의 포장이나 포장 용기에 인쇄된 바코드를 판독한다. 판매 관련 정보는 스캐너에서 POS 터미널로 전송되고 다시 스토어 컨트롤러에 전송된다. 스토어 컨트롤러에는 상품명, 가격, 재고 등의 각종 파일이 있어서 송신된 자료를 처리·가공한다. POS 터미널로부터 스토어 컨트롤러에 수집된 판매 정보는 단품별 정보, 고객 정보, 가격정보, 매출 정보 등이 있는데 이를 다시 POS 터미널로 보낸다. POS 터미널에서는 고객에게 영수증을 발급해 주고 판매 상황을 감사 테이프에 기록한다. 고객용 표시장치에는 상품의 구매 가격이 표시된다. 하루의 영업이 끝나면 스토어 컨트롤러는 그날의 상품별 목록, 발주 상품별 목록 등의 각종 표를 작성한다. 영업시간 동안에도 영업개시부터 현재 시각까지의 판매 상황을 확인할 수 있다. 판매장이 여러 곳에 있는 경우에는 본부의 주 컴퓨터와 연결해서 각종 판매 정보를 교환한다.

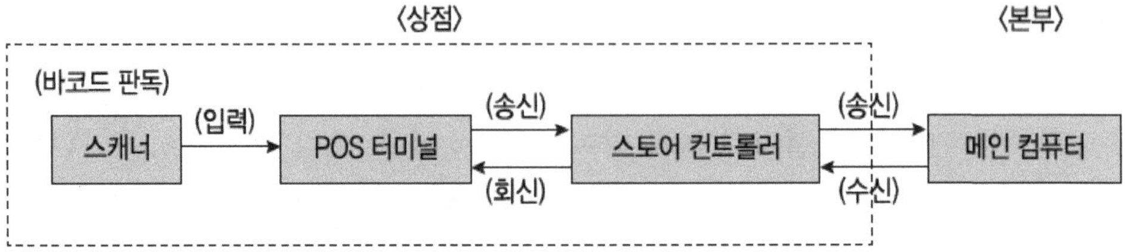

[POS 운용구조]

2 POS 시스템 효과

1) POS 시스템 효과

① 계산원 관리 및 생산성 향상

계산원은 금전등록기에서 상품의 혼동, 가격 변동, 잘못된 기억, 오타 등으로 가격입력이 틀릴 수 있으나, POS 시스템은 스캐너로 판독하기 때문에 이러한 일을 방지할 수 있다. 스캐너에 의한 판독으로 계산하는 경우 가격을 입력해서 계산하는 경우보다 시간이 많이 절약된다. 고객이 신용 카드를 사용하는 경우 별도의 기기가 필요 없고, 일과 후 정산 작업도 자동으로 하므로 정산표를 따로 작성할 필요가 없다.

② 점포 사무작업 단순화

POS 시스템을 도입하면 정산 업무, 매출보고서 등의 서류를 일일이 작성할 필요가 없어서 사무작업이 줄어든다. 점포에서 사무작업이 줄어들면, 본부에서도 역시 사무작업이 줄어든다. 절약되는 시간에 고객에게 부가적인 서비스를 할 수 있다.

③ 가격표 부착 작업 절감

POS 시스템에서는 바코드를 판독하면 되므로 상품에 가격표를 일일이 부착할 필요가 없다. 각종 품목에 가격표를 붙이는 작업은 많은 인력이 필요하지만, POS 시스템에서는 고객이 고객용 가격표시장치의 가격과 영수증에 찍히는 가격을 확인만 하면 된다.

④ 고객 부정 방지

어떤 고객이 값싼 상품에 부착된 바코드를 비싼 상품에 붙여서 계산대를 통과하는 경우 바코드에 점선을 넣으면 바코드를 뗄 때 바코드가 조각나서 결국 부정행위를 방지할 수 있다. 상자를 바꿔치기해서 값싼 상품의 상자에 비싼 상품을 넣는 경우 각 상품의 중량을 제어기기에 입력해서 계산이 끝난 상품의 총중량과 제어기기에서 합계한 중량을 비교하는 방법을 사용하면 이런 행위를 방지할 수 있다.

⑤ 품절 방지 및 상품의 신속한 회전

POS 정보를 보면 인기 상품과 비인기 상품을 쉽게 파악할 수 있다. 잘 팔리는 상품에 대해서는 신속하게 발주하거나 진열량을 늘려 품절을 최대한 방지할 수 있다. 인기 상품은 동나지 않도록 신속히 주문하고, 비인기 상품은 일정한 기간이 지난 뒤에 할인판매 등의 판매촉진 행사를 통해 신속히 처분하면 상품의 회전이 빠르고 재고비용이 절감된다.

2) POS 시스템이 유통업체에 미치는 영향

① 매장관리

입력 착오나 고객의 대기시간을 단축할 수 있다.

② 상품관리

단품 관리, 자동 발주 가격표 부착 작업을 절감할 수 있다.

③ 고객관리

고객 데이터베이스 구축으로 고객서비스를 향상할 수 있다.

④ 종업원 관리

근무 상황, 영업성적 파악, 급여 계산, 교육 시간 단축, 등록 실수를 방지할 수 있다.

⑤ 정보의 집중관리

수집된 정보를 데이터베이스화로 전략적 정보시스템을 구축할 수 있다. (경쟁기업과의 우위성 확립)

3) POS 시스템이 제조업체에 미치는 이점

판매 정보를 기초로 정확한 생산계획을 수립할 수 있으며 경쟁제품과의 가격 동향 파악, 판매 가격조정을 할 수 있다. 광고나 판매촉진의 효과를 측정할 수 있고 소비자 욕구에 맞춰 신제품 개발 및 기존제품을 개량할 수 있다. 팔리지 않는 상품의 생산 중단 및 폐기를 결정할 수 있으며 시장 규모를 파악 사별 시장점유율을 파악할 수 있다. 출고, 배송을 합리화할 수 있고 재고관리의 정확도를 향상할 수 있다.

3 POS 데이터

1) POS 시스템을 통해 얻는 정보

① 상품정보

㉠ 금액 정보

관심을 가지는 기간 또는 대상에 대해 금액으로 환산하여 얼마를 판매했는가 하는 정보이다.

㉡ 단품 정보

구체적으로 어떤 상품이 얼마나 팔렸는가를 나타내주는 정보이다.

② 고객 정보

㉠ 각층 정보(점포 데이터)

유통기업을 이용하는 고객이 어떤 사람들인지를 나타내주는 정보이다.

㉡ 개인정보(패널 데이터)

고객 개인의 구매 실적, 구매 성향 등에 관한 사항을 나타내주는 정보이다.

2) POS 데이터 특성

정보가 매우 상세하고 정확하며 실시간처리로 데이터를 작성할 수 있으므로 신속히 정보를 활용할 수 있다. 시간의 흐름에 따라 계속 발생하는 정보를 지속해서 수집·활용할 수 있어 정보량이 매우 크다. 소매점에서 POS 시스템의 운영에 필요한 기본 코드는 상품 코드, 거래처 코드, 종업원 코드 등이 있다.

3) POS 데이터 유형

① 점별 데이터(store data)

점별 자료는 점포별로 수집된 판매 제품의 품목명, 수량, 가격, 판촉 등에 관한 자료로서 특정 점포에서 판매된 품목, 수량, 가격 그리고 판매 시점의 판촉 여부 등에 관한 자료를 통해 점포운영과 관련된 데이터를 획득할 수 있다. 전국에서 표본이 되는 점포를 선정하여 그 점포에서 판매된 품목이나 수량, 가격, 판매 시점의 판촉 여부 등을 월 1회 또는 2회 정도 수집하며, 이렇게 수집된 데이터는 지역별, 품목별로 구분되어 유통업체나 일용품 제조업체에 판매된다. 수집된 점포 데이터를 통해 어떤 지역에서 어떤 품목이 어느 정도 판매되는지를 파악할 수 있으며 자사의 시장점유율, 타사의 가격정책 및 타사의 판촉 활동 여부 등에 관한 정보를 통해 마케팅담당자의 의사결정에 도움을 줄 수 있다.

② 고객별 데이터(panel data)

고객별 자료는 구매 가정별로 구매한 제품과 관련된 자료이다. 패널 데이터를 가장 많이 활용하는 집단은 체인점들이며 이들은 “ABC 분석”이라고 불리는 기법을 가장 많이 사용한다. 고객별 자료는 표본 가정을 추출하여 표본 가정의 고객이 소비자 ID카드를 가지고 구매하게 되면 그때마다 고객의 ID 번호와 바코드의 제품 고유번호가 동시에 입력되게 된다. 결과적으로 어떤 고객이 어떤 제품을 구매하는지를 분석하게 되어 점포 경영전략을 활용할 수 있게 해 준다. 구매 내용 분석은 한번 구매로 어떤 형태의 상품이 구매되는가를 알 수 있다. 연관 상품 분석으로 어떤 상품을 구매할 때 다른 상품도 연관해서 구매하는가를 파악하고, 연관 상품이 같은 회사 제품인가를 알 수 있고, 패널 조사로서 POS 시스템을 이용한 개인별 ID카드에 의한 스캔 패널을 이용하거나 패널 회원이 각 가정에서 구매한 상품의 바코드를 팬 스캐너로 스캐닝하는 홈 스캔 패널 등이 있다. 유통 체인점들과 마찬가지로 대부분의 일용품 제조업자도 자사와 경쟁사의 판매실적이나 가격, 판촉 및 광고 현황을 알아보기 위해 패널 데이터를 이용하여 다음과 같은 분석을 하고 있다.

㉠ 구매 형태에 의한 시장 세분화
㉡ 변경 매트릭스를 이용한 경쟁분석
㉢ 시장가격의 분포
㉣ 광고 노출이 구매에 미치는 영향(광고 효과 분석)
㉤ 판촉 활동이 구매에 미치는 영향(판촉 효과 분석)
㉥ 새로운 상표의 시장진입 형태의 결정
㉦ 광고 노출이 신제품의 시험구매에 미치는 영향
㉧ 시장점유율 예측

4) POS 데이터 분석

① 매출 분석

부문별, 단품별, 시간대별, 계산원별 등을 분석한다.

② 고객정보 분석

고객 수, 고객 단가, 부문별 고객 수, 부문별 고객 단가 등을 분석한다.

③ 시계열 분석

전년 동기 대비, 전월 대비, 목표 대비 등을 분석한다.

④ 상관관계 분석

상품 요인 분석, 관리 요인 분석, 영업 요인 분석 등을 분석한다.

5) POS 데이터 활용 단계

① 제1단계(단순 상품관리 단계)

기본적인 보고서만을 활용하는 단계이다. 부문별·시간대별 보고서, 매출액의 속보, 품목별·단품별 판매량 조회 등이 이에 속한다.

② 제2단계(상품기획 및 판매장의 효율성 향상 단계)

이 단계에서는 날씨, 기온, 시간대, 촉진 활동, 선반 진열의 효율성, 손실, 재고회전율 등의 정보와 연계하여 판매량 분석을 통해서 상품을 관리 한다.

③ 제3단계(재고관리 단계)

내부의 재고관리를 하며, 수·발주시스템과 연계해서 판매 정보를 분석하고, 재고관리를 하며, 발주량을 자동으로 산출한다.

④ 제4단계(마케팅 단계)

상품정보와 고객 정보를 결합해서 판매증진을 위한 마케팅하는 단계이다.

⑤ 제5단계(전략적 경쟁 단계)

POS 정보를 경영정보와 결합해서 전략적 경쟁 수단으로 활용하는 단계이다.

4 POS 정보 활용

1) 상품정보관리

POS 시스템을 통해 얻은 데이터를 토대로 가공된 정보는 기존의 유통 전략을 수정하는 데에 활용된다. 데이터에 담긴 소비자의 욕구에 맞게 점포의 이미지를 설정하고, 그 이미지에 적합한 상품 구색, ISM, 판촉계획 등이 만들어진다. 상품정보관리는 상품계획을 위한 정보를 통해서 철수 상품과 신규 취급 또는 취급 확대 상품을 결정하는 데에서 기업의 효율성을 높인다.

2) ABC 분석

ABC 분석은 재고자산의 품목이 다양할 경우 이를 효율적으로 관리하기 위하여 재고의 가치나 중요도에 따라 재고자산의 품목을 분류하고 차별적으로 관리하는 방법, 즉 각각의 상품이 현재의 유통경영 성과에 이바지하는 정도를 평가하는 가장 일반적인 방법으로 분류 기준은 파레토 분석에 의한다.

① **ABC 분석과 상품관리**

각각의 상품이 매출에 이바지하는 정보를 A·B·C 군으로 분류하여 A 상품군을 집중적으로 육성하고 Z 상품군의 취급은 중단하여 매장의 생산성을 증대하고자 하는 것이다.

㉠ A 상품군 : 매출의 80%를 차지하는 상품들
㉡ B 상품군 : 매출의 15%를 차지하는 상품들
㉢ C 상품군 : 매출의 5%를 차지하는 상품들
㉣ Z 상품군 : 매출에 전혀 이바지하지 못하는 상품들

② **결합 ABC 분석과 진열 관리**

매출에 이바지하는 인기 상품인 동시에 이익에도 이바지하는 상품을 통해 기업의 이익을 추구하는 동시에 품절 방지에 노력하고, 매출은 높으나 이익은 낮다면 미끼상품(Loss Leader)으로 활용하는 등의 전략적 활용이 필요하다.

3) 재고관리와 자동 발주

① 재고관리

POS 시스템으로부터 얻어지는 데이터의 활용을 통해 단품 관리가 가능해지고, 단품관리를 통해 재고관리가 가능해진다. POS로부터 얻은 단품별 판매 수량에 근거하여 매입하고, 단품별 단전 재고, 진열 단위 등을 고려하여 재고를 증가시키지 않으면서 품절을 방지하는 적정 발주가 가능해지는 것이다. POS 데이터의 통신회선을 이용하여 본부나 배송센터의 컴퓨터에 전송하여 중앙집중식으로 집계·관리함으로써 자동발주시스템을 구축할 수 있다.

분 야		목 적	필요한 가공분석
상품 정보 관리	매출관리	– 부문별 매출관리 – 매출총이익 관리 – 시간대별 매출관리	– 시간대별 매출관리
	상품구매 계획관리	– 상품관리 – 인기 상품, 비인기 상품관리 – 신상품 도입 및 평가	– 상품의 판매 동향 분석
	진열관리	– 판매장 배치계획	– 장바구니 분석
	판촉계획	– 적절한 판촉계획 – 적절한 판매가격 결정	– 판촉 효과 분석
	발주·재고관리	– 발주 권고 – 자동보충 발주 – 판매량 예측	– 적정 발주량 산출 – 판매 요인 분석
종업원 관리		– 계산원 관리 – 자금계획의 자동화	– 계산원별 생산성 분석
고객 관리		– 지역마케팅	– 지역별 판매분석 – 연령별 판매분석

[POS 정보 활용 분야]

4) 인력관리와 고객관리

POS 데이터는 시간과 장소, 부문과 상품에 관한 종합적인 데이터를 제공한다. 따라서 POS 데이터를 통해 작업량을 도출하여 업무 할당 및 관리에 이용하면 효율적인 인력관리가 가능해진다. 현재 인력의 생산성·성과관리 등도 가능해진다. POS 데이터를 통해 얻는 고객 속성정보(성별, 나이, 주소, 직업 등 고객 신상에 관한 정보), 상품 이력 정보(구매 상품, 수량, 금액, 거래 횟수 등에 관한 정보)는 고객별 관리 및 판촉 활동을 위한 고객 정보의 확보에도 활용될 수 있다.

5) POS 정보와 전략정보시스템

전략정보시스템을 구성하는 자료의 원천은 POS 시스템이다. POS 시스템은 전략정보시스템에서 생산되는 다양한 정보의 재료가 되는 데이터를 제공하는 원천이 된다. POS 데이터를 통해 가공되는 정보가 제공하는 이익은 다음과 같다.

① 단순 이익(**Hard Merit**)

생산성 향상에 기여, 유통기업의 비용 절감, 정보처리의 효율화, 서비스 향상에 기여

② 활용 이익(**Soft Merit**)

상품력 강화와 단품 관리 추구, 유통기업의 품질 향상, 가격의 적정화, 소비자의 욕구를 충족시키는 상품 구색 확보, 부가가치의 제공 등에 기여

③ 활용 이익 전제 조건

정보 활용 수준의 명확화, 타 정보와의 결합 활용, 데이터의 정밀도 유지

5 무선주파수 식별법(RFID : Radio Frequency Identification)

1) 개념

RFID(Radio Frequency Identification)란 자동 인식(Automatic Identification) 기술의 하나로서 스마트카드 또는 바코드와 같은 데이터 입력장치의 일종으로 개발된 무선(RF:Radio Frequency)에 의한 인식 기술이다. 초소형 반도체에 식별정보를 입력하고 무선 주파수를 이용해 이 칩을 지닌 물체나 동물, 사람 등을 판독, 추적, 관리할 수 있는 기술로서 유비쿼터스 컴퓨팅 기반 기술의 하나로 중요성이 커지고 있다. 원거리에서도 인식할 수 있고 여러 개의 정보를 동시에 판독하거나 수정할 수 있는 장점 때문에 바코드를 대체하거나 보완할 수 있는 기술로서 현재 유통 분야뿐 아니라 물류, 교통, 보안 가전 분야 등 적용이 나날이 확대되고 있다. 바코드보다는 비용이 많이 들고 스마트카드보다

는 메모리 용량이 낮지만, 바코드나 스마트카드가 갖지 않은 장점 때문에 다양한 적용 분야와 기술개발에 따라 차세대 핵심기술로 부상하고 있으며 다양한 표준화 작업이 이루어지고 있다.

2) 구성 요소

구성 요소	원 리
태그 (Tag)	– 상품에 부착되며 데이터가 입력되는 IC 칩과 안테나로 구성 – 리더와 교신하여 데이터를 무선으로 리더에 전송 – 배터리 내장 여부에 따라 능동형과 수동형으로 구분됨
안테나 (Antenna)	– 무선주파수를 발사하며 태그로부터 전송된 데이터를 수신하여 리더로 전달함 – 다양한 형태와 크기로 제작 가능하며 태그의 크기를 결정하는 중요한 요소임
리더 (Reader)	– 주파수 발신을 제어하고 태그로부터 수신된 데이터를 해독함 – 용도에 따라 고정형, 이동형, 휴대용으로 구분 – 안테나 및 RF 회로, 변/복조기, 실시간 신호처리 모듈, 프로토콜 프로세서 등으로 구성
호스트 (Host)	– 한 개 또는 다수의 태그로부터 읽어 들인 데이터를 처리함 – 분산된 다수의 리더 시스템을 관리함 – 리더부터 발생하는 대량의 태그 데이터를 처리하기 위해 에이전트 기반의 분산 계층구조로 되어 있음

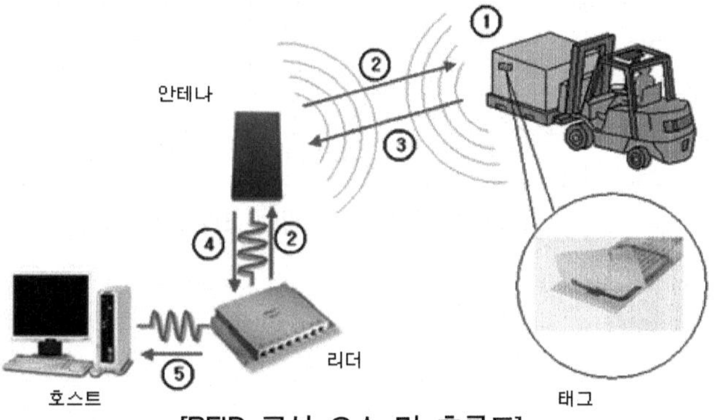

[RFID 구성 요소 및 흐름도]

3) 주파수에 의한 RFID 구분

RFID 시스템의 주파수는 ISM(Industrial, Scientific, and Medical) 주파수대역에서 135kHz, 13.56MHz, 433MHz, UHF(860~960MHz), 2.45GHz 대역의 주파수를 사용한다.

① **135kHz** 이하

동물관리, 보안시스템, 단순 인식 카드 분야, FA 등

② **13.56MHz**

교통카드, 신분증, 보안 분야, 물류관리 시스템 등

③ **UHF(860~960MHz)**

물류관리, 공급망관리(SCM) 등

④ **2.45GHz**

위조 방지, 공급망관리(SCM), 국제유통 시스템 등

4) 능동형(Active Type)과 수동형(Passive Type)

태그에 신호 발신기 존재 여부에 따라 분류하는 것으로, 전원이 없는 수동형 RFID는 전지가 없어서 자신의 전파가 송신할 수 없으며, 전원이 있는 능동형 RFID는 자체적으로 전지 및 전력공급을 받아 전파를 송신하는 것에 따라 구분하는 방식이다. 능동형은 3m 이상의 장거리 전송이 가능하고, 센서와 결합을 할 수 있다. 능동형은 배터리에 의한 가격 상승과 동작 소요 시간의 상대적 제한이 단점으로 인식된다. 수동형은 판독기의 전파신호로부터 영구적으로 사용할 수 있다. 수동형은 구조가 간단하고 반영구적으로 사용할 수 있다.

구 분	크기	주파수	인식거리	자체전원	환경민감도	인식속도
능동형	큰 편	낮은 대역	긴 편 (30~1km)	있음	둔감	느림
수동형	작은 편	높은 대역	짧은 편 (1.8m 이하)	없음	민감	빠름

[능동형과 수동형 태그 비교]

5) 장점 및 단점

① 장점

㉠ 직접 접촉하지 않아도 자료를 인식할 수 있다.
㉡ 인식 방향과 관계없이 ID 및 정보 인식이 가능하다.
㉢ Tag에 붙은 Data를 받아들이는데 인식되는 시간이 짧다.
㉣ 유지보수가 간편하며, Barcode system처럼 유지비가 들지 않는다.
㉤ Tag는 원하는 System이나 환경에 맞게 설계 및 제작을 할 수 있다.
㉥ Tag는 먼지, 습기, 온도 등에 제한을 받지 않고 data 전송이 가능하다.
㉦ Tag는 많은 양의 data를 보내고, 받을 수 있다.
㉧ Tag는 data를 저장하거나 읽어 낼 수 있다.
㉨ Tag는 재사용이 가능하다.

② 단점

㉠ 가격이 비싸다. (경제적 문제)

㉡ 정보의 노출 위험성이 있다. (보안)

㉢ 금속, 액체 등의 전파장애 가능성이 있다.

㉣ 아직 인식의 한계가 있다. (기술적 문제)

㉤ 전파가 인체에 미치는 영향이 있어 안정성에 문제가 발생할 수 있다.

㉥ RFID 확산의 법적 대응책이 필요하다.

㉦ 국가별 주파수대역과 국제적 표준화가 이루어지지 않았다.

6) 도입 효과

① 유통 시스템 RFID 도입 효과

㉠ 효과적인 재고관리

생산에서 보관, 유통에 이르기까지 모든 상품의 유통과정이 인터넷을 통해 실시간으로 관리되기 때문에 판매량에 따른 최소 수준의 재고를 유지하면서 효율적인 관리를 할 수 있다. 그로 인해 과 재고로 인해 발생하는 제품의 손실이나 변질 등도 미리 방지한다.

㉡ 입·출고 리드 타임 및 검수 정확도 향상

바코드처럼 각 제품의 개수와 검수를 위해 일일이 바코드 리더기를 가져다 댈 필요 없이 자동으로 대량 판독이 가능하므로 불필요한 리드 타임을 줄일 수 있음. 또 모든 과정이 수기 대신 네트워크를 통해 자동으로 이루어지는 덕에 원격지에서도 정확한 정보를 실시간으로 확인한다.

㉢ 도난 등 상품 손실 절감

상품의 수량과 위치를 실시간으로 파악할 수 있으므로 도난으로 인한 상품의 손실을 막을 수 있다.

㉣ 반품 및 불량품 추적/조회

반품 신청을 해 두고 고객이 마냥 기다리는 것은 여간 불편한 일이 아니다. RFID를 이용하면 반품이나 불량품으로 처리된 제품의 수량과 처리 현황 등의 실시간 조회 서비스를 고객에게 제공할 수 있어 고객만족도를 높일 수 있다.

② 물류 시스템 RFID 도입 효과

㉠ 운영 효율성 제고

화물의 이동 경로와 현재 위치를 실시간으로 확인할 수 있어 더욱 합리적인 배송계획을 세울 수 있으며 만약의 경우 배송 지연이 발생하면 빠른 대책을 수립하여 대처할 수 있는 등 효과적인 배송 운영이 가능하다.

㉡ 화물 입·출고 및 환적 시간 단축

포장을 일일이 해체하여 안에 있는 물건을 확인할 필요가 없고 박스와 팔레트 등에 부착된 RFID 태그를 통해 입·출고 파악이 자동으로 처리되는 덕에 선적(또는 환적) 시간이 단축된다.

㉢ 보안성 강화

RFID 기술을 활용한 전자 봉인(Electronic Sealing)을 이용하여 화물의 도난이나 손실을 방지할 수 있다.

㉣ 대 고객서비스 향상

고객이 주문한 상품의 현재 위치를 직접 실시간으로 확인할 수 있으므로 더욱 높은 만족도를 얻을 수 있다.

제 3 절 QR 시스템 및 발주시스템

1 QR 시스템 의의

1) QR(Quick Response) 개념

QR은 소비자 신속 대응이라고 하며 생산·유통 관계의 거래당사자가 협력하여 소비자에게 적절한 상품을 적절한 시기에 적절한 양을 적절한 가격으로 적정한 장소에 제공하는 것이 목표이며 소비자의 개성화나 가격지향 시대에 적응하기 위해 기업의 거래처와 공동으로 벌이는 리엔지니어링 개념의 물류 전략이며 섬유·의류산업에서의 SCM 응용 전략이다. QR이란 제조, 유통업체가 상호 협력하여 소비자에게 적절한 상품을, 적절한 장소에, 적절한 시기에, 적절한 양을, 적절한 가격으로 제공할 목적으로 바코드, EDI, 상품 DB 등의 정보기술을 활용하여 생산, 유통기간의 단축, 재고의 감소, 반품으로 인한 손실의 삭감 등 생산, 유통의 각 단계에서 합리화를 실현하여 그 성과를 제조업체, 유통업체, 소비자에게 골고루 돌아가게 하는 의류산업에서 혁신 전략을 말한다. 최적의 상품을 최적의 타이밍으로 최적의 가격으로 최적의 고객에게 제공하는 것을 목표로 하여 상호 거래 관계에 있는 기업들이 비즈니스 프로세스 전반에 걸쳐 실시하는 리엔지니어링 기법의 일종이다.

2) QR 목표

QR은 소비자들이 원하는 시간에 맞추어 상품을 공급하고 불필요한 재고를 없애서 비용을 감소시킨다는 원칙에서 출발하였으며 정보기술과 참여 기술의 활동을 통해 상품에 대한 소비자들의 반응에 신속히 대처하며 비용을 절감한다는 목표를 두고 있다. QR의 구현 목적은 제품개발의 짧은 사이클(Cycle)화를 이룩하고 소비자 요구에 신속 대응하는 정품을, 정량에, 적정가격으로, 적정장소로 유통하는 데 있다. 신기술 접목을 통한 상품의 기획, 구매, 생산, 유통 과정상의 재고수준 절감 및 소요 기간을 단축한다.

3) QR 특성

① 동반관계 형성

생산 - 유통 관계의 거래당사자들이 협력한다.

② 고객만족도 향상

소비자에 대하여 적절한 상품을 적절한 장소에, 적시에, 적량을 적정한 가격으로 제공하는 것을 목표로 한다.

③ 과학기술의 이용

공동상품 코드에 의한 소스 마킹(Source Marking), 전자문서 교환(EDI), 이를 지원하는 KAN 코드, 정보 DB 등의 정보처리 기술을 활용한다.

④ 낭비 제거

생산·유통기간의 단축, 재고의 삭감, 투매·반품·손실(Loss)의 감소 등 생산유통의 각 단계에서 합리화를 실현한다.

⑤ 공동이익

생산자, 유통관계자, 소비자가 성과를 나누어 가질 수 있다.

4) QR 발전단계

① 제1단계(기본 **QR** 정보기술의 사용)

공동상품코드를 제품에 표시(소스 마킹 : Source Marking)하고, 표준 EDI 메시지 등을 이용하여 수 발주하며, 재고·물류관리에 바코드를 이용한다. 소매점의 POS 판매데이터를 메이커에 전달하여 시즌 중에 추가생산이 가능하게 된다.

② 제2단계(자동재고 보충)

출하 카톤 박스에 물류용 바코드(EAN-128)를 붙이고 관련 데이터를 EDI 전자문서인 발송통지(Despatch Advice)를 이용하여 상대방에게 사전 통지한다. 이로써 상품인수 시 검품 작업을 할 필요가 없으며 물류센터의 Cross Docking 화와 소매 창고의 재고 삭감이 실현될 수 있다. 소매점은 POS 판매데이터를 이용하여 일별·주별 예측이 가능하며 이에 따라 고정 사이클로 매장 재고를 자동 보충하기 위한 자동 보충 발주시스템을 실시할 수 있다.

③ 제3단계(파트너십 보충)

POS 판매데이터를 공유함으로써 예측 기능이 강화되어 더 짧은 사이클로 자동 보충이 가능해진다. 이 단계에서 메이커가 주도하는 매장 재고의 자동 보충이 이루어지며 이는 파트너십 보충이라고도 불린다. 이 단계에서는 메이커의 QR 대응능력이 향상되고 양자 모두의 장점이 있는 공동상품을 계획하게 된다. 미국기업은 전반적으로 QR 3단계에 있으며, 일부 기업은 4단계에 접어든 예도 있다.

④ 제4단계(공동상품개발)

제3단계까지의 성과로 얻은 높은 상품기획 능력, 빠른 추가 생산능력, POS 정보의 즉각적인 입수, 예측할 수 있는 분석 능력 등을 구사하여 신상품의 판매 결과를 근거로 상품의 디자인을 개량하는 것이 가능하게 된다. 이것은 소매점과 메이커의 공동상품개발이 된다. 이 단계에서는 회전이 빠른 상품을 개발할 수 있어 가격이 높은 하이패션 상품에서 큰 QR 효과를 볼 수 있다.

⑤ 제5단계(소매지원)

메이커가 가지고 있는 고도의 정보를 이용한 상품 디스플레이, 영업 등의 소매지원이 행해진다. 이 단계는 QR을 이용하여 유행 변화에의 대응이나 소량 생산 제품의 대응을 효율적으로 수행할 수 있다. 판매의 무대가 점포로부터 가정으로 이동하여 가계의 소비동향이나 요구를 여러 가지 방법으로 파악하여 소비자가 필요로 하는 시기에 상품을 가정으로 보낸다.

5) QR 시스템 도입 효과

관 점	효 과	관 점	효 과
소매업자 측면	– 매출과 수익 증대 – 낮은 유지비용 – 고객서비스개선, 상품회전율 증대	소비자 측면	– 품질 개선 – 낮은 가격 – 상품 다양화 – 소비패턴 변화
제조업자 측면	– 주문량에 따라 유연 생산 – 공급자수 감축 – 높은 자산회전율	시스템 측면	– 불합리성과 낭비 제거 – 효율성 증대 – 신속성 증대

[QR 시스템 도입효과]

6) QR 시스템과 ECR 비교

ECR은 회전율이 높은 상품에, QR은 회전율이 낮은 상품에 적합하다. 가격이 저렴한 상품에, QR은 가격이 비싼 상품에 적합하다. ECR은 크로스 도킹 방식의 상품 납품이 적합하고, QR은 진열된 상태에서 상품 납품(FRM)방식이 적합하다. FRM(Floor Ready Merchandising)은 의류업체에서 사용하는 공급 방식으로 옷을 매장에 공급하기 전에 물류센터 등에서 옷걸이에 미리 걸어서 공급하며 점포에서 진열 작업이 필요 없이 바로 판매할 수 있도록 하는 것이다. ECR은 자동 발주 연속보충 상품에, QR은 타이밍에 맞는 보충이 중요한 상품에 적합하다. 수요가 예측할 수 있고 중간이윤이 낮으며 제품 유형이 다양하지 않은 기능적 상품의 경우에는 ECR이 QR보다 적절하다. 제품이 비교적 혁신적이고 다양하며 유행에 민감하여 수요가 가변적인 상품은 시장에 대한 신속한 대응이 요구되므로 QR이 ERC 더 적합하다. ECR이 운송비용을 최소화하는 관점에서 운송수단을 선택하는 데 비해, QR은 소비자 욕구에 신속히 대응하기 위해 비용이 많이 드는 항공편으로 배송하기도 한다.

	산업	회전율	필요성	주안점	활용기술
QR	가공식품	높다	부패성	주문리드타임 단축	Cross Docking
ECR	의류/섬유	낮다 (상대적으로)	유행 (불확실성)	정보공유를 통한 수요예측 정확성 향상, 재고수준 절감	FRM

[QR과 ECR 비교]

2 발주시스템

1) 전자주문시스템(EOS : Electronic Ordering System)

EOS(Electronic Ordering System)는 자동주문시스템 또는 전자주문시스템이라고 한다. EOS 는 단품관리 시스템으로 발주 단말기를 이용하여 발주 Data를 수주처의 컴퓨터에 전화회선을 통해 직접 전송함으로써 수주처에서 납품, 매입 전표를 발행하여 납품하는 발주 방식이다. 편의점이나 슈퍼마켓 등과 같은 연쇄점에서 상품을 판매하면 자동으로 중앙 본부에 있는 컴퓨터에 전달된다. 중앙 본부에서는 상점별로 상품의 재고를 파악하여 상품의 재고가 부족하게 되면, 중앙 본부에 있는 컴퓨터가 거래처에 자동으로 주문하여 항상 신속하고 정확하게 해당 점포에 배달해주는 시스템을 말한다.

① EOS 등장 배경

㉠ 소비자의 기호와 요구의 다양화·개성화에 대비한다.
㉡ 제품 수명주기(Life Cycle) 단축 등으로 단품 관리 필요성이 증대된다.
㉢ 소매업의 양적 팽창으로 업종 내 경쟁이 심화한다.
㉣ 인기 상품의 조기 파악과 재고 부담을 주는 비인기 상품의 조기 발견을 통한 수주 업무 개선의 필요성이 커졌다.
㉤ 수·발주 업무의 개선을 통하여 비합리적인 발주를 지양하고 품절 예방 및 단품 관리의 효율 극대화를 도모한다.

② EOS 기대효과 분석

㉠ 소매점에서의 효과가 크다.
㉡ 진열량의 적정화로 효율적 공간 활용이 가능하다.
㉢ 정확한 발주로 오납과 절품 방지에 도움이 된다.
㉣ 검품에 따른 인력과 시간 감소가 가능하다.
㉤ 발주 작업의 표준화로 누구나 신속 정확한 발주가 가능하다.
㉥ 발주데이터의 축적, 분석으로 단품 관리가 가능하다.
㉦ POS 시스템 도입의 기반을 확립할 수 있다.

③ 도매점에서의 효과

㉠ 배달 시간 단축, 오납 감소, 상품정보 제공에 도움이 된다.
㉡ 검품 시간 단축으로 배차시간을 줄이고 물류비용을 절감할 수 있다.
㉢ 수주 인력 및 경비 절감과 수주 업무의 정확도를 향상할 수 있다.
㉣ 외상 매출 관리 용이, 청구 업무를 합리화할 수 있다.

ⓜ 납품데이터를 분석하여 영업 정보로 활용할 수 있다.

2) CAO(Computer Assisted Ordering)

CAO(Computer Assisted Ordering)는 유통소매 점포의 기반 시스템으로 한 자동발주시스템으로 상품 판매대의 재고가 소매점포에서 설정한 기준치 이하로 떨어지면 자동으로 보충 주문이 발생하는 것이다. 소매점포의 컴퓨터시스템은 판매대에 진열된 모든 품목에 대하여 입고량과 판매량을 대조하여 봄으로써 각 상품에 대한 재고를 추적·관리한다. CAO를 기업에서 도입하기 위해서 가장 중요한 요소는 소비자 판매데이터를 활용하는 것이다. 유통업체 매장에서 얻어지는 판매데이터는 소비자가 구매하는 상품에 표시된 EAN/UCC GTIN 코드(Global Trade Item Number)를 유통업체 매장의 판매대에서 POS를 통해 판독함으로써 수집된다. 유통업체 매장에서 얻어진 판매데이터는 다른 재고 관련 정보와 연계·결합하여 유통업체에 주문 제안을 하는 데 활용할 수 있다. 주문 제안서에 대해 해당 유통업체가 확인 또는 동의하면, EANCOM 주문서를 상품 제조업체(또는 공급업체)로 다시 전송하고 이는 다시 제조업체의 주문처리 애플리케이션에 자동으로 업데이트된다. 이런 시스템이 상품 수령시스템과 통합되어 운영되면 과거에 상품을 주문하기 위해 재고량을 일일이 파악하던 노력은 더 할 필요가 없어진다. CAO는 POS를 통해 얻어지는 상품 흐름에 대한 정보와 계절적인 요인에 의해 소비자 수요에 영향을 미치는 외부요인에 대한 정보를 컴퓨터로 이용하여 통합·분석해서 주문서를 작성하는 시스템을 말한다. CAO 시스템은 POS 데이터를 근거로 수작업 없이 점포에서 주문할 수 있는데 이러한 주문은 EDI를 통해 물류센터로 전송되고 즉각적인 재고 보충이 이루어지게 된다. 이러한 업무처리 과정을 통하여 물류의 동기화 및 수요관리의 통합화가 이루어진다. 점포·상품별 판매 예측치는 적절한 재고목표치를 설정하는 데 사용되며, 시계열적인 판매데이터, 계획된 판촉 행사, 계절 조정 등을 기초로 하여 작성된다.

3) CRP(Continuous Replenishment Programs)

CRP(Continuous Replenishment Programs)는 지속적인 상품 보충으로서 유통 공급망 내에 있는 업체 간에 상호협력적인 관행으로써 기존의 전통적인 관행인 경제적인 주문량에 근거하여 유통업체에서 공급업체로 주문하던 방식(Push 방식)과 달리 실제 판매된 판매데이터와 예측된 수요를 근거로 하여 상품을 보충시키는 방식(Pull 방식)이다. CRP는 적기에 필요로 하는 유통소매점의 재고를 보충하기 때문에 운영비용과 재고수준을 줄인다. CRP에서는 POS 데이터와 이를 근거로 한 판매예측 데이터를 기초로 하여 창고의 재고 보충 주문과 선적을 향상한다. 가장 보편적인 형태로 운영되는 공급자 재고관리(VMI : Vendor Managed Inventory)는 물류 업체에서 재고데이터와 점포별 주문데이터를 매일 공급업체에 전송하면, 공급업체는 물류 업체가 소매점포의 상품 수요를 충족시킬 수 있도록 주문 업무를 책임져야 한다. CRP는 전반적인 유통공급 과정에서의 상품 주문 기능을 향상한다. CRP는 또한 유통공급 과정에서의 상품의 흐름을 향상할 수 있다. 유통업체가 원가를 절감하고 고객 위주의 서비스를 제공하기 위해서는 무엇보다도 재고관리가 중요하다. 이러한 재고관리와 관련하여 효율적 유통 시스템 정책으로 나타난 것이 CRP이다.

4) CPFR(Collaborative Planning Forecasting and Replenishment)

CPFR(Collaborative Planning Forecasting and Replenishment)은 협업 설계 예측 및 보충이라고 하며, 유통과 제조업체가 정보 교환 협업을 통하여 One-number 수요예측과 효율적 공급계획을 달성하기 위한 기업 간의 Work flow이다. 인터넷상에서 실시간 공유되는 판매 관련 정보와 소비자 및 시장 관련 정보는 제조업체의 생산관리 일정에 신속히 반영되어 Supply Chain 상에서 변화에 대한 적응력이 상당히 높아진다. CPFR은 소매업자 및 도매업자와 제조업자가 고객서비스를 향상하고 업자들 간에 유통 총공급망(SCM)에서의 정보의 흐름을 가속하여 재고를 감소시키는 경영전략이자 기술이다. 협업적 계획수립을 위해서는 모든 거래 파트너가 주문 정보에 대한 실시간 접근이 가능해야 한다. 모든 참여자는 공통된 하나의 일정에 따라서 운영 활동을 수행하며, 모든 참여자는 그들이 원할 때 적정한 원자재 및 완제품을 가질 수 있도록 계획수립 및 수요예측을 하고자 하는 기법이다.

5) VMI와 CMI

① VMI(Vendor Managed Inventory)

VMI는 공급자 주도에 의한 재고관리로 소매업의 재고관리를, 소매업체를 대신해서 공급자인 제조업과 도매업이 하는 것을 말한다. 제조업체(공급업자)가 상품 보충 시스템을 관리하는 경우 상품 보충 시스템이 실행될 때마다 판매·재고 정보가 유통업체에서 제조업체로 전송된다. 이러한 정보는 제조업체의 상품 보충 시스템에서 미래의 상품수요량 예측을 위한 데이터로 활용되며 또한 제조업체의 생산공정에서는 생산량 조절에도 사용된다. 유통업체가 제조업체에 판매, 재고 정보를 전자문서교환(EDI)으로 제공하면 제조업체는 이를 토대로 과거 데이터를 분석하고 수요예측을 하여, 상품의 적정 납품량을 결정해 주는 시스템 환경이다. 유통업체는 재고관리에 소모되는 인력, 시간 등 비용 절감 효과를 기대할 수 있고 제조업체로서는 적정 생산 및 납품을 통해 경쟁력을 유지할 수 있다.

② **CMI(Co-Managed Inventory)**

CMI는 공동 재고관리로 전반적인 업무처리의 구조는 VMI(공급자 재고관리) 와 같은 Process지만, CMI의 경우에는 제조업체와 유통업체 상호 간 제품정보를 공유하고 공동으로 재고관리를 하는 것이다. VMI는 제조업체(공급자)가 발주 확정 후 바로 유통업체로 상품배송이 이루어지는 것에 비하여, CMI는 제조업체가 발주 확정을 하기 전에 발주 권고를 유통업체에 보내어 상호 합의 후 발주 확정이 이루어지는 처리를 말한다. CMI를 거래처 간에 추진할 때는 주문 제안서를 제조업체가 작성하고 이를 유통업체가 수정·확정하게 된다. 즉 CMI는 상품 보충에 대한 책임이 유통업체에 있다는 것이다.

③ **VMI와 CMI 차이점**

VMI는 제조업체가 제품의 발주를 확정하면 바로 유통업체로 상품의 배송이 이루어진다. CMI는 제조업체가 제품을 발주하기 전에 주문 제안서를 작성하여 유통업체에 보내어 상호 협의하여 발주 확정(수량·기간)이 이루어진다.

제 11 장

유통정보 활용

제 1 절 데이터 웨어하우징

1 데이터웨어하우스(Data Warehouse)

1) 데이터웨어하우스 개념

데이터웨어하우스(Data Warehouse)란 기간 시스템의 데이터베이스에 축적된 데이터를 공통의 형식으로 변환하여 일원적으로 관리하는 데이터베이스로 기업의 각 부분에 산재해 있는 개별 시스템의 데이터들을 활용 목적별로 통합하여 유연한 분석이 가능하게 만들어 놓은, 많은 양의 데이터를 저장할 수 있는 대형 전자 창고(Electronic Warehouse)이다. 다양한 온라인 거래처리 프로그램들이나 다른 출처로부터 모인 데이터들은 분석적인 용도나 사용자 질의에 사용되기 위하여, 선택적으로 추출되고 조직화하여 데이터웨어하우스 데이터베이스에 저장된다. 데이터웨어하우스는 유용한 분석이나 접근을 위해 다양한 출처로부터 데이터를 획득할 것을 강조하지만 일반적으로 특화되고 때로는 지엽적인 내용의 데이터베이스가 필요할 최종사용자나 지식 노동자의 시각으로부터 출발하지는 않는다. 후자의 경우에 있는 사람들에게 필요한 것은 흔히 데이터 마트(Data Mart)라고 알려진 바로 그것이다. 데이터마이닝이나 의사결정지원시스템(DSS)은 데이터웨어하우스의 활용이 필요한 응용프로그램들이다.

2) 데이터웨어하우스 특징

웨어하우스 데이터는 비즈니스 사용자들의 의사결정 지원에 전적으로 이용된다. 기업의 운영 시스템과 분리되며 운영 시스템으로부터 많은 데이터가 공급된다. 데이터웨어하우스는 여러 개의 개별적인 운영 시스템으로부터 데이터가 집중된다. 기본적인 자료구조는 운영 시스템과 완전히 다르므로 데이터들이 데이터웨어하우스로 이동되면서 재구조화되어야 한다. 운영 시스템과 데이터웨어하우스는 근본적으로 다르며 두 개의 매우 다른 시스템을 요구한다. 데이터웨어하우스는 신뢰할 수 있는 하나의 버전(one version of truth)을 사용자에게 제공한다. 기존 운영 시스템의 대부분은 항상 많은 부분이 중복됨으로써 하나의 사실에 대해 다수의 버전이 존재하게 된다. 그렇지만 데이터웨어하우스에서 이러한 데이터는 전사적인 관점에서 통합된다. 시간성 혹은 역사성을 가진다. 즉 일, 월, 년 회계 기간 등과 같은 정의된 기간과 관련되어 저장된다. 운영 시스템의 데이터는 사용자가 사용하는 매 순간 정확한 값을 가진다. 즉 바로 지금의 데이터를 정확하게 가지고 있을 것이 요구된다. 반면 웨어하우스의 데이터는 특정 시점을 기준으로 정확하다. 주제 중심적이다. 운영 시스템은 재고관리, 영업 관리 등과 같은 기업 운영에 필요한 특화된 기능을 지원하는 데 반해 데이터웨어하우스는 고객, 제품 등과 같은 중요한 주제를 중심으로 그 주제와 관련된 데이터들로 조직된다. 컴퓨터시스템 혹은 자료 구조에 대한 지식이 없는 사용자들이 쉽게 접근할 수 있어야 한다. 조직의 관리자들과 분석가들은 그들의 PC로부터 데이터웨어하우스에 연결될 수 있어야 한다. 이런 연결은 요구에 즉각적이어야 하고, 또한 신속성을 보여야 한다. 데이터웨어하우스는 읽기 전용 데이터베이스로서 갱신이 이루어지지 않는다. 웨어하우스 환경에서는 프로덕션 데이터 로드(Production Data Load)와 활용만이 존재하며, 운영 시스템에서와 같은 의미의 데이터 갱신은 발생하지 않는다. 따라서, 갱신이나 삭제할 수 없는 비휘발성(Non-Volatile)이다. 데이터웨어하우스는 일정한 시간 동안의 데이터를 대변하는 것으로 snap shot과 같다고 할 수 있다. 따라서 데이터 구조상에 시간이 아주 중요한 요소로 작용한다.

3) 데이터웨어하우스 구성 요소

① 원시데이터 계층

기존 메인 프레임 애플리케이션, 클라이언트 애플리케이션, 외부 데이터 소스를 포함한 수많은 소스로 구성되며 데이터는 이들 소스로부터 추출되어 변환 및 표준화 과정을 거쳐 데이터웨어하우스로 적재된다.

② 데이터웨어하우스 계층

데이터웨어하우스 계층은 의사결정을 지원하기 위해 주제 중심적, 통합적, 시계열적 데이터의 집합으로서 사용자의 요구에 따라 대량의 데이터가 축적된 기반을 만들어 놓고 실제 활용은 최종사용자에게 맡기는 계층이다.

③ 클라이언트 계층

사용자들이 정보를 액세스하고 분석할 수 있는 수단으로 데이터웨어하우스에 대한 별도의 지식이 없이도 통합된 데이터의 결괏값을 볼 수 있도록 한 계층이다.

④ 데이터웨어하우스 내부 주요 활동

㉠ 데이터 추출 및 적재

운영 DB, 파일 형태의 데이터, 외부 자료 등으로부터 데이터를 추출하여 운영데이터 저장소로 적재하는 작업으로 메타데이터의 정보를 참조하는 작업이 포함된다.

㉡ 데이터웨어하우스 모델링

데이터 모델링은 분석과 설계의 두 단계를 거친다. 분석 단계에서는 업무규칙 및 요구사항을 도출하여 적용하고 설계 단계에서는 실제 구현 작업을 한다. 두 단계를 거치며 생성되는 산출물은 개념적·논리적·물리적 모델이다.

㉢ 데이터웨어하우스 조회

데이터웨어하우스는 중앙집중화된 데이터 저장고(Repository)이다. 이곳에는 임시저장소(ODS : Operational Data Store)와 여러 측면의 분석해야 하는 데이터가 다차원적 모델링으로 구성된 사실 테이블(Fact Table), 차원 테이블(Dimension Table), 요약 테이블(Summary Table), 메타데이터(Meta Data)가 들어있다. 이러한 자료를 여러 차원의 분석을 전문적으로 해줄 수 있는 OLAP 도구를 사용하거나 일반 4 GL로 작성한 프로그램 또는 SQL 문장으로 액세스한다.

4) 데이터웨어하우스 구축 시 고려할 사항

데이터웨어하우스는 조직의 데이터베이스로부터 의사결정에 필요한 자료를 통합하여 구축하고 사용자가 요구하는 정보를 필요 시점에 제공하기 위한 작업 과정으로서 기존의 정보처리 방식이 아닌 새로운 접근을 모색해야 한다. 조직 내의 방대한 자료를 업무영역별, 사용자 관점에 의하여 분류하여 구축해야 하고 이러한 정보들은 개별적인 내용이 아니라 각각 연계되는 자료들을 통합한 형태인 것이 되어야 한다. 또한, 조직의 의사결정을 지원하기 위해서는 일정 시점이 아닌 일정 기간의 변동에 따라 데이터의 추세를 분석한 자료가 제공될 수 있어야 한다.

① 데이터웨어하우스 구축 요건

㉠ 업무영역별 사용자 관점의 데이터

고객, 영업, 상품 등 업무영역별 사용자의 관심 요건에 따라 분류되어 구축됨으로써 업무 목적에 따라 적절한 정보를 제공할 수 있어야 한다.

㉡ 업무별 관련 사항을 통합한 데이터

데이터웨어하우스는 조직 내의 각종 업무처리 단위별로 구축된 데이터를 전사적 차원에서 서로 연계되는 부분을 통합한 내용으로 구성하여 하나의 독립된 데이터로 표현되어야 한다.

㉢ 경영 활동 기간별 데이터

조직의 의사결정 지원을 위해서는 특정한 시점만의 자료가 아닌 관심 대상 기간의 데이터 변동, 즉 경영 활동에 대한 추이 분석을 할 수 있는 정보의 형태로 제공될 수 있도록 구축하여야 한다.

② 데이터웨어하우스 정보제공 요건

데이터웨어하우스는 구축 시점을 제외하고는 갱신이 일어나지 않는 검색 전용 데이터베이스로서 사용자에게 적절한 정보의 제공을 위한 검색의 효율성에 관점을 두어 설계되어야 한다.

5) 데이터웨어하우스 구축 이점

운영 시스템을 보호하고 사용자 질의에 신속한 응답 성능을 제공할 수 있다. 여러 시스템에 흩어져 있는 데이터들이 데이터웨어하우스로 통합되므로 사용자는 자신들이 필요로 하는 데이터가 어디에 있는지 신경 쓰지 않고 필요한 데이터를 쉽게 가져다 쓸 수 있다. 데이터는 데이터웨어하우스로 옮겨오기 전에 정제 및 검증 과정을 거치게 되며, 따라서 사용자는 양질의 데이터를 사용할 수 있다. 저장되는 데이터들은 필요한 특정 주제 단위로 통합된 데이터로서 다양한 분석 및 빠른 액세스를 제공하기 위한 효과적인 방법으로 저장된다.

6) 데이터 웨어하우징(Data Warehousing)

데이터 웨어하우징은 경영 의사결정을 지원하고 경영자 정보시스템(EIS)이나 의사결정지원시스템(DDS)의 구축을 위하여 기존의 데이터베이스에서 요약·분석된 정보를 추출하여 데이터베이스, 즉 데이터웨어하우스를 구축하거나 이를 활용하는 절차나 과정을 말한다. 데이터 웨어하우징은 기존의 온라인 트랜잭션 처리(OLTP) 지향으로부터 온라인 분석 처리(On-Line Analytical Processing : OLAP) 지향으로 데이터 관리전략을 전환하여, 데이터의 효용성을 극대화하기 위한 일련의 기법을 의미한다. 온라인 트랜잭션 처리는 업무별로 필요한 데이터를 저장, 관리하여 업무상 발생하는 자료의 삽입, 갱신, 수정, 검색 등을 신속하고 안정성 있게 처리해 주기 위한 기법이었다. 은행의 여·수신 업무, 항공사의 좌석 예약 업무 등이 전형적인 온라인 트랜잭션 처리에 해당한다. 데이터 웨어하우징은 데이터웨어하우스를 이용하는 사용자의 요구사항에 부응하는 전반적인 시스템의 구축 과정이라 할 수 있다. 데이터웨어하우스를 구축·유지·운영하는 일련의 과정 및 절차를 의미한다. 데이터 웨어하우징은 단순한 데이터의 저장 창고가 아니라 관계형 데이터베이스를 근간으로 많은 데이터를 다차원적으로 신속하게 분석하여 의사결정에 도움을 주려는 시스템이다. 이를 통해 최종사용자는 중간 매개체나 매개자를 거치지 않고 온라인상에서 직접 데이터에 접근할 수 있다.

7) OLAP(Online Analytical Processing)

① 개념과 목적

온라인 분석 처리(OLAP)는 의사결정 지원 시스템 가운데 대표적인 예로, 사용자가 같은 데이터를 여러 기준을 이용하는 다양한 방식으로 바라보면서 다차원 데이터 분석을 할 수 있도록 도와준다. OLAP는 1993년 Codd가 처음으로 주창한 것으로, Codd는 OLAP을 사용자가 다차원 정보에 직접 접근하여 대화 형태로 정보를 분석하고 의사결정에 활용하는 과정이라고 정의하였다. 이 기술은 기업들에 단순한 거래처리를 넘어선 정보의 활용 가능성을 보여주었고, 이를 계기로 적극적인 데이터의 활용을 통한 의사결정의 중요성이 강조되었다. OLAP란 최종사용자가 다차원 정보에 직접 접근하여 대화식으로 정보를 분석하고 의사결정에 활용하는 과정에서 등장하였다. 사용자는 온라인상에서 직접 데이터에 접근하며, 대화식으로 정보를 분석하므로 사용자가 기업의 전반적인 상황을 이해할 수 있게 하고 의사결정을 지원하는 데 그 목적이 있다고 할 수 있다.

② 특성

다차원 정보에 직접 대화 형태로 분석하는 것이 OLAP의 특징이다. 보통 데이터베이스는 2차원인데, 현업에서 요구하는 것은 다차원이다. 그래서 다차원 데이터베이스를 만들고 전문화된 데이터베이스 엔진으로 정보를 추출하는 것이 OLAP이다. OLAP는 중간 매개자가 없이 사용자가 온라인으로 접근한다. 홈뱅킹, VOD 또는 TV 쇼핑 등에 사용할 수 있다. OLAP는 대화 형태로 정보가 분석된다. 대화로 진행되기 때문에 사용자는 명령하고 오래 기다리지 않는다. 따라서 신속성이 중요하다. 사용자가 질의했을 때 신속하게 처리해야 한다. 질의, 목표탐색, 원인-결과 분석 등의 의사결정 지원 역할을 한다.

2 데이터 마이닝(Data Mining)

1) 데이터 마이닝 개념

데이터 마이닝(Data Mining)은 거대 규모의 데이터로부터 가치 있는 정보를 찾아내는 탐색 과정 및 방법을 의미한다. 즉, 데이터베이스로부터 과거에는 알지 못했지만, 데이터 속에서 유도된 새로운 데이터 모델을 발견하여 미래에 실행할 수 있는 정보를 추출하고 의사결정에 이용하는 과정을 말한다. 이 용어는 광산에서 광물을 캐내는 것에 비유한 것으로 금광석에 극히 미량으로 포함된 금을 여러 단계를 걸쳐 추출하듯이 수많은 데이터로부터 유용한 정보를 찾아내는 것으로 해석된다. 지난 수십 년간 여러 조직(국가, 기업 등)에 의한 정보시스템에 대한 투자, 컴퓨터의 발전 및 보급, 데이터베이스 기술의 발전 등으로 다양한 분야에서 다양한 형태의 데이터, 예를 들어, 판매 시점관리 데이터,

주식거래 데이터, 병원 환자 데이터, 전화 통화기록 데이터, 카탈로그 주문데이터, 은행 거래 데이터, 원격 입력 이미지 데이터, 항공 예약데이터, 신용 카드 결제 데이터, 제조업체의 품질관리 데이터, 세금 환급 데이터 등이 기하급수적으로 축적됐다.

2) 데이터 마이닝 프로세스

① 샘플링 추출(Sampling / Selection)

㉠ 데이터마이닝은 대체로 수십 메가에서 수십 기가에 이르는 대용량의 데이터를 기반으로 하지만 많은 양의 데이터를 살피는 것은 시간의 측면에서만 보아도 많은 인내가 필요하게 되는 작업이 될 수 있다. 이때 고려하여야 하는 과정이 바로 샘플링이다.

㉡ 샘플링이란 많은 양의 데이터(모집단)에서부터 모집단을 닮은 작은 양의 데이터(샘플 : 표본)를 추출하는 것이다.

② 데이터 정제 및 전처리(Data Cleansing / Preprocessing)

데이터베이스에는 일관성이 없고 불완전하며 오류가 있는 데이터가 존재할 수 있다. 따라서 데이터 정제 과정을 통해 데이터의 무결성과 질을 보장해 주어야 한다.

③ 탐색 및 변형(Exploration / Transformation)

㉠ 탐색

데이터의 탐색 과정에서는 이미 알고 있는 사실들을 확인하여 수치화하는 작업을 시작으로 하여 보유하고 있는 수많은 변수의 관계를 살펴보는 단계이다. 예를 들어, '백화점의 A 상품구매 고객들은 주로 특정요일에 집중되어 있다'라거나, 'B 상품의 구매 고객은 주로 여자이다' 등의 모르고 있던 정보 또는 기존에 현업관계자의 느낌으로만 알고 있던 사실들을 확인할 수 있게 되는 예도 있고 또 가끔은 현업에 있는 사람들이 확신하고 있던 사실들이 틀렸다는 것도 확인할 수 있다.

㉡ 변형

예를 들어 한 신용카드회사의 거래 정보가 있다고 하자. 그 거래 정보에는 각 고객의 지난달 카드사용 내용을 가지고 있을 것이다. 그러나 분석자의 요구 또는 현업 담당 장의 요구 때문에 꼭 필요한 정보-각 고객의 지난달 1회 평균 카드사용 금액-은 보유하고 있지 않을 수 있다. 또한, 각 고객의 연령 정보는 있지만, 너무 다양하여 10대, 20대, 30대 등으로 크게 나누어야 할 수도 있다. 이와 같은 정보는 기존의 변수를 이용하여 새로이 생성해야 할 변수가 된다. 이러한` 작업을 고려하는 단계가 바로 변형 및 조정 단계이다. 이 단계에서 생성 또는 수정된 변수는 차후 모형화 단계에서 아주 중요한 정보로써 활용될 수 있을 것이다.

④ 모형화(Modeling)

㉠ 데이터마이닝 과정에서 가장 중요한 단계로서, 앞서 선행되었던 단계에서 선정된 주요한 변수를 사용하여 다양한 모형인 Neural Networks, CHAID, CART, 일반화 선형모형 등의 전통적인 통계적 모형 등이 적합해 보는 단계이다.

㉡ '신용 카드의 도용 방지 모형은 Neural Network가 가장 적합하다.' 등의 알려진 모형이 있기도 하나 그렇지 않으면 다양한 모형에 적합한 후 예측력이 가장 뛰어난 모형을 선택하는 것이 일반적이다.

⑤ 보고 및 가시화(Reporting / Visualization)

㉠ 데이터마이닝의 수행 결과는 사용자들에게 보기 편하고 이해하기 쉬운 형태로 제공돼야 한다.

㉡ 마이닝 결과를 그래프나 각종 차트 형태로 보여주는 것이 가시화이다. 가시화의 장점은 사전 지식이 없이 동적인 관찰이 가능하고 인식의 한계에 대한 부담을 경감시킨다는 점이다.

3) 데이터 마이닝 기법

① 의사결정 나무(Decision Tree)

과거에 수집된 데이터의 레코드들을 분석하여 이들 사이에 존재하는 패턴, 즉 결괏값별 특성을 고객 속성의 조합으로 나타내는 분류 모형을 나무의 형태로 만드는 것이다. 이렇게 만들어진 분류 모형은 새로운 레코드를 분류하고 해당 결괏값을 예측하는 데 사용된다.

② 신경망 분석(Neural Networks)

㉠ 인간 두뇌의 복잡한 현상을 모방하여 마디(Node)와 고리(Link)로 구성된 망 구조로 모형화하고 과거에 수집된 데이터로부터 반복적인 학습 과정을 거쳐 데이터에 내재하여 있는 패턴을 찾아내는 기법이다.

㉡ 보통 신경망 분석은 패턴인식이나 연관 관계 분석에 기초하여 주로 분류화와 예측의 목적으로 신용평가, 카드도용패턴 분석, 수요 및 판매예측, 고객 세분화 등 여러 산업에서 활용되고 있다.

③ 연관규칙(Association Rule)

㉠ 어떤 특정 문제에 대한 예측(Prediction)이나 고객들을 특정 목적에 따라 분류(Segmentation)하는 문제가 아니라 상품 혹은 서비스의 거래기록(Historical)데이터로부터 상품 간의 연관성 정도를 측정하여 연관성이 많은 상품을 그룹화하는 clustering의 일종으로서, 동시에 구매될 가능성이 큰 상품들을 찾아냄으로써 시장바구니분석

(Market Basket Analysis)에서 다루는 문제들에 적용될 수 있다.

ⓛ 예를 들면, 미국의 슈퍼마켓에서 목요일 기저귀를 사는 고객은 맥주도 동시에 구매한다는 연관성을 알아냈다고 한다. 이때, 조건은 '목요일, 기저귀'이며 결과는 '맥주'라 할 수 있다. 이와 같은 연관규칙의 탐사가 가능하게 된 것은 컴퓨터 기술의 발전을 들 수 있겠다. 한 고객이 슈퍼마켓의 계산대에서 계산할 때 쇼핑카트에 담긴 물품들이 바코드를 통하여 컴퓨터에 데이터베이스 형태로 입력되고 이로부터 고객들의 구매 행태를 분석할 수 있게 되었다.

④ **클러스터링(Clustering)**

㉠ 어떤 목적변수(target)를 예측하기보다는 고객 수입, 고객 연령과 같은 속성이 비슷한 고객들을 묶어서 몇 개의 의미 있는 군집으로 나누는 것을 목적으로 한다. 숲이 너무 복잡해서 전체를 파악할 수 없을 때, 나무들부터 살펴보아야 하듯이 대용량의 데이터가 너무 복잡할 때는 이를 구성하고 있는 몇 개의 군집을 우선 살펴봄으로써 전체에 대한 윤곽을 잡을 수 있을 것이다. 클러스터링은 이런 상황에 유용하게 쓰일 수 있다.

ⓛ 예를 들어 회사에서 관리하는 고객들에 대하여 구매 행태를 반영하는 속성들에 대한 데이터가 수집된다고 할 때 유사한 구매 행태를 보이는 고객들을 서로 그룹핑하는 것을 군집분석이라 할 수 있겠다. 따라서 이 예의 경우 군집분석의 목적 중 하나는 서로 다른 그룹의 고객들에게 서로 다른 마케팅전략을 수립하는 것이 될 것이다.

⑤ **사례 기반 추론((CBR : Case-Based Reasoning)**

주어진 새로운 문제를 과거의 유사한 사례를 바탕으로 주어진 문제의 상황에 맞게 응용하여 해결해 가는 기법이다.

4) 데이터마이닝 활용 분야

① 데이터베이스 마케팅(Data Base Marketing)

② 신용평점 시스템(Credit Scoring System)의 신용평가 모형 개발, 사기탐지 시스템(Fraud Detection System), 장바구니 분석(Market Basket Analysis), 최적 포트폴리오 구축과 같이 다양한 산업 분야에서 광범위하게 사용되고 있다.

③ 품질개선(Quality Improving)

④ 이미지 분석(Image Analysis)

5) 데이터 마트(Data Mart)

데이터 마트란 한 부분으로서 특정 사용자가 관심을 두는 데이터들을 담은 비교적 작은 규모의 데이터웨어하우스(DW)를 말한다. 즉, 한두 개의 특별한 영역에 중점을 둔 데이터웨어하우스다. 데이터 마트란 데이터웨어하우스로부터 특정한 분야와 관련된 데이터만 특별한 사용자가 이용할 수 있게 분리해 놓은 것이다. 개별 부서에서 그 부서의 특징에 맞게 데이터를 검색, 가공, 분석할 수 있도록 해놓은 작은 규모의 전자 저장 공간이다. 필요에 따라 자주 접근하는 데이터웨어하우스의 부분 또는 그 처리시간이 비교적 간단한 곳을 말한다. 데이터 마트 종류는 다음과 같다.

① 관계형 데이터 마트는 2차원 구조이고, 데이터의 입력과 출력이 쉽고 속도가 빠른 편이다.
② 다차원 데이터 마트는 데이터의 구조가 매트릭스 형태로 구성되어 있으며, 같은 data를 다른 여러 View를 통해 분석한다.

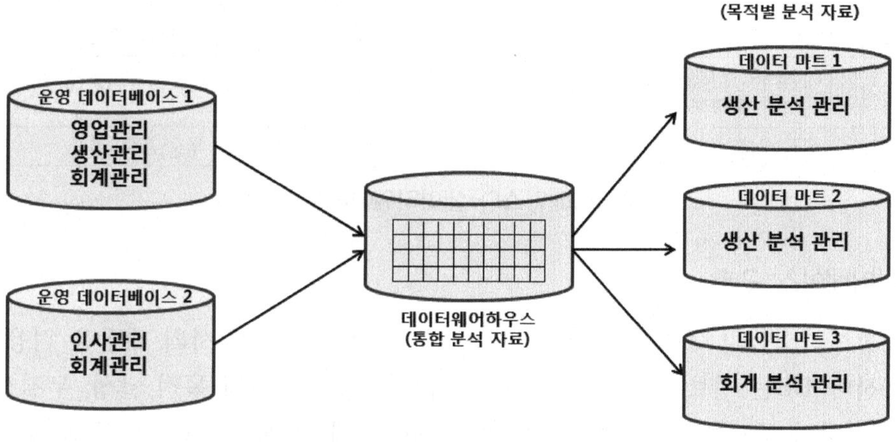

[데이터웨어하우스와 데이터 마트]

3 데이터베이스(Database)

1) 데이터베이스(DB) 개념

데이터베이스는 여러 사람에 의해 공유되어 사용될 목적으로 통합·관리되는 정보의 집합이라고 정의할 수 있다. 데이터베이스는 정리된 데이터들을 조합·가공함으로써 정보를 생산할 수 있도록 조직화한 데이터들의 집합을 말한다. 데이터베이스 마케팅(Database Marketing)은 고객 만족 경영의 한 형태로서, 각종 1차 자료와 정보를 수집·분석하고 개인에 대해 차별적 정보를 제공하여 고객의 만족을 극대화하는 마케팅 수단을 말한다. 어느 고객이 무엇을 얼마나 자주 구매했으며, 어떤 매장에서 어느 유형을 구매했는지, 언제 재구매하려는지 또는 대체 구매할 것인지 등과 같은 정보를 가지고 고객의 성향을 분석하여 효율적인 판매 전략을 수립하는 것이다.

2) 데이터베이스 특징

똑같은 자료를 중복하여 저장하지 않는 통합된 자료이다. 컴퓨터가 액세스하여 처리할 수 있는 저장장치에 수록된 자료이다. 어떤 조직의 기능을 수행하는 데 없어서는 안되며 존재 목적이 뚜렷하고 유용성 있는 운영 자료로 임시로 모아 놓은 데이터나 단순한 입출력 자료가 아니다. 한 조직에서 가지는 데이터베이스는 그 조직 내의 모든 사람이 소유하고 유지하며 이용하는 공동 자료로서 각 사용자는 같은 데이터라 할지라도 각자의 응용 목적에 따라 다르게 사용할 수 있다.

	기존 데이터베이스	데이터웨어하우스
목적	정확, 효율성을 통한 업무/거래처리	분석을 통한 선략수립/의사결정 지원
데이터	휘발성, 지속해서 갱신, 레코드 단위	시계열적, 읽기 전용, 가공/요약된 데이터
형태	업무 단위(예 : 대부, 저축, 신용)로 분리	주제별(예 : 고객, 상품)로 통합
요구사항	데이터의 신속한 입력, 갱신, 추적 데이터의 무결성	다량의 데이터를 다차원 분석 응답시간의 최소화
사례	예금 입출, 대체	상품수익률 분석, 우량고객 분류

[데이터베이스와 데이터웨어하우스 비교]

3) 데이터베이스 구축

유통정보시스템의 구축 과정에서 사용자를 위한 사용지 침서의 개발은 적용단계에서 이루어진다. DB는 정보의 Data 상 중복을 최소화하고, 조직의 목적 달성, 무결성, 보안성 등을 고려하며 동시에 많은 사용자가 동일 데이터에 접근하더라도 이를 보장할 수 있는 디지털 정보 활용에 가장 중요한 인프라이다. 기업의 정리된 데이터들을 조합·가공함으로써 정보를 생산할 수 있도록 조직화한 자료들의 집합을 말한다. 기업의 업무수행과 관련 있는 모든 자료를 기업의 목적 수행에 다양하게 이용하기 위하여 발생하는 데이터들을 통합적으로 보관·저장하는 시스템이다. 데이터베이스는 물리적인 디바이스에 자료를 저장하고 그 저장된 자료를 질의하고 인증된 사용자가 이를 공유하여 정상적인 활용이 가능하도록 하는 기능을 말한다.

① 데이터베이스 구성 요소

㉠ 데이터베이스 시스템

여러 응용프로그램을 공유하기 위해 최소의 중복으로 통합, 저장된 운영데이터의 집합을 말한다.

ⓛ 데이터베이스 관리 시스템(DBMS)

응용프로그램이 종속이나 중복 없이 데이터베이스를 공유할 수 있게 관리해 주는 소프트웨어 시스템을 말한다.

ⓒ 사용자

최종사용자는 응용 프로그래머, 데이터베이스 관리자 등을 포함한 개념이다.

ⓔ 데이터베이스 언어

사용자와 데이터베이스의 관리 시스템의 인터페이스를 제공하는 도구를 지칭한다.

ⓜ 데이터베이스 기계

데이터베이스 관리기능을 효율적으로 수행하는 것을 지원할 목적으로 설계된 하드웨어와 소프트웨어를 말한다.

ⓗ 스키마(Schema)

데이터베이스 내의 데이터들의 논리적 구조 및 관계를 기술한 것으로서 데이터베이스 내의 개체, 속성, 관계와 이들 간의 제약조건이 표현된다.

② 데이터베이스 언어(**DBL : Data Base Language**)

ⓖ 데이터 정의어(Data Definition)

ⓛ 데이터 조작어(Data Manipulation Language)

ⓒ 데이터 제어어(Data Control Language)

4) 데이터베이스 관리 시스템(DBMS)

데이터베이스 관리 시스템(Database Management System, DBMS)은 다수의 사용자가 데이터베이스 내의 데이터에 접근할 수 있도록 해 주는 소프트웨어 도구의 집합이다. DBMS는 사용자 또는 다른 프로그램의 요구를 처리하고 적절히 응답하여 데이터를 사용할 수 있도록 해 준다. DBMS는 데이터의 입력, 저장, 추출, 삭제, 수정 등 데이터베이스의 관리를 위한 일반적인 기능을 수행하는 소프트웨어로 데이터베이스를 작동시키는 데 있어 엔진의 역할을 한다는 의미에서 '데이터베이스 엔진'이라고도 불리며, 데이터베이스의 운용을 지원한다는 의미에서 데이터베이스 서버(Server)라고도 불린다.

DBMS 기능은 다음과 같다.

① 축적된 자료 구조정의

② 자료 구조에 따른 자료 축적

③ 데이터베이스 언어에 의한 자료 검색 및 갱신

④ 복수 사용자로부터 자료처리 동시 실행 제어

⑤ 갱신 중에 이상이 발생했을 때 갱신 이전 상태로 복귀

⑥ 정보 기밀 보호(Security)

제 2 절 EDI 구축 및 효과

1 EDI 의의와 이용 효과

1) 전자문서교환(EDI : Electronic Data Interchange) 개념

EDI(Electronic Data Interchange)란 전자문서교환이라고 하며 기업 사이에 컴퓨터를 통해서 표준화된 양식의 문서를 전자적으로 교환하는 정보전달 방식이다. 기업 간 거래에 관한 data와 documents를 표준화하여 컴퓨터 통신망으로 거래당사자가 직접 전송·수신하는 정보전달 체계이다. 주문서·납품서·청구서 등 각종 무역 관련 서류를 표준화된 상거래 서식 또는 공공서식을 서로 합의된 electronic signal(전자신호)로 변경, 컴퓨터 통신망을 통해 거래처에 전송한다. 이는 국내 기업 간 거래는 물론 국제무역에서 각종 서류의 작성과 발송, 서류 정리 절차 등의 번거로운 사무처리가 없어져 처리시간 단축, 비용 절감 등으로 제품의 주문·생산·납품·유통의 모든 단계에서 생산성을 획기적으로 향상한다. EDI 목적은 단순히 종이 서류를 추방하는 데 있는 것이 아니라, 상품의 수·발주상의 착오를 줄이고 처리시간을 단축하며, 데이터의 이중 입력이나 문서작성 등의 번거로움을 줄여 물류 업무의 효율화를 기하는 데 그 목적이 있다.

2) EDI 필요성

종이 서류에 의한 수작업에는 업무의 한계가 있다. EDI를 통해 서류 정리 작업에 필요한 관리자의 수와 인건비 등을 절감할 수 있다. EDI는 조직 내부나 조직 간에 일어나는 활동을 관리하기 쉽고 불필요한 활동을 제거함으로써 업무의 효율성을 구축할 수 있다. EDI는 적절한 시기에 빠른 정보를 받음으로써 고객에게 서비스 제공 시간을 단축할 수 있고, 판매자와 고객 사이의 반품이라든가 주문 시간을 줄일 수 있다는 장점이 있다. EDI는 각각의 구성원들이 지속해서 정보를 교환함으로써 장기적이고 전략적인 동반자의 관계 구축을 실현하여 품질 향상, 부가가치의 증가라는 측면에서 중요하다.

3) EDI 구성 요소

① EDI 표준

기존의 “VAN 방식”의 폐쇄성과 “web EDI 방식”의 일방성을 개선한 차세대 문서 전달 방식인 “XML/EDI 문서”가 유통·제조업체 간 상호 협업적 정보 교환에 이용된다.

② **EDI** 서비스 제공업자

부가가치통신망(VAN) 사업자이다.

③ **EDI** 서비스 이용자

EDI 서비스의 최종 소비자이다.

④ **EDI** 사용자 시스템

하드웨어, 소프트웨어, 응용소프트웨어 등이 있다.

구 분	종 류		내 용
용도별	전자문서표준		전자적으로 전송되는 문서 종류, 각 문서에 포함되는 정보 종류, 정보 전송 순서, 정보 형태, 각 정보 의미 등에 관한 지침으로 구성
	통신표준		전자문서 전송 시 이용되는 봉투(envelope) 형태, 전송속도, 통신 프로토콜, 가능한 통신수단 등
사용 범위별	전용표준		특정 기관이 상호정보를 전송하기 위하여 임의로 제정하여 사용하는 표준
	공통 표준	산업표준	UN/EDI FACT에서 제정하지 못하였거나 제정 과정에 있어, UN/EDI FACT의 규칙(Syntax Rules)에 따라 산업 내에서 필요한 메시지를 만들어 사용하는 표준
		국가표준	특정 국가 내에서 모든 업계가 공통으로 사용할 수 있도록 국가 차원에서 제정한 표준
		국제표준	UN/EDI FACT에서 최종적으로 제정한 표준

[EDI 표준]

4) EDI 표준 개발 동향

① 거래 기본 규약(제1단계)

EDI 거래에 있어서 거래의 출발 시점과 통신 요금 부담의 방법 등을 정하는 기본적 규약이다.

② 거래 운용 규약(제2단계)

컴퓨터의 운전 시간대와 데이터전송의 시간 등을 당사자 간에 결정하는 운용상의 규약이다.

③ 정보 표현 규약(제3단계)

비즈니스 프로토콜(Business Protocol)이라 부르는 것. 현재 우리가 매일 취급하고 있는 전표와 전화 내용 등을 어떻게 데이터통신으로써 표현할 것인지를 결정하는 규약이다.

④ 정보전달 규약(제4단계)

통신 프로토콜이라고도 부르며, 통신 신호의 방법과 데이터 전송속도 등과 같은 컴퓨터 접속 방법에 관한 규약으로서 이 부분도 가능한 한 광범위하게 표준화하는 것이 중요하다.

2 VAN, CALS 및 인터넷

1) 부가가치통신망(VAN : Value Added Network)

단순한 전송 기능 이상의 정보축적·가공·변환처리·교환 등의 부가가치를 부여한 음성 또는 데이터를 제공해 주는 광범위하고 복합적인 서비스의 집합으로, 시스템을 스스로 만들 수 없는 기업도 자사의 설비·운용체계를 정비함으로써 POS를 쉽게 구축할 수 있다는 장점이 있다. 공중전기통신사업자로부터 회선을 빌려 컴퓨터를 이용한 네트워크를 구성, 정보의 축적·처리·가공하는 통신서비스 또는 그 네트워크를 제공하는 사업이다. 예를 들면 KT와 같은 회선(回線)을 소유하는 사업자로부터 통신회선을 빌려 독자적인 통신망을 구성하고, 거기에 어떤 가치를 부가한 통신망 또는 사업을 말한다.

① **VAN 서비스**

㉠ 기본 통신 서비스
데이터전용선서비스, 회선교환서비스, 패킷교환 서비스가 있다.

㉡ 통신 처리 서비스
전자우편(문자, 문서, 팩시밀리, 음성 등), 파일 축적 교환이 있다.

㉢ 정보 처리 서비스
정보의 전달 과정에서 정보를 가공 및 연산하여 새로운 정보 기능을 추가나 변경할 수 있다.

㉣ TV 회의 서비스

㉤ 정보 제공 서비스

㉥ 국제 통신 서비스

② **VAN 유형**

㉠ 직접 연결형
체인점의 연결 데이터 교환 시스템, 도매업이나 제조업이 각각 고정고객 선과 연결한 네트워크 시스템이다.

㉡ 공동 이용형 네트워크
지역 유통 네트워크 및 업계 유통 네트워크이다.

㉢ 업계형

기업 간 수평 공동형 VAN이다.

③ 유통 VAN을 통한 정보의 흐름

국내에서 유통 VAN은 소매업체의 본·지점과 납품업체, 제조업체의 본사와 지점이나 영업소 또는 판매업체를 연결하여 각종 유통정보를 교환하는 데 이용되고 있다. 유통 VAN 업체들은 백화점, 쇼핑센터, 연쇄점 등과 유통 VAN을 구성해서 물류 활동을 원활하게 해준다.

2) EDI와 VAN 비교

EDI가 기업 간 데 교환되는 문서로 된 거래 정보를 컴퓨터 간의 전자적 전송으로 표준화된 포맷과 코드를 이용하여 교환하는 것을 일컫는 개념적 용어임에 반해, VAN은 회선을 직접 보유하거나 통신사업자의 회선을 임차 또는 이용하여 단순한 전송 기능 이상의 '부가가치를 부여한' 정보를 제공하는 광범위하고 복합적인 서비스의 집합이라 할 수 있다. EDI의 관점에서 VAN은 EDI를 수행하는 효율적인 수단이다. EDI 방식으로 거래하고자 하는 기업은 상대방과 직접 연결하거나 부가가치통신망을 통하여 상대방과 연결될 수 있으며, EDI를 위하여 VAN 사업자는 프로토콜 변환, 이기종 접속, 거래 표준의 교환, 기타 네트워크 서비스를 제공한다.

구 분	VAN	EDI
정 의	– 회선을 직접 보유하거나 임차 또는 이용하여 다양한 부가가치를 부여한 음성, 데이터 정보를 제공하는 광범위하고 복합적인 서비스의 집행	– 서로 다른 기업 간에 상거래를 위한 데이터를 합의한 규격에 의해 컴퓨터로 교환
기 능	– 전송, 교환, 통신, 정보처리 기능	– 합의된 규격에 의해 전자데이터를 교환
물류에의 적용	– 각 물류 경로 강화 – 정보전달 효율화, 고속화, 화물추적 등 대고객서비스 향상	– 물류 기관의 컴퓨터에 의한 주문, 배송, 보고 등
관 계	– EDI를 수행하는 가장 효율적인 수단 – EDI를 담는 용기	– VAN이 활용될 수 있는 무한시장 – VAN을 이용하는 내용물

[EDI와 VAN 비교]

3) CALS(Computer Aided Acquisition Logistics Support)

CALS는 기술적인 측면에서 기업의 설계, 생산과정, 보급, 조달 등을 운영하는 운용지원 과정을 연결하고 이들 과정에서 사용되는 문자와 그래픽 정보를, 표준을 통해 디지털화하여 종이 없이 컴퓨터에 의한 교류환경에서 설계, 제조 및 운용지원 자료와 정보를 통합하여 자동화시키는 개념이다. 최근에는 기업 간의 상거래까지를 포괄하는 개념, 즉 광속상거래(Commerce At Light Speed) 또는 초고속 경영통합 정보시스템 개념으로 확대되고 있다.

① **CALS 변천**

㉠ Computer-aided Logistics Support(1980)

이 개념은 무기에 관한 군수지원 체계에 관한 것으로 초기에 미국 국방성이 군의 정보화를 위해 프로젝트로 수행하던 개념과 같으며, 무기체계의 설계 제작 보급 조달을 위해 디지털 정보의 통합과 정보공유를 통한 신속한 자료처리 환경을 구축하는 전략을 말한다.

㉡ Computer-aided Acquisition & Logistics Support(1988)

이는 무기체계의 군수지원뿐만 아니라 획득 과정을 포함하는 총체적 군수지원 개념이다. 따라서 정보기술의 통합을 통한 자료의 신속화는 물론 전자거래(EC : Electronic Commerce)라는 정보 통신서비스를 부가해 무기, 군수품의 구매와 수 발주 등 기업과의 거래에 응용하는 시스템이다.

㉢ Continuous Acquisition & Life-cycle Support(1993)

이는 제품의 발주 수주 구매 절차로부터 생산과 유통 그리고 폐기에 이르는 전 수명주기를 관리할 수 있는 체계를 지원해 주는 제품에 대한 총체적 관리를 근간으로 한다. 이를 계기로 민간산업 제품의 생산을 목표로 한 제조업 분야의 산업 정보화 전략으로 등장하게 된 것으로 모든 산업에 적용할 수 있다는 개념으로 변천한 것이다. 특히 동시 공학(CE : Concurrent Engineering) 개념의 생산과정을 강조해 품질관리와 제품제작 기간의 단축 등을 장점으로 모든 산업에 적용되고 있다.

㉣ Commerce At the Light Speed(1995)

이 개념은 앞에서 언급한 경우와 접근하는 시각에서 차이가 있다. 이미 설명한 개념은 적용하는 분야를 점차 전산업으로 넓히면서 동시에 구현 체계의 범위 역시 다양한 분야의 통합 전략으로 보지만 이것은 통신에 의한 정보의 전달 과정에 주목했다는 것이다. 국가정보통신망의 초고속화계획과 인터넷 사용의 확산과 더불어 세계를 연결하는 초고속통신망의 기반 환경이 실용화 단계에 도달함으로써 '광속 거래의 의미'로 이해하는 개념의 발전이 이루어졌다. 이러한 개념의 발전은 곧 기업 간 또는 기업 내의 전자문서교환(EDI : Electronic Data Interchange) 방식이 서로 다른 두 지점 간의 문서 송수신을 위한 EMI(Electronic Messaging Interchange) 등을 통해 기술도면이나 형상을 포함하는 전자상거래(EC)로 개념이 바뀐 것이다.

② **CALS 기대 효과**

㉠ 비용 절감 효과가 크다.

ⓛ 조직 간의 정보공유 및 신속한 정보전달이 가능하다.
ⓒ 제품 생산 소요 시간이 단축된다.
ⓔ 산업 정보화에 의한 국제 경쟁력이 강화된다.
ⓜ 21세기 정보화 사회로의 조기 진입이 가능하다.

③ EC, EDI, CALS 관계

EC와 CALS의 핵심은 제품의 설계, 조달, 생산, 판매, 결제, 사후관리 등 비즈니스와 관련한 각종 정보를 표준화·디지털화·통합화하여 컴퓨터로 업무를 처리한다는 데에 있다. EC와 CALS는 그 발전 과정이나 접근방법이 다르지만, 궁극적으로 모든 상거래를 전자적으로 처리하고자 한다는 점에서 같은 개념으로 이해되고 있다. EC는 경영적인 측면에서, CALS는 기술적인 측면에서 보는 것이라고 할 수 있다. EC와 CALS의 중심 부분에서 바탕을 이루는 핵심 정보 기술이 전자문서교환(EDI)이다.

4) 인터넷(Internet)

인터넷은 1960년대에 미 국방성의 연구 사업으로 만들어진 기간망을 상업적으로 활용하면서 시작되었다. 1977년 패킷교환 프로토콜인 TCP(Transmission Control Protocol)와 IP(Internet Protocol)가 개발되었는데 이것이 인터넷의 통신 기반이 되었다. 1986년 미 국립과학재단(National Science Foundation : NSF)은 여러 지역에 국립 슈퍼컴퓨터센터를 건립하고 이들을 서로 연결하는 망을 구축하였다. 국립 슈퍼컴퓨터센터에 설치된 망과 각 대학의 컴퓨터망을 연결하고 전자메일, 파일전송프로토콜(File Transfer Protocol : FTP), 뉴스그룹 등 정보공유를 위한 응용 기술을 개발하였는데 이것이 인터넷의 모태가 되었다. 인터넷을 통한 정보 교환 범위의 확대는 월드와이드웹(WWW)과 그래픽을 이용한 웹 브라우저의 이용 때문에 촉진되었다.

① 인트라넷(Intranet)

인트라넷은 방화벽(Firewall)이라는 보안장치에 의해 특정 기업이 독점할 수 있는 인터넷을 말한다. 기관이나 기업이 내부 업무의 효율성을 높이고 정보의 활용도를 높이기 위해 소속원에 한해 사용할 수 있게 한 인터넷이다. 인트라넷의 외부에서는 내부로 들어올 수 없지만, 내부에서는 외부 인터넷망으로 나갈 수 있도록 구축된 인터넷망이 인트라넷이다.

② 엑스트라넷(Extranet)

엑스트라넷은 관련 기업 간에 보안 문제를 걱정하지 않고 전용망처럼 활용할 수 있는 인터넷을 말한다. 엑스트라넷은 인트라넷의 발전된 형태로, 내부 사용자나 외부 사용자에게 사용 환경의 차이만 있을 뿐 데이터의 공유는 같이할 수 있게 되어 있다. 인터넷 데이터와 인트라넷 데이터를 DB로 공유하면서 업무의 효율성을 높일 수 있다.

⇒ 인터넷과 인트라넷의 복합체

제 3 절 e-SCM 및 e-Retailing

1 e-SCM 구축 일반

1) e-SCM 개념

e-SCM이란 웹을 활용하여 공급자, 유통채널 소매업자, 고객과 관련된 물자, 정보, 자금 등의 흐름을 신속하고 효율적으로 관리하는 전략적 기법이다. 기존 공급사슬관리(SCM) 관련 기술들이 웹상에서도 기능을 수행할 수 있도록 하는 것이 바로 e-SCM의 개념이다. 공급자로부터 고객까지의 공급사슬 상의 물자, 정보, 자금 등 인터넷을 포함한 각종 디지털 기술을 활용하여 총체적인 관점에서 통합 관리함으로써 e-비즈니스 수행과 관련된 공급자, 고객, 기업 내부의 다양한 욕구를 만족하게 하고 업무의 효율성을 극대화한다.

	전통적 SCM	e-SCM
공급사슬 프로세스	예측 가능	유동성
	채널 견고성	채널 붕괴
경제력	고정자산	속도와 지식
	낮은 비용	고객서비스
변화 주기	년/월	주/일
공급사슬 직거래	1대1 직접거래	N 대 N 전자상거래
	1대2 고정가격	동태적 가격 결정
계획	관리자와 분석가	모든 참여자
	계획 후 실행	계획과 실행의 동시성
업무환경	지시와 통제	권한 분산

[전통적 SCM과 e-SCM 비교]

e-Business의 범위에 있어서 e-SCM은 원자재 조달, 생산, 수 배송, 판매 및 고객관리 프로세스에서 일어나는 물류 흐름과 이와 관련된 모든 활동을 통합적으로 관리하는 기법을 말하는데 이때 이러한 관리를 인터넷에 기반을 두어 real-time으로 신속하고 효율적

으로 처리하는 것을 말한다. 전자상거래의 모형 중 B2B 모형에 해당한다.

2) e-Business 관점에서의 e-SCM

e-Business 플랫폼에서 e-SCM을 구현하게 되면 최적의 의사결정이 가능해지고 SCM에서의 핵심적인 응용 기술인 공급사슬계획의 최적화를 성취할 수 있다. Web 환경과 더불어 기업 간 상거래에 근거한 Collaboration이 e-SCM 분야에서 새로이 주목받게 될 것이다. e-SCM의 추세는 전체 SCM 비즈니스 프로세스의 최적화를 지향한다. SCP(공급사슬계획) 시스템은 공급사슬 관점에서 수요와 공급의 균형을 맞추기 위한 계획을 수립하는 역할을 하며 APS(Advanced Planning and Scheduling)로 불리는 경영전략, 연간예산, 자재조달, 수요예측, 재고계획, 생산계획 등 스케줄링(Scheduling)을 지원하는 다양한 소프트웨어들로 구성되어 있다. SCE(공급사슬실행) 시스템은 ERP와 연동하여 공급사슬에 대한 관리를 수행(운송관리시스템, 창고관리시스템, 주문관리시스템)한다.

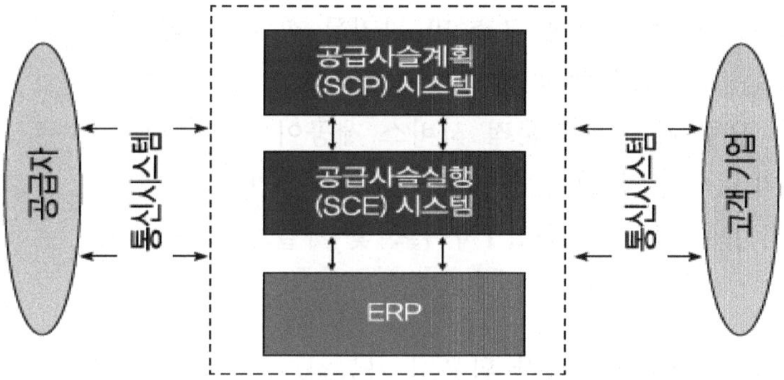

[e-SCM 구축을 위한 정보시스템]

3) e-SCM 목표

디지털 환경으로 등장한 새로운 패러다임에 부합할 수 있도록 원재료·제품·정보 흐름을 리엔지니어링 하는 것이다. 디지털 기술을 활용하여 판매, 원재료, 구매, 제조, 물류 등을 동기화(Synchronization)하는 것이다. 이를 통해 고객에 대한 대응능력을 높이고 새로운 서비스를 제공하여 고객만족도를 높이는 것이다.

4) e-SCM 적용

① e-구매 실현

e-구매란 인터넷을 활용해 구매 프로세스를 재설계하고 실행하는 것을 말한다. 대부분 기업은 생산과 직접 관계없는 물품들의 구매에 주의를 집중하고 있다. 평균적으로 기업

들은 전체 구매비용의 약 30% 정도를 생산과 직접 관련이 없는 '유지보수 운영(MRO, Maintenance, Repair and Operation)'에 지출하는 것으로 알려져 있는데 '공급사슬관리'를 도입하면 회사 전체적으로 발생하는 유지보수 운영비용을 보다 저렴하고 효과적으로 처리할 수 있게 된다.

② **e-SCM 도입 목적**

기업을 디지털 환경에 적응할 수 있도록 원재료·제품·정보 흐름을 재조직한다. 이로써 수직 가치사슬의 해체와 네트워크 형성, 중간상을 배제한 직거래, 보유 자산의 최소화 등을 목적으로 한다. 디지털 기술을 이용하여 판매·원재료·구매·제조·물류 활동을 실시간으로 처리하기 위해서 도입한다. 고객에 대한 대응능력을 높이고 새로운 서비스를 제공하여 고객만족도를 높이는 것이다.

5) e-SCM 실행전략

① 기업주도형

㉠ 기업이 주도적으로 데이터 구축 및 관리를 할 수 있다.
㉡ 유연성이 높고, 공급업체의 통제가 쉽다.
㉢ 고도 기술 요구 제품의 전문적 서비스 제공이 가능하다.
㉣ 제품구매의 유연성이 떨어진다. (사전 등록 업체만 거래)
㉤ 자체 관리 비용 부담이 있다. (사이트 및 카탈로그 관리비)

② 시장포탈형

㉠ 업종공통의 온라인 전자시장 활용이 가능하다.
㉡ 포털업체 또는 중개업체가 데이터 구축 및 관리를 한다.
㉢ 구매 안내, 지급보증 등의 부가서비스 제공이 가능하다.

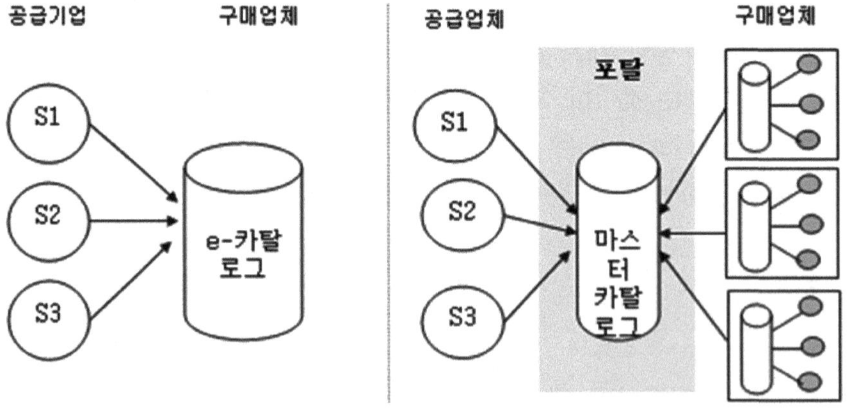

[기업주도형과 시장포탈형]

6) e-SCM 도입 효과

① 수직적 가치사슬 해체

㉠ 인터넷에 의한 저렴한 가격에 정보를 공유할 수 있다.

㉡ 거래업체의 변경이 매우 쉬워진다.

② 직거래 활성화

㉠ 새로운 비즈니스 모델의 출현이 가능하다.

㉡ 인터넷 직거래 시장의 활성화가 이루어진다. (MRO 시장, 음반 판매 등)

③ 아웃소싱의 활성화

마케팅 기능만 가진 회사의 출현이 가능하다. (가상회사)

④ 연관 산업으로 진출

수평적 확장이 쉽다.

⑤ 정교한 연계 및 협업 체제 구축

재고자산의 최소화를 실현할 수 있다.

7) e-SCM 구축 관련 기술

① **APS(Advanced Planning and Scheduling)**

APS란 새로운 관리 이론과 접근방식의 개발과 함께 컴퓨터 기술과 논리적인 수학모형과 알고리즘이 발전함에 따라 기업이 새로운 경영전략을 달성하기 위해 글로벌 생산계획을 효율적으로 수립하는 방안이 마련되었는데 이것이 바로 APS이다. APS는 MRP나 ERP와 같이 생산관리 관련 프로그램으로 생산계획을 수행하는 프로그램을 통칭한다. APS 등장요인은 다음과 같다.

㉠ 제조업계에서는 고객의 주문에 더욱 잘 대처하기 위해서 생산계획을 수립하고, 실현할 수 있는 출하 일자를 계산하고, 급격하게 변화하는 제조 환경을 더욱 효과적으로 관리하기 위한, 더욱 합리적인 기법에 대한 필요성이 높아졌다.

㉡ 급격하게 발전하는 컴퓨터와 인터넷 기술에 힘입어, 글로벌 생산계획을 수립하기 위한 수학적인 계산과 알고리즘의 구현이 가능해졌다.

② **ATP와 ASN**

㉠ ATP(Available To Promise)

고객 주문에 대하여 공급망에 있는 모든 가용 가능한 자재와 용량을 실시간으로 분석하여 주문접수의 납기를 고객에게 확정해 주는 기능을 한다. 고객의 주문을 받았을 때 주문 상황에 맡게 납기 가능한 시간을 제시하는 것이 목적이며 세부적인 주문 상황과 기존의 주문데이터 등을 판단하고 이것을 현재의 물류 상황과 생산계획 등에 맞추어 실제로 가능한 납기를 제시하는 기능이다.

㉡ ASN(Advanced Shipping Notice)

제조업체와 도매업체가 상품을 실제로 창고에서 출하한 시점에서 그 상품에 관한 자세한 정보를 전송하는 것을 말한다. 소매업체의 유통센터와 점포는 이 정보를 사용하여 검품 작업을 줄여 검품의 신속화를 꾀할 수 있다. 또한, ASN 정보를 사용해서 해당 상품에 관한 정보가 바르게 상품 마스터에 등록되어 있는지, 점포의 POS 가격 검색 파일에 올바르게 등록되어 있는지를 점검해 줄 수 있다. 더욱이 ASN의 정보가 소매업 측에 사전 전송됨으로써 작업의 사전일정을 잡을 수 있게 된다.

8) e-Procurement

전자 구매(e-Procurement)는 구매 요청, 승인, 입찰, 계약에 이르는 일련의 프로세스를 인터넷에 기반으로 전자적으로 수행하는 시스템을 말한다. e-Procurement는 구매 프로세스를 기업 간 유기적으로 연계하고, 공급업체와 최적화된 협력 체제를 구축함으로써 구매 효율성 및 효과성을 높이는 것을 목적으로 한다. 주문에서 인도에 이르는 전체 구매 프로세스를 인터넷 환경 아래서 유기적으로 연계하고, 동시에 구매사와 공급사 간의 공조를 이루어서 구매 업무의 최적화를 도모하려는 전략적 기법이다. 폭넓은 공급업체 선택, 더 나은 품질, 향상된 배송, 조달 비용 절감 등을 구매자에 제공하며, 공급자에게는 입찰 기회 증대, 입찰 비용 절감, 공동입찰 가능 등의 이점을 제공한다.

9) 전자카탈로그 관련 표준

① 상품 분류체계 표준

㉠ HS(Harmonized Commodity Description and Coding System : 통일상품 분류체계)

수출입 과정에서 이동하는 상품들을 정확히 추적·확인하기 위해 개발된 분류체계로 관세 행정의 편리를 도모하기 위하여 1931년 UN 관세협력이사회에 의해 추진됐다. 10단위의 HS 부호와 상품명, 상표명으로 표시하며, 같은 품목군에 분류된 물품들은 원료로부터 완제품의 순으로 배열한다. 01부터 99까지의 대분류가 있으며, 종류명·품명 등의 정의가 잘 되어 있다.

㉡ SITC(Standard International Trade Classification : 국제표준무역 분류)

UN 경제사회이사회에서 추진해 온 분류로서, 경제 분석과 무역통계의 국제간 비교가 쉽도록 무역상품을 분류한 것이다. 상품의 종류별, 산업구조별로 분류함을 원칙으로 하고 있으며, 0부터 9까지의 10개의 대분류가 있다.

㉢ UNCCS(UN Common Coding System : UN 일용 분류 시스템)
UNCSD(UN Common Supply Database : UN 일용품 공급데이터베이스)에서 사용되는 6자리의 상품 및 서비스 분류 코드 체계이다. 네 가지 상품 대분류와 다섯 가지 서비스 대분류로 시작되는데, 여러 가지 카테고리가 하나의 대분류로 묶여 있다는 단점이 있다.

㉣ ISO(International Standard Organization)
비영리기관인 ISO는 제품 및 서비스품질 표준화, 단순화와 상호 호환성의 증대를 통하여 국제상거래를 원활히 하려는 목적으로 제품과 서비스의 규격을 정하는데, 이를 필드화하기 위해 대(97)-중-소의 6digit로 범주화한다.

② 상품 카탈로그 게시 표준

상품 분류체계 구축, 분류체계에 따른 상품 속성정보를 정의하는 것으로 단일화된 표준은 없다. 다만 EAN International의 전자카탈로그 시스템 구성에 관한 권고(안)가 1998년 6월에 발표된 것을 비롯하여 각국에서 통신판매 관련 소비자의 피해를 막기 위해 부당표시·광고 지침, 상품표시에 대한 규격에 대한 지침을 제시 기준이 없다. 다 게시에 관한 표준으로 활용하고 있다.

③ 카탈로그 전송·포맷·표현 표준

카탈로그 포맷 및 표현 표준으로서 XML과 XSL이 유력하며, 전송에 관해서는 스마트 카탈로그 교환 언어를 구성하여 전송 규약을 명시하고 있다. XMH은 웹상에서 구조화된 문서의 전송이 가능하도록 설계된 마크업 언어이다.

④ 디렉터리 서비스 표준

상품, 가격 등에 대한 카탈로그 및 목록 등에 사용되는 디렉터리 관련 표준으로는 ISO와 ITU-T(전기통신 표준화 센터)에 의해 개발된 국제표준으로 다른 사용자의 주소 및 관련 정보에 대한 데이터베이스를 유지하며, 검색하는 기능으로 많은 공급사가 지원하는 표준 프로토콜인 X.500 계열의 디렉터리 서비스가 대표적이고, IETF에서는 인터넷을 기반으로 X.500을 경량화하여 인터넷에서 활용하기 위해 LDAP(Lightweight Directory Access Protocol)을 표준으로 제정하였다.

10) 코리안 넷(Korean net)

① 개념

표준 바코드가 부착된 상품의 상세 정보를 표준화시켜 데이터베이스에 등록하고, 이를 제조, 물류, 유통업체가 인터넷 및 EDI를 통해 실시간으로 활용할 수 있는 전자카탈로그 서비스이다. 코리안 넷은 같은 상품임에도 제조업체가 유통업체에 따라 이중으로 입력작업을 해야 했던 국내 유통 관행상의 문제를 해결하는 핵심 역할을 담당하게 될 것이다. 코리안 넷을 통하여 제조업체와 유통업체 모두 정확하고 표준화된 상품정보의 검색 및 교환 서비스를 받을 수 있다.

② 주요 기능

㉠ 상품정보 및 등록관리
글로벌 상품 분류 표준(UNSPSC) 및 상품 속성표준(GDD) 기반의 상품정보관리가 가능하다.

㉡ 유통업체 상품정보 전송
코리안 넷과 연계된 제휴 유통업체 쪽으로 신규상품 정보를 전송할 수 있다.

㉢ 국내 유통 상품 조회
업체별, 상품군별 상품정보 검색이 가능하다. (상품 이미지 포함)

㉣ 자사 상품 홍보
상공회의소 코참 비즈 홈페이지 및 다양한 제휴사업을 통한 코리안 넷 등록 상품을 홍보할 수 있다.

2 e-마켓플레이스(e-Marketplace)

1) e-마켓플레이스 개념

일반 e-commerce나 e-business가 기업과 소비자 사이의 비즈니스를 인터넷 등으로 전환해 놓은 것이라면 e-marketplace는 공급자와 소비자 사이를 연결해 주는 중계자의 역할을 인터넷 등의 뉴미디어를 통해서 하는 것이다. e-marketplace는 공급자 기업에 속하지 않고 공급자와 소비자를 연결해 주는 것이 가장 큰 핵심이다. 주로 B2B(기업 간 거래)에 많이 이용된다. 수익은 거래 성사에 대한 수수료가 가장 중요한 부분이고 일부 e-marketplace는 등록비 등의 수익모델을 가지고 있는 예도 있다. 인터넷 등 네트워크상에서 다수의 공급자와 다수의 구매자 간에 거래할 수 있도록 구축된 온라인 시장으로 기존 1 : 1 혹은 1 : N의 거래 관계를 N : N의 복잡한 거래 관계로 바꾸어 놓았다. 그뿐만 아니라 기존 시장(혹은 장터)처럼 판매자와 구매자가 같은 시간에 동일 장소에 모여 거래하는 개념에서 시간과 공간의 제약을 넘어선 새로운 형태의 시장으로서 그 범위를 확대하고 있다. 기업은 e-marketplace의 신뢰성을 통해 한 번도 본 적도 들은 적도 없는 기업과의 거래에 대한 위험을 줄일 수 있으며 또한 e-marketplace와 기업 간의 e-procurement(조달) 시스템을 통해 더욱 쉽게 상품 구매가 가능해 큰 비용 절감 효과를 가져올 수 있다. 인터넷상의 가상시장이기 때문에 제품, 서비스, 정보 등 기업의 구매 및 판매와 관련된 모든 서비스를 제공하는 공급자와 구매자의 B2B 전자상거래 커뮤니티로 e-비즈니스의 결정판이라 할 수 있다.

2) e-마켓 플레이스 특징 및 기대효과

전자상거래의 뚜렷한 특징 중 하나인 '시·공간의 제약 극복'에 따라 다양한 업종에 걸쳐 다양한 품목의 국제적 거래에 적합하다. 단순히 기존의 거래형태를 변화시키는 것이 아니라 비즈니스 프로세스를 근본적으로 변화시킬 것이다. 즉, 오프라인상에서 이루어지던 불필요하고 복잡한 거래 과정들을 합리적이고 효율적으로 변화시켜 거래소요 시간 및 거래비용을 획기적으로 절감시킬 수 있다. 단순히 오프라인상의 시장기능을 온라인으로 옮겨놓은 것이 아니라 전자상거래의 발전된 개념이고 그 범위를 확장한 개념이기 때문에 전자상거래의 특징을 포함하게 된다. 기존의 상거래기능만 존재하던 B2B 쇼핑몰 사이트와는 완전히 다른 개념으로 인터넷을 수단으로 구매기업과 공급기업 사이를 완전히 연결·통합하는 혁신적인 패러다임이다. 여기서는 경매·역경매, 거래소, 입찰(Bidding)시스템, 공동구매 등 다양한 상거래기능과 공급망관리(SCM), 공동 생산 계획과 같은 지능적인 기능, 다양한 공급자와 구매자 정보, 광범위한 상품 카탈로그 등 강력한 콘텐츠와 커뮤니티 서비스를 제공할 수 있다. 구매자 측면에서는 구매비용의 감소, 높은 구매협상력을 통한 구매단가의 하락, 구매 프로세스의 효과성과 향상, 시간 단축의 장점이 있다. 공급자 측면에서는 고객 확보와 판매 비용을 절감할 수 있으며 시장정보를 확보하고 온라인 협력을 통하여 공급업자와 구매자 간의 관계를 향상할 수 있다. 오프라인상에서 이루어지던 불필요하고 복잡한 거래 과정들을 합리적이고 효율적으로 변화시키고, 혁신적인 프로세스와 투명한 거래를 통해 거래소요 시간 및 거래비용을 획기적으로 절감시킨다.

3) e-마켓플레이스 분류

① 운영 주체에 따른 분류

㉠ 판매자 중심의 e-마켓플레이스

하나의 판매기업이 e-마켓플레이스를 구축하고, 이 기업에서 물품을 구매하는 다수의 구매자가 참여하는 형태이다.

㉡ 구매자 중심의 e-마켓플레이스

구매력이 강한 하나의 구매기업이 e-마켓플레이스를 구축하고, 이 회사에 납품하고자 하는 다수의 공급자가 참여하는 형태이다.

㉢ 중개자 중심의 e-마켓플레이스

구매자나 판매자가 아닌 기업(주로 솔루션 공급업체들)이 e-마켓플레이스를 구축하고, 다수의 공급자와 다수의 구매자가 참여하는 형태이다.

② 사업영역에 따른 분류

㉠ 보털(Vortal : Vertical Portal)

특정 품목이나 산업을 중심으로 원자재부터 완성품에 이르기까지 수직적인 관계를 갖는 전 품목을 취급하는 e-마켓플레이스를 말한다. 특정 분야에 대해 전문적인 콘텐츠뿐만 아니라 전문기업 간 상거래 서비스, 커뮤니티 등도 제공하기 때문에, 전문성과 내용의 깊이가 높은 콘텐츠 및 서비스를 제공할 수 있다.

㉡ 호털(Hortal : Horizontal Portal)

다양한 산업에 걸쳐 같은 기능이나 비즈니스 프로세스를 제공하는 형태의 가상시장으로서 여러 산업에 걸친 서비스의 제공을 통한 다양한 수익 창출기회의 확보와 집중화에 따른 위험의 회피라는 긍정적인 면과 다양한 고객들의 요구를 모두 만족하세 할 수 있는 전문성의 결여라는 부정적인 면을 함께 지니고 있나.

㉢ 메가마켓(Mega-market)

보털 및 호털 등을 결합해 놓은 e-마켓플레이스를 지칭한다.

③ 시장창출방식에 따른 분류

㉠ 경매형(Auction)

ⓐ 경매형은 경매라는 메커니즘을 이용한 최적의 매칭을 통해 상거래를 이루는 유형이다.

ⓑ 이것은 기업이 판매하고자 하는 물품을 공고하면 다수의 구매자가 가격을 입찰하고, 최적 가격을 제시한 구매자에게 이를 판매하는 방식이다.

ⓒ 이러한 유형은 기업이 보유하고 있는 나머지 재고의 처리, 중고품, 희소품, 부패하거나 없어지기 쉬운 제품, 그리고 서비스를 다룰 때 적합하다.

㉡ 온라인 역경매(Reverse Auction)

ⓐ 역경매형은 경매형의 상반된 개념으로 구매자가 자신이 사고자 하는 물품에 대한 사양과 거래조건 등을 제시한 후, 다수의 공급자 중 최적의 가격과 거래조건을 제시한 공급자로부터 이를 구매하는 방식이다.

ⓑ 이 유형은 강력한 구매력을 가진 소수의 구매자와 복수의 공급자가 존재하는 시장에서 구매자가 저렴한 가격에 대량으로 구매할 때 적합하다.

㉢ 교환형(Exchange)

ⓐ 교환형은 전통적인 주식시장의 거래 방식과 같은 양방향 옥션 방식이다.

ⓑ 이 유형은 제3자의 중개자에 의해 매우 중립적인 시장의 형태로 이루어진다. 이 경우는 상품의 수급 관계와 가격이 매우 유동적인 시장에서 상품의 요건이 정해

진 원부자재나, 범용성이 높고 표준화된 상품의 거래에 적합하다.

ⓒ 구매자로서는 필요한 부품, 상품 등을 신속히 조달할 수 있고, 판매자는 최적의 시장가격으로 상품을 판매할 수 있다는 이점이 있다.

㉣ 카탈로그형(Catalogue)

ⓐ 카탈로그형은 판매자가 그들 상품의 가격, 특징 등의 정보를 웹상에 올려놓고 이를 본 구매자가 웹상에서 바로 구매하는 방식이다. 이 유형은 가격이 사전에 타협이 이뤄져 있으므로 매우 고정적인 성격을 지닌다.

ⓑ 일반적으로 상품의 종류가 매우 다양하고 판매자와 구매자가 많아서 상품에 대한 검색 자체가 힘든 경우 또는 제품 가격이 비교적 안정적이면 적합한 유형이라고 할 수 있다.

4) e-마켓플레이스 성공 요인

e-마켓플레이스가 활성화되기 위해서는 경영자들의 의식 전환이 가장 필요하다. 지금까지의 거래 관행에서는 중소 아래도급 업체들이 대기업에 종속되어 불리한 관계에서 거래가 이루어졌지만, e-마켓플레이스에서는 시간과 거리의 제약 없이 대등한 관계에서 투명한 거래를 해야 하므로 공정성과 투명성이 중요시된다. 경쟁업체 간 협력 관계가 e-마켓플레이스의 성공 및 활성화에 중요한 변수가 될 수 있다. 미국 자동차 3사의 연합이나 다국적 유통업체인 시어즈와 까르푸의 연합 등에서 볼 수 있는 것처럼 외국에서는 동일 업종 내의 경쟁업체 간의 제휴·협력이 활발히 진행되고 있지만 국내에서는 오프라인 경쟁업체들이 e-마켓플레이스 또한 경쟁적으로 구축하고 있다는 점은 향후 e-마켓플레이스 활성화에 걸림돌이 될 가능성이 크다. e-마켓플레이스는 특성상 다수 기업이 참여해야만 수익모델을 갖출 수 있고, 국제적인 경쟁력을 확보할 수 있다. e-마켓플레이스를 효율적으로 활용하기 위해서는 기업 내부 업무 프로세스뿐만 아니라 기업 간 업무 프로세스에 대한 합리화가 선행되어야 한다. 즉, 기업들은 전자상거래 환경에 적합하도록 업무 프로세스를 재구축하는 것이 필요하다. e-마켓플레이스가 활성화되기 위해서는 기업들의 인프라와 솔루션 보급이 확대되고, 인증·지급 보안·관세·조세·디지털 상품의 지적 재산권 등과 관련된 문제들이 시급히 해결되어야 할 것이다. 국제표준에 적합한 전자카탈로그 국가표준을 마련하지 않으면 같은 상품에 대한 업체나 단체별로 표준안이 달라 전자카탈로그를 중복으로 구축하거나 호환이 되지 않는 문제가 발생할 수 있다. 즉, 전자카탈로그 표준화 작업이 지연됨에 따라 같은 규격과 속성을 가진 품목을 업체마다 혹은 업종마다 다르게 표시함으로써 같은 품목을 서로 다르게 인식하여 기업 간 전자상거래 확산의 장애 요인이 되고 있다.

5) e-마켓플레이스 진화과정

① **1단계**

e-마켓플레이스의 초기 형태는 힘이 강한 구매자나 판매자를 중심으로 형성되는 e-마켓플레이스이다.

② **2단계**

구매자나 판매자 중심으로 e-마켓플레이스가 발전하면서 중개자가 등장하고, 중개자를 중심으로 다수의 구매자와 판매자가 참여하는 e-마켓플레이스가 등장한다.

③ **3단계**

1·2단계에서는 완성품 제조업체와 부품공급업체 간에 e-마켓플레이스가 형성되고, 3단계로 발전하면서 그 범위가 공급 체인 상의 후방(원자재)으로 확대된다. 따라서 공급단계별로 e-마켓플레이스가 구축된다.

④ **4단계**

이 단계에서는 공급 체인 상의 모든 업체가 참여하는 B2B e-마켓플레이스와 소비자를 대상으로 완성품을 판매하는 B2C 쇼핑몰이 존재한다.

⑤ **5단계**

공급 체인 상의 모든 기업과 소비자가 참여하는 B2B2C 형태의 e-마켓플레이스가 구축되어 하나의 온라인 시장에서 모든 거래가 이루어지게 된다.

제 12 장

전자상거래

제 1 절 전자상거래 유형

1 전자상거래 이해

1) 전자상거래(EC) 개념 및 의의

전자상거래(Electronic Commerce)라는 용어는 미국의 로렌스 리버모어 국립연구소에서 국방성 프로젝트를 수행하면서 사용하였다. 전자상거래의 기본 인프라는 네트워크로서 미국 국방성에 의해 전자상거래의 기본구조가 만들어졌다. 1993년 웹(World Wide Web) 기술의 출현으로 인터넷을 이용한 정보나 지식의 검색이 매우 편리해지면서 기업 내에서 또는 기업 간 데도 문서를 더욱 효과적으로 전달할 수 있게 되었다. 이러한 웹 기술의 상용화와 확산화는 전자상거래 개념이 기업과 개인의 상거래로 그 적용 범위가 확대되는 계기가 되었다. 기업과 기업 간 또는 기업과 개인 간, 정부와 개인 간, 기업과 정부 간, 기업 자체 내, 개인 상호 간에 다양한 전자매체를 이용하여 상품이나 용역을 교환하는 방식을 말한다. 즉, 전자상거래는 조직(국가, 공공기관, 기업)과 개인(소비자) 간 또는 조직과 조직 간에 상품의 유통 관련 정보의 배포, 수집, 협상, 주문, 납품, 대금 지급 및 자금 이체 등 상호 간 상거래상의 절차를 전자화된 정보로 전달하는 온라인(On-line) 상거래를 의미한다.

관 점	정 의
통신측면	전자상거래는 전화선, 컴퓨터 네트워크 혹은 다른 매체를 통해 정보, 제품 및 서비스 혹은 결제 전달
비즈니스 처리측면	전자상거래란 비즈니스 트랜잭션과 작업 흐름 자동화 기술 응용
서비스측면	상품 질을 향상하고 서비스 전달시간을 감소시키면서도 회사, 소비자, 관리 등에 있어 서비스 비용을 이상적으로 절감해주는 도구
on-line 측면	전자상거래는 인터넷과 다른 온라인 서비스를 통해 제품과 정보를 구매하고 판매할 수 있도록 하는 가능성을 제공해 주는 도구

[관점에 따른 전자상거래 정의]

자료 : 한국전자거래진흥원, http://www.kiec.or.kr

2) 전자상거래 특징

① 개방성

모든 구매자는 원하는 정보에 자유로운 접속이 가능하다. 제품을 구매하고자 하는 소비자는 인터넷 사이버쇼핑몰 어느 곳이나 자유로이 방문하여 원하는 제품의 정보와 동일 기종의 여러 브랜드 제품을 가격, 결제조건, 배달 방법, 환불 서비스 등 모든 환경을 비교해 가며 제품을 유리하게 구매할 수 있다.

② 상호작용성

기업은 고객 행동에 동태적으로 적응하고, 편리한 인터페이스는 쉽게 제품선택을 하도록 한다. 기업은 방문자의 행동 특성을 고려한 다양한 인터페이스를 갖추어 방문자의 개인적 취향 및 관심 분야 따른 개별적인 서비스를 제공할 수 있고, 신제품 정보를 이메일을 보내는 등 구매를 유도할 수 있는 더욱 적극적인 마케팅전략을 수립할 수 있다.

③ 편재성(Ubiquity)

지리적 제약 없이 상호연결 및 판매자와 소비자를 직접 연결할 수 있다. 인터넷을 통하여 넓은 세계를 시장으로 Global 마케팅을 시도할 수 있으며, 기존 유통망을 활용하여 지역적 편재에서 벗어난 고효율의 운영이 가능하다. 아무리 산간오지(山間奧地)라도 인터넷 접속만 가능하다면 시장이 될 수 있다.

④ 저렴한 비용

고속의 저렴한 계산이 가능하며, 저 원가의 거래 조정이 촉진되고, 구매자와 판매자 간의 거래비용이 많이 감소한다. 중간 유통과정의 축소로 생산자와 구매자의 직거래가 가능함으로 상호 간의 불필요한 지출을 줄여 거래비용이 많이 감소하고, 신속한 전자결재를 통하여 소비자의 대금결제의 편이와 기업의 자금관리에 유리한 이점(利點)이 있다.

⑤ 시간, 공간 제약 제거

배달에서 지급까지 거래 완결 시간이 감소한다. 구매결재는 24시간 가능하므로 전자결재 즉시 전자상거래 프로그램(EDI, CALS) 내에서 배송(配送) 의뢰서가 배송 부서나 유통회사에 전달되고, 제품이 구매자에게 전달된다. 이처럼 구매, 배송이 순간적으로 시행됨에 따른 업무처리의 시간이 감소하고 그만큼 배송도 빨라질 수 있다.

⑥ 정보교환지원

실시간 최신 정보를 항상 유지하고, 대화형 멀티미디어 거래(Interactive Multimedia Transaction-cost)에 충분하다. 실시간 최신 정보의 전달은 인터넷 전자상거래만의 강점이다. 신제품의 출시에 따른 최신 제품정보를 기존의 인쇄, 전파 광고 제작 없이 비교적 단시간에 제품정보 페이지를 제작함으로써 소비자는 원한다면 어떤 매체보다 빠르게 정보를 접할 수 있다. 또한, 구매한 제품에 대한 사용 정보나, 고장이 나면 응급조치 방법 등을 제공함으로 상호 간 시간 및 금전적인 낭비를 줄일 수 있다.

3) 전자상거래 시대 4A

Any Where	특정한 지역적 한계를 벗어나 전 세계를 상대로 제품에 대한 판매와 서비스를 제공
Any Product	고객에 대한 정보를 수집, 신제품을 계획, 유용한 정보를 수집
Any time	'Time is money'를 강령으로 속도를 고려한 웹사이트를 구축
Any Way	자사의 웹사이트로 찾아오게 하는 것인가? 관리, 유지 전략

[전자상거래 시대 4A]

4) 전자상거래 긍정적 특성

① 기업 측면

㉠ 전자상거래(EC)는 시간적, 공간적인 제약에서 벗어난다.

㉡ 가격경쟁력을 제고시킨다. 소비자를 직접 상대할 수 있으므로 도매점, 소매점 등의 여러 단계의 중간유통 단계를 줄여 비용(운송비, 매장유지비, 유통 이윤 등)을 절감함으로써 중간이윤이 늘어나 더욱 시장경쟁력을 높일 수 있다.

㉢ 효율적인 마케팅 및 Service가 가능하다.

㉣ 고정운영비와 간접비용이 줄어든다. 인터넷 전자상거래는 무(無)점포, 무(無)종업원이 큰 특징이다. 제품 판매를 위한 매장확보를 위한 구매, 임대비용과 종업원 고용비용이 줄어든다.

② 소비자 측면

㉠ 충분한 제품정보 파악으로 비교구매가 가능하다.

㉡ 시간적 제약이 없다.

㉢ 추가 정보 입수가 쉽다.

㉣ 저렴한 가격으로 제품을 구매한다.

2 전자상거래 유형과 e-Biz

1) 구조화된 전자상거래 개념

구조화된 전자상거래란 표준화된 거래 형식과 데이터 교환 방식에 따라 조직적이고 체계적으로 이루어지는 전자상거래를 말한다. 불특정 다수의 일반 소비자를 대상으로 하는 전자상거래로서 주로 인터넷을 이용한 온라인 쇼핑이 이에 해당한다. 비교적 계속성이 있는 기업 간의 거래, 즉 제조업자와 유통업자 등 계속적 거래 관계가 있는 기업간 거래에 관한 데이터를 교환함으로써 이루어지는 거래로 전자문서교환(EDI) 등의 형태로 실현되는 거래이다. 정부조달의 전자화로부터 시작되었지만, 민간 부문의 기업들이 설계 도면이나 부품의 데이터를 비롯하여 제품의 개발, 제조에서 유통 및 보수유지에 이르기까지 필요한 모든 데이터를 공유하는 것을 목표로 하여 도입하려고 하는 광속상거래(CALS)가 있다. 비구조화된 전자상거래란 거래당사자 간에 특정한 표준 없이 자유로운 내용과 형식으로 이루어지는 전자상거래를 의미하는 것으로 전자우편(E-mail)이나 전자게시판(Bulletin Board System : BBS) 등을 통하여 주로 개인 간에 1대 1로 이루어진다.

2) 거래 대상 및 객체에 따른 분류

① 인터넷 쇼핑몰

인터넷의 이용 가능성과 많은 사용자, 저렴한 구축 비용 등의 이유로 가장 활발히 진행 중이다. 인터넷 쇼핑몰에는 개인을 상대로 하는 B2C 형과 기업을 상대로 하는 B2B 및 e-Marketplace의 형태로 이루어진다. 취급 상품에 따라 일반 몰과 전문 몰로 구분된다.

② 인터넷 경매

실질 세계의 입찰 메커니즘이 전자적으로 구현된 형태로서 주로 매개 역할을 담당하는 기업을 중심으로 소비자 간 거래 형식이 많다. 인터넷 경매시스템 도입으로 중간 브로커들의 역할을 축소함으로써 사회 전체적인 비용 측면에서 경제성을 도모할 수 있고, 상품 흐름과 경매 과정이 분리되어 유통혁신을 이룰 수 있다. 대표적인 인터넷 경매시장·기업에는 eBay(www.ebaycom), 옥션(www.auction.co.kr)이 있다.

③ 인터넷 금융 분야

인터넷상의 가상은행 서비스는 전자상거래 지불수단의 기능을 수행하기 위한 주체로서 필요성이 대두되고, 전자상거래가 활성화될수록 인터넷의 생활화가 필수적으로 되며, 이것은 다시 가상은행의 필요성을 증폭시키는 결과를 창출한다. 보험 분야에서도 일대일 맞춤형 서비스를 개발하여 다양한 메뉴에서 고객이 선택하고, 시공간을 초월하여 활발히 진행 중이다. 인터넷을 통한 증권매매가 보편화하고 있으며, 사이버 증권이 급속히 퍼지고 있다.

④ 상품 중개 및 비교검색 산업

현재의 전자상거래에서는 일반적인 탐색 서비스와 디렉터리 서비스를 통한 상품정보의 제공과 더불어 가격을 중심으로 데이터베이스 비교를 해 주는 사이트도 존재하며 고객의 수요에 맞게 역으로 제조업자를 연결해 주는 서비스도 등장하고 있다. 정보검색사이트는 인터넷에서 고객이 찾고자 하는 정보를 주요 단어를 중심으로 연결해 줌으로써 제공하는 것이다. 회원제를 바탕으로 단순한 정보검색에서 벗어나 전자상거래의 포털사이트로 발전되어 가고 있다.

⑤ 인터넷 광고 산업

문자 광고 형태에서 정지 화상과 종합적인 멀티미디어 광고 형태를 지향하는 동화상 광고까지 발전하고 있다. 인터넷 광고는 게재 형태에 따라 배너광고, 웹런처, 기업 홈페이지, PCN형 광고 등으로 나누어진다. 기존 광고매체와의 시너지효과를 내는 새로운 마케팅 수단으로서 그 활용 가치가 높은 것으로 평가되고 있다.

⑥ 언론 분야

off-line 언론사가 중심이 되어 on-line 화를 추진하는 것과 인터넷 고유의 언론사들이 활동(인터넷 신문)하는 경우를 포함한다. 인터넷방송은 전 세계를 상대로 실시간 방송이 가능하고, 방송 내용을 선택하여 저장할 수 있으며, 폭넓은 보도 내용을 제공할 수 있다. 또한, 고객의 의견이나 동향을 실시간으로 접수하여 반응할 수 있고, 다양한 프로그램을 시도함으로써 차별적인 고객을 선택하여 방송할 수 있다.

⑦ 인터넷 물류와 기타 분야

전자상거래 환경에 맞는 대 고객서비스 방향을 설정하고 최소의 물류비로 달성할 수 있도록 각 물류 활동을 새로운 차원에서 관리해야 한다. 비용 효율화뿐만 아니라 신속한 배송, 안전한 배달 등 고객의 다양한 욕구를 만족하게 해 주는 것으로 물류 목표를 설정·시행해야 한다. 원격진료를 중심으로 하는 의료사업 분야, 원격교육과 평생교육을 중심으로 하는 사이버 캠퍼스나 인터넷 교육 분야, 다양한 정보제공과 광고를 통한 부가서비스 창출이 가능한 포털사이트, 조달 분야를 중심으로 하는 정부의 인터넷 거래 등이 있다.

3) 전자상거래와 e-Biz(Electronic Business)

전자상거래는 수주, 발주, 결제 등을 중심으로 크게 다음의 3가지 형태로 나누어 볼 수 있다. 특정 기업 간의 거래, 가상점포를 이용한 기업과 소비자 간의 거래, 인터넷을 이용하는 불특정 기업 간의 거래 등이다. e-비즈니스는 전통적 소매점보다 제품에 대한 선택의 폭을 넓혀 줄 수 있는 장점이 있다. e-비즈니스는 공급사슬을 통하여 고객의 요구에 대한 정보가 전달되기 그 때문에 더욱 정확한 예측과 속도를 더욱 빠르게 할 수 있다.

즉 향상된 예측과 더욱 정확한 고객 요구의 관점은 수요와 공급을 더욱 잘 조절할 수 있게 해준다. e-비즈니스를 사용하는 회사는 물리적 경로를 사용하는 회사보다 더욱 신속하게 신제품을 출시할 수 있다. e-비즈니스(Electronic Business)는 전자매체를 통해 이루어지는 거래행위 외에 온라인 비즈니스에 참여하는 고객 및 업체와의 관계, 정보의 흐름 등을 강조하는 개념이다. 인터넷, 인트라넷(Intranet), 엑스트라넷(Extranet)을 통해 이루어지는 전자상거래, 온라인 뱅킹(On-line Banking), 고객지원, 지식경영, 원격진료는 물론 행정, 교육 등의 공공 분야에 이르기까지 네트워크 환경에서 이루어지는 모든 업무를 포괄한다(전자상거래보다 넓은 개념).

4) e-비즈니스 지원 요소

인적 요소는 e-비즈니스를 참여하는 일반 개인 및 참여조직을 의미하는데, 판매자, 구매자, 중개상(intermediary 또는 broker), IS 전문가, 관리자 등을 포함한다. 이들은 연대 또는 제휴를 통한 협력적 관계 또는 경쟁적 관계를 형성하게 된다. 또한, e-비즈니스는 사회적 활동이므로 공공 규약의 적용을 받는다. 공공정책 요소들과 관련된 이슈들로는 세금의 과세 문제와 전자서명 등 가상공간에서의 계약 등 법률행위에 대한 효력인정 문제, 가상공간에서 소비자 개인정보의 활용 등을 포함한 개인 프라이버시 보호 문제, 그리고 기술 표준 등이 주요 관심사이다. 기술 표준이란 전자상거래 활동의 보편화를 위해, 전자문서, 보안, 인증, 프로토콜, 지급시스템, 인터페이스 등이 같은 방식으로 이루어지는 것을 촉진하기 위한 규약이다. 표준의 중요성은 예를 들어, 철도망에 있어 현재 국가마다 철도의 폭이 다르고 또 사용 전압이 110V, 200V 또는 220V 등으로 달라 철도를 이용한 수송이나 전기/전자제품의 사용이 어렵거나 원활치 못하게 되는 것을 생각해 보면 쉽게 이해가 될 것이다. 마케팅과 광고 요소는 온라인상의 비즈니스에서도 오프라인에서와 마찬가지로 중요한 역할을 한다. e-비즈니스에 있어 마케팅 및 광고 활동들은 기존의 오프라인 비즈니스에 비해, 고객에 대한 인간적인 접촉과 같은 기회를 가질 수는 없지만, 의사소통, 비용, 시간, 공간, 구매 활동으로의 연결(유도) 등에 있어서는 매우 유리한 장점들이 많다. 공급사슬 요소는 물류와 사업 동반자들을 포함한다. e-비즈니스에서는 가상공간에서 거래가 이루어지기 때문에 가상공간상에서 전송이 가능한 디지털 제품이 아닌 경우, 고객에게 제품을 전달하기 위해서는 물류 기능이 필요하다. 특히 배송서비스 품질은 고객의 기업 이미지 및 브랜드 충성도에 많은 영향을 미친다. 또한, 협력업체들을 포함한 공급사슬 상의 사업 동반자들과의 정보시스템을 통한 협력 관계 구현은 e-비즈니스의 중요한 실천 요인인 만큼 상호 공감대와 협력 노력이 중요하다.

5) e-비즈니스 기반 요소

비즈니스 공통 서비스 요소는 거래와 관련된 기술들을 의미한다. 제품선택을 위한 디렉터리 및 카탈로그 기술, 결제를 위한 보안 스마트카드, 인증, 전자 지급, 기술 들은 거래 호환을 위해 통일된 표준을 따르는 것이 특히 중요한데, 전자화폐와 같이 아직은 여러 가지 표준들이 경쟁하고 있는 기술 분야들이 있지만 결국 대세를 이루는 하나의 표준으로 시장이 정리될 것으로 전망되고 있다. 메시지 전달과 정보 유통 요소는 텍스트 또는 멀티미디어 형태로 제작된 메시지와 정보가 네트워크를 통하여 상호 간에 전달되고 교환될 수 있도록 하는 EDI, HTTP, e-mail, 채팅방 등을 포함한다. 이 요소는 다양한 네트워크 형태와 멀티미디어 매체 종류 등과 관계없이 정보전달 및 교환의 보안성과 신뢰성 확보가 중요하다. 멀티미디어 콘텐츠와 네트워크 출판 요소는 웹상에서 표현되는 콘텐츠 출판(저작 및 표현) 기술들을 의미한다. e-비즈니스 초창기에는 HTML 중심의 단순한 콘텐츠 표현 기술이 주로 활용되었지만, 최근에는 차세대의 정보 표현 표준언어인 XML(eXtensible Markup Language)로 대체되는 경향을 보이며 데이터의 3차원 표현이 가능한 VRML(Virtual Reality Modeling Language)도 가구 배치 또는 실내장식 등 다양한 분야에서 활용이 증가하고 있다. 한편 콘텐츠들을 효과적으로 검색하고 처리하기 위한 기능 구현을 위해 JAVA, ASP(Active Server Page)와 같은 프로그램 언어들이 주로 사용되고 있다. 네트워크 요소는 e-비즈니스 활동을 위한 정보전달이 실질적으로 이루어지는 물리적인 공간 및 이와 관련된 정보기술을 말한다. 우리가 서울에서 부산까지 갈 방법은 비행기, 철도, 고속도로, 국도, 고속버스 등의 다양한 방법이 있는 것과 마찬가지로 전자공간에서도 서울과 부산을 잇는 방법은 유일하게 단 한 가지만 있는 것은 아니다. 따라서 네트워크에는 인터넷망, PC 통신망, 일반전화망, 케이블TV만, 무선통신망, 사설 LAN, Intranet, Extranet 등이 모두 포함된다.

6) 주요 e-비즈니스 시스템

① 전사적 자원관리(ERP, Enterprise Resource Planning)

인사, 재무, 생산 등 기업의 전 부문에 걸쳐 독립적으로 운영되던 자원관리 시스템을 하나로 통합, 기업 내의 인적·물적 자원의 활용도를 극대화하고자 하는 경영 혁신기법이다.

② 고객관리(CRM, Customer Relationship Management)

기업이 고객과의 관계를 효율적으로 관리하는 데 필요한 방법이나 기구 등을 지칭하며, CRM의 핵심은 고객 정보축적을 통해 우량고객을 찾아낸 다음 원하는 상품과 서비스를 다양한 채널로 공급하는 데 있다.

③ 공급망관리(SCM, Supply Chain Management)

공급망을 시장 상황에 맞게 최적화해 경영 효율성을 높이는 활동으로써 불확실성이 큰 시장환경에 기민하게 대응하기 위해 등장한 기법이다.

④ 지식경영시스템(KMS, Knowledge Management System)

조직 내의 인적자원들이 축적하고 있는 개별적인 지식을 체계화하여 공유함으로써 기업경쟁력을 향상하기 위한 기업정보시스템이다.

⑤ 기업 간 비즈니스 통합(B2BI, Business to Business Integration)

경영 효율성을 높이기 위해 업체 내 서로 다른 응용프로그램을 통합하는 전사적 애플리케이션 통합시스템을 기업 간 비즈니스 영역(B2B)으로 확장한 것이다.

⑥ 인적자원관리 시스템(HRMS, Human Resource Management System)

조직의 장래 인적자원 수요를 예측, 조직전략의 실현에 필요한 인적자원을 확보하기 위하여 실시하는 일련의 활동을 말한다.

7) 기업으로서 e-비즈니스 이점

① 비즈니스 시간 확장

인터넷상에서 제품 및 서비스는 24시간 내내, 그리고 연중무휴로 제공할 수 있다. 웹사이트를 통한 광고도 마찬가지이고, 이메일 광고도 시간 예약을 해놓으면 어느 시점에서라도 배포할 수 있다.

② 거래 기회 증대

오프라인상에서는 인근 지역 고객들만을 대상으로 거래를 수행할 수밖에 없었던 기업 또는 자영업자라도 e-비즈니스 환경에서는 전 국민을 대상으로 거래를 수행할 수 있다. 웹사이트의 영문 버전도 개발하여, 세계의 인터넷 사용자들 대상으로 비즈니스를 수행할 수도 있다.

③ 비용 절감

물리적 판매 거점이 불필요하게 되어, 제품 판매 매장에 대한 임대료, 시설비, 운영비 등의 비용 절감이 가능하다. 거래기업들과 전자적인 거래 및 협업을 통해 자재구매 비용, 제품개발비용, 물류비용 등을 줄일 수 있으며 결국 원가 절감 효과를 얻을 수 있다. 이와 같은 비용 절감 효과는 제품을 저가에 공급할 수 있는 가격경쟁력으로 이어질 수 있다.

④ 고객 정보 획득 용이

e-비즈니스는 보통 익명성이 보장되는 기존의 상거래와는 달리 거래 성립을 위해서 고객이 이름, 물리적 주소, 이메일 주소, 전화번호 등과 같은 연락처를 비롯한 정보를 제공해야 한다. 이러한 고객 정보를 자사의 데이터베이스에 별도의 가공 없이 직접 저장하여 고객에 대한 마케팅 활동에 활용할 수 있다. 따라서 고객이 직접 자기 정보를 입력하지 않아도 고객이 웹사이트에서 클릭하는 데이터를 자동으로 수집할 수 있어 고객의 다양한 행위 패턴을 분석할 수 있다. 이를 통해 웹사이트를 마케팅 관점에서 개선하거나 고객이 관심을 보이는 연관 제품 등을 파악하여 마케팅 활동에 활용할 수 있다.

⑤ 일대일 마케팅 활동에 효율적

고객의 거래 정보, 신상 정보, 행위 패턴 등을 기반으로 특정 고객에게 맞춤화면 제공하거나 이메일을 통해 일대일 마케팅 활동을 효율적으로 수행할 수 있다.

⑥ 고객서비스 향상

기업은 웹사이트를 통해, 웹사이트를 방문하는 고객에게 상세한 제품정보를 제공할 수 있고, 고객의 문의 사항, 불만 사항 등에 대해 즉각적인 대응을 함으로써 고객서비스를 향상할 수 있다.

8) 고객 관점에서 e-비즈니스 이점

① 편리성

고객은 제품구매에 걸리는 시간과 노력을 절감할 수 있다. 즉 고객은 시지 않고 언제든지 구매를 할 수 있다. 자금 이체나 공과금납부를 위해 은행을 방문하지 않아도 되며 행정기관이 발급하는 서류 등을 집이나 사무실에서 바로 발급받을 수도 있다.

② 의사 결정력 향상

고객은 직접 시장조사를 하지 않아도 제품 내용 및 가격정보를 손쉽게 확보할 수 있고 가격 비교 서비스까지 이용할 수 있어 구매 의사결정에 많은 도움을 받을 수 있다.

제 2 절 전자상거래 시스템

1 전자상거래 시스템 구성 요소

1) 기반구조(Infrastructure)

① 정보화 기반 시설(**Network Infra**)

전자상거래 활동을 위한 정보전달이 실질적으로 이루어지는 물리적인 공간 및 관련 정보기술을 의미한다. 인터넷망, PC 통신망, 일반전화망, 케이블 TV망, 무선통신망, 사설 LAN, Intranet, Extranet 등이 전부 포함된다.

② 구조적 요소기술

멀티미디어 콘텐츠 제작과 메시지 및 정보전달 기술이다.

㉠ 멀티미디어 콘텐츠 제작 기술
멀티미디어를 활용한 응용프로그램을 작성하는 도구 및 기술이다.

㉡ HTML, SGML, XML, Java, Axtive X와 이를 지원하기 위한 또는 이를 활용한 각종 멀티미디어 콘텐츠 제작 도구, 또는 관련 환경 등을 총칭한다.

㉡ 메시지 및 정보전달 기술
텍스트 또는 멀티미디어 형태로 제작된 메시지와 정보 내용의 네트워크로 상호 간에 전달되고 교환될 수 있도록 하는 H/W 및 S/W 기술(EDI, HTTP, e-mail 등)을 말한다.

③ 기능적 요소 기술(공통 서비스)

㉠ 개인과 기관의 전자상거래 활동을 더욱 원활하게 지원하기 위해 공통으로 필요한 서비스 기술 → 보안 및 인증, 전자 지급시스템, 정보검색을 위한 디렉터리 서비스 등을 말한다.

㉡ 구조적 요소기술 + 기능적 요소기술 → 정보기술(Information Technology) → 전자상거래의 기반을 이루는 모든 소프트웨어 기술을 총칭한다. 즉, 하드웨어 인프라와 정보기술이 합하여 전자상거래의 기반구조를 이룬다.

분야	구분	요소기술
상거래 주체	구매기업	구매 관리 관점 구매자
	공급기업	마케팅 관리 관점 공급자
	중개기업	제3자 중개 서비스 제공자
	배달기업	JIT 관점 배달자
	지급처리기업	지급처리 기업
	실구매자	구매기업 내부 실제 구매자
보안	암호화	전송문서의 암호화 – DES, RSA, SEED 등
	보안 프로토콜	SSL, SET, PKCS 등의 보안 프로토콜
	방화벽	기업 진입 이전 방화벽
네트워크	TCP/IP	인터넷 통신 프로토콜
	HTTP	WWW 문서전송을 위한 표현 언어
문서 기반 기술	HTML/XML/SGML	인터넷 문서전송을 위한 표현 언어
	EDI/WEB-EDI	전자문서 교환 프로토콜
처리 정보	전자화폐	지급처리 및 저장
기업 내, 외부 정보시스템	ERP/SCM/BPR	기업 간 전사적 자원관리시스템 및 업무혁신 프로세스
	PDM	제품 데이터 교환(STEP, IGES, CGI)
	WORK FLOW	기업 업무 결재 관리 시스템
	IDB/IDE	기업 정보관리 DB 통합관리

[전자상거래 구성 요소와 요소기술]

2) 지원 요소(support)

전자상거래 산업의 지원(support) 요소는 기반구조와 달리 지원 요소가 없이도 전자상거래는 성립할 수 있으나 이들 요소가 부족하면 전자상거래의 활성화와 원활한 발전을 기대하기는 어렵다. 지원 요소는 전자상거래 활성화를 지원하는 촉진자(facilitator) 및 규제적 기능의 역할을 한다.

① 공공정책

세금 과세 문제, 전자서명 등 가상공간에서의 계약 등 법률행위에 대한 효력인정 문제, 가상공간에서의 소비자 개인정보의 활용 등을 포함한 개인 프라이버시 보호 문제 등이 있다.

② 참여자

판매자, 구매자, 중간 매개자, IS 전문가 등 전자상거래에 참여하는 개인과 기업 → 연대 또는 제휴를 통한 협력 및 경쟁적 관계가 형성된다.

㉠ 인터넷 전문기업

인터넷이 개발되면서 이를 기반으로 새롭게 창업한 기업들을 의미한다. Amazon, e-bay와 같은 소위 닷컴기업들이 이에 해당하며, 이들 기업은 고객들에게 편리성과 즐거움, 나아가서 낮은 가격이라는 가치를 제공하고 하는 데 초점을 맞추고 있다.

최근 이들 닷컴기업의 주류는 주로 정보를 중개함으로써 가치를 창출하는, 소위 정보 중개상(informediary)들이다.

㉡ 온라인화된 기존의 오프라인 기업

기존 제조업체나 소매-서비스기업들(오프라인 기업)이 원가절감과 고객들에 대한 보다 편리한 접근을 위하여 인터넷비즈니스 시스템을 구축한 경우를 말한다.

㉢ 인터넷비즈니스 빌더

인터넷비즈니스가 생겨나면서 인프라 구축 및 전략을 컨설팅하는 기업들을 말한다.

③ 기술 표준

전자문서, 보안, 인증, 프로토콜, 지급시스템, 인터페이스 등에 대한 표준화 동향과 표준으로 설정된 기술 및 제품 등을 의미한다. 기술 표준은 서로 다른 프로토콜 및 시스템 간의 상호 호환성을 확보하는 규격의 개발을 목적으로 한다.

④ 사회·문화적 요소

기업으로서 기회와 위협 양면으로 모두 작용할 수 있다. 인터넷의 급속한 확산은 개인의 행동 양식, 사회적 구조, 권력관계, 문화 형태에 커다란 영향력을 행사하기도 한다. 이런 요소들로 인해 부작용 및 우려와 반발을 초래하기도 한다. (음란성, 신조어 범람 및 혼란 등)

3) 전자상거래 분류 코드 체계

국제적으로 이용되고 있는 분류 코드 체계로서는 HS(Harmonized System, 통일상품분류체계), SITC(Standard International Trade Classification, 국제표준무역분류), UNCCS (United Nations' Common Coding System, UN 일용분류시스템), UN/SPSC(UN/Standard Products and Services Classification, UN 표준상품서비스분류), NICE(상품서비스국제분류표), SKTC(Standard Korean Trade Classification, 한국표준무역분류) 등이 있으며, 식별코드 체계로서는 EAN/UCC(Europian Article Number/Uniform Code Council), UPC (Universal Product Code) 등이 있다.

① **HS(Harmonized Commodity Description and Coding System : 통일상품분류체계)**

㉠ 제정기관 : CCC(관세협력이사회)

㉡ 목적 : 수출입 상품을 위한 체계, 관세 분석이 주목적

㉢ 용도 : SITC와는 달리 제조 단계나 용도, 원산지에 따라 분류하지 않고, 경제 영역에 따라 무역량이 중요한 기준이 된다.

㉣ 전자카탈로그 솔루션 제공업체에서 주요한 분류 기준으로 사용. 주로 무역상품을 대상으로 한다. 이미 많은 업체에서 사용 중인 표준이며, 따라서 전자카탈로그 구축

시 업체가 쉽게 적용할 수 있다.

② **SITC(Standard International Trade Classification, 국제표준무역분류)**

㉠ 제정기관 : UN 경제사회이사회

㉡ 목적 : 무역통계를 위한 체계, 경제 분석과 상품 무역자료의 국제 비교

㉢ 용도 : 무역통계 자료를 위해 많이 사용됨. 무역업의 중요한 분류체계

㉣ 무역의 필요 때문에 제정된 전통적 분류체계로서 전자카탈로그에서도 분류체계로 사용되고 있다.

③ **UNCCS(United Nations Common Coding System, UN 일용분류시스템)**

UNCCS는 품목과 서비스를 식별하기 위하여 고안된 6자리의 총괄적인 코드 체계로서 품목과 서비스를 분류체계에 모두 포함하고 있다. UN으로 물품이나 서비스를 공급하는 기업과 정부는 UNCSD(UN Common Supply Database)에서 식별할 수 있도록 UNCCS 코딩 시스템을 반드시 사용해야 한다. UNCCS는 물품은 4가지(1자리 수 코드 0~4), 서비스는 5가지(한 자릿수 코드 5~9)로 분류하고 있다. 여러 가지 카테고리가 하나의 대분류로 묶여있다는 단점이 있다.

④ **UN/SPSC(UN/Standard Products and Services Classification, UN 표준상품서비스분류)**

㉠ 제정기관 : UNDP(United Nations Development Program)의 UNCCS와 D&B(Dun & Bradstreet)사의 SPSC를 합쳐서 만들어졌으며 Electronic Commerce Code Management Association(ECCMA)에서 관리한다.

㉡ 목적 : 공급자 식별 비용 사용 보고, 상품/서비스의 용어 체계 통합

㉢ 용도 : UDDI에서 사용하는 등, 비교적 범용의 분류체계로 받아들여지고 있다.

㉣ 특징 : 새로운 요구 때문에 제정된 비교적 최근의 분류체계

㉤ 전자카탈로그의 분류체계로 범용의 적용이 가능하다. 5단계 계층 분류법으로서 세그먼트(Segment), 패밀리(Family), 클래스(Class), 코모디티(Commodity)의 4단계의 계층구조를 이루며, 각 단계가 두 자릿수로 구성되어 총 8자릿 수의 코드 체계이다. 필요에 따라 대여, 도매, 소매, OEM과 같은 공급업체의 비즈니스 기능을 표현할 수 있는 2자리를 더 추가할 수 있다. 비즈니스 역할(Business Function)은 취급 방식에 대해 특성이 있으며, 각 상품에 대한 기초 코드에는 영향을 미치지 않는다.

세그먼트	패밀리	클래스	커머디티	비즈니스 역할
N1N2	N3N4	N5N6	N7N8	N9N10

	코드 번호	한글 코드명
세그먼트	25	상용차, 군용차, 승용차
패밀리	2510	자동차
클래스	251015	승용차
커머디티	25101501	미니버스
비즈니스 역할		

⑤ **NICE(상품, 서비스 국제분류표)**

㉠ 제정기관 : 상품 및 서비스의 국제 분류에 관한 니스협정(NICE Agreement)으로 제정
㉡ 목　　적 : 상표등록 시 동종 상품/서비스 간의 저작권 충돌을 방지
㉢ 특　　징 : 저작권 보호 중심의 분류체계
㉣ 특허권과 관계된 업무에 쓰이며 국내 전자카탈로그에서는 사용 예를 찾지 못함.

⑥ **SKTC(Standard Korean Trade Classification, 한국표준무역분류)**

상품의 수·출입에 관한 통계의 체계적 작성, 무역통계의 국제비교성 증진 등을 위하여 무역 거래의 대상이 되는 상품을 원재료, 중간제품, 완제품에 따라 체계화한 분류로서 UN의 국제표준분류(SITC)를 기초로 국내 실정에 맞게 수용한 것으로, SITC와 기본사항이 일치하지만 6단위 이하는 우리의 실정에 맞추어 좀 더 세분되어 있다는 점이 다르다. 10개의 대분류, 67개의 중분류 및 261개의 소분류로 최종단위 항목 수는 10,199항목으로 구성되었다. 관세청의 무역통계를 위한 분류로써, 관세 행정을 위해 만든 품목분류에 따라 작성됨으로써 관세 행정 이외의 목적에는 부응하지 못한다.

4) 전자상거래 사업 구성 요소(4C)

① **콘텐츠(Contents)**

콘텐츠는 컴퓨터 화면에 표시되는 문장, 그림, 영상, 음성, 아이디어, 오락 등으로 다양한 소프트웨어를 도구로 만들어진다. 인터넷에서는 문자, 오디오, 영상 형태의 무한한 멀티미디어 형태의 정보가 가능하다.

② **커뮤니티(Community)**

인터넷을 운용하는 기업들은 공동의 관심사를 가진 모임이나 구성원들에게 유용한 정보제공과 콘텐츠 보급을 통하여 지속적인 사이트 방문을 유도하거나 결국에는 상업적인 거래로 이르게 하는 기초적 유대관계를 유도한다.

③ 커머스(Commerce)
기업은 인터넷에서 쉽게 자신의 제품이나 서비스를 구매할 소비자를 찾을 수 있다.

④ 커뮤니케이션(Communication)
인터넷은 단방향 통신이 아니라 쌍방향 통신을 기반으로 문자뿐만 아니라 음성, 화상, 동영상 등의 멀티미디어를 주고받는다.

2 전자상거래 시스템 구축

1) 전자상거래 시스템 구축 절차

① 제1단계: 웹사이트 구축
가장 기본적인 단계로서 인터넷 접속과 기업홍보 및 상품광고를 위한 홈페이지를 개설하는 것부터 시작한다.

② 제2단계: 정보공유
일방적인 정보제공의 형태에서 발전하여 외부와 단순한 형태이긴 하지만 정보공유를 실현하는 단계이다.

③ 제3단계: 인트라넷 정보기술로의 전환
정보시스템을 정보 공유를 위해 체계적으로 정비하고 인터넷 표준기술을 활용한 기업 내부의 정보교류에 초점이 맞추어져 있다. 이를 위한 네트워크와 같은 개념의 새로운 인프라가 갖추어지고, 외부와의 정보교류를 위한 융통성 있는 정보기술 전환 작업이 이루어진다.

④ 제4단계: 인터넷을 통한 전자상거래
기업 외부적으로는 사이버 쇼핑 공간에서 실제 상품의 구매와 대금 지급, 사이버 금융 서비스를 통한 은행 업무의 처리, 기업 내부적으로는 각 지사와 인터넷을 통한 전자상거래를 적극적으로 처리하는 단계이다. 이를 위해 기업 정보시스템의 체계적인 보안 솔루션과 인증 서버 및 권한 서버가 필요하다.

⑤ 제5단계: 인트라넷을 이용한 비즈니스
인터넷을 통해 비즈니스 관계가 기업 상호 간에 직접 정보의 공유를 이루는 단계라고 할 수 있으며, 고객과의 정보공유 및 생산시스템과 구매시스템의 원격지 정보공유 등

정보 유틸리티를 통한 최종적인 정보화를 이루는 단계이다. 기업의 내부 네트워크와 다른 기업의 네트워크를 서로 연결하는 엑스트라넷(Extranet)을 구현함으로써 이루어진다. 더욱 강화된 사용자 인증 및 권한이 필요하다.

2) 전자상거래 구현 단계

① 현행 업무 전자화 단계

종이 문서의 전자화에 초점이 맞춰져 있는 단계로 기술을 얼마나 잘 수용하는가가 관건이다. 이때 종이 문서의 처리에 따른 오버헤드의 감소, 정확성 증가, 거래 처리 건수 및 거래처 수 등이 측정의 대상이 된다.

② 업무절차 변경 단계

조직이 업무처리를 전자적으로 하는 양이 증가한 단계로 기술을 흡수하여 일부 업무처리 프로세스의 변경이 일어나는 단계이다. 이 단계에서 전자상거래 구현의 평가는 재고 감소, 사이클 타임의 감소, 노동력의 감소, 미수금 기간 단축 등과 같은 운영의 효율성에 초점이 맞추어진다.

③ 업무절차 혁신 단계

비즈니스 모델의 변경 단계로서 업무절차의 혁신이 필요하다. 이 단계에서는 신속 대응(QR), 효율적 고객 대응, 적기 공급 체계(JIT) 등의 전략을 추구하게 한다.

④ 외부와의 업무 통합 단계

전자상거래는 새로운 마케팅, 판매, 유통, 고객서비스 채널의 창출을 위한 수단으로 사용된다. 인터넷상에 홈페이지를 개설하여 새로운 고객을 늘리고 수익을 증대시키는 것이 해당한다.

3) 전자상거래 구축 형태

① 기업과 기업 간 전자상거래(**Business to Business : B to B, B2B**)

기업 간 전자상거래는 EDI를 활용하면서부터 도입되기 시작해 기업과 소비자 간 전자상거래에 비해 시장이 크고(10배 이상) 형태가 다양하며 역사가 깊지만, 정보 활용에 대한 사업체의 인식 부족, 인프라 구축의 부족 등의 이유로 선진국보다 매우 낮은 활성화 정도를 보여 왔다. 최근 업계에 인터넷과 웹의 보급이 퍼짐에 따라 급속도로 B2B 전자상거래가 발전하였고 향후 더욱 활성화될 전망이다. EDI는 이미 일정한 거래 관계에 있는 조직 간에 정형화된 자료를 제반 상거래 단계에 교환하는 형태, 즉 거래 관계에 있는 기업 간 전자자료의 교환수단으로 활용되므로 상거래 자체로서의 의미보다는 전자상거래의 기반으로 가치를 평가할 수 있다. 기업 간 전자상거래도 인터넷을 수용하기 시작함에 따라 새로운 전자상거래 유형이 대두되고 있는데, 이런 비즈니스 유형은 기존의 폐쇄적인 네트워크에 의하지 않고 불특정 다수 기업이 참여할 수 있는 개방적인 전자시장의 형태로 발전하고 있다. 거래 주체에 의한 비즈니스 모델 중 거래 규모가 가장 크다.

② 기업과 개인 간 전자상거래(**Business to Consumer : B to C, B2C**)

기업(판매자)은 소비자가 상품에 대한 정보를 검색할 수 있는 전자 상품 카탈로그를 인터넷상의 쇼핑사이트에 구축하고 소비자는 쇼핑사이트에 접속하여 상품에 대한 정보를 보고 구매를 결정하면 판매자에게 자신의 선택품목·수량, 배달 장소, 대금 지급 방법 등에 관한 정보를 제공한다. 대금 지급 방법은 신용카드를 사용하는 경우 반드시 지급·결제 대행 기관인 신용카드회사나 금융기관의 신용 확인 및 승인 절차를 따르게 된다. 지급 단계가 완료되면 상품의 배달을 위해 판매자는 택배회사에 위탁 배송하거나 자사의 배달 수단을 통하여 상품을 전달하게 된다.

③ **C2B(Customer to Business)** : 소비자와 기업 간의 전자상거래

기존의 B2C 거래는 기업이 거래 주체가 되지만, C2B 거래는 소비자가 거래의 주체가 되는 것이 다르다. 소비자 중심의 전자상거래를 의미하는 것으로 공동구매, 역경매 등이 여기에 속한다. 소비자가 기업에 원하는 상품의 가격과 조건을 제시하는 거래 방식으로 최근 들어 많은 주목을 받고 있다. 고객 유치 경쟁이 치열해짐에 따라 최근 대부분의 쇼핑몰에서도 C2B 거래를 도입하고 있기도 하다.

구 분	B2B	B2C
주 체	원자재, 생산업체, 제조업체, 물류센터, 소매업체 등	고객과 소매업체
적용 업무	원자재 생산, 제품의 기획 및 설계, 생산 및 물류	제품, 서비스 및 정보의 광고 중개, 판매, 배달 등 제반 상거래
적용 범위	기업, 업종 및 산업군	시장(불특정 다수의 수요자와 공급자)
핵심 기술	정보의 공유, 시스템 간 연계 및 통합기술	인터넷 기반의 응용 기술
구현 형태	SCM, e-Marketplace, 전자입찰 등	전자 상점, 일대일 마케팅 등

[B2B와 B2C 비교]

④ 기업과 정부 간 전자상거래(**Business to Government : B to G, B2G**)

기업과 정부 조직 간의 모든 거래를 포함하는 것으로 아직은 초기 단계나, 정부 활동에서 경쟁력 강화 등을 위해 전자상거래를 이용한다면 급속히 성장할 수 있는 부문이다. 기업과 정부 간 전자상거래 분야에 있어서 가장 중요한 분야는 정부의 조달업무에 관한 분야이다. 세계 각국의 조달업무는 매우 큰 규모이며, 이에 따라 비용 절감의 효과를 가

져올 수 있어서 정부의 조달업무를 전자상거래 체제로 전환하는 것은 전 세계 모든 국가의 당면과제로 주목받고 있다.

⑤ 개인과 정부 간 전자상거래(**Consumer to Government : C to G, C2G**)

개인과 정부(행정기관)와의 거래로 현재까지 거래가 크게 활성화되지 않고 있으나, 정부는 생활 보장지원금(Welfare Payment)이나 자진신고 세금 환급(Self－assessed Tax Returns) 등을 전자적으로 수행하고 있다. 또한, 국내에서는 2000년 7월부터 세금 및 공공요금을 인터넷상에서 납부할 수 있게 함으로써 이 방식의 전자상거래도 크게 활성화될 전망이다.

⑥ 개인과 개인 간 전자상거래(**Consumer to Consumer : C to C, C2C**)

C2C는 소비자 간에 1 대 1 거래가 이루어지는 것을 말하며, 이 경우 소비자는 상품의 구매 및 소비의 주체인 동시에 공급의 주체가 된다. 개인과 개인 간의 전자상거래가 활성화되어 있는 분야는 인터넷 경매 분야, 생활정보지, 개인 홈페이지 활용 등이다. 개인 간 전자상거래의 가장 큰 특징은 실수요자 간에 편리하고 싸게 살 수 있다.

⑦ 기업과 임직원 간 거래(**business to employee : B to E, B2E**)

기업·임직원 간 거래를 말한다. 이를 위한 온라인 쇼핑몰이 B2E 몰이다. 기업들이 임직원에게 선물하거나 여행 알선 등의 복지 혜택을 주기 위해 개설하는 전용 쇼핑몰로, '임직원 복지몰', '사이버 복지매장' 등으로도 불린다. 기업은 근로자의 날, 창립기념일 등에 임직원에게 이 몰에서 현금처럼 쓸 수 있는 포인트를 지급한다.

⑧ **P2P(Peer - to - Peer) :** 개인과 개인 간의 전자상거래

이는 기존의 server to client와 상반되는 개념으로, 개인 대 개인이라는 뜻의 네트워크 용어에서 비롯되었다. 즉, 개인 PC와 PC 간에 이루어지는 전자상거래를 의미한다. 자료를 중앙 서버에 등록하여 공유하는 것이 아니라 개인의 PC에서 바로 교환하는 방식이다.

제 3 절 전자상거래 운영

1 전자상거래 프로세스

1) 전자상거래 절차

① 상품의 광고 및 전시(정보교류)

공급자는 광고와 마케팅 등의 효과적인 통신수단을 통하여 자사의 제품과 서비스를 고객에게 알리고 고객과 관련된 정보를 수집하여야 하며, 구매자는 필요로 하는 제품에 대한 정보를 수집하고 필요한 정보를 제조회사에 요청하여 습득함으로써 원하는 제품의 구매 여부를 결정한다.

② 상품의 선택

구매자들이 원하는 상품 이름을 입력하면, 인터넷 쇼핑사이트를 돌아다니면서 판매 중인 상품정보를 찾아 가격 및 다양한 상품 서비스를 비교·구매할 수 있도록 도우미 역할을 해주는 쇼핑사이트를 이용해 상품을 선택한다.

③ 주문(Ordering)

필요한 상품을 고른 구매자가 거래신청서를 통해 가상상점 운영자에게 매도할 것을 요청하면, 공급자는 인증국(CA : Certificate Authority)에 거래요청자가 본인이고 믿을만한 사람인지를 가려 달라고 요구한다.

④ 인증(Authority)

전자상거래가 이루어지는 과정상에서 법적 효력을 갖게 하는 것으로 공급자 측에서 구매자가 거래대금을 지급할 사람인가 혹은 제품을 사기로 요청한 사실이 있는가를 확인해 주는 행위이다.

⑤ 대금결제(Payment)

인증국(CA : Certificate Authority)으로부터 구매자에 대한 신용인증이 떨어지면 상점 운영자는 구매자의 거래요청을 승낙한 뒤 대금을 지급 해지길 요구한다. 국내에서는 SSL(Secure Socket Layer) 프로토콜을 이용한 신용카드 결제가 주류를 이루고 있으며, 인증 서비스로는 SET(Secure Electronic Transaction) 프로토콜이 널리 사용되고 있다.

⑥ 상품 배달(Delivery)

대금의 지급이 완료되면 상품이 고객에게 제공되게 된다. 디지털 상품은 네트워크를 통하여 제공하며, 물리적 상품의 경우는 운송업체를 통하여 물품을 제공한다. 주문한 상품을 고객에게 정확한 날짜에 정확한 장소로 배달해주는 것은 인터넷 상거래에서의 경쟁력 제고에 필요한 부분으로서 주문된 상품을 고객에게 효과적으로 전달하려면 고객이 주문한 상품에 대한 정보의 처리, 재고 현황 파악, 고객에게 전달될 상품에 대한 정보제공, 시스템과 통합된 효율적 상품배달 체계를 갖추어야 한다.

단 계	내 용
1단계	소비자는 컴퓨터 통신망이나 인터넷 가상상점에 들어가 매장을 돌아다니며 그곳에 진열된 상품 가운데 원하는 것을 고른다.
2단계	필요한 상품을 고른 소비자가 거래신청서를 통해 가상상점 운영자에게 팔 것을 요청하면, 운영자는 인증국에 거래요청자가 본인이고 믿을만한 사람인지를 가려 달라고 요구한다.
3단계	인증국은 가상상점 운영자와 소비자의 정당성과 신용을 법적으로 보증해 주는 곳으로, 국가의 관리를 받는다.
4단계	인증국으로부터 소비자에 대한 신용인증이 떨어진다.
5단계	상점 운영자는 소비자의 거래요청을 승낙한 뒤 대금 지급을 요구한다.
6단계	물품 대금 지급은 대부분 신용카드를 통해 이뤄지고 있으며, 가상은행에서 발생하는 전자화폐를 이용하기도 한다.
7단계	소비자가 신용카드 번호를 입력하는 방법으로 대금 지급을 끝낸다.
8단계	상품이 소비자에게 배달된다.

[전자상거래 절차]

⑦ 서비스 및 지원(Service and Support)

구매자는 제품이나 서비스에 대한 추가적인 회사를 지원해야 하게 되며, 공급자는 미래의 다른 고객에게 제공할 상품의 디자인을 위하여 자사의 제품을 사용하는 고객의 기호를 자세히 파악해야 한다.

2) 전자상거래에서 거래되는 상품

① 물리적 상품(= 유형 상품)

현실 세계에 실체가 존재하고 우리가 직접 만질 수 있는 상품, 즉 식료품, 의류, 서적, 포도주 등의 일용품에서부터 보석과 같은 희소 상품까지 현실 세계에서 거래되는 거의 모든 물건을 말한다.

㉠ 소비자가 직접 상점에 가지 않고 인터넷을 통해 쉽게 구매할 수 있다.

㉡ 판매자는 상점 임대료, 유지비 등을 줄여 가격을 낮춤으로써 현실 세계보다 상품을 저렴하게 공급할 수 있다.

㉢ 상점에서 직접 구매하는 것이 아니므로 배달될 때까지 시간이 걸린다.
㉣ 배달 과정에서 상품이 손상되거나 분실될 우려가 있다.
㉤ 상품을 직접 보지 않고 구매하므로 기대한 상품과 다른 상품이 배달될 수 있다.

② 디지털 상품(=무형 상품)

디지털 상품이란 디지털로 생산·유통·소비·저장될 수 있는 모든 상품을 말한다. 디지털 상품의 실체는 만져 볼 수 없으며, 단지 컴퓨터를 통해 보거나 즐길 수 있다. 인터넷을 통한 주식정보, 인터넷을 통해 구매하는 MP3 파일, 게임 등이 디지털 상품의 대표적 예이다.

③ 전자상거래를 통한 디지털 상품거래 특징

㉠ 생산 초기 고정비용이 들지만 한번 생산된 상품을 추가 생산하는 때에는 거의 비용이 들지 않아 재생산이 쉽다.
㉡ 배송을 위한 물류에 신경을 쓸 필요가 없다.
㉢ 상품의 분리(Aggregation)나 합성(Desegregation)이 자유롭다.
㉣ 다양하게 변형시켜 판매할 수 있으며(전문가용, 일반용 등), 불법복제가 가능하다.

3) 전자상거래와 물류 유통

인터넷을 이용한 전자상거래가 확산함에 따라 생산자와 소비자 간의 직거래가 활발해지고 있다. 폭발적인 신장세를 보이는 전자상거래가 성공적으로 정착하기 위해서는 결제 시스템뿐만 아니라 물류관리 시스템도 정비되어야 한다. 생산자로부터 소비자에게 물품이 바로 수송되고 대금을 회수하는 일련의 과정이 하나로 연결되어 물류의 효율성과 비용 절감을 추구해야 하고, 고객지향적인 물류배송 체계를 갖추기 위해 신속하고 정확한 배달, 배달 상황 추적, 반품 서비스, 품질 보증 등의 전략을 추구해야 할 것이다. 통합물류의 핵심은 물류 관련 주체 간 동반관계의 형성과 정보의 공유에 있으며, 업무절차 혁신(BPR), 전사적자원관리(ERP), 신속 대응(QR), 효율적 고객 대응(ECR) 등과 같은 기업의 경영전략과 밀접한 관련이 있다. 전자상거래의 발전과 함께 고객 위주의 다양한 부가가치를 제공하는 부가가치 물류의 개념이 중시되면서 새롭게 등장하고 있는 용어가 바로 e-로지스틱스(e-Logistics), e-SCM, 사이버 물류, 물류 e-마켓플레이스(e-Marketplace), 제4자 물류(Fourth Party Logistics : 4PL)이다.

4) 전자상거래와 배송 정책

① 배송 시스템

판매자의 물류센터에서 영업점까지의 단순 배달에서 벗어나 최종 소비자에게 제품을 직접 인도, 설치, 사용법 교육 등을 수행하는 종합 물류 서비스의 일부로서 오더 등록,

출고처리, 택배 진행관리, 사후관리 등의 기능을 수행한다.

② 택배 서비스

소형 소량의 화물을 트럭, 오토바이 등을 이용하여 운송인의 일괄 책임 아래 문전까지 운송해 주는 소화물 일괄 운송 서비스를 말한다.

③ 택배 시장이 급성장하고 있는 원인

전자상거래와 통신판매업체들의 매출 성장과 비례해 택배 수요가 크게 늘고, 비용 절감을 위해 물류 부문을 아웃소싱하는 기업들이 증가하고 있다.

④ 수·배송 공동화

동일 지역, 동일 업종을 중심으로 수배 송의 효율을 높이고 비용을 절감하기 위해 2인 이상 공동으로 물류센터와 물류기지 운영, 공동 배송하는 것이다.

⑤ 공동 배송의 전제조건

㉠ 일정 지역 내에 공동수배송에 참여하는 복수의 하주가 존재한다.
㉡ 하주 상호 간 원활한 커뮤니케이션이 가능하다.
㉢ 거리가 인접해서 화물의 수집(집화)가 쉽다.
㉣ 배송 지역이 일정한 지역 내에 분포한다.
㉤ 참여기업의 배송 조건이 유사하다.
㉥ 대상 화물의 공동화 적합성이 있다. (균일한 일용품, 잡화, 문구 등)

2 전자결제(electronic payment system)

1) 전자결제시스템 개요

판매자나 구매자가 안심하고 인터넷상에서 전자상거래를 할 수 있도록 하기 위해서는 대금결제를 온라인상에서 처리하는 편리하고 효과적인 전자 지급 시스템이 구축되어야 한다.

① 전통적 결제 방법 한계

㉠ 편리성 부족

일반적으로 소비자가 온라인 환경을 벗어나 전화를 사용하거나 결제를 위해 수표를 보내는 것은 상당한 불편을 초래한다.

㉡ 보안성 미흡

인터넷을 통한 전형적인 방법으로 결제하기 위해서는 소비자가 결제에 관련된 상세

정보는 물론이고 개인정보도 온라인으로 함께 보내야 하는데, 전화 또는 우편으로 상세한 결제 정보를 제공하는 것은 보안 문제를 일으킨다.

㉢ 제한적 적용 범위

신용카드는 가입한 상점에서만 사용할 수 있으며, 일반적으로 개인 대 개인, 기업 대 기업의 결제거래를 지원하지 못한다.

㉣ 이용의 불편성

잠재적인 구매자는 신용카드와 수표계정에 적절한 신용등급을 보유하지 않아 사용에 부적합하다.

㉤ 소액 단위 거래지원 불가

기존의 수표나 신용카드를 이용한 거래에서 일정 금액 이상의 제품을 구매할 때만 지급할 수 있었으므로 소액 단위의 거래지원을 요구하는 인터넷 전자상거래를 지원하기에는 부적합하다.

② 전자결제시스템 요구조건

전자 지급 수단의 내용은 어떠한 환경하에서도 암호학적인 위조 변조 등 조작 행위가 불가능해야 한다. 기존 지불수단(화폐 등)의 관행과 상호 보완 및 공존의 관계를 맺음으로써 사생활 보호는 물론 돈세탁 방지 기능, 거래 내용에 대한 세금 징수가 이루어질 수 있도록 지원하는 기능이 전제되어야 한다. 기존 화폐의 공간성을 초월하기 때문에 현금의 거래보다 신속하고 사용하기 쉬워야 하므로 이를 고려할 사용자환경이 필수적이다. 기존 화폐의 제작·유통에 소용되는 비용보다 훨씬 경제적이어야 한다.

③ 전자결제시스템 의의

㉠ 판매자와 구매자 간의 일 대 일 대면이 필요 없다.

㉡ 시간과 장소와 관계없이 거래할 수 있다.

㉢ 신용카드, 전자수표, 전자화폐와 같은 디지털 금융 수단이 활용된다.

㉣ 운용비용의 감소로 온라인 상거래를 증가시킨다.

2) 전자결제시스템 발전 과정

① 1단계

주문은 인터넷을 통해 이루어지고, 지급은 인터넷 외부에서 이루어지는 방식이다. 소비자는 인터넷을 통해 상품을 주문하고 은행에 가서 무통장 입금을 하는 것이다. 이 경우에는 거래가 완성되기까지의 처리시간이 길어 전자상거래의 효익을 최대화할 수 없으며, 진정한 의미의 전자상거래 지급시스템이라고 말할 수 없다.

② **2단계**

보안이 유지되지 않는 상태에서 인터넷을 통해 신용카드 번호와 금융 정보를 송수신하여 결제하는 방식이다. 인터넷에서 송수신 자가 교환하는 메시지는 평균적으로 여러 네트워크 노드를 거치게 되므로, 네트워크의 중간 지점에서 해커에게 해킹당할 위험이 있다. 또한, 판매자는 신용카드를 사용하는 사람이 그 소유자인 것을 확인할 수 없으므로 인터넷 상거래의 안전이 유지되기 어렵다.

③ **3단계**

암호방식을 이용한 신용카드 및 전자수표에 의한 지급 방법이다. 현재 판매자 중심의 많은 인터넷 쇼핑몰에서는 현재 이러한 지급 방식을 채택하고 있다. 넷스케이프 내비게이터에서는 SSL(Secure Sockets Layer)을 지원하고 있으며, 판매자들은 신용카드 번호와 같은 비밀정보의 기밀성을 유지하는 지급시스템을 구축할 수 있다. 단점으로는 여러 판매사이트에서 구매할 때 그때마다 고유번호와 비밀번호를 여러 개 사용해야 하는 불편함이 있고 신용카드로 결제하는 소액결제는 거래비용이 많이 들어 비경제적인 측면이 있다.

④ **4단계**

신뢰할 수 있는 제삼자인 브로커(Broker)에 의한 지급 방식이다. 소비자는 신뢰할 수 있는 제삼자를 통해 판매자와 거래하게 되므로 판매자로부터 개인정보를 보호하고 결제에 따른 위험도 보장받을 수 있다. 현재 신용카드를 위한 안전한 대금결제를 위하여 비자카드와 마스터카드가 공동 개발한 SET(Secure Electronic Transaction)이 표준이 되고 있다.

⑤ **5단계**

전자화폐에 의한 지급 방식이다. 가장 발전된 형태의 지급 방식으로 소액결제 수단으로 활용하기 위하여 OTP(Open Trade Protocol) 프로토콜이 개발되었다.

3) 전자결제 보안

① 전자상거래 관련 보안 기능

㉠ 기밀성(Confidentiality)

전달 내용을 제삼자가 획득하지 못하도록 하는 것이다.

㉡ 인증(Authentication)

정보를 보내오는 사람의 신원을 확인하는 것이다.

㉢ 무결성(Integrity)

전달 과정에서 정보가 변조되지 않았는지 확인하는 것이다.

㉣ 부인방지(Non-repudiation)

메시지의 송신이나 수신에 대해 보내거나 받지 않았다고 부인하는 것을 방지하는 보안기술이다.

② 전자상거래 보안대책

㉠ 암호화(Encryption)

메시지의 의미를 알 수 없도록 메시지를 부호화하는 과정이다. 반대로 복호화(Decryption)는 암호화하여 변형된 메시지를 원래의 모습으로 복원시키는 과정이다. 원문 메시지를 평문(Plain text)이라 부르는데, 이를 암호화하여 암호문(cipher text)을 만들고 암호문을 복호화하여 원문 메시지, 즉 평문으로 복원한다. 이와 같은 암호화, 복호화 시스템이 암호시스템이라 부른다.

㉡ 전자서명(Electronic signature)

전자문서의 위조나 변조를 방지하기 위하여 작성자를 확인할 수 있도록 해당 문서에 삽입하는 암호화된 정보 형태의 서명이다.

㉢ 은닉 서명(Blind blind signature)

기본적으로 임의의 전자서명을 만들 수 있는 서명자와 서명받을 메시지를 제공하는 제공자로 구성된 서명 방식으로, 제공자의 신원과(메시지, 서명) 쌍을 연결할 수 없는 특성을 유지할 수 있는 서명이다.

㉣ 전자화폐 이중 사용 방지

③ **SSL과 SET 방식**

㉠ SSL(Secure Socket Layer)

응용계층과 전송계층 사이에서 안전한 데이터전송 채널을 위해 1994년 넷스케이프사가 개발한 프로토콜이다.

㉡ SET(Secure Electronic Transaction)

신용카드 기반의 안전한 전자결제 과정을 위해 비자카드, 마스터카드 등이 중심이 되어 1996년 만든 표준안이다. SET은 전자상거래에 있어서 거래 정보의 기밀성, 지급 정보의 무결성 및 쇼핑몰과 카드소지자에 대한 인증 등 세 가지 요소를 충족하는 것을 기본적 역할로 하고 있다.

4) 암호화 알고리즘(encryption Algorithm)

① 대칭형 또는 비밀 키 암호화 방식**(Symmetric Key crypto system)**

송수신 자가 암호화나 복호화할 때 같은 키를 쓰는 알고리즘이다. 알고리듬 내부 구조가 간단한 치환과 순열 조합으로 되어 있어, 운용이 쉽고 데이터 처리량이 많다. 변환 방법에 따라 메시지를 일정한 크기로 나누어 각 나누어진 부분을 똑같이 되풀이하여 암호화하는 블록 암호방식과 한 번에 한 비트(bit) 또는 한 바이트(byte)를 암호화하는 스트림 암호방식이 있다. SEED, DES, IDEA, AES, ARIA 따위가 있다. 암호화 키로부터 복호화 키를 계산해 낼 수 있거나, 반대로 복호화 키로부터 암호화 키를 계산해 낼 수 있는 암호화 알고리즘이다.

② 비대칭형 또는 공개 키 방식(public key crypto system)

데이터의 암호화(encryption)에는 공개키가 사용되고 복호화(decryption)에는 비밀 키가 사용되는 암호시스템이다. 미국 스탠퍼드 대학의 헬만(M.H. Hellman) 등이 개발한 암호시스템으로 기존의 정보교환 분야에서 써 온 관용 암호시스템에서는 암호화의 복호화에 같은 키가 사용되었으나, 공개 키 암호시스템에서는 암호화 키과 복호화 키를 분리하여 정규적인 정보교환 당사자 간에 암호화 키는 공개하고 복호화 키는 비공개로 관리한다. 이 시스템에서는 암호화 조작은 쉽고 복호화에는 방대한 조작이 필요하지만, 어떤 복호화 키를 주면 쉽게 역변환할 수 있게 되는 일방향성 돌파구(trap door) 함수의 개념이 사용되고 있다. 공개 키 암호시스템은 다수의 정보교환 당사자 간의 통신에 적합하고 디지털 서명(digital signature)을 쉽게 실현할 수 있는 특징이 있다. 대표적인 것으로는 RSA 공개 키 암호방식(RSA public key crypto system)이 있다.

비밀 키	공개키
DES, IDEA	RSA
대칭키, 양방향 함수	비대칭키, 단방향 함수
암호화/복호화 속도 빠름 용량 크지 않음	보안성 향상
보안성 낮음 (비밀키의 안전한 전달이 문제)	암호화/복호화 속도 느림, 용량 늘어남

[비밀 키와 공개 키 비교]

③ 암호화 기술 용어

㉠ 암호(cryptography)

평문을 해독 불가능한 형태로 변형하거나 암호화된 통신문을 해독할 수 있는 형태로 변환하기 위한 원리, 수단, 방법 등을 취급하는 기술이다.

㉡ 평문(plain text)

암호화의 입력이 되는 원문인 의미 있는 메시지이다.

㉢ 암호문(cipher text)

평문을 읽을 수 없는 메시지로 암호화(encryption)이다.

㉣ 복호화(decryption)

암호화의 반대로, 암호문에서 평문으로 변환된다.

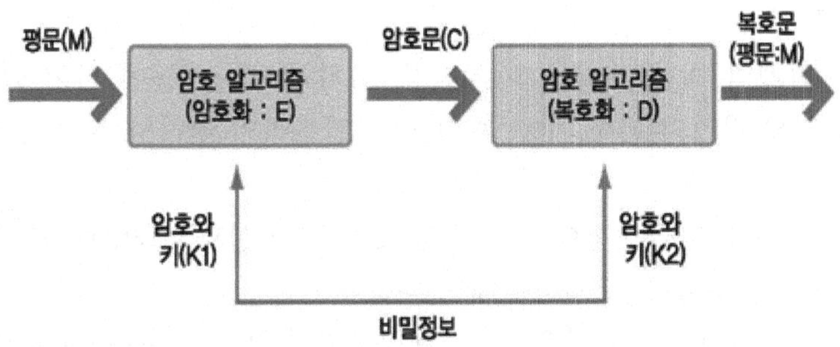

• 암호화:C=C(M,K1) • 복호화:M=D(C,K2)
–비밀키 암호 시스템:K1=K2
–공개키 암호 시스템:K1≠K2(K1 또는 K2는 서로 다른 키를 사용한다.)

[전자상거래 암호화 기술]

5) 메시지 다이제스트와 해시 함수

① 메시지 다이제스트(**Message Digest**)

메시지 다이제스트는 암호화 방법이 아니고, 단방향 해시 함수를 이용하여 주어진 정보를 일정한 길이 내의 아주 큰 숫자(해시값)로 변환해 주는 것이다. 이 함수는 One-way이기 때문에, 주어진 정보로부터 해시값을 만들어 낼 수는 있어도, 반대로 이 해시값으로부터 원래의 정보를 복구해 낼 수는 없다. 대표적 메시지 다이제스트(Message Digest) : Snefru, CRC-32, CRC-16, MD2, MD4, MD5, SHA, Haval 등

② 해시 함수(**hash function**)

해시 함수 또는 해시 알고리즘(hash algorithm)은 임의의 데이터로부터 일종의 짧은 "전자 지문"을 만들어 내는 방법이다. 해시 함수는 데이터를 자르고 치환하거나 위치를 바꾸는 등의 방법을 사용해 결과를 만들어 내며, 이 결과를 흔히 해시값(hash value)이라 한다. 해시 함수는 결정론적으로 작동해야 하며, 따라서 두 해시값이 다르다면 그 해시값에 대한 원래 데이터도 달라야 한다. (역은 성립하지 않는다) 해시 함수의 질은 기대되는 입력 영역에서 얼마나 적은 해시 충돌(서로 다른 두 데이터의 해시값이 같은 경우)을 일으키느냐로 결정되는데, 충돌이 많이 날수록 서로 다른 데이터를 구별하기 어려워지고 데이터를 검색하는 비용을 늘리기 때문이다.

6) 전자화폐

전자화폐(Electronic Money 또는 Electronic Cash)란 은행 등 발행자가 IC칩이 내장된 카드나 공중 정보통신망과 연결된 PC 등에 일정 화폐 가치를 전자기호로 저장하고, 이의 지급을 보장함으로써 통신회선으로 자금 결제가 이루어지도록 하는 화폐를 말한다.

① 전자화폐 특징

㉠ 일반적인 화폐의 개념인 지급, 가치저장, 가치척도의 기능에 기존 화폐의 문제점을 보완하기 위해 원격지 통신 기능, 휴대 및 보관관리의 편리성, 위조 방지 기능을 추가한 것이다.

㉡ 거래당사자 간에 자금전송이 가능하여 높은 유연성과 보안성·익명성을 제공한다.

㉢ 비교적 소액의 상품을 구매하는데 쉽다.

㉣ 전자화폐는 신용이 없는 계층 또는 예금계좌가 없는 계층도 사용할 수 있다.

㉤ 매체에 저장된 화폐 가치 자체가 신뢰성을 담고 있으므로 사용할 때마다 신용 여부 등의 확인 절차가 필요 없다.

㉥ 실물화폐처럼 분실의 위험이 있다.

㉦ 거래와 결제가 동시에 완료된다.

② 전자화폐 요건

㉠ 위조할 수 없는 안전성을 지녀야 한다.

㉡ 개인의 프라이버시가 보호되어야 한다.

㉢ 사용자가 다른 사람에게 자신의 현금을 양도할 수 있어야 한다.

㉣ 전자화폐를 복사해 사용하는 이중 사용(Double Spending)이 방지되어야 한다.

③ 전자화폐 유형

㉠ 휴대 가능 여부

ⓐ 하드웨어형 전자화폐

IC 카드형, CD 카드형이 있다.

ⓑ 네트워크형 전자화폐

전자 지갑형, 선불카드형, 모바일형이 있다.

㉡ 결제 수단 여부

ⓐ 가치저장형

IC칩을 내장한 플라스틱 카드에 화폐 가치를 저장한 다음 필요할 때 찾아 사용한다.

ⓑ 지급지시형

사이버 캐시사가 개발한 사이버 캐시(Cyber Cash)와 퍼스트버추얼홀딩스사가 개발한 퍼스트 버추얼(First Virtual)이 대표적이다.

ⓒ 전송형(네트워크형)

화폐 가치를 인터넷 등의 네트워크를 통해 이전하는 방식으로 네덜란드의 디지캐시사가 개발한 e-Cash가 대표적이다.

㉢ 양도성 여부

ⓐ 개방형(Open Loop) 전자화폐

발급기관을 매개하지 않고 전자화폐 소지자 간 화폐 가치 이전할 수 있다.

ⓑ 폐쇄형(Closed Loop) 전자화폐

발급기관을 통해서만 이전 가능하며, 소지자 ↔ 가맹점 ↔ 발급 은행으로만 가치가 흐른다.

IC 카드형	현금형	개방형	몬덱스(Mondex)
		폐쇄형	VISA-캐시, 프로톤, K-캐시(Cash)
네트워크형	현금형		사이버 코인(Cyber Coin), E-캐시(DigiCash)
	전자수표형		체크 프리(Check Free), 일렉트로닉 체크(Electronic Check)
	신용카드형		퍼스트 버추얼(First Virtual), 사이버 캐시(Cyber Cash)
	전자자금이체		Quicken

[전자화폐 종류]

7) 인터넷 신용카드 시스템

신용카드 결제 시스템은 SET의 전송표준과 신용카드를 결제의 기반으로 하는 전자결제수단으로 가장 많이 사용되고 있다.

① 장 점

㉠ 세계적으로 널리 유통되어 많은 가맹점과 사용자가 있다.

㉡ 신용카드를 사용하는 데 법적·제도적인 제한점이 없다.

㉢ 상인은 소비자의 신용 확인이 어려운 인터넷 전자상거래에서 신용카드회사의 지불보증을 담보로 소비자와의 상거래를 아무런 부담 없이 행할 수 있다.

② 단 점

㉠ 카드소지자의 신용정보 노출이나 불법 도용이 우려된다.

㉡ 높은 트랜잭션(Transaction) 비용으로 소액결제에 적당하지 않다.

㉢ 구매자와 판매자의 익명성이 보장되지 않는다.

㉣ 시스템 유지비용이 과다하다.

㉤ 거래 처리와 결제 업무가 서버에 집중화되어 서버에 과부하가 일어날 수 있다.

8) 전자 자금 이체

① 전자 자금 이체 특징

기존의 홈뱅킹이나 ATM보다 시간과 공간의 제약 없이 폭넓은 서비스를 제공한다. 인터넷을 이용할 때 은행원이나 별도의 부가적인 장비가 필요하지 않기 때문에 처리비용이 저렴하다.

② 전자자금이체 종류

㉠ CD/ATM에 의한 출금·계좌이체·서비스 이체가 있다.

㉡ ATM에 의한 입금이 있다.

㉢ M/T에 의한 지로 이체가 있다.

㉣ 계좌 간의 자동이체·납부자 자동 계좌이체가 있다.

㉤ 직불카드에 의한 계좌이체가 있다.

9) 전자수표 결제 시스템

① 전자수표 결제 시스템 특징

전자적인 형태의 수표를 자신의 컴퓨터에서 직접 발행하여 상대방에게 전달함으로써 전자상거래의 결제 수단으로 사용하는 형태이다. 현금 가치를 은행에 저장시킨 후 거래 당사자 간에는 은행 계좌 간 자금이동을 위한 전자수표만 유통됨으로써 자금보관에 대한 안정성을 확보할 수 있다. 자금이 당사자 간의 은행 계좌로 이체되기 때문에 사용자는 은행에 신용계좌를 가진 사람으로 제한된다. 발행자와 인수자의 신원에 대한 인증을 반드시 거쳐야 하는 문제로 여러 보안 기법이 사용되기 때문에 트랜잭션 비용이 많다. 거래 사항이 중앙의 데이터베이스에 기록됨으로써 정보의 이용성은 증가하나 익명성이 저하된다. 거액의 상거래 또는 기업 간 거래 시 지불수단으로 적합하다.

② 넷 체크(Net Cheque)

넷 체크 시스템은 DES(Data Encryption Standard) 암호 알고리즘을 이용한 인증 프로토콜인 케르베로스(Kerberos)에 기반을 둔 전자수표에 의한 지급시스템이다. 넷 체크 시스템의 서버에 등록한 사용자들은 인터넷을 통해 다른 사용자 또는 판매자에게 전자수표를 발행하여 제품 또는 서비스 대금을 지급할 수 있다. 넷 체크(Net Cheque)에 의한 전자수표가 발행되어 사용되는 방법은 인터넷에서 전자적으로 처리된다는 점을 제외하고는 일반수표와 유사하다. 일반수표에 지불인이 서명하는 것과 마찬가지로 계좌 소유자가 수표를 발행했다는 것을 인증하는 방법으로 전자서명이 이용된다. 일반수표와 마찬가지로 수취인은 전자수표에 자신의 전자서명을 통해 이를 배서할 수 있다. 넷 체크는 인터넷에서의 소액 거래를 지원할 수 있도록 설계되어 있다.

③ 넷 빌(Net Bill)

넷 빌은 1996년 12월 미국 카네기 멜론 대학에서 개발한 전자수표 또는 전자 직불 카드(Electronic Debit Card)방식에 의한 인터넷 결제 시스템이다. Net Bill 시스템에서의 서버는 거래 정보의 교환, 구매자와 판매자 계정을 유지·관리하는 기능을 수행하고 있는데, 이 경우 각 계정은 거래 은행 계좌와 상호연결되어 있어, 거래대금을 이체할 수 있게 하고 있다.

I. 국내 문헌

1. 박충환 외(2005), “마케팅원론(전정판)”, 박영사
2. 안광호 외(2003), “유통관리원론(제2판)”, 학현사
3. 안광호(2010), “마케팅원론(제5판)”, 학현사
4. 안광호 외(2001), “유통경로관리”, 문음사
5. 이광종(2011), “글로벌 소매업태 전략”, 에이드북
6. 이광종(2011), “global store operation”, 에이드북
7. 이상윤 외(2005), “유통관리사 2급 최종마무리 실전테스트”, 한국체인스토어협회
8. 이상윤 외(2006), “유통관리사 2급”, 한국체인스토어협회
9. 이상윤 외(2009), “물류관리론”, 경록
10. 이상윤(2009), “상권분석론”, 두남
11. 이상윤 외(2009), “유통학개론”, 두남
12. 이상윤(2010), “유통영업관리론”, 두남
13. 이상윤(2010), “매장관리론”, 두남
14. 이상윤(2010), “유통관리사2급 한권으로 끝내기”, 범한
15. 임세헌 외(2010), “e비지니스 시대의 SCM과 유통정보관리”, 한올출판사
16. 전창진 외(2011), “점포개발을 위한 상권분석론”, 부연사
17. 정순진, “경영학연습(제5판)”, 조이에듀넷/법문사
18. 천명종 외(2011), “지식경영이론과 시스템”, 한경사

II. 국외문헌

일본 참고문헌

1. 渡辺高哉(2002.1), 勝ち組 メーカーに學ぶ サービス 事業戰略 (PHP 研究所)
2. 石田勝啓(2002.2), 小さな會社の 勝ち殘る 事務マニュアル (實業之日本社)
3. 川井十郎(2001.8), 繁盛する 飮食店は ここが 違う (經林書房)
4. 石田均(2002.2), 小賣店『好感度&賣上げ アシプ』(經林書房)
5. 渡形克彦, 小林勇治(2000.8), 小賣業の『情報 システム』活用の 具體策 (經林書房)

6. 診斷士物流研究會(2001.8),『物流·ロジスティクス』200X年
7. 渡形克彦(2001.9), 小賣業の『21世紀型』革新戰略 (經林書房)
8. 渡形克彦(2001.10), 都賣業の『21世紀型』革新戰略 (經林書房)
9. 會田玲二(平成12.8) チェーソストアの 實務原則·シリース 立地調査 (實務教育出版)
10. 田村正紀(2001.10), 流通原理 (千倉書房)
11. 臼井秀彰, 內田明美子, 內田三知代 (1999.6),『15の 成功事例に 學ぶ』一括物流&サプライチェーソ·ロジスティクスの具體策.
12. 吉原英樹(1998.4), 日本企業の グローバル 經營 (東洋經濟新聞社), 林吉郞, 安室憲一
13. 流通科學大學, 長江流域調査隊(2000.11), 中國流通調査 (流通科學大學 出版)
14. 橫塚由光(2001.11), 圖解えでよくわかる 流通の しくみ (明日香出版社)
15. 渥美俊一(1962.12), チェイソストア 能力開發の 原則 (實務教育出版)
16. 內田一廣, 渡辺哲(1993.7), 流通業 營業 マネジヤイの 實務 (經營實務出版)
17. 城戶崎雅崇(1996.1), 目標營利の ちり方が 面白いほどわかる 本 (中經出版)
18. 築山明德(昭和58.7), 賣場づくり (實務教育出版)
19. 渥美俊一(昭和58.1), 商品構成 (實務教育出版)
20. 外益三(昭和59.7), 流通サバイバル 戰略 (マネジメント社)
21. 波形克彦(1994.9),『小型店』こうすれば 勝ち殘れる (經林書房)
22. 鹽澤茂(1991.7), イトーヨーカ堂 店長會議 (豊國印刷 株式會社)
23. 波形克彦(1994.11), 價格破壞時代の 都賣業 小賣業の 業革 (産能大學出版部)
24. 外益三(昭和60.9), 流通 サバイハル 戰略 ; 成熟社會の イス 取り 合戰 (マネジメント社)
25. 國友隆一(1994.11), セブンーイレブンの 高收益 システム (ぱる出版)
26. 山田理英(1994.9), 價格·流通 激變期の ヒツト 商品學 (産能大學出版部)
27. 長谷川慶太郞(1994.10),『超』價格破壞の 時代 (東洋經濟新報社)
28. 波形克彦(平成4.8), 都賣業の ための 多品種少量物流 システム讀本 (ビジネス 社)
29. 內川淸雄(1993.9), 斜めに 讀むだけで『經營分析』が しつかりわかる本 (ぱる出版)
30. 波頭亮(平成7.11), 戰略策定概念 企業戰略立案の 理論と 實際 (産能大學出版部)
31. 國友隆一(1993.7), セブンーイレブン 驚異の 收益システム (ぱる出版)
32. 國友隆一(1993.7), セブンーイレブンの 情報革命 (ぱる出版)
33. 小林裕(1994.2),『圖解』リエンジニアリング (中經 出版)
34. 上保陽三(平成8.3), (完全体系) 商品と 賣場の 計數 (株式會社 商業界)
35. 森田松太郞(1994.4), ビジネス·ゼヨナール 新版 經營分析入門 (日本經濟新聞社)
36. 宇角英樹(1992.11), 高利益戰略 100圖表 (經林書房)
37. 田島義博(1991.11), 變革期の 流通 新時代への 戰略的 課題 (日本經濟新聞社)
38. 井上崇通(1996.4), マーケテイング 戰略と 診斷『現代商業診斷 基礎講座』(同友館)
39. 宮下淳, 江原淳(1994.3), 販賣·流通情報 システムと 診斷『現代商業診斷 基礎講座』(同友館)
40. 高井一(2000.10), 米國 E 流通革命 (東洋經濟新報社)

41. 月泉博(2001.3), 流通激震! これからの『勝ち組』戰略 (日本實業出版社)
42. 湯淺和夫(平成6.9), 物流 革命 (ビジネス社)
43. 風問吉郎(1995.2), ストアマネジヤーの 仕事と 役割 (經營實務出版)
44. 天明茂(1995.4), 赤子會社を 黑字にする法 (中經 出版)
45. 風問吉郎(1996.3), 賣場主任の 仕事と 役割 (經營實務出版)
46. 角田正博(2001.5), アメリカ 小賣業の すべて (ぱる 出版)
47. 森文男, 原健一, 三宅康治, 村田元夫, 年商 10億円を 突破する『直營方式』多店鋪 經營 (經營情報新報社)
48. 水尾順一(1996.5), 流通業·サービス業の 市長豫測·調査 (同友館)

영문 참고문헌

1. Alexander, Nicholas (1997), International retailing, Blackwell.
2. Alexander, N., & Myers, H. (2000). "The retail internationalization process", International Marketing Review, Vol. 17, No. 4/5.
3. Anderson, E., and Gatignon, H. (1986), "Modes of foreign entry: A transaction cost analysis and propositions," Journal of international business studies, Vol. 17, No. 3.
4. Barney, J.B., Gaining and sustaining competitive advantage, Second Edition, Prentice Hall, 2002.
5. Benito, G.R.G., and Gripsrude G. (1992), "The expansion of foreign direct investments: Discrete rational location choices or a cultural learning process?" Journal of international business studies, Third quarter.
6. Brown, Stephen (1989), "Retail location theory: the legacy of Harold Hotelling," Journal of retailing, Vol. 65, No. 4.
7. Bucklin, L.P. (1967), "The concept of mass in intra-urban shopping," Journal of Marketing, Vol. 31.
8. Burt, Steve (1993), "The Carrefour group: the First 25 years," International journal of retailing.
9. Clarke Ian, Horita Masahide and Mackaness William (2000), "The spatial knowledge of retail decision makers: capturing and interpreting group insight using a composite cognitive map," Int. Rev. of Retail, Distribution and Consumer Research, Vol. 10, No. 3, July.
10. Davies, R.L. and Rogers, D.S. (1984), Store location and store assessment research, John Wiley and Sons Ltd.
11. Dawson, J.A. (1984), "Structural-spatial relationships in the spread of hypermarket retailing," Kaynak, E., and Savitt, R. (eds.), Comparative marketing systems, pp.156-182, New York:Praeger.
12. Dawson, John A. (2001), "Toward a model of impacts of retail internationalization", Discussion Paper of Asian Retail and Distribution Workshop at University of Marketing and Distribution Sciences.
13. Dunning, J. H. (1998), "The electic paradigm of international production : A restatement and dome possible extensions", Journal of International Business Studies, Vol. 19.

14. Evans, J., Treadgold, A., & Mavondo, F. T. (2000), "Psychic distance and the performance of international retailers", International Marketing Review, Vol. 17, No. 4/5.
15. Ghosh, A., and McLafferty, Sara L. (1987), Location strategies for retail and service firms, Leyington Books D.C. Heath and Company.
16. Hollander S. C. (2000). "Distinguished retrospective viewpoint: Study retailing and see the world", International Marketing Review, Vol. 17, No. 4/5.
17. John H. Dunning (1992), Multinational Enterprises and the Global Economy, Addison-Wesley Publishing Company, UK.
18. Kacker, Madhav (1985), Transatlantic trends in retailing: Takeovers and flow of know-how, Quorum books.
19. Peter T.L. Popkowski Leszczyc, Ashish Sinha, and Anna Sahgal (2004), "The effect of multi-purpose shopping on pricing and location strategy for grocery stores," Journal of retailing, Vol. 80.
20. Porter, M.E. (1994), "The role of location in competition,"Journal of the economics of business, Vol. 1, No. 1.
21. Roger A. Kerin, P. Rajan Varadarajan & Robert A. Peterson (1992), "First- Mover Advantage: A Synthesis, Conceptual Framework, and Research Propositions," Journal of Marketing, Vol. 56.
22. Salmon, W. J., & Tardjaman, A. (1989), "The international of retailing", International Journal Retailing, Vol. 4, No. 2.
23. Sternquist, B. (1997), "International expansion of US Retailers", International Journal of Retail & Distribution Management, Vol. 25, No. 8.
24. Vida, I., and Fairhurst, A.,"International expansion of retail firms: A theoretical approach for future investigations," Journal of retailing and consumer services, Vol. 5, No. 3.

찾아보기

ㄱ

ㄴ

ㅂ

ㅅ

▌ㅇ▐

ㅈ

ㅊ

ㅋ

▌영문▐

▌기타▐

저자 약력

■ 해항(海沆) **이 상 윤(李 相 允)**

훈포상 경력 : – 2010년도 서울신문 VISION 2010 경영혁신 대상 수상(유통산업)
- 2011년도 세종사이버대 강의제작부문 최우수상(BTA) – 매장관리론
- 2011년도 ㈔한국유통과학회 국제학술대회 공로상 최우수논문상 수상
- 2012/3년 ㈔한국프랜차이즈경영학회 최우수논문상 수상
- 2014년도 ㈔한국유통과학회 하계 동계 국제학술대회 최우수논문상
- 2014년도 스포츠동아 선정 대한민국 대표 아름다운 교육인 대상 수상
- 2016년도 ㈔한국유통과학회 중국 국제동계학술대회 최우수논문상
- 2017년도 ㈔한국유통과학회 인천대 국제동계학술대회 최우수논문상
- 2018년도 ㈔한국유통과학회 서울대 국제하계학술대회 최우수논문상

학　　력 : – 연세대학교 졸업(사회복지학 전공, 행정학 부전공)(1986)
- 명지대학교 유통대학원 유통학과 졸업(경영학 석사)(2000)
- 일본유통과학대학원 유통세미나과정, 프랜차이즈세미나과정 수료(2003)
- 명지대학교 일반대학원 무역학 박사과정 졸업(경영학 박사)(2005)
- 미국 훼이스 신학대학원 실천신학 박사과정 졸업(철학 박사)(2008)

자　　격 : – 사회복지사 1급 (보건복지부)
- 인적자원관리사 (한국생산성본부)
- 경영진단사 (한국생산성본부)
- 유통지도사 (한국유통과학회)

경　　력 : – 태인샤니그룹(SPC) 과장/진로그룹 팀장(1986–1997–12년)
- 한국능률협회그룹(KMA) 수석전문위원 /경영 컨설턴트(1995–2007)
- 한국능률협회컨설팅 프랜차이즈 최고경영자과정 주임교수(2001–2007)
- (사)한국체인스토어협회 한국유통연수원 교수(1995–2008)
- (사)한국유통과학회 명예회장(2011), 회장(2009)
- 중소기업청 시장경영진흥원 자문위원/교수(2009/2011)
- 명지대 유통경영대학원 유통학과 주임교수(2002–2011)
- 세종대 경영대학 경영학과/경영전문대학원 초빙교수–강의전담 전임(2011–2014)
- 세종사이버대 유통물류학과 외래교수(2011–2019)
- (사)한국프랜차이즈경영학회 부회장(2011–2014)
- 중소기업유통센터 전문위원(2014–2017)
- 성남시 상권활성화재단 전문위원(2014–2017)
- 미국 캐롤라인대학교 경영대학장 경영학과 정교수(2016–2019)
- 가천대 경영대학원 경영학과 겸임교수(2014–2020)
- (사)한국마트협회 경영자문위원(2019–2020)
- 한국영업관리학회 부회장(2017–2020)
- 한국인공지능학회 5대 회장(2020–2022)
- 동아시아경상학회 2대 3대 회장/명예회장(2016–2022)

- (사)한국유통과학회 회장(2009)/상임이사/유통과학대상 위원장(2004-2022)
- 한국경제신문사 한경아카데미 전문위원/교수(1997-2022)
- 한국기술교육대학교 국가직무능력표준(NCS) 자문위원(2016-2022)
- 소상공인시장진흥공단 상인대학/소상공인 자문위원 전문교수(2000-2022)

현 재 : RMI컨설팅그룹/대표, 연구소 유통21/소장(1997-)
겸 미국 훼이스 신학대학교 훼이스 로고스아카데미 세미너리 학장(2008-)
겸 한국세일즈협회 회장(2014-)
겸 한국생산성본부 경영지도위원/교수(1995-)
겸 중소벤처기업진흥공단 중소기업연수원 교수(2007-)
겸 상공회의소 CEO 최고경영자과정 교수(2000-)
겸 세종대 산업대학원 유통산업학과 겸임교수(2023-)
겸 삼성생명 법인사업부 기업경영컨설팅 고문, 중소기업유통판로지원센터장(2023-)
겸 헌법기관 대통령 직속 제21기 민주평화통일 자문회의 자문위원, 지도위원(2023-)
겸 국민통합연대 직능본부장(2019-)

저 서 :
- [CVS는 시스템이다-세븐일레븐 유통정보전략] 역서(1995), 도서출판 세시
- [신 마케팅론](2005), 도서출판 두남
- [유통학개론](2009), 도서출판 두남
- [물류관리론](2009), 도서출판 경록
- [유통영업관리론](2010), 도서출판 두남
- [유통시장조사론](2016), 도서출판 두남
- [경영학원론](2017), 도서출판 두남
- [영업관리론](2017), 도서출판 두남
- [종합물류관리론] 개정판(2018), 도서출판 두남
- [마케팅조사론] 정선 문제집(2019), 와이제이학사고시
- [판매관리론] 개정판(2020), 도서출판 두남
- [소매점창업론] 개정판(2020), 도서출판 두남
- [유통정보론] 개정판(2022), 도서출판 두남
- [상권분석론] 개정2판(2024), 도서출판 두남
- [매장관리론] 개정2판(2024), 도서출판 두남
- [최신유통관리론] 개정3판(2024), 도서출판 두남

국가 공공기관 학술 용역 프로젝트 :

- 국립국어원, 유통 분야 전문용어 관리실태 현황조사, 책임연구원(2013.5-12)
- 서울신용보증재단, 서울시 소기업 소상공인 창업 성공실패 요인 조사분석, 책임연구원(총괄), (2014.11-2015.1)
- 서울산업진흥원, 국내 유통마케팅 기반조성 육성 고객 '중소유통(벤더) 사' 현황조사, 책임연구원(총괄) (2015.7-9) 외 다수

발표 논문(125편) 및 기타 저작물 : 한국연구재단, 국립도서관, 국회도서관 홈페이지에서 검색

■ e-mail : rmi21lee@hanmail.net

최신유통관리론 – 개정3판

초　판 1쇄 발행 —— 2013년 8월 5일
개정판 1쇄 발행 —— 2015년 2월 25일
개정판 2쇄 발행 —— 2016년 2월 5일
개정2판 1쇄 발행 —— 2017년 8월 25일
개정2판 2쇄 발행 —— 2018년 2월 5일
개정3판 1쇄 발행 —— 2024년 8월 10일
지은이 —— 이 상 윤
펴낸이 —— 전 두 표
펴낸곳 —— 도서출판 두남
서울시 강동구 성내로6길 34-16 두남빌딩
신 고 : 제25100-1988-9호
TEL : 02) 478-2066, 2067
FAX : 02) 478-2068
E-mail : dnbooks@dunam.co.kr
http://www.dunam.co.kr

정가 35,000원

ISBN 978-89-6414-157-1　93320